千古一相
管仲传

张国擎 著

作家出版社

中国历史文化名人传

组委会名单

主任：李　冰
委员：何建明　葛笑政

编委会名单

主任：何建明
委员：何西来　李炳银　张　陵　张水舟　黄宾堂

文史组专家成员（按姓氏笔划为序）

王春瑜　王家新　王曾瑜　孙　郁　刘彦君　李　浩　何西来
郑欣淼　陶文鹏　党圣元　袁行霈　郭启宏　黄留珠　董乃斌

文学组专家成员（按姓氏笔划为序）

王必胜　白　烨　田珍颖　刘　茵　张　陵　张水舟　李炳银
贺绍俊　黄宾堂　程步涛

出版说明

　　中华民族五千年文明史中，涌现了一大批杰出的文化巨匠，他们如璀璨的群星，闪耀着思想和智慧的光芒。系统和本正地记录他们的人生轨迹与文化成就，无疑是一件十分有必要的事。为此，中国作家协会于2012年初作出决定，用五年左右时间，集中文学界和文化界的精兵强将，创作出版《中国历史文化名人传》大型丛书。这是一项重大的国家文化出版工程，它对形象化地诠释和反映中华民族文化的基本精神，继承发扬传统文化的精髓，对公民的历史文化普及和建设社会主义文化强国都具有重要而深远的意义。

　　这项原创的纪实体文学工程，预计出版120部左右。编委会与各方专家反复会商，遴选出在中国文化发展史上产生过重大影响的120余位历史文化名人。在作者选择上，我们采取专家推荐、主动约请及社会选拔的方式，选择有文史功底、有创作实绩并有较大社会影响，能胜任繁重的实地采访、文献查阅及长篇创作任务，擅长传记文学创作的作家。创作的总体要求是，必须在尊重史实基础上进行文学艺术创作，力求生动传神，追求本质的真实，塑造出饱满的人物形象，具有引人入胜的故事性和可读性；反对戏说、颠覆和凭空捏造，严禁抄袭；作家对传主要有客观的价值判断和对人物精神概括与提升的独到心得，要有新颖的艺术表现形式；新传水平应当高于已有同一人物的传记作品。

为了保证丛书的高品质，我们聘请了学有专长、卓有成就的史学和文学专家，对书稿的文史真伪、价值取向、人物刻画和文学表现等方面总体把关，并建立了严格的论证机制，从传主的选择、作者的认定、写作大纲论证、书稿专项审定直至编辑、出版等，层层论证把关，力图使丛书经得起时间的检验，从而达到传承中华文明和弘扬杰出文化人物精神之目的。丛书的封面设计，以中国历史长河为概念，取层层历史文化积淀与源远流长的宏大意象，采用各个历史时期最具代表性的文化符号与雅致温润的色条进行表达，意蕴深厚，庄重大气。内文的版式设计也尽可能做到精致、别具美感。

中华民族文化博大精深，这百位文化名人就是杰出代表。他们的灿烂人生就是中华文明历史的缩影；他们的思想智慧、精神气脉深深融入我们民族的血液中，成为代代相袭的中华魂魄。在实现"中国梦"的历史进程中，必定成为我们再出发的精神动力。

感谢关心、支持我们工作的中央有关部门和各级领导及专家们，更要感谢作者们呕心沥血的创作。由于该丛书工程浩大，人数众多，时间绵延较长，疏漏在所难免，期待各界有识之士提出宝贵的建设性意见，我们会努力做得更好。

《中国历史文化名人传》丛书编委会

2013 年 11 月

管　仲

管仲相桓公，霸诸侯，一匡天下，民到于今受其赐。微管仲，吾其被发左衽矣。

——《论语·宪问篇》

目录

第一章 祖上也是王侯家

一

三千年前的某一个夜晚，与今天的同一个夜晚，并没有多少区别。唯有区别的是，那个夜晚完全被血腥充实着，刀光剑影、斧钺枪击，焦火残垣、哀号遍地。

当天明的一缕阳光出现时，一阵阵皮鞭抽打、号哭、吆喝声响，一串串的犯人，昨天还是衣冠楚楚，昨天还是公爵王孙，昨天夜晚降临时，他们还在大街上礼貌相别……

这个夜晚注定进入了历史。

继《竹书纪年》，完整记卜这个夜晚的是《史记》作者司马迁。他在《鲁周公世家》中写道：

> 管、蔡、武庚等果率淮夷而反。周公乃奉成王命，兴师东伐，作《大诰》。遂诛管叔，杀武庚，放蔡叔。收殷馀民，以封康叔于卫，封微子于宋，以奉殷祀。宁淮夷东土，二年而毕定。

诸侯咸服宗周。

我们能够读明白的是：这个夜晚屠杀了几千人，其中"管叔"与"武庚"两个家族是被"诛杀"殆尽的！只有"蔡叔"被流放到很远的地方。

还是怎么回事？

二

周武王姬发战胜了商纣王帝辛后，并没有歼灭、整编商的武装力量，而是以仁德治天下。他根据当时人们"灭国不绝祀"的习惯，保留了殷商的祭祀宗祠。同时为安抚商朝遗存贵族，仍让纣的儿子武庚继承王位，作为诸侯继续居住在原商首都朝歌（今河南淇县），统治殷商故地。为了防止他们"死灰复燃"，武王将自己的大弟弟叔鲜封在管（今河南郑州）这个地方，三弟叔度封在蔡（今河南上蔡）这个地方，四弟叔处封在霍（今山西霍县一带）这个地方，让他们驻守在殷都周围的邶、鄘、卫三国，形成对旧都朝歌的包围之势，以此来监视武庚。历史上称此事件为"三监"。

武庚表面上臣服于周，实则时刻企图复辟。

两年后，周武王病逝。

临终前，武王将封在鲁的二弟弟旦喊到面前交代（旦一直留在武王身边帮助料理朝政，没去封地鲁，鲁的工作由旦的儿子伯禽顶替），由他摄政将周朝大业管起来，旦考虑到兄弟太多，如果宣布武王的这个决定，天下会由此而不得安宁，刚刚平定的和平局面，势必会狼烟再起！怎么办？他在与姜尚商量后，毅然决定由武王的儿子诵继位，成为周成王。但成王诵年幼，还不能独立管理朝政，于是旦又以成王年幼，自己亲自摄理国事。

消息传开，管叔、蔡叔对此不满。武王的弟弟们中，数管叔年岁最长，按照兄终弟及的惯例，他有资格继承王位。依他的看法：旦立武王儿子诵为成王，成王年幼，旦自己摄政，分明是篡夺王位。他这么想，也就这样把话散布了出去，一经传开，朝廷上下内外，一片哗然。

武庚早有复国的野心，听到管叔有这种想法，异常高兴，立刻开始谋划。首先，武庚散布流言说周公旦谋害武王，变着手法窃取王位。同时出资，暗中派人去试探监视武王三个弟弟的态度，伺机联手反周。

果然，管叔、蔡叔、霍叔流露出不满。

武庚决定亲自造访。

商朝留给我们的除了经商这一财富外，"酒"也是商人创造的最富有价值的财富。当时的酒，主要靠米酿造，属于今天我们饮用的甜酒。

武庚分别派人送给三位诸侯王千钟"琼浆"（即酒），然后一一造访，在与他们寒暄和觥筹交错中，窃探他们对旦的具体不满事由。令他意想不到的是，朝中已有人动员召公奭出面质问周公旦。武庚闻后窃喜：此乃好兆头啊！于是，他决定请三位诸侯干到朝歌相聚。

为了款待好三位诸侯，武庚着实费了许多心计。首先，他探得三位王爷都有爱好：管鲜大力倡导音乐，醉心于铸钟定律。武庚便送去商纣王留下的有关音乐方面的宫廷遗物与资料。管鲜得到了这些宝贝，喜出望外，连连拍着武庚的双臂说：好兄弟，你这样待我，我将如何报答你啊！说心里话，这比江山重要多啦！

武庚说：话可不能这么说，皮之不存，毛将焉附啊！没了江山，这些还能有吗？

管鲜明白过来，连连说：对对对！

武庚将纣王留下的歌舞班子原套人马送给了蔡度，并且有意将自己喜欢的几个绝色美女安插其中。这几位美女都分别怀上了他武庚的孩子，只是刚有，还没显露。蔡度得了这个礼，兴奋得连夜与这班美女狂欢达旦。消息传到武庚那里，他乐得手舞足蹈，开心极了。他说：就是我死了，谁能知道我还有骨肉渗透到他周室宗祠里去了啊！这比什么都重要啊！

当几只在当时称为最佳选手的"斗鸡"送到霍处面前时，霍处很不高兴地对武庚说：你武庚什么货色，别人不知道，我还不明白吗？你把祖传的音律乐谱都送给管鲜，你把自己左抱右搂的美女流着眼泪送给蔡度，听说你因为不忍与美女相别，竟然把自己关在密室里，不让美女离别的哭声传到你耳朵里，你说你，你为了什么！

武庚听了霍处这番话，脸顿时白了，站立不稳地呆呆看着霍处，不知该怎么办。等听到耳边一阵爽朗的笑声，他诧异地睁大眼睛，看到霍处手擎一只斗鸡逗得正开心，悬着的心这才放下来。

接下来的事，他让巫师选择在朝歌宴请周武王三位弟弟的日子。

但在聚会之前，他还得做一件事。

那是一件什么事呢？

武庚决定复国，光有管鲜、蔡度、霍处三支兵力尚不足以成功。他必须联合商的旧属诸侯国，特别是对周不满的东方诸国。这些诸侯国虽然名义上归顺了周，但整体建制还是保持着旧有的商朝章程与习俗，特别是在典章上没有真正实施与周相关的衔接。所以，这些地方的人们仍然"知商而不知周"，沿用着商的制度。这些诸侯国的力量一旦调动起来，无疑是成功的有力保证。

为了收买人心，武庚将当初商纣王赐予自己的珍贵鼎器取出来，分别送给奄（今山东曲阜旧城东）、庸、蒲姑（又作薄姑，今山东博兴东南）、熊（祝融）、盈（嬴）及徐夷、淮夷等诸侯，表明自己愿意与他们共图复国。武庚告诉大家，成功后，你们这几位诸侯能得到的不仅仅是疆域的扩大，同时还能不再向朝廷进贡，相反每年能够得到朝廷的封赏！大家见武庚拿出了那么多的珍宝分赏，又许下前所未闻的重诺，知道他是真的铁心要复辟，也都义不容辞地起兵。

按约定的时间，武庚反周的旗帜举起。一时间，这股势力迅速遍及今河南、河北、山东、安徽等地，新生的周王朝立刻陷入危机之中。

与此同时，新生的周政权内部开始分裂：朝中一些大臣提出，叛乱的矛头并不是对着周王朝来的，是旦借口让诵接位，实质自己篡权引发的。他们认为，武王之位应该由管鲜继承。还权于管鲜，叛乱自然平息。当然，"清君侧"是首要问题！他们拥到周武王的叔叔燕国国君召公姬奭的府上，恳请召公奭出来诱旦入朝，借议事而将他诛杀。

召公奭并不是一个头脑简单的人，凭他对旦的了解，知道旦不是那种人。如果旦想夺权，何不一次到位地就说是武王遗诏，还要用诵来做什么挡箭牌？其中必有隐情。召公奭劝退众大臣，自己乔装打扮来到京城，暗中找到当时在场目睹姬发临终前召旦嘱托遗言的宫人，又走访了平时与旦往来的人，清楚旦摄政是为了王室大业，顿时心存敬意，决心要帮助旦。

在一个晴朗的上午，召公奭恢复了朝服，径自来到旦在京城的住处，要求会见旦。旦见是召公到来，自然很高兴。这次会见，史书上说，双方坦诚襟怀。事实上，旦向奭说了为什么不能让管鲜接位的事，是武王的意思。武王考验过管鲜。武王在出征期间，特意让管鲜经营后方。有了权力的管鲜根本想不到前方将士的浴血奋战，而是彻夜歌舞，广纳美女，任用奸佞，将朝政弄得一塌糊涂。诵虽然年幼，但聪慧敏锐，是个好君主的材料。召公奭听旦这样说，便连夜进宫见成王诵。两人对政说事，召公奭说一，诵答一；召公奭说到武王封商遗民，诵说：就当时的形势而言，先王之策乃平天下之上策。从历史发展看，此策应归入缓兵之急计，非久长之良谋，不得已而为之。召公奭听他这么说，拍手叫好！第二天，召公奭与旦一起随诵上朝。在朝上，召公奭接受了旦公开的恳切解释。旦再三表示自己摄政是为王室着想，并无异心。这时宫人搬来武王生前存于宫中密室里的金藤箱。成王诵当着众大臣的面开启，里面存有武王亲书的"策文"。"策文"上明确提到了王位的继承不能按兄续弟接，并请旦接位，如果旦不愿意也要由他摄政才行的话。这一刻，满朝文武才信任了周公旦，流言不攻自破。太公望齐侯姜尚提出，不如趁热打铁，现在就组织力量去阻击反叛势力。朝中多数大臣表示叛军力量强大，不能与其对抗。

旦慷慨严词陈述道：反周势力虽气势汹汹，但他们并不团结，各怀鬼胎。特别是前朝诸侯与本朝王室在政治主张与民族关系上，无法调和，暂时的融洽与临时的合作，都是因为利益关系。分析透了他们各自出兵的目的，解决起他们来，自然就迎刃而解！

旦的分析打动了满朝文武。

成王诵表示可以考虑东征，他愿意为周室天下出征。

旦提出，成王出征，万万不可，留下召公奭替代摄政，这次讨伐还是自己去。

朝议结果：召公奭留守镐京（今陕西西安西），帮助成王诵处理后方政务。诏告天下，摄政王旦亲自出征讨伐叛逆。姜尚提出愿随军前往，负责联络和调集各地诸侯。旦行礼致姜尚说：老太师无须做那些事，您只管献策用兵法，我天朝必能胜利！

姜尚表示愿意尽全力像当年大获全胜的牧野之战那样克敌制胜。

成王诵高兴地走下坛阶向姜尚致礼说：您是文王、武王的太师，也是我的太傅，请受我一拜。

看着成王诵对姜尚行拜师礼，旦对召公奭说：出师有好兆，胜利在望。

俗话说，正义之师，坚不可摧。周成王元年，旦亲率雄师东征叛军，引起了天下关注。特别是姜尚随军出征，给叛军很沉重的打击。这些叛军的心里都十分清楚，强大的商朝为什么会在牧野之战中一败涂地？关键就是姜尚。姜尚手里有部《六韬》，这可是了不得的兵书。开卷就说："得贤将者兵强国昌，不得贤将者，兵弱国亡。"并说，"举贤而上功"！

旦以周太师身份向天下广布姜尚的军事思想，大张旗鼓地宣扬自己的讨伐是正义的事业。正义的事业是无所畏惧的，是不可战胜的。首先从心理上战胜了对方。

周公旦充分采纳姜尚的军事思想，对于克敌方案，他主张"集中兵力各个击破"。首先以重兵沿周武王攻纣路线，绕过锐不可当的武庚正面，从背部击朝歌，捣溃武庚巢穴。大本营失控，历来为兵家所忌。武庚先乱了阵脚。等武庚反过来追旦的主力，旦已经进入管鲜的国境，控制了管鲜的家眷及王室。消息传开，首先感受到恐慌的是蔡度、霍处。这两人明白历史的潮流不可逆转，迅速将兵抽回，并派人到旦那里请罪。周公旦表面安慰他们，暗中伏好刀斧手，当两位兄弟酒喝得差不多时，一声令下，蔡度和霍处即成阶下囚。蔡度与霍处的兵力迅速被旦收编。

管鲜见蔡度与霍处被捉，知道自己没有退路，横下一条心，与旦对抗到底。

旦集中优势兵力，切断管鲜部与其他叛军的联络，特别是与武庚的联系，让管鲜成为聋子、瞎子，然后迅速包围，快速歼灭。这一做法，充分体现了姜尚在《文韬·兵道》里说的"兵胜之术，密察敌人之机而速乘其利，复疾击其不意"的思想。

周朝叛逆的歼灭，对于武庚来说，打击相当沉重。武庚慌了手脚。周公旦派姜尚亲自指挥重兵布阵迷惑武庚，与武庚打疲劳战，搞偷袭，分化切割武庚原先的阵势。武庚缺乏姜尚这样智谋双全的能将统帅，很快就陷于绝境。战势骤变，周朝一月内诛管鲜、杀武庚。

三

还是回到那个夜晚。

管叔鲜的府第很大，周军用一师之兵将管府团团围住，并且堵住了管府通往外面的河流，弓箭手都箭在弦上，面对着高处的围墙与茂盛的大树，防止有人从空中飞走。

周公旦诛灭手谕一到，手持钢刀的周兵过梳似的从管府里一一通过，任何人、任何角落都不可能遗留，藏在火灶里的厨师被一刀戳穿胸骨，躲在衣柜里的女人被刀从下面朝上挑死，爬到树上的孩子被弓箭射下坠地而亡……

管府中不允许留下一个活物。

整整数月，管府里臭气熏天，数里之外就能闻着，无人愿意靠近。后来，这里就成了坟堆。数百年后，新修的一条大路需要通过这里，这片历史的遗迹才渐渐从人们心头抹去。

如果管府真的全被周公旦屠尽，历史上就不会再有"管"了，更没有后来的周王朝给管叔鲜一脉的安抚了！但这一时刻的到来，是在整整四百多年以后。那是在我们的传主铁了心要扶助衰微的周天子权威之时，这个姗姗来迟的"恩典"才显现出它特殊的戏剧性！

历史总有许多巧合，这些巧合往往比戏剧来得更富有传奇性。在那个屠杀的时刻，恰恰有一个人被丢了。这个人就是管叔鲜的小儿子成。

三天前，成解读商太师伊尹留下来的文章《伊训》《肆命》《徂后》时，深感未能吃透老师的解说，便带着书童前往蔡府，向同族中学问最高的堂兄胡请教。大祸来临时，成与书童被周兵围在蔡府作为蔡府的人员扣下。胡灵机一动，让书童与管成换了衣裳，当场许诺书童，奉养其父母如己上人。管成变成了书童，书童被作为管成押往管府，加入被诛人员队伍。三天后，周公旦下令诛灭管叔鲜全族，书童心甘情愿为主人作牺牲。作为"书童"的管成与蔡府的人员一起被流放到新的住地。出发前，蔡度考虑到人多嘴杂，一旦泄露管叔鲜儿子成在这里，那就连自己一族也难存活。于是，私下派得力可靠的几位男女仆人与丫环带着成离开了蔡府，逃得越远越好。

管成没有马上离开，而是回到了尸体遍地的管府，含泪找到自己的书房，在那里，他把前朝商的开国太师伊尹留下来的文章《伊训》《肆命》《徂后》等重要的文献绑在衣裳里面带了出来。管成不再向外人说自己是姬姓之后，也没示氏为管，而是改姓官。

不久，蔡叔度在流放途中病死。

蔡叔度在流放途中去世的消息传到周公旦那里，周公旦封蔡叔度的儿子胡接替度的爵位，为诸侯蔡国公。胡回到原来的封地蔡，便成蔡侯仲。

蔡侯仲着手寻找散失的家人，许多家人已经成了别人的奴隶。在那个时代，无权在城里居住的人，都有可能被人掳去做奴隶，或者被作为奴隶变卖。

蔡侯仲最关心的还是管成的下落，遍访之后，得知没有名叫管成的人被作为奴隶卖掉，倒是在颍水上游附近的山中访着一位有学问的人。蔡侯仲亲自前往，这位隐居深山的人正是管成。蔡侯仲提出接管成回到城中居住，被管成拒绝。

蔡侯仲在面见周公旦时，私下提出了管叔鲜还有后人留在世上。周公旦沉思良久，没有任何表示。

周公旦说：听说穆王姬满的后代就生活在颍水上游，是吗？他们也取管为氏嘛！

蔡侯仲半天才明白周公旦话里的"政治内容"：怎么还能提祖上讳呢？明白过来的蔡侯仲赶紧回说是，心里道，还是天子洞若观火，天下文章尽收囊中！

史书上说，这一刻的周公旦脸上气色才有些"明"。

蔡侯仲说：那就让他在那儿生活，要不要划个地呢？蔡侯仲这话是小心翼翼补上的。

周公旦说：那就把他那里也划给你管辖吧！

蔡侯仲窃喜，周公旦这句话，把管成现在居住的山周围那一大片地也都给了蔡国了。

管成能够得到的，只是不再担心半夜或者走在路上被作为"野人"捉去做奴隶或者作为奴隶卖掉！蔡侯仲让他做了"人"。在当时，那是可以自由往来于城里城外的自由人。

　　数百年后，周襄王派宰孔出使齐，对我们的传主管仲表示赏识，并不能理解管仲为什么那么勤勤恳恳扶助齐桓公。我们的传主管仲告诉宰孔，我的祖上也是王侯家，姓姬嘛！你不应该忘记三百多年前的那场不幸，那个被诛灭全族的"管叔鲜"！

　　周襄王听了宰孔的汇报，想了想说：他应该是周穆王姬满的后代吧！

　　聪明绝顶的宰孔明白周襄王的意思，赶紧说是。

　　周襄王补了一句：先王早就有记载在那里了。

　　还是后人替他们说了真话。这个真话就是，任何一朝新建，都是要大开杀戒的！宁可错杀，不可放过，直至今天，延至未来……

　　后人还有一句话：史载都是王家讳！真理在民间。

第二章

生逢乱世多舛运

一

管仲生于公元前七三〇年（一说是公元前七二八年）。

周王朝"成康盛世"后，境况日渐式微。到了周厉王姬胡手里，由于连年征战淮夷、伐戎，均以失败告终，国库渐空。姬胡不思从根本上进行改革，去弊振兴，而是听从荣夷公的话，将大量国有资源收为私有，造成"国人莫敢言，道路以目"（《国语·周语上》）。公元前八四一年，群愤难平之下，姬胡被国人驱逐到彘（今山西霍州东北）。赶走天子的周王朝实施共和行政，由众人集体领导，竟然把天子胡丢在彘"闭门思过"！十四年后，这位周朝第十位天子姬胡，死在彘。

消息传来，周定公在朝廷上公布了召穆公用自己的儿子替代救下太子静的事。虢公长父仲把长大成人的太子静带到朝廷上。众人面对太子静一时无语。当年攻打召穆公家的人们，则提出太子静会不会报复的事。

太子静平静而谦和地说：过去的事，是我的父亲不对，他伤害了大家。国家是大家的国家，不是一个人的国家。作为天子，要替天行道。什么是替天行道呢？那就是以天下为公！

太子静简明扼要的几句话，让在场的所有人敬佩不已。众人一致赞同周定公的意见，将天子位还给太子静——就是周宣王姬静。

姬静即位，整顿朝政，使已衰落的周朝得以复兴。四十余年天子岁月过去，姬静也到了晚年。这一刻的他，竟然自坏章法，干预鲁国君位继承，以私爱而立鲁武公少子为太子，引发诸侯不满，制造了鲁国一场长达二十年的混乱和灾难。周天子的威信逐渐衰减。到了第十二任周天子幽王姬宫涅手里，诸侯对天子的不满愈加严重，开始无视天朝号令的存在，常常自行其是。这个时期的周幽王不思如何改善与诸侯的关系，而是一味任性胡来。

后人认为，周幽王犯了两件不可饶恕的罪行。首先是，他继位时关中地区发生地震、山崩和河水枯竭等严重自然灾害。周幽王不仅不抚恤灾民，而且不问政事，贪得无厌，奢侈腐化。重用"为人佞巧，善谀好利"的虢石父实行所谓"专利"，引起国人强烈不满。其次是，废王后申氏和太子宜臼，册立褒姒为王后，立伯服为太子。连周太史伯阳都叹息：周王室已面临大祸，这是不可避免的了。

接下来，周幽王就有更荒唐的故事让后人看了，那就是众所周知的"烽火戏诸侯"事件。

其结果是：镐京被犬戎攻破，周幽王带褒姒逃到骊山山麓，被戎人杀死，褒姒被犬戎掳走。太子宜臼受到申、许、鲁等诸侯拥戴，于公元前七七○年在西申（今陕西宝鸡）即位，是为平王。众多诸侯出于当时申侯提议兵伐周幽王一事，对宜臼继位持反对意见。诸侯虢公翰趁势拥立幽王的另一个儿子余臣为天子，称携王，出现了两周并列的局面。

为避犬戎，宜臼决定迁都。郑国为扩大自己的地盘，借口为平王迁都扫平路障而灭了郐国。在秦国护送下，平王把都城从镐京东迁至洛邑（今河南洛阳），史称东周。

平王四年（前767），郑兵伐东虢，晋文侯攻杀了携王，周王朝又重新统一。

东迁时，因为秦襄公护送有功，宜臼就提升他为诸侯，并答应说：戎人攻占了镐京和岐山地区（今陕西凤翔县一带），你去收复吧，打到哪里，哪里就归秦所有。不久，岐山以西地区为秦所攻占，秦国从此开始发展起来。

宜臼能有今天，全赖外祖父申侯。宜臼赐封申侯更大的封地，并派自己畿内的百姓去戍守。这使百姓离乡背井，十分怨恨。

郑国对宜臼有功，宜臼一度委任郑庄公寤生为朝廷卿士。后由于郑国实力雄厚，宜臼对郑庄公怀有戒心，不愿让朝政被郑庄公所操纵，乘郑国多事，郑庄公没来上任，想撤掉他卿士的职务。郑庄公闻知，马上赶到洛邑，对宜臼施加压力。宜臼只能再三赔礼。郑庄公不依，宜臼只好提出让太子姬狐去郑国做人质。这么做太丢份儿，群臣又提出了相互交换人质的办法，让郑庄公的儿子忽也来洛邑做人质，而周太子去郑国则用学习的名义。此事史称"周郑交质"。

东迁后的周朝，史称东周。由于大片故土丧失，东周王朝仅仅拥有今河南西北部的一隅之地，东不过荥阳，西不跨潼关，南不越汝水，北只到沁水南岸，方圆只有六百余里，地窄人寡，与方圆数千里的大诸侯国相比，它只相当于一个中等诸侯国而已。

周王朝大大衰落了。

郑、晋、齐、鲁、燕、宋、楚等大国为了争夺土地、人口和对其他诸侯国的支配权，相互之间不断进行兼并战争，形成了诸侯争霸的纷乱局面，历史进入了一个大变革的动荡时期。

二

管仲是父亲管山中年后续弦而得的小儿子。

管仲的祖上，就是那位三百多年前"诛管叔、杀武庚、放蔡叔"事件中逃出的管成，当时隐居在一条后来叫颍水的偏僻山间。颍水源自阳乾山。蔡度流放前，阳乾山东南颍水出来的一大片山谷地带都属于蔡。蔡度死于流放，其子蔡仲（名胡）改过自新，被周公封为侯，恢复蔡国。春秋初年，出没于伊川山间的戎族，不断翻过阳乾山，顺山南谷颍水北进攻中原。郑国崛起，从登封出兵逐赶戎人到阳乾山里，并在山前谷口筑城，划入郑国。当时，距此东去二百里河北岸已有一座城邑"颍"，郑国所筑此城称"颖谷"。驻守在谷口的官员是颖考叔，系郑国封人[①]。大约在公元前七二二年，颖谷发生了一件后人称奇的事，就是《左传·隐公元年》记载的"郑伯克段于鄢"后誓与其母"不及黄泉，无相见"，后来后悔了，颖考叔就安排在颖谷挖地道出泉水，使郑庄公与母亲得以"地下"相见，恢复了从前的母子关系。

我们还是说管成逃出后的事。

虽然蔡度被流放，但他是管氏的族叔，还能照顾到管氏。最初的几十年里，好事落不到被诛之族后人头上，坏事当然也因路隔遥远波及不到。管氏一脉深居此地，渐渐淡出了周天子的视野。随着蔡度儿子的地位恢复，也随着戎人翻过阳乾山来骚掠中原，加之蔡国无力相御保护，这一带成了无人管地带，屡屡有地方豪强或者戎人掠夺管氏家仆人或奴隶去变卖，有一回竟然将管家一妇人掠去！管成带人与这些野蛮人交战数日，直至取胜才索回妇人。可惜迟了，妇人不堪被强人轮奸受辱而撞死！为了防止这类事再发生，管成决定筑城。这一带虽然不是山区，但建城都得用石头，要从很远的山里采石运来，管成没那种实力，怎么办？他就带领大家学用商时傅说的"版筑法"建起了城墙。有了城墙，便是城邑。

小村落自从有了城墙，渐渐也有一些人愿意来了。管成对于那些逃难流落到城外露宿的人，多多接济。大家见管成待人真诚，也都一传十，十传百，渐渐人多了起来。对外问起名称，不能再称村落。管成便说：颖邑。

为什么叫"颖"？那时的文字是帝王家的。管成说：这村居颖水北，这城也就叫颖邑。大家都说：我们久居于此地，并不知道这条河水叫颖啊！大家都相信管成的才学，谁会去考证？方圆百里的人都知道颖邑人好读书，这颖邑城里住着一位心善的先生，愿意免费教人家孩子读书，有"颖上读书声，声声随风走"之说。许多其他地方的人也乐意搬迁到这里。

有了城，新的问题就出现了。城，就是邑！城邑是周天子封赐，焉能自称？诸侯王公伯爵要建邑，必须先禀报周天子准允方可。好在此时的周天子，威风不再，自行其是的诸侯大有人在。管成的颖邑，城墙上高插"蔡侯"旗，属于蔡国，强豪大户们自然就不敢轻易来犯。不久，有人

---

① 封人：掌管土地之官。

告到了周天子那里，好在当年周公旦从蔡侯嘴里听说了管叔有后，已经默许，后继者自然明白，都是一脉相承之手足，既然当时能漏掉这一脉，说明老天不让其无后，你何必与上天老子作对啊！从此无人再提。

三

管仲之父管严，名山，排行老二，世称管严仲，在齐国为大夫多年，但一直不被齐庄公吕购所重视。

齐庄公五十年，晋文侯去世。因为晋文侯曾经对周王朝有过贡献，他去世，各诸侯国均要派使者前去吊唁。齐国派管山作为使者前去。晋国当时的太子在与管山交流中，深感管山学识渊博，得知管山失偶多年，不由感叹：齐庄公身边的齐国美女天下闻名，赐一位给管山释其衣破无人补之窘，还是难事吗？可见君臣关系疏啊！于是，趁酒酣耳热之际，晋国太子将一美女赐予管山为妻。管山推辞不掉，只好带回齐国。身边多了一位美女，齐庄公得知来历，心里好不痛快，脸上便有些挂不住。管山只得告假将新妇送回老家去。回到颍邑家中，管山有意滞留不回朝，希望齐庄公派人来请他。等了数月，齐庄公的人没等到，却来了晋昭侯的使者。原来，晋昭侯登基庆典时，见到齐国使者不是管山，便打听管山的消息。得知管山离开齐国闲居在家，便立刻派人前往，诚请管山出山。

管山这次出山，顺便将大儿子管伯带了出来。

管山父子来到晋昭侯府上。晋昭侯与管伯聊后，感觉甚好，随即请他出任少卿。这等好事，你高兴，必有人不高兴。公元前七三九年，晋大臣潘父与晋昭侯矛盾加深，借管伯为卿之事弑杀昭侯，欲灭管仲父兄。碰巧管伯因事外出，悲剧发生时，管山逃出，隐藏在路边草丛中，半途截住大儿子，两人连夜逃到卫国。屁股还没坐热，又遇到卫国内乱。父子俩只好仓皇逃奔回家。

潘父杀了昭侯，迎立晋文侯的弟弟曲沃桓叔入晋为主。桓叔欲入晋，当时晋国国君的支持者势力还很大，晋人发兵攻打前来的桓叔。桓叔战不过，只好退回曲沃。晋人共立昭侯之子平为君，是为孝侯。

晋孝侯不是庸才，面对现实，他广结天下良士，共图晋国一统河山。

他父亲看重的管山自然是首先要请的。晋孝侯着人前往颍邑请管山父子出山。

当时，管仲的两位姐姐正在办婚事。管仲的母亲只是两位姐姐的继母，女儿的大事，父亲不能离开。面对管家的情况，晋使提出，先请管伯前往，因为他曾经被晋昭侯任命为少卿。管仲父亲同意，并许诺过几年，待家中安顿好，便去晋孝侯处。

晋孝侯九年（前731），曲沃桓叔去世，子庄伯鳝立。晋孝侯认为统一晋国的机会在即，派人前往颍邑请管山。此时，妻子正身孕六甲，家中只有一个十二岁的女儿，管山想谢绝，碍于晋先主有恩于己，如今晋国前途大业正悬于半空，不能推辞。管山毅然前往。途中遇山洪，管山与晋使都成了山洪的牺牲品。

噩耗传来，管母哭成泪人。

管父去世，管伯却因为曲沃庄伯鳝兵临晋国都城，不能奔丧。偏偏此时，管仲最小的姐姐因先订下的夫家夫君生病需要冲喜，夫家不顾服丧之期，让族长出面坚持提前接新娘，年仅十二岁的姐姐只好出嫁。

管仲母亲在邻里的帮助下，生下了管仲。寡母孤儿，只能偶尔与回家的姐姐见上一面。

居曲沃的庄伯鳝于周平王四十七年（前724），兵入晋国都城翼，杀晋孝侯，管伯用胸脯挡住了敌人的乱刀，与晋孝侯一起殉难。晋大夫如同上次不欢迎曲沃桓叔一样，用生命与鲜血杀退了敢来进犯的庄伯鳝，再次立晋孝侯的儿子都为晋鄂侯。

同父异母哥哥管伯去世这一年，管仲已经五岁。

五岁的管仲能够扶着兄长的棺木，学着大人的步态走向坟地，令乡邻十分吃惊。

四

失去父兄的管仲，跟着母亲艰难度日。家中常常遇到需要男人们才能做的事，孤儿寡母无能为力，而姐夫们不能及时赶到。管母无奈地抱着五岁的管仲，嘴里喊着，夷吾，夷吾，奈何我矣！

夷吾是管仲的名。年仅五岁的管仲抱住寡母安慰道：娘亲，不要怕，我会长大的。

娘问他：你这么小，地里的活没人干，三个姐夫一个远在吴，一个久病已故，只有一个姐夫能来帮我们干活。他若不来，我们靠什么，吃什么？

管仲人小脑子好，指着那一堆祖上留下来的文献说：娘亲，我昨天看到爷叔们来借看，我们为什么不可以向他索要钱呢？

娘不解：要钱？读书人，是不可以讲钱的。

管仲说：非也。祖上用性命换来的文献，难道不能养活他的子孙吗？娘亲，你听我的，每借一卷，出贝钱一枚！限期三日，逾期不归，再索一枚。

正说着这事，族里的一位好读书的长辈来访，希望能借阅《伊训》一读。管母正要搬《伊训》。管仲过来朝长辈施礼道：爷叔在上，能否允小侄说几句话？

长辈说：请讲。

管仲说：我父兄弃我母子而去。我年幼，肩无扛锄之力，手无缚鸡之能。如何是好？

长辈叹道：正是在理之言啊！奈何也？

管仲说：我想以家存文献作为我与母亲的生活费用，谁来借阅，均以一卷一枚三日为代价。爷叔以为如何？

长辈一震，看看他说：你何以想出这样的点子？莫不让人说你读书人钻进贝堆里！

管仲说：如果没钱，曲沃庄伯有什么力量去杀晋孝侯？晋大夫何能何为驱逐庄伯，立孝侯儿子都为鄂侯？周天子若有钱财，能不管束晋国的内乱吗……

长辈赞道：好！好小子。你才几岁，能有如此头脑，奇才，奇才！这样吧，我与族人再行商量，就依你的话，谁想借阅你家的文献，一律都要付贝钱。如此既解决你母子生活困难，也帮助了那些追求功名之人的需要。

管仲说：这也是权宜之策。

长辈问：何以此说？

管仲说：我长大能够自立后，当将你们借阅我家文献所付贝钱，照算利息归还！

长辈说：你这又是何理？

管仲说：我母子寡弱，无以生存，故借文献而苟活；祖宗之德不可为我之依赖，只是借助而已！他日有能力，自然要报答乡亲们的相助恩德。

这席话，让长辈大为吃惊。经过商量后，族里订下规矩，到管仲家借文献阅读，都只能在他家读，不能带走，阅读前先付钱……

在管仲家的墙上，记载着所有借阅人所付的钱数，无一遗漏。每当一天开始时，弱小的管仲都要站到树墩上，垫高自己去数那些记下的数字，对娘亲说，我们已经欠下了乡亲们多少钱了……

娘亲心里明白，儿子的志向已经远远超越了他父亲。

五

管仲十四岁那年，一位名叫禹孙的人，跋山涉水来到颍上。他在村口看到一位少年在耕地，非常轻松，嘴里还哼着歌。大树下一位农妇手里忙着劈麻，两眼看着地里的少年。这位叫禹孙的人感到好奇，上前问农妇：我见过许多耕地的，从来扶犁都很累，他怎么那样轻松？农妇警觉地看看他，问：先生是过路人？渴了想喝水，我这瓦罐里有，请喝了赶快赶路吧！

禹孙诧异道：老妇人这么紧张干什么？

农妇说：先生不必多问。要喝水就喝，不喝，请赶路吧！

禹孙说：我就到这个村上。

农妇更警觉了：你找谁家啊！

禹孙不答，只是盯着那耕地的孩子看。忽然他冲到地里，来到少年身边，一下子看到了那锃锃亮的犁，大惊失色道：这是铁精，你们从什么地方得到的？如果给蔡侯知道，动用国家的禁品，按周律是要满门抄斩的啊！

少年满不在乎地说：铁精用于打仗，难道就不能用于农作吗？

禹孙说：你是谁？好大胆，敢与我这样说话扳理。哦！我想起来了，此地是管叔之后的家园，果然是雄风不弱啊！你不会对我说你不姓管吧？

少年说：干吗回避？我姓姬，管氏，排行老二。人叫我夷二，或者夷吾。大名，管仲。

禹孙说：这么说，你就是我旧友管山之后！

管仲说：父亲去世时，我还没出生……

禹孙打断道：年少不畏虎，将来必成大器啊！忽然又想到了什么，问，听说管山之子曾经被晋昭侯任命为少卿的啊！

管仲说：那是我兄长，大我二十五岁。我是老末。母亲怀我六甲，父亲应聘去晋国，途中遇山洪暴发而故。我名叫"夷吾"，含有遗腹子的意思！

禹孙高兴地抱住管仲，激动地说：我找你找得好苦啊！转身对农妇说，我奉蔡侯之命前来寻找管山之后，果然找到了。

大家到了管仲家中，坐下说话。

话题还是回到了犁头。

禹孙重新观看犁头，感叹道：连年战争，铜与铁精都用到战争上去了，而且许多国家都将铜与铁精作为国家专控，严禁民众拥有。公爵王孙家也没见他们用铜与铁精做犁头啊！一般民众家里，都是木犁、石犁。这么大的铁精，做成大刀，做成利斧！可以杀多少敢于来犯之敌，你却用它做成了犁。难道犁比国君的疆域还重要吗？

管仲说：是的。用铁精犁耕田耕得更好，能产更多的粮食，而粮食应该比国君的疆域重要。没有疆域，会得到的。没有粮食，再大的疆域也会失去！没有粮食，人就没法生存，没有了人，再大的疆域也是荒漠嘛！

禹孙听到管仲说这话，肃然起敬，心里想，小小年纪却很有城府，话说得一套一套的。他仔细看这特制的犁头，只见它一头尖，中间弯凹下去，犁尖入土，一起步，犁尖朝前钻，土朝两边泛，又快又轻松。禹孙忍不住笑起来，难怪你耕地那么轻松！看来，蔡侯所说，颍邑一带，丰饶多物，正是有这东西啊！是谁发明的？

管母带着几分担忧地说：要说谁发明的，就这孩子啊。前两年，有个从南边来的人，想看我先夫留下来的龟甲，特别是那块黄色的。对，就是世上传说记载夏朝大事的，不轻易给人看。那人就从怀里掏出块沉甸甸的东西给我们看，说是禁品。细说下去，才知道是从吴国弄来的铁精。儿啊！你给先生说说吧！

管仲向前一步，拜倒在地：这块铁精如果献给国君，准能谋个官位。

那是一定的事。禹孙连连称是，然后问：你为何不那么做？快快起来说话。

管仲起身道：一块铁精打成武器，对保卫疆域是好事。如果我能够把它做成犁，犁开几百亩地，几千亩地，几万顷地，收获的粮食对于全国的民众，对于国君，又意味着什么？比之一枚武器，谁重谁轻？国富民强，民强才能国富啊！

禹孙捋着下巴，点点头：你说得很有道理，但这是国君禁民用之物，你这样做，总不是好事啊！

我们在犁地，原本就不想让外人知道，所以才请母亲在村道上看着。没想到先生精明过人，一下子识了出来。我只能请先生看在父亲故友分上，还是不要再外传为好。再说，此地已属郑国疆域，虽然我们颍邑目前还是蔡国，照此形势，早晚要划入郑。

不可如此断论！禹孙抱拳朝北一拜，然后安慰管仲道，奉蔡侯之命前来寻找管山之后。在位三十五年的蔡侯，年事已高，近来怀旧心情很重，常常想到管叔之后……

管母道：我们世代受蔡侯恩典，他父亲在世时也常说，难以回报啊！如果蔡侯身边没有小人作怪，当今蔡侯胸怀豁达，他是一定不会到齐国与晋国去的！

禹孙点头道：近来朝上革故鼎新之风初起，强国呼声很大。楚国虽与我们相隔很远，但他楚国三代国君屡屡欺辱我国君，欲凌驾我头上屙屎撒尿！强国之策，迫在眉睫！蔡侯派出我等五路人马，遍寻良士，临行之时，蔡侯再三嘱托我，你这一支顺颍水北上，必会到达当年周文王之子管叔后人之地。此去，务必恭敬有加！管叔一族，对学问最是认真。记得西伯拘羑里而演周易，传出来的文献，别人都没能读懂，只有管叔读明白，那些东西都收藏在他们那里。唉！那场灭门之灾……

管母上前道：先生，历代蔡侯对我们并不薄。如果不是历代蔡侯庇佑，焉有今天？

禹孙道：是的。蔡侯也说了，先祖得知管叔有一小儿管成幸免于难，藏于我蔡氏族里，蔡氏一族待其不薄。周公旦后来也将其宽恕了，准允管门一族世代居住在蔡国，建邑为颍。郑侯至今仍允许颍邑归属蔡，实乃管叔祖荫庇佑啊！只是蔡侯有一点不能明白，管氏能够出任齐国大夫，能做晋国少卿，却无人愿意在蔡国就职，这不能不让蔡侯心存芥蒂。

管仲说：蔡侯既已知道我等在这里，摆那废谱有何用？

禹孙说：这不是摆旧谱，蔡侯说的是实话！我能够听出来的是，蔡侯很是器重你们。如果你愿意，能不能随我去面见蔡侯？

管母插嘴道：吾儿还小，能不能等几年啊！

禹孙说：伯母，这就是你的见外话了。蔡侯与你们同出姬姓，见管叔之后能有如此人才，高兴得半夜笑醒还来不及哩！面见了，蔡侯拨一处住宅让你们母子住下，小弟好好读书，入卿封爵还是什么事吗？

经不住禹孙的鼓动，管仲母子随禹孙来到国都（今河南上蔡西南）面见蔡宣侯。

管仲第一次到国都，一切都感到新鲜。管母是晋国人，见过大世面，面对国都车马稀少，市场冷落，低声对儿子说：看来，被楚国欺负得不轻啊！

禹孙听到了，告诉管母：何止不轻！今天去朝上，朝堂之上，没准就有一位楚国的使者坐在我们主公旁边指手画脚哩！

管仲愤愤道：岂有此理。

禹孙叹道：我不是告诉你了吗？主公年事已高啊！值得庆幸的是，太子封人，已经成熟，有主见与决谋。楚国前不久送一美人给主公，五个月生下一子，楚国来人祝贺，要主公废长立幼。你就没想到我们值得敬重的国君这一刻干了什么事！

管仲说：废长立幼出乱子，不再是周天子家里的私事啦！

不！禹孙大声道，谁都不会想到，我们的国君把太子喊到朝堂之上，当众宣布，如果还有谁想逼他废长立幼，现在就把权交给封人，他也年过三十，早就该接位了。

好君主！管仲脱口而出。

禹孙点点头：这件事，吓得楚使再也不敢提了……

管仲道：如此国君，蔡国有望！

禹孙道：有你这话就好。我衷心希望你能留下来，将来辅助太子封人。如果你有此意，我可以在主公面前美言，促成此事。现在你先去与太子会面，看看太子的意向如何？

管仲点点头：甚好！

管仲与禹孙都没有想到：世上好事，如愿者一二，不成者八九！

六

禹孙立刻带管仲去见太子封人。

封人与管仲在凉亭相见，相谈半天，很是投机。

禹孙远远地站着，看到他们时而促膝，时而拍掌，知道这次会谈很成功，由衷地感到高兴。

封人问管仲：你胆真大啊，敢把国家武装军队的铁精用于农具？

管仲起身对封人行礼，并告诉他，那位吴国商人最后说出了实话，如果从吴国带出铁精，那是万万不可能的。他就是顺淮河入颍水向上游而行，最后在阳乾山里找到的，听说那里很多！管仲说：我可以带你们去挖啊！

封人高兴极了，跳将起来，拉住管仲的手说：这下可好了！我们能够有自己的铁精来武装军队……突然沮丧起来道，现在这个地方是郑国的了。如果传出去，蔡国不但得不到，还将引发郑、楚两国相争，蔡国成了他们铁骑的蹂躏之地！

那怎么办？管仲焦急地问。

我也不知道怎么办。封人叹道，现在，最好的办法是你把有铁精的地方忘掉吧！等将来我做了国君，那时我一定请你做上卿，听你的话，照你说的去做。国力强大了，整个颍水两岸都是我们的，阳乾山也是我们的，那时再好好谋划利用铁精的事……

管仲明白地点点头：好吧！

两人再次席地而坐，谈论起天下大事。

管仲借伊尹说夏桀故事，告诉封人：很强大的夏桀如果放下高傲的架子，稍稍听进伊尹的话，收敛一些他过于放荡淫乱的行为，伊尹都有可能劝商汤王履放弃对夏朝的进攻。但夏桀太傲了，自认为天下无敌手！在伊尹的一步步计谋前，夏桀犯下了一个又一个历史性罪行，特别是杀忠良之臣！最后的结果，不能说是商汤王履灭了他，应该是他夏桀自己众叛亲离，落得土崩瓦解的下场！一个王朝的崩溃，绝不是一朝一夕的事。

看到太子封人连连点头，管仲把话锋一转，说：从目前来看，楚国似乎很可怕。这是因为蔡侯十分清楚自己的国力远不如楚国。如果我们自己强大，还会怕他吗？但这只是一个方面的原因……

封人问：难道还有别的原因？

管仲说：当然是有的。我们就说商汤王履攻夏时吧。两军对阵，商的兵力只是夏的三分之一，商恰恰战胜了夏桀。周灭商，完全是小力攻克强大的范例。这说明正义的力量是很重要的。正义之师靠正义，便能获千钧之力、万马之乘的天庭力量相助！正义是一种无形的巨大力量。作为国君，一定要善用这种力量。只有用好了天庭力量，才会对周天子麾下的各诸侯国有号召力，鼓动天下民众心向蔡侯！如今的时代特点，除了车乘兵力是称雄的基础外，人才名士才是强中之强。

封人敬佩不已：先生能否告诉我，怎么才能让天下雄才归我蔡？

管仲道：民众对国君的拥戴程度！民众拥戴，便是持了上天的宝剑，有了正义力量的支持！

封人连连点头：你说得对。我明白了！

这时，蔡侯派人前来喊太子有事。封人告诉来人，自己正与奇士管仲议论天下大事，父亲那里，自己一会儿就去。来人上前附封人耳边嘀咕：主公不但知道管仲在您这里，主公还知道管仲用铁精打造犁头的事……

封人跳了起来，望着远处的禹孙。

禹孙赶过来：出了什么事？

封人便把来人说的话告诉了禹孙。禹孙一听傻了眼，不知如何是好。封人急得团团转，嘴里不停地嘀咕：这是砍头的事啊！……要灭九族的啊！

管仲十分镇定，劝告他们：如果主公想蔡国强大，管某略献一计，胜却铁精万千，难道还用担心一块不起眼的铁精吗？

封人与禹孙对视，觉得事已至此，也没什么更好的办法。

大家商量后，封人决定陪管仲去觐见蔡宣侯措父。

七

朝堂之上。

蔡宣侯没让管仲入座，傲慢地让管仲站着说话。

封人见状几次想出面干涉，被禹孙用眼神制止。他们心照不宣地明白，蔡侯一定为铁精的事生气了，要不然，怎么会不让管仲入席而叙呢？

果然，一开口，蔡侯就借事说道：你父管山在我父亲戴侯手里做得好好的官，为何不辞而别去了齐国？齐庄公吕购重用他了吗？也没有嘛！我接位后，也派人去请他回国就任大夫，他不听。结果呢，要去那个多事之秋的晋国，出师未捷身先亡。这不是事故，是卜天请他去了嘛！

管仲心里不乐，哪有见面先说这等不吉之事的？

蔡侯问：听说你在家里读了许多书，我问你，夏朝为什么会败给商朝？

管仲却反问他：你为什么不问我，商纣怎么会败给武王的呢？

蔡侯回道：不议本天朝事，是敬畏！本朝不议本朝事，多总结前朝，这是做学问人的耐心。用前朝与往朝事来剖析本朝利弊，最可长进学问。身为读书人，难道连这都不知道？

管仲：风想削掉一座山，它会天天起风刮走山上的沙，慢慢把它削平；贪私利想得到木炭的人，想用大树回家盖房子的人，他们都用自己的好恶自私地理解风的意思，帮助风把山上的树砍光。终于有一天，山光秃秃的，再过了一些时候，山成了沙漠……

蔡侯：这与我有什么关系？

管仲：国君就是制定法律，不让有私心的人乱伐树木，让山上永远茂盛。这样，树林里就有国君狩猎的野物，有民众取之不尽的木炭与柴草……大王喜欢哪一种？

封人一边插嘴说：当然是后一种啦！

管仲：不！大王在实施前一种。

蔡侯不乐道：何以见得？

管仲：大王把我喊来，不就是这个原因吗？

蔡侯：你知道我找你来是为什么？

管仲：还用问？把我喊来，长挂着脸，也没有任何礼仪，分明就是问罪。

旁边跳出一人：难道你不知罪？

管仲：你是何人？

封人告诉他：这是楚国的使者，他长期在蔡国，其实就是监督我们的！

管仲对蔡侯行礼道：老虎身边的狼是不敢打呼噜的。如果打呼噜了，只有两种情况。

蔡侯：哪两种？

管仲：老虎病了。

蔡侯点点头：还有呢？

管仲：那不是老虎，是狼的食物！

你！楚国使者气势汹汹道，盗用铁精做私物，你触犯的是周律！就算蔡侯想宽恕你，我们楚国都不能宽恕你……说着，刷地抽出身边那柄使者象征的剑！

初生牛犊不怕虎，管仲见状喊叫着朝楚国使者冲去。封人见管仲赤手空拳，赶紧拔剑上前。禹孙以更快的速度用胸部挡住楚国使者的剑，对蔡侯喊：主公，这是本朝大堂！

禹孙的话提醒了蔡侯。

蔡侯见状，喝道：来人，把他们拉开。接着对楚使说，本国内事，请先生回避。

楚使傲慢地道：我这样做正是为了楚国与蔡国的安危，请不要以为我多管闲事。如果允许这样的人存在，你再用多少重金获得的铁精都是废物，楚国大军朝发夕至，你考虑考虑！

管仲说：我的铁精是吴国商人与我换物得之，既可以煅打武器，当然也可以用它来造农具，增加粮食的生产，有什么不可以？

楚使诧异道：我们与吴国也进行贸易，怎么没听说有这等好事啊？

管仲：世人都知道，楚国是头熊，棕色的贪婪无比的大熊，还是一匹贪得无厌的狼。

楚使：哈哈，明白了，这铁精就产在蔡国境内！你不过是借吴国商人说事。顿时两眼发光，连连逼问，你告诉我，在什么地方？

禹孙赶紧上前，走到管仲身边，用胳膊暗示他住嘴。管仲这才发现自己说漏了嘴，闯下大祸，迅速退到一边。禹孙上前对蔡侯说：我们已经查明，管仲用于农具的，不是铁精，是一种类似铁精的金属，是我们强大的邻国楚国弃之不用的……

楚使不甘罢休地问：你说清楚，那是什么？

管仲赶紧上前圆谎：是的。吴国商人换给我们的，正是楚国冶炼青铜祭祀器皿弃废的渣子，堆成小山一样无人过问，他们拿了些来与我们贸易。

蔡侯松口气：原来如此。转身对楚使道：贵国国君年壮力强，处处欲与周天子叫板，那劲道令我敬仰。现在，我又听说你们冶炼祭天器皿的废渣就堆出一座山，让商人拿来贸易。你立刻回去，请楚国国君送些这样的废物给我们。

楚使恼道：焉有此事，纯粹胡说！

就在这时，外面进来官差，他们早已按蔡侯的吩咐去颍邑将管仲用的犁抬到了朝堂之上。面对铁精做的犁头，管仲虽然巧言以对，但在楚使的百般刁难下，蔡侯还是按周律判管仲入狱。因为管仲尚未成年，便送他去养马。

管母虽未想到这样的结果，但她似乎有预感，默默地承受了，对封人与禹孙私下交代说：两位大人，我儿可能会遭受不幸，不在蔡侯，而是楚使。

封人：伯母何以见得啊！

管母：楚国要强大，称王称霸，缺的就是人才。我儿才多大，竟让楚国使者如此费心，不出数日，楚国使者一定会来看我儿，鼓动他去楚国。

禹孙笑道：管仲不会听他的。

管母：他的父亲能够做出离开蔡侯的事，儿子难道不会？

封人：这是为什么呢？

管母：一个国君连孩子都保护不了，听任楚使蛊惑，能不伤民众心吗？

封人：我以后决不做这样的事。也许是因为父亲年岁大了。让我再去劝劝父亲吧。

禹孙拦道：伯母说得未必不对。不用去劝国君，应该做防备。圈牢了，还怕狼吗？

封人点点头，问：有什么好办法？

管母哭泣道：知儿莫若母。我的儿子，我知道。如果蔡侯愿意听我一句，请将我儿判为囚，让他永远不能入官场。

封人与禹孙大喊起来：不能！绝对不能那样做。

八

在封人的安排下，管母回去了。

管母离开后不久，王家养马场迎来了楚使。

楚使是提着食盒来的，依楚使的想法，如果管仲不愿意与他去楚国，那就让他食物中毒而死。总之，这样年少有为的才子，不配庸碌的蔡侯拥有。

当楚使一进养马场，就受到了养马场围人[1]的热情接待，邀他喝茶。楚使手里的食盒刚放下，一条狗便扑向了食盒。楚使转身见状想阻止，迟了。狗打开了食盒，将里面烧得香喷喷的猪肉拱出来咬在了嘴里，任楚使驱赶，狗就是不放。很快狗倒在地上，没打几个滚就死了。楚使见状，目瞪口呆。围人冷笑道：一个孩子会灭掉你楚国吗？

不不不！一定是有人搞错了。我们楚国人，最是敬重人才，怎么可能害他啊？楚使面对这样的结果，只能理屈词穷地找台阶下。

封人面见蔡侯，说了楚使去养马场的事。蔡侯听了，捋着下巴想了想，对封人说：如此说来，干脆把他杀了，省却楚国做梦。封人连连叫道：父亲万万不可。那样做，正合楚使的意。蔡侯问：依你把他供养在宫内？这么小，做官连官袍都穿不上……

把他放走吧！封人说，在我们这里，他就是楚使心头的一块铁精，楚使不甘心，父亲也烦恼，何必呢？民间的天地大，管仲一定会活得很自在。如果他愿意为国家服务，以后还会回来的。蔡侯点点头，但很快就摇起了头说：敢用铁精煅打农具的人，我们就这样放过，世人如何说我们？封人看看左右没人，压着嗓门告诉蔡侯：这个铁精远在颍的西北部，那个阳乾山里，从颍邑去阳乾山要通过颍谷关。颍谷关是郑国的，他楚国想要，没那么容易。

---

[1] 围人：掌管养马放牧等事的官员。

蔡侯睁大眼睛看着儿子，问：你说的是真的？

封人告诉他，管仲进养马场后，禹孙专程去颖邑作了调查。

禹孙正好进来，又进一步作了报告。

蔡侯闻后，兴奋地大叫一声，突然倒地。

封人与禹孙顿时束手无策，赶紧喊宫人过来。大家把蔡侯扶起，躺在榻上。太医过来把了脉象后说：蔡侯最近病得很重，常常突然晕厥。毕竟年事已高啦！

急救醒来的蔡宣侯措父摆摆手，把封人喊到面前交代：让管仲离开，令其终身不得入仕。阳乾山有铁精的事封死，万万不能让外人知道。一旦传开，郑楚两国必争，夹在中间的蔡国必受两头之害！

封人跪下，泣诉道：父王安心养病，儿臣遵办！

蔡侯笑道：我也是你这样的年纪接位的，你爷爷闻秦襄公击败犬戎之兵，收复岐，将岐以东之地献给周平王而留下岐地民众后，一喜一愁。喜的是犬戎能克，忧的是秦获数万岐之民众，如虎添翼啊！一声大叹，弃我们而去。

封人：我还没出世吧？

蔡侯点点头，声音很弱地说：只有让管仲终身不入仕，那山里的秘密才能保住。

封人应着，想再听下去，垂首许久，却再也没听到父亲说话，抬头看，蔡侯嘴角流出一条涎，手再朝鼻下伸去，早已没了呼吸。

这是五月里的事。

这年，周桓王姬林刚刚登基五年。用现在的历法算，是公元前七一五年。

第三章 少年有志不言苦

一

管仲在周桓王二十年（前700）进入齐僖公的视线。这年，管仲三十岁。史载管仲与齐僖公有"三仕三见逐于君"的遭遇，可见伯乐识马何其难，千里马遇伯乐又谈何易。管仲真正与召忽一起做齐僖公次子纠的老师，是他三十而立后的第三年。

三十岁之前的管仲一直生活在社会的最底层。但是，底层生活的阅历使管仲增长了不尽的智慧与才能，以及经验。有人说，而立之前的一切失败都是而立之后成功的母亲。这方面，管仲最有发言权！

从蔡国都城出来的管仲，不敢回家，被国君判刑并宣布终身不能入仕的读书人，乡人是瞧不起的。他既不能在城外过夜，也不能在城里堂而皇之地逛大街，他要东躲西藏地回避熟人与楚使的耳目，更要防止大户强行抓他去充作奴隶或卖掉。这样一直躲到八月，举国进行蔡宣侯的国葬，宣布对服刑人员的大赦，管仲这才敢悄悄回到家。

家里也不能待，鼻子比狗还尖的楚使在暗处张着一对狼眼窥探着他。

敢于弑兄当上国君的熊通，深知铁精是他称霸的左膀右臂，千方百计想得到它。年轻时的管仲对这一点认识不透，后来，他做了齐桓公的相国，在阻止楚武王熊通与楚文王熊赀窥视中原的过程中，意识到了铁精的重要性，凭借自己的智慧与才能，即便战火燃至家乡，最终还是没让楚熊之足踏入。管仲活着，楚人始终没能揭开阳乾山里有铁精的秘密。这是后话。

母子俩商量后，母亲出面拜托经常到泗州做生意的邻居管才，让儿子做伙计，随管才外出经商。

管才与管仲同宗一族，论起来，管才要喊管仲爷爷。管才先是不愿意带这么一个书呆子出门，嫌累赘。但听说只管饭不要工钱，再看看管仲很机灵，便答应了。出门前与管母立下字据，声明万一遇上天灾人祸，管仲生死与他无关。

管才的生意，就是将家乡的药材与山货运到地处水网地带、富饶无比的泗州城里换回贝钱或者咸鱼干、日用百货什么的……

管仲随管才跑了几趟，渐渐摸清了生意经里的奥妙，学会了如何与生意对手在衣袖里摸手指头。回家时，管仲让母亲在家也搞一些药材与山货，再次出门时，管仲告诉管才，母亲平时收了一些山货，想带出去换些家里需要的日用品。管才不同意，管母找到管才说情，管才勉强答应了。到了地头，出货时，管才压着不让管仲出手。管仲只好一旁忍着，一位熟悉的老客户见管仲闷闷不乐，便问原因，管仲私下把这事告诉他。老客户看了管仲带来的私货，成色好，主动出高出管才货的价收下。管才知道后心里窝了气，借机寻事为难管仲。管仲问他，你与我母亲的定约上，没有不准夹带私货这一条嘛！现在，你答应了我母亲，又不让我出手，这就是你的不对了。其实，我们赚的都是辛苦钱。你看那个收山货的货栈，你一斤山菇三个贝钱，他出手就是十个贝钱！这是什么利益啊！

管才一怔：你怎么知道的？

管仲笑笑：你只管你的货，别处的事你听了多少？其实，你可以把你的货交给我来出手，我保证你的货款不少，货怎么出手，你不必问。你如果愿意，我们不妨做一回。

管才不相信地摇摇头：你才几岁？毛还没长就能啦！

管仲：这与年龄不相干。你若愿意，我们就合伙干。你不愿意，我也要单干了。反正你对我也不信任了，强拧在一起也不香。

管才突然感觉到这个十五岁的孩子不再是自己身边的使唤,而是对手了。

俗话说,同行必妒。在商言商也有一句现成的话,那就是袖子里的事——单摸。那个时候的商人谈生意不像今天这样坐下来,围一桌,三五个人,或者七八个十几位,从早到晚地谈判。那个时候谈生意的方法一直延续了几千年,江浙一带至今还在使用。那就是把手伸到对方的袖子里,用手指的握摸来决定价格。

管才认为这孩子跟自己还不到一年时间就敢于单挑独立,往后一定不是个省油的灯,要不了几年,从山里通外的商路还不全给他霸了?不成,先要给他一点下马威!

管才决定使阴招。

再次出山时,管仲果然提出了单干。从山里出去的货都是先运到颍邑,从那里分别散开去四面八方。每家运出去的货都差不多,全靠装货的皮袋子来辨别,如果是相同的袋子,各家就在上面押上各家的记号。管才与管仲在颍邑换了条船去淮夷。虽然是两家货,因为各自都打了记号,堆在一起不会弄错。很快管仲发现自己的八件货少了一件,仔细查看后跑到管才那里去了。管仲货物皮袋的封口,是母亲的针线活儿,他再熟悉不过了。找到那袋货细看,记号被涂抹成管才的了。他问旁边人是怎么回事,旁边人纷纷说,看到管才涂抹的,不知他为什么涂抹。管仲去找管才没找着,便自己先改过来。开船时,管才才醉醺醺地上船来,上了船倒下就睡,怎么推也不醒。到第二天下午,管才醒了,船也到了淮夷码头。管仲喊住管才要问话,管才匆匆忙说:我先去客栈一下马上就回来。

管仲无奈,只好由他去。船靠岸,货运到客栈,管仲把管才的货放一边,自己的货放一边。一切都安排好,便去请以前联系好的店家来看货。那家派了个姓鲍的伙计来看货。两人刚刚进客栈,就见管才把管仲的货搞乱了,把那袋管仲改过记号的货放中间,问大家谁干的。

是我的东西。管仲上前说。

好哇!管才叫着,对旁边两位官差说,你们听到了吧,他说是他的。

两位官差上前就抓管仲。

管仲分辩:你凭什么抓我?官差说:他报案说你偷了他的东西,有事去衙门说。不由分说拉了管仲就走。随管仲来的姓鲍的伙计喊道:大白天有这样的事啊！你们问也不问？伙计们，拦下，请老爷到这里来升堂问案！

官差怒道：胡扯淡！

管仲：这是周天下。周天子有深入民间判案的先例，可以请求邑官到现场判断！接着，管仲朝北一拜道：

《周颂》有曰：

> 蔽芾甘棠，勿翦勿伐，召伯所茇；
>
> 蔽芾甘棠，勿翦勿败，召伯所憩；
>
> 蔽芾甘棠，勿翦勿拜，召伯所说。

不错！你说得很对。人群后面出来一位官员，他对着管才问：刚才是你去报官的？他偷了你的货，这是你的证据？

管才知道来人正是邑官，赶紧行大礼。

邑官看看管仲：你还是个孩子嘛，就会做这等事？家风不兴，庶子难教也！

管仲不亢不卑道：不忙下车伊始。

听到这话，邑官倒要另眼相看这个半大孩子：此话怎讲？

管仲：老爷能到现场断案，说明老爷清明，有"甘棠遗爱"之风。

邑官笑道：小小年纪，文章不少，看来，家教有点歪了啊！好吧，老爷我来听你说说，那个"甘棠遗爱"之风怎么回事？

管仲：召公奭在自己的封地，喜欢事必躬亲，长年深入基层，宣扬中央朝政的仁德，切实解决民众的危困。有年夏天他到民间去，那是个十分炎热的暑天。地方官员劝不住他，便要求基层民众腾出房屋，以供召公奭断案、办公与休息，并提出由专人烧茶备饭、侍候起居。在一边的召公奭听着，没等官员把话说完就制止说：不劳一身而劳民众，这不是我们先君文王的做法啊。乡亲们，请你们不要听他的。说着，走到路边一棵甘棠树下站住，对乡亲说，劳驾您向四下亲朋好友递个信，告诉他们我姬奭来替他们排忧解难了，有什么委屈冤情，快快来找我！说完，他就在甘棠树下开始受理民事、听讼决狱，审案一直到月亮高挂。他无法回去了，只好就地搭了个草棚安营，一连好多天，让民众深受感动。在召公奭的封地内，民无冤狱，经济繁荣。召公奭离开后，民众十分怀念他，饭后茶余议论最多的话题就是那棵甘棠树。他们说，召公奭这样的好官太少啦。他不仅到我们中间，还委屈着在树下办公。办完了公，也不吃我们的东西，也不喝我们的茶水。如果天下的官员都像他这样，天下真的就太好了啊！

邑官：我不是来了吗？

管仲毫不留情地说：要老爷断案后才知道有没有"甘棠遗爱"之风。接着，又补上一句，刚才我也说了，在召公奭的封地内，民无冤狱，经济繁荣。

邑官：那好。现在，你俩站两边。管才，你说是你的，有什么证据？

管才说了他做的印记。

邑官看看管仲。

管仲说：如果我说了袋里的东西，他说他也是这样的，你怎么断？

邑官觉得管仲有点胡搅蛮缠，想喝斥他，转而一想，道：那你先让他说，他说了，你说的也一样，就是你的啦？

管仲乐道：在下正是这样想的，老爷有什么好方法断呢？

邑官恼道：老爷断案，要你教吗？

管仲赶紧退一步，站到与管才相反的一边。那姓鲍的伙计靠近他悄悄地说：你真能干，我叫鲍叔牙，人称我鲍叔，此地过去百里不到的鲍墟村即是我家。我们拉拉手，做好朋友，你有什么事，我一定帮助你……

邑官让管才与管仲各自把袋里的货物位置画出来。管仲不忙着画，只管与鲍叔牙聊天。管才却急得额头冒汗。邑官问管仲为什么不画？管仲说：他画他的，我画我的，你喊时间到，我交卷就成！管那么多，是老爷的风格吗？

邑官被呛住了，一恼，喝道：好！现在就交卷。拿来。

只见管仲从袖袋里抽出画好的货物图交上来。管才手里却还是空的，见管仲拿了出来，赶紧狡辩道：货物是伙计装的，我没看。

邑官把管仲的给他看：你说是这样的吗？

鲍叔牙上前拦道：焉能如此？

管才推开鲍叔牙，对邑官连连喊：是的，正是！

邑官看看管仲，只见他手里又拿了一份货物位置图上来，喝他站住。

管仲没理睬，走到邑官面前说：青天大老爷，当今的召公奭，诚承

"甘棠遗爱"之风，前来断案，我等敬仰，敬仰！说着，拿出一份刚才快速画好的图递上：老爷，那图上的货物位置是管才的了？那么，你问问他，这图上的也是他的？

你玩什么鬼？邑官恼道，我还没见过你这样的孩子。你说吧！你想干什么？

管仲笑笑，没对邑官说话，而是走到管才面前站住，很久不说话，两眼紧紧地盯着他看。看得管才浑身毛发竖立，连连朝邑官喊：你看他，你看他……

邑官让手下的公差拉开管仲。管仲不理睬，心平气和地说：不用你们拉我，他还怕我一个孩子吗？他难道连打架也打不过我？

管才：我不与孩子打架。

管仲哈哈笑起来，笑得大家都莫名其妙。笑罢，管仲朝邑官行礼毕，转身对管才说，就刚才这一小会儿，我好好地想了想我们之间发生的事。细想想，我没有什么对不起你的啊，你为什么要把我的货袋改写成你的？你大可不必这样做。你想要那袋货，与我说一下，我难道会不给你吗？我再一想，你也不是想害我。你若想害我，什么时候都可以与人串通把我当奴隶卖掉啊！落了钱财，又干净。可你没那么做。思来想去，只有一点，你还是我们周姬后人，说是管叔的后人，说是周穆王的后人，都可以，不失周天子一脉的风范！我敬佩你……说着，行礼。

众人都怔怔地站着，邑官也不知道管仲到底想搞什么。

旁观者议论起来，纷纷说这孩子不简单，知书识礼，年纪不大，成理的话儿，一套一套！

管仲直起身体，对北三礼，然后面对邑官三鞠躬，又对众人一一施礼，最后面对管才再次直身拂衣，理了理飘到额前的乱发，向前一步，朗朗有声道：诸位先生，这位是我的师傅，在族里，他只是我的孙子辈。管仲家遭不幸，贫寒一人也罢，恰有老母在家要奉养，故随他屈膝而谋一碗饭。万万没想到，我们之间会发生这样的事！邑官断案公明，很快会判明是非。但我不忍让我这位师傅受辱啊！他又是我的小辈，我作为长辈，该不该说几句啊？

众人七嘴八舌喊叫起来——

好小子，利嘴！

将来是个才！

快，快，教训教训他啊！

管仲上前对管才慢条斯理地说：你不就是觉得我碍你事吗？你何必用那么下等的小人手段呢？但我不计较你。因为我知道，小人是不能得罪的，只有团结好小人，小人不坏事，主人的大事才能成功！所以，我让着你。我告诉你，这里两张图，画的都是袋里货物的位置。你只能拿走一张。拿对了，算你走运。拿错了，那就看老爷怎么待你啦！如果他请你去上席就座，我不反对！若要你坐牢，我只能回去替你报信，帮你奉养二老！

管才这时两腿颤了，他万万没想到小小年纪的管仲有如此心计，只好服输。

邑官见状，恼道：小小孩子，是何方妖孽？敢把大人欺负到如此地步！

管仲一把抓住管才，大声道：告诉他我是何人，你应不应该喊我一声"爷爷"？

邑官气得怔住了，问身边人：这孩子是那大人的"爷爷"？

众人七嘴八舌道：刚才就说了，那大人没声响，没声响当然是真的……

鲍叔牙上前：那是辈分。刚才说得那么响，老爷应该明白，这辈分很正常的呀。

邑官把管才喊住：本官为你做主，这孩子何方妖孽，他的货物充公。这袋货就给你了，算是给你的奖赏！

管才连连推说不要，灰溜溜地跑了。

管仲追上去拉住他说：你拿了吧！你想要这货，就拿走吧！我家天生穷透了屋顶，靠一袋山货补不了那破屋顶！管才连连后悔地跺着脚：你、你、你……我是要你的一袋山货吗？你、你、你、你说了，你说了……唉！

邑官与公差也过来了。

管仲面朝着管才说话，那话句句都是说给邑官听的：前朝伊尹曾言，"五帝先道而后德，故德莫盛焉。"[1]太甲不遵守商汤王履生前定下的大政方针，上台后做事不民主，暴虐臣民，私生活毫无德贤可言，造成亲离

---

[1] 见《吕氏春秋卷三·季春纪·先己》。

众叛。伊尹作《伊训》《肆命》《徂后》告诫太甲，民心不可欺，民情不可违！

邑官听着，渐渐双眉紧锁，心里在想：前番自己说这孩子缺少家教，看来是自己枉读圣贤书，少年才俊就在面前，却不识啊！不！我一堂堂邑官，焉能在大街上对一毛头孩子行对贤之礼，当斥责方是……正当他思虑再三，无所适从时，就见管仲对管才大声说：我年少，往后的路又长又亮，焉能被这一袋山货挡住！你们统统都拿去吧！说完，转身而去。

大街上这一拨子人见管仲突然离开，谁都不明白他晾下大家是什么意思。

鲍叔牙气喘吁吁追上管仲，拉住他关切地问：你的货不要了？

管仲又气又恼道：没见过这样的昏官！货是小，人品是大！我宁可饿死，也不受辱而生。

鲍叔牙点点头：我看你这水平，还是去做官吧。

管仲叹道：我才多大啊！再说……

鲍叔牙鼓动他：有志不在年高嘛！

管仲垂下脑袋。

鲍叔牙抚着他的肩，摇着，问他：你怎么啦？

管仲抬起头，脸上尽是泪水。鲍叔牙更慌了，不知发生了什么事。管仲在心里一遍遍地苦苦喊叫：老蔡侯啊！你临终遗言，让我终身不入仕，你害苦了我啊！

你到底出了什么事？鲍叔牙问。

管仲心境平静下来，对鲍叔牙说了平生第一句假话：我想我娘了。

二

鲍叔牙回头找邑官时，见邑官正在痛斥管才，便站在一边等待。等到邑官让听差带管才去缴罚款，鲍叔牙这才走上前去，说明代管仲取回属于管仲的山货。邑官笑道：这孩子，脾气不小。接着告诉鲍叔牙，自己是个好官，曾经受到齐国大夫管严仲管山的教诲。刚才那小子，就是这八袋山货的主人，就是管大夫的小儿子管仲。将门虎子，不弱！说着，叹口气，吩咐听差将八件属于管仲的山货让鲍叔牙领去交给管仲。

看到鲍叔牙没离开，邑官问：还有什么事？

鲍叔牙说：老爷为何叹气？

你知道吗？邑官说，这小子是管大夫的小儿子，我就要替他叹息了。因为老蔡侯临终遗言，管仲终身不能入仕！我受他父亲恩泽，始有今天，焉能不为倨小子感叹。

鲍叔牙明白了，说：难怪刚才我提到让他去做官，他哭了。邑官喝道：你可不能鼓动乡人举荐他啊！虽然这里不属于蔡国，他若真的做了官，没准翅膀一硬来算计我，那可就生灵涂炭、民不聊生啦！鲍叔牙摇摇头：老爷，他有那么坏吗？邑官说：见面三相，从哪个角度看这小子，将来都不在人之下！你说的倒也是，从相貌上看，他倒有个豁达大度的好脸面，耳有坠，地也宽长，五官端正。要说不好之处，那门发生得低，几乎压到眉，两额紧压天庭。看此人面相，而立之前，颇多曲折坎坷啊！唉……蔡国不让他入仕，做做生意，倒也太平无事……

鲍叔牙把邑官说的一字不落地记在了心里。

听差把八袋山货抬过来了，放在地上。

邑官吩咐：你们给我听好了，千万别小瞧那个半大孩子，他叫你们送哪儿就送哪儿去。好好伺候，他不是给老爷我省油的灯。

听差们回答：是。

鲍叔牙让听差随他把山货送到自己老板的店里。放下山货，公差们走了，鲍叔牙让人过秤入店，自己去街亭把管仲请到店里。两人刚刚在店堂里席地而坐，账房过来对鲍叔牙嘀咕：刚才在大街上的事，已经传得全城沸沸扬扬，老板不让收这货。

他的货比所有人的都好，是不是？鲍叔牙说。

账房：是的，一店的人都替管仲说了话。老板不依啊！

鲍叔牙看看管仲，管仲佯装不听，埋头喝茶。

就在这时，老板从后面出来，一眼见两人在店堂里席地而坐，还上了茶，气得跑过来跺跺脚喊道：叔牙，你好大胆！

鲍叔牙慢慢仰起脸，不解地看着老板。倒是管仲起身对老板施礼。老板气呼呼地并不搭理。管仲仍不生气地说：礼乃周安天下的法。周人以礼治天下，以礼威仪天下。老板收三山五峰货材，通一江七河财源，难道用的不是周礼？普天之下，还有比周礼更为神圣的？

这不是货，是祸根。要不了几天，我就得店毁人亡，死无葬身之地。老板在店堂里大叫大喊，把货给我扔出去……

鲍叔牙起身对账房交代：先把货放着。老板听到了，跳到鲍叔牙面前，指着他喝道：要不是看在你舅舅的分上，你能在我这店里如此威风吗？转身拖起管仲的山货袋子，朝外扔。伙计们也只好照着办，把八袋山货全扔到了店门外。

鲍叔牙一边拦着，一边对老板好言相劝：眼光不用这么浅，管仲是个人才，将来会有出息的。如果你现在待他好，将来他会报答你的。

老板笑道：从周天子脚下到我们这九夷之地的淮夷，普天之下，最多的就是佳了吧！佳是什么，你知道吗？加个目字是"睢"，加三点水是"淮"，还有很多字可以加起来读。为什么？因为这世上最多的就是"佳"，短尾巴的"鸟"，你们叫什么来的？鸡！对，就是鸡！鸡可以在濉水边飞，叫濉鸡。鸡可以在淮河边跳，叫淮鸡。鸡当然还可以在很多很多草木茂盛的地方出入。但它能飞多高？能长出漂亮的尾巴，成为凤凰吗？当然不能，绝对不能！他永远就是我们常见的短尾巴的鸟！

鲍叔牙听了这番话，气得直跺脚，狠狠地喊道：你要后悔的。

老板也跺跺脚：棺材盖子不合，我都不会跑到广陵去的。

广陵，就是现在的扬州。在周还是商的诸侯国时，周太王古公亶父的儿子泰伯奔吴，在那里遭遇了一场海潮，几乎全军覆没！从那时起，淮夷人提到倒霉事时，就用那故事赌咒发誓！

既然这样，我也不想在你这里做事了。鲍叔牙对老板说，请你把我的契约还给我。

老板立刻让伙计找来鲍叔牙进店时签的契约。

鲍叔牙拿过，拉上管仲说：走，我们走。

三

管仲与鲍叔牙走出店门，旁边暗处有人朝他们招手。两人过去，暗处走出几个人，鲍叔牙与管仲都认识，是平时玩得比较好的同龄人。

以为是自己的事牵累了大家，管仲赶紧向大家赔礼。

胖墩抢先说：你没错，是你那同乡不该那么待你。

另一个瘦子说：要说邑官也不坏，如果是东阳（今山东费县西南关阳镇）的邑官，你啊，少则让他剥层皮，没准还要敲你俩骨头熬汤哩！

到底出了什么事？鲍叔牙说，我们还得赶紧出货啊！

出货？胖墩说，满城都知道邑官与管仲在大街上的事。光这个还不够，传说管仲是蔡国国君钦定不允许做官的人。做不做官，对我们民众没什么利害关系，倒是那管才说的话，引发了全城商家对你的抵触情绪。

管仲不明白地问：我与全城商家素无冲突嘛！

瘦子说：你那么好的口才与本事用不到做官上，必要找个出路。

胖墩接口道：对了，就这话。他们说，你是相上做生意这一行了。你若做生意，这一城的商人，没一个是你的对手……

管仲：这有什么关系吗？

瘦子：行业里传话快得赛鸟儿飞，喝口茶的工夫，全城已经统一口径，不再收你管仲的任何货。叔牙哥，你莫要怪你们老板，他也是无奈啊！

鲍叔牙急了：那怎么办？

管仲不以为然道：鸡不撒尿，也没见它们被尿憋死！天下那么大，还能没我们的生存之地？

鲍叔牙：听你这话，好像你早有准备？

管仲领大家到一个高地上，指着东方告诉大家，这淮水一直朝东去，在那里入海。如果我们顺着这河水朝南去，那是什么地方？

有人喊道：我知道，那是海边。传说泰伯奔吴，一夜被海魔吞掉几千人，就在那儿。那海魔可厉害啦，把几千人一口吞下去，再吐出来，这些人的精髓都被他吸走了，全是腐烂的尸体，吐得整个海滩上全是……

瘦子：广陵这个地名，就这么来的。

它不是还有个名字吗？管仲问。

大家都笑起来，异口同声道：棠邑。

管仲：这就对了。棠邑是咱们淮夷对外的一个大门户哩。不过，棠的东边好像又有个新城，是楚那边搬过来的，叫郧（今江苏如皋东）吧！

鲍叔牙笑道：我知道，我还去那边做过生意。郧邑人把楚国出产的山货运到他们那里，然后将郧的盐与海味运到楚去，靠的就是大江与船。棠邑虽然也在大江大海边，他们做的是吴国的生意。吴国的丝绸、麻布从大江南边过江北上，先在棠邑歇脚……

这就好！管仲说，我们就去那里。听说，郧邑的人做生意很有楚人风格？

胖墩点头说：是啊！听他们口音都不是这里人。

管仲告诉大家：这个郧，应该是从楚国过来的，但它不是楚国的，在楚国的东北部，与隋、绞、蒲骚等国形成楚国与周天朝之间的大坝。楚国想到周天子那里称王，就先要灭掉这几个国家，打开通道。这个郧可能就是怕楚国才逃到这个距海最近的地方建邑的！

瘦子：他们不怕被这里的人捉了当奴隶卖掉吗？

管仲：有周朝的文书，有武装，自然不怕。我们是不是想办法租条船，把货运到棠邑去。从那里换些丝绸布匹，还有吴国的什么东西。我们也可以从棠邑顺河到郧，在那里贩盐回颍邑。说着，看看大家，对鲍叔牙说，你们都回去吧，我一个人去就行了。如果你们愿意，帮我租条船，租船要这淮城里的商家担保的！

胖墩：没事，我让我爷去做。我还可以让我爷送你一个随僮，做做帮手。

管仲正说好，一眼瞧见鲍叔牙满脸的不高兴，便问他：怎么啦？

鲍叔牙说：你不知道我丢了事儿吗？

管仲一拍脑袋，叫道：哈！我怎么把这样的大事忘了，真不应该。走，我们就听胖墩的，去他们家店铺看看。其他兄弟都回吧！

在胖墩父亲的帮助下，管仲很快租到了一条船。

在付租金时，管仲为难了，手上没那么多钱。鲍叔牙说：如果你愿意，租船的费用我出，我们合伙做。管仲想也没想就同意了。胖墩父亲向管仲问道：你怕不怕吃亏啊！鲍叔牙一听这话，赶紧又从身上拿出平时攒下的钱捧在手心里对管仲说：我的全部家当都在这里，拿着，我们俩一起干。合不合适你说，你说不合适，我就离开你。不过，说心里话，我不想离开你，想与你在一起，能学到很多东西……

管仲推开了鲍叔牙送过来的钱，告诉他：咱兄弟一场，你在我最困难时帮助了我，这比这些山货都重要。

胖墩父亲把胖墩推到管仲面前说：把我这儿子带上，随你们去操练操练，我们不要工钱，你们当他是学生意的小徒弟就行。

哪能哩！管仲看看鲍叔牙，然后对胖墩父亲说，我们都没做过生意，此去风险很大，万一出了什么事，担当不起啊！

胖墩说：我爸这样说了，你们就当带我出去散散心吧！说着，朝树墩上一坐，嘴里嘀咕，你们带也好，不带也好，反正我跟定了你们。

既然是这样，管仲与鲍叔牙商量后，同意了胖墩的要求。管仲告诉他，钱是身外之物，学问是自身的修养。兄弟朋友是人世间处世干事的左右手臂！少一个都不行。我们就是有这种信念的人，胖墩，你若愿意，我们拉拉手。

胖墩赶紧拉住管仲与鲍叔牙的手，使劲地晃着。胖墩父亲在一边看得开心，咧嘴直笑。

管仲与鲍叔牙带上胖墩，和那八件山货一起上了租来的船，朝棠邑而去。

四

棠邑（今江苏扬州）南靠大江，东靠大海边，物产富饶，也是重要的贸易城市。

船到时，正逢大节，各地商人云集。管仲他们第一次见到了红鼻子绿眼睛的异邦人。这些异邦人手里有精美、特殊的大贝，他们凭借这些东西，把当地人手里成船的货物换走。有一颗夜明珠，管仲在一边关注了很久，发现想买它的是一些衣着豪华、随从一大群的人。谁都清楚，他们是王公贵族！管仲上前问了问价，竟然需要十船山货才能换。管仲心想，一般民众衣食不饱，对此不敢问津；而拥有太多物质的人，却争相追求奢侈的生活。这就是社会的不公！如果这些王公贵族拥有的钱财是自己或者祖上靠辛勤劳动得来的，谁也不忌妒，偏偏他们中的许多人生来就像桑树上的瓢虫，一切靠吸桑树皮汁得来……

鲍叔牙见管仲怔怔地看夜明珠，嘀咕道：一件稀罕物抵得上很多平常物品，这说明物以稀为贵的道理！我们想办法做这种生意。

管仲看看他，不解地问：我们做？我们要它有用吗？

鲍叔牙：这么贵重的东西，民众是不要的，只有献给国君侯爵！

管仲说：献给国君？

是啊！国君给你官做，你就可以拿俸禄，不需要再辛苦种地了嘛！鲍叔牙说，你管仲是有做官之才的嘛！蔡侯不用你，天下万国，何愁无人不识君！

管仲摇摇头，把自己的思考告诉鲍叔牙，说：如果我们去找国君推荐自己，国君提出这个问题要你回答，你怎么回答？

鲍叔牙抓抓头皮，想不出更好的办法。

管仲说：如果蔡侯问我，我是不是应该说，祖上的荫庇，正是壮士建功立功、荣耀祖德的好机会，可以让祖德更加光大啊！如果是一位像熊通、郑寤生和宋与夷那样的人问，我就应该告诉他，荣耀祖上的宏德不是把疆域搞得越大越好，而是要做一个能够帮助周天子稳定天下，使贫寒民众衣能御寒、食可饱腹的国君。光这样还不够，还要让那些拥有巨大特殊贝和夜明珠的人变得有慈悲胸怀，愿意将巨贝、夜明珠换取成船成山的衣物去接济穷人，让普天之下的民众都能冬天晒到温暖的太阳，夏天得到树荫的庇佑！这样的国家一定是夜不闭户、路不拾遗！这样的国家才能维护周天子的权威！

鲍叔牙与胖墩听得高兴起来，连说：你说得太好了。

客官！客官！远处有人喊。

大家回头看，竟然是船家，看那急切的样子，不知道出了什么事，三人赶紧迎过去。

三人匆匆赶到河边，不由得大吃一惊。一群士兵正在河边驱赶着船家，并将船上的货物统统拿走。胖墩不问三七二十一，冲上去，拿着自己的"过关契书"（相当于今天的身份证）喊道：我们是有身份的商人！有个士兵过来，夺过胖墩的"过关契书"，看也不看，朝身边正在燃着的火堆里一丢：你找它要吧！

胖墩与那兵打起来。鲍叔牙身大力壮，上前帮忙，那兵眼看要吃亏，几个兵都拥过来。管仲拦道：你们为什么这样做？

一个兵头看看他，上下打量着，哈哈哈笑起来。

你笑什么？管仲问。他一点也不惧怕。

兵头：国君号令我们征用船只！只要是外地外邦的，统统没收！谁不愿意，你看看那边倒在地上的，漂在河里的，还有那些女人，他们就是榜样。

顺着他的手指看去，地上躺着许多被砍死的人，河面也漂着许多尸体。更令人触目惊心的是，好几个兵正在轮奸一个青年女子！

这是光天化日之下啊！管仲痛心疾首，老天啊！你睁大眼睛看看，这世道还有什么公允啊！

兵头上前一步，对管仲斥喝道：你们都给我走！

管仲转身就走。

兵头：站住，朝哪儿走？你入伍了，随我们当兵去！当兵打仗，吃香喝辣！你看那几个人在干什么？这就是当兵的好处，哈哈，多痛快啊！你难道不想吗？

管仲大义凛然道：这是禽兽不如的勾当，我不相信你们的国君会允许。

来人！把他们先给我绑了。兵头喊道。

鲍叔牙知道不妙，把胖墩朝身后一推，暗示他快逃。管仲赶紧从怀里掏出自己的"过关契书"塞在胖墩袖里。胖墩趁着混乱逃走了。鲍叔牙想走，看到管仲被那兵头缠住，担心身弱体单的管仲吃亏，只好留下来陪着。管仲却说：祸福不可预，福祸不是终！当兵也不坏。鲍叔牙恼道：你那八袋山货，多少钱啊！管仲坦然道：身外之物，去了都可以再来。唯有经历，那是别人无可替代的财富。这样的乱世，我们必须好好活着，活下去，将来找着机会去报效民众，无愧于这片养育我们的山河！鲍叔牙听了他的话，从内心里肃然起敬，暗说：我没交错这个朋友，他会成功的！

这时，有人过来对兵头传达将军的命令：朝廷来了大夫，将军喊你去。

兵头走时，对手下说：把这两个小东西带上。

进入军营，兵头去见将军，也把管仲与鲍叔牙带着。

将军正受着大夫的斥责。大夫见到兵头带着两个孩子进来，看看将军问：你连他们都不放过？将军起身过来对兵头道：我这里不养孩子，想让他们壮实起来，得喂多少粮食啊！

兵头上前告诉将军：别看他们年纪不大，却会做生意，三个人弄一船货，正在棠邑做生意，遇上将军下令征用……

别说了！将军恼道，谁叫你这样干的？异邦贵族已经向王爵提出抗议，说这样下去，再也不会有商人敢来棠邑！大夫来就是为这事儿。

兵头：别怕！没人来更好，我们自己快活。

大夫：你都看到了吧！还不赶快下令，让你的手下停止掠夺！

好吧！将军应着，对兵头说：你赶快告诉他们，快住手吧。

兵头无奈地应着，转身就走。

等一等！大夫喊住兵头，看看管仲与鲍叔牙说，把这两个孩子带走。

兵头：将军，你的马要人养的，我是让他们来给你养马的。

大夫把将军拉到一边，悄悄说：你必须让你的手下将这里的所有人全部杀尽，一个不留。不能让人们知道这里的惨境是你掠夺造成。只要还有一个人，枯干的荷叶就不能包住正在燃烧的木炭！

将军不解地：您这是……

大夫：要让所有人知道，这是戎敌入侵，是我们把他们全部消灭了。我们又恢复了棠邑天下货物贸易集散地的名声！我们的王爵才能声名远播……

将军指着管仲与鲍叔牙：他们懵里懵懂的，不会明白什么的，杀了有点可惜！

大夫叹道：你自己看着办吧，如果能留下他们去养马，也行。大人是不能留的，都给我杀掉，一个不留。特别是那些女人，更不能留。

将军转身对兵头交代：只要有口气的，都杀掉。大腿与粗壮的臂膀还是老规矩，割下来用盐腌制了，食物匮乏的冬季很快就到，要备足食物！

表面装着傻乎乎的管仲已经把将军与兵头低声说的话，一字不落地记下了。鲍叔牙再次紧紧抓住管仲的手。世间的艰辛与不幸让两个半大孩子突然长大了。

五

管仲与鲍叔牙被兵头领到了圉人处。

圉人正在啃着一只从郧运盐船上得到的风干肉腿。他烧着炭火，几个养马的小兵正替他烤着，烤熟了，就递上去，他咬几口，喝酒，开心地大笑。看到管仲与鲍叔牙，龇牙咧嘴道：把他们放在盐水里泡过，再风干，一定味道很好，嫩啊！

兵头上前夺下，朝火里一丢，大声道：将军有令，马厩旁边一律不准生火！你难道想被砍下四肢让别人背在背上风干当食物？

围人被他一喝，猛然醒了，他怔怔地看着兵头，眼前出现了半年前那一幕，马厩起火，烧死了几十匹马，养马的小吏被活活砍去四肢，分别背在养马人背上，整整一年，肉风干了，可大家还是会记得这是同伴的腿肉，再没食物，也不忍去啃那肉……

兵头喝令把火灭掉，手拎了围人的耳朵，把管仲与鲍叔牙交给他：这两个孩子，负责将军用的那匹马。

围人说：长官，多谢你处处替我掩丑遮羞，我也替你备了一匹犬戎上次逃走时留下的枣红马，很好的。也交给他们养吧！

兵头得意地点点头：带我看看。围人带兵头看了枣红马，兵头果然很满意，对围人很郑重地交代：你要把他们调教好，就你自己调教！围人诺诺应着，头也不敢抬地把兵头送出马厩。没走出几步的兵头突然回过头来对管仲招招手。管仲与鲍叔牙赶紧上前跪谢兵头的救命之恩。兵头得意地看着这两个半大孩子，捋着下巴对颠簸着过来的围人得意地说：我留下的这两个人，没准将来都是人才。围人，你给我带好了，如果发现有差池，看我怎么整死你，把你那两条肥腿腌了！

围人颤颤地回答：在我这里，头儿，你就放心吧！

兵头满意地走了。

看到兵头走远了，围人转身直立，摆出架势，开始训话。等他训完了，管仲赶紧递水上前。围人看看他，点点头：竖子可教，还机灵，留我身边吧！管仲赶紧说：头儿交代我们要养好将军的马。围人看看管仲，摸着脑袋想了想，过来低语问道：你是头儿的亲戚？管仲用嘴暗示鲍叔牙：他是头儿的小舅子。围人赶紧道：敝人也多亏头儿常常照顾，要不，何来这养马的官啊！你们可别小看这"围人"，官不大，要是领队打仗，也得管上四五个兵卒！知道了吧？在我这里，你们可以玩，有的事，有人替你们做的！

管仲初识围人，不敢多搭话，只是回他：头儿留下我们就是为养他的马的，咱们要做好正事。鲍叔牙连忙附和：不敢玩，把头儿的马养好是正经。

围人：将军的马不重要吗？

鲍叔牙：也重要，只是……他看看管仲。管仲接过话说：一样重要，那是您圉人的福，能伺候将军。咱们能不能分分工，那好的差事，将军的马，你养；头儿的马，我们养！

圉人吼道：都是你们养！两个人还弄不好两匹马吗？我天天监看着你们。

鲍叔牙：不用监看，我们会用心的。你只管喝酒，去串门好了。

圉人乐了：小子也知道串门？

管仲赶紧暗中拉拉鲍叔牙，示意他说不知道。见鲍叔牙回说不知道，圉人乐起来：串门，就是看看那些个骚娘们儿倚门卖笑，咱提几斤喂马的料豆，就可以睡她个天翻地覆。你们想不想？……见两个半大孩子不听他的，更乐了：等你们长了毛，就知道啦！说完，打着口哨，逛荡去了。

马场的马并不多，养马的人也不多。管仲和鲍叔牙很快就与马夫们都熟悉了，大家也都很照顾他俩，基本不要他俩夜里起来喂马。

有一天，圉人半夜回来，见马夫们在喂马夜草，却不见管仲与鲍叔牙，问怎么回事。有位年长的马夫回说：孩子还小，夜里喂草的事就我们替了算啦！

圉人：不行！这养马就好比孔甲养龙！孔甲找了那么多人养他的龙，都不好好伺候，结果呢？还不个个没好下场！这马也是天上的龙下凡，得好好伺候的！

说着，下令把管仲与鲍叔牙从睡梦中催醒来，喊他们站在灯下，手里拿着浸泡过尿液的牛皮鞭，一扬一扬地，借着酒兴，提问管仲：你知道孔甲养龙的事吗？

管仲知道这事儿，史书上记着，夏时一位叫孔甲的帝王，从小性情乖僻，沉湎歌舞美酒之中，又笃信鬼神。一日天降二龙，一大臣说是祥瑞之兆，建议孔甲找人给养起来。孔甲果然照办，可是有一天养龙的人把一条龙给养死了，又不敢说，就把龙肉腌制了送给孔甲吃。孔甲觉得味美，后来又想吃，养龙的人哪敢再杀死那条活龙？就连夜逃走了。孔甲得知后大怒，命三百武士去杀龙，哪知龙是灵物，一翻身把三百武士卷入龙池，霎时天昏地暗，大雨滂沱。龙腾空而去，而三百武士全被淹死了。这故事结局悲惨，管仲不知圉人何意，便闭口不言。鲍叔牙见他这样，也赶紧摇摇头。

圉人把皮鞭在半空中划个圈，站在那里神侃胡吹起来。当讲到龙被养死时，圉人突然不说话了。

管仲与鲍叔牙看着他。

圉人：看我干什么？

管仲：我在想，要是有一天你突然偷偷跑了，我们会有什么样的下场？

圉人哈哈哈笑起来：可以把马肉做成肉糜，献给将军啊！

不能！管仲说，马肉不是龙肉，马肉很酸，吃马肉不小心会死掉的。

圉人：小子很聪明。你吃过马肉？

管仲摇摇头说：古书上有记载，说新鲜的马肉味酸，少食能解腹饥，不能久食！

圉人又说：你们趁我没走远，去报告兵头抓我？鲍叔牙正想说话，被管仲拦住。管仲说：我们干吗要报告？你逃了，一定有原因。如果我们不逃，这个原因就会成为判我们死刑的根据，我们留下也说不清楚！鲍叔牙接口道：我们也逃，朝另一个方向逃。就算兵头或者将军派人追也只能追到其中一支，另一支不就逃脱危险了吗？管仲告诉圉人：这样说来，我们都是一匹马身上的一只蹄。马有四只蹄，才能奔跑如飞，少了一只，只能等死。我们的命运就取决于这里的马……

圉人夸道：小子年少敏慧，将来不在我之下！就这么说定了，咱们谁也不做孔甲养龙里的师门。圉人看着管仲又叹道：你这瘦弱的样子，何时能壮实起来啊！

鲍叔牙悄悄对圉人说：在我们家乡，男孩子长身体时，都要给他吃上一两副猪下水，身体才能壮实。圉人问：猪下水能有什么营养？鲍叔牙说：你看我这身体，就是吃了三副猪下水壮实起来的。圉人问：怎么做啊？鲍叔牙说：把它洗干净了切成小块，放锅里煮，和竹笋什么的一起煮，油水干了，浇上酱汁红烧，味道可好啦。圉人便着兵卒去寻来猪下水，依鲍叔牙说的如法炮制，果然香喷喷，与那大块的红烧猪肉无两样。管仲并不知情，吃了一块，感觉甚好，竟然一人吃了半碗。看管仲吃得香，鲍叔牙赶紧收住筷子。圉人也只是随便地吃了几块，一大碗肉全给管仲吃了。

一连吃了几副猪下水，管仲身体虽然没见高大壮实多少，倒是精神了许多，帮圉人做起事来，不再有气无力了。

从此，圉人把这两个半大孩子视作小兄弟。

六

一年多以后，不幸还是在他们中间发生了。

江淮大地迎来了一年一度水退后的落地旱，是各酋长国之间争夺资源的最佳时机。将军的马被管仲和鲍叔牙喂得很壮实，兵头的马也喂得膘肥体壮。两匹马在战场上驰骋踊跃，敌人皋夷很快败退到自己的领地内。将军带着自己的军队乘胜追击，一直杀到皋夷大本营附近，眼看就要把皋夷的酋长捉住！只要把皋夷的酋长捉住，皋夷的领地就是他们的，皋夷的男人女人都将成为他们的俘虏。他们必须把壮年男人全部杀死，以防他们蓄积力量反扑。这些被杀死的男人，他们的肢腿统统会被做成风干食物。老女人也会被杀死。只有年轻有生育能力的女人才会被分配给本族男人，让她们多生孩子。

处在兴奋之中的将军忽视了一个常识：骄兵必败！

天色近晚，如果再追下去，就将皋夷逼到海边，全部活捉他们。偏偏在这个时候，将军下了个停止追击的命令。整个部队都不能理解。管仲思考后告诉围人，他想去面见将军，请将军收回成命，连夜布置防务，趁夜全歼皋夷。围人觉得管仲的想法很对，便带着他去面见将军，把鲍叔牙留下看马厩。鲍叔牙嘀咕，空空马厩有什么可看的？管仲用眼色暗示鲍叔牙，此去可能凶多吉少，你还是做好准备。

见了将军，管仲还没把自己的想法说完，将军愤怒地握着石鞭到管仲面前：你怎么知道他们会利用夜晚袭击我们？莫非你是他们的细作不成？

管仲听他这话，便不再说话。

将军问围人：这孩子是不是一直在你们的监督之下？

围人回答：是，一步不离三寸。

将军：你先把他带下去。

围人与管仲刚刚转身，就听得将军大吼一声：正气在上，岂能容忍如此不堪之语。来人，将这灭我威风的小子砍头，丢到敌营去，让他们看看本将军如何治军！

将军话音未落，帐前冲进刀斧手。

几乎同时，鲍叔牙冲了进来，大喊：围人，将军的马！……

将军与围人异口同声：马、马怎么啦？

鲍叔牙拉围人：要管仲去看看，那马是他喂的，一点点小病，都只有他能治！围人醒悟地赶紧报告将军：这小子喂那匹马尽心尽力，如果没有他，你的战马……

将军：好小子，敢耍奸！来人，去马厩看看马怎么啦？

一会儿，回报：马躺在那里不吃不喝！

围人：只有管仲能弄好。

将军想了想：我不怕你逃走。围人！你先把他带去看看马怎么啦！

围人赶紧把管仲带回，三人回到马厩。围人看看马躺在地上，再检查，发现没病。管仲上前轻轻抚摸了它一会儿，马很快就起来了，送过新鲜青草，马大口大口地吃起来。鲍叔牙朝管仲挤挤眼，管仲明白，对围人说：如果我们现在离开，我们的生命还都是自己的，如果不走，明天太阳出山时，我们都会被砍死！围人还不明白。管仲说：这方圆都是皋夷的地盘，他们非常熟悉这儿的一丘一陵，一河一溪。而我们远道来，天黑之前没把住有利地形，天黑以后，皋夷必然袭击，我们的失败也是必然的！

你的意思，我们现在逃走？围人问。接着，围人从身上掏出几枚贝钱交给管仲，说：好小子，我不希望那样，但我相信你的预见。这几枚贝钱是我一生积蓄，微不足道，只是我的一点点心意，弥补平时对你关心太少的过失吧！

趁着夜色，围人把管仲和鲍叔牙送到一条小沟旁边，告诉他们，从这里出去，不远就是大路，直通齐国，将军不会想到有人从这条路上逃跑的。刚刚送走管仲他们，围人发现皋夷的兵已经悄悄摸黑朝他们的大本营而来，而这边的军队一点也没反应，连哨兵都扶着枪站着睡着了。围人叹道：果然被这小子说中了，他日，管仲必会出人头地！

管仲和鲍叔牙连夜走了七八十里，天明时，到了一个墩上。两人远远朝来路上看去，许久，看到了从那儿逃跑出来的散兵游勇，到跟前一问，果然昨夜皋夷利用熟悉地形夜袭了将军，将军全军覆没，头颅已经被割了送到皋夷酋长那里，躯干被烧了分食掉！

两人闻后，不禁掩面痛哭！

　　管仲自己说，他一生中的早期屡勇屡挫，具体地说，有"三市三败"、"三战三走"和"三仕三见逐于君"。可见一个人才要真正能够为国为民出力，谈何容易！这里只是先说了"三市三败"与"三战三走"中的"一市一败"和"一战一走"，如果从第一次见蔡侯算起来，真的是，"一仕被逐""一市一败""一战一走"矣！

第四章

分金亭上话入仕

一

管仲回到家乡，看到的是狼烟四起的战争。

后人说"春秋无义战"，不是没道理。自周平王迁都洛邑以后，周天下进入了诸侯国之间你争我夺的"春秋"时期，时间大约在公元前七七〇年，到公元前四七六年，转入"战国"时期，前后二百五十四年的整个周天下就是"无义之战"的天下。我们的传主管仲，生于乱世，长于非义而战的时代，管仲一生面对的，是如何用自己的才能与力量来改变这种周而复始的不良现象。他能力挽狂澜、再现姬昌时代的威风吗？

眼下是公元前七一三年。

史书记载：郑会齐、鲁伐宋，取宋二邑。宋、卫攻入郑，蔡人从之伐戴（今河南民权东），郑败三国之师，不久攻入宋。齐、郑攻入成，讨违王命也。秦宁公与亳战，亳王奔戎，遂灭荡社。

史书记载成、亳的战事，却没记载颍、柏、阳、弋、寿、吕、邓、申、隋、陈、蔡、应、绞、郧（此郧非棠邑东的郧邑，乃郧国所在）的另一场你争我夺。起因是隋国的国君嬴丁，根子却是楚国国君熊通那膨胀的野心。

楚国的出现，虽然是周成王姬诵封熊绎于楚而建国，但这个民族似乎与中原别国不同，它的雄起成为春秋时期一道绚丽的彩虹。特别是熊通，在他的血脉里，有祖父熊仪[1]的雄心，有父亲熊坎[2]的野性，更有哥哥熊眴[3]的壮志。历史必然为他重写辉煌的一笔！

《世本·居篇》云："楚国惯例，继任国君'必伯实立'或'必长实立'。然熊通杀其兄熊眴之子自立为楚国国君。"（在楚国约八百年的历史上，幼弟杀其兄而自立的有三例，即熊眴杀仲雪，成王杀庄敖，平王逼杀灵王和公子比、公子干。小叔杀其侄而自立的也有三例，即熊延杀熊挚红，熊通杀熊眴子，灵王杀郏敖。）

楚隋两国在这个时候还是有点势均力敌的态势。隋国是周朝最早承认的商封诸侯国，属于前朝有资历的诸侯国，周天子都让其三分，各国诸侯自然要另眼相待。再加上隋国自己也有好几个小属国，众星捧月地护着它，倒也自成一体。也是老资格的、天天梦想称王做霸主的楚国国君熊通，苦于与周天子路途遥远，而且国力不达，不能一日梦想成真。他所做的，只有那夺王位时惯用的手段与阴谋。在这个阴谋里，他首选的对象是隋国。楚人想进占中原，隋国是跳板。但隋国也不是你想占领就成的，隋国有名士季梁。那年头，一个国家有位名士，能抵十万敌兵！再说，此时的隋武侯嬴丁比熊通大十几岁，论资历阅历也都足以识别熊通那一点点鬼把戏。楚人不敢轻举妄动的原因还有一点，那就是身边那只吴国雏虎，也在渐渐长大，正与他一样虎视眈眈窥伺着他与淮河流域。说到淮水，那也不是个水浅之地！拥有九夷之邦的徐国，连周穆王都头疼！在没有探明淮夷弓箭的杀伤力、不知道淮水深浅的时候，熊通还是不敢贸然行事的。

如此一来，这一时期的楚国，只能用物质来诱使隋与他结盟，利用隋武侯嬴丁做枪手替他去与中原的小国厮杀。隋武侯嬴丁得到了楚的好处，有些忘乎所以地飘飘然起来了，与楚君熊通开始称兄道弟，认楚狼为友了。

---

[1] 熊仪：号若敖，西周末楚国国君，公元前七九〇至前七六四年在位，都于丹阳。

[2] 熊坎：号霄敖，春秋初楚国国君，公元前七六三年至前七五八年在位，都于丹阳。

[3] 熊眴：号蚡冒，熊坎长子，公元前七五七年至前七四一年在位，都于丹阳。

隋武侯嬴丁与蔡国，虽同为周室姬姓后裔，嬴丁却不愿意与蔡国平起平坐。他总想找理由欺负蔡桓侯封人，他哪里知道，日后的封人也是一只虎啊！

隋武侯嬴丁知道了颍有铁精，更知道蔡国有好几个属国都有铜与锡，这激起了他的勃勃野心。颍虽属蔡，但距蔡国首都甚远，一旦有什么事，远处的大河解不了近渴。隋国与颍隔着桐柏山，近千里之遥，隔岸还有许多小国，但路远与铁精、铜、锡的诱惑还是不可比的。隋多次想出兵，都被驻在隋国的楚使以种种借口拦住。隋侯有些不乐，但楚使的三寸不烂之舌让隋侯只能望而却步。楚熊非常清楚，颍邑一旦划入隋国地盘，铁精武装到隋国的牙齿，焉能再听楚熊的？楚熊焉能实现商灭夏、周取商而代之那样的梦想！在这个日益膨大的野心面前，熊通决不能让你隋武侯嬴丁染指颍邑！熊通的每一步计划都很缜密而周全，眼下，他希望隋侯能做的事，就是跋山涉水去进犯颍，骚扰蔡，引发隋、蔡两国的战争，消耗这两只"笨牛"的体力。当双方疲惫不堪时，楚熊出场，鹬蚌相争渔翁得利！这就是熊通的如意算盘。

蔡桓侯封人接位第二年，按照周朝的规矩，凡在蔡侯登基时前来祝贺的诸侯，蔡侯均应回访。回访前先要到周天子那里朝觐，聆听周天子教诲。如果周天子有什么话说，或者封赐什么，那就是在诸侯面前风光荣耀之事，动辄还可以持"上方宝剑""挟天子令诸侯"！蔡桓侯在去朝觐周桓王姬林前，早早让人先做了打点，把蔡地出产的灵芝、山菌、野味等大量物产奉上，特别是几头小鹿，活蹦蹦地在姬林眼前，再现出当年商纣王鹿苑的景象。更让年富力壮的姬林兴奋的是，他在服用了蔡桓侯先行奉上的鹿茸与山珍后，竟然让后宫兴奋得如热锅一般沸腾，好几位嫔妃都怀上了龙种。所以当蔡桓侯正式到达时，姬林破例隆重接待。当着周朝文武百官及诸侯面，姬林赐予封人一只事先铸好的青铜簋，上铸有"蔡侯封人"字样。周桓王当场宣诺一番：桓侯封人，你的父亲蔡宣侯措父在世时，岁岁来朝，年年进贡，你上台后继承蔡宣侯遗风，处处维护周室威望，你父子无愧周朝信臣！云云。

得到周天子的鼎器，蔡侯明白了自己在周天子心目中的地位，为了展示与炫耀这一威风，他去各国答谢时，自然要带着这份象征荣耀的青铜"蔡侯封人簋"。

睡觉翻个身都要惊天动地的熊通，在得知蔡侯封人奉周天子令到各国答谢时，感觉隋蔡相斗的时机到了，立刻派使者先一步到隋国。隋国是他日后重大战略目标中的头彩，他得格外给予关照。他给隋武侯嬴丁带去了一句话：杀杀蔡侯的威风，让蔡侯知道南边近，刮起东南风，连麦粒儿都能撞响钟！隋武侯得到楚君熊通的这个话，自然明白应该怎么做。他派出细作装成各种人，尾随楚使去各附属国，见风使舵，楚使在前面煽风点火，隋国的细作在后面添柴加油。果然，蔡侯在自己的属国颍宣讲周天子恩德收到效果显著后，再出访属于隋的属国的柏、阳、弋、亳、寿、绞、郧等小国，却都受到了冷遇。

蔡侯是个有远大抱负的年轻人，岂能遭受如此大辱！憋着一肚皮气来到了隋国，欲找这些小国的丰子隋武侯嬴丁论公道！

隋武侯嬴丁已是年过五十，夕阳西下，但壮心不已。两人见面，一个是年少气盛，一个是老奸巨猾，心怀叵测，笑里藏刀。虽然礼节与说话的分寸都把握得很好，但话里带刺。随蔡侯出访的是文武兼备的禹孙，一路过来，禹孙都看在眼里，现在听到隋侯几句话，心里完全明白了原因，便出列对隋侯说：现在的天下还是姓姬，如果大家都对周天子赐予蔡侯的"蔡侯封人簋"不屑一顾，那就是对周礼的蔑视！周天子有权力让天下讨伐你。

哈哈哈！隋武侯嬴丁讽刺道，就算周天子想征讨我，他出得了兵吗？出征的酒还没喝，国库就喊没钱啰！说着，走到蔡侯面前挑衅道，他周天子想重演当年昭王姬瑕白雉夺命的故事都没机会。

禹孙见隋侯敢如此不敬周天子，生气地说：周昭王征讨荆楚的唐、厉、曾、夔大获全胜班师回朝，战败的荆楚一连气死了两个君主熊艾与熊亶，这难道不是事实吗？传说里的白雉，完全是楚人刁顽想出来的阴谋！还有用桃树胶粘的船，这都是本事吗？

隋武侯嬴丁一怔，随即反应过来说：周天子也是好人吗？人家徐国，前朝商天子封侯爵王，徐国国君厚德好义，四夷有好名声，宗庙里供奉着商王封赐之"徐肴尹汤鼎"。你周武王当初认同人家商朝封赐，保持原有俸禄，还请徐国延请淮氏为祝①。淮氏乃徐国人，能到你周天朝里做巫祝，

---

① 祝：朝中做祭祀的官员。

说明什么？你一不高兴就征讨人家，有这道理吗？莫要以为李树在你周天子院里多，别家也种的！

双方唇枪舌剑。理屈词穷的隋武侯嬴丁，竟然挥臂大喊：来人，我们欣赏欣赏"蔡侯封人簠"！

随着嬴丁声起臂落，早早伏于壁后的隋兵拥出，对着蔡侯与禹孙数人乱刀齐下，要将他们剐成肉糜才休。年轻力壮的蔡侯和膂力过人的禹孙虽然赤手空拳，但他们个个武艺高强，面对六位武士一番奋杀，竟然从隋兵手里夺过兵械，反弱为强，杀得隋兵喊爹叫娘。就在大家夺路而出时，隋国一将军扑向护着"蔡侯封人簠"的武士，企图夺走"蔡侯封人簠"。双方争夺不下。不料，隋将军恶心邪生，拔剑刺向护卫"蔡侯封人簠"的武士，武士倒下仍然紧紧护着"蔡侯封人簠"，隋将军欲夺不能。禹孙挥剑上前，砍倒隋将军，欲上前取"蔡侯封人簠"，无奈隋兵重重，隋侯站在远处示意放暗器，蔡侯见状，示意禹孙放弃，迅速离开。众人奋力杀出包围。到了宫外，正有应隋侯召来的将军，禹孙趁其不备，上前一剑刺那将军于马下，夺了马匹，喊蔡侯骑上，两人策马而去。六位随蔡侯来的武士，除一人战死，其余均逃了出来，可怜那周桓王赐的"蔡侯封人簠"落入了隋武侯嬴丁之手。

在隋武侯嬴丁的朝堂之上，无数隋兵横陈地上，只有那只"蔡侯封人簠"还在武士胸前。隋侯气得大叫：你们都是蠢猪，还不连人带那晦气的簠，一起扔到水里去……

消息传到在家中的名士季梁那里。季梁只是微微睁开没有睡醒的眼睛，看了看，又睡了。

逃出隋都的蔡侯，岂能忍下这口气，到了属国，立刻派快马向周桓王报告此事，要求起兵伐隋！周桓王势单力薄，倒也没迟疑，立刻下诏书让诸侯派兵组成多国部队征伐无视天朝的隋武侯。诏书到了郑庄公那里，这位曾把母亲赶到颍谷关，立誓不至黄泉（阴间）不再相见的寤生，正忙于声讨不朝周天子的宋殇公，联合齐、鲁之师，挺进宋国境内，准备激战。得到消息的他，虽然分不出精力来支持蔡，但脑子好使，眼珠一转，回说：不如你先过来帮我教训完宋殇公，我再去伐隋，顺带也去扫平不知天高地厚的楚熊通。听他这么说，周桓王也无奈，只好把郑庄公的话传给蔡桓侯。蔡桓侯心里明白，如果不顺从郑庄公，组织诸侯军队教训隋的计划就只能落空。派兵伐宋，也许还有一个希望！这么一想，蔡桓侯便亲领兵马伐宋。在郑庄公的安排下，蔡军讨伐宋的属国戴。蔡军勇猛，很快进入戴国国都与周围几个邑，将戴国的女人与财富掠走，回过来带着诸侯兵马杀向了隋。

隋武侯嬴丁无奈之下，只好向季梁请教，希望季梁出来调停。季梁告诉他，楚人信鬼，周人信神，那个蔡桓侯出来散步也要看看天，你与他们斗来斗去的，你有那资本吗？隋武侯嬴丁虔诚地问：都听你的，不再与他们斗，我还有什么事要做？

修政亲民！季梁甩下这句话，翻身把背给了国君，随即鼾声大作。

当蔡桓侯带着诸侯国的军队兵临隋城之下，隋武侯嬴丁急得直跺脚，怎么办？大臣们劝他负荆到季梁门上请罪，或许季梁愿意出来。只要季梁出来朝蔡桓侯面前一站，那蔡桓侯能不顾及天下名士的脸面而退兵吗？可惜隋武侯嬴丁不愿意向季梁放下架子，而是向楚熊请求援助。

熊通没直接出兵援隋。他私下密谋：一旦楚军到隋境内，那就是隋国的版图划入楚的那一天。现在，他只能顺淮水东下，去占领寿国，使蔡军腹背受敌，这么一来，蔡与诸侯之军必然会退。如果占领了寿，坚持住，楚国就能多一城邑。这个寿邑，始终都是熊通掌中重要的一着棋，他认为，寿邑早晚都是楚国未来的陪都！

不料，此阴谋被高人识破，寿与棠、郧等国早与淮夷中的畎夷、于夷、方夷、黄夷、白夷、赤夷、玄夷、凤夷、阳夷等联成共同体，水陆防御并举。夷人善射，夷地盛产竹，用竹制作的箭，箭头涂上毒药，中箭必亡，楚兵被吓退了！

楚熊偷袭寿邑的计划破产。

隋与蔡的战斗恰如火如荼。

这场混战持续数年，无疾而终，连史官都羞于记下来。

管仲正是在这种时局之下回到家的。

二

管仲与鲍叔牙站在山上，看到山下大路上的车马兵卒和四起的战火，再朝城里看，虽然还没有烧起火烟，管仲已是忧心如焚，嘴里直喊：这如何是好！

有被捉去当兵经历的鲍叔牙此时对管仲说：现在进城，必被捉去当兵，闹不好还会被捉去当奴隶。管仲叹道：刚从火坑逃出，焉能再入。鲍叔牙说：不如我们等天黑进城，到你家里看看伯母如何，再作计较。

管仲觉得这主意好。很久不见母亲，不知她现在如何了。想到母亲就想到她在油灯下搓麻线，想到那双因为劈麻而变粗糙的双手，还有辛劳得过早爬满额上的皱纹，心里倒也真的很想念她了……于是两人哪儿也不去，就在山上观战，等候太阳西下。

远远看到隋军与蔡军对阵，颇有意思，看着看着就入了神。只见隋军摆潮涌阵，队形齐整划一，两头挺进如张开的虎口，或卡人脖子，中间却又凹进，一式利矛直指蔡军。先是小雨点的鼓声合着队伍前行的步调，快到面前时，鼓声越发强劲有力，如雷轰鸣。蔡军面对这阵势不知所措，站在车上的指挥官有些慌乱。就这当口，隋军鼓点再起，喊声直冲云霄！蔡军来不及应战便如猢狲散。多亏后面有多国部队挡住如潮的隋兵，要不蔡军即一败涂地。

两人观阵，鲍叔牙看热闹，管仲看出了门道，急得直跳。

鲍叔牙诧异道：你急什么呢？

你没见到吗？蔡军没军师，他们压根就没见过伊尹战夏桀时用的十捷十防阵图。

那你去帮忙啊！蔡国是你的主国，你应该帮忙！

对！管仲嘴里应着，拉起鲍叔牙就朝山下跑，早把见母亲的事忘得一干二净。

俩人来到颍邑西城下，守城兵卒见两个年轻人过来，大喜过望，连忙拦住。不等对方说话，管仲疾呼：我们要见邑官，有要事相告。守兵喝道：还不快快去报名入伍！另一守兵过来问：你们是何人？有令牌没有？

鲍叔牙知道，令牌就是过关契书，慌忙拿出递上。管仲的早给了胖墩，他赶紧说：兵爷，我是这城里人，住东门大街上，我的过关契书在朋友胖墩手上！

守兵甲看看他：你找我们邑官何事？

管仲脑子一转，假装看看周围，悄悄告诉守兵甲：前线军事秘密。

守兵甲想不理睬，但眼前这两个人又不像坏人，便将他们带了去见颍邑邑官。

全身甲胄、骑着战马、就等迎敌的邑官刚刚接到通知，前线隋军进攻勇猛，黄昏可能会攻城，要他带兵守住西城。听说来了两个年轻人有前线消息，赶紧相见。双方在凉亭相见，管仲见面就对邑官提出自己的看法。他认为，现在不宜出兵，迎对远道来的隋军，应该以逸待劳。邑官颇感兴趣地问：依你这么做，兵逼城下需要做些什么？管仲落落大方地侃侃而谈，告诉他，现在可以从僻门出一支伏兵，于城外五里墩山中暗中埋伏，不轻率用。待隋军驻下，另派一支小队骚扰而不迎战，让远道而不熟悉地形的隋军食不香，睡不安。城中留老弱妇幼，专在城墙上等待隋军攻城时朝下丢石块、滚木。不日隋军定会退走，退走的必经之路，就是五里墩！

好计谋！如此前面骚扰，最后两面夹攻，隋军必败！邑官赞许道。说着，倒也开始认真地打量起他们来，然后问他姓名，听说是管仲，笑道：啊呀呀！你就是管严仲管山的小儿子吧！你父亲我知道，曾任齐国大夫，后来到晋国去未竟而逝。周天子同室之后嘛，可敬可贺！你的建议很好，我可以照办，从今天起，你就是我的军师！

依管仲所说，邑官先挑精兵五百，从僻道出城，悄悄潜伏到距刚才管仲与鲍叔牙观战的山前方更远处，一个叫五里墩的地方。备好山石与滚木，弓箭手备好带毒的箭头，组织有力气的妇女专任城上掷投手，年轻精干身手灵活的妇女们则操练兵法，负责城中巡逻，防止隋人与楚人的细作混入……

管仲提醒道：楚隋联军，合则大，分则散。从眼下的情况看，楚攻寿邑未下，那就更不用谈攻棠、郯或占九夷一角的梦了。但他们挥师转过来与隋军一合，将蔡侯的联军切开，分而歼之，我们的城就危在旦夕了！

是啊！邑官问，那怎么办？

管仲：眼下必须将我们的情况迅速报告给蔡侯的联军，让他们早作防备。

邑官立刻依管仲的意见，修书一封，密送蔡侯之处。

令人遗憾的是，蔡侯收到颍邑的密件，并没当回事，他认为楚隋联军此番目的是北上吃掉申国，顺汝水上行进攻周国都。蔡侯这一分析的来源是楚国细作放的"烟幕弹"。事实上，凭楚国目前的实力，根本无法达到。释放这颗"烟幕弹",为的就是麻痹蔡侯率领的诸侯联合部队,调虎离山,让蔡侯联军乖乖让出淮水东下的通道。

蔡侯与多国部队上了当!

三

五天后,隋军开始城下叫板。

邑官带着管仲到城上观看,只见远处隋军如蚁一般。探马报告,楚军从水路攻寿邑与凤夷、阳夷的兵退下后,迅速集结北上,此刻已与隋军合在一起,号称三十万,誓言不日攻下颍邑,驻足不再走了。蔡侯的诸侯联军为防楚隋联军北上,都布置在三百里外上蔡国都的汝水一线,想调也来不及!邑官听到这个消息,脸色顿时煞白,他心里很清楚,就算城里全是兵,也不足数万啊!他问:蔡侯为什么不留应急之策?

探马报:隋军切断了诸侯联军的粮草,蔡侯正在激战。

邑官:棠、郧等国之师,是否应约而来?

探马:未见动静。

完了!邑官大叫,顿时瘫倒在地,等众人将他急救过来,邑官问:管仲何在?

众人这才想起管仲,慌忙寻找,四下不见。邑官焦虑,思忖:仗尚未打,作为自己相邀的军师焉能人间蒸发?他命令部下去管仲家中寻找。

很快,去管仲家的人带着管仲留下的信回来。信上说:楚狼凶残,善良的蔡侯轻信楚狼放出的谣言。就算你的颍城固若金汤,在强大的楚隋联军面前,仍然小若卵蛋。以卵击石,焉不破碎,与其遭蹂躏,不如忍气吞声,暂且城头换狼旗,以保一城生灵活路。再则,这也是暂缓之计,楚隋联军进城,无非掠些女人与财物而已,他们想长驻的主意尚未成熟。这城的邑官,仍然会是您!楚隋联军一旦退出,蔡侯之师必然会进入,他不入,郑国就要进入。城头依旧飘蔡侯旗,于你,无任何损失。而我就不同了,一旦楚隋联军知晓城中组织女人起来抵抗的主意出自夷吾,管氏一族数百年前的灭顶之灾,必将重演。故我只能离开……

奇人!奇人!奇人哪!邑官读罢信,对手下人喊道,你们可曾见过这样的人？！

一将军插嘴：再奇才，临阵逃脱，不是可造之人！吾若再见，当众蔑视！

此时，颖邑东门水关前，一叶小舟正接受检查。守兵上舟，见舟中管仲正伺候躺在舱板上的母亲。守兵认识管仲，慌忙施礼。管仲镇定地抬掌回礼，继续侍奉母亲。守兵退出，舟头站立的鲍叔牙正与另一守兵对话。守兵问鲍叔牙：军师要去何处？鲍叔牙耳语：邑官大人要军师去东边搬救兵。守兵点点头，对岸上喊：开闸！说完，跳上岸去。

过了水关，行不足半里，岸上有追兵过来，问：此船可是管军师乘坐？

鲍叔牙已经换了行头，岸上兵卒没认出他，回说：不知道，此船上只有病危老妪。

停下！岸上吩咐。

船停下靠岸，兵卒上船。船小舱空，舱板上果然躺一病重老妪。众兵卒遍寻不见管军师，只好放行。船慢慢前行，出去数里，四下无人处，船尾下水中跃出一人，鲍叔牙赶紧上前拉他上船。此人便是管仲。原来，管仲估算到城中正在寻找他，出城这事，邑官会在第一时间得知，并派人前来追赶。果然如此。现在出城已远，估计楚隋之军攻城正白热化，焦头烂额的邑官顾不上他了！

鲍叔牙：此去何处？

能有什么地方去啊！管仲站在船头，对天长叹道，天不助我！蔡侯啊蔡侯，你虽有勇猛，却无智慧，活活上了楚狼的当，还有什么好路可走！那楚军虎狼之师，颖邑城里的父老乡亲要遭涂炭了！

鲍叔牙：顺水而下，不日就入淮。是否去徐国？

管仲：好。

一个多月后，到了一个地方，船停下。管仲走出船舱，在岸上转了半天，回来对鲍叔牙说：你看那远处的山，山形如梁，人称都梁山。山上盛产一种植物，当地人管它叫"梁午草"。地下的块茎秋天收了晒干，可以治伤口淤血。当年泰伯奔吴，路宿此地，考证出那草就是神农说的泽兰，一味好药，块茎更有价值！

鲍叔牙：那好，我们就去弄些那草与根，运到中原去，变卖成钱，就是生意啊!

管仲: 主意甚好!

四

又数日过去,船到三江汇合处。船靠岸,问人家是何地方。回说,下水。

鲍叔牙费解: 怎么叫下水,是宰猪的地方吗? 人家看看他,不再理睬。

两人把船拴好,上岸寻着一个客栈,三人用了饭,让管母先回船休息。两人上街打听。一条很小的街。问了人家才明白,东去顺水几十里就是夏汭(今安徽寿县),方言读成"下水"音。此地很小,基本没地名,问起来,就借夏汭称谓,或者叫河口。管仲明白,东去夏汭,州来、淮邑,离徐国国都所在的泗就不远了。

回到船上,继续东行,很快就到了夏汭。

上了岸,寻个店家住下,两人先到街上看看行情。一路走着,鲍叔牙说: 这个夏汭,前一阵子楚隋联军伐蔡,楚不是想占领夏汭的吗? 没占成嘛!

管仲: 楚不怕蔡桓侯而是怕徐国! 如今敢与周朝分庭对抗天下、公然称王的,就是徐国! 徐国称王,不关你周的事,他们是夏的遗臣。大禹分天下九州,将伯翳子若木封于徐,名徐国,徐国又称徐夷、徐方。周穆王时,徐国已传三十二世,到今天的周桓王,又过去十世。徐国势力强大,一直为九夷盟主,"陆地而朝者三十六国"。楚国怎么是它的对手? 九夷之地的淮夷,雄风非徐莫属啊!

你肚里的学问真不少! 鲍叔牙羡慕道,我要跟你好好学学,省得人家问我,我一无所知,都要你这弟弟出头露面摆场子……

管仲: 说心里话,如果没你,我真的一点生活的勇气都没有。看鲍叔牙不理解的样子,管仲真诚地说,你让我知道,作为儿子,不应该老是给母亲添累,要设法让母亲快乐。可我,给她老人家添了多少累啊! 每遇事,我都无法决定自己的命运,一次次都是你支持我,要不,我能逢凶化吉吗? 我们啊,比亲兄弟还亲。我们生生死死都不分开,将来,如果我们两人谁有出息，一定帮助没成功的。

鲍叔牙高兴地说：那是自然的。见管仲有些伤感起来，赶紧扯开话题说，你说，那楚熊能把周昭王给淹死，就不会弄掉一个蔡侯？

管仲：楚熊治个蔡侯，还不是小菜一碟啊！只是楚人都太坏了，弑父杀兄，都只为当国君，好私利。如果他们真正君臣一心，全国上下一心，莫说蔡侯，也莫说淮夷，更不说徐国，这周天下都可能是他们的！

鲍叔牙问：那么楚熊之足，为何不涉淮水？

要问楚人到没到过这里，应该说，到过。周穆王曾经鼓动楚人与他一起讨伐徐国，来过这里。那大约也是夏日里的云头雨，连地皮都没湿嘛！现在楚人想来，天天都想这都梁山上的药草、铜、锡、铁精，只是实力还不够，一旦够了，会来的。你没注意到，在楚熊边上，还蹲着一只虎，那就是当年我们祖先古公亶父的子孙……

你是说泰伯、仲雍奔吴的故事？鲍叔牙问。

管仲说：你应该知道这里虽然是九夷之地，文明却不亚于中原。徐国的繁华文明，有着泰伯奔吴路过留下的功绩。要不，怎能抵得住楚熊之足的践踏？

鲍叔牙点头称是。

所以啊，听说这回楚熊隋鬼没到，蔡侯就更不会到。我们就好好干自己想干的事吧！

两人就这样边走边聊，不觉已经把热闹的一条大街走到尽头。

这地方，一溜几家草药店与山货店。

管仲在各家店前走走看看，然后拉着鲍叔牙走进一爿店。

店家迎上来问：是买我们的山货还是有药材要出手啊！鲍叔牙正要说话，管仲暗中拉拉他，上前问：店掌柜在吗？店家说：我就是，店小，没雇工。管仲让鲍叔牙去看看店家的山货。看山货，鲍叔牙是行家里手，一会儿过来说：这店里的货都是三流的。店家一听急了，慌忙解释说：家中有病妻，拖累着，不能前往看货，都是人家送来的，好货价高，收不起。次货质差，出手又难，正愁着哩！

管仲施礼道：在下略知医道一二，如果方便，管某愿为大嫂把一脉，探出病因，好对症下药。店家看看管仲，怀疑地嘀咕道：你这瘦孩，能懂什么医道？管仲明白对方的意思，抬了抬嗓门：莫看人相，我为你把一脉，如果你认为我把得对，再作计较，如何？店家想了想，便答应了。就在店堂里，管仲开始给店家把脉。不一会儿，管仲告诉店家：你中焦堵塞，饮食不思；时而打噎，只是不吐酸水，人消瘦，恰又贪房中之事。如果你再不节制，性命之忧只在明春！

店家听了，沉思半天，忽然起身去关了店门，过来对管仲下拜：先生神也。你可有办法救我？管仲点头：救你不难。只是我们刚刚从外地漂泊于此，尚无定居，还带着老母。店家迟疑不决地问：你的意思？接着又道：你救我性命，理当酬谢！这请你放心。管仲笑道：你误会了我们。医治你这病，自然是要收些诊费的。但是，你的病需要夜间与清晨随时治疗，我们不在你身边，多有不便啊！店家听到这话，赶紧说：这好办，我家后院有空屋，你们可以住在那里。在给我治病期间，你们的食宿都由我供给……

管仲：你这么说，我也就不收你的诊费啦。

店家：那就多谢了！现在，先生是否先去看看我老婆的病？见管仲点头，店家在前面带路，大家进入了后院。这个院子不小，是个晒场，上面还有一些山货与草药什么的。另一边有排空棚。店家指指说：你们住那屋。鲍叔牙远远看着喊道：什么屋啊，凉亭、空棚嘛。管仲推他去近处看，叮嘱他，先看看屋里如何，再作计较。自己随店家进主屋，门一推，迎面扑来一股浓烈的臭气，管仲捂了鼻子，连大气都喘不顺。好不容易到了榻前，见榻上睡着一个骨瘦如柴的女人，身上盖着一块麻布。店家动手掀麻布，被管仲挡住。店家说：所有给她看病的人都是要我掀的。他们看时还让我走开，要我出门上街，不到两壶茶时辰，不要回来。管仲明白了这个身无一丝遮物的女人，就是这样给那些替她看病的人糟蹋坏的。那种人能有医德吗？他告诉店家：不必去掀那麻布单，就在旁边看我把脉。你过去把她的手弄到这边，伸过来，我把一下脉再说。店家把她的手弄出来，管仲把了脉，然后看她的脸，那脸上瘦得全是骨头贴皮，一对眼睛却很亮。问她话，她只动嘴，喉咙里发不出声音。店家把麻布掀开一些，露出下体一块地方，就见那儿一摊血污……管仲站起离开，店家跟着出门。管仲挡住他吩咐：你立刻烧艾草水，放进木桶，让她洗洗干净。

店家疑惑地说：洗了还是淌啊！她的下身，就像阴沟沟，比阴沟沟还脏。

管仲愤怒道：她是人，是你老婆！你若不给她弄干净，我就不给你治病，让你死在她前面。你信不信？店家吓得赶紧回屋里……

管仲与鲍叔牙一起去整理那排屋子，屋里过去是堆药材的。鲍叔牙嘀咕：这屋能住人吗？管仲说：比桥洞下好吧。我们去砍些树条，编个门安上。鲍叔牙问：伯母睡哪里？管仲早看好了墙角堆成山的草药，回答说：一会儿店家来，我们就让他把那边的草药堆堆好，那是艾草，睡那上面没虫咬，还除污浊邪气哩！我老母的身体正要那艾草薰薰！鲍叔牙乐了：好哇！

屋外院子里店家喊：郎中先生，我给她收拾好了，正在木桶里泡着。

泡两个时辰后，让她穿上衣裳，到院子里晒晒太阳。正午的太阳毒，正好杀杀她身上的邪气。管仲说着，出门见店家站在门口。

店家问：这屋是否可以？

鲍叔牙过来说：什么屋啊，就是个马厩。管仲赶紧说：能遮雨就行。挡寒一事，我们自己来。又把另一屋里堆的草药如何处理的事说了。店家说：随你们便，我现在只想治病，别的事，一概不问。管仲告诉他：你们夫妇住的屋，把顶掀了，让它晾晒一个夏天再说，要想住，也得明年秋天。鲍叔牙不解地问原因。管仲说：夏天杀毒，冬天寒雪浸虫，凡污秽之邪，必经冬寒夏暑，方能除其毒根也。

店家连连称高见。

忙碌完毕。管仲要与店家暂时告别，去领管母过来。

店家问：先生开药方啊！管仲想也不想地告诉他：药方不用开，这起头的几帖药，我给你弄好。你去管好你的老婆！把她侍候好，你才能幸福康健！是你把病传给了她，是你轻信无德的郎中害了她，你要有惭悔之意才对！店家诺诺道：一定听先生的，照先生说的去做。

送管仲、鲍叔牙出门时，店家掏出两枚贝钱，硬塞在管仲掌中：你先拿它去抓药吧，替我看病，焉能让先生垫钱。垫钱的病，好不了。

管仲见他这样说，只好收下。

再见面时，管仲手里已经有了些泥状的药，他吩咐店家用温水服下，也让店家老婆服下。那药又辣又刺鼻呛人，根本无法下咽，到了肚里，火烧火燎，店家不愿意服用。那老婆却夺过来几口下肚！店家见状，也只好吞下。此时的店家老婆，已经洗净了身子，穿戴好后，看上去还是很端庄

的，说话声音不高，却很纯净，管仲知道这个女人是良家之后，便问何故
落到如此地步。店家一声长叹，慢慢道出难言之苦。原来，这女子有次身
体不适，以为怀孕了，请医生来把脉，不料那畜生占了她，她欲死不能。
自己心里也因为她不干净了，就不再理她……夫妇俩便不好好做生意，醉
生梦死想了结此生。管仲用好言开导他们：等身体好了，此地不容你们，
就换个地方嘛！天地大得很啊！

夫妇俩觉得管仲说得很有道理，脸上的愁云渐渐散去。店家感激道：
先生说得对，我们好好治病，日后换个码头，一样重新过上以前的风光
日子。

当天晚上，店家的胃口就开了，女人也有了些力气。夫妇俩已经多
日没有进食的欲望。这桌晚饭，是管母下厨做的。淮水的鱼，管母做起
来，一点也不生道。店家拿出若干年前自家酿的好酒，感叹说：这酒还是
她娘家送来的，说是生女儿得先酿坛酒埋在地下。老婆说：自从被坏郎中
破了身，我俩也只能破坛破摔了。是先生救了我的一家。说着，夫妇俩给
管母下跪，谢管母有此好儿子。一桌晚饭，吃得融融洽洽，好不开心。

转眼又是一年春来柳芽绽枝，莺歌燕舞时节。店家与老婆精神面貌
一新，看上去已如健康人一般。

一日，店家请管仲、鲍叔牙喝酒。三碗下肚，店家双手一抱拳，对
管仲说：有一事相请教，您原说我命不过今春，如今活得好好的，这都是
您调治的功劳，您真是神农再世啊！看我老婆，又像当年娶她时那么粉嫩
嫩了。恩人能否告诉我，您是如何治的？

管仲告诉他们：你们得的病是一种顽症。肝气逆行，堵上焦，压下
焦，中焦滞湿，所以才会出现那个症状。经过医治，虽然看上去精神很好
了，但只是外表，虚空过亏，非三五日能补实。依我看你俩脉象，体内尚
未实在。只是肝气已透开，阳火遍走全身，还未实附，更不能助力稳固。
用医家之话说，虚升之表，若使用不当，导致性情之欲突发，控制不住，
则旧顽再逼，神仙也无挽回之力！

店家明白过来，连连点头，试探地问：先生能不能开个药铺，你坐堂
就诊，我卖药啊！

管仲哈哈大笑道：就连你当初也不信任我，更何况人家。要说我会
医，其实也只是我从古人的书上偶尔看到一点儿，少时接触过医药大家，

见过一二，见你病不轻，也是我年少胆大罢了。真正坐堂行医，治病救人于邪魔掌穴，非一日之功。我的道行还不够，不能勉为其难。我只做些养家糊口的生意，不去做那不自量力的行当。

店家见他如此说，也就作罢。

鲍叔牙私下问管仲：你能一进门就把准了店家的脉，还治好了他夫妇的病，咋就不能坐堂开诊呢？

管仲对鲍叔牙吐露真言说：人在绝境下，想法就不同。大胆尝试一下，会有绝处逢生的效果。你不尝试，生路从何而来？尝试也不是盲目而为，大多是有条件的。首先是你自己的潜在智慧，其次是天道相济，再则是人脉之运。这三点，缺一不可。你想我们能够两次逃脱厄运，能不是天道相济吗？天让我等不死而有后造之才！

鲍叔牙点点头，问：人脉之运，从何说起？管仲笑道：我要说的，就是你这人脉之运。我们这东家，正是病重，尚未入膏肓。我记得颍邑有位老医道专治这种病，用的药很简单，当年我是小孩子，人家不防我，当我的面做那药，我全记在心里了。这回也就一试，死马当活马医，给我撞上了！活该这对夫妇让我们有条生路嘛！鲍叔牙不悦道：说了半天，你用的到底什么药啊！管仲笑道：天机不可泄！以后我会告诉你的。

这一日，店家又来找管仲，告诉他，与老婆分开住两屋已快一年，憋得难受。管仲虽说给他们治病，完全是凭着记忆中家乡那老医道留下的一些话语，对男女之事，自己毫无经验，一时倒也很难回答。但他记得，老医道给人家看病，常常追出门去再三叮嘱，夫妇一定分开房间居住，这一定是有道理的。细想，近女色耗精气神，正是《黄帝内经》与神农的见解。想到这里，便也振作精神回答店家：瓜熟蒂落，一定是瓜里面熟透了，那蒂才落啊！瓜未长结实，摘了，生的，能吃吗？身体不长实，邪气歪风乘虚而入，你这治疗岂不白费？再等半年，长坚实些，准能抱一子半女的哩！

半夜听到猫儿叫春的声音，老婆熬不住怎么办？店家焦虑得直跺脚。

走过的鲍叔牙，见管仲不吱声，过来大声道：这事儿还不好说吗？你白天去做做苦力，晒场上的那些事儿，你拉上老婆，两口子包了，不用再雇什么人，细皮嫩肉的，劳累一整天，看你们还有什么心事想邪念？管仲接过话，好言劝店家：这是个好办法，事情多了，累了，倒下就睡。长筋骨，强体格，少欲念。

店家哭丧着脸，无奈应了下来。

人有过死亡的威胁，自然明白活路的好处。店家夫妇改变了原来的生活习惯，每天与管仲鲍叔牙一起打扫店堂，参加劳动。店家还与鲍叔牙去码头、城外收购山货，也不雇人帮忙。原本晒场上的事都是雇工做或者包给别人做，现在一店四个人动手，翻晒、整理、打包、储藏、运输，也都干得很顺畅。

那店家老婆见管母厨下忙碌，也时常去做做帮手，学几招做菜的手艺。逢个清闲天，管母与店家老婆动手整几样美食，温坛水酒，大家高兴地喝酒叙谈，甚是惬怀。

店家夫妇俩的身体越来越好，终于得到可以同房的许可。很快，店家老婆怀孕，来年生了个女儿。

这种日子过得也快，不觉就是几年。

某天，路上来了一位客商，与管仲闲聊中透出信息，说隋武侯嬴丁已死，是被楚国的熊通逼死的。原因，一颗夜明珠！

管仲纳闷，珠是海里出的啊！隋国与申国、若国、蓼国、邓国的周边都是山，从何而来夜明珠？必不可信。客商看看周围无人，神秘地从怀里掏出一颗圆圆的珠子，有马料豆那么大。管仲接过看了又看，其表面毛糙，不像平时看到的珠子那般光滑锃亮。客商见管仲不言语，也不多话，伸手拿过朝暗处掷去。奇迹顿时出现了，那珠子发出熠熠绿光。管仲惊奇，问客商怎么卖，客商说：我要换麻布，十四一粒。管仲笑道：十四麻布是什么代价？这一粒珠子，拿去有什么用？客商说：可以献给诸侯啊！换个官做做，比那十四麻布如何？管仲想起前些年在棠邑，也见到过夜明珠，当时鲍叔牙也说过这话，他并没朝心上去。这时，店家来了，见了这珠子，也觉得惊奇，就留客商吃饭，与客商聊天。客商几碗水酒下肚，话也多起来，说这珠，在隋国那边的山里很多，一旦山洪过后，水退石出，你去山沟溪涧里，准能拾到。管仲问：你这珠子是拾的？客商笑道：我怎么会拾去？我想去拾，人家给拾吗？我是用贝钱买的。这样的珠子，山农家里有的是，只是珠子有大小。若能拾到隋侯那珠，就是国宝了。

隋侯的珠是什么样的？鲍叔牙插嘴问。

客商：我只是听说，没见过。说是数年前一场战争打得不可开交，隋武侯嬴丁的部队在山里迷路，夜间走不出，竟然走到了对方设的套里，被火把烧红天的敌军团团包住，网里逮鱼，活捉了隋军好几位将军。隋武侯嬴丁在护卫们的帮助下逃得快，钻进深山，仍然迷路走不出。眼看隋武侯嬴丁成为敌军将士庆贺胜利时的肉糜，或者山中野兽们的美餐，众人沮丧至极。就在这时，大家眼前突然一亮，一对绿色的眼睛在黑暗里对着他们摇摆。隋武侯嬴丁下令部下点火把，奇怪的是火把一点着，就被风吹灭，那两盏灯依旧在前或上或下地游动。隋武侯嬴丁只好命令大家随那两盏灯前行。也不知走了多少时辰，天渐渐亮了，这才看到山外的天，再朝前看，引领他们的竟然是条粗大无比的蟒蛇，蛇头高高朝隋武侯施礼，口含一颗巨大的珠，在晨曦中闪着光。隋武侯吃惊，周围将士欲拔剑砍蛇，隋武侯嬴丁赶紧阻止。忽听得半空中有声音落下，隋武侯与众将士听得明白：我乃你前年搭救之蟒祖，今知你困顿山中，特来相援，并送你一珠。此珠乃神农与山精共同采集，实乃世上稀宝，珠在，保你国泰民富，珠亡国亡，切记，切记……

神话！管仲说。

鲍叔牙却点头道：不是神话，是真的。老隋侯嬴丁正是死于此珠。现在的小隋侯特地打造了地宫，藏匿此珠。隋国人都说，只要此珠不离开隋国，隋国必然安康太平。

这么说，外面传说楚熊为此珠逼死隋侯是真的？管仲问。

客商：是真的。我在隋国街上，随时都可以撞到楚国的细作。他们密布隋都的大街小巷，刺探巨珠的情况，甚至放出话来，准备不惜发动战争，也要把巨珠弄去楚国，做楚国的镇国之宝！

管仲轻轻叹了一口气，暗喜道：我说蔡侯怎能逢凶化吉，原来内中有此一戏。蔡侯之虑，可暂缓也。

一直不插嘴说话的店家，此刻问客商：先生为何不拿此珠去献给诸侯，谋个官。或者去周天子处，封个小国诸侯也可以啊！客商摇摇头，叹道：有人与我看过相，官场非我可待，商场无我利可争。店家费解：这么说，你什么事也不能做？客商看看大家，问道：你们三人，谁说话算数？店家说：我是店家，他们说话也有用。客商问管仲与鲍叔牙：他是店家吗？你们是伙计？管仲说：我们不是伙计，他若听我们说的，我们说话就算数，他若不听我们的，我们就什么也不是，他让我们离开，我们立刻就走。客商费解。鲍叔牙说：是的，你应该相信。客商说：我这里有三粒夜明珠，还有些贝钱。我想用这些换你们这片店，用来做客栈。我看你们这店正适合，想与你们商量。论价值，远远超过你这店里的所有财产！

管仲点点头：你已经算过了。

鲍叔牙看看店家：你说话啊！

店家咬着嘴唇，不吭气。

管仲与鲍叔牙对视一眼，相互明白店家的心理了。管仲起身道：店家，你想与这位客商做交易，我们绝不拖你后腿。你现在就可以先与我们算清账，我们立刻离开。店家还假意推托，表示可以再住下去。那客商看出了店家的意思，便起身先退出，容管仲鲍叔牙和店家说话。客商走后，店家掏出实话，愿意把店盘与客商，自己按照早先的想法离开此地到别处谋生。管仲说：这主意甚好，我们也可以离开了。鲍叔牙提出：有些账是要算的吧？店家说：算什么账？你们在我店里住不花钱，食不费钱，这都是你们来时说好的。你们治好了我夫妇的病，我送你们五十贝钱。一贝钱就能租到一间屋，有五十贝钱，什么事不能做？鲍叔牙怒道：你这没良心的东西，我们是你五十贝钱能打发走的人吗？没我们，你墓穴上的草早齐腰了……

店家看看管仲，求援地说：先生当年也劝我们病后离开，你也看到，不时有些人上门挑逗欺负我老婆，我们只能忍气吞声……

管仲站起来说：店家，你既然说了，也好。再丰盛的宴，也有散时，我们这就离开。请现在就把你说的五十贝钱给我们。

鲍叔牙见管仲这么说话，也只好听管仲的。

五

离开店家，管仲拉着鲍叔牙来到北街尽头，在一片空地前站住。这儿极为荒凉，只有几条野狗野猫在乱窜。站在这里望去，西边是一个河湾，湾里有个私家码头。这码头建得奇特，朝着河湾那边的店家拦着一道围墙。围墙外面一大片空地，与三条大路相交。两人转着、看着，管仲问鲍叔牙：如果我们在这里建个市场会怎么样？让天下商家到这里来交易。

鲍叔牙没管仲想得那么深远，他朝四下看看，嘀咕道：我常来这里，狗啊猫的比人多，就不见人来人往，也不知为什么。说着，忽然一拍脑袋说：嗨，你不提，我还真的忘了，倒是那个霍邑的走帮提过，说的也是你这意思。他说，你们干吗不在这空地上建个大市场哩，你看码头就在边上，上下货物都很方便啊！奇怪的是，就是没人搭腔，我也感到奇怪的哩，你说说，这是为什么啊？

不错，有识之士是会看中这块地的……管仲说，起先我也琢磨不透它空着的原因。后来，听人说了才知道，这地形有人用伏羲古经测出左边支干一卦，有漏通之隙，不聚财。以前有人在这里建过房屋，还开过店，结果遭了兵灾。后来，又有人干过，也没好下场。再后来，又有人动这脑筋，被一位有道行的人拦住，请人测了测，就是伏羲古经。大家就信了，没人敢在这里建屋开店铺。

鲍叔牙：大家这么说了，你还想弄？

管仲摇摇头说：我琢磨，如果在这边路口建房子，用一堵高墙压住伏羲古经上说的漏通之隙，堵漏为山，背靠"山"，迎面展臂收三面之财，变逆势为优势！

是吗？鲍叔牙并不懂这些，但他相信管仲说的一定没错。他问道：离开那店，就是要在这里开店做生意？管仲看看他：不好吗？这几年我们是坐贾生意，现在重开炉灶，坐贾要做，行商也做！这城中，你我也交结了不少朋友嘛！特别是你那几个十六路的走帮朋友，可是源源不断的财源啊！人脉资源，在什么时代都比金子贵啊！

鲍叔牙见他这么说，便点头：你都想好了，我还说什么？看来你早就来看过这地方，琢磨过多次了。

是的。管仲说，我早就看出那对夫妇的心事了，离开也好。人家有金银，那是人家的。我们有狗窝，那总是自己的，暖和着哩！

鲍叔牙听他这么说，高兴地应道：说得极对，那个店，你再辛苦，都是替别人打工。

两人站在那里合计了一阵子，直到天黑才离开。

回到原先那店里，店家说：我们夫妇明天早上就搭船去隋邑，有什么事，请你们与新店主说吧。管仲还想说什么，见这对夫妇离开的心很急切，也就不多说了。鲍叔牙把新店主喊来。那店主问他们有什么想法。管仲就直说了：准备在北街尽头建市场，要一些日子，暂时还得住这里。店主一听就乐了：我反正开的就是客栈，你原先住的那屋，如今折成客栈按天算，也是一样的。只是客栈里的厨房还没弄好，我看你们家老人做的饭菜很好，不如就先接应着客栈里的饭菜生意，我再派两个帮工给她打下手。这伙食，我也搭伙一份，工钱照算。随你们住到什么时候。有账算不亏，两下都方便，如何？

管仲与鲍叔牙立刻就答应了！

第二天，管仲与鲍叔牙分头外出找工匠。两人在这里几年，也有了一些朋友。找到工匠，又相约一些朋友过来帮忙，很快就盖好了房子，前面是店铺，做山货、药材生意，后面是住家房，中间一个大晒场兼市场。选了个吉日，开市做起生意来。

先说那店的开张。依管仲的安排，管仲在店里忙碌，主内，鲍叔牙负责外面的事务，主外。新店开张，为了不冷清，两人提前向城里的朋友们打招呼。两人为人处世好，朋友们都愿意帮忙，一时，来庆贺的人如蜂而拥。

开张以后，管仲店里的生意特别忙碌，倒把那市场的事搁一边了。鲍叔牙在外跑了一阵子，联系上以前的几家走帮常客，把行商的事儿全部托给了走帮。走帮才是真正的行商，他们负责把山货运来，到地头付款，再把你的货运到另一城市去，帮你销掉，他们从中收佣金，同时还会根据你的要求为你在异地采购产品捎来给你坐销！

鲍叔牙不外出，管仲就省了力。有一次，走帮老大无意中透出一句话，北边一些国家对淮水下游一带的鱼干很感兴趣。管仲就与鲍叔牙商量，让另一支走帮替他们去淮夷各地收购一些咸鱼干，然后托走北边国家的走帮捎出去，竟然获利可观。这个时候，管仲想起了自己建的这个市场，一直晾着没启用。两人选了个清闲日子，把十六路走帮的头目请来，商量市场的启动。

依管仲的想法，这个市场是敞开式的，只要有货物想与人交流、贸易，得到许可，都可以进入。市场根据你的经营内容与每天的成交情况安排摊位，成交后，收一定的摊位租金。十六路走帮一听，这么好的事，为何不做？这里遮风避雨又挡雪霜。十六路走帮一起叫好，全部进入。十六路走帮，庞大的阵势，一帮一个大摊位，所有想要货的，想出货的，都到市场来找他们，顿时就带来了人源与物源，市场迅速火爆起来。

官家听说后，赶紧过来看，一看那热闹劲儿，立刻向蔡桓侯报告，希望他也来看看！蔡桓侯派的使者看后，认出了管仲，说：怎么又是你？照你的才能，应该做我们的大夫啊。管仲不吱声。对方说：你还念着当年的事吧？过去的事，那都一阵风吹啦！春来冬去，万象更新，我向蔡侯举荐你，保证没问题。

管仲说：在颍邑犯了事，我不想给你们添累。

如今颍邑早是郑国的啦！蔡侯的使者把管仲拉到一边说，你愿不愿意去徐国？我与徐国现在的国君偃王有私交，我向他举荐你。

管仲见对方这么真诚，便请求给他几天时间考虑。

数天后，管仲因为处理市场与店里的事务耽搁，错过了吃晚饭的时间，当他回到客栈，见院落里有数人三三两两地交头接耳。管仲看在眼里，没朝心里去。现在这店是人家的了，他再问，就是多管闲事了。到厨房用餐时，管母喊住他，对他说：你与店主说一声，我们不再来了。这地方早晚要出事的。管仲因为忙，没把母亲的话当回事，安慰母亲说：新店主一直没找到合适的厨师，您做的一手好菜让大家依依不舍，忙过这阵再说吧！

管母见儿子这么说，也就没再多说。

这时，自己店里的伙计来喊管仲，说是有急事要他去。管仲随伙计赶回店里，见鲍叔牙与几个人说话。见到他来，鲍叔牙喊住他，说：夷吾，这是我婶娘，寻我来了。管仲听鲍叔牙说过，自己一落地娘就死了，是婶娘用奶水喂大的。管仲赶紧过去。鲍叔牙的婶娘已经知道管仲是谁，迎着，告诉管仲：这孩子出来这几年，也不向家里递个信儿，好歹是我奶水喂大的啊！你看他，忘的。说着，拉过身边一个姑娘，朝管仲推过，吩咐：喊小叔。

看这样子，管仲顿时明白，这小娘子是鲍叔牙曾经说过的，小时定的娃娃亲，便也抬眼借着灯光打量姑娘一眼。这姑娘长得倒也顺眼，结结实实，是个忠厚人，与鲍叔牙很般配。姑娘施了礼。婶娘快人快语地说：今晚就成亲！他叔啊，烦你去订桌酒，我去把牙儿的新房理一理。管仲说：太急了吧？新房的东西要新的，明儿采购还来得及。

婶娘说：我都带来了，家里农活儿急着，给他们撮合好，要赶回家去的。

　　不等管仲说话，那随来的几个亲戚一起动手，很快就把新房布置好了。见状，管仲只好拉上鲍叔牙出门，去喊些近处的朋友来凑热闹。拜了堂，大家热闹一阵，把一对新人送入洞房。

　　事儿前前后后也就是两个时辰，都办完了。管仲回到房间里，推门见屋里两张榻，如今少了鲍叔牙的，心里倒是一沉。两人睡一个屋，说话、商量什么的都很方便，如今只有一个人睡。还没躺下，母亲着人来喊他，说是今晚睡她那屋去。管仲顺了母亲的话，把铺盖卷了到母亲屋里，打开，在母亲榻边挨着展开。管母喊儿子坐近处说话。

　　管母说：你身体单薄，不像叔牙，可咋办啊！

　　管仲知道母亲看到鲍叔牙成亲急了，便安慰母亲说：叔牙比我大几岁，再说，人家早早就在家里定的娃娃亲嘛！

　　管母说：也给你说过娃娃亲，后来，你在蔡侯那里犯了事，人家把婚事退了。那孩子如今也没了。嫁个人家，起先好好的，不知怎么就迷上了赌博，把老婆押到赌场，那孩子受不了那耻辱，撞柱死了。儿啊！女孩子如果嫁错郎，那可是一辈子的苦浆喝不尽啊！

　　是啊！管仲接过话说，这事儿急不得的。我相信谁嫁我，一定有福气的。娘，你早点睡吧，明天还要去那边店里做早饭啊！

　　你说到这事儿，我就觉得怪！管母告诉他，那店里很奇怪，没见店主向哪个客官收过住宿费，供人家吃喝，还喊妓来侍候那些客人。我怎么看，都看不出那些客人的身份，个个倒像是杀人越货的角色……

　　有这种事？管仲纳闷，细想想，还真有些不妙，再想想，坐不住了，起身对母亲说，我要去找叔牙商量商量。母亲拦住：人家新婚燕尔，你凑什么趣……管仲不高兴道：娘，儿真的有事。

　　突然，外面大街上响声大作。

　　起先，谁也不在意。这时，店外有人敲门，很急。管仲起身对母亲说：可能有什么事，你不要出门，我去看看。管仲刚走到院子里，就见前面店堂里火光大亮，伙计喊着：官家捕快来抓人啦！

　　管仲朝四下看，鲍叔牙新屋那边人群簇拥。他悄悄过去藏在暗处观看。只见鲍叔牙婶娘敲着鲍叔牙新房的门，低而急地喊：牙儿，牙儿，快快逃哪！管仲上前，一把拉住。那婶娘吓了一跳，看看是管仲。管仲问：

出了什么事？婶娘支支吾吾，不说。只听得院子那边，官家捕快高声喊：我们是来捉拿楚国细作的，你们不用怕！

楚国细作？管仲跑过去迎着官兵，张口刚想解释，那举着火把迎上来的官家，把火把对管仲一照，笑道：你自己送上来？拿下。

管仲：我是这店主，不是什么细作。

捕快：你们与那边客栈是一伙的。那边客栈店主已经招供出，今天刚刚来了楚国的十几个细作，借出嫁新婚做故事，下半夜动手，里应外合，一举夺了本邑！是不是？

冤枉！冤枉！管仲嘴里喊着，心里想，管他是真是假，好汉不吃眼前亏，先溜开再说。眼睛朝四下顾望，看到暗处有人乱窜，心里一计，朝官差大喊：那边跑了。官差不知是计，扭头寻看，管仲抬臂夺过火把，顺势朝捕快们中间扔去。捕快们见是火把，个个怕烧着自己，纷纷避火逃开。管仲趁机跑到后门暗处，躲了起来。

外面响声越来越大，伴着马蹄声声，杀声如雷，哀号遍地。接着，大火烧起了街上建筑，发出巨大的哔哔叭叭响声，火光映红半边天。

院子里渐渐安静下来。

管仲赶紧到母亲的屋里。母亲没睡，一直坐在榻上，见管仲进来，喊道：儿啊！这乱世如何是好，你应该去看看叔牙，人家新婚第一夜就遭灾，不幸啊！不幸啊！管仲依母亲说的，来到鲍叔牙的新房前，敲敲门，没反应，用力一推，门开了。借着外面的月光，朝床上看去，床上没人。再点上灯四下巡看，屋里早已没人。上哪里去了呢？管仲急了起来，联想到那捕快与官差们的话，倒也疑云重重起来，那所谓的婶娘一伙，早不来，迟不来，这一来，就火急火燎地要办喜事，难道他们是楚国来的细作？那也不对啊！扮作送亲的队伍来做这事儿，还贴上一个黄花闺女？不！也许，那都是幌子，瞒住了老实巴交的鲍叔牙。这怎么办？

回到母亲屋里，跟母亲说了详情，母亲让管仲先睡下，等天明再说。

六

天还没完全亮，管仲睡不着了，起身从后门出去寻找鲍叔牙。找了一圈，哪里有鲍叔牙的影子？满大街都是乱跑乱奔的人，到处都是燃烧的火，那些骑马的、挥着兵器的，见到人就乱杀就砍，鬼哭狼嚎，一片凄惨。昨天还是繁华的大街，顷刻之间成了巨大的焚场，火势有增无减，管仲记忆中的店铺，如今被烧得荡然无存。偶尔眼前窜过逃难的妇女，没能跑出多远，就被追上来的兵拉去路边奸杀。一个骑马的人挥鞭打死了一对逃跑的父子。骑马的将，奔跑的兵，都像疯了一样，见到人就砍！

就在这时，街那头奔过来一支军队，还没到，鼓声、呐喊声传来，吓得这边杀人放火的兵将们，匆匆朝另一个方向奔逃而去。先是马兵到，看不清楚他们是什么地方的兵，火光里，可以看到旗帜，有蔡国的、韩国的、巨国的、陈国的、萧国的，还有其他国家的，他们并不停下救火，也没吩咐留人，匆匆如夏日急雨，追赶着前面那些溃退的军队。溃不成军的兵将乱哄哄如潮水一样过境，他们逃命的脚步比不上追兵的马腿，整齐的雄起起气昂昂的军队对他们如切瓜砍木桩。那些刚才砍民众的兵将们，如今成了另一些兵将的刀下鬼。

躲在暗处的管仲知道，这是蔡侯率领的诸侯联军把楚军打败了。他却一点也高兴不起来。他不敢露脸，这乱哄哄中，弄不好被一刀砍下，白送死。约摸一碗热茶的工夫，街上的人少了，管仲这才从暗处慢慢顺着道路向前走，走到老店那地方，见店没了，火中燃烧的屋子坍塌了。管仲进去，站在院子里，借着微弱的天色，打量着，想着从前的样子。他不敢相信战争的残酷无情，他更不能明白人为什么要这样相互如仇！这都是为什么？

这时，暗处有人喊他。他循声过去，见是鲍叔牙，甚为惊奇。

原来，鲍叔牙的婶娘真是楚国派来的细作，现在楚国派许多人到蔡国与徐国周围收买人做细作。楚国熊通威逼利诱，收买了附近几个小附属国，采取近拢远攻的战略，收买细作混入这里，再鼓动杂牌联军攻打，等时机成熟，楚军过来收拾残局。这么一来，楚军就可以不费力气地轻取北上中原的跳板——夏汭。有了夏汭这条通道的战略意义还在于能够直攻徐国！楚国认为，徐国虽然强大，但比之中原的天朝周来说，还是次要的。取代了周朝，楚熊便可轻取徐国，甚至不费一兵一卒而胜之。兵屯夏汭，九淮之地，便唾手可得！

算计再好，实施起来，情况千变万化。楚熊身边也不清一色都是他的人，自然有忠于周天子的臣民，他们把这一消息报告了周朝。周朝无力出兵治你，他可以命令诸侯国出兵啊！愿意为周天子分忧的蔡桓侯首先接到密报。蔡桓侯是个智勇双全的人，他得到消息，先派使者到徐国陈说利害，鼓动徐国国君出兵抵制楚熊的豺狼之师！徐国提倡仁义，以仁治国，如果有人想骑到他头上屙屎撒尿，他也不是好惹的！周穆王不是曾想去掉他徐国称王的封号吗？能吗？我不与你们争地盘、夺人口，但你欺负到我头上，我是不会让你得逞的！徐国表示，只要蔡侯说什么时候出兵，我保护我的附国，义不容辞。

有了徐国的态度，蔡桓侯乐了。蔡桓侯严正告诫楚国及楚的小附属国，谁要背叛周天子跟楚熊跑，不会有好结果。郑侯、晋侯正忙着，一旦有空，集合诸侯联军挥师南下，你楚熊有几颗脑袋啊！现在，徐国表了态，他要保护夏汭及附近数个小国的民众！这一着真灵，好几个国家，顿时按兵不动，以观气候再作决定。只有两三个小国的军队听命于楚，听说楚并没发兵，只是派了细作与刺客来夏汭暗中活动，他们也不敢轻率出兵。两天前，夏汭侦破楚国细作案，八百里快骑迅速通报淮夷各部，并送到了周天子御前。周天子令蔡侯联合附近数国的诸侯联军保护夏汭。楚军明知阴谋败露，竟然一不做二不休，暗中紧急调兵遣将，明里派人到夏汭撒谎，说这一切都是蔡桓侯一面之词，同时要求夏汭将所捉细作给他们处置。夏汭毫不给面子，先下手为强，砍下十几个细作的头，挂到城墙上示众。楚军仓促组织的联军硬着头皮上，蔡侯联军如风卷残叶般把楚军困在一条死街上，动弹不得，束手待毙！困兽犹斗的楚军垂死挣扎之际，把这个夏汭最繁华的大街，付之一炬……

管仲告诉鲍叔牙，天明之后，夏汭一定要清查细作，绳之以法的。鲍叔牙急了，问怎么办，管仲说：能怎么样？只有逃走是上策！

鲍叔牙说，现在本地人还不知道他婶娘的事，他也问了老婆，老婆也不知道婶娘被楚人收买做细作的事。老婆现在问他，如果走，能否带上婶娘他们？管仲一听，急了，说：你来找我，就是问我这事的？鲍叔牙说：是啊！我就想问问你。管仲想了想，说：还是走吧！趁着夏汭官衙没怀疑到你我，快些离开，但不能带你婶娘他们。昨夜来抓人，说明你婶娘已经暴露，我们只能与他们分开几路出城。集中一起，目标太大。鲍叔牙想想，不再坚持。两人一起回到自己的店里，虽然店被烧了，市场被毁了，但钱箱还在，两人拿了钱箱，带上管母和鲍妻，趁着天色未大亮，上了一条船，悄悄离开了夏汭。

出夏汭顺风顺水一两天来到了临淮（钟离，今安徽凤阳），再东去，就是徐国的国都泗。管仲主张先在临淮待几天再作下一步打算。

趁着城门未关，四人进了城，找一家客栈住下。

安顿下来，管仲和鲍叔牙到街上看看，见这里也是人心惶惶。细细一问，才知道这里也刚刚打过一场大仗。徐国下属三十六国，有数国想摆脱徐国，或做蔡的附国，或做楚的小属国，总之，他们不想再做九夷，更不愿意属淮夷。徐国当然要治他们的罪，几个相好的小属国竟然联合起来与徐国抗争。管仲叹道：打的都是民众的血泪啊！

鲍叔牙：你有什么办法？

管仲：我想先把老婆安顿好了，接下来，生意还得做，但我不再以生意为最终目标，我要去周游各国，看看这个世界到底乱在哪里，给这个行将就木的世界开个良方！

鲍叔牙乐道：你早就应该这样做了。

管仲：你支持我？

鲍叔牙：当然。

管仲提出，把母亲送回家去。鲍叔牙同意，他也决定把老婆送回老家去，自己再出来与管仲一起闯天下。管母劝鲍叔牙说：你可以把老婆带在身边，坐贾生意，是需要帮手的。鲍叔牙看看管仲说：还做什么坐贾生意？你想闯荡江湖，要做的也是行商，多个女人在身边，不是累赘也是麻烦。管仲明白鲍叔牙的意思，心想，这几年的经历，哪天是顺当的？如果有个什么闪失，两条光棍跑起来也方便啊！接过话说：如果你老婆没地方去，就随我母亲到颍邑去，那里都是我管家一脉，不会有人欺负你们的。鲍叔牙见他这么说，就问老婆。老婆说：此去逆行千里，少说也要半年一载。再说，你离开那么久，颍邑已是郑国的了，我也人生地不熟，讲话都听不懂。我还是回去吧！

第二天天明后，管仲与鲍叔牙商量的结果：鲍叔牙继续坐船去淮夷泾口，送老婆回家。管仲租车走旱路送老母去颍邑。安顿好后两人在徐国相见。

临淮城外，某个高地上，五里亭。左边是河道的码头，右边是大路的驿站。管仲与鲍叔牙两人来到亭子里。亭里的茶肆过来问他们是喝茶还是饮酒，鲍叔牙向管仲提出在这里喝上一碗水酒，告辞吧！管仲说，好啊！他也想借酒向鲍叔牙说说自己一些新的想法。

酒过三巡，管仲举碗：鲍兄在上，受我一礼。鲍叔牙大叫：啊呀呀！你这是干什么呀！

饮罢酒管仲请鲍叔牙拿出那只钱箱：我们把钱分了吧。鲍叔牙说：好！管仲说：怎么分呢？鲍叔牙说：你定。伯母随我们外出，做厨娘也算是一份事儿。管仲说：你老婆娶了，以后就要生子育女，负担过重，多分一些吧。鲍叔牙想了想，便说：还是平分吧！你读书多，记数做账是行家里手，你分吧！

管仲开始分。分好后，让鲍叔牙先挑。鲍叔牙一看，这两堆钱表面差不多，但一堆里面做了一些空隙，架了一些空间，而另一堆垒得结结实实。他看看管仲，心里很快明白，管仲有老母要养，也想分多些。他没揭穿管仲的这个小把戏，自己拿了那虚空架子的，并且还从中又取了一些给管仲。管仲有些感动，想不要，甚至想说明白，但他还是没说，管仲有大事要做，需要钱啊！

鲍叔牙拍拍他的膀子，笑着，什么也不说，起身告辞。

管仲从鲍叔牙的眼光里看到了鲍叔牙对他的厚道与宽容，他想追上去，把自己多得的一份还他，但他没那么做。他想把母亲安排得好一些，时间长一些，甚至想，如果自己在外面闯没了，母亲不至于饿死、冻死。未来的日子，谁也搞不清楚啊！此一别，能否再与母亲相见也很难说，这样的私心，自己没说，鲍叔牙却看到了，以他惯有的宽厚承担了，这样的兄弟到哪里去寻找啊！

多年后，管仲再次路过此地，巧的是鲍叔牙也随行。两人下车来到五里亭。回忆往事，管仲问鲍叔牙：当初我有意将钱分两堆大小不同，还做了假，你为何没说一句话？

鲍叔牙说：你胸有大志，家有老母，应该多些钱啊！

管仲说：我从你那宽厚的微笑，从你那善良的眼光里，看到了。我就知道此生夷吾交到了一位好友，胜过一脉相承的兄弟。

此时的管仲与鲍叔牙，身边都有了随从与谋士，他们把这件事记了下来，交给了史官。再后来，这个五里亭便成了"分金亭"。

第五章

避于乱世洁吾行

一

公元前七〇六年，周桓王十四年。这年管仲二十四岁。

这个年龄的男子大多都娶有妻室，生儿育女了，管仲却还是单身。管母非常着急，她内疚地认为自己没尽到一个母亲的责任。在那个时代，丈夫不在了，一个妇道人家在儿子不配合的情况下去张罗这件事，几乎很难。管母并不知道儿子在这几年里有了许多的改变。在目睹遍地狼烟、民不聊生的现状后，管仲不再那么一心一意想着赚钱奉养老母，而是决意要用自己的力量来改变社会。

正月十六，管仲与鲍叔牙在徐国的成邑一家茶馆里相会。选择在这里相见，是因为那位贩卖隋国夜明珠的客商。当初，这位客商逃得快，没在那场屠杀中丧生。大难不死，竟然成了职业细作，专靠贩卖各国需要的情报为生，获利颇高。管仲是正月初十到成邑的，在成邑等鲍叔牙时到茶馆喝茶，遇到了他。当时他正在给别人说蔡国与隋国的故事。他给人们讲故事，是收费的。茶馆里请他去讲，钱由茶馆付。当地常常有名门望族和邑官去听，听得带劲，邑官私下请他趁着夜色到邑馆里去讲。那种时候，就是他贩卖情报的最佳时机。他这个人神出鬼没，有时讲得好好的，忽然会失踪。过一阵子，又不知从哪里冒出来。

管仲没有认出他，倒是他先认出了管仲，请管仲到僻静小馆里弄两三小碟，现成的米酒，一人一壶，喝着说着。客商告诉管仲：我赢鬼肚皮里的故事多哩，用上一个，包你后半生荣华富贵。管仲颇感兴趣隋国的事，请他说说。赢鬼就把近来隋国的事说了……

赢鬼今天嘴里吐出来的隋国与楚国的故事，又让管仲知道了"隋侯之珠"的新版本。这个版本就是，隋侯与楚国的关系也发生了天翻地覆的变化。新上任的隋侯不可能再与楚友好，接受蔡桓侯的劝说，与蔡侯的联军签字画押，保证以后不听楚熊的蛊惑，尊敬周天子，臣服周朝权威，等等……

楚熊见隋侯有蔡侯联军为靠山，暂时让了一下，改从大江向东，继续打着寿邑、棠等国的主意，企图从那里打开缺口，拦腰切断淮水，然后北上。

经过几年的尝试，熊通感觉疲劳了，重新坐下来，好好反思，调整战略目标，感觉还是从隋侯那里打开缺口最好，那是一条直逼周天子脚背筋连着腰神经疼痛的捷径！

楚熊敢问责隋侯，理由只有一个，想看看"隋侯之珠"！

消息传到隋国，举国震惊！老隋侯的死历历在目，焉能忘掉？后宫乱成一团，个个准备跳河入池，宁可喂了鱼，做龙王的小妾，也不给楚鬼们做女人！将军们决定决一死战，跑到大街上，振臂一呼，响应者万千，大家决心誓死保卫隋侯。隋侯却没态度，在宫中面对一群大臣连连叫苦：我本不要做侯，让我活受罪啊，你们谁想当，谁去当好了！大家上前劝也没用，说多了，他干脆袖子一甩，跑到后宫抱住心爱的女人掉眼泪去了。

管仲：你在现场？

赢鬼乐道：伊尹说，治大国如烹小鲜。我说故事也该有些调料，不然，能吸引人吗？但大料、正货可没有一点点假！你听我说下去——

原来这隋侯并不是赢丁选中的接班人。赢丁气死，一时之间，七八个儿子，最小的三岁，最大的就是这位，三十八岁了，人人都想做国君，后宫更是打成一团，几个娘娘闹得人人脸上带血花，个个鼻青眼肿。护国元老们这刻可不能软了。季梁是名士，又是三代元老，本来病在床上，但大事面前他得说话，便起身来到大堂上，跺脚疾呼：先君被楚熊气死，如果选小的，废长立幼，有悖周朝规矩，与尧典不符，正好让楚熊找到借口。

反对者高喊：他楚熊无此发言权，弑父弑君的事，都是他们楚国的专利！

季梁：话不能这么说。虽然老大长期在后宫生活，养成了优裕逸闲的习惯，坏毛病也不少，最大的爱好就是收集歌啊、词啊什么的，但这对于治国也是有利的。

在季梁的坚持下，嬴丁的长子，三十八岁的胚继位做了隋国的国君。可是这胚，原本就只想吃喝玩乐，不时钓钓后宫那些父亲抱在怀里无力发威、只能闻闻摸摸的小女子，钓好了，有时也有机会抱去做点有趣的游戏，他指望在这样的生活里度过一生。父亲一死，一大堆父亲来不及宠幸的后宫女子都落到他头上，高兴还来不及，怎么愿意去理政治国啊！

现在，麻烦来了。面对麻烦，隋侯只有逃避。他一跑掉，大臣们顿时乱成一团。最后，把矛头指向把胚推向国君位置的季梁。大家这时才发现季梁不在，而且季梁的好友将军郭伯也不在。于是，纷纷指责当初支持郭伯的亲信们，弄得这些亲信无力抵挡。就在这当儿，郭伯气喘喘地回来了，他身后跟随着数千勇士！郭伯问：主公哪儿去了？

亲信告诉他：跑后宫去了。

嗨！这什么时候？看老夫怒起，把后宫统统斩掉！郭伯的话还没完，有人接口：杀光了，你还得替他去选美女！咱们这里，勇士不多，美女遍地如草，割了一茬又一茬！

唉，罢了！郭伯叹道，各位，楚熊欲夺我夜明珠一事，已经激起民愤，现在，有多少勇士出来与我们一起保卫神圣的明珠啊，你们还用怕吗？我将士民众，众志成城！

众臣顿时振奋起来。郭伯命令使臣火速前往周天子与蔡侯等诸侯处，通报楚熊的勾当，要他们火速集兵前来援助。

接到消息的一些诸侯国并不马上派兵，而是依惯例先到隋国看看情况，尤其看看民心如何。当看到隋国民众在郭伯号召下，全国一心，精诚团结，抗御楚寇，大家的信心也就有了。一支诸侯国的联军，又一次集结，向楚国边境进发。

赢鬼说到此，笑道：我跑了三趟，别的没有，金子得了三块。老弟，你怎么样？我们一起去干！这年头，做这个比做生意来钱快多啦！

管仲想的是，等鲍叔牙到了，一起借着做生意去隋国看看，颍邑毕竟属于过蔡国，蔡国的存亡，可关系着颍邑那个自己出生的地方！

几天后，鲍叔牙到了。大家相聚一起时，赢鬼继续吹嘘他的那些故事。鲍叔牙听了不耐烦地说：你赢鬼在各国都有打探的美名，我们算什么？抓了你，我们陪死，那多冤啊！鲍叔牙这么一提醒，管仲明白过来，说：我们是生意人，还是做生意为主。赢鬼见他们这么说，知道自己想用他们做掩护的盘算落空了，便说：你们怕受牵累，分开也好啊！我告诉你们，隋、柏、陈、应、绞、吕、申等国，对于下江的鱼很喜好，你们从海边弄些盐，那边山里缺盐。

管仲觉得这个点子不错，对鲍叔牙说：我们何不采购些鱼，将鱼腌制成咸鱼干，和盐一起运去。山里人没见过鱼干，一定很好销！鲍叔牙也同意了，两人开始做准备。

二

熊通在当时的楚国诸公子中是一位铁腕人物，做出事来往往也是惊蛮夷而动华夏。他一登基就谋划北上与周室叫板的战略目标。这个战略目标的第一个障碍，就是隋、邓两国。从熊渠 [①] 至熊坎都未能把隋、邓两国灭掉。熊通登基后虽经几番交道，胜负不明显。再次较量时，他还是对邓国抱着侥幸心理，前往一试。邓国是他老婆娘家，他登基后就娶了邓国公族女子为夫人，史称"邓曼"。楚国有美女万万千，他为何舍弃身边而娶邓国女子？这就是有头脑！用婚姻来解决政治上的需要，他不是第一个，从三皇五帝到夏商周，朝朝代代都如此。熊通只是利用婚姻渗入"阴谋"。有人考证，用婚姻做阴谋圈子，让人入套，熊通是始作俑者。果然，新婚三年后，就凭着这张"出入证"，他决定尽快把邓国版图纳入自己的势力范围。没想到，几次出手，并不像囊中取物那么便当，任你软硬兼施，邓

---

① 熊渠：第一代国君熊绎的第四代孙。

国就是油盐不进。结果，每次到邓国，邓国国君斗缗只允许他只身匹马、随从三五进城门，多了不行。这次，他又来叩邓国大门了。从外表上看，还是马一匹、随从三五，但他事先做了一个小动作，随行大部队趁夜色先隐蔽在邓国城门下。一早，自己带上数人前往。不料，有人早早得到消息，报告给了斗缗。斗缗与熊通的岳父一起登上城楼。双方的对话，历史给记下来了：

贤婿，何事来得这么早？怎么不见你一身露雾啊？

太阳出来给晒掉了嘛！

有这么快吗？要来也不事先告知！

请开门，我有急事。

带什么好东西，还放路边树林里藏着？

我就这几人。你年老眼花，看风动草摇也疑心？

斗缗出现，他只问一句：贵国到这里路也不近，你如此早，莫非昨夜出发的？

有急事！

斗缗：何急事，可用箭射上来，让我与你岳翁先一睹？

熊通无言，他没想到这一着。

任凭熊通百般狡辩，斗缗始终没轻信。斗缗的国门不开，还把消息迅速送到隋国及蔡、郑和周天子那里。

兵临城下，阴谋被识破，熊通只能离开。谋士建议，隋国去岁甲戌年粮食歉收，现在乙亥年春季刚开始，便进入缺衣少食的春荒时节。人心不稳，再加上郭伯去世，隋国的防御能力大大削弱……骑在马上的熊通大叫一声，策马便奔，马尾拖出他的君令：三军向隋国出发。

应该说，熊通这次伐隋，选择的时机相当好。

熊通率军行近隋都附近时，命其侄儿大夫蓬章（熊章）快马先行入隋见隋侯胚，自己率军一头扎在隋国国门的瑕邑。他的计划是，大兵逼境，迫使隋侯胚乖乖求和，他不费一卒一兵就可将隋国划入自己的版图。

令熊通没想到的是，隋侯胚见到熊章，竟然与先前判若两人，把怀中美女朝熊章怀里一推，你带去玩吧！腰一直，吼道：我现在就去会会楚君。转脸对身边的人吩咐，传我话，我若回不来，立刻让我弟登位，仍然请季梁主持大典。隋国不可一日无主！

少师董成上前拦住，不可！严厉地对楚国使者说，我随你去谈判！

楚使蒍章还没明白过来，隋侯胚已经决定，那就让少师董成代表我去。

楚国也有头脑清醒的人，此人叫斗伯比。他对熊通说，我国在汉水以东不能得志，这种局面是我们自己造成的。我们扩充军队，装备武器，用武力压制小国，小国则由于害怕而联合起来抵挡我们，在这种情况下，我们无法离间他们。汉水以东的国家，隋国最大，都国虽小，也是一块硬骨头，这骨头上还带刺！眼下，我们要做的就是让隋国骄傲起来，让他怠慢、蔑视周围的小国，这样，小国一定会脱离隋国。脱离了隋国，他们会选择谁？是都吗？最近的可能是邓。但是，找你的岳父家，不如直接找你，投楚！依靠楚，才符合他们的利益。

熊通问：你想用什么方法呢？

斗伯比说：隋国派少师董成来，您拿老弱士卒给他看，让他滋长骄傲，也许能行。

谋士插嘴说：隋国有名士季梁，这个办法基本没用。

斗伯比摇摇头：季梁已老且病，顾不及啦！我们不妨先试试。少师董成能来，说明胚很信任他。他回去一宣传，胚就会疏远季梁，我们的目的就达到了。

熊通觉得斗伯比的方法可行，立刻传话下去，让精锐部队退后几里，留下老兵弱卒来接待少师董成。

少师董成到了楚军驻地，进入眼里的都是老弱病残，心里纳闷：这样的弱兵还来打我们？蒍章故作低语告诉董成，楚人谁想打仗啊？少师董成惊讶道：不想打仗，来干什么呀？蒍章暗中拉住董成的手，紧了紧：不就想早点回去嘛！少师董成点点头，明白了什么。到了熊通面前，少师董成的惧怕心理完全没有了。

让少师董成怎么也想不到的是，熊通飞扬跋扈颐指气使，声如洪钟：在蔡桓侯的唆使下，你们竟与我作对！今天，我要你们定下隋国永远附属于楚的条约。

少师董成轻蔑地看他一眼，心里想，就凭你们这几个弱兵残将，也想吃天鹅？看我怎么耍你。于是他说：隋国无论跟了谁，还不是一样忍气吞声？罢了，你想要，就给你吧！但你得让我们舔到蒸馒边边，尝点甜头啊！

熊通：你要什么？

少师董成：去岁减产，今年民众饥荒难度，你得给我们粮食！这是我们唯一的条件。

熊通：好说。你回去给我办一件事，去代表我觐见周天子。今诸侯皆为叛相侵或相杀，我有敝甲，欲以观中国之政，请王室尊吾号。

少师董成问：贵国远离中原，要介入中原政局，行吗？

熊通：楚军一定会在近几年达到这个目标，你只管去讲好了。

少师董成：周天子式微，但他可以号召天下诸侯共伐之啊！

熊通大笑：徐国在夏代就是王了，周穆王不是征讨了吗？他听了吗？他能够不听，我就能够要求称王！

少师董成又问：就这些吗？

熊通哈哈大笑道：还有一件小事，那就是你们的夜明珠，应该随我了吧！

三

少师董成回到城中，对隋侯胚说：楚军远道而来，又弱又疲惫，我们不妨趁其不备击败他。隋侯准备答应他，但还是想到了季梁，父亲在世时，虽对季梁颇有微词，但大事还是必请季梁。于是把季梁请来，听听他的意见。

百病缠身的季梁听说与楚国开战，不顾伤病，让家人把他抬到了朝堂上。听了少师董成的意见和大家的看法后，他说：你看到的，是楚军使用的障眼法！他敢于进犯，正是趁我们去年歉收今春灾荒来打败我们。国君急什么呢？下臣听说过小国能抵抗大国，是由于小国有道而大国邪恶。所谓道，就是对民众忠心，对神灵诚信。国君时时要想到自己每走一步都能有利于民众，这就是忠心；祝史用真实的言辞祝祷神灵，这就是诚信。现在民众挨饿而国君却想不到他们，倒是在想打仗。下臣实在不知道这个仗怎么可能打赢！

隋侯不乐道：我打退楚军，就是为保护民众！

季梁：去岁歉收，今春饥荒，民不聊生，能有多大的战斗力？

隋侯：楚军也是老弱病残啊！

季梁哈哈大笑：这就是楚熊的奸猾。楚军跋山涉水来打仗，就用那几个老弱病残？

隋侯顿时无言。

季梁劝道：民众，是神的主人，因此圣明的君主先教养好民众，然后尽力奉神。所以祭祀时奉献牲畜，祝告说"又高大又肥壮"，是说民众普遍富有，饲养的牲畜高大肥壮，繁殖很快，不生疥癣之类的疾病，各类良种应有尽有。奉献谷物，祝告说"谷物又洁净又丰富"，是说春、夏、秋三季都没有妨碍农事，民众和睦，年成富饶。奉献甜酒，祝告说"米又好，酒又香"，是说上上下下都有美好的品德，而无违背德行的念头。所谓芳香远闻，不单指祭品而言，也是指没有邪恶之心。所以要提倡致力三时，推行五教，亲近九族，以此来虔诚地祭祀宗庙鬼神。如果是这样，民众和睦，君臣相诚，神灵也降福给他们，这时做事，一做就能获得成功。现在隋国的形势是，民众各存一心，君主虽然自己祭祀丰盛，你离开民众与臣子们，能有什么福分呢？君主姑且治理好政事，同时亲近同姓的兄弟国家，也许是免患除难的唯一渠道。

隋侯害怕了，问他：你有什么好办法？

季梁：把这件事告诉民众。

隋侯就依了季梁的办法，把楚军进犯的消息公之于众，听听民众是什么意见。

管仲与鲍叔牙就在这个时刻来到了隋国都城。

正在闹饥荒的隋国，见到有这么多的鱼干，纷纷抢购。原本只是用贝钱计算的鱼干，现在却用金块来计算，更有人用夜明珠来换。很快，两人就把运来的鱼干卖掉了。他们准备离开再去贩运鱼干时，在城门下看到了那份告示。管仲拉住鲍叔牙说：听说，隋国之所以强大，是因为有名士季梁。有名士在，隋侯还拿不定主张而公告民众，这是为什么呢？我们不急着走，探探究竟吧！两人到一客栈住下，每天早早站在告示下倾听民声……

三天后，管仲揭下了那张告示。

管仲被带到少师董成那里。少师董成见是一位外地年轻人，和蔼地问他为什么要揭这个告示。管仲说了自己的理由。少师董成一听，感觉颇好，立刻请进内室交谈。管仲毫不客气地亮出自己的态度。这使少师董成大为敬佩，当天留下他们在自己府上过夜。管仲与少师董成两人夜间促膝谈心，抵足而眠。第二天清早，少师董成只身来到宫中，向胚报告管仲的到来，建议任其大夫。隋侯说，让他朝堂上与众臣对话后再说。

年轻的管仲还是第一次见到诸侯国朝堂上的威仪，有些胆怯。老臣们瞧不起管仲，纷纷提出尖刻的问题，管仲反倒应对裕如。

有大臣向管仲问：眼下我国正闹春荒，先生有何良策可施？

管仲说：洪水泛滥之际，人人逃难，有人带着金子，有人带着炊饼。几天后，水退了，带炊饼的人活了下来，带金子的却饿死了。这是为什么？这叫适用大于价值。当今隋国因为去年歉收，春荒在即，楚国趁着隋国春荒发起攻势，隋国穷其全国力量抵抗，结果如何？困兽犹斗，隋国不会败！

众臣微笑。

话锋一转，管仲又说：我们把那颗夜明珠给楚国，这仗就可以不打，省却无谓的牺牲，更可以节省粮食度灾！这一着，比之前面的不是更好吗？为什么非要打仗？

堂上哗然。有大臣严词道：先侯为此丧命，焉能忘乎？

非也。管仲道，物，存于世，尽于用，方可谓物尽其用，才有价值嘛！夜明珠的价值不同于一块牛肉、一只蒸馒，它是不能食用的。存放到楚国，与放在这里有什么不同？我觉得没区别，只是不同的地点而已。相同的就是你和他熊通都会爱护，谁都不会砸掉它！还有一点就是他熊通的虚荣心得到了满足，而我们解除了危机。这有什么不好？过几年隋国实力强了，去拿回来时，一定是比在隋国还保管得好！我相信这一点。

堂下一阵叽叽喳喳。

少师董成问：替代楚君去周天子那里要王室封号一事，你以为如何？

照去不误！管仲扬开双臂高声说。

少师董成：你能说说你的理由吗？

在场各位，你们能告诉我，他熊通为什么自己不去？管仲说完，看着众大臣，竟然无一人应对。管仲向前一步，侃侃而道：还不是没那胆吗？有嘴说出这种话，却没力量自己去说，这种人一定外强中干。他虽然外强中干，但那想替代周室的野心却不减。这对于今天的隋国来说，就是巨大的危险。为了缓解危机，可以去，隋国不去传达，会有别国去做这件事。我们不去，我们就会吃眼前亏。好汉不吃眼前亏，替人传个话，有什么不可？

有大臣问：周天子会首肯？

管仲摇摇头：天下不可能有两个天子！徐国的王，周穆王征讨过，周室也从来不承认。

众大臣叽叽喳喳的声音渐渐平息，取而代之的是一片赞成。

管仲对少师董成说：你们不要高兴得太早，楚熊灭隋的念头一天都不会丢。

一老臣：才俊有此话，必有良策。何不献策救我等于水深火热，也落个青史英名啊！

少师董成：是啊！你就说说你的想法，我们也好两全主意啊！

管仲：依我看，一个国家的存在，主要是民众的存在，如果为了民众的存在，做君主的何必考虑今天朝奉周天子，明天侍奉楚熊通呢？

大臣哗然，有人跳到管仲面前，大叫道：你是让我们背叛天朝？

管仲：民众处在饥荒之时，只要不让他们雪上加霜，还能解渴除灾，怎么做都是良策好方！对于社稷而言，只要宗庙安、四疆宁，他就是上天。谁能让我们的隋侯坐在这里，大臣们能够在这里议论国事，他就是上天派来的救星！别的还需要多考虑吗？民富国才强！国强需要富民支撑！站在山涧里看天，天只是条缝；站在海边看天，无际无边！你想不到海的那边是什么。人要有近虑，方有思想；人无远忧，必无远大目标！作为一个国家的重臣，顾全眼前小利，国家何能强大……

啪！啪！啪！啪！……一阵击掌声传来。大家朝内看去，原来是名士季梁与隋侯一起击掌而来。特别是季梁，他坐在推车上来到管仲面前，连连道：先生奇才！奇才先生也。我立于壁后倾听你一番宏论，惊讶不已。

不成！大殿外飞快跑来楚使，边跑边喊：休听他人唆使！

看到楚国使者，隋侯顿时眉头一皱，什么话也不想讲了，对管仲只说了一句：多谢先生。请先生先到邸馆休息。

管仲准备离开，那楚使提剑喊道：何方妖人，休得逃脱，吃我一剑。说时迟，那时快，楚使之剑已经飞至管仲门额眉宇。管仲见状，慌忙躲闪，只见鲍叔牙提根长棍从楚使侧面倏然而至，一棍打中楚使手腕，那剑在离管仲眉宇一寸处"当啷"掉到地上，楚使左手握右手嗷嗷直叫……管仲看着想笑，鲍叔牙一把拉着他，飞奔而去。

在他们的身后，大殿之上，隋侯胚威声震天：请楚使回复楚侯熊通，我即派人向周天子递交楚侯请求封名号之呈，楚侯欲要我夜明珠，我照给。从现在开始，我要做一个真正的隋国民众信任的国君，亲自到民间听政，学召公奭，甘棠遗爱！

四

受隋侯胚的盛情挽留，管仲与鲍叔牙留在了隋国。

半个月后的某天，隋侯决定任命管仲与鲍叔牙官职。无孔不入的楚使赶到，向隋侯极力渲染管仲在颍邑训练女子军的事。隋侯听罢，一振：如此军事才人，你当向我贺喜啊！看你的样子，却不是哩，这是为何？看来，楚侯与我兄弟相称，全是假的！楚侯灭我之心不死！楚使急了，连连辩解道：全然不是，楚侯一直关心你，怕你上了蔡桓侯他们那些人的当。接着又加油添酱地夸大管仲和鲍叔牙临阵脱逃之事。隋侯淡定地打断他说：这我知道，管仲告诉过我。这事搁你身上，也会离开！谁那么傻，明知会送死，硬把自己当鸡蛋朝石头上砸？你会吗？没准，搁你头上，你跑得比兔子还快！

见隋侯态度鲜明，楚使知道扳不过这把舵，赶紧改变方略，退出宫去，一头扎入公爵大臣们的家里，极尽游说煽动之能事，硬把一班老臣与公族爵士都挑动起来。大家等不到第二天上朝，纷纷拥到宫门前，七嘴八舌，什么话都讲，迫使隋侯出来对大家说，放弃任用管仲与鲍叔牙。

消息传到管仲耳中，他与鲍叔牙商量，楚使如此，隋国王公大臣们如此，再待下去没有意义。如若不走，楚国惯使刺客，令你防不胜防。哪天把命丢了，还不知道怎么丢的哩！两人决定立刻离开隋都。

在城外驿站候车时，季梁派人赶来挽留下他们，传话说：眼下楚熊灭隋之心不死，务请管仲留下，暗中支持隋侯。并再三说，这是隋侯的意思，一旦事态平定，你们会在隋国得到重用！

管仲见名士季梁出面挽留自己，当然高兴。来到季梁府上，鲍叔牙问季梁：留下我们的，为什么不是隋侯，不是董成，却是你这位游走天下的名士？季梁笑道：后生可畏，言之有理。我就好为人师啊！当年，我到夏禹时代的国都安邑（即今山东安丘）朝拜，在那里遇到一位很有卓见、学问做得扎实的年轻人，叫召忽，我看他是个可造之才，将他带出了安邑。前年知道他正在宋国！接着，看看管仲问：你有什么想法？没想到鲍叔牙很生气地抢过话头说：先生名流，可以不考虑衣食住行。我们是年少之人，都有上人需要奉养，家累需要照顾。楚鬼与天下为敌，天下以周天子为旗，难道还会怕他楚鬼妖巫不成？请向隋侯转达我们的意思，要留我们，起码得让我们这位兄弟做个大夫吧！

管仲拦住鲍叔牙，告诉季梁：请先生不要误会，我们不是贪财之人。留下，我们一起留下。如果得以与先生朝夕相处，那就是晚生今世莫大之幸福。

在季梁的安排下，管仲与鲍叔牙住进了季梁家，得与朝夕相处。季梁不主张信神鬼，力荐修政治国。管仲每天照顾季梁生活，下午听季梁解说古圣贤文献。令管仲奇怪的是，季梁讲解先贤文，从来不说自己的见解，而是说自己的体会。如果先贤文与实际不能相符的，季梁则不说。这让管仲渐渐明白名士理解和讲授先贤文章的方法。

季梁的脑子特别好，对周初的文献记忆很准确。有好几次，管仲带着家中祖传的周前夏商文献听季梁讲解，待季梁讲解完后，翻开文献对照，竟然一字不差，这让管仲对季梁佩服得五体投地。

有一天，管仲请教季梁：为什么古时先贤不在生前整理自己的文集？如果那样，让后人读起来岂不更好些？

季梁：后生问得在理。君见三皇五帝，何者整理自己的言论成集留与后人？

管仲：是没有见过，但这又为何？

季梁：这就是先贤能够成为圣贤的可贵之处。他们认为，自己的言论与德行、操行一样，活着就定论，那是逆天之行。只有人死了，盖棺而定，才能由自己的弟子收集言论，集结文章传于后世，就是传播集主的功德善行，给世人做标榜典范！哪有活着集结成文，岂非炫耀自己德行？特别是一些治世格言，自己在世实践成功，未必就能让别人作为经典使用。以《尧典》为例，前后多少代人的使用，方能成为我们现在看到的经典。

你在我家中看到的《太公》百篇，也是后人整理出来的嘛！你要记住，生前不集结，是一种美德。身后有言传世，是经过后人千百次验证正确的圣贤之真理！名士谢世，要有弟子等人，还要有国君介入实践其言行，选德操能流行的编入，可不是一代人或两代人的事，有的经历数百年之久。

管仲在季梁身边，还发现了一种现象。季梁虽然不能外出，但家里时时有远道来的文人雅士。这些人带来了天下各路的信息，坐下品茗喝酒，肆无忌惮地谈论天下各国尔虞我诈之事，并不避管仲。季梁也从不把管仲鲍叔牙当角色介绍给客人。大家都认为他俩是季梁的书僮和管家。有时，客人想让管仲回避，季梁总是说，让他听听，并不是坏事。

有一回，有客人从齐国来，坐下就大笑，而且放怀大笑。

大家都觉得没什么好笑的事让他们如此大笑，季梁却说，他们带来了郑国一则可笑的故事。

客人闻之大惊，起身对季梁行大礼道：先生曾言，名士之称名士，盖因坐家而知天下。在下今日见识了！

季梁谦虚道：诸位前次在此说到齐郑两国之事时，我留了一个心眼，以为祭仲私心颇重，会在郑国搅出故事。不料如此快就出了。

正是。客人说，北戎讨伐齐国，齐国派使者向郑国求援，郑国派太子忽领军救援齐国。齐侯看到太子忽一表人才，便想把女儿嫁给他。没想到太子忽却辞谢：我国是个小国，不宜和齐大国相匹配。

季梁：太子忽谦虚，是郑国国君的好人选，各位以后有机会可去会会。

季梁对这件事的评价应该说片面了。那个时代，这种片面性错误常常可见，也是那个时代"秀才不出门，评判天下纵横"的主要特色。正是这个错误的引导，七年后的齐僖公三十二年（前699），管仲与鲍叔牙来到了齐国。

当时，管仲站在一边替客人斟酒。

客人：当时，祭仲与太子在一起，再三规劝太子答应娶亲，并且说，郑侯有很多宠爱的姬妾，她们都生了儿子，你虽然册封为太子，未必就能正常继位。如果你得不到大国的援助，其他几位公子随时都可能取代你成为国君。

季梁看看正在给大家添酒的管仲，问：你知道忽有几位能与他竞争国君位置的兄弟？

是问我吗？管仲起身答，大弟突、小弟子亹。

季梁又问：祭仲所言，是极可能之事，但他为什么要这样说？

管仲答：祭仲有私心。但依我看，郑侯寤生太强势了。

客人不解地问：此言如何讲？

管仲：新鲜的菜蔬搁不长久，糜烂的猪肉并不是一开始就糜烂。寤生持政郑国已经三十八年，特别是去年的繻葛之战（繻葛，今河南长葛东北），他出足了风头。这一战，宣告了自黄帝开始倡导的"礼乐征伐自天子出"的消亡。

这个话题一开，众人都陷入去年那场繻葛之战的回忆中。

事情还得从郑国说起。虽然郑国迟至西周后期分封立国，但由于其开国君主郑桓公为周厉王的幼子，与周王室关系亲近，因而一直为周王室所倚重，被委以为王室卿士，卿士持周室中枢人政。加上郑桓公当年将国内民众由关中地区迁到今河南新郑县一带，占有了四通八达的天下形胜之地，故国势蒸蒸日上，成为诸侯列国中举足轻重的力量。特别是周平王东迁，郑国的国君郑武公有保驾之功，与卫武公同为周朝卿士。卫武公死后，郑武公便独揽了周的朝政。虽然郑国护周有功，但郑武公的居功自傲引起周天子强烈不满，导致君臣矛盾四起。最突出的就是"周郑交质"事件。周桓王继位后，渐渐发现郑庄公的专横跋扈愈演愈烈，最后到了自己指挥不动的地步，实在忍不下去了！一天，周桓王对郑庄公说：您是先王的老臣，我对您很敬重，不敢总劳您的大驾，您以后不必两边奔波了。郑庄公见周桓王这么说，知道他这是停了自己在周朝的职务，接下来，免职也是迟早的事。他什么也不说，转身就回国，从此不再去朝觐周桓王。

不朝觐周桓王的郑庄公总想弄点事给周桓王看看。宋国之前曾和卫等国联合侵略过郑国，郑庄公这回就打着周桓王的旗号，联合其他国家伐宋。

消息传到周桓王耳里，十分生气，下令免去郑庄公的卿士职位。郑庄公更加生气，干脆断了纳贡。郑庄公不向周室纳贡，周桓王亲自率领蔡、卫、陈三国的军队开到繻葛，扎下营寨，准备讨伐郑国。

郑庄公闻报周室联军倾巢而来，与手下商量如何面对。众谋士与将军们提出，天子兵远道而来，我们何不以逸待劳？郑庄公认为很有道理。

双方对阵，任凭周室联军怎样挑衅，郑庄公就是不露面，也不发起进攻。双方从早晨一直对峙到午后。郑庄公派细作探明白，周室联军已有些倦意，队形开始涣散，正是进攻的好时机，他命令部下击鼓冲锋。

为了赢得决战的胜利，双方都赶紧调兵遣将，布列阵势。周桓王将周室联军分为三军：右军、左军、中军，其中右军由卿士虢公林父指挥，蔡、卫军附属于其中；左军由卿士周公黑肩指挥，陈军附属于内；中军则由周桓王亲自指挥。郑军方面针对周室联军这一布阵形势和特点，也相应作了必要而充分的部署调整。他们将郑军也编组为三个部分：中军、左拒①和右拒，郑庄公及原繁、高渠弥等人率领中军，祭仲指挥左拒，曼伯统率右拒，准备与周军一决雌雄。交战之前，郑国大夫公子元针对周室联军的组成情况，对敌情进行了正确的分析。他指出，陈国国内正发生动乱，因此它的军队没有斗志，如果首先对陈军所在的周左军实施打击，陈军一定会迅速崩溃；而蔡、卫两军战斗力不强，届时在郑军的进攻之下，也将难以抗衡，先行溃退。鉴于这一实际情况，公子元建议郑军首先击破周室联军薄弱的左右两翼，然后再集中兵力攻击周桓王亲自指挥的周室联军主力——中军。郑庄公欣然接受了他的建议。另一位郑国大夫高渠弥鉴于以往诸侯联军与北狄作战时，前锋步卒被击破，后续战车失去掩护，以致无法出击而失利的教训，提出了改变以往车兵、步兵笨拙的协同作战方式，编成"鱼丽阵"以应敌的建议。所谓"鱼丽阵"，其特点便是"先偏后伍"、"伍承弥缝"，即将战车布列在前面，将步卒疏散配置于战车两侧及后方，从而形成步车协同配合、攻防灵活自如的整体。

在整个会战中，郑军"旗动而鼓"，击鼓而进。郑大夫曼伯指挥郑右军方阵首先攻击周室联军左翼的陈军。陈军果然兵无斗志，一触即溃，逃离战场，周室联军左翼即告解体。与此同时，祭仲也指挥郑军左方阵进攻蔡、卫两军所在的周右翼部队，蔡、卫军的情况也不比陈军好到哪里去，稍经交锋，便纷纷败退。周中军为溃兵所扰，阵势顿时大乱。郑庄公见状，立即摇旗指挥中军向周中军发动攻击。祭仲、曼伯所分别指挥的郑左右两方阵也乘势合击，猛攻周中军。失去左右两翼掩护协同的周中军无法抵挡郑三军的合击，大败后撤。

这时候，郑国的将军祝聃遥遥望见了周桓王，就拉弓搭箭，一箭射

---

① 拒：方阵的意思。

中了桓王。幸好距离太远，箭只射中了左肩，却已经让周桓王魂飞魄散了。祝聃眼见射中周桓王，赶着战车想要追过去擒拿，突然听到自己阵营那边已经响起了收兵的鸣金号令，只好悻悻地停住了。

祝聃收兵之后去见郑庄公，不满地说：天子被我射了一箭，已经吓破胆了，我正要活捉他，您为什么要下令收兵呢？

郑庄公：我们与天子开战，实在是不得已。兵刃加于天子，可是礼法中的不赦之罪。要是不小心杀了天子，会为别人落下口实的；就算不杀他，你把他捉来了，我们又该拿他怎么办？现在天子已经知道了我们的厉害，点到为止也就行了。

后人以郑庄公"君子不欲多上人，况敢凌天子乎？"谓之有大义之明君。

一旁的大臣祭仲听了郑庄公那番话，连连点头称道：上公说得太对了，这下天子已经知道我们的厉害了。我们自保的目的既然已经达到，也该借这个机会挽回一下天子的面子。赶紧派人去慰问他，让他知难而退，尽早收兵吧。

郑庄公听了，觉得有理，便把这个任务派给了祭仲。

祭仲当晚就动身，带着不少礼物赶到了周桓王的兵营。刚一见面，祭仲就跪在地上连连磕头说：我们主公无心得罪了天子，劳得天子亲自出征讨伐。主公本来只想自保却没约束好手下，以致有人大胆冒犯天子，实在是死罪！现在主公特命我来请罪，请天子发落。

周桓王本来怀着满腔怒火无处发泄，见到郑国这样低声下气地前来请罪，虽然仍是怒气难平，但也不好再说什么。周桓王觉得自己的面子多少也保全了些，便宽容了郑庄公。

繻葛之战使得周王室名誉扫地，从此再无号令诸侯的威信，周桓王也成了诸侯眼中的笑柄。强势风头已经过去，往后，引领诸侯风头的不再会是寤生，那是谁？现在还看不出……管仲以此话收尾，结束了自己对繻葛之战的陈述。

啪！啪！啪啪啪！

管仲一看，是季梁从榻上起身，慢慢过来，把住管仲的手，语重心长道：后生可畏。你说得对。强势之末，必起风云。这是我观郑公寤生的结果。我不一定能看到了，但各位看到时，可以告诉我，我在九泉之下与郑公一会，切磋切磋，对盏言春秋，有何不可？季梁回身看客人，问：你们对当前的态势如何看，特别是晋国之事？

客人说：去年的硝烟至今未散啊！这让我想提另一个问题讨教各位，蔡人杀陈佗，陈国会就此平息吗？

管仲看看季梁。季梁明白管仲想说话，便鼓励说：后生有高见，理当畅所欲言。说吧。

管仲：陈国不会大乱。

季梁：何以见之？

管仲：陈五父与桓公都是陈文公的儿子。桓公死，是否由他接位，那要看国势与桓公儿子可否。结果，他却杀了自己的亲侄陈免，自立为国君，全然是楚熊通的那一套做法。那一套在楚国行，在中原可不行！

客人笑道：季梁的书僮也是好角色。你说得对。陈佗被杀，陈国倒也安宁了。

管仲：蔡侯封人为周天子解了忧。如果不是蔡侯出兵，杀了陈佗，立免的弟弟跃为国君，周礼何以展张正义！

季梁：说得对。你对晋国最近发生的曲沃伯诱晋小子侯杀之，也是这样的看法吗？

客人插话道：晋祸难弥。

管仲接过话说：众师莫非说"桐叶为珪"，戏言成真？

季梁：夷吾以为此事如何？

管仲：看似戏言，实则告诉我们，君臣无戏言。君臣无戏言，国家方可治也。不仅是周成王明白作为君主的预言作用，约束后来的君主也不敢乱言。周礼之威严，千秋功德。

季梁赞道：说得好！说下去。

管仲说：桐叶为珪，已错。后面跟上一个晋昭侯将晋最丰沃之地封于成师，更铸大错！要不，曲沃庄伯和曲沃武公有何力量能够连灭晋昭侯、孝侯、哀侯、小子侯四位国君，还逐一君鄂侯。他这样做，其目的是自己要做晋主。偏偏周天子不愿意啊！客人问：虢仲受天子命而伐曲沃武公，难道是戏言，是水走草皮上过过露？管仲说：当然不是，要不，曲沃武公就会再立晋哀侯的弟弟缗为晋侯啦！客人道：晋患可安？管仲摇摇头：祸起于晋文侯弟弟成师封于曲沃，祸将止于晋统一于曲沃。

季梁与客人闻而惊愕，旋即俯身于前，异口同声道：祸止于曲沃伯？如何讲？管仲侃侃而道：依我看，晋国公室实为苟延残喘，祸起成师得丰饶曲沃，那时的祸种，必会为以后的结果效力。缗侯亦为短侯矣！季梁应道：夷吾言之有理，晋国之乱，其实根在周室。周室衰微是关键。周室不振，晋侯缗命也不长。我这么分析，后生夷吾以为如何？

管仲赶紧起身恭敬施礼：先生之预言，不日灵验。现在，晋公室唯一出路，就是把晋国大权交予曲沃武公，方可得到安宁。

季梁：谁能去说这话？

客人：这么好的情报，价值千金，谁都愿意去说。

管仲却说：两边不讨好，没人去说。曲沃武公不愿意人家把他心里的秘密抖出来，晋侯缗怎么能轻率让出君主之位。他想让，周天子也不许啊！

众人觉得管仲言之有理。

季梁笑道：夷吾可以周游天下了。

管仲赶紧跪礼：夷吾以此侍奉先生，是人生最大的快乐。

……

季梁经过认真思考，劝管仲继续在府上住下去。管仲天天陪季梁读圣贤书，接待四方客人，纵谈天下之势。这段生活，对管仲至为重要。

季梁见鲍叔牙做事务实，条理性强，便把府上管理权完全交给了他。鲍叔牙勤勤恳恳，把季梁混乱的家务整理得井井有条。季梁高兴地对隋侯胚说：你给我送来了两个好苗子，过一阵子，我还给你两个好大夫！

隋侯经常到季梁府上，向季梁请教各种问题。隋侯原本就很看重管仲，他与季梁商讨大事自然也带着管仲一起讨论。当隋侯听到管仲对各国形势分析得非常透彻时，高兴之余仍然对楚国的细作十分反感，叹道：如果不是考虑到你的生命安全，我真希望你与我一朝共事，把我的国家治理好！管仲答道：楚国细作不敢到季梁府上来干坏事，正好帮了我一个大忙，让我好好向季先生学习。主公经常来看望季先生，大家一起商讨各国运势，楚国细作还以为主公真是来探望季先生的哩！

听管仲这样说，大家都开心地大笑。

在讨论如何挫败楚熊霸占隋国的阴谋时，管仲劝隋侯多听季梁的话。隋侯反问他：你认为季先生说的哪些话对楚的攻势管用？管仲立刻回应：

砍柴的人知道，磨刀是不会耽误砍柴工夫的。面对楚熊的虎视眈眈，国君选择远离女色娱乐，近民、亲民、爱民、惜民，就一定会把民众的力量挖掘出来。民众力量一旦出来，就等于樵夫磨快了砍刀！楚熊不敢冒天下之大不韪进犯隋国，原因只有一个，那就是对名士的畏惧。但单有这一点还不够，如果加上修政亲民，那就等于激流中间夯下了两根砥柱。现在，我们的时机相当好。我劝主公抓紧眼下的大好时光，千万不要错过！机会难得，时不再来，舍此无捷径可走啊！

隋侯胚感觉很在理，回到朝中，立刻修改朝政，亲自参加农耕。民众得知隋侯与他们一起农作，十分高兴，都主动向政府多缴粮食，把自己强壮的儿子送去当兵。整个隋国，上上下下，蒸蒸日上，欣欣向荣。

这一切都被无孔不入的楚使与楚国派在隋国各邑的细作源源不断地报告到熊通那里。熊通不敢轻率动兵侵犯隋国了。

世上没有不散的宴席。公元前七〇四年春上，去冬的瑞雪还没融化，又在下着春天的大雪。季梁卧病一年后，终于离世。季梁无子，有女七人，均已出嫁。管仲作为季梁身边之人，又是季梁认可的学生，自然担当起打幡摔盆的孝子之职。

守孝三年刚刚开始的第五天，季梁家来了一位不速之客。来者不是别人，却是当年的圉人。管仲与鲍叔牙都感到奇怪，而圉人则一点也不奇怪。他告诉管仲与鲍叔牙，那次棠邑之战后，他又经历了几次战役，在楚军攻打寿邑时被楚军俘获。楚军对待战俘与别国不同，他们不是把战俘杀掉，而是从他们中间挑出强壮有一技之长的留下，其他的分散卖给专门的奴隶贩子，然后卖到各国去，最多的去处就是秦岭深处的秦国。他在楚国做俘虏时，没有暴露自己的专长，到了秦国，他告诉奴隶贩子，自己是圉人。他立刻就被送到官府里，很快就在秦国继续当他的圉人，管着好几千匹马哩！

管仲感兴趣地问：这么说，你在秦国也有些年了，那里情况如何？

圉人说：十二年前接位的秦主嬴立，正值壮年，才智超群，武功用兵都非常人可比！且从小就是祖父秦文公身边的宠爱，据说，秦文公教子孙从不溺爱，而是让孩子们在最艰苦的环境里生活。可以说，秦国称王是迟早的事。

管仲点头道：依季梁先生的话，冰非一日寒而冻天地，大凡能成王业者，都是积数代之沉蓄，在某一个人身上厚积了，而突然薄喷！

是啊！围人接着说，秦国地处深山，路无好路，住无好住！壮丁做版筑，秦文公亲自参与，他还带着孩子们一起参加，告诉他们，要想让秦国基业壮大，我们必须苦，还要苦几代人！只有我们不断地吃苦，才会在我们后人的手里有千秋伟业可言。此雄心不弱啊！秦文公接位四年，将国都迁到了汧水与渭水交界的地方（据说，此地在今陕西千阳东南、凤翔西南、宝鸡东一带）。在新址上，他亲自参加筑城劳动，嘴边还常挂一句话：这不是我们秦国最理想的国都，我们的国都应该在中原那一大片平地上！文公十五年，亲自率兵解决了时时侵犯周朝的戎族。那时，当今秦主就在文公身边亲历战争，战争的残酷让他明白秦国的出路！打败戎的这一仗，秦国收益颇丰。秦文公尽收原来被戎俘掠去的周人与土地，壮大了秦国的实力！他将岐山以东归还周室，自己占了岐山东北做新的国都。有人说，那岐山东说是归了周天子，还不如说是他秦文公寄存在周天子那里的，早晚还是秦的。更有人说，周天子脚下的地连那天子榻床都会是秦国的，秦虎野心比楚熊更大。

如此说来……管仲接过话，楚熊秦虎，你争我夺，天下焉能太平？

围人说：我感觉当今秦主不像是竫公的儿子，倒是他爷爷下的种。管仲笑道：帝王家的这种故事能叫故事吗？司空见惯！围人应道：倒也是，算不得什么。嬴立从小在爷爷身边身经百战，秋毫无伤，也算是奇迹啊。接位第二年就把国都迁居平阳，实现了祖上那个"走出深山，站到一马平川上呐喊几句"的愿望啦！

说得好极了！鲍叔牙喊道。

管仲听得鲍叔牙这一声喊，忽然想到，围人来的目的是什么呢？

围人似乎看出了管仲眼里的疑问，起身朝四下看。管仲告诉他，这里没旁人，有事直说。围人告诉他，离家十几年了，出来时，老婆刚刚生了孩子，是个女婴。不知她母女俩现在怎么样了，想回家看看。鲍叔牙问：秦人准你离开？围人说：逃出来的，一路走过来，到了楚国边境，听说楚侯不满贵国代向周天子讨王室之称一事。

鲍叔牙道：这与隋国有什么关系？

管仲扬手制止，他告诉围人，楚侯已经在前一月自己加冕登基，称王了，隋侯也接到了楚侯熊通自称武王的文书，说是下月在沈鹿（今湖北钟祥东）会盟，天下不再是周天子一位了。鲍叔牙嚷道：天上有两颗太阳啦！围人问：徐国可是老牌王室啦，楚侯敢不承认？管仲苦笑道：看来，徐国早晚是楚熊的一道点心。围人问：那正餐是周天子？管仲站起来仰天捋胡子半晌缓缓而道：天下归谁，还早着哩！

围人：这么说，隋侯已经知道了楚熊的事，打算怎么办？

管仲思虑后告诉他：这是隋侯的事，我们不能多问。

其实，少师董成已经来与他商量过此事。管仲运用季梁判断事物的一贯思路，作了分析：熊通选择沈鹿会盟，自认为那地方是他掌控之地，如果诸侯不听他使唤，他就会把大家俘了，用来做肉糜什么的也干得出的。到那一刻，诸侯谁敢不答应？如果答应，又该如何面对周天子？这个担忧，少师董成也说到过，当时管仲倒是想出了个不去的借口，那就是名士季梁的去世。但季梁去世消息传开，就等于宣布镇国之宝没了。少师董成连连跺脚道：先失隋侯之珠，今又失季梁，隋国之惨，不能再述！主公在朝堂上痛哭自己的不孝之后，正要负荆去宗祠跪罪。你这么一说，那岂不是火上添油？！不成。还有什么良策呢？管仲正愁着哩。他围人真是，哪壶不开提哪壶！突然，脑子被闪电击中一般，管仲一激灵：此刻围人来，莫非他做了楚国密探？管仲慎重考虑后，朝鲍叔牙使了个眼色。

鲍叔牙明白了管仲的意思，两人一唱一和，始终没多说什么，围人也没能从他们嘴里得到什么新鲜信息，但却证实了外界的传言：季梁死了。

围人第二天匆匆回去了。

五

季梁去世的消息，令楚侯熊通为之一振，他对着大臣们哈哈哈大笑道：嬴胚啊嬴胚，姬家封你隋侯，你用名士挡我北上，现在好，你还有名士吗？

楚国分散在外的细作们见熊通这种态度，纷纷加油添酱说：周桓王不愿意加封您为王，主要是隋侯说了许多难听的话。熊通恼怒道：他可能没想到那名士季梁死得那么快吧！没了名士的诸侯，那就是城门没了闩，咱随时都可以去品茗喝酒！接着又道：早在周夷王时代，我们的楚先君熊渠就曾经封过他儿子为王。事实上，我这是恢复旧制。但他把周厉王起兵讨伐熊渠，迫使熊渠乖乖撤销封儿子为王之事，埋下不提，竟然在朝堂上当着众臣之面大声叫嚣：

"我的祖先，是周成王的老师哩！只不过早早去世了。但周成王还是将他的子孙封在楚这个地方。我们在这里已经很久了，周围都臣服于我们，说明我们是有这个能力领导与管理这块土地的，你们不封我，我自己封自己！"[①]

于是，熊通匆匆举行登基仪式，建立楚王国，宣布将在纪山建新国都，新都仍然称丹阳[②]。接下来，他要做的就是在沈鹿举行会盟。

沈鹿会盟是春秋时期诸侯国第一次对天子王权成功的挑战，开了大国争霸的先河。司马迁说，楚武王这一着，让"礼乐征伐自天子出"彻底崩溃了！

接到通知的楚国附近的诸侯国都派了使者，有的还是国君亲往。这些国家，原本势力弱于楚，有的早就被楚征服，或成为楚的属国。有的虽不是属国，却领教过楚熊的厉害，不敢得罪。他们是：巴国（今重庆市）、庸国（今湖北竹山）、邓国（今湖北襄阳）、申国（今河南南阳）、郧国（今湖北安陆）、罗国（今湖北宜城）。他们被楚侯熊通要求像觐见周天子那样大礼觐见。熊通让大家在会盟誓言上面签字，表明承认熊通具有称王的权力，史官记下全过程。

楚侯熊通绝对没想到，就在这时，申国使者提出：楚国在汉水边掌控数河丛山，日子过得很快活，为什么要问鼎中原？是向天下推广你的鸟语吗？让中原以后都用鸟语？

有人起头，必有人响应、起哄。起哄者嚷嚷道：你们把"吃奶"叫"谷"，把"老虎"叫"於菟"，中原各国都顺你楚大王的，改得过来吗？

熊通听了，脸顿时挂得长如丝瓜。他不言语，在朝堂上缓慢地迈着威武的熊步，时而瞟一眼各诸侯国代表。众诸侯国客人见他脸拉长，顿时

---

① 见《史记·楚世家》："吾先鬻熊，文王之师也，蚤终。成王举我先公，乃以子男田令居楚，蛮夷皆率服，而王不加位，我自尊耳。"

② 周成王姬诵封熊绎在今秭归县东南的丹阳。此刻熊通也定都丹阳，但这个丹阳不是熊绎的丹阳，而是今枝江，新建国都仍称丹阳。最终还是由他儿子在公元前六八九年实现迁都，这个地方，今天我们叫它纪南城。

噤若寒蝉，仿佛命已不掌控在自己手中了。申国使者感觉不好，赶紧朝楚令尹斗祁与斗伯比、蒍章等楚国重臣私下递话。

楚臣们开始用他们的楚语相互沟通，并一起向熊通陈述利害。这如鸟而鸣的私语，诸侯国代表大多不懂，只能大眼瞪小眼地看着他们。我们从后人的记录里知道，当时，楚国大夫重臣一起向熊通陈述天下大势，如果让天下通用楚语，那是不可能的事，而保留楚语则正是楚国的优势，使国家大事能够用楚语交流而不易泄密！熊通高兴地说：那好办。我们楚人崇拜火神，你周室崇拜农神。我的火神煮沸你们神农的粮食，那样，我们楚人的命运才能改变。你周室不相信命运，只崇拜祖先！我们用不着生活在祖先的影子里，我们要向天上的太阳要新的生活！我郑重宣布，将来我们王朝的语言就是中原的语言！我们想征服中原，那也得有些代价，让楚人说中原话嘛！

楚人退后一步宣布，官方语言仍然用中原话。

诸侯各国好像也争到了面子，大家这才在会盟册上签字。

这是公元前七〇四年，周桓王十六年。这年熊通正式对外称王，历史称其为楚武王。

熊通既然是楚武王，那就不是单单喊你们诸侯来吃顿饭、喝点酒、品品茶的，他有他"天上九头鸟"的狡猾，他要做很多事的。

熊通宣布，骁勇善战的我们不能永远被框在汉水西！我们很快就会西到巴蜀，东到淮河上游，面积广袤！我们要朝着北方迈开步伐，没有一个旧诸侯能阻挡得住我们强大的前进步伐！我们面对周王朝能说的话是，将来我们会取代你们而成为天下唯一的王。

诸侯这才发现自己上了当，后悔莫及！消息传到周桓王那里，气得他把青铜簋接连摔碎了好几只！楚武王知道后一点也不生气，反而觉得好！你周桓王有什么鸟用，只能在你的朝堂上生气，有种就调集诸侯联军征伐我啊！再弄出周天子淹死在汉水的故事，让后人看看啊！

从这一点说，楚人绝对不厚道。人家郑庄公打败了周天子，还去"请罪"！你楚人却故意挑衅寻事，想干什么啊，难道周桓王不想征讨你吗？等着瞧！

会盟进行到后来，局面完全被楚武王掌控，他开始发威了，首先用严词指责了申国使者。楚武王这样说：你申国跟周室同皇族，是舅父跟外甥的关系、姬宫涅和褒姒被杀以及周室东迁，都由你申国引线起苗头。你现在到我这里来，还不是因为周室式微，想另找一家靠山？你可要想好啊！我楚武王这墙靠得住吗？你说靠得住？好！我当然高兴。但我提醒你，你加入我们这个楚朝阵营，可不能带来一丝一毫帮周室颠覆我的念头，否则，我是不会轻饶你的！

听了这番大庭广众之下的斥责，申国使者没敢再直腰。

接着，楚武王提到了黄、隋两国，这两个诸侯国，连个招呼都没有，干脆不理睬，这让楚熊的面子朝哪搁？熊通当时的态度，后人用了几个成语来形容：气急败坏、怒发冲冠、咆哮如雷、声嘶力竭！直到侄子大夫蓬章向他提出，黄国离沈鹿较远，黄侯年事已高，且近来身体不好，几个后宫纷纷争储，弄得黄侯不敢离开一步。他建议楚武王派人前去看看，带话去，看看他们有什么动静再作计较。熊通听了蓬章这话，才停下喘息。事后派蓬章前去黄国，要代表他，好好责备黄国国君。

隋国离沈鹿近而缺席，楚武王认为这是隋侯貌视自己，生气地跺着脚，手指隋国方向怒斥道：你还有季梁吗？没有了吧！看我的。

沈鹿会盟前，楚武王就有了兴师伐隋的准备。会盟后，熊通将伐隋付诸实施。这次伐隋，使用上了新组建的兵车，以及为这支兵车平整好的道路，一支在前面先行架设桥梁的隋军工兵，造就了若敖、蚡冒时代想都不敢想的奢望，熊通开始实现兵进隋国教训隋侯的愿望。

隋侯胚得知楚武王亲率兵前来，也不示弱，召集朝堂大议。没想到，朝堂之上，公室王族大臣们众说纷纭，莫衷一是，弄得隋侯着急起来：你们平日里为俸禄争得脸红耳赤，寡人不以为意。面临大事，你们仍然如此，真是酒囊饭袋！还不快把管仲请来。

大家这才想起为季梁守孝的管仲与鲍叔牙。如果季梁在，他楚武王敢吗？有大臣提出：依周礼，守孝臣，是不可以入朝问事的。

隋侯急了：你们大家想想办法呀！

少师董成：我去看看他们吧。

隋侯：好，你代表寡人前往，务必要讨个话回来。

季梁墓前的棚屋里，身披重孝的管仲与少师董成见面。没等董成说话，管仲就告诉他：恩师季梁临终前留下话，我都记在这支竹简上了，你拿去吧！说完，让人从内室取出一个封好的盒子，郑重地交给董成。董成回到朝上，把这盒子交给了隋侯。隋侯问：没说要举行仪式吗？隋侯说这话是依据当时的规矩，宣读先师遗言，需要焚香祭拜的。董成想了想说：管仲已经替主公做过祭祀了，主公须自己先看一看，然后再与大臣们商量。隋侯感觉董成说得有道理，便带着盒子步入后屏。一会儿，有人过来喊少师。董成随即进入。旋即两人一脸正气地出来，隋侯入席。少师归位。

隋侯让少师董成解读那竹简上的话。

季梁留下话说：隋国是楚熊北上争霸的第一碍石，熊通必穷毕生之力搬开这块碍石。恶战在所难免！如若处理得好，国号可保！夷吾有小计，你们可纳。但此人用后，千万让他隐于民间，楚国不会放过他的。

有大臣问：主公是否已经从管仲那里得到计谋？

隋侯笑笑：少师带回来了。只是不便对大家现在讲，以后可以悬于城下，让民众知道。现在，我们要做一件事，那就是把楚熊想灭我之心昭示天下，看看全国民众是什么态度。众臣以为如何？

老臣说：管仲有什么计，我们不知道，如何说话？隋侯听了感觉有道理。正要说，却被少师董成用眼色制止。隋侯赶紧打哈哈支开道：那管仲守着孝，有什么好计谋的。再好的计谋也免不了一场恶战！

老臣道：那不打最好。

隋侯：我父亲在位时就是喜欢打仗，我能不打吗？我意已决！来人，把楚熊进犯消息公示天下。说完宣布退朝，起身离去，少师董成跟随而去。

隋侯下令，楚熊率属国联军进犯，灭我隋室之心与野兽相同！隋族受天子王恩，不能为自己而弃民众求生，愿全族与城共存亡。特令：公室王族一律不得迁徙。城中有钱人想离开的，灭九族！人人参战，有钱出钱，有力出力！势必歼灭来犯之敌！

四城门墙上的隋侯告示，令整个都城群情鼎沸。

消息很快传到楚武王耳中。熊通召集大臣朝议此事。有人说，隋侯是周王室同族，如果这件事引起中原各国抗议，那就会引发周桓王亲率天下雄兵征伐！

楚武王这一刻，不说再让一位周天子淹死汉水的话了，沉思后道：灭楚之危，不可不防！又问：能不打吗？锐利的眼光如锋如芒，在场上扫来射去，弄得人人都不敢接招。

……

在隋国的朝堂之上，打与不打的争议更是沸沸扬扬。

少师董成连连喊：打！打！打！……

众将军意气风发、同仇敌忾，异口同声响应：如果不打，白白送一个国家给楚熊，这天下他的熊足可以乱蹦乱跳了！

隋侯站起来，张开双臂，郑重道：开国至今，列祖列宗尚未见如此大的进犯之军，让我遇上，倒是件好事。少师，立刻准备祭坛，告慰列祖列宗：城在人在，城亡人亡！

那时节，隋国通楚国的山道汉水间，细作的日子最好过，船过汉水，那船上就是敌我双方的细作们。如若遇上不是一家的，船上就是一场恶战，有时连船家也都灭了……

很快，楚联军过了汉水，直指隋国。楚军早就把通往隋国的山间小道修成了车行大路。楚联军在山间如履平地……

隋国依管仲的建议，派出许多细作分散在楚联军必经之路上，楚联军的动静全都被隋侯掌握着。跪在季梁墓前守孝的管仲，却在策划着一场以少胜多的楚隋之战，想再现那年打败楚军的辉煌。那时刻，少师董成请命而追，被季梁拦住，要不，何来今日的故事。

楚武王在瑕这个地方驻下，但他吸取上次的教训，远远地离开山与沟壑，派精锐兵卒守着朝后的道路。可谓万无一失！

隋侯没急着与楚联军有军事上的过招，他静静地坐在隋都，以逸待劳地指望楚联军出兵来挑衅。楚联军也没派兵挑衅，而是路过拔禾式，走一邑，就吃掉一个隋国城池。从楚联军踏上隋国境内第一个城池瑕开始，快到隋都时，吃掉了隋国七座城池（其中包括两个小属国）。隋侯坐不住了，四肢有些不听大脑的指挥，完全忘掉了管仲告诉他的、也是季梁留下的话，坚守城池，不出一步！

按捺不住的后果是严重的。

隋侯决定出击。少师董成提出是否听听管仲的，因为管仲有季梁的遗言，一定知道季梁生前对这种事件的安排。隋侯却说，楚鬼信鬼神，死去的人怎么能知道今天发生的事件？我们要对祖宗负责，只有祖宗才能保佑我们！他根据自己掌握的情报，把两位将军的兵力安排成左右翼，自己与少师主军正中，作为正面尖锐部队，一开仗就如尖刀直刺敌方"心脏"，两侧负责合围。只要动作迅速，这么一来，还是很厉害的，加上左右两翼齐向前侧外运动，效果应该很好。偏偏楚武王智谋过人，研究透了古今战术。伊尹灭夏时用的左中右三翼齐进的打法，在当时已经成为一种主要的战术。他突然改变方法，将弱军布置在中军，意在吸引敌人的主力，将敌主力诱入后，左右两军合围，关上门，收紧袋子！

隋侯并不知道楚武王的这个新战术。他仍然用旧方法，挥军直插楚联军心脏，眼看就到楚武王主帅帐前。不料，楚联军战鼓频频，激越而震荡！隋侯还没来得及看清楚周围，楚联军如山洪暴发，三面围来，再看后面，楚联军早早用铁车将他的退路堵死。隋军前无进地，后无退路，左右杀声震天。到了这时，嬴胚对天叹道，悔不听管仲之言。身边少师董成勒马喊道：主公莫急，跟我而行！隋侯此刻只能听少师董成的，率一支精干的护兵，左右冲杀，昏天黑地，足足杀了近三个时辰，这才冲出重围。回身看，近万人的隋国精锐部队，只剩下几百人。隋侯悲痛欲绝，连连捶胸，大叫：如何回城见父老！

少师董成劝道：青山依旧，树木葱葱，主公怎么不见！

隋侯被他这一提，这才想起，城里还有数万民兵未动哩！便策马向城中来。楚联军早已料到，重重精兵，道道险阻，就是不让你隋侯回城，连城的边都沾不到。远远站在山上，嬴胚看着楚联军四面攻城，无奈城池如铁桶一般，任他怎么攻，就是巍然屹立在那里，丝毫不动。隋侯观看一阵子，欣慰了许多，这时，倒也感觉肚里有些饿，想起来，从早上打到现在红日西坠，整整一天，滴水未沾啊！听听杀声远去，隋侯便喊军曹寻一溪涧，大家坐下，就着溪水，吃些风干肉，边食用边议论。刚刚填了一些肚皮，不料杀声又起。哨兵来报，这地方已经被楚联军团团围住！山上有人在喊：嬴胚小子，没逃路啦！快快投降！

隋侯有些慌乱，少师董成毕竟久经沙场，劝主公勿急，换上护兵服装，改作步行，趁着天黑，四面出击，经过一场激战，隋侯仓皇逃出，在山里漫无边际地走了一夜，天明时分，才到达城下。此时，楚联军攻城已经停止。那城下，早早站着一行人。隋侯不敢前往，派一哨打探，回来说那是主公的乘驾。隋侯不解地说：那是昨日丢的，何不快快取来，我们坐着进城。少师董成挡住：不对劲啊！你看那城头上。隋侯抬头看，城头已换楚国旗。大叫：这如何是好？赶紧问，一城民众可曾遭劫？

众人听到隋侯首先想着一城民众，颇为感动，都跪下，齐声道：主公身体要紧！

有细作过来告诉大家，城破之时，楚王有令，不准屠城，连掳掠之事都未发生！

隋侯心里好过了许多，对少师董成说：派人前往，打探楚军有何动作。少师董成悄悄附耳道：主公还记得几日前管仲让我派人前往楚军找斗伯比一事，看来，是依季梁的计谋实施了。季梁在天之灵保佑着我们隋国啊！

果然，城门开处，楚武王率众人过来。那楚武王身边冲出一人，过来对隋侯递上一书，喝道：看好，如果你愿意，我们就立刻退兵，如果你不愿意，明年此时，便是你的忌日！说罢，丢下那书，转身而去。少师董成前去拾那地上的书。倒是隋侯喝道：慢着！一人之颅，何足以一城民众相陪！民众明日属谁，并不重要，重要的是民众能够生存！

忽然，众人惊叫。就见那城下，有刀光闪过，刚才掷书的人被砍掉脑袋。再看，一衣着楚楚者策马前行，数人相随。那策马者飞奔至前，轻弯腰，从地上如燕叼草般把那书取了。自己下了马，双手捧着，朝隋侯来。

隋侯与众人看得明白，来者乃楚武王也！

就这当儿，楚武王身边闪出斗伯比大夫，对着隋侯一行喊：我们楚王念着旧情，不愿伤及隋国一草一木，何况人乎！

少师董成脑子好使，赶紧悄悄告诉隋侯：识时务者为俊杰，主公赶快拿主意。隋侯道：还有什么主意可拿？你快快取了那文书看看。少师董成赶紧上前接文书。那文书却从楚武王手里到了斗伯比手里。少师董成明白，这是礼节。上前与斗伯比按礼节接受了文书。

站在对面数步之遥的楚武王，虽然个儿比隋侯要矮许多，但精干威武，浑身透着朝气。

隋侯心里道：这样的人怎么能不问鼎周室？倒也抱拳致礼：丧国之人，无以称君，姬姓嬴氏胚在此问候楚武王……

你喊出我武王，可不容易啊！楚武王侃侃而道，我来此，只是想问你，沈鹿会盟，你为何不来？难道我不能在汉东称称王吗？他淮夷之地的小小徐国可以称王，我为何不可？告诉你，我是要去周室讨这公道的。

隋侯心里想：你讨就去讨，别找我的麻烦！

　　楚武王接着又说：我们也没什么要求你的，你能够承认我楚王，国号不改，封号不减，只是把你朝北的那些礼仪，改为向西南的楚室！别的，一切照旧，你什么也没丢。听了这话，隋侯睁大眼睛看着熊通。熊通有些不高兴了，避开隋侯那年轻而精力充沛的眼神，软了些语气地说：你只是将向北朝觐周王，换成朝西南向我楚王把盏畅饮几杯罢了，有什么不可以的啊！我告诉你，你到周王那里，行君臣礼，到我这里，说不定咱来个兄弟礼，你多爽啊！

　　隋侯看看他，那眼神里流出怀疑：真这么简单？

　　楚武王大义凛然道：恐你不信，修文书为证！

　　少师董成当场读楚国文书，隋侯听了，心里明白，便点头表示愿意顺从楚武王的安排。

　　楚武王与隋侯两车并行一道入城。半道上，熊通命车停下，自己下了车，来到隋侯的车上，两人肩并肩，手握着，缓缓进了城。一城民众看了，都夸赞隋侯。这个时候的隋侯，心境倒是稍好了些。其实，他不知道，这一切都是熊通的军师们精心设计的。熊通想称霸，一个隋侯挡拦了他多少年？耗掉了他多少财力、精力？如此下去，后面的仗还怎么打？还有多少实力能称王称霸！这年头，就得计谋先行！打打和和，和和打打。不用一兵一卒，胜取一城一池才是上上策。

　　后一车上，斗伯比与少师董成共乘一车。两人在车上对话。斗伯比问：是谁让你们派人先来与我接洽的？少师董成反问：不好吗？斗伯比笑答：好是好，但不是一般人能想出的。季梁已故，难道生前算定有此一着？我想，这事儿一定是那个管仲。少师董成一惊，看看斗伯比，见对方脸色坦然，心里也放下了，便问：你们楚国还惦记着他？斗伯比说：往后，我们就去他的家乡颍邑！那里通向阳乾山。我们要去那里拿铁精。接着问：他现在在哪里？少师董成说：在季梁墓前守孝。斗伯比无语，陷入沉思。董成知道不妙，趁着斗伯比不注意，悄悄让人去报信。斗伯比用眼角余光扫着，看着前方，缓语道：你怕我们杀他管仲，去报信，有这必要吗？如果他是智者，会在那里等我们去捉他？别去，太让人小看我楚智少谋！

　　少师董成还是悄悄派人去报信。报信者到了季梁墓前，没寻着管仲，只有管仲安排的人。人家回说：破城之前，管仲得知主公出城迎战楚兵，便与鲍叔牙一起走了。去了哪里？他没有留下话。隋侯得知管仲离开，半天无语，后来对少师董成说：管仲的去留对于我们，也说不清楚对与错。这个无序年头的事，没评判标准啊！

六

管仲与鲍叔牙是趁着隋侯出兵的机会，随大部队一起离开隋都的。出城后，两人选择了一条小路，朝北走。他们没想到，就连这样的小路，楚军也早早埋了伏兵。隋都通往外面的所有大小通道都封阻了，鸟儿飞不出一只，兔子溜不出一个。庆幸的是，没人知道他们的身份。更为庆幸的是，楚武王为了对天下称霸，改变了政策，顺应周朝礼仪，废除吃俘虏人肉、取消将俘虏作为奴隶变卖等一系列法规！军纪严明，礼待俘虏。楚军见他们身强力壮，特别是管仲，一脸的精明，头目就动员他们参军。两人将计就计，隐名埋姓参加了楚国的正规军。没想到，事情会那么巧，他们会被送去管理战马，在养马场里再次与围人相见。

原来，围人离开隋国后并没能够回家乡，半路被人捉了当奴隶贩卖，途经一个正在恶战的战场，所有人都成了楚军的战利品。在楚军中，围人凭着自己的养马技术，得到信任，出任楚军的围人。

他乡遇故人，大家都分外高兴。多年的漂泊，让管仲变成了一个遇险不惊、逢喜不乐的人。他提出，不能在这里养马，要出去。现在，天下正在大乱，周礼受到践踏，人心没有良知。只有维护周室天子的皇权，诸侯各国听命于周室，天下才能有良好的秩序。当下，首先就是要反对楚武王随意欺负小国弱国的行为。围人告诉他，想称王称霸的，何止一个熊通，秦国比楚国更想称霸！鲍叔牙说：在大江东边，有个叫吴国的，也在做这梦。管仲点点头：还不知道有多少人在做这梦哩，天下已无序可言。我一定要出去，还要想方设法制止这种事的发生，只有制止了，民众才有大安的可能。

见管仲离开的意志很坚定，围人便偷偷选了三匹良马，备好了路上的食物。在一个黑夜，三人趁着夜深人静，偷偷溜出军营。谁也没想到，就在他们跃上马准备冲出去时，突然四下里冒出无数火把。一位将军横舞两根石鞭，拦住他们，左右相挡地大喊：还不快快下马受死！

围人见势不妙，从怀里掏出一物塞在管仲掌心，低语：此物见证我。随即策马奔到将军面前道：这事与他们无关，请放他们离开。

将军：楚王早就得知你们谋反的消息，派人观察你们的动静已很久，更知道这个管仲就是隋国的细作，他还是郑国颍邑人。如果他带楚王去找铁精，楚国将赦免他一死。否则，必死无疑。围人早就听管仲说过铁精的事，料想管仲不会答应。果然，管仲对围人大声喊道：你快走，我走不掉，留下也是死！鲍叔牙拿出事先准备好的石子朝前面一个火把掷去，打灭了火把。大喊：你们冲出去，我护后！管仲见鲍叔牙动手，也不示软，掏出石灰包朝将军脸上掷去，只听将军喊了一声"哎哟"！两只握石鞭的手在黑夜里乱舞起来。管仲趁势冲出了军营。围人却在出军营辕门时被射来的箭伤了右肩，落下马。鲍叔牙回头去救，围人大喊：快走，让夷吾照顾好我妻儿！鲍叔牙策马回救：不行，你一定要随我们一起走。管仲拦住道：回去大家死，现在就跑，还有生路。快走，我们照顾好他的妻儿吧！鲍叔牙见火把拥来，再不走，真的逃不脱了，只好与管仲一头扎进夜幕里。

不知过了多久，周围完全没了声音，两人才放慢速度。天亮后，两人来到一个小城池，城里的军爷把他们扣住。鲍叔牙上前告诉他们，自己是生意人，遇上楚军与隋国大战，行李包裹都没了。人家相信了他们，准予进城。管仲与鲍叔牙在这里做了简单的休整，继续向前。

半个月后，管仲与鲍叔牙来到了颍邑。

这是暑夏的一个下午，太阳高高悬在半天上，热辣辣地灼人。城门大开，没人守护。走进城里，大街上静静的，看不到人影。偶尔遇到的都是抬着棺材送葬的队伍，这些人走走停停，没精打采，有气无力。两人感觉奇怪，来到邑官衙门前，终于见到一个精神好的衙役。衙役见到管仲鲍叔牙，立刻高兴地笑起来道：嘿！见着了活人。

管仲与鲍叔牙下了马，过去见了礼，问情况。对方告诉他们：城里流行瘟疫已经三月，几乎死得差不多了。你们从哪里来？又要到哪里去？管仲说：我是这里人。对方听他这么说，仔细打量了他，叫道：啊呀呀！你就是夷吾，管仲啊！我是你的街坊管十八。管仲也认出了这个比自己小几岁的街坊。两人重新施礼，就近寻家酒店坐下，喊了些酒菜，边吃边聊。从管十八的嘴里，管仲知道城里东大街早已没一家人齐的了，自己的母亲也死于瘟疫，是管十八与邻居们一起将她老人家送走的。管十八的父母也没了，他就到衙门做了衙役。管仲问起了拿走自己过关文书的胖墩。管十八想了想：那年他来时，我还小，后来就再也没见过。哦，想起来了，他用的过关文书是你的，给邑官喊去查问的，打那就再也没见过他，也没他的消息。

饭后，管十八陪管仲去了墓地给管母磕头拜祭。回到空空如也的家里，鲍叔牙陪管仲停留了一个晚上。第二天，管仲告别管十八时，管十八希望随他们外出。鲍叔牙看看他那身材，想带他走。管仲使了个眼色，鲍叔牙却还是想带他。管仲只好告诉管十八：外出的风险很大，闹不好就被捉了做奴隶卖掉！等我们做生意安定后，一定回来喊上你！管十八听他这么说，便不吭声了。路上，管仲埋怨鲍叔牙说：我们此去是一条什么路，你看得到吗？好好的人，他的活头还很大，为什么要拉他进来。他不知道我们去干什么，你又不能对他说，我们能让他死得不明不白吗？以后，不到我们成就一番事业，不可以随便拉人进来，你以为是帮人，可如果坑了人，他们家世世代代都会埋怨你……

两人到了围人家乡，找到了围人家，院里空无一人。到邻居家打听，才知道围人老婆几年前改嫁去了另一个地方。听说那人待围人女儿不好。两人问清楚地址，赶到那地方。只见门前一条小溪边，有个瘦小的女孩子正在艰难地洗着衣物。管仲上前问她话，还没开口，屋里冲出一个男人喊道：你是什么人！想要她吗？一个贝钱，带走。紧接着，后面出来一个憔悴的妇女，怀里抱着一个孩子，哀求地说：当家的，你别这样，万一他爷回来，我不好向他交代啊！那男人说：你等了他十年，他来过吗？连个子儿都没捎来，你和她吃我的，穿我的，光她一个人就吃掉我半壁家产……

鲍叔牙上前道：你这人毫无人性，她一个弱小的女孩子，能吃掉你半壁家产？

管仲说：说明他没家产，靠这女孩子漂衣挣钱嘛！你问他愿意我们带走她吗？

那男人恼起来：你们是什么人？敢来管我家事。鲍叔牙说：这家事，我们管定了。管仲问那妇人：你夫君是在王室做养马官的？妇人点头，正要说话，那女孩子跳起来，跑来问：是爷有信来了？管仲点点头，把围人的信物拿出来。女孩子接过去，捧在手里，满含激情地看着，爱不释手。

不料，那男人嘴里喊：又来个骗子！一把夺过，朝水里丢，鲍叔牙眼明手快，一个弹跳，半空中接住。管仲从鲍叔牙手里拿过，对那妇人说：这是你丈夫亲手交给我的，你看看，是不是？那妇人仔细看了，连连说：这正是他的。然后对那男人怒斥道：你太不像话了，你想杀人灭口吗？说着，她把手里的男孩朝那男人怀里一塞，拉起女孩子，对管仲说：你一定是军爷，请带我母女去见我丈夫。

鲍叔牙正要说好，被管仲拦住。管仲问那男人：怎么办？男人抱着孩子，那孩子不听他的，哇哇直哭。倒是女孩子过去把孩子接过说：我弟弟是我娘生的，不能留下，我们带走。孩子在女孩子怀里，顿时不哭不闹了。男人看着大家，什么话也不说。管仲问他话，他摇摇头说：让她们去吧！

真正把这三人接了，管仲这才感到一种压力。将他们带到客栈住下。管仲与鲍叔牙商量，不能把围人死的消息告诉这母女俩。鲍叔牙急了：不说，那能瞒一辈子吗？管仲说：能瞒多久就多久吧！我们现在到你家去看看你家人，将他们带去，如果能住你家，就住，不能，也在那里租个房屋安顿下他们。

鲍叔牙也觉得这个法子好。

到了鲍叔牙家乡，他家人出来接待了大家。鲍叔牙的老婆在离开后生了一个女儿，现在已经很大了。大家都很高兴，说起当年的事，鲍叔牙老婆叹道：那么多人做了楚军的细作，结果，一个都没能活下来啊！现在好了，街坊邻居里没人再想做那游手好闲来钱的事啦！鲍叔牙老婆原先在南北货铺子里做过丫环，这回便让鲍叔牙拿些钱出来，在家乡也开个南北货铺子。管仲想想也好，让围人的妻女也参加。大家都很高兴。

他们住了半个月，把家里的事都安排妥当，管仲便提出要外出。鲍叔牙看看，这家交给几个女人也放心，便随管仲出发。

管仲心里惦记起季梁说的那个"召忽"。

第六章

夜来风雨倚晴日

一

管仲一生最大的作为不仅仅是事齐相，他能够名垂青史，关键是他在齐相之位上做出了千秋后人望尘莫及的伟业。在帮助齐桓公称霸的过程中，自始至终以稳定周室权威为前提，即天下只有一个王——周天子为前提，以安定民众生存为最终目的。这在当时与后来，无人可比肩。

他能做到这一点，与齐桓公是分不开的。因此，不得不先说齐桓公。要说齐桓公，更要先说说齐国的历史。

司马迁说，齐国之封号远在夏。这是有根据的。史书上说，尧舜禹时代曾经封国达万国之多。齐，就是其中之一。一个国家一个姓氏，万国之封，姓氏该有近万个吧！后人整理出来百家姓，远不达万姓啊！可见先古时中华民族之昌盛！

依据司马迁对太公望家族的刨根掘底，我们能够知道吕尚的先祖住在东海（今江苏北部黄海边），炎帝之后，即神农氏的后代，曾经相佐大禹治水。禹的父亲鲧治水不力，被舜处死在羽山。羽山，今山东郯城县东北（一说今山东蓬莱东南）。舜将治水的重任交给了鲧的儿子禹。禹汲取鲧的教训，在吕尚祖先的相助下，改变父亲以堵阻为主的治水方法，采用疏堵结合，因势利导，成功地解决了洪水的难题。舜将帝位让贤于禹。禹立国为夏，封天下有万国之盛。吕尚的祖先也因此被封国，赐姓姜。但不知为什么，司马迁又说，夏商之际，吕尚祖先这一脉又成了庶民。

司马迁笔锋一转，说，齐真正在历史上辉煌与浓墨重彩地出现，是助周灭纣的太公望，即吕尚，俗称姜子牙。周替代商后，姜子牙封于齐，即他祖先原先生活的地方，但疆域扩大了许多许多倍，成为周朝诸侯国齐国的国君。关于姜子牙相助周朝的故事，司马迁写有两则，其中之一是：

> 太公博闻，尝事纣。纣无道，去之。游说诸侯，无所遇，而卒西归周西伯。或曰，吕尚处士，隐海滨。周西伯拘羑里，散宜生、闳夭素知而招吕尚。吕尚亦曰："吾闻西伯贤，又善养老，盍往焉？"三人者为西伯求美女奇物，献之于纣，以赎西伯。西伯得以出，反国。言吕尚所以事周虽异，然要之为文武师。

> （《史记·齐太公世家》）

又说：

> 太公至国，修政，因其俗，简其礼，通商工之业，便鱼盐之利，而人民多归齐，齐为大国。及周成王少时，管、蔡作乱，淮夷畔周。乃使召康公命太公曰："东至海，西至河，南至穆陵，北至无棣，五侯九伯，实得征之。"齐由此得征伐，为大国。都营丘。

> （《史记·齐太公世家》）

吕尚出道，助周伐纣成功，周武王平商而王天下，封师尚父于营丘山（今山东淄博临淄北），在这个地方建起了诸侯国齐都。

《中国历史大辞典》上说齐国的第十二位主公齐僖公，"在位期间，曾与鲁、卫、郑诸国会盟伐宋，又与宋、燕联合伐鲁，有小诸侯之称。"

从历史的角度看，齐僖公能够坐上"诸侯小伯"的位置，与当时的政治格局分不开。春秋时期，周王朝式微，诸侯各国像装在麻袋里的铁钉，个个想出头，挟天子以令诸侯。其中郑庄公、楚熊通与秦国几位主公先后尝试。让齐国庆幸的是，上天没让齐僖公与楚和秦做邻居，而是与郑、卫两国做了邻居。

周桓王十九年（前701），郑庄公请齐僖公、卫宣公和宋庄公一起会盟曹国（山东定陶北）。曹国虽小，身价不低，周文王之子叔振铎当初封于此，人称陶叔。郑庄公选在这里，想借会盟之机与齐僖公掰掰手腕，试试强弱。齐僖公胸有成竹，整个会盟期间，他根本不把发起人郑庄公放在眼里，始终乐呵呵地与宋庄公冯逗趣。娶了齐女宣姜做妾的卫侯姬晋始终顺着齐僖公的呼吸说话。三两个回合较量下来，竟然谁也不输谁，没有赢家。郑庄公气得胸闷，阴沉着脸离开了。

郑庄公一回到国内，故事就开始了。

说这故事前，还得先提一个人物。此人名忽。郑国姓姬，人们习惯上称他为姬忽，是郑庄公钦定的太子。如果郑庄公去世，接位的就是他。

还有一个人物也必须先提。她叫文姜，是齐僖公的大女儿，排行第二。

那个时代波及郑、鲁、齐数国的悲怆奇闻，就由这两个人自觉不自觉地缔造。

缙葛之战前两年，齐僖公偶遇太子忽，慧眼读出忽的美好前景，公然提出将大女儿文姜嫁给他。当时，太子忽已娶陈女为正室夫人，齐僖公这样做，可见是以缔姻来加强联盟的用心。他能这么想，也是因为宋戴公将女儿仲子嫁给鲁惠公。那时，鲁惠公的正室孟子生产而亡，继室声子生长子息姑，即鲁隐公。在这种情况下，宋戴公还将女儿仲子送去做填房，竟然生下了今天在鲁国执政的鲁桓公，可见宋戴公的高瞻远瞩！如果我的女儿嫁给公子忽，公子忽极有可能主政郑国。那么，齐与郑的关系不就明显亲近了吗？文姜如果生下的儿子接位，哈哈，那是什么概念了呀！齐僖公将这个想法与上卿竖曼说了。竖曼是齐国夏时封侯竖国后裔。竖国在吕尚时成为齐之属国，后改为邑，保留公室大姓。到齐僖公时代，只是世袭公卿，封为上卿。上卿竖曼听后，自告奋勇要前去说合。齐僖公扬手制止，说是自己去说。齐僖公万万没想到，郑太子忽拒绝了他，并且婉转地告诉齐僖公说：每个人都有适合自己的配偶，郑国是个小国，齐国是个大国，我是小国的公子，娶大国的公主做妾，并不合适。姬忽有句说不出口的话，正是耳闻文姜在家不守妇道，与同父异母的哥哥诸儿乱伦。

被郑国公子忽拒绝掉的文姜，两年后（前 709）嫁给了鲁桓公姬轨（又名允）。起因是这年夏天，齐僖公与卫宣公和鲁桓公在卫国的蒲邑（今河南长垣）相会，年长的齐僖公与两个年轻的主公玩得很开心，当齐僖公得知登基三年的鲁桓公虽有几房女人，但都没授大礼，便让卫宣公趁着酒兴提了一句，鲁桓公早闻文姜美貌，一口答应。齐僖公在蒲邑就着人正式提亲，但有要求，入门必须是夫人！鲁桓公当然愿意。鲁桓公很高兴地把文姜娶回家，急急想尝个新鲜。没想到有人在他之前下过手了。鲁桓公一气之下便想弃之。但以此为由退婚，似乎没有先例。那时的齐僖公是"诸侯小伯"，闹起来，他一脚就能踏进鲁国扫了你的宗庙，那可得不偿失。思忖之后，"小不忍则乱大谋"，鲁桓公干脆不声张，晾着文姜，反正女人多的是，大不了以后从公子堆里拔一个太子！无奈三年后，一个偶然的机会，文姜还是怀上了。鲁桓公做主公第六年，迎来了公子子同的出生。在取名时，鲁桓公问朝中最有学问的申繻。申繻答：

> 名有五：有信、有义、有象、有假、有类。以名生为信，以德命为义，以类命为象，取于物为假，取于父为类。不以国，不以官，不以山川，不以隐疾，不以畜牲，不以器币。周人以讳事神，名，终将讳之。故以国则废名，以官则废职，以山川则废主，以畜牲则废祀，以器币则废礼。晋以僖侯废司徒，宋以武公废司空，先君献、武废二山，是以大物不可以命。
>
> （《左传·桓公六年》）

鲁桓公认为申繻说得对，便应道："是其生也，与吾同物[①]。命之曰同。"接着又生了第二个男孩庆父。怪的是，从那以后，文姜被鲁桓公宠幸如至宝，夕夕相随，夜夜相伴。

齐僖公再次向太子忽提亲，是在北戎讨伐齐国之际。当时，齐国难以一国之力抵挡马背民族北戎的侵略，向郑国请求支援。郑国派太子忽前往。太子忽大败戎师，不仅擒获了北戎的两位主帅，还砍了三百戎卒的首

---

① 杨伯峻认为这里的物，是指岁、时、日、月、星、辰。

级，一并献给齐僖公。齐僖公亲往迎接凯旋的胜利者，再次看到武艺超群膂力过人的太子忽，又一次萌生把小女儿嫁给太子忽的想法。没想到太子忽再次辞谢说：我受国君之命赴齐救难，若娶妻回国，百姓定会议论纷纷，说我劳师远征不过是为了娶妻而已。

太子忽两次拒绝齐国的提亲，闻者反应各有不同。有人深感太子忽的大义与正直，有人则不然。当时齐国的实力与郑不相上下，如果此时齐郑联姻，应该是战略上的大好事。偏偏太子忽没看到这一点。时随太子忽前往救郑的大夫祭仲见忽再次拒绝齐僖公，深感忧虑，赶紧提醒他：最好还是娶了齐女，否则你在国外缺乏强大支援，虽身为太子，也未必能继承君位；你那几个弟弟，都有可能做国君的！

后人在这一点上评说太子忽是勇武而缺谋略之人，若他登基，未必足郑国之幸。

果被祭仲言中。

就在那次曹都会盟，郑庄公窝一肚子气阴着脸回到家不久，竟一病呜呼哀哉！郑庄公姬寤生辞世，祭仲按郑庄公生前的钦命，主持太子忽嗣位，是为郑昭公。谁也没想到，姬寤生之死，宣告了一个时代的结束，郑国内乱骤起。

第一个向郑昭公宣战抢位子的，是公子姬突，姬忽的大弟弟。

姬突的母亲是宋国雍氏之女，宋庄公冯当年居郑国时，暗中与雍氏有染。母子暗潜到宋国，煽情于冯。果然宋庄公不满于祭仲立郑太子姬忽为君，小施一计，把祭仲骗到宋国，威胁他，如果你不立姬突为君，必死！威胁之下，祭仲屈服了商纣王庶兄微子启的后人。宋庄公冯不顾天下之大不韪，竟然与祭仲盟誓。在宋国大军浩浩荡荡拥护下，祭仲和郑公子姬突一起进军郑国。可怜的郑昭公闻讯，竟然不组织抵抗，于这年九月十三日逃到卫国避难。

七天后，姬突在宋庄公的扶持下，登上了郑国国君的宝座，做了郑厉公。

姬突做了郑厉公，好景不长。最为担心的不是别人，正是那个宋庄公冯。

宋庄公是个贪得无厌的家伙，帮了姬突一把之后，开始大摆架子，伸手向姬突要美女与物质。特别是与其母的故事，弄得姬突难以招架，仅仅一年，他受不了，不得不请鲁国出面调解。本着都是姬姓宗室，鲁桓公姬允的母亲仲子①，出面与宋庄公会谈。但好强的宋庄公油盐不进。又一年（前699），姬突忍不下去了，联合鲁国，兵伐宋庄公冯，好好教训了宋庄公一顿！幼稚的姬突以为这样一来就能阻止宋庄公冯的勃勃野心了，其实是埋下了更大的祸根！

逃到卫国避难的郑昭公姬忽，刚刚到卫国，就遇上了卫国的内乱。从曹都会盟归来的卫宣公姬晋与宣姜见面，久别胜新婚，夫妻之间的事做完，宣姜开始吹枕边风，但碍于太子伋的母亲夷姜②虽然病重还活着，话只能阴一句阳一句温度适中地煽着，弄得卫宣公心里七上八下不知如何是好。

这个姬晋，不是省油的灯，继位时就狼烟四起，烽火不断。周桓王元年（前719），州吁弑卫桓公姬完，卫人又杀了州吁，姬晋因此得以立为国君。

州吁，卫庄公的儿子、卫桓公同父异母的弟弟。

卫庄公娶齐庄公之女庄姜为夫人。庄姜无子，卫庄公又娶陈侯之女厉妫为夫人，生子孝伯早逝。随嫁的厉妫之妹戴妫得卫庄公宠爱，生公子完、公子晋。戴妫早逝，公子完归庄姜收养，视为亲生，立为太子。卫庄公另有宠妾生子州吁。此子生性暴戾好武，善于谈兵，深得卫庄公宠爱，并任其所为。大夫石碏忠言相谏卫庄公："臣闻爱子，教之以义方，弗纳于邪。骄奢淫逸，所自邪也。"并以"夫贱妨贵，少陵长，远间亲，新间旧，小加大，淫破义"的"六逆"，"君义、臣行、父慈、子孝、兄爱、弟敬"的"六顺"再三劝卫庄公。卫庄公不听。

卫桓公十六年（前719），州吁借卫桓公到周朝吊贺之机，与石厚合谋，在朝歌西门外设饯，弑杀卫桓公取而代之。

州吁弑兄而立，又穷兵黩武，卫国上下都不拥戴。消息传到鲁国。鲁隐公曾问大臣对公子州吁的看法。史书这样记载：

① 姬允的母亲仲子是宋武公司空的第二个孩子，宋宣公力的妹妹，宋穆公和的姐姐，宋庄公冯的姑妈。
② 夷姜：夷国、姜姓，曾是卫宣公父亲卫庄公妾，为卫宣公庶母。卫庄公死后，卫宣公乃立为夫人。

> 公问于众仲曰：卫州吁其成乎？
>
> 对曰：臣闻以德和民，不闻以乱。以乱，犹治丝而棼之也。夫州吁，阻兵而安忍。阻兵无众，安忍无亲，众叛亲离，难以济矣。夫兵犹火也，弗戢，将自焚也。夫州吁弑其君而虐用其民，于是乎不务令德，而欲以乱成，必不免矣。
>
> （《左传·隐公四年》）

大家都认为州吁残暴狠毒，众叛亲离，必定失败。

果然，在位不足一年的州吁无法统治下去了，他让石厚去请教其父石碏"安国稳君"之策。石碏原本就反对州吁，闻后将计就计，提出让他两人赴陈国请陈桓公带去朝觐周天子，让周天子来替他们说话支持。州吁与石厚不知是计，欣喜若狂，立刻动身前往陈国。石碏暗中与陈国联手，在陈国扣下两人，由卫使右宰诛州吁，又使家宰杀了自己的亲生儿子石厚，为卫国除掉两害。卫国众臣联合立桓公弟晋为君，是为卫宣公。

这个被卫人寄予厚望的姬晋，私生活一塌糊涂。早年就与其父卫庄公姬杨的妾夷姜通奸，生了一个儿子，名叫姬伋。姬晋一登君位，随即立夷姜为夫人，立姬伋为太子，并让右公子做他的师傅。

姬伋长大成人，应该娶亲时，朝廷众议，不约而同地想到了卫庄公美丽端庄、温性大度的妻子齐女庄姜（《诗经·硕人》赞美的就是她）。于是，派右公子赴齐，为太子伋从齐国迎娶一位新妇。齐国美女宣姜来到卫国，果然光彩熠熠，美艳绝伦，一下子就把卫宣公姬晋吸引了，他秘示将此美女藏于密室，先自己享用，然后火速新筑柳台于皇宫河对岸，据为己有。《诗经·邶风》中有一首诗名曰《新台》，就是讽刺姬晋强夺儿媳妇之事：

> 新台有泚，河水弥弥。
>
> 燕婉之求，蘧篨不鲜。
>
> 新台有洒，河水浼浼。
>
> 燕婉之求，蘧篨不殄。
>
> 鱼网之设，鸿则离之。
>
> 燕婉之求，得此戚施。

宣姜成了姬晋的女人，很快给姬晋生了两个儿子：姬朔与姬寿。有了儿子，就是女人的本钱，有了本钱的宣姜开始乱卫。宣姜把持内宫，卫宣公主外政。宣姜隔三差五的小闹影响不了卫国的政局，数年过去，卫国还算太平。

曹都归来的卫宣公还没从宣姜的体温里回过神来，后宫来人急告，夷姜去世。卫宣公当时没意识到事态的严重。就在夷姜的丧期内，宣姜让儿子姬朔在父亲面前说同父异母哥哥太子伋的坏话。这话正触动姬晋的敏感神经。夺儿媳之事，是姬晋的一块心病。经不住宣姜母子一番言语，深以为信。姬晋想了个绝妙之法，让太子伋出使齐国，同时令人伏于齐、卫交界处的莘（今山东莘县北），伺机杀姬伋。为了不致出现闪失，姬晋特意让太子伋带上一支白旄，好让刺客见持白旄者杀之。

如此安排还是出现了意外。

宣姜的另一个儿子姬寿知道了此事。姬寿是姬朔的亲兄弟，年龄小，在一边偷听到此事后立即告诉了姬伋，目的是想让姬伋逃过此劫，姬伋似乎早有预感，一声长叹：唉，为求活命而违背父命，我做不到。姬寿见姬伋执意要去，就把他灌醉，自己拿了那支白旄，驾车向边界而去。

刺客准时出现，他并不知道姬晋要他杀的人已近中年，而眼前却是个刚刚成人的男孩。刺客是按当时的规矩做事，手起刀落，姬寿死于非命。

酒醒之后的姬伋追赶而到，见姬寿已死，悲愤难掩，对刺客说：他们要杀的是我，此人何罪？算了，把我也杀了吧。刺客不想杀他了，但姬伋扑到刺客身上，夺刀而亡。

姬朔立为太子。

公元前七〇〇年，姬晋去世，姬朔嗣位，是为卫惠公。

郑、卫两国内乱，齐僖公看在眼里，急在心头。他国之乱，乃前车之鉴啊！他开始研究郑、卫与一些诸侯国内乱的起因，琢磨周王朝兴衰动荡的历史，努力从中寻找规律性的东西，使齐国能够避免重蹈覆辙。

这一日，齐僖公与召忽在后院的亭台上晒太阳喝暖茶。自从召忽来到齐国，上卿竖曼渐渐淡出齐僖公视线，虽然是上卿，恰与大夫无异。

他们谈论的话题是楚国与秦国发生的事情。召忽刚刚回了一趟家乡安邑，本来齐僖公对来自夏禹圣都安邑的任何消息都兴致勃勃，但是这次召忽带来的消息，却让他感到了不安。

原来，秦国发生了一起弑君事件。秦人杀了接位才六年的出公，重新立太子武公为秦主。

事情还得从秦宪公说起。秦宪公有好几个儿子。早年，随秦宪公征战西戎亳王的就是他的大儿子武。亳，商汤后裔，不服周礼，长期居于西戎。周桓王姬林七年（前713），秦宪公打着替周朝扫清商汤余党的旗号，向亳王发起攻势。亳王败退于戎，据守荡社抵抗。翌年，秦宪公一举灭了荡社，周桓王大快，给予赐赏。这年，秦宪公将随他征战出生入死的大儿子武立为太子。好景不长。秦宪公死后，大庶长三父、弗忌等人私立秦宪公幼子出为国君，即秦出公。消息传到武公耳中，欲与一拼，其母鲁姬拦住，劝他，能成事者，不在此刻，忍为上。鲁姬告诉儿子，三父与出子母有私染，大夫弗忌不知；待弗忌知后，他们必会分裂，其时出手，岂不事半功倍？武公听了母亲的话，不露声色，领兵在外，征战四方。其母在宫内联络能人，尽事挑唆大庶长与弗忌之间的矛盾。周桓王二十二年（前698），武公讨伐彭戏氏，打到华山脚下后，再也不前进，住在平阳宫等待母亲的消息。母内儿外，积六年之蓄，精心谋划，在出子母死的葬礼上，暗中唆使弗忌揭露三父与其母的丑事。出子无颜，下令杀三父与弗忌。早有防备的三父先下手，令伏兵杀出公。大庶长三父让弗忌出面去将前太子武请回来。武接位坐了秦的天下，即秦武公！

齐僖公不安地对召忽说，尧舜禹以德贤让位，楚人与越人恰恰都善以弑君夺位而名传天下。这个病如今传染给了秦人，这如何是好？

召忽：春秋大义，在于天下为公，选贤与能，而不拘大人世袭之礼。用时下的话说，"成败论事，而不计理也"。以正取国，未必贵也。何必在乎杀兄逆王命这样悖逆之事呢？只有文人不能忘掉他们的行为而记载到史书里去。

是啊！齐僖公又道，我以各项新政使齐国国力大大增强了，但我身后，你能保证秦侯与楚王、越人之事不在齐国重现吗？还有卫国与郑国的不幸，我国能避免吗？

召忽：主公言之有理。应该赶快好好教育公子们，使他们从小就有德才。谦谦君子，会以国事为重，更会避免楚越秦人之戏上演。

齐僖公：倒也是，现在还来得及。不过，我担心楚国那熊，保不定什么时候会杀来!

召忽:去岁楚熊挨了一闷棍,该消停一阵子了。你有时间调停一些事。

齐僖公:说来听听。

要说起楚熊挨的那一闷棍,还得从那次楚武王亲率大军伐隋之后说起。这次战争,使隋国屈从了楚,从此奠定楚在汉东的霸主地位。没两年,便是周桓王十九年(前701),好战而不甘寂寞的楚武王熊通起兵伐绞、郧两国并征服之。又次年,再度横扫江汉平原,征伐罗国。罗侯不是绞侯与郧侯,这个小个子的罗侯,人称一肚怪。他从不正面与来犯之敌对阵,使人闹不清楚他有多少兵力。他奉行你来我退,你围城我坚守的战略战术。与他打了几年仗,却搞不清楚罗都城中藏了多少粮食。楚军困城三月,罗都巍然屹立。楚军粮食用尽,罗城的守兵依旧馒头啃得津津有味!弄得熊通断定罗有通向外面峻峭群山的地道,通过地道源源不断向城里输给养!楚武王派兵在山里搜索,结果派出去的兵,没一个归来,死也不见尸!楚军数月之劳未果,连正规的大战没捞上打一次,气得楚武王只好退兵回去过年。

转眼到了去岁(前699)。罗侯不朝楚,让楚武王很丢面子,每每提起,总是叹息。为解除这块心病,一日朝议,楚武王问朝中大臣们,谁愿意代他出征,事成即提升为卿。大夫屈瑕挺身而出,愿意代大王率师征罗。屈瑕年富力强,个性倨傲,素有常胜将军之称,曾经多次率兵卒去过罗。受命后,凭着经验,也不深究罗国近期情况,连夜开拔,轻车熟路,直奔罗国国都,以为是去信手拾花朵儿。这一草率,就决定了败局,他屈瑕哪里知道足智多谋的罗侯啊!楚武王前脚撤兵,罗侯后脚就将罗都通外的必经之路变成了河!还在上游引鄢水形成山涧瀑布。另辟从汉水西出罗都的新道。同时在鄢水与汉水中间,摆布水阵。罗侯如掐面团儿,屈瑕就不那么顺当了。他的兵刚刚进入山区就迷了路,无论走到哪里,不是突然冒出来河水过不去,就是阻兵前挡。走着走着,半山腰下起箭雨,看看是平坦地,却又不知从何处飞来匕首冷石……沿途虚虚实实,迷阵重重,弄得楚军寸步难行。这种情况,换别人早就退兵了,偏偏屈瑕死不认输,不但不退,反而乱杀乱闯,一意孤行,结果误入多处陷阱。深入峻峭群山半月,兵损将折,斗志完全涣散。罗侯看看时间到了,迅速拦河筑坝蓄水。选个适合的月黑夜,派人到楚营附近学鬼叫,搅得信鬼神的楚人心惊肉跳，一夜不合眼。凌晨破坝水涌，秋寒之潮，汹涌澎湃，一下子淹没楚军数万主力。可怜惯用水治人的楚军，今天挨了罗侯的水阵，呛得有苦说不出。屈瑕率残部逃到荒谷一带，准备再战，看看身边残部，七零八落。自感无脸面见楚武王、父老，屈瑕竟然自缢以谢楚武王。其他将领则自囚以听罪。楚武王得此消息，气得跺脚。倒是左右大臣劝楚武王歇军停战，休养生息。楚武王宽宥了全体将士。

楚武王挨此一闷棍，自然一时不能恢复元气，需要喘息一阵子。

闲谈到此，齐僖公起身松动一阵腰腿，望着远处思索起来。楚武王的消息让他宽慰，郑、卫的不幸让他不安，秦侯的消息令他忧愁。他的眉头忽锁忽展，召忽观察着，几番想插嘴说话，到嘴边还是忍住了。

这时，有人来报：郑国颍邑管仲、徐国鲍墟村鲍叔牙来访。

齐僖公转身，看着召忽问来人：他们是什么人？

来人说：早年在先主手下做过大夫的管山管严仲的儿子。

齐僖公"哦"了一声，想了一会儿，说：我想起这个人了，就是嫌弃先祖没给他好位置而去了晋的管严仲？可惜上天没给他好命！不是死了吗？

召忽：来人是管严仲的儿子，一个很愿意做学问的人。在我先生季梁那里待了很长时间，为我尽弟子孝道。我应该对他报恩，可我现在也只是在主公您这里做门客……

齐僖公不解地看看召忽，问：父亲善攀高枝，儿子能有什么好学问？到我这里来，是想让我给他世袭父职之位吗？还是说，你知道我正在想给儿子找老师，你事先安排好的？

与齐僖公相处一段时间了，召忽知道他这个人疑心病重，故而佯装不知，也不接话，看齐僖公怎么办。

果然，齐僖公问来人：你们都打探清楚他们的来意了吗？

来人：打探清楚了。管仲与鲍叔牙半个月前从郮国来，去了琅耶。他们是去看禹孙的。

齐僖公：禹孙？哦！想起来了，就是那位与我争了几句，跑到蔡国的郮人。还是管山给蔡桓侯封人写的推荐信。

说到这里，齐僖公坐下，对召忽说：管山是蔡国人，哦，现在那个颍邑是郑国的啦！他对家乡主公推荐一个人，也该算是正常吧。蔡桓侯封人收留禹孙这么多年，人家老了，没有用了，小蔡侯就把人家赶走？真不像话。

召忽赶紧起身施礼：如果不是主公急难之中救禹孙，禹孙早已冻死饿死路边，墓地草也很长了！

齐僖公得意地捋着下巴问：禹孙对现在的安排还满意？

来人：管仲与鲍叔牙去看禹孙带回来的话说，禹孙很感激主公，说主公胸怀坦荡。

齐僖公：他们就为传递这话而来的？

来人：禹孙留他两人住了半月，谈论了各国纵横经纬之高低，内宫外防之军务。听说，说得最多的是禹孙对主公的感恩戴德。

嗯！禹孙还是知恩图报之人。齐僖公又问，各国纵横经纬说了那么多，有具体些的吗？

来人：听说，管仲满腹经纶，特别是《尹至》《尹诰》《程寤》《保训》《耆夜》等篇，解说得禹孙口服心服，连连称，夷吾前程无限，前程无限……

召忽看看齐僖公脸色渐渐开朗，感觉是插话的时候了，便暗示说：既然他们来了，主公不妨喊他来，出个题目考考他的学问？

齐僖公思忖许久，看看召忽说：你想让他们做我儿子们的老师？不妥！不妥！不妥！接着，提高嗓门道，一个争位子人的后人，能有做老师的高风亮节吗？我不希望我的儿子里出现卫国那样的事。这事免提了吧！

召忽听齐僖公这么说，也就不再多嘴了。心想，人越老，多疑的毛病越重，并不因为他是能干的君主就可以避免！齐僖公的多疑，令大家都小心翼翼地防着他，以免被错杀！召忽也不想惹太多的麻烦事。

这是周桓王二十二年（前698）秋天。

二

半年前，管仲与鲍叔牙从徐国一路顺泗水上行，入沂水。在启阳改走旱路，在穆陵听到有关齐僖公的一些故事，其中提及齐僖公将蔡侯弃置的老人禹孙收留了。管仲思念起这位年少时曾经见过的老人，经过打听，得知禹孙在琅耶。他们放弃了到齐都营丘（今山东淄博市东旧临淄北）的打算，从穆陵改道去琅耶见禹孙。

十八年未见，一见面禹孙还是认出了管仲。管仲的父亲曾有恩于禹孙，禹孙对此念念不忘。他告诉管仲，当年自己没把年少的禄甫当回事，结果禄甫做了齐僖公，两人自然闹得不欢而别。多亏管山事后弥补，也好在岁月能够让人忘却许多不快之事，年老的齐僖公得知禹孙在蔡国受冷落，伸出了援助之手。这让禹孙十分感动，便有心给齐国推荐几位好的人才。见管仲与鲍叔牙年少才俊，留他们多住一些日子，悉心观察调教。经过几天的相处，发现管仲学问之深、见解之广出乎他的意料。他与管仲深入探讨各诸侯国的国情，寻求让周礼长期作为治理天下准则的途径。管仲的见解令禹孙深信不疑，便亲自写了一封信，让管仲去营丘先见召忽。听到召忽，管仲告诉禹孙，召忽是季梁学生，跟自己应该说是同门啊！禹孙高兴地说，这就更好了。但他沉思片刻后告诉管仲，齐侯留召忽在身边，并没赐封任何职位，一定有与众不同的打算。你去先找召忽，探探如今齐侯的想法也好。

管仲与鲍叔牙离开禹孙后，经过数月跋涉，来到了齐国国都营丘。他们先找一家客栈住下，观察民情，暗听民言，获知了民间对齐侯的看法。营丘人都说齐侯胸怀坦荡，纳谏如流，是位好主公。管仲顿感费解，如此好名声的主公为什么不给召忽位子？我父亲在齐时，为什么会离开？禹孙也会离开？莫非有什么民众不知情的事儿？他们决定不忙去拜见齐僖公，而是先见了召忽再说。

数天后的一个清早，管仲与鲍叔牙刚刚走出客栈，正巧旁边巷子里出来一位官服打扮的人，双方在路口相见，互不相识。此时，对方彬彬有礼谦让他们先过。管仲见状，退后一步。鲍叔牙也退后躬身向对方说道：先生身系公务，请先行，我等街头闲人，无妨无妨……

那官员走后，管仲问客栈的人：你们可知他是谁？

对方诧异道：你们口口声声问召忽，原来你们并不认识他啊！

鲍叔牙惊叫起来：他就是召忽先生？

管仲想赶上去，但召忽已经走远，只好回头，叹道：没想到他就住在这里！真是大贤隐于市，就是这样隐的呵！

客栈的人叹道：这巷子里的，也是住客栈，收钱少，自然不如临街的宽敞亮堂。

哦！管仲听到召忽住客栈，却天天如时上朝，深感诧异。为了探寻明白，这天晚上，管仲与鲍叔牙一起拜访了召忽，这才揭开了谜底。

原来，齐僖公十分讲究身份名气。在那个时代，名士是很有威望的，哪个诸侯国有名士，国力再弱，也没人敢欺负，像楚熊通这样的虎狼之辈也得让三分！这就是一位名士能抵万军的效果。季梁鼎鼎大名，他在哪个国家，那个国家就等于有一支强大的军队！齐僖公深知这个道理，深叹季梁不在齐国。对于召忽，在齐僖公看来，他只是季梁的学生，并无功名实绩，所以就不想安排位置，只是每天让召忽去朝上陪着他"说说话"。

管仲不乐道：谁不知道伴君如伴虎啊！陪主公说的"话"，得有了不得的功夫啊。

召忽摆摆手说：这反而好，能够让他直接看到你才学的深浅嘛！再说，再大的名士也是需要人慢慢识的嘛！深山俊鸟有人识，渭水河边垂钓的姜子牙不也需要人识吗？如果没人识，姜子牙还不就是个独钓翁？不急，不急，慢慢来。况且，我毕竟只是季梁的学生，学生不能与老师相提并论嘛！

聊天之时，召忽透露一个信息，齐侯近日与他谈论最多的是各国的兴衰成败。召忽琢磨出年渐衰老的齐侯开始考虑身后事了。对于身后事，齐侯认为，接位的太子要争气，公子们更要能与太子协调一致，齐国才能真正地兴旺发达。齐侯最担忧身后事，所以想趁自己活着，请老师好好调教儿子……

管仲问：齐侯想选好老师调教儿子，是一人一个，还是三人共一位？

召忽点点头：如果没猜错，我已经被他点定了，剩下还得找三个。

鲍叔牙：他几个儿子？

召忽：三个。他亲弟夷仲年中年身亡，把孤儿寡母托付给他。他这个人又很重义气，一直把夷仲年的儿子他的亲侄公孙无知①带在身边，视若己出，亲自调教。这还不算，还"选为都校，冒之以衣服，旌之以章旗，所以重其威也"②。

---

① 此子系齐庄公之孙，故称"公孙"。
② 见《左传·庄公八年》。

管仲连连摇头：如此不妥。

召忽：没事。齐侯已经早早确定太子诸儿接班。现在他愁的是，太子接位后，如何与公子们相处。选择老师的事，齐侯很头疼。

有什么头疼的。鲍叔牙笑道，凭我们，他就是木头，也能给调教成城门看守！

沉思的管仲慢慢说道：看事容易做事难，还是请召忽先生领我们去见齐侯。

你们来之前去过什么地方？召忽说，大凡公侯，最不喜欢你从别人那里转过再来见他。

管仲说：什么地方也没去，只是去看过禹孙。说着，管仲把禹孙的信拿出来给了召忽。

召忽看罢点点头：这就好，我装作什么都不知道，你们投帖去见他，看他怎么说。

这就是前面召忽与齐僖公在亭台说话，管仲与鲍叔牙投帖求见的事儿。

三

现在，齐僖公不想见他们，怎么办？

召忽绞尽脑汁，苦思冥想，终于想出了一个办法。

这个办法，就是齐僖公与召忽讨论国事时，召忽故意把话题再次引到楚武王身上，并有意识地告诉齐僖公，有人对楚武王研究得很透。齐僖公一听，急切地要召忽把那人喊来，但召忽不想让齐僖公立刻知道管仲身份，便提出条件。

齐僖公对于目前各诸侯国的情况，急切想知道得透彻些，这对于他制定身后事尤为重要。见召忽这么说，便问：什么条件？召忽说：与人家探讨楚王事，最好不要问人家消息的来源，靠你自己去判断真伪。还有，人家不想告诉你身份时，你去刨根问底，说不定，人家就不再说话而离开。这样做，传出去，诸侯会说你主公不宽仁，德修炼得不够！

一位想成就一番事业的公侯，是最忌讳别人说他欠德行的。特别像齐僖公这样有"小诸侯"之"伯"称呼的人。齐僖公答应了召忽的这个条件。

管仲很快就到了齐僖公面前。

召忽介绍管仲时，只说，客人从楚域来。说完，找个借口离开了。屋里只有齐僖公与管仲。

齐僖公劈头就问：那年楚熊通收拾了鄀、邓两国，你是怎么看的？

管仲一怔，私忖道：如此急切，一定有什么事，我不可心急，且缓他一缓，观看他的态度再作计较。便故意以微笑相对，不急开口。

室内的空气渐渐凝固。齐僖公不乐了，起身而去。

管仲没起身去追，依旧坐在那里，直到三个时辰后召忽与齐僖公一起进来。

召忽进来后对管仲问：我们主公欲知楚国事，先生正是知楚事而来，为何不言？

管仲：我听说，齐人做豆腐做得很好。楚人到齐国见到豆腐，不知何物，立刻就狼吞虎咽。结果会如何，谅你们也都知道了。

齐僖公大笑：我知道他吃的是生豆腐还是熟豆腐啊！

管仲：生怎么说？熟又怎么说。

齐僖公：生者吃后腹泻；熟透的烫豆腐则会烫坏肚子，送命！

管仲：就是嘛！这好比你问我，鄀、邓两国那年被楚熊通吃了，我怎么看？听起来，好像很有道理。细想下去，你问这事是什么目的，我得知道啊！我需要琢磨出你问的意思，正如楚人见齐国豆腐，需要问问情况再食之，是一样的道理啊。言为心声，未能琢磨出主公用心，胡言乱语，结果你能满意吗？

齐僖公点点头：你说得有些道理。

管仲：主公离去，我却不能与主公一样离去，我得明白主公为什么要离开，问题弄懂了，明白了，我才能离开。

齐僖公：那你弄明白了吗？

管仲：是的。如果我没猜错，主公认为我故意摆架子。这个天下能够在主公面前摆架子的人并不多，而我这个无名之辈，也端架子，主公能不生气吗？当然拂袖而去……

齐僖公诧异地问：你就因为这个而整整坐了三个时辰？

管仲：正是，如果你不告诉我原因，我还得坐下去……

哦……齐僖公想想，感觉管仲说得很有道理，歉意地表示自己太心急了，愿意有更多的时间来恭候先生，聆听先生教诲。

召忽见两个人进入对话了，这才正式离开。

屋里仍然只剩下齐僖公与管仲，话题还是从齐僖公的那个问题开始。

管仲借此机会，好好地展示了一下自己的博学。管仲认为，楚武王敢于对老丈人的邓国动武，并不是因为鄾人之错。想达到目的，熊通可以找出一千个理由！先前也不是没有对邓国动过武，那只是暗示他们，一旦自己实力达到了能够称霸汉东，熊通是不会考虑老丈人脸面的。

齐僖公沉思起来，他把楚武王灭鄾、邓的事重新在脑子里过了过，越想越觉得管仲说得对。便说：先生之言是矣！

周桓王十七年（前703），巴（又称巴子国，今重庆北）侯见楚国越来越强大，邓国是楚武王的老丈人家，邓曼在楚武王身边很得势，便派使臣韩服到楚国报告巴欲与邓国交好的想法。楚武王感觉此事甚好，便遣大夫道朔带巴使者韩服等人前往邓国。在接近邓国南部边境，正要越过鄾国进入邓国时，韩服等人受到鄾国当地土人的袭击。结果是韩服、道朔被杀，财物被抢。出了这样的事，楚武王念及岳父的面子，又想到鄾是邓的属国，遂令大夫熊章到邓国交涉。邓国公室对于女婿来的消息，不敢怠慢，立刻引见到邓侯那里。没想到邓侯回答说：土民并不知道来者是谁，纯属误杀，不能上升到国与国之间的问题上！容我处理吧。消息传回，楚武王不高兴，一气之下，令大夫斗廉率楚巴盟军进攻鄾国。邓国出于鄾是自己的附属国，有保护的责任，便派邓军救鄾。双方三战三平，没决出胜负。楚大夫斗廉改变战略，将巴军部署于两翼，自率楚军列横阵为中军，迎战邓鄾联军。开战后，楚军佯败后撤。邓鄾联军求胜心切，全力追击，将其侧背暴露给巴军，巴军随即由两翼向邓鄾联军侧背攻击。此时，楚军由后撤变反击。邓鄾联军腹背受敌，大败。

说到这里，管仲提醒齐僖公：楚国的屈瑕虽然受了挫折，但楚国大夫斗廉是位有智有谋的人。贵国可能还没能与他对等的人。

齐僖公：何以见得？

管仲：庚辰年（周桓王十九年，前701），楚屈瑕将与贰、轸结盟。郧为阻遏楚国势力东进，驻军于蒲骚（郧地，今湖北安陆东南），联合隋、州、绞（今湖北郧县西）、蓼等国，谋略攻楚。楚屈瑕、斗廉趁隋等四国军队未至，出锐师袭击蒲骚，在速杞（今湖北应山西南）这个地方打败郧军，其他各国军队见而不敢动。楚大夫斗廉派人游说贰、轸两国，逼其与楚订盟，使郧、隋等国大败！在这次军事行动中，成功之处主要就是斗廉提出"师克在和，不在众"。只要自己认为能够胜，就可以趁热而动，并不要怕敌之众多。而当时，屈瑕曾提出按惯例先占卜，斗廉反对说："卜以决疑，不疑何卜？"

齐僖公点点头，让管仲继续再说下去。不知为什么，突然心头涌上一个怪念头：此人说我国没人可以与楚大夫斗廉比，这分明是看我齐国无人。如果让这样的人来教我的儿子，分明是要教我儿子好战。一个国君好战，对民众来说，并非是福。想到这里，齐僖公起身恭敬退走。管仲再次被冷落，只得去找召忽。召忽也不能明白原因，也不能直接问齐僖公。容齐僖公情绪好时，召忽这才明白，是管仲说了不应该说的话。他怪管仲，你怎么能说齐国没斗廉那样的人才呢？你应该说齐国人才济济才是啊！或者你说一些治国之策也好啊！

管仲不高兴道：齐国人才多了，还需要我们做什么？

召忽苦笑笑：伴君如伴虎，你应该明白啊！

管仲从身上掏出一块帛，上面写了一段文字，递给召忽：请你再约，这次我不再冒失了！

召忽接过那帛，见上面是新书的文字，忍不住读了起来："一年之计，莫如树谷；十年之计，莫如树木；终身之计，莫如树人。一树一获者，谷也；一树十获者，木也；一树百获者，人也。我苟种之，如神用之，举事如神，唯王之门。"（《管子·权修》）边读边赞不绝口。他对管仲说：前面的道理，僖公是明白的。你最好的就是这句，让我来精心地培育人才，如神地使用他们。那么，当他们从事大业时，一定能够运筹帷幄得心应手，这就是我使你称霸天下的必经之门！接着，他又摇头晃脑地吟起来："我苟种之，如神用之，举事如神，唯王之门。"

管仲提醒他：不能贸然，要见机行事。

召忽笑道：我当然知道啦！

四

召忽天天都在想着如何能将管仲那篇帛文递到齐僖公手上，但一直寻不到适当的机会。这世上的机会，你专心致志等还就很难等到；你不指望了，可能已经失望或者忘掉了，忽然就来了。

数月后的一天，齐僖公忽然问召忽：你向我推荐的那个从楚国来的人，还在这里吗？

召忽心头微微一震，看看齐僖公，心里嘀咕道：看来，他还没忘了管仲！转而思忖，不能直说管仲在，只能说不知道，需要打探才能清楚，免得他又起疑心。

谁知召忽刚开口说了管仲不在，齐僖公扬手打断道：不知道他治国有什么高见。

召忽感觉这可是个好机会，便想从袖中掏出那篇帛文呈上。当齐僖公看着他时，他又停住了，因为齐僖公是问管仲有什么好的治国之策。于是接口道：主公，他研究伊尹很精到。齐僖公两眼一亮：商汤的伊尹？

是的。召忽说，我听说，大凡对伊尹研究精到的人，都有非凡的治国之策。

齐僖公着急地说：你怎么不早说！早说了，那次就不说楚国的屁事了！

听齐僖公这般说话，召忽心里有了底气，倒也不着急起来，这次一心要促成管仲的心愿。他说道：圣贤之士都有些傲骨。就说那伊尹，商汤为了得到他，先娶了厨娘。齐国先祖吕尚，宁可在渭河边直杆垂钓，也不到人家面前游说……

齐僖公一摆手，打断他的话说：我不是要他来做我的国相。我是想选几个德才兼备的士子做我儿子们的师傅。你当然是一位。有你还不够，我要选四位，给公孙无知也配个师傅。当然，对于公孙无知，是要他学会如何帮助我的儿子们。你去找他，把他找到，带来见见！

召忽见齐僖公这么说话，赶紧把管仲的帛文双手呈上。

齐僖公接过帛文，读了起来，当他读到后面的文字时，抬头问：是谁的？

召忽见齐僖公紧锁着眉头，一时不明白，只能小心翼翼回答：夷吾的。

异者。齐僖公说道，行文也与众不同，毫不谦虚啊！

召忽赶紧解释：他确实有才能……

齐僖公扬手制止，缓缓地说：土埋不住金；刷漆的辕，总会露出本来的颜色！说着，看看召忽，又道：他可能在你之上。喊他来吧！

这样，管仲再次来到了齐僖公的面前。

管仲再也不会轻易放过这个难得的机会了。

五

召忽是在一个天气晴朗的上午，将管仲推荐给齐僖公的。因为已经见过面，齐僖公像老朋友那样随意地走下台阶，拉起了管仲的手，牵着他，一直走到了明堂东南角上的向阳处。虽然是深秋，太阳正温暖地照着，庭前树木依然葱郁。齐僖公望着庭院里郁郁葱葱的景象问管仲：你相信"太姒梦见商廷生棘"之说吗？

管仲回答：我更相信文王用历史上发生的两件事来教育太子发，让他治国取道于"中"！

齐僖公微微一怔，立刻请管仲就席，详述其义。

管仲告诉他，周文王五十年留下一篇教育太子发的遗训，后人称《保训》，共十一支简，每简十二至二十四字。全篇说的就一件事。说舜一直在历山这个地方耕作。那里茅草没膝，野兽出没，舜坚持在山野间亲自开辟田地，与民众一起耕种。他在与民劳作中，细细倾听来自民间最新的声音，用自己的亲历来验证听到的是否正确，能否让大家都来学会执行。他根据名称来考察实际，按照实际来确定名称，使名称产生于实际，实际源于道德，道德归纲于道理，道理产生于理念，理念产生于智慧，智慧自然就是从名称与实际而得到的。这样做事，纲维不乱、顺逆有序，"正直、刚克、柔克"三种优点都能体现在舜的身上！

齐僖公：这样就是"中"吗？

管仲：是的。我再说一件事，商汤的六世祖上甲微。他征服了有狄族的河伯。这次征服河伯，微用的就是从商汤那儿传承下来的"中"，没动一兵一卒，而是凭借"正直、刚克、柔克"，让河伯看到了自己与族人的希望，心甘情愿归顺微的。所以啊，有的时候，征服敌人，并不需要多少武力。当自身的力量达到"德"与"道"的高度，语言能够代表"道德"时，那就能胜过千军万马的力量……

先生说得很对，这就是名士抵千乘、雄辩胜万骑的道理啊！齐僖公说着，暗自赞叹：此人不可小视。转而压下心头的赞许，问道：如果是你做公侯，你如何使用民众啊？

管仲用树木作比喻，告诉齐僖公：树枝细而嫩，树根坚而韧，唯有树干粗壮结实。民众也有上中下三等品质。对民众的选择一如我们对树的选择！想知道风的方向，我们会看树梢的动向来决定。我们想点火燃灶，用干的树根是最容易起火的。而我们用来筑屋架桥，谁都会想到树干！树干是一棵树上最好的部分。使用人也是这样，那些强壮的年轻人总是容易被我们选中去打仗。而弱小的人，其实他们中间不乏机智与绝技者，可以用来做细作。更重要的是对嫩枝如何爱护，让它们有可能成长为与树干一样粗壮的材料。而像树根一样的老人，其中强壮的可以守职，他们不善动，忠诚！我们要善养老人，让他们有善终。

齐僖公：为什么？

管仲：欲治国先安民。善待老人，可以让天下看到你的善良与诚实。一个能够对老人也善待的国家就有不可战胜的力量，这与你拥有名士镇国是一样的道理。据说，河伯能够臣服上甲微，就是因为上甲微事事都尊重老人，经常到民间倾听老人的心声。他说，老人就是历史，老人就是"德"。把老人推崇到"德"的地步，我好像只看到上甲微这样做的……

齐僖公起身。他很快地起身，却又是缓缓地弯腰，双手抱于前方，以待高德之师的重礼施与管仲：先生之德，先生之理，乃我齐之幸也！我向先生施礼，恭请先生能够做我儿子们的师傅！

管仲回礼，表示可以考虑。

齐僖公起身问：你还有什么顾虑吗？

管仲：主公还不知道我是谁啊！如果知道了，还会用我吗？

齐僖公一怔，倒是想起来，因为召忽叫他不要问的，所以……他哈哈哈笑起来。笑罢，说：不管你是谁，我是认定了你这位师傅啦！

管仲：是吗？如果我是管山的儿子，你还用吗？

齐僖公顿时愣在那儿，有些站立不稳了，半天才醒悟过来，不甘心地问：你不会是吧？

管仲请齐僖公坐下，告诉他：正是的。你反悔还来得及。

齐僖公埋头沉思默想。管仲也不强求他，慢慢起身，准备离开。

等一等。齐僖公抬起了头，问道，你能否告诉我，你父亲为什么离开齐，还有禹孙又是为什么？

"鸟栖大树而居，人奔明主而归。"这就是我对这件事的回答。管仲转身离开。

齐僖公疾速起身，追上去，拉住管仲的袖子，急切切道：先生留步。愿听其详。

管仲岂是真走，见齐僖公真诚，也就顺台阶下来。两人复又入席，继续对话。管仲这次对齐僖公存在的问题与隐患，进行了毫不留情的批评。齐僖公全盘接受，承认他的父亲待管山与禹孙以及其他臣民的过失，自己虽然看到，却没有能避免。正因为这一点，齐僖公希望管仲留下做儿子们的师傅。

数天之后，正是黄道吉日。齐僖公将召忽与管仲、鲍叔牙请到朝堂之上，正式聘请他们做儿子们的师傅。依照齐僖公的想法，还要再等一位，这样，三个儿子加上侄儿公孙无知，就需要四位师傅。管仲坚持，不能让公孙无知与齐僖公的儿子享受同等待遇，已经享受了的公子待遇，也应该在适当时机纠正，不然，后患无穷。齐僖公考虑后虽然嘴上答应了，因为手足之情，他不忍那么做。现在，就只好先为儿子们聘请师傅了。

让齐僖公万万没想到的是太子诸儿反对，他不需要师傅。面对三位"师傅"，诸儿大声说：古之帝王，今之强者，何人是师傅教出来的？天下之理，都是你们这些穷酸士人制造出来的，你们应该跟在我的屁股后面，提着简，把我做的事、我的名言记下来，用作你们以后鼓噪雀舌、游说天下的资本……

这是一个晴朗的上午，朝堂之上的声音，在堂外传播。丹墀之上，一片喧哗！

六

诸儿的态度让齐僖公诧异。

在齐僖公的眼里，诸儿是个很规矩而且非常称职的储君。诸儿很小的时候，母亲就去世了。临终前曾经留下遗嘱：如果诸儿不能接位即早早将他削为平民，给他一个村落，过个平民的生活。这个遗嘱令齐僖公很为感动，他把诸儿带在身边，悉心教训，使他从小就明白一国之君的责任与义务。从成人娶妻后，诸儿中规中矩，一妻之外决不染指别妇。而后宫之中所有女人见到他就都远远避开。有人对管仲说，她们最怕太子那双眼睛。管仲与诸儿见面时，行君臣之礼。管仲用眼角余光扫到诸儿得意的表情，心里明白此人心胸狭隘，远非齐僖公！齐国责任落在他的身上，前途变幻莫测。

有件事让齐僖公另眼看待他这个儿子。

那是数年前的一个盛夏，有人送给齐僖公上好的西瓜。齐僖公在分送给后宫妃子后，也分送给公子们一部分。诸儿觉得父亲应该多留一些，便把自己那份亲自送回宫来。在平时见到父亲的地方没见到父亲，却见到一位比自己还小的妃子。这位妃子见到太子，热情异常，领他到宫门口眺望父亲是否在回来的路上，突然一阵风来，将妃子的裳衣吹卷而起，竟然是裳裙遮脸，臀腹坦露。诸儿一时目睹，无以掩脸。风过后，那妃子整衣坦然，伸臂与诸儿，目示屋里凉榻。诸儿以为眼花，揉眼再视，对方一副含情脉脉相，顿时怒火中烧。嘴里道：你是我父亲的女人，焉能与儿子私欲？对方闻此言，却道：你父亲人老力衰，早就将我们做了空摆设，好好一色水灵的女子，如这荷池青莲，你愿意任其枯萎吗？

来人！诸儿一声大喝，召来后宫女侍，令她们将此女子打入死牢！

女侍中有人暗示此女与某公子有染。

诸儿一听，竟然脱口而出：立刻鞭杖至死。我在这里看着！

鞭杖哀号之声，引来诸儿的堂弟公孙无知，他要上前阻拦，有人暗中扯住他的衣摆制止。他只好忍住，眼睁睁看着心爱的女人被活活打死……

诸儿铁着脸看到地上的尤物气绝身亡，转身而去。

整个过程中，诸儿未与公孙无知招呼，他瞧不起公孙无知！

齐僖公知道后，问诸儿为什么要这样。诸儿告诉他原因，并对父亲说：如果你归天，我接位，我会让你的所有女人都陪你去。齐僖公问为什么，诸儿回说：女人，除却留下孩子的，其余的都不能活着。特别是那些年轻的，她们情欲未灭，早晚滋生事端，就是对您的玷污！我不容许任何人玷污父亲！齐僖公心头一喜：这个儿子应该是齐国的希望。但他不知道，不沾女色的君主对于国家未必是福！后来，连父亲都不知道这个与同父异母妹妹文姜乱伦的太子，应该归到哪一类人中去！

现在，诸儿大叫不要师傅。齐僖公一言不发地看着，竟然不说一句话。诸儿当场拂袖而去。能够解围的应该是谁？没人点明。倒是公孙无知上前对齐僖公说：伯父，现在只有三位师傅，太子不要师傅，正好让我与弟弟们一人一位啊！

齐僖公转过脸看看公孙无知，再看看站立一边的管仲。管仲面无表情。齐僖公叹道：你与诸儿都已经三十多岁了。诸儿说得也对，你们已经立志成才，有自己的想法。师傅就留给两个年幼的弟弟吧！

公孙无知原本心胸不宽，大庭之下，伯父这番话让他无颜，低头退去。走到庭外无人处，竟然放声大哭：父亲不在，指望伯父能够真正视为己出，看来，伯父非父啊！

祸生于此。

可惜齐僖公没看到。他更没看出诸儿日后倒行逆施的端倪！

管仲是不是看到了？没有文字留下。但后人猜测此刻的管仲一定看到了什么，要不，他会在与齐僖公事后的对话里，说出那番话吗？

管仲引用《周礼》"考工记，天有时，地有气，材有美，工有巧，合此四者，然后可以为良"，告诉齐僖公，对人也是如此。虽然他没有点破诸儿与公孙无知的潜在危险，但已经告诉齐僖公，你身后的齐国必定有番风雨！

齐国历史上最混乱的时期悄悄地揭开了。

这混乱，是从这年秋天齐僖公给儿子们安排师傅开始的。

第七章

乱世关山重重险

一

那场大堂上的喧哗，引出了一个人物，乃公子纠的母亲鲁妃。

鲁妃是齐僖公的三夫人。齐僖公的大夫人生下的是诸儿；二夫人生下的是两个女儿，大女儿文姜已经出嫁鲁国，是鲁桓公正室，鲁妃的嫂子。鲁妃早就知道诸儿与妹妹文姜的丑事，偏偏将此事作为一张好牌在掌心握得紧紧的，待时而动。现在，她觉得机会到了，安排使女以有急事为名，迫使齐僖公半途退朝。

后宫。齐僖公问鲁妃有何急事。

鲁妃端出诸儿与文姜乱伦的事，问齐僖公何时废太子。

齐僖公顿时怔住了。他对鲁妃的发难十分诧异！他没想到鲁妃会知道这件事，而且还提到自己曾经说过废太子的话！

在诸儿与文姜乱伦一事上，齐僖公的确说过"废太子"的话，那是他到东宫找太子说话，直入太子屋里，撞见两人正在淫乱，一时不知所措。随自己进入的是上卿竖曼，机敏的竖曼将他拉着退出。当时自己发火要废太子，正是上卿竖曼压住不让提这事儿。竖曼说：从大局上看，诸儿已成人，你也年迈，其他几个孩子都不是公孙无知的对手，废太子另立，必起祸！正说着，诸儿已经穿戴好出来，竖曼暗示齐僖公，此话到此为止。齐僖公换了语气对竖曼吩咐：快快考虑让文姜出嫁。公孙无知的父亲夷仲年出面，使文姜嫁到鲁国，成了鲁桓公夫人。鲁妃知晓此事，难道那一刻她就在旁边？或是老臣竖曼泄露……

齐僖公轻轻叹了一声：世上的墙都不隔音啊！

鲁妃见齐僖公叹气，逼上一步：周以德治天下，齐君以乱伦立于世乎？

齐僖公看看鲁妃，问：你有什么想法？

鲁妃毫不迟疑地回答，废乱伦太子，立纠。

齐僖公：你这样做，不怕诸儿与无知两人联手对付纠？你能镇住他俩吗？再说了，就算你哥哥鲁桓公能起兵相助，这齐鲁近邻成冤家，天下人怎么看？说着，齐僖公挺直了腰板大义凛然道：你嫂子婚前的不洁，你知情未报，是对你哥哥不忠！鲁桓公不予计较，倒是你来揭疤，其意何在？

鲁妃回答很干脆：道理很简单，齐国的将来不能让乱伦的人当主公。

齐僖公：你知道朝中有多少人支持你这观点吗？

鲁妃一下子无语，半天才说：朝中，还不是你说了算？齐僖公恼道：我说了算？我能说了算，是我还活着。我死了，还算吗？你数数秦国、卫国、郑国……多了，有多少诸侯国，不是主公身后乱而亡的？诸儿敢在大堂之上对我叫板，他没点本钱敢吗？我劝你，收起你这想法，丢掉，完全丢掉。要不然，你喊天不应、叫地不响的日子就落头顶了，死无葬身之地。听齐僖公这一顿教训，鲁妃顿时哑了，最后嘀嘀咕咕地提出：那就让管仲与召忽做纠的师傅，好好引导纠。到时候，纠也能有点本事对付啊！

齐僖公：这事可以做。随即着人请来管仲与召忽，正式请他们做公子纠的师傅。但是，齐僖公补了一句话：我要去听听课的，何时去，不确定！

纠从齐僖公的话里听出了点什么，他问母亲鲁妃。鲁妃告诫儿子：召忽与管仲都是当今名士，只是没人识得他们，你对他们要格外尊重。纠噘嘴道：我又不做主公，忙那干什么？

错了！鲁妃严词斥责道，你生下来，落在能做主公的人群里，你就要努力争取。这个争取就是好好读书，精通圣典，一旦机会落到你头上，你才能当仁不让！你不准备，就是机会给你，你不会做，那自然就会给别人，那一刻你还得头落地，娘也得遭殃！这就是生在公室王孙家的命运！

母亲这番话，深深地刻在纠心上。他见到管仲时，便问：能不能不做公室王孙之后啊！

管仲听明白他的意思后，开导他：任何一个人，不论你出身贵贱，都要学习，不学习就不会有好的生活质量。接着，他从纠手里接过剑，朝地上一插，问纠：你看到太阳在剑上的变化吗？纠回说：知道，现在快到中午时分了。我不仅知道这些，我还知道古人取中午竹竿影子最短的那一天，定为夏至，最长的那天定为冬至。春秋两季各有一天昼夜相等，古人就把它们定为春分或秋分……

管仲接过话：后来，人们依据这个原理，又分出了其他的一些节气，更细化地满足农事的需要。对吗？见纠点头，管仲又谆谆开导道：古人发现了这个规律，作用就是在观察天象，不误农时，老天爷对谁都公正、公平，但也很吝啬。你误了农时，再怎么努力，播下去的种子就是不长。所以，古人有"一年之计在于春"的话。古人还以此引申出"一日之计在于晨"以及"一寸光阴一寸金"的训言。

纠：师傅这么说，学生能明白的就是不管你生不生在公室王孙家，是人都要努力，才能不负上天让你来世上一回。

管仲：是啊！礼、义、廉、耻，不仅是主公与官员要做到，普通民众也是要做到的。这是维系一个人生存的根本，也是一个国家存在的绳柱。国家靠礼、义、廉、耻取信于民众，得信于诸侯！一个人也是要靠礼、义、廉、耻才能在社会上站得住脚！所以啊，"国乃之四维，四维不张，国乃灭亡。"（《管子·牧民》）

纠诚服地看着管仲：想不到你这师傅，学问还真的很深，父亲让你与召忽师傅教我，我一定会做主公吗？

管仲：你为什么老是想着要做主公？一个人，先要把自己的身体调养好，精力充沛地生活，再把多余的时间用来想着做主公。如果这样，那多好。这样的主公领导的国度里，就少了许多整天想打仗、想着算计别人的人，而多了谦谦君子。世界都这样，人与人就真的都是兄弟，那就可以不用打仗了！

纠：能做到吗？

管仲：应该可以的吧。古人说"一年之计，莫如种谷；十年之计，莫若树木;终身之计,莫如树人",就是这个意思。大家一起努力,从自己做起,人人都有成为圣贤的可能,到那时,当然就会出现世界大同。

纠:世界大同?

管仲:是的。黄帝经历了许多战争,他目睹民众受难,提出世界如果能够大家都同在一棵树下纳凉吃瓜,笑哈哈,该多好啊!……

啪啪啪——一阵击掌声。随着击掌声,树后面出现了齐僖公与鲁妃。原来,鲁妃听了纠的话,心里很是担心,赶紧去找齐僖公。齐僖公在管仲与召忽离开后,正要去安排小白的师傅事,两人一路过来,听到了他们的对话。齐僖公这下明白找管仲做纠的师傅是找对了,激动地走了出来。

二

齐僖公请鲍叔牙做小白的师傅,鲍叔牙想也没想地拒绝了。

见鲍叔牙没任何理由地拒绝,齐僖公诧异之余,也很尴尬。毕竟是君主,这点气度还是有的,很快摆正了情绪,婉言道:你别忙立刻说这话,回去好好想一想,想好了,正式决定了,再来告诉我,好吗?鲍叔牙见处处都显出铁腕的齐僖公也有柔情的一面,只好答应。

鲍叔牙拒绝做小白师傅的话,有人立刻飞报鲁妃。

鲁妃在鲍叔牙回去的半路上拦住他,问原因。

鲍叔牙说:现在朝中,除了有人可怜那个早早没母亲的孩子,还有谁会想这个孩子长大了能做什么?教他也是白教的,还不如让他吃好些,把身体养好,将来能够种地做工,有门养家糊口的绝技,那是正道。

鲁妃听了鲍叔牙这话,心里乐开花,连连拍掌叫好。现在,两个好师傅教我儿子纠,只要纠有点滴长进,我就让老头子私下立遗嘱。老头子一死,我守在他身边,我让我私下知己的朝中大臣过来宣读遗嘱,看他们能怎么样!不成,万一有变怎么办?不如早早使人把诸儿与无知灭了,以绝后患。对,就这么办!鲁妃想做这种伤天害理的事,无法一蹴而就,便慢慢等着、寻着机会!

俗话说,螳螂捕蝉,黄雀在后,有人援弓而射之。鲁妃开始做美梦,那援弓者也按捺不住摩拳擦掌啦!

鲍叔牙拒绝做小白的师傅，并称病不再到朝堂参政。消息传到管仲耳里，他急了，与召忽商量一起去看鲍叔牙。

出门时，蕊香拦住了管仲。

蕊香是何人？为何拦管仲！

自从齐僖公正式召见管仲后，召忽搬出了客栈，住进单独院落的房子。管仲与鲍叔牙也分别措屋安排。召忽安顿好家眷后，见管仲与鲍叔牙迟迟不将家眷接来一起生活，心存疑虑。管仲看出了召忽的疑虑，要鲍叔牙把家眷接了过来。鲍叔牙问：我接了家眷，那店交给围人母女行吗？管仲想了想，便去与召忽告假。召忽知道管仲与鲍叔牙一起去接家眷，当然支持，并上告齐僖公。齐僖公听说管仲与鲍叔牙一起去接家眷，立刻准允，并给了一笔费用。召忽告诉管仲说主公拨了款项让你安家。管仲却把那钱退还给齐僖公。齐僖公诧异，要管仲说明原因。管仲只好把自己与鲍叔牙和围人的关系说了。齐僖公听罢，兴奋地站起来，扬臂疾语道：我齐之大幸也！先生有此胸怀，我齐之大幸也。与管仲就席细叙，详问管仲的想法。管仲说：我想去看看，如果她们能够经商，我有两个选择。一让叔牙带家眷回来，鲍夫人不再经商而改作内贤，助叔牙后援之勤。

齐僖公连连赞同：好主意。还有呢？

管仲：围人遗孀已改嫁过一次，如果她想留在徐国那里经商，也不是坏事。日后，我们还有个落脚之地……

齐僖公：我想让她们到这里来经商，好不好？

管仲：好则好，但弊大于利。

齐僖公：你为何如此说？

管仲：她们在这里经商，人必知是我的关系。我与鲍叔牙在朝中做官，国家复兴大事、利益得失均与我俩有关。在朝中，我与鲍叔牙秉公而断，退朝后，他们去找围人遗孀疏通，以达到目的。我等是碍于围人遗孀的情面而放弃原则呢，还是坚持原则得罪围人遗孀？小则无碍，大呢？涉及国家与公室利益之事，我等在朝堂上还能挺直腰杆为主公办事吗？为君计，为国利，下官还是不接她们过来。

齐僖公想了想说：那就依你的话，让她在徐国经商。我听说，那围人是位忠义之士。好地育好苗，好种出好才。他的女儿如今也长大成人，一定是位好姑娘。我让召忽随你去，为你提亲，免你单身孤独之寂，也让她这样的好姑娘有个好的归宿。你意如何?

管仲:圉人于我们有救命之恩,我照顾他遗族是天经地义之责任。如果我娶他的女儿,妥不妥啊?

齐僖公笑道:你说妥与不妥?男大当婚,女大当嫁。你选谁都能做妻,她嫁谁都一样为人妇。况且,你们早早相识,你的为人,她也略有所知。她嫁你,其母心也安,九泉之下的圉人自然也放心啦!来人,唤召忽大夫。召忽应唤而至。齐僖公让召忽随管仲等人去见圉人遗孀,并将所赠管仲而不受的千金,由召忽作为聘金,交给圉人遗孀。

召忽依齐僖公的吩咐,随管仲鲍叔牙一起出发。经过数天跋涉,来到鲍叔牙家乡。在城里,他们很快找到了那家南北货栈。鲍叔牙的夫人在那次鲍叔牙回来后,又给鲍叔牙生了个儿子。见到鲍叔牙,让他喊爹爹,他还腼腆。管仲看看,见少了一个人,便问圉人遗孀,你女儿哩?圉人遗孀回礼后说:当年那个瘦猴,早已出落成大姑娘了。这几年啊,没少人来提亲,可她就是不允,还说什么……

管仲与鲍叔牙急切要问其故,倒是召忽把那圉人遗孀拉到一边说话。圉人遗孀不高兴地说:管叔、鲍叔待我母女胜过亲人!你要说什么话,俺们可别背他俩!

召忽:有的话,你得背着他们。你刚才说,你女儿说什么来着?你女儿的私话,自然得背着他们。让我掂量掂量后再告诉他们。

圉人遗孀想想也对,便告诉召忽。女儿说,梦中她爹爹再三叮嘱,要她嫁给夷吾,我也不知道是真是假,敢问客官,他叔夷吾可曾娶妻?召忽心头一乐,但也不必马上说话,而是故意叹道:娶倒是娶了几房,也不知这小子怎么回事,至今没落下一子半女。好在像他这样的男人娶个十七八房妻,都养活得起,没愁的!再说了,国君的正室还废啊休地换,他管大夫的正房也可以给你女儿留着啊!

不可!圉人遗孀正了正脸色道,我女儿好歹也是官人之后。养马的官儿也是官。想当年,我这身上可是绫罗绸缎,头是头,脚是脚,上哪都有一辆与邑官差不离的牛车哩……

召忽打断她的话头,问:你想说什么,那就快快说。

圉人遗孀:我想问问管叔,他是否想娶我女儿。如果他想,我女儿也愿意,那就成。她进入管叔家门后是过什么日子,我可管不了,她自作自受的！说着，转身冲到管仲面前大声问：他管叔，你可否想娶我女儿？你娶我女儿是中午陪你午睡，还是隔三差五填你那偶尔空一空的被窝？

管仲被问得莫名其妙，看着大家，不知说什么是好。

圉人遗孀不等管仲说话，上前一步，欲用更加严厉的话语刺激管仲。这时，从后面出来圉人的女儿，扑上前来，大声说：母亲大人，你说什么话呢？不管他夷吾已经娶了多少房妻室，他家中总还是留着一个地方，那个地方就是我的！我一定要随他而去！此意已决，请你们不要拦我！

圉人女儿此话，落地铿锵，把大家都镇住了，也更弄得管仲与鲍叔牙云里雾里，不明其因。两人上前问她何出此言。圉人女儿咬着嘴唇不语。召忽赶紧上前相劝。圉人遗孀拦住召忽想把管仲拉到一边说话，圉人女儿对母亲说：您不要拉夷吾到一边说话，有话就在这里说。鲍叔牙大人诧异地问：蕊香，你怎么能这样称呼管大夫？你应该呼管叔！

蕊香：不！他在我的心里，就是这个名字。

圉人遗孀要赶女儿离开：大人说话，你一个孩子如此无礼，成何体统？传出去还说你家没教养哩。还不回房去！

蕊香不走。

鲍叔牙的夫人劝道：蕊香，你是闺房淑女，不能这样说话。

蕊香说：刚才我娘与这位大夫说的话，我都听到了，我娘怕我进了夷吾家受苦。我不怕受苦，我从小就吃苦长大的。爹爹离我们而去，我们多亏了夷吾收留，给我母女有个安顿。娘，我没忘记我们在弟弟他爹爹那里受的苦！我更记住夷吾待我母女的好！莫说夷吾已经娶了十几位夫人，心里无我，只要我能在爹爹好友家做个下人，也是我此生对爹爹的回报。

鲍叔牙拉住召忽问：管仲娶了十几房妻室？此话从何而起？是你编造的！误人，误人！

召忽：误会，误会，我编造的。我是想试一试她们，看看反应如何！

鲍叔牙：你能拿这事儿试吗？你把管仲当什么人了。说着，上前对圉人遗孀跪行大礼道：大恩不言报，您夫君对鲍某与管仲的恩德，我俩此生不会忘记。如果管仲已经娶妻有室，我鲍某定会劝他不娶你女儿，将另择公室有福之户！今管仲年已三十有三，尚孤独一人，何来妻室十几之说？请正视听。

管仲上前施礼，告诉圉人遗孀：夷吾此生未曾有妻室，概因父母已经不在。更重要的是大业未见点滴希望，夷吾不敢以私欲而误大业！

蕊香见管仲这样说话，上前施礼对管仲道：先生当年在溪边出现，蕊香就知道您一定是来救蕊香出苦海的，蕊香此生也必为先生所倚。我爹爹多番梦中相告于我，要我蕊香与先生不离不弃。蕊香虽为女儿身，但知理明礼。蕊香这番丢丑现眼，只为求先生所属。望先生准允，纳为妾……

一屋人惊讶。突然鲍叔牙爆出大笑，连连道：好哇！好哇！夷吾虽然晚了十年娶妻，得此良妇，胜却江山，不逊千金之色啊！召忽，你受齐王之托，事至如今，还不赶快把齐王的聘金奉上。

召忽赶紧奉上齐僖公的千金。

大家当天就热热闹闹给管仲办了婚礼。

两位新人入洞房。枕席之畔，管仲问蕊香：你爹爹真托梦于你？蕊香回说：不是一次，而是多次。说心里话，我见到官人那一刻，心里就明白，只有你，才是我的靠山。管仲问：我们明天就要回去，你娘是跟我们走，还是留在这里？蕊香依在管仲怀里低语道：我娘虽与鲍夫人合伙开店，可鲍夫人事事都让着我娘，由她做主。我再告诉你，我娘并不寂寞的，她私下与一鳏夫往来。依我看，官人不如成了我娘的心愿，让她与那鳏夫正大光明，我娘在这里开着这爿店，与弟弟也好有个依靠。管仲想了想，觉得此话在理。

第二天，管仲与大家商量。鲍叔牙听有这般好事，连连叫好。倒是召忽听了，感觉不好，理由是，如果与那鳏夫成亲，围人遗孀的名分没了。店大小，总以男人支撑。日后那男人依仗有钱，在外另置妻室，或做其他事，怎么办？管仲与鲍叔牙也觉得召忽的话在理，便把围人遗孀喊来商量。那妇人见是这事，便实话相告：鳏夫老实，与我相处，图他解个闲闷，说大处，也想着儿子有爹少受气。要怎么做，全凭恩人做主。

三人商量后决定去找邑官，把这事儿与邑官说明白，也让街坊们知晓，为日后的事做个铺垫。那邑官虽然是徐国的城邑小吏，恰是明理的人，一口承应下来，亲自参加围人遗孀改嫁的婚礼，当着街坊宣布那鳏夫是入赘为婿，不得掌管钱财！有此话在先，释了蕊香的担忧。其母也高兴，立刻提出要为儿子选个老师。管仲觉得这件事很好，便托给邑官。邑官说：自己的两个儿子也在择师，就在一起学吧。管仲连连称好：你邑官出面，就在城隍庙里择一厢房，由邑出资，办一学堂。邑官愁道：前无先例，不知可否？

哪有不可之说。管仲说，培养学问人才，乃是天子大德，国家前程。你办吧！经费有困难，我们这爿店可资助一些，日后，我也可以从齐国支些钱过来！就这么定了。

三人办好了围人遗孀的事，选了个好日子，带上自己的家眷北上朝齐都进发。

到了齐都，安顿下来，管仲立刻向齐僖公禀报。齐僖公亲自设家宴，请召忽、管仲与鲍叔牙三家相聚，以示诚意。三位内人见齐僖公虽然年迈，精神尚好，谈吐幽默，倒也都很高兴。齐僖公席间借酒说了一些话，其中就是关于聘邀三位做公子们师傅的事。别人没细听，蕊香却记住了。

现在，管仲要去看鲍叔牙。作为管仲的新妇，蕊香在门口拦住问：官人可不告诉妾，你去看鲍叔，是劝他出来做公子小白的师傅，还是……

管仲看看她，你说哩？

蕊香笑道：官人考妾，题目选错了。

管仲诧异：夫人何出此言？

蕊香知道官人要劝鲍叔出来做公子小白的师傅。依妾看来，鲍叔可以劝通，但鲍夫人未必愿意。鲍家不是你管府，官人在府内一言九鼎，鲍家可是夫人说了算！

你这说得倒是实在。鲍叔牙长年不在家，那夫人又做爹又做娘，甚是厉害。管仲明白过来，问蕊香有何好办法。蕊香说：我正让人去请鲍夫人过来，与我一起做女红。如果官人放心，我借与鲍夫人做女红之际，帮助你们劝说于她。管仲乐道：此事甚美！我暂且不急着去鲍叔牙那里，让你先把他夫人的想法弄得与我等合拍，再去不迟。那样一来，稳操胜券，也免得鲍叔牙与夫人不和。

过了几天，蕊香告诉管仲，鲍叔牙夫人想通了，可以去鲍家了。

三

召忽和管仲到了鲍叔牙住处。门口小童进去报告，鲍叔牙躺在榻上称病。小童出来说不见客。那病相，对于召忽与管仲来说，都是心知肚明的。你不见，我们闯！进了屋，鲍叔牙只好起身。

管仲开门见山道：你拒绝主公的做法，我不赞成。

鲍叔牙答道：主公几次召你对答，考出了你的学问，知道你们能干，让你俩做纠的师傅。一次也不召我对策，这不是秃顶的虱子，明摆着，我在主公的眼里不学无术嘛！

管仲：那他为啥还安排你做小白的师傅？

鲍叔牙：你是真不知道，还是故意装糊涂啊？

管仲：咱哥俩要装吗？

鲍叔牙：你不是常说"知子莫若父，知臣莫若君"①吗？主公知我无能，又碍于你与召哥的面子，支我去做小白的师傅，点卯儿，应酬着。把我一肚皮的学问用去做无谓的牺牲，白白付之东流。

管仲：你说白白付之东流？

当然是。鲍叔牙叫道，自己却又犯起嘀咕来，真是怪了，主公还不让我辞。我说离开，他派兵守着门。我逃不脱，如何是好？

召忽见状，便上前替鲍叔牙解围道：你真的不想做小白的师傅，那也不要退掉院落，就住在这里好好陪着老婆孩子。等我过几天看主公情绪好时再去禀报，如果他问你是什么原因不干，我就说你病得不轻，快死了！这样，他会免去你做小白师傅的事……

鲍叔牙感激涕零，连连说：这样说太好了，一定能替我推掉这个包袱！

在一边的管仲却不高兴，大声喊道：好什么好啊！

召忽看看他，问，叔牙不愿意做小白的师傅，你不认为我们应该帮他一下吗？

管仲：我不认为你做得就对。主公是国君，他请鲍叔牙做小白的师傅，这就是国家给他的大事，不做，是不对的。一个推辞国家给你任务的人，不是一个能够为国家与民众挑担子的人！

鲍叔牙急了，跳起来说：我不是个懒惰的人。你们都做了纠的师傅，是因为他要接班做国君，而小白，母亲不在了，朝中也没他的舅舅或者亲人，他当然就做不了国君，所以，主公才让我来做他的师傅……

管仲听了，更是生气，提高嗓门大声地告诉鲍叔牙：为国家培养好的

---

① 见《管子·内言·大匡》。

治国良君，并不是事先知道他会做国君才培养的，而是从德才良好的公子中间选拔的。我们各自做公子的师傅，就是肩承培养他们成为国家的君主候选人！即使他不做国君，也能成为一位优秀的公子。有什么不好呢？再说了，你能说，小白就一定不能做国君吗？你能够有这预见性，干脆去做周天子的太师，去给他预测未来！

鲍叔牙第一次听到管仲这样严厉地对自己说话，一下子怔住了。

召忽对鲍叔牙不做小白师傅的态度表示支持。他说，小白是一定做不了国君的，不如让叔牙和我们一起做纠的师傅，这样，三个人像鼎一样来支持纠成为铁定的接班人。齐僖公会更加高兴的。

管仲见他们这样说，心里不乐，想狠狠指责他们，但转而一想，召忽与鲍叔牙的想法并不是没有市场，客观事实也明摆着，小白与纠两人的外部条件根本就不能相比。鲁妃在后宫权力炙手可热，小白连外出都没随从愿意跟着，更不用说朝中有谁支持。但齐国的情况又如何呢？他席地而坐，让他俩坐下，把自己的想法细细地说给他们听。

依照管仲的看法，得人心者得天下。所谓人心，在齐国有两种。一种是宫殿内部的人心。纠的母亲强势，后宫有怨，而小白自小失去母亲，在人们心目中是弱势，如果把这两个孩子放在一起讨论谁接班时，后宫与朝中必有人为小白说话。

召忽：你不可忘记现在的太子是诸儿。

正因为诸儿，齐国才可能有变数，这也是齐僖公时时担忧的事。要不然，他要我们做公子师傅做什么。管仲进一步顺自己的思路分析下去说，诸儿品行不端，民众与大臣也不喜欢这样一个乱伦的人啊！还有那个公孙无知，没准也是个惹事的主子。所以，依我看，齐僖公百年后，要乱，乱在诸儿接位后。但真正能够稳固齐国者，必在纠与小白之间。而将纠与小白放在一起对比，不难看出，纠聪明而喜欢摆谱儿，这是他倚仗母亲的缘故。而小白之为人真诚而不要小聪明，谨慎却遇大事不乱方寸，这是我不能忽视小白的地方①。这也正是齐国之幸也。我这么说，你们难道还看不到小白未来是有主政齐国的可能性吗？

鲍叔牙问：你的意思是说，诸儿与公孙无知闹过后，就会让纠来接位？

---

① 见《管子·内言·大匡》："小白之为人无小智，惕而有大虑。非夷吾莫容小白。"

管仲点点头：依常理是这样，但会出现新的可能性，那就是后宫与朝中的舆论左右。你们想，到那个时候，还会按顺序出牌吗？

耿直的召忽不服气：就算主公百年后，有人想违君命不让公子纠主政，就算他夺了天下，我也不会活着辅佐他。夷吾、叔牙，我在这里先说一句，我们都介入了齐国的政治。特别是夷吾，你与我一起受主公委托做纠的师傅，我们可要一心一意辅助纠登上君位啊！只有纠做了主公，而且不被废除，这才是我们的正道之命！

鲍叔牙听他这话，沮丧道：这么一说，小白没戏了。

话不能这么说。管仲不赞成召忽的意见，反驳道：召大夫这话没道理。我刚才就说了，我们受主公的委托做公子的师傅，是为了齐国国家的未来，焉能单单忠于某一个人！历史上的许多悲剧，正是单单忠于某个人而忽视对国家的忠诚。大凡立伟业建奇功、垂名千秋的，哪个不是重国家忠明主的……我在这里表明我的态度，一、受国君之命，忠社稷宗庙，不单单为某个公子丢命！说白了，就是不无故为纠丢命，即使要丢，一定要死得其所！二、国家亡、宗庙灭、祭祀绝，在那一刻，我当然会不惜生命地去努力阻止这种事情的发生。三、只要我活着，齐国就有希望。如果我夷吾死了，那就一定是对齐国不利的。

鲍叔牙急了：你们这么说，说了半天，我该怎么办？

管仲：你有什么怎么办？依主公的意思，做小白的师傅。不过，我还要劝你一句，做人臣的，不对国君尽力就不能得到信任，得不到信任还谈什么言而能进？你的话，你的良谋，国君不纳，国家还能有安定吗？所以，我劝你一定要做到侍奉小白无二心。

鲍叔牙点头应下了。看看到了吃饭时间，便命内人持厨沽酒。管仲与召忽也不推让，就席而饮。三巡过后，管仲起身端酒相邀道：我们一起来到齐国，共事于齐，将自己的前途与生命都交给了齐国，那么齐国就是我们的生命。你们赞同吗？

召忽与鲍叔牙点头：当然是这样的。

那就好！管仲举杯道，以酒誓盟，无论将来是纠还是小白做主公，我们三人都要相互引荐，共同扶助他们，让我们一生的智慧都能够用尽，造福于齐国。当然，也是安定天下，济利于天下苍生。

四

人类的许多灾难，都是人类自己造成的。远的不说，就说宋庄公冯吧。宋庄公冯是宋穆公和的儿子，和的父亲是宋武公司空。司空死后，由长子力接位，是宋宣公。宋宣公力是和的哥哥。宋宣公力病危时，深知自己的儿子与夷不是国君材料，根本不能担当国家重任，遂以"父死子继，兄死弟及，天下通义也"为由，立弟弟和为主公，是宋穆公。宋穆公临终前，又嘱托大司马孔父嘉将国君之位还给侄儿与夷。但孔父嘉提出众臣对与夷的看法与其父宋宣公力一致，国家如果落在与夷手上，一定不看好！宋穆公问：你们想让谁来接班呢？孔父嘉提出朝堂公议认为是宋侯你自己的儿子冯最合适。和听到这个观点，连说不好，这样做不仁义。宋穆公为了使自己留下一个仁义的好名声，竟然不顾国家前途，也不管朝堂之上大臣们的反对，硬将儿子冯喊到身边，嘱他离开宋国，到郑国去生活。郑国是冯母亲的娘家。冯离开自己的国家，为宋穆公和将国家权力交给哥哥的儿子与夷创造了条件。

与夷成为宋国国君，是宋殇公。他上台要做的第一件事就是利用叔叔宋穆公在位时与鲁国在宿邑的结盟。这个结盟，是因为与夷的姑姑仲子嫁给了鲁隐公为妻。在与夷看来，与姑父鲁隐公的关系就不能单单是两国相和，而是要干点事。干什么事呢？有出息的干大事，没出息的搞小鸡笋里捉虫子！这与夷天生就是个孬种，父亲看他没出息，大臣们说他不是治国之君，果然没错。他拉住姑父鲁隐公组织联合盟军进犯郑国！偏偏姑妈仲子与姑父鲁隐公不愿意蹚他这浑水，更不愿意与郑国交恶。郑国当时是郑庄公持政，这个强势人物绝对是宋殇公与夷心目中的劲敌。宋殇公知道以一国之力，无法敌得过郑庄公，便联合卫、陈、蔡作战。在位十年，十一次用兵对外战争，其中八次对郑。叔叔宋穆公的儿子自己的堂弟冯在郑国，这八次伐郑的目的还不昭然若揭？可见居郑的堂弟冯在他宋殇公心目中是什么位置，恨不能煮冯为羹而后快！偏偏他又无法找借口让郑庄公杀掉冯，更不能向郑索要冯回国，只能硬着头皮攻打，想迫使郑"明白过来"，乖乖把冯交出来或者解决掉。偏偏郑庄公是块硬骨头，就是不接宋殇公与夷的"球",你打,我就能奉陪,一陪到底!宋殇公的对外侵略,均以败多胜少、获利甚微而结束!穷兵黩武的治国政策,搞得民不聊生。在他执政第十年,太宰华父嘉以"十年十一战,民不堪命"为理由杀了他,从郑国迎回冯。冯做了主公,主宰宋,是为宋庄公。

周天子姬林二十二年(前698)的冬天来得很早,秋风还没把树上的叶子吹净,大雪就到了,天变得特别寒冷。坐在暖被里的齐僖公总感到脊背发寒。偏偏这个时候宋庄公冯要齐僖公参加伐郑!

宋庄公冯要组织联军伐郑厉公姬突,就是为去年姬突联合鲁国教训他的事。依他看,你姬突是我大兵逼境,扶你上台的,你不思报恩,反恩将仇报,组织联军打我,是何道理?我必须狠狠教训你,并给天下人做榜样!

就这件事,齐僖公问政于管仲。

管仲不主张参加。齐僖公想参加。历史就留下了齐僖公参加与不参加的两种记载。

那个年头的战争,只要赢了,就可以对战败国进行掠夺,财产与女人随意拿走,女人带回去生孩子,男人变奴买卖。管仲不赞成这种"财物分配形式"!他告诉齐僖公:今天你获了别人的财物与女人,明天或者后天,人家也会来取你的财物与女人。如果我们能够换一种形式,不是靠战争与掠夺,这个世界的悲剧就会慢慢减少!

怎么可能?你不想,人家想啊!齐僖公说。

管仲:我就想创造这个"可能"!

在管仲的力劝下,齐僖公赞成了管仲的意见,与管仲等人一起接待宋使。齐僖公以齐离郑国最远为由,不想介入这场战争。

宋使失望而去。

宋庄公冯并不因为齐僖公的态度而改变,他已经得到周桓王的首肯,岂能放弃。如果说,上次郑鲁联军只是教训宋庄公,要他注意些形象,那么这次宋组织的联军则不同了,痛下狠手,烧了郑都新郑的渠门,冲进城内,烧杀奸掠;还不过瘾,又伐新郑东郊,夺取牛首(今河南通许东北),拆了郑国太庙,将太庙里的椽子搬回国去……

得胜的宋庄公冯披着寒风,亲自带着车队,穿过鲁国,来到齐都会见齐僖公,给齐国分一羹"战利品",并向齐僖公大大地展示他从郑国太庙里拆下来的椽子，把玩着，告诉齐僖公，我要拿它去修庐门（宋都睢阳郊外的城门）。

齐僖公吃惊。

太庙乃祭祀祖先之地，如今却被人拿去修城门，对于郑国无疑是灾难，对于姬突来说，又是何等耻辱。而齐僖公则更感到气愤，指责宋庄公冯太年轻无知，人家的太庙可是你随便动的，断绝宗祠在那个年代是最大的恶行！宋庄公冯的行为突破了当时的道德底线，齐僖公在寒风里教训宋庄公冯。年少的冯哪能听得进，语言冲撞后，两人不欢而散。

后人评说这段历史时，这样说：

> 宋怨姬突之背己，故以四国伐郑。鲁怨齐人之侵己，故以楚师伐齐。蔡怨囊瓦之拘己，故以吴子伐楚。蔡弱于吴，鲁弱于楚。宋与蔡卫陈敌而弱于齐，乃用其师以行己意……列国之兵有制，皆统乎天子，而敢私用之，与私为之用，以伐人国，大乱之道也。

（《春秋衡库·卷六·桓公下》）

时值隆冬，齐僖公当场就感觉身体不适，没有几天，一命呜呼。

鲁妃见齐僖公突然倒下，大惊失色。宫女飞快去报与上卿竖曼。竖曼唤太医前往。太医提着诊箱半道突然站住。竖曼问其原因，太医不语，回屋从柜中取出一缕新丝绵。竖曼一怔，明白是怎么回事，悄语道：你能断定？太医点点头。两人无语，疾步赶到了齐僖公榻前，太医诊脉，良久，起身告诉鲁妃，已经去也。鲁妃大恸。竖曼按住，说：立刻唤太子与诸公子来。接着又补上一句：公孙无知也要到场，还有大孙子彭生也要随诸儿一起来。鲁妃不满道：你是要宣布太子接位，太子诸儿宣布他的儿子彭生做太子？

竖曼：主公系一国之君，依上古礼，眼下首先要做的是让他的近亲趁主公体温尚可，更衣！太子捧首，夫人执右手，公孙无知与公子纠、小白各执一肢，老臣为主公更衣。如果大人有其他想法，您可以说啊！

鲁妃无语。

在竖曼的主持下，巫师前来，由巫师宣布给齐僖公依周礼"属纩""沐浴""更衣""招魂""覆面纸""小殓"……

太医将药箱里的那缕新丝绵悄悄递给了上卿竖曼，这就是"属纩"，是人死后首先要做的，目的在于测试死者是否已经断气，呼吸有无。竖曼接过，本想递给巫师，看了看鲁妃，最后还是自己动手轻置于齐僖公口鼻处。众人眼睁如钟，凑近观看齐僖公鼻口那新丝绵的飘动，每张脸上的表情各自不同。细缕的新丝绵毫无动静。大家明白，雄强一生的齐僖公真的离去了。

随在人们后面的管仲用只有他俩能听到的低声对鲍叔牙说道：天崩地裂，齐难伊始。

五

齐僖公驾崩，丧事依周礼一一进行。

程序刚刚开始，进行到"复"这个环节上，矛盾开始出现。

世人以为，人有魂魄。魂是人体出入的气息，魄是人的感觉。人刚死，魂先脱离人体，只要招魂返魄，死者的灵魂就可以从幽阴之处回到身体上来，复而不醒，然后才能办丧事。这就叫"复"。"复，尽爱之道也。"（见《礼记·檀弓下》）

具体的做法是：复者一人，以爵弁服，簪藏于衣，极领于带。升自前东荣、中屋，面北招以衣，曰："某——复也！"如是再三。如系天子、诸侯，则不能直呼其名，而曰"天子归来"或"主公回也"！再降衣于前。受用筐，升自阼阶，挑以衣尸。复者降自后西荣。

齐僖公是诸侯，一位在世时叱咤风云，连周天子都敬重几分的人物，谁来充当这个"复"的角色呢？依当时的规矩，扮演"复"者，必定是死者的近臣、近亲、近者。如系近臣，则身着朝服。用来招魂的衣服也有规定："诸侯，以褒衣、冕服、爵弁服；夫人，税衣揄狄，狄税素沙；内子，以鞠衣、褒衣、素沙；下大夫，以襢衣；其余如士。"（见《周朝的殡葬制度》）

巫师向上卿竖曼提出，进入"复"的程序，由谁来充当此任，请上卿竖曼决定，是自己呢，还是竖曼推荐一个人。依巫师的看法，毕竟竖曼年至古稀，上屋之事，颇有不妥。就在这时，鲁妃自告奋勇站起来要做

"复"人，并大言不惭地说：近者，伺君者最为近。我愿意做这件事！竖曼劝她：您年纪大了，又是后宫，此事还是让老臣吧！

鲁妃喊道：你八旬尚称年轻，可以上屋。我倒是年迈？

竖曼连连解释，越解释，鲁妃越不满，自恃后宫她最大，大嚷大叫：诸儿与小白母亲均已故，公孙无知更提不上。谁出来？非我莫属。

诸儿见状，上前对上卿竖曼道：我是太子，尚且年轻，由我来做这个事，顺理成章。

鲁妃更不示弱，反唇道：太子怎么啦？依周礼，这里不是你太子做主，是上卿做主！还有你，召忽大夫，你不说话，你们统统站在这里一个个做哑巴。好！你们都不说话，我让朝堂之上的三公九卿文武百官一起出来说。说完，拂袖欲去，被众人拦下。

公孙无知原本就想搅事，见鲁妃出头，自然也不甘落后，上来指责诸儿道：你算什么太子，主公早就有意废你！你怕主公废你，暗中使坏手段，谋害主公！上卿竖曼，你等为何还不请大将军屠成等文武百官前来主持公道，是何道理？

诸儿反唇道：这是你公孙无知说话的地方吗？父亲看你没爹没娘可怜，收留了你，你倒还当真了起来，还不给我退出去！

谁知公孙无知冷冷一笑，手朝门外一挥，冲进来卫队长等人，迅速包围了诸儿。诸儿喊道：你们想干什么？造反吗？上卿，上卿……

在场所有人惊呆了，鲁妃方寸大乱，嘴里乱喊：卫队长，你这是干什么？

公孙无知对大家说：你们都不要怕。我不会伤害你们。但是，我要替我伯父，也就是我的父亲禄甫、齐僖公，替我们齐国除掉这个大逆不道、敢于奸杀主公妃子，与自己妹妹乱伦的畜生诸儿！来人，将他拉出去斩了……

话音一落，诸儿便被绑住。公孙无知示意动手。

大胆！召忽大夫也是将军，对着卫队长喝道，退出去，谁敢进一步，格杀勿论。说话间，抬臂一展，两个卫兵踉跄后退。管仲与鲍叔牙迅速出手，亦手空拳与持武器的卫队长大打出手，几个回合，管仲瞅住卫队长的空隙，将他的武器夺下。没了武器的卫队长还想反抗。鲍叔牙喊道：识时务者为俊杰，你受主公恩泽，不思图报，竟然听命于私人。主公躺在这里，你对主公说，你对得起他吗？卫队长看看形势不对，扑通跪下，求饶。

管仲又道：卫队长扣下，其他卫兵退出，现在不予追究责任，如果不走，定斩不赦！

公孙无知见情况不妙抽出身藏短剑，嘴里喊：快，快！杀掉他们，这里有我。就在这时，已经悄悄转到他身后的鲍叔牙，以迅雷不及掩耳之势，用胳膊肘儿勒住了他的脖颈，使他动弹不得。诸儿见鲍叔牙制住公孙无知，挣脱了卫兵，上前对着公孙无知就是两个耳光。鲁妃也扑上来，对着公孙无知骂道：让主公白疼你了，你竟然如此大逆不道！上卿竖曼，你还愣在那里干什么？还不把他们杀的杀，斩的斩，以绝主公身后大乱！

已经大乱了。

竖曼叹道：你们自己闹，让老朽如何向主公交代。

在这场混乱中，只有站在那里主持的巫师闭目，嘴里喃喃咒语，手指做些花样，两耳捕捉动静……

上卿竖曼问计大家：主公体温尚在，近亲为私利你争我夺，更有甚者，私通卫兵，企图谋反，如此下去，我等性命堪忧啊！

上将军屠成被喊到现场。上将军进来的第一件事，自说自话宣布自己派兵保护后宫。

鲁妃见状，当场哭喊道：野兽进入羊圈，能有什么好事做？

诸儿说：我是太子，我的卫兵来保护父亲，理所当然，天责所在。

鲁妃大叫：我要让鲁国来兵保护我……

上卿竖曼问召忽：你是大夫，又是曾领过兵的将军，你说怎么办？

召忽说：我只有几个随从，不可能有精力来保护后宫。夷吾，你有何好办法？

上卿竖曼这时也说：对、对、对！管仲师傅，你说说，你说说。

管仲看看大家，提出：只有非王亲人士才能主持得了这个混乱局面！

上卿竖曼说：眼下后宫卫兵，我是说卫兵的事。

管仲：卫兵听谁的？谁说话管用，就听谁的。公孙无知收买卫兵，只是几个人嘛！卫队长由上将军先行入监，待后处置。其他的……依眼前的情况，鲁妃应该是辈分最高，她想做什么，应该有她的道理。太子今天还是太子嘛！主公生前没说要废掉太子，那么，国祚依旧，太子监国，理所当然！主公倒下，国家还在，朝政未变。依朝政所系，此刻在这里，应该是国事，既是国事，那就把私情暂放一边，依国事制度来做。如此说，这一刻，最有说话权的是上卿竖曼！竖氏，尧舜时代封国，传之我朝，祚泽万世！竖曼来主持，难道不行吗？……

说到这里，管仲故意停顿。全场一片寂静。

瞬间，大家都突然被闪电击中似的醒过来。

鲁妃叫喊：管仲师傅，有你这样说话的吗？主公让你做我儿子的师傅，你说话怎么不向着公子纠，我寡母孤儿指望依靠你啊！你这是让我依靠吗？召忽将军，召忽师傅，你说说……

管仲：夫人别急，我说话向着谁，大家心里都明白。您愿意借一步说话吗？鲁妃不理睬。管仲走近她，悄悄提醒她：因小失大，那就犯不着啦！鲁妃一怔。上卿竖曼提醒她：大夫管仲请你一边说话，这是主公生前就安排好的……竖曼的话语里带着严厉。鲁妃不愿意得罪这位上卿，问上卿竖曼：你不会趁我不在，就早早将主公打发掉吧？！

上卿竖曼知道管仲的用意，赶紧表示：没夫人在场，过堂的风也让它打住等你来！

鲁妃只好带着使女离开齐僖公尸体前那混乱的现场，进入旁边的屋内。

管仲随后进入。

他们的对话很简单，但很管用。

管仲说：你现在这样做，没人敢管你。是因为谁接班没定，一旦定下，你的行为必定殃及公子纠，孰重孰轻，你能不比我掂得清楚吗？

鲁妃一怔，忽然明白过来，急切问：依先生怎么办？

管仲：主公走得太早了，纠才十几岁，而主公又没废掉太子。你现在也没理由与能力废掉太子！唯一能与太子抗衡的，就是公孙无知。他们都是三十开外的汉子。刚才的一幕你也看到了，公孙无知能够收买卫队长，就不能收买朝堂之上的文武大臣吗？你家儿子，才十几岁，从哪方面讲都斗不过他们。

鲁妃想想也对，向管仲问计。

管仲：眼下只有保存实力，静观其变。坐山观虎斗，获利者必是那坐山上者。

鲁妃想了想，感觉这个方法是对的。

管仲：主公已去，所有的戏都是演给活人看的，你要演好它，让诸儿看不出你与他在争！公孙无知已经树敌，所有人都看到了他的野心，已经处于弱势，你不要近他，也不要疏他，离而不弃，上策也。鲁妃点头道：那个小白，枯竹竿儿一截，点火都嫌弱。管仲却不这么看，但也不接她的口，无语地抬起臂膊，请她去齐僖公生前屋里。鲁妃随管仲进入先前那闹哄哄的屋里，静立一侧，完全成了另一个人。

上卿竖曼毕竟是老臣，深谋远虑，见鲁妃平静下来，立刻拉着三公宣布：主公临终前没特殊交代，依周礼，父亡子袭，主公生前已定太子诸儿。葬礼的所有仪式，均由太子继位后，太子主持。夫人，您意下如何？

鲁妃赶紧表态：依主公生前嘱咐办。

鲁妃无异议，上卿竖曼就不需要再征求别人的意见了。一个混乱的事件，很快平定下来。

诸儿接位，坐到了父亲齐僖公的位置上，是齐襄公。

满朝文武祝贺毕。

齐襄公上任正式议事，第一件大事就是成立齐僖公的治丧委员会。头儿当然是诸儿。管事的副执就很多了，其中公孙无知经上卿竖曼等王族公室重臣提议，排在诸儿后面，与上卿竖曼并列为副执手。其他公子均排在后面。管仲与鲍叔牙虽然位微言轻，他们是公子们的师傅，自然也是要代表公子参加治丧的，排在召忽他们满朝文武里面。组织成立，开始工作，围绕齐僖公尸体的一系列事，都属于内部事务，由巫师去做，大家跟着转就行了。而对外宣布齐僖公谢世，首先要做的就是要向周天子与天下诸侯报丧。

上卿竖曼提出兵分几路向东南西北各诸侯国派使者前往，公孙无知提出，他愿意代表诸儿前往洛邑朝见周天子报丧。理由是他随齐僖公去洛邑见过周天子，又是长公子，去是最适合的。依周礼，这事儿要诸儿自己亲自前往，派代表的话，谁能代表诸儿不重要，重要的是这个代表的身份。如果是公孙无知去，代表的规格自然就高了，合了周礼。诸儿没朝深处细想，见他愿意寒冬腊月去奔跑，就乐得让他去吧！谁知公孙无知接过话又说，其他诸侯国，我也都顺势过去，鲁、曹、宋、陈、滑、郑、许、卫、蔡、晋带上数国。

管仲看出了端倪，退朝后故意快步跟上竖曼，对他言道：无知这一跑要多久啊！

上卿竖曼乐道：无知这样吃辛苦真是对僖公的忠诚啊！

管仲笑笑：但愿是真的。请你记住，论使脑子，无知要强过诸儿。这事儿不那么简单，往后还有故事，你看着吧。

上卿竖曼停下，看看管仲。

管仲也站下，两人就路旁边观景边言语起来。

六

这天深夜，上卿竖曼进了诸儿的后宫，密告管仲有话要说。诸儿新任国君，想把后宫那些残花一一清理，哪有什么闲空来治国理政。但诸儿不敢得罪竖曼，更想知道纠的师傅屁股到底想坐在哪一边。听说竖曼与管仲进宫，立刻推开左拥右抱的美人。在灯下，竖曼、管仲与诸儿三人密语的内容，正是公孙无知出使洛邑见周天子姬林的事。依竖曼看，公孙无知想借他国的军队来推翻诸儿，到周天子那里，他必会使坏，让周天子姬林给他一道支持的令，齐国大乱也。诸儿问他们：这种事可能吗？

为什么不可能？这周室已成何体统，主公不会没听说过吧！管仲说，凡事不能听其自然，应该在有防备的条件下，顺天意。顺天意，不可盲目顺之。

诸儿反问道：上卿爱我，支持我，是因为上卿是数朝元老。管仲，你这样做，难道是因为我父亲起用了你的缘故吗？

管仲回说：在我的心目中，国家利益最高。现在，民众正在冀盼之中，朝堂之上不能乱。我就是这个意思。再说了，他公孙无知如果做主公，一定不得人心。

好！诸儿说，难得你与上卿一样对我忠诚。那你们说说，怎么办？明天不让无知出使，可以吗？传出去，天下人怎么笑我？当主公一天，就出尔反尔，无信于天下……

上卿竖曼：当然不能这样做，我认为，可以把他的随从换掉。或者派召忽为副使臣。

管仲反对：不可那么做。一旦被他察觉，小则他留在别国，散布对主公不利的谣言，动摇国人，再则借他国军队攻击我们，不管发生什么情况，都对主公不利！

诸儿不乐了：随他去吗？

管仲：眼下最好的办法，就是随他去。这是表面！还有内核。

诸儿与竖曼都不解地问什么"内核"？

管仲：出使洛邑，不可能马上出发。他的随行人员，一定会报到主公这里，上卿也应该会知道。我们何不趁着他准备的过程中，派人打入他的随从中，或者收买他的随从！无知做事虽然用脑，但在使钱上，对下人过于吝啬！依我看，这个世界虽然有不图钱财而忠于义的人，但不在无知身边。无知身边的人，一般的诱惑完全能够收买。我们可以将无知身边的所有人都收买下来，不用中途向国内报告，在那里现场解决，叫无知指望别国出兵扶他做主公的梦，等于黄鼠狼偷鸡毛帚，猫咬猪尿泡儿！

诸儿摇摇头：太难了。在屋里来回地踱步，嘴里不停地说着：太难了，太难了。

上卿竖曼插话道：主公，管大夫能把话说到这个坎儿处，必有高招嘛！

诸儿站到管仲面前，问：先生能够做到吗？

管仲胸有成竹：请主公相信夷吾！

上卿竖曼：主公放心让管仲去做。只是拨钱上，主公不能量小。

诸儿笑道：上卿还不理解我。为了江山，我自然不惜成本，但这事只能秘密进行。无知出行，随从可能在八至十二人之间，我明天就让无知身边那与我私好的女子盗取名单。管大夫可以依那名单实施。细节，不用再向我报告，以免我身边也有他无知的人传话。

管仲见诸儿说出这番话，心里高兴：有其父，必有其子。齐僖公禄甫的儿子诸儿，不孬！

七

公孙无知在齐僖公归天七日祭后出发。

诸儿率文武大臣送到大路上，目睹着这支浩浩荡荡的报丧队伍远去。

公孙无知一路沾沾自喜，再三谋划，每到一国，必是大说诸儿早年如何与同父异母妹妹乱伦，如何背着齐僖公奸杀齐僖公后宫女人，齐僖公如何活活被诸儿气死……他夸大其词称目前齐国朝堂之上，人人自危！他哪里知道，随行人员都已暗中被管仲收买，表面上对公孙无知的话诺诺，背后却报以冷笑。出使的第一站就是鲁国。在鲁国驿站，鲁桓公知道齐僖公去世，使臣前来报丧，立刻安排人接待。无知当着鲁国大夫的面，开始大放厥词。鲁国大夫听了，心里明白他说的正是鲁桓公的正室文姜，不想也不敢多搭腔，迅速告辞。到外面，无知的随从送鲁国大夫出来，暗中私语，让鲁国大夫告诉鲁桓公，如何使计用假话搪塞无知，好让他上当，云云……

果然，无知在拜会鲁桓公时，鲁桓公就对无知要求出兵拥戴他夺位一事表态，只要你有周天子手谕，我照办。公孙无知首战告捷，快活得就差跳舞庆贺。

到了洛邑，拜见周天子姬林。公孙无知故伎重演。老谋深算的姬林却不这么看了，他提出条件，如果你能够借我一千乘骑与戎服，我收到后，立刻下诏书，让你取了我的诏书去联合诸侯各国的军队，送你回国就任齐国国君之位！你能做到吗？

这一千乘骑与戎服，意味着什么？那个时代，谁都明白。单纯的公孙无知竟然不知，更可怕的是，他的那些随从中，无一人提醒他：姬林有了这个，就敢直腰斥责诸侯里的"强者"不敬王。奇怪的是，明知不可为的姬林居然也没朝深处想，这么一件"违规"的事，传出去，又将产生什么样的后果？

公孙无知想都没想地回说，不用国内取，我向鲁国借了给你。你现在要，就可以去取！

姬林：你还是先落实好了再说吧！

公孙无知当场写信着随从快马送到鲁国，要鲁桓公见信拨给千乘与戎服，立刻送到洛邑。鲁桓公看罢信，没回信，而是来到使者身边，用耳语的声音告诉对方：请你立刻通知周天子来取！使者一怔，哪有周天子下驾来你这里取东西的道理。鲁桓公继续说，他身边的卿士家父不是替代天子出使各国吗？让卿士家父来吧。使者说：请主公写封信吧。鲁桓公稍稍提了提声音：难道我会骗你不成？使者见鲁桓公话说到这个份上，顿时不敢再说什么。飞马回程。

《左传》对这件事，是这样提的——

　　[经]十有五年春二月，天王使家父来求车。

　　[传]十五年春，天王使家父来求车，非礼也。诸侯不贡车、服，天子不私求财。

（《左传·桓公十五年》）

　　这段文字告诉我们，周天子姬林派了他那位名叫卿士家父的大夫去鲁国借车，给拒绝了。原因是，依周礼：车乘与戎服，乃上者赐予下者的；诸侯是不进贡车乘与戎服的。臣子只能进贡布料。只有天子赐诸侯车乘与戎服。①现在，要颠倒这规矩，当然被拒绝。

　　周天子向鲁国借车与戎服的事，鲁桓公怎么也不愿意悄悄埋没，他着力大大地宣扬了一番，顿时风靡一时。齐国新主公诸儿自然也就全都知道了。这鱼汤未喝到却沾一身腥的事，怎能不让周天子姬林难受？年事已高的姬林遭公孙无知"把玩"，一口气咽不下，竟然断了那生息！《左传》说："三月乙未，天王崩。"

　　周天子姬林没借到车乘与戎服，反倒把命玩没了。下一步公孙无知该怎么办？自然也就没了召集天下诸侯联军送他回国篡权登基的故事。何去何从，留在洛邑不但没人理，还要遭天下来吊唁者的唾骂！公孙无知只有离开洛邑。

　　公孙无知借口回国报告周天子驾崩的消息，坐上船，顺洛水出了洛邑。随行的就发现公孙无知并不是回国。因为齐国在洛邑的东边，应该出东门，他选择的是出南门。那就朝南方而去，南方是什么地方？

　　一路走走停停……

　　在曹邑，公孙无知停下了，整整停了数日。

　　随行都明白他不想回齐国，但不知道他要干什么。终于有一天公孙无知告诉大家，他要去秦国。

　　随从亶反对：公子要去秦国，是想在那里长期居住下去呢，还是另有打算？你不妨说给我们听听，大家好为你做些准备。

　　公孙无知：当然想让他们出兵扶我登基。

――――――――

　　①　见《周礼·天官·太宰》。

亹大声道：要他们出兵扶你回国坐上主公的位置？你愿意给他们什么回报呢？

公孙无知一时无法回答。

亹：请公子你不要忘记，秦国的大乱也是刚刚停下。依我看，秦国还需要几年才能挺直腰杆。他们的武公，恐怕是要比宋庄公冯更为雄悍！现在是刚刚接位，在他没挺直腰杆前，是不愿意帮助你的。等他愿意时，他的条件将是苛刻的。

公孙无知：会有什么苛刻条件？难道会越过周天子，跨过魏晋卫郑曹滑陈宋鲁来把我齐纳入他秦国版图？

亹：他可以公开地对你这么说，顺带把你说的那些国家都吃了，还要加上你没说到的，亳绛潞邢宿，更远的徐吴楚！那是什么胃口，你能满足吗？

另一位随从弓卜也毫不留情地说道：你愿意把齐国划入他的版图吗？或者少些，划数城邑给他们，或者就直接把齐国划归秦国？

公孙无知听他们这么说，一时无语。

亹更进一步说：你这样做，等于泰山顶上起火，取洛河的水去救啊！

我也不想去秦国。但不去，又能到什么地方去？公孙无知忧愁地说。

弓卜说：有许多事并不因为外表的现象就可以断定内在的实质也相同。

公孙无知点点头：你说得很对。具体些呢？

弓卜说的具体，就是设法与鲁桓公联系。

公孙无知一听就直摇头：天王借车服一事难道不是他鲁桓公设的套儿？

亹接过话说：不管是不是套儿，也不管天王是不是因为鲁桓公拒绝借车服一事而气死，咱们都不能忽视外界把这件事联起来看的后果。鲁桓公有耳有眼，能看到，能听到！依我看，公子还是回去。

回去？不！那是死路一条。公孙无知叹道，鲁国要能支持我，那是多好的事啊。日后划几座城邑于鲁，还不是盘中筷子挪挪那么轻巧？他为什么不干！又为什么要拒绝借乘骑、戎服给周天子呢？真是，让周天子鱼未吃到，沾一身的腥。去徐国或者吴国，再不行，我们去楚国。

随从们不愿意，开始告诉他利弊关系，动员他回国。亹的话，最后打动了他：不管怎么说，你在齐国食禄无忧，你去其他国家，那个国家一定是想你齐国的城邑土地。否则，不会收留你！离你近的徐国，那个敢称王的国君，绝不会要你齐国一寸地，你去做做客，可以，长住，一定不干！楚吴两国，可能你在那里的下场是流落街头，穷困潦倒……

钟鸣鼎食、衣着绫罗的公孙无知听到会穷困而亡，吓得顿时站不住，打消了逃亡的念头，顺从大家的意思，回齐国。

公孙无知回国，正好赶上了齐僖公出殡。

> 夏四月己巳，葬齐僖公。齐僖公禄甫，齐庄公购之子。辛亥周平王四十一年接位，在位三十有二年。史载："在位期间，曾与鲁、卫、郑诸国会盟伐宋，又与宋、燕联合伐鲁，有小霸诸侯之称。"《国语·郑语》称，平王末年"齐庄、僖于是乎小伯"。①

公孙无知经历这趟小小的挫折，像初秋一场霜给整个打蔫儿了。

看到公孙无知不像出发前那么嚣张，齐襄公诸儿倒也心里平静了许多，对管仲尤为器重。

齐襄公诸儿此人，心胸远不如祖父购与父亲禄甫。他明显地表露出对管仲的器重，伤及另一人。此人即公子小白，日后的齐桓公。

---

① 见《春秋考寔》《中国历史大辞典》。

第八章 智倚祸中福难料

一

周桓王二十三年（前697）四月的己巳日，周天子派使臣与诸侯一起举行了齐僖公的葬礼。

不是冤家不聚头。在齐僖公的葬礼上，郑厉公姬突见到了宋庄公冯。

拆了郑国太庙的椽子运回去修睢阳郊外庐门的宋庄公冯，似乎忘掉了这件伤郑国上下情感的大事。与姬突在齐国前主公齐僖公葬礼上见面的宋庄公冯，像没发生任何事似的与郑厉公姬突施礼揖让，谈笑风生。

姬突可没有他那么潇洒。这件事，诸侯间早传得沸沸扬扬，说郑国姬突连宗庙都保护不了，还当什么主公做什么国君，干脆把郑国划给他宋国算了。没本事保护宗庙的人，就不配做国君。面对迎面而来的宋庄公冯，姬突本想回避，但是，诸侯相会、国君云集，耳边飘过来诸侯的闲言碎语，特别是大家都看到了他们当街相迎。宋庄公冯见到姬突，大老远就喊：郑主公，近来可好！

气得姬突扭头想走，无奈宋庄公冯快步到面前行揖让礼。周围众目睽睽，这个场合姬突又不宜发作，只能窝在肚子里，气得脸铁青，憋得唇紫脖子粗；匆匆应酬，快步离去。整个葬礼活动期间，姬突像欠了他宋庄公冯三百吊钱，东躲西藏，好不容易熬到结束，第一个打道回府，一走了之。

回到国内，姬突气还没顺过来，看到执政卿祭仲把持朝政，趁他不在家的几天，擅自决定了许多事。顿时，在齐僖公葬礼上与宋庄公冯结下的怨气，一股脑儿全撒到了祭仲头上。

这一刻，姬突若真正发作，倒也就罢了，偏偏在他对着祭仲要发作时，突然卡住了。不知为何，盯着祭仲看了很久，然后，微笑着走开了。

祭仲没把他的怪情绪放在心上，去忙自己的事了。

后人说，当时的姬突，盯着祭仲看，那是看到了祭仲脸上的皱褶还有辈分，毕竟祭仲是他很近的长辈。但接下来发生的事情就完全无关乎辈分与年龄了。

也是活该要出大事，那个下午天阴沉沉地像要压下来。姬突的脑子里总是拂不去宋庄公冯那副令他又恨又恼的嘴脸，还有祭仲在他的大堂上飞扬跋扈颐指气使的模样。越恼越恨的姬突早把宋庄公冯与祭仲扶他登上国君之位的事忘得一干二净。

就在这个时候，有个人从他面前不远处走过，他看到了，让使唤过去把那人喊到面前来。

此人是大夫雍纠。两人就在台边聊起来。

姬突：你认为君臣关系如何相处才对？

雍纠：君要臣死，臣不能不死。

姬突兴奋，竟然口无遮拦：你可以不死，你还可以反了我，杀了我，你做主公嘛！

雍纠大吃一惊，慌忙下跪：臣绝不做涂炭九族生灵之事！

姬突：你的岳父现在就在做这件事，你怎么看？

雍纠叩拜：我愿意替主公灭掉这个祸害，替天下除害，也是替祭氏一门清邪恶。

姬突故意提高嗓门：你不知道他是你的岳父吗？

雍纠：臣只记得主公，不知道还有谁能比主公重要。郑国能安宁，唯一依赖的就是主公。臣受周礼熏陶，先知有君，后知有母！况且，你的母亲，还是我的亲姑姑啊！

原来，姬突的母亲是宋国公室雍氏之女，祭仲的女婿雍纠喊姬突母亲姑妈，那么，雍纠自然也是宋国公室雍氏之后。如此一说，雍纠与姬突还是很亲的表兄弟。

姬突告诉雍纠，找个借口请祭仲喝酒，派人砍了他的头颅。说到这里，姬突提醒雍纠，你不必出面，免得落个杀岳父的罪名。到时候，我还不大好处理哩！

雍纠答应了。

姬突舒服地回后宫去戏美女了。他舒服，就有人不舒服。此人便是雍纠的老婆。雍纠回家将这件事告诉了老婆祭姬。祭姬听了，就跑去问她母亲：父亲和丈夫相比，谁亲？

老太太脱口而出："人尽夫也，父一而已，胡可比也？"[①]

这句话很有名，成语"人尽可夫"典出于此，后人常用其指责某个女人有生活作风问题。这毫无疑问是一种有意无意的误解。老太太的原意是：你可以选择天下任何一个男子做丈夫，但父亲只有一个，没有选择余地，二者根本没可比性。

雍姬得了母亲的教导，就去告诉父亲祭仲：雍纠想宴请你，奇怪的是，他不在家中设宴，却要跑到郊外，我不知道为什么。

祭仲一听就知道怎么回事。他没流露出一丝惋惜和片刻迟疑，立即派人杀了女婿雍纠，并告诉姬突：我杀了我的女婿，准备将他沉到你这前面的池里。你知道为什么吗？

姬突闻后情知不妙，命人驾了车子，拉上雍纠的尸体，仓皇离开。坐在车上，他不时盯着雍纠那再也不能坐起来的身体，恶狠狠地骂：如此大事，竟说给女人听，死得活该！

姬突与祭仲既然翻了脸，那就没什么好事可做。

姬突想把朝权拿回来，但满朝皆是祭仲的人，岂能由他姬突做主？再说，祭仲能把女婿杀了，可见其心狠手辣，一朝文弱书生，谁不惜生命？谁又愿意去做他们相争的牺牲品！姬突再次与祭仲在朝堂前相见。祭仲告诉他：我能扶你坐到那个主公的位置，自然就可以赶走你，让那个位

---

① 见《左传·桓公十五年》。

置盛别人的屁股。你若不走，我将逐你！

姬突无奈，只好离开。走时很是凄婉，后宫的美女们竟然一个也不能带走，全留下给了祭仲。祭仲那么一大把年纪，把这么多粉嘟嘟的美女是自己享用还是做人情送与别人，那就不得而知了。

唯一能够让大家明白的是，这个五月里发生的事，完全是祭仲不对，他怎么能够赶走姬突呢？姬突好歹是主公、郑国的国君啊！对这件事，祭仲说：有什么不可以的？我让史官不把我赶他走的事写到实处，只写他自己走。果然，史书载："五月。郑伯突出奔蔡。"[①]

六月二十二日，祭仲赶赴卫国，迎接郑昭公姬忽回郑国出任新国君。

姬忽回国，还不如不回来。卫国虽然也不平静，但与姬忽无关，他只需置身事外，明哲保身，就不会有任何危险。国君之位诱人，他回来了，但面临的麻烦，比弟弟姬突还多。

姬忽回国不到三个月便是九月。秋高气爽，贼人壮胆。某天夜里，姬突带支数十人的勇士队伍，趁着傍晚的霞光，从蔡国出城，急行三百里，第二天下午来到郑国重镇栎邑（今河南禹州）城外树林里驻下。派人与事先收买好的栎人联系，约定子夜城守换岗时冲入城里，直扑守栎大夫檀伯寓所。那天月黑星高，秋风爽爽，檀伯贪凉爽，与夫人开窗寝寐。姬突雇佣的刺客，轻取檀伯夫妇首级。可怜檀伯一家百余口人都在梦中丧生。天明时分，姬突立于公堂上，宣布郑国大邑栎由他亲自管理，各文武官员，如有不愿意事奉者，可以离开。满堂之上，竟然无一人说话，大家齐齐下跪，愿意忠于厉公。

好！内有栎邑，外有诸侯各国相助，何愁不能复国。姬突望着北边那九十里地远的新郑国都，咬着舌头，紧闭的嘴角渗出血丝，此时他的内心，岂止是"北望新郑，虎视眈眈"？

《左传》："冬十有一月，公会宋公、卫侯、陈侯于袤，伐郑。"袤地会盟的目的，很明确，就是帮助姬突返国。后人不明白为什么鲁桓公这样热心地帮助姬突，又为什么选择这个属于宋国的袤邑作为会盟地？

袤邑，位于沛国（今江苏沛县），北是鲁，西南是宋，东南是徐国。要穿过宋国全境才能攻打郑国！出于好奇与刚刚接位正想在诸侯面前亮相

---

① 见《左传·桓公十五年》。

的齐襄公诸儿，也参加了这次联军护送姬突返国一事。诸儿参加，还有另一层意思，那就是数月前的一件事。

数月前，许国的许叔行文对周天子与各国诸侯申诉说：我是周正室后裔，先王建国，迫于齐、郑，不得奉其社稷，未闻可灭之罪也。则当伸大义以直词，请求助我复国！

许国被晋、郑、鲁、齐等诸多国家欺负，国已经不成其为国。许叔想请周天子出面主持公道。鲁桓公接到许叔的告书，便在齐鲁两国之间的艾邑（今山东新泰西北约五十里）与诸儿会面，提出联合诸侯帮助许叔复国的倡议。

诸儿刚刚接位，热情地说东道西，异常关心鲁桓公的夫人文姜，口不离妹妹近来可好的话，并没把许叔的事当事儿。鲁桓公急了。诸儿找理由说：从夏到商，再到今朝，立国封侯，多少国家？号称万国。现在还有多少？一个许国算什么？天下已成为弱肉强食的战场，谁能干，谁多吃肉！这番话，鲁桓公没能领会到其中更深层的意思。两人初见新会，见诸儿这般说话，鲁桓公也就不想再对大舅子多说，知道说了他也听不进去。现在，诸儿回想到那次会盟的深层次意义，萌生了与鲁桓公瓜分许国的意思。话刚起个头，就被鲁桓公拦住。鲁桓公以老资历的态度劝齐襄公诸儿，先与大家一起攻入郑国，护送姬突回国登基。别的事，缓一缓。

后人怎么说这件事呢？

北宋绍圣进士、宝文阁直学士胡安国认为：郑国的是非曲直都很明显。虽然姬忽名正言顺，但他的才能可能不足以领导一个国家。姬突虽然是篡位的，但有能耐把其他国家的主公招来帮他回国上台执政，这一点可不能小视！现在，姬突占领了栎邑，态势可观。诸侯各国这个时候"礼制既亡，伯者以意之向背为升降，诸国以势之强弱相上下[①]"，在不辨是非公理，更不说仁义礼，看谁强就支持谁的诸侯面前，姬忽能有便宜占吗？

但姬忽也不是脓包一个，人们记得他两次拒绝齐僖公欲嫁女儿给他的事！

果然。鲁、齐、宋、卫、陈的联军没能够打败姬忽。

没能够打败姬忽，不仅仅是鲁桓公面上无光，也是诸侯联军的耻辱。

---

① 见冯梦龙《春秋衡库》。

第二年春正月，周庄王佗元年（前696），鲁桓公再次在曹邑会盟宋庄公冯、蔡桓侯封人、卫惠公朔，商量讨伐郑国。这次，大家决心一致，定要把姬突送回郑国做主公。这个时候的曹邑，还是周文王之子叔振铎的姬姓诸侯国，但却一直是一块让周围数国馋涎欲滴的肥肉。鲁桓公为什么要这样再三地帮助姬突，其实是有自己的目的的，从他选择曹邑做会盟地址上，大家就看出了他的"狼子野心"。可惜的是，鲁桓公没能把曹邑划入鲁国版图，后来的鲁国国君也没人能做到。直至周敬王三十三年（前487），曹邑成了宋国的地盘。

那个时代，也还是有些"礼节"可言的。比如说，春上鲁桓公在曹会盟时，鲁桓公先会蔡国，后会卫国。到四月再次会盟，决定出兵伐郑时，鲁桓公先会卫，再会蔡。结果又如何？联军伐郑，不但没讨到便宜，参加战争的蔡桓侯封人回到家就死了。没参加这次行动的齐国不是不想参加，而是这个时候位于鲁国的奚（今山东滕州附近）守军与齐国的守军，双方因为一位齐国美女在进入奚邑接受守城卫兵例行检查时被摸了胸而发生冲突，齐军闻讯赶到，趁势攻入无备的奚城。一场不大的战争，以奚邑被掠走美女几十人而告结束。

这件事影响了联军在伐郑战斗里的情绪。随军巫师提醒大家，不解决姬忽的问题，大家都有晦气！事实也是，如果姬突不能回国执政，诸侯国哪家脸上都没光。

姬忽成了诸侯的麻烦。

二

人对某件事的态度会随着地位与环境的变化而变化。

当年，齐僖公延请师傅给公子们开课，是指望身后公子们不至于重演别国争夺王位而大开杀戒的悲剧。作为太子的诸儿坚决反对，甚至大闹公堂，坚决不要师傅，结果弄得齐僖公"视为己出"的公孙无知也因此没份儿。召忽和管仲、鲍叔牙做了纠与小白的师傅。诸儿的这种做法，连他的父亲齐僖公也不明白究竟为何。

到了诸儿自己做了国君，却热衷起公子们的教育来。鲍叔牙与管仲一日在廊下闲聊时，重提此事，鲍叔牙问：召忽对此事有什么看法？管仲说：召忽现在的态度是，在其位谋其事。鲍叔牙又问：当年为什么反对呢？管仲看看天上的云，看看前面不远处奔跑的鹿，对鲍叔牙说：诸儿眉间不宽，气量小。他在公子们读书的事上，目的不相同。首先，他声明自己不要请师傅。他不要，父亲就不能给公孙无知请师傅，如果请了，大臣们会有想法。而现在，襄公自然也想身后不能出现父亲担心的事！彭生是他的长子，现在还没立为太子。一日不为太子，一日不能单为彭生延聘师傅！他有七八个孩子，如果按僖公的做法，一位公子延请一位师傅，那得花多少钱，朝议也通不过啊！所以，他关心公子们读书的目的是在这里。

言之有理！鲍叔牙道：依你看，他会做什么事？

管仲：不外乎硬来。会先给彭生一人聘太子师傅，再设法朝议通过彭生为太子。但他不知道朝议的反对会是怎么样的，闹不好，都可能危及他的座位……

鲍叔牙：有这么危险吗？

管仲：我们都能看到的。

果然，很快就在彭生住处的院子里有了单独的学斋。这件事引起了朝野舆论。上卿竖曼上奏说：通常的做法是，只有太子才能在自己府内延聘师傅授学。历来各国的做法，公子们都是在学堂里一起读书的。这个学堂必须设在太庙左侧。彭生还不是太子，这样做，大家看法是小，一旦效仿，怎么办？此风不可长。

齐襄公：先主不是给他的公子们一人聘了一位师傅吗？

上卿竖曼：先主给公子们一人聘一位师傅的做法有悖常规，但毕竟人人有份儿。你有好几位公子，而只给彭生单独延聘师傅，这样做有悖常理。

齐襄公：彭生比纠与小白都大几岁！先主当初完全应该将我不要的师傅给彭生，他没有那样做，我现在补上，不行吗？

上卿竖曼：先主没这样做，自然有他没做的道理。主公应该体谅到先主的一番苦心。

齐襄公点点头，嘴里应着，心里却想着另外的事。

三

齐襄公明白父亲为什么没给彭生延师授学的原因：这个彭生不单跟自己一样不捧书本，大字不识几个，还喜欢整天打打杀杀、戏戏后宫的女子。满朝文武对彭生的印象极坏。据鲁妃"揭发"，彭生早就成为后宫女子人人自危的"野兽"。他曾经要看一个宫女胯下之景，宫女不从，他竟然强行扒掉她的裙衣，看罢，一时性起，竟然用刀刺进去。发生这件事的时候，齐僖公还活着，用权力严密封锁了此事，但还是让善于收集"隐私"的鲁妃知道了。鲁妃问齐僖公怎么办，齐僖公说，看来，彭生是不能主持国事的，我告诉太子，百年相续之事，依祖上规矩兄终弟接。有这个话，鲁妃的心里就别提多高兴了。可惜，这世上没有不透风的墙，彭生知道后恨透了爷爷齐僖公，发誓要报复。他报复的办法也很独特。齐僖公死后第二天，彭生悄悄招上两个爪牙，跑到齐僖公病榻旁的屋里，从那里捉走齐僖公病倒前刚刚纳进的妃子，扛到僻处，不顾对方挣扎反对，先奸后斩。最为可恶的是，他见女子胸部特别丰满，竟然用拳头击了几拳，然后用脚上去踩踩，最后用刀割下来！这件事，自然是被诸儿瞒下，但鲁妃还是知道了，并且拿到了证据，紧紧攥在手里，不到时候不轻易"出牌"！她要出牌，就是重拳击诸儿！现在，诸儿给彭生聘师，她寻思，现在还不是亮出齐僖公话的时候。凭他彭生的德行是不可能做主公的，就是做了，也没人服的。那一刻，能上台的就只有纠。影响纠接位的不是小白，也不是彭生，而是公孙无知，这是鲁妃非常清醒的事。眼下，她要做的事，就是让公孙无知与诸儿斗，这一斗，必然两败俱伤，她坐收渔利。从哪里引火苗子呢？鲁妃绞尽脑汁，终于想到了一个好办法。她开始时不时地在彭生面前说小白如何精明的话。果然，彭生迅速把话传到诸儿耳里。不知底细的诸儿问管仲：彭生说小白有大谋，这话你怎么看？

管仲：姬突能够进入栎，你就不想从郑内部来解决他们的问题，显示出你超越你父亲的能量？

诸儿乐了：这倒是很好的建议。你为什么答非所问？

管仲：彭生说小白有大谋，这是彭生说的吗？彭生是替人把话带到你这里。

诸儿：你对彭生延聘师傅一事怎么看？你们中间谁愿意做彭生的师傅，我想让你去，你与召忽两人教一个纠，没那必要嘛！

管仲：我不这么看。先主定下的事，到了你手里立刻就改变，这样是不好的。天下才士多的是，为什么不另聘一位？免得有人会说我把教纠的一套都搬给了彭生。日后彭生不如你意，我可就担当不了这责任！

诸儿觉得也是。又问：依你看……

这时，鲍叔牙从路上过来，管仲一眼看到，指指道：叔牙这么急，一定有什么事。诸儿点点头，向鲍叔牙走过去。只见鲍叔牙远远站在台阶下向诸儿施礼，然后大声问道：主公最近特别关心公子们的读书，还给您的儿子彭生延聘师傅。这么好的事，请你让我去做你儿子的师傅吧！

诸儿看看管仲，不解地问：你们这是？一个找理由推卸，一个主动要求。你们这样做，我该怎么办？我去看看小白。嘴里说着，也不容管仲说话，抬腿就走。

管仲只好暗示鲍叔牙随着齐襄公一起朝小白的学斋走去。

快到门前时，鲍叔牙急奔到前面，站在学斋前迎接齐襄公。

齐襄公站住，眼光越过鲍叔牙的肩朝屋里的小白看。

鲍叔牙明知齐襄公关注小白，仍然施礼，然后道：小白是没希望接你位的，请你放心。

诸儿被这猛来的一"棒"敲得有点受不了，怔了怔，想发作骂人，但还是忍住了。脑子一转，脸色温和地说：你就想甩了小白做彭生的师傅？想也不能这样啊！你丢下小白，让人指着我后脊梁骂昏君吗？说着，侧身看看管仲，问道：夷吾先生，你说呢？

管仲心里很明白，嘴上却说：人在做，天在看。谁都明白啊！

诸儿接过话说：是啊！你叔牙先生能知道这个时辰，上天安排好了明天让我们吃什么午餐了吗？话不能说得那么肯定啊。说完，再次抬眼看着站在门里的小白。见小白站在那里呆呆地发怔，齐襄公突萌爱意，从鲍叔牙身边擦过，走进门，来到小白面前，伸手摸了摸这个还是孩子的弟弟，只见他额上冒冷汗，手掌冰凉，顿时吃惊道：小弟生病了？

惶恐不安的小白，摇摇头。

鲍叔牙口无遮拦道：被你吓的。

是吗？诸儿问小白。

小白慌忙跪拜：见过主公，请主公恕罪。

诸儿双手扶起小白，安慰他：好好读圣贤书，主公指望你啊！

小白：请主公放心，小白读圣贤书，修身养性，如能为主公效力，便是小白今生之大幸。小白绝无其他非分之念！

诸儿：小小年纪，真的这么想？

鲍叔牙：他就是这么想的，他想做个平民，一日三餐温饱。娶个女人做老婆，也不想三房四妾。你说，他这种境界，主公让我做他师傅，实在没必要，费了您的钱财不说，还误了我的前程啊！我还是愿意去做你儿子彭生的师傅，那是个看好的前程，谁不想啊！

听这话，诸儿看看小白，见孩子脸上的神情渐渐自然，心慢慢放下。瞧这熊相，哪有一点点抱负与出息的苗头，凭什么能耐与我争主公之位？放一百二十个心吧！想到这里，倒也明白鲍叔牙说的还真是大实话。他看看鲍叔牙，然后面对小白，嘴里不高不低地说：不管做人做官还是接我的位，学问是不能少的。好好听师傅的，我去看看纠弟……

鲍叔牙：我去做彭生师傅的事，主公您还没答应哩！

齐襄公看看管仲说：彭生延聘师傅的事，还是等一等吧！说完，抬腿朝外迈去，一路的步子都变得轻松愉快起来。

纠的学斋与小白相隔不远，齐襄公到时，院子里站着鲁妃，她正在赏花。见齐襄公进来，她转过身来，看着齐襄公。诸儿对这个来自鲁国的后母还是有点惧怕，在她的手里，掌握着自己许多丑事的把柄。

鲁妃见齐襄公身边只有管仲随着，咬着嘴唇，垂首思忖后，迅速昂起脑袋，向齐襄公施礼，然后直言不讳地说：你给彭生请师傅，他愿意吗？他若不愿意，你哩，还要硬做。满朝文武无一人赞成你的想法。你这是何苦？

被她这迎头一盆凉水泼来，齐襄公倒是要正眼看看她：依你应该如何，愿听赐教。

鲁妃：你父亲在位三十三年。你年纪轻轻，与你父亲相比，你当这主公的时间还长着哩！你看你戏小女人来劲的道行，没个六十年，不肯歇。何必这么着急立太子，不嫌太早了吗？硬生生让人觉得你把自己朝老里推！

齐襄公是个粗人，哪里知道鲁妃是在糊弄他，鲁妃这几句"迷魂汤"灌得他晕乎乎地沾沾自喜起来。鲁妃见他入圈套，顿时高兴起来，亮出了本意。她说：齐国不是周天朝，你不可能有那么多的城邑分封，把你看不顺眼的打发远处去。

在一边的管仲听到这里，明白了鲁妃的用意，他不想介入这种事，转身走到召忽身边，看纠练字。两耳却也不放过他们说的每句话。

齐襄公：父亲把我们四个都看作手心手背的肉，可有人却不把我当回事！葬礼上的事，你也看到了。

鲁妃知道他说的是谁，顺着杆子朝上爬：是啊！扎在眼前，眼睛鼻子天天碰着，不是事儿啊！那种人啊！你若真让他做点事，怕也得有个人跟着才行。

这话说到了诸儿的心上。他叹了一声，眼睛望着远处墙上的那棵草，思忖良久，抬眼看着鲁妃说：我三个弟弟，除了无知，不还有纠与小白吗？

鲁妃：纠与小白都还小，他们不会有什么想法……说到这里，戛然而止。

公孙无知真不省油啊！齐襄公叹道，老昏君生前把他当己出，我现在能把他怎样？

鲁妃：现在的齐国谁当家？还不是您说了算。说千道万，他有那么好的待遇，那是你父亲对他的恩赐，他倒当起真来了。如果是我，一抹到底。当然，留几亩地让他衣食有着落还是要的……说完，把袖子一扬，腰扭腿动，朝外走去。嘴里漫不经心地落下话：男人啊，有时就是比女人还寡断难决！

诸儿见鲁妃离去竟然不与他招呼，气得转身朝外走，把一盆怒火要泼向公孙无知。可怜的公孙无知还在戏着美女，压根儿不知道灾难的来临。

管仲的心里比谁都明白，治了公孙无知，后面该轮到谁，他心里已经明明白白了……

四

齐襄公再次与上卿竖曼提为彭生延师的事，意在刺激公孙无知挑起战火，他就能借"火"灭了他。

上卿竖曼听诸儿说要放弃给彭生延师，老头儿很是诧异问道：提的是你，放弃的也是你。你应该明白你是主公，一言九鼎啊！

齐襄公叹道：这孩子不宜学典籍，只能武治天下。

上卿竖曼点点头说：武定天下，文治世道。你的孩子那么多，过几年从中选一位就可以了，不要急着太子的事。老臣私下想，主公这样做，是不是对公孙无知有些不放心？

不愧是老臣！齐襄公敬佩老头儿的洞察力，只好实话实说：上卿所言极是，有什么好办法吗？

上卿竖曼脑子好使，眼珠一转，把球踢出去：管仲有些头脑，你可以向他询问，如果他对你不说实话，那就表明这件事你不能做。如果他暗示你什么，你就知道是可以做。

齐襄公不解地问，他为什么要这样做？

上卿竖曼告诉诸儿：管仲胸怀天下，只要他愿意替你使力，你一定能重振父辈"诸侯小伯"的霸业。眼下，就看他能不能看中你，辅你成大业。老臣老了，你指望不上啦！

齐襄公乐道：这还不好说，我待他不薄的。

上卿竖曼走后，齐襄公就把管仲喊了来。他远远看到管仲走来，立刻走出朝堂，在丹墀前站住。管仲见他亲自迎出来，如此大礼，他立刻在丹墀下站住施礼。

免礼！齐襄公扬了扬袖子，对他说，我想把为彭生延聘师傅的事停掉，让他与其他公子一样上大学堂。说罢，两眼盯着管仲看。管仲不说话，很久，很久。齐襄公不乐地问：你怎么不回答我？

管仲施礼道：主公，我已经回答你了。

齐襄公：我没听到你说话呀！

管仲：主公眼睛一直与我对话的嘛！我已经在表情上告诉你，我与主公的想法没相悖。

齐襄公：你知道我要做什么？

管仲点点头，不再说下去。

齐襄公急了，提高声音说：你说话呀！

管仲只好说：周公旦时，他身边有个叫胜书的人被周公旦喊去问话。

胜书向周公旦进言说：厅堂小而人多，轻声说话，别人听不到，大声说话别人都知道了。你说，有事是轻声说还是大声说啊？周公旦说：轻声说。胜书说：有这样一件事，如果说得很轻微，那一定说不清楚，说不清楚就办不成事。你说，我该轻轻地说，还是不说？周公旦说：不说。胜书立刻明白了，在胜书的说与不说之间，周公旦已经从胜书的表情与动作中明白了他要说的什么事，达到了"说"的效果！

齐襄公似乎明白了什么，点点头：你再说明白些。

管仲又告诉他：胜书用"不说"的方式向周公旦进言，而周公旦能够不待胜书开口即听出了他要说的意思。这种听取意见不待开口，就是胜书的"不言之谋"与周公旦的"不闻而明"，心照不宣。他们可以在耳不闻而眼可传的默契配合中达到两人都要的效果，这就是心有灵犀一点通啊！如果在大堂上进行谋划不出声言，事情不让旁边的局外人知道却能做成，这不就更高一筹了吗？商纣王在周放了很多耳目，却不能窥见周的许多秘密。这就是周公旦充分运用了自己与胜书这样的志士贤才心灵默契所产生的好效果。当然，用表情来沟通与表达，这需要君臣之间的密切配合，需要一种心灵的默契，更需要君臣间长期磨合才能达到。这也是体现周公旦的仁政的关键，暴政是绝对没有这些长处的。周的仁政能够与志士贤才从心灵上沟通，这就是周能够胜过商的关键！

齐襄公听罢，敬佩不已，下丹墀手拉起管仲：走，我们到那边的花园里走走，听说，梅花已经开了。

就在这时，上卿竖曼来了，说是有要事相告。管仲见状告辞。齐襄公准允，看到管仲离去，提高嗓门嘱道：明天我再喊你。说完对上卿竖曼低声道：上卿对我厚爱啊！上卿竖曼笑笑，随他踏上丹墀，步入朝堂旁边的一间屋。这是当年齐僖公与要臣议大事的所在。

两人在那屋里一直待了两个时辰。

离开齐襄公的管仲直奔鲍叔牙家中，告诉鲍叔牙，必须马上离开这里，而且是带上小白。

鲍叔牙不高兴地回道：小白带不带都没有关系，我走不走也没有关系。只要我不做小白的师傅，我就没危险。

管仲：小白可能有危险。身为臣子，视主子生命高于自己，这样的人才是真正的义士，天下敬仰的英雄！你若不能带小白走，那我带他走吧。

鲍叔牙：你怎么能走？你一走，齐襄公一定要找你，那就麻烦了。

管仲：看来，你还是明事理的。我实话告诉你，你带小白先走一步，我们要不了多久也会离开的。在齐襄公手里的齐国，会有几次大乱，与其看着齐国乱，不如躲开！

门外奔进小白，扑通朝鲍叔牙跪下，泣诉道：师傅，请你带我离开这个地方吧！我再也不想过这种担惊受怕的日子了。

鲍叔牙见小白下跪，赶紧上前扶他。管仲也过来拉起小白。

管仲对鲍叔牙说：这世道很黑，也很亮，就是不知道什么时候黑，什么时候亮。所以，能够耐心等待，都是好事啊！但是，在人家眼皮底下胆战心惊地等待，总没有寻个安全的地方快乐地等待好啊！

这时，门口有人来说，高傒来看望小白。

来得正好。管仲对鲍叔牙说：高傒是齐国公室望族，又居卿位，他是看着小白长大的。此刻到来，一定是关心着小白才来的，赶快请他。

不用请，我来了。随着说话声，院门口迈进了高傒。

高傒到后，三个大人商量一番，高傒提出，只有一个地方能去。

去哪里啊？小白颤抖着声音插嘴问。

去莒国。管仲与鲍叔牙异口同声道。

小白高兴起来：去我外婆家？太好了。转而脸沉下来，舅舅不在了，去有什么用啊！

高傒安慰他：那儿毕竟是你母亲的出生地，那里有你一半的血脉亲缘，他们不会像这里人，整天都在算计着谁想做主公的事。你可以在那里潜心攻读圣贤书，知识装在你的肚皮里，总是有用的啊！

小白：我不想做主公，只想做个平民。

管仲：人活着，一定要有抱负。这个抱负不单单是做主公。做个平民，也要有济世助人的胸怀，让人们觉得你的存在是他们的幸福！叔牙，你看呢？

鲍叔牙：你俩这么说，我就带着小白，先到莒去吧。那里毕竟是小白母亲的娘家啊！

高傒：你悄悄离开。只带小白，什么人也不要带，更不要带多盘缠，路上恐不安全。你们准备好后，我派人送你们出城。

不久后的一天凌晨，齐襄公得到密报：公孙无知府上突然来了五百壮士，个个身怀绝技。密报的人正是公孙无知府上的管事。齐襄公急招上卿竖曼问事。上卿竖曼与上将军相商的结果是，趁公孙无知上朝时，当堂扣下。与此同时，上卿竖曼与上将军一起到公孙无知府上探明究竟。齐襄公问：带多少兵前往？上卿竖曼回说：不能带一兵一卒！齐襄公说：这样做太危险，上将军有什么好主意？

上将军：上卿已经安排好，请主公放心。

果然，在公孙无知府上，上卿竖曼与上将军进去后，召集府内所有人讲话。告密的管家先请那五百壮士的头儿出来说话。上卿竖曼与上将军对头儿一阵安抚，五百壮士顺从安排，个个白绑，前往朝堂之上认罪。朝堂上的公议正在进行。五百壮士的到来，无疑就是公孙无知的"克星"！齐襄公宣布：削去公孙无知所有俸禄待遇，搬出公孙府，另择民舍安置！

公孙无知是条好汉，他没一句反驳，什么话也没有，只是昂首离开。

朝堂之上，一片寂静。

这是周庄王佗二年，齐襄公坐了主公位第三年的九十月间发生的事。

坊间传，公孙无知府上的那位告密管家很快失踪……

齐襄公积在心上的隐患——公孙无知，暂告一段落。

以鲁桓公为首的诸侯正揪心着的郑国的麻烦，这时也有了新的转机。

五

俗话说，碉堡还是从内部容易攻克。郑国的事，还是要从郑国内部来解决。

一个心怀杀机的人向姬忽缓步走来。

这个人就是在繻葛之战的关键时刻，提出"鱼丽阵"法的郑国大夫高渠弥。郑庄公姬寤生在那场战争中采纳了高渠弥的建议，大获全胜。战争结束后，看出高渠弥才能的郑庄公，有意要拔他为卿。郑庄公办事严谨，做大事前总喜欢听听各种声音，对于拔高渠弥为卿一事，自然也是要向各方面透透风，看看大家的反应如何。令他满意的是，满朝文武均认为高渠弥做卿是够格的。但姬忽反对，理由是高渠弥的人品有问题。

人品问题，在当时是极为重要的。郑庄公找来高渠弥与祝聃分别问明实情，原因正出自祝聃在繻葛之战中射周桓王那一箭。大夫原繁早就有意射杀周桓王，但被高渠弥劝住了，并告诉他，天子不可乱射。而当祝聃有机会时，却又是在高渠弥全力掩护下，向周桓王放的箭。在姬忽看来，这就是人品有问题！

高渠弥给郑庄公的解释是，原繁要射杀时，战争刚刚开始，而且距离很远，命中目标的可能性很小，射不中，反被对方看透，战争的性质就会起变化！战争的起因是周桓王亲率王师并征调陈、蔡、卫三国之军联合攻郑，郑庄公则是率军自卫于繻葛，自卫性质的战争，哪有一开战就射杀周桓王的。你那么做，不是授人以柄，说你郑国意在篡夺周天下吗？

郑庄公：说得极对，我挡住了祝聃的追击，当晚又派祭仲为我国使者赴周军慰问周桓王及其将领，以示与王室和好之意。话说回来，没那一箭，战争就没那么快结束。

姬忽不这么看。他认为高渠弥既然劝阻原繁不射杀周桓王，就不能在后面再鼓动祝聃射杀周桓王。这种出尔反尔的行为，作为大夫，就是人品问题！

经过郑庄公的劝说，姬忽没有再坚持自己的意见，但反对拔高渠弥为卿。郑庄公感觉姬忽的反对没理由，便没采纳。事后，姬忽不断地提这件事，一定要郑庄公罢免高渠弥为卿的事。郑庄公见儿子再三地提这件事，便重视了，与姬忽做了一次认真的谈话，告诉他：作为公子，将来极有可能做主公。一个要做主公的人，胸怀要坦荡，气量要如大海那样宽容。不能因为一件事就把某个人看死。天地在变化，人也在变化，只要你待他真诚，就是反对你的敌人，也可以做朋友啊！况乎他没错哩！接着，郑庄公语重心长地对儿子说，你智勇兼备，极有可能接我的班。但你要记住，提拔谁，不提拔谁，在别人是件难事，在我姬家父子手里难吗？善用人者，人即勇！不善用人者，人即废！你记住，提拔他们是为我姬家天下服务的，不是玩小孩子的过家家！宽厚待人是我们立于不败之地的根本！

姬忽的态度以及向郑庄公反复数次进谏，劝说姬寤生不要重用高渠弥的事，在朝中慢慢传开。特别是姬忽返国复位后，高渠弥更是小心翼翼，竭尽全力辅助姬忽。但这并没使姬忽改变对高渠弥的看法。朝堂之上，议事决案只要有高渠弥介入，姬忽坚决给予否定。渐渐地，众人看出了他的态度，自然就不把卿的话与事放在眼里。高渠弥并不傻，看到姬忽的态度，当年的往事一一浮现眼前，与其自己伸出脖子让人砍，不如先下手为强。

公元前六九五年十月二十二日，高渠弥随姬忽出猎，乘其不备，射杀姬忽。《诗·郑风·有女同车·序》说："有女同车，刺忽也。郑人刺忽之不昏于齐。太子忽常有功于齐，齐侯请妻之。齐女贤而不取，卒以无大国之助，至于见逐，故国人刺之。"此语是否可信，总是相距一段时空后的话，不是当场之见。

国不可一日无君，下一个登上国君宝座的，是公子姬亹。本来这个位子是轮不到姬亹的，但祭仲因杀死女婿雍纠的缘故，不敢迎郑历公姬突回来，这就给了姬亹做 回国召的机会，是祸是福，只有他自己去体会了。

郑国的事，他们自己解决了。鲁桓公心里放下了一块石头，他与文姜聊天时，无意间说到了齐襄公。文姜告诉他：我哥哥把那个公孙无知治得服服帖帖。鲁桓公高兴地说：你哥哥想约我明年正月相会于洛（据杨伯峻考证，在今山东济南西北的洛口）。

文姜听了，高兴地吵着要去，她与诸儿也已经有十五年不见了。

鲁桓公说：齐姜嫁给晋武公做了夫人，你就不想会会她吗？

文姜摇摇头：离她太远了。

鲁桓公又问：宣姜呢，你也不想？

文姜叹道：她虽然嫁个老头，但比我快活。

六

鲁桓公，名轨（又名允），是鲁惠公的儿子。鲁惠公原有元妃孟子，后来喜欢上了孟子身边的侍女声子，纳声子为继室。声子生下长子息姑。元妃孟子却在难产中死亡。这件事发生的时间，正是《诗经·小雅》里说的"赫赫宗周，褒姒灭之"事件发生时。周幽王宫涅为博褒姒一笑，戏弄诸侯，最后被犬戎所杀。诸侯一起拥戴姬宜臼迁都洛邑，建立东周。在这次行动中，郑、宋、齐、鲁等国都团结一致帮助周天子。此时的宋戴公年事已高，得知鲁惠公丧元妃，便将爱女仲子嫁给鲁惠公。但宋戴公有条件，仲子要做夫人。鲁惠公答应了，进入鲁国后的仲子很争气，很快就生下儿子轨。依当时的规矩，夫人之子，立为太子。长子息姑因为母亲声子出身低卑，他也只能算庶出，充其量为公子。惠公薨时，轨年幼不能执政，群臣共议以年长庶子息姑为君，就是鲁隐公。鲁隐公自知虽为鲁惠公弗湟的长子，因母亲是继室又不是夫人，自己便不能立为太子，这个主公之位是勉强所得，处处以弟弟尚少，自己只是代为摄政而已！执政到十一年时，出现了克星羽父。

羽父，名翚，羽父是他的字。此人奸险狠毒，诡计多端，虽是鲁国大夫，却是鲁国执政大臣。羽父在忠厚老实的贤君鲁隐公手下执政，处处好表现自己，常常突破君臣礼节，自说自话地出现在诸侯国的舞台上。在没有国君授权的情况下，多次擅自与他国结盟或与他国联合采取军事行动。最严重的是在鲁隐公四年（前719），刚刚登基的宋殇公决定联合诸侯国攻打郑国，派使者到鲁国请鲁军出战，鲁隐公没有答应。羽父却坚决要求出兵，在鲁隐公拒绝的情况下，竟然自行带兵作战。这支宋国领头诸侯联军攻打郑国的结果是把人家郑国的谷子抢收了。六年之后，羽父再次在鲁隐公不同意的情况下，擅自带着鲁国军队与齐僖公、郑庄公联合攻打宋殇公的宋国。

面对羽父的藐视，"贤明"的鲁隐公并没计较，反而因为出征的一次次胜利，加深了对他的信任。鲁隐公八年（前715），鲁国大臣无骇死了，羽父为他请求谥号和氏族，鲁隐公征询了专家的意见后，满足了羽父和无骇一族的需要。

得到鲁隐公信任的羽父，行事强霸，军事、内政、外交，他都插手参与。隐公虽然为摄政，但鲁国的军政事务似乎是羽父等人来执行的。隐公谦和，正好给了执政大臣们大有作为的空间和机会，羽父如果真的有一点儿公心，大概会成为春秋时代的第一位贤臣。但很遗憾，在管仲、子产、叔向、晏子等名臣贤臣辈出的春秋家族里，根本没有羽父的一席之地。这个为鲁隐公信任、放纵的大臣，争的不是国家的礼仪德性，而是个人的名利。

忠厚老实的鲁隐公没有让羽父得到一人之下万人之上的太宰职位，羽父便自己想法去争！

机会在一天天地逼近。

轨也在一天天长大。

羽父在这个时候，突然觉得是杀掉轨的时候了。他认为，杀轨是解决息姑做主公的最大障碍，息姑会感激他，并答应他提出做太宰的请求。

周桓王姬林九年（前711），羽父跑到鲁隐公那里说：主公已继位为国君，国人悦服，将来还可传位给子孙。主公是否想过，你父亲立了你弟弟轨为太子，这就意味着你的主公位置坐不久长啊！

鲁隐公看着他，不知道此人还要说什么。

羽父见鲁隐公不语，便掏出心底的话语：轨已长大，日见他对权力的渴望，这对主公不是好事。臣愿设计把他杀掉，确保主公没有后顾之忧。

鲁隐公呵斥道：轨系太子，理当继承君位。先君驾薨，因轨年幼，我暂时摄政而已。我已派人在菟裘（与钟离、运掩均同为嬴姓之国，今山东泰安东南九十里梁父有菟裘城）建房，准备迁让养老，近期即让位于轨。

羽父听鲁隐公这番话，顿时恨地无洞可钻。话已说出去，怎么办？如果息姑把自己刚才说的这番话传到轨耳中，日后自己还有活路吗？一不做，二不休。他连夜去见轨，对轨说：主公见你年已长大，恐来争位，特召我入宫，嘱咐我加害于你。

轨听信谗言，不知是计，便问他有什么想法。

羽父献计：如要免祸，就得先下手，我已为您定下好计。主公每年冬月必亲到城外拜祭钟巫神，那时会住在蒍大夫家。这个机会下手最为合适。我预先派些人，充作仆人，杂居左右，等他睡熟时下手，你可将弑君之罪，加于蒍大夫。

鲁隐公息姑还没做主公前，在狐壤（又称狐人，今河南许昌北）与郑军作战中被郑国俘虏，关在狐壤邑公室尹氏府上。息姑收买了尹氏，并在他家的钟巫神前祷告许愿，如果能够逃回鲁国，一定报答尹氏。尹氏帮助并与息姑一起逃离郑国的狐壤，回到鲁国。为答谢尹氏，息姑在鲁国为尹氏辟城外之地建府第。尹氏笃信钟巫神，在鲁国的新居里依旧供奉钟巫神。息姑年年去拜祭，做了主公后，依然如故。他只是到尹氏家里祭钟巫神，并不住尹氏家，而住在当地富户蒍氏家中。

轨答应羽父办成这件事，给他太宰官职。

果然，十月二十二日，鲁隐公去城外尹氏家中拜祭，然后去蒍氏家中住宿。鲁隐公还没有走进寝室，廊道两侧突然冒出几个蒙面人，不等鲁隐公反应过来，自己的脖颈上已经划过刀刃。倒下的鲁隐公为轨腾出了主公之位。

与历史上许多这样的故事一样，鲁隐公的倒下，也拖泥带水地带走了成千条人命。最为惨痛的是寪氏一族，白白搭上几百条人命。寪氏之死，是在轨成为鲁桓公后，羽父身为太宰所干的一件他认为"痛快淋漓"之事。

鲁桓公接位三年时，羽父作为鲁桓公的特使从齐僖公那里迎娶文姜（前 709）。

羽父是个不信神巫的人，但他在齐僖公的宫中目睹到了文姜与诸儿的亲热后，心里就积下了一片阴云。回来的路上，正好路过梁父山。原本好好的天气，到了山脚下，突然狂风大作。队伍只好在山下的一座山神庙里避风。说也怪，羽父竟然倚在神坛前昏沉沉睡去。一个噩梦让他惊醒，旁边人见他大叫大喊着醒来，连连问是什么事。羽父抹着一脸一身的冷汗，摇摇头，直说没事，继续前行。第三天，到了菟裘。羽父诧异地站在那儿半天挪不动腿！他曾早早告诉前面，宁可多走路，也要绕开菟裘而行。没想到，一天的路程，多走了两天，还是没绕开菟裘城。只好进城。何时进城能够绕开鲁隐公的那块宅基地呢？向导的牛车特意多绕三十里，结果鬼使神差，还是走到了鲁隐公建造住宅的地面上。羽父抬眼，只见满目苍凉，怪鸟哀鸣。就在这时，羽父对随行的上将军提出，自己不再回鲁国了，就此住下。

娶了文姜的鲁桓公听说羽父留在菟裘，不解地问：他那么热衷要做太宰，做得寡人还感觉挺好，怎么就不干了呢？真是的，出那么大的劲道，干也干得好端端的，突然间说不干就不干了？怪！怪怪怪！

上将军把路上的奇遇告诉轨。

轨轻轻地叹道：那是他欠隐公的啊！

后来，有人到菟裘，那片鲁隐公当年建住宅的废墟上，有座道院。道院里有位道士，熟悉羽父的一眼就看出这个道士正是羽父。见有人认出了他，道士迅速隐去……

成为鲁桓公夫人的文姜很快在鲁国生育二子。长子一出生就被封为太子，即后来的鲁庄公。接着，又一个儿子来到世上，这个孩子就是后人说的"鲁患难已"的庆父。

十几年后的现在，文姜纠缠着丈夫，一心想与分别多年的哥哥兼情人诸儿见面。鲁桓公却只是认为娇妻想娘家了。娘家除了哥哥弟弟，亲生母亲已经不在了，想什么呢？鲁桓公就没有朝深处想。

七

《左传·桓公十八年》："十八年春，公将有行，遂与姜氏如齐。"

后人提出：鲁桓公有事要与齐襄公会面，带上夫人文姜同行不是很正常吗？现在的国家元首出访，都以带上夫人为荣耀啊！

这件事在当时却并不是这样看的。从黄帝开始，一直提倡父威母慈的社会，沿袭至今形成"男主外、女主内"的家庭分工，天子在一般公务场合是不能偕夫人同行的。也鉴于周幽王事件的影响，后来各国都有一个不成文的规矩，诸侯会盟、战争状态都不允许夫人随行。如果偕夫人出访，那也有一定的限制。

鲁桓公出行带上夫人文姜，在《春秋》《齐诗》里都没有解释原因，野史里恰提了——

原来齐襄公对公孙无知小试牛刀获胜后，顿感自己无比强大。加上齐僖公留下的"诸侯小伯"声望垫底，他决定跨出国门伸展伸展手脚，试试诸侯的反应。行动之前，他得找个人商量商量，找谁呢？依常理，当然是上卿竖曼。当他走下丹墀，却站住了。他想起上次找竖曼，竖曼推给管仲。上次的事，多亏管仲提示，得了个很好的结果。对！今天这件大事，更要请教管仲。齐襄公设宴请管仲，还特意让人将刚刚猎获的熊掌精心焖煨好几天，到筷子一捅就烂的程度才起锅。管仲品尝后，果然感觉不同，顿时也就明白熊掌吃下肚后的延伸效果——主公请你吃熊掌席，那是什么待遇啊！

酒过三巡，诸儿端出了自己的想法。

管仲故意诙谐地逗趣：主公不是到国门外去散步吧！

齐襄公笑着，也故意回之以幽默：散散步也没什么不好。当年，我随父亲参加诸侯会盟，就是在散步时，听到父亲与郑国公子忽的说话。

提到齐僖公与姬忽，天下谁不知道齐僖公先要把大女儿文姜嫁与他，后要把小女儿送给他的故事啊！话说回来，如果姬忽夫人是诸儿的妹妹，郑与齐两国的关系又会如何？管仲想到这里，点点头：诸侯以及周天子，谁不知道你父亲礼下姬忽啊！

嗨！别提那件霉事啦！齐襄公说，我正恼着这事儿哩。你知道吗？父亲那回与姬忽说的是把我的宝贝妹妹文姜嫁给他，我听他们在说这件事，心里难过极了！说实话，我巴着文姜一辈子不出嫁，留在家中让我快活。不知为什么，那姬忽真是没福分，死活不要我妹妹。你说，那一刻，我听姬忽这话，能不乐得手舞足蹈吗？没想到路过的姬亹竟来与我计较……说到这里，他停下，看看管仲。

管仲：主公说得很好，可以说下去。下官不但知道你与姬亹动了手，关键时刻姬亹放了暗器，多亏姬突那一刻突然出现，也是他急中生智放一镖，中途击落姬亹的暗器，救了你！

齐襄公：奇了，这事你也知道！你还知道什么？

管仲：我还知道你现在想讨个说法。

对极了！但是，齐襄公又道，先生，你又想与我玩上次的心照不宣吗？这回不行。我没你那么好的脑袋。你不讲明白，我就不能理解，不理解，还怎么去做啊！

管仲：心照不宣也是有所指，不是什么事都可以心照不宣的。你现在想找姬亹出出气，但我不明白的是，那姬亹矮小猥琐，你一表人才，人高马大，他怎么敢向你挑衅？

齐襄公：我也不明白啊！

管仲：这就是国力所致。国家强大了，站在哪里腰都直。嗓门粗些，人家还夸说你中气足，有劲道啊！会盟称霸还是问题吗？国力弱，那就相反了，你只能听人家使唤……

正是这理！齐襄公乐道，先生这话说得极对。你的意思我也明白。郑庄公在世时的国力不弱，与我父亲在世时旗鼓相当。郑庄公死后，几个公子一番折腾，今非昔比啦。宋庄公能拆他郑国太庙的椽子，搬回去修庐门，你说，他郑国还有什么可以傲翘的！我想约鲁桓公一起，叫姬亹撅起屁股让我俩揍。左右两爿，大舅子与妹夫各扇一爿，闹好了，还可以演一曲，岂不乐哉？哈哈！老子一时兴起，干脆就把郑国给瓜分掉算了！

管仲可不这么看，心里冷冷一笑道：能干那事的，都是焖罐里焐鸡的，哪有你这样先打雷的！不是小看你，你真能把郑国瓜分了，你就不叫齐襄公啦！心里这么想，嘴边自然就多了个闸，不愿意轻率将好主意白白地浪费在这个齐襄公诸儿身上了。

齐襄公哪里知道管仲肚皮里的"春秋"。他与管仲酒足饭饱分手后，开始沉浸于对付姬亹的兴奋之中。选择在什么地方去向姬亹"讨说法"呢？一阵思忖后，诸儿想到了泺水、济水、祝水三河交界处有个叫"洛口"（《左传》称"泺"）的地方。从这里西北上行五十里就是晏邑，过晏邑二十里是泺邑（称媚邑，今山东禹城附近或与禹城一体，当时属祝国）。

教训姬亹，齐襄公何必跑到三河相汇处？外人不知道的是，姬突早早就派人来泺邑活动，在那里与诸侯国联络。齐襄公在洛口观鱼与泺邑的姬突使者往来方便。齐襄公到达当天，就悄悄会见了在客栈里等候多时的姬突使者。姬突使者一再表示，姬突如能做郑国主公，一定与齐襄公结盟称弟，年年进贡，岁岁来朝！

有了这样的结果，齐襄公十万快乘让鲁桓公速速来洛口。借口也很顺当，请鲁桓公一道到泺水三河口观鱼，顺便商量请鲁桓公出面做媒，他诸儿娶周庄王佗的侄女、周平王孙女姬为夫人一事。这么一个正当得不能再正当的理由，鲁桓公不会不来。

接到邀请的鲁桓公一开始有些犹豫不决。虽然他明白齐襄公选择在那里见面，绝对不是请他做媒，这种事，派个使者传递一下就行，何必到泺水？虽说泺水三河口桃花水时观鱼是胜景，但你齐襄公是那种有观鱼雅兴的人吗？慢慢地，鲁桓公终于想到了距泺水只有七十里之遥的泺邑，那里潜伏着姬突的使者！欲趁郑国内乱而劫人之危，这才是齐襄公诸儿的本性，才是齐襄公邀他的真正目的。

文姜得知鲁桓公去与诸儿哥在泺水河上会面，复燃起对哥哥的朝思暮想，也在情理之中。

鲁桓公没感觉到文姜的去与不去会对他的计划与行动带来什么麻烦，顺口就答应了。万万没想到的是，在朝堂遇到了阻力，鲁国大夫申𬘘首先上言反对。申𬘘的反对表现得很含蓄："女有家，男有室，无相渎也。谓之有礼，易此，必败。"鲁桓公自然听明白这潜台词，主公外出有公事在身，怎么可以带夫人呢？你难道忘了周幽王的下场？

鲁桓公说：这次会面还有一个议事，那就是我做大媒，齐襄公要娶周天子的侄女儿。你说，能没有个女的在一边陪着说话的吗？

申繻，忠义之士也，当即回道：只是提议，都是主公与主公之间的说话，周天子也不会到场，没女眷的事儿。言下之意：完全没必要让夫人参加。同时也把没表示的意思一并说白了：这可是最好的避祸之举。

诺、诺、诺！……鲁桓公也觉得有道理。

退了朝的鲁桓公把朝堂公议结果告诉了文姜。文姜问他：是否想带我去？你想带我去，朝堂公议能决定主公的行动吗？周王姬嫁到齐国，是要做夫人的，是我的嫂子，我作为夫人陪你去，有什么不可？值得你们在朝堂之上议来论去几天吗？太不像做事的人，更不是礼仪之国的风范！这话哈住了鲁桓公。文姜见鲁桓公无语，接着又道，我在一边，你与我哥哥说说话，也可以了解了解我在娘身边的故事啊！这要命的话题，一下子就勾起了鲁桓公的"探秘心结"。鲁桓公是不会忘记文姜嫁给他之前已是人妇的事实。她文姜在齐国是大公主，让什么人"破了瓜"，一个男人的好奇心，鲁桓公也是有的啊！他当然不会想到文姜的亲哥哥身上去！依后人分析当时鲁桓公的心理活动里，有想知道文姜在娘家相好是谁的心理。但最为重要的还是与齐襄公讨论"郑国形势"吸引了他，那个替齐襄公做媒的事，也算是能够让他这个齐国的妹丈日后沾沾光的好事，何乐不为？

几种因素一掺和，故事就精彩了。

鲁桓公架不住女人的唠叨，却能镇住满朝文武，忘掉申繻的劝告，带上文姜浩浩荡荡去洛口与齐襄公会面。

泺水两岸，柳芽初绽，大地回暖，气温骤升。车一到洛口，文姜就急急卸掉了裹着的冬衣，飞快地下车去尽情享受春天的快意。鲁桓公望着少女般活力的老婆，当然也是十分高兴。他们在洛口待了多少天，史书没记载。

《左传》上说："公会齐侯于泺，遂及文姜如齐。"一个"遂"字用得极富有特色。细琢磨后，我们能够推断出当时的一些情景。这一行人在洛口见面后，很快就一起去了齐国。这一说法与野史上的记载也相符。《春秋衡库》上倒是记载了一些故事，根据这些故事，我们能够复原出当时在洛口出现的情景——

文姜见到了十五年没见面的哥哥，当着鲁桓公的面就扑了上去，紧紧抱在一起，令众人不堪睁目。鲁国使者提醒鲁桓公：此不雅之举，有伤国容。鲁桓公却回说，兄妹情深，可以理解！到了晚上，文姜要到齐襄公住处去，被门口卫兵拦住，灯火烁烁之下，喧闹起来。鲁桓公出来了，齐襄公出来也站到了灯火处，双方相隔很近。灯火通明，整个场面静静的。僵持了一会儿，文姜感觉自讨没趣，眼巴巴地看着诸儿没个主动行为，只好随鲁桓公回去。

如此结果，这个"遂"字能说用得不到位吗？

八

鲁桓公夫妇随齐襄公诸儿到了齐国，情况就完全不同了。这里是文姜儿时生活所在，自然处之如裕、游刃有余。节季又正值桃妖李艳，盛景之下，哪个女子不怀春，哪个男子不钟情？随便找个借口，文姜就与齐襄公诸儿哥哥睡到一起去了。动静搞大了，传到了鲁桓公耳里。鲁桓公指责文姜不应该与哥哥私通，这种指责也不是大叫大嚷的，毕竟还是在人家家里嘛！但文姜却在与诸儿再次私会时，把这事儿告诉了诸儿。诸儿听罢，久久无语，看看文姜问：依你如何？文姜说：我能说什么话啊！他是我的夫君，我是你的宝贝……若有两宜之计，甚好哩！不然，他还替你做什么大媒？你娶不到周王姬，怎么在诸侯面前称"小伯"！

正是这个"两宜之计"的提法，令齐襄公想入非非。他邀请鲁桓公饮酒叙旧，鲁桓公答应了，但提出不在宫中，最好是外面的餐馆。鲁桓公是怕宫中七嘴八舌人多碍事，在外面好说话些吧。齐襄公不假思索地答应了，并告诉他，不带任何随从。

在京都一家有名的餐馆里，两个男人对桌而饮。依身份而言，齐襄公是鲁桓公的大舅子。虽然同是诸侯国国君，但鲁桓公原本在骨子里就畏惧齐国父子。如果不是，当他发现文姜闺房曾经出格，立即找老岳丈论理，也许就没后来的故事。他没做，这是一错。老婆与大舅子私通，他可以在泺水的那个夜晚揭开，就此熄灭，他也没有，这是二错。不但没熄灭，还立刻随齐襄公到齐都，这更是三错。三错铸恨千古！

酒这个东西有时就是好东西，几盏下肚，烧得肠子有些麻木，那胆也就壮了。鲁桓公就在酒精燃烧的状态下，忘掉他来的另一件正事，即替周庄王侄女做大媒的事，而是鼓起勇气大胆指责齐襄公。他说：你齐国美女多如云，你怎么会做出与亲妹妹私通的事！让周天子将侄女儿嫁你这个畜生，没门。

齐襄公原本也只是想借酒寻找"两宜之计"。他想的"两宜"，就是想与鲁桓公达成一个长期"合作伙伴"的关系。他需要文姜时时来会会，给一些床戏的乐趣。可心里一直很矛盾，不知道如何开口。正在无奈之际，见鲁桓公提他与文姜的事，竟还骂出口了，他脑子轰一下，顿时就把"两宜之计"丢得一干二净，激情之下，跳将起来，跑到鲁桓公面前，紧攥拳头……鲁桓公害怕地看着他，颤抖地问：你想干什么？

齐襄公看到他示弱的表情，又退后了，在屋里乱转一阵，借口如厕，离开了。

彭生冒了出来。他就在门外走廊上。怎么会这么巧，是专门候着的，还是巧合路过？

历史已无法清楚地告诉我们。

有一点，彭生早就知道父亲与姑姑通奸之事。站在门外的他，见父亲脸阴沉着，低头而过，随即紧跟过去，到无人处主动搭话，挑起话头。彭生听到鲁桓公是来替齐襄公说媒的，齐襄公想娶周天子家的女人做老婆。周天子家的女人下嫁齐国，那自然就是夫人。是夫人，她生的儿子就是太子，那我是什么东西？想到这里，气不打一处出。他得坏掉这件事！怎么坏？粗人只有粗办法！

彭生搭好父亲的脉象，挑唆道：这个人，不配做我的姑夫。竟敢坏了父亲娶天子侄女之事，真大胆！

就这句话足够挑起翻江倒海的大澜啦！

齐襄公站在那里，看着彭生：这个鲁桓公很不像话……

彭生自然明白父亲话里的怨气，连连说：父亲，请允许我替你出这口气！

头脑发热的齐襄公，遇上了头脑简单的彭生，他想也不想地问：你有何妙计？

彭生：愿听父亲的。

齐襄公对他如此这般交代。彭生受命而去。

　　齐襄公回到桌上，鲁桓公继续昏头胀脑地对着齐襄公辱骂。齐襄公也不回应，听任鲁桓公骂。鲁桓公越发生气，摇摇晃晃地站起来，对齐襄公说：不喝了，回去好好享用你那宝贝妹妹……

　　齐襄公朝守在外面的彭生使眼色，大声交代：送你姑父回驿站休息。

　　彭生进来扶着醉醺醺的鲁桓公上车，门一关，外面的人就不知道车厢里的事了。总之，彭生弄死了鲁桓公后，悄悄打开车门跳车而去。

　　车夫在半路上发现问题了，他感觉到车的重量减轻，便放慢了速度，在一个拐弯处，忽然听到车厢里有什么栽倒的动静，赶快停车过来看，发现鲁桓公倒在车厢里，而彭生已不见踪影。再上车看鲁桓公，早已没了气。赶紧把车赶回驿站，报告文姜。文姜得到报告，一下子软在了地上，嘴里喃喃：诸儿哥，你怎么能杀了我夫君啊！他是国君啊！

　　祸闯大了。彭生却一点也不怕，对前来问他原因的上卿竖曼说：是父亲让我做的，要追究，也是父亲去抵罪，他去抵罪，最好是杀头，谢罪天下。

　　上卿竖曼觉得好笑：这是什么荒唐念头啊！

　　彭生理直气壮地大声说：只有这样，我才能接位做新主公！只有这样，才能平诸侯之愤。

　　还有别的吗？上卿竖曼费解地问。

　　彭生：当然。如果他娶了周天子家的女人，那女人生的杂种是要做太子的，到那时，还有我的份吗？上卿，你不会不知道吧？

　　这畜生倒也知道这个理。唉！怎么办？身为上卿的竖曼也拿他彭生没办法。他叹口气，走开了。他想让管仲来处理这件事，给自己留一个回旋的余地。可一时间却到处找不到管仲，好久才在通向鲁国的大路边看到站在那里发呆的管仲。上卿竖曼下车请管仲上车。管仲说：我不能回去了。齐国出了这样的事，先主的荣耀与辉煌哪里还有？谁还愿意来齐国！

　　上卿竖曼点点头，邀管仲上车再说话。两人在车厢里，车朝朝堂而行。

　　上卿竖曼：从这件事上看，鲁桓公还是很贤惠的，他的死让人们看到了善恶并不以亲戚友情来区分。人们可以用鲁桓公代表仁义与贤惠，让人们思念！你认为呢？

　　管仲：上卿所言极是。

　　上卿竖曼：我们还可以从另一个角度看。比如像您这样的人，不去议论事件本身，而是站在大路旁思考，想到更深远的未来。未来是什么？先生虑之有据。未来的齐国必有大难！鲁国完全可以请周天子下令讨伐齐国啊！这件事，先生有什么良策可以阻止？

管仲：外人都只知道是鲁桓公与齐襄公喝酒吵架，鲁桓公回驿站的途中醉酒摔倒，折断胸骨而亡！上卿能不能从这方面考虑化解矛盾，免于激变？

上卿竖曼：先生之言极对。但车夫已经把情况向鲁国禀报，大家都知道是彭生的事啦！能瞒吗？照说，彭生是仅次于主公的人，他在这场争吵中，应该是和事佬，怎么就成了凶手。真是不应该啊！看来，只有把彭生送给鲁国去处理，这样才能避免主公受辱！

管仲赞成：这是个好主意。上卿应该把彭生的罪行用文字写清楚，正式函告鲁国，以释鲁人之愤。想想彭生也是悲惨的，他不做，周王姬入齐为夫人，必会生下太子。那一刻的彭生还会有什么好日子过。

依管仲的建议，上卿竖曼形成文书，将彭生谋杀鲁桓公的事件用外交手段告诉了鲁国。上卿竖曼在外交公文里说：

> ……今彭生二于君，无尽言而诔行，以戏我君，使我君失亲戚之礼，命又力成吾君之祸，以构二国之怨，彭生其得免乎？祸理属焉。夫君以怒遂祸，不畏恶亲，闻容昏生，无丑也。岂及彭生而能止之哉？鲁若有诛，必以彭生为说。
>
> （《管子·内言·大匡十八》）

今人在长沙马王堆三号墓出土帛书《春秋事语·医宁》上，重新阅读到了上述文字。

九

两个月后，鲁国终于给齐国来了回函。

这件事记载在《左传》里：

　　鲁人告于齐曰：寡君畏于君之威，不敢宁居，前来修好。

礼成而不反，无所归咎，恶于诸侯。请以彭生除之。

（《左传·桓公·十八年》）

　　依鲁桓公亲信们的态度，上书周廷，组织诸侯联军，惩治齐襄公！

　　依处事的规矩，首先要解决谁来继承主公位置的问题，其次才是对齐国的发难，才有名目向周天庭告状。

　　文姜与鲁桓公生有两个儿子，太子姬同已经成人，此时依律监国。

　　姬同正式监国，择良日登基。监国期间，便可以解决鲁桓公死于齐国的事件。这件事的起因是母亲文姜与舅舅私情所致，作为儿子的姬同不好主动表态，要先听听大家的意见。较长的时间内，姬同一声不吭。"这是舅舅干出的事吗？"许发出这种疑问的声响都没有。据后人野史记载，姬同当时只在人背后叹了一句："舅舅啊！你是舅舅啊！……"没了下文。

　　小儿子共仲（即庆父）支持满朝文武的意见，惩罚诸儿。他认为，这个齐襄公胆大妄为，敢杀人家国君！应该灭掉，另扶其他人上台。不管是谁，他庆父都不再认齐国为亲戚！

　　年仅十三岁的姬同开始说话了，他的语气温和：我们与齐襄公是娘舅与外甥的关系。现在齐国来使者说明是彭生杀了我们的父亲，彭生是何人？我们的表哥！都是亲戚。把彭生推出顶罪，对于齐国已经是不易了。彭生原本是要做太子的，这一来，太子没了，还有性命之忧！再往深处说，奏请周天子动用天下诸侯联军，大家传开，能不说舅舅与母亲的那么点丑事？于我们"仁义礼智信"为上的鲁国，那可是比灭国还要耻辱的事啊！

　　小小年纪的姬同以过人的智慧，一语惊堂，压下乱糟糟的朝堂混乱。鲁国以太子姬同的意见回复齐国，同意齐国上卿竖曼的意见，杀掉彭生，以解鲁人之恨。

　　《齐诗》："敝笱在梁，其鱼唯唯，齐子归止，其从如水。"就好比张着捉鱼的篓，鱼只能进入，却退不出来了；齐襄公此时想干什么，就像捉鱼一样顺当的嘛！要怪就怪这个鲁桓公对文姜太宠啦，一味地委曲顺从，好像水朝地上淌，哪有不出事的。

　　文姜此刻在哪里？

《左传·庄公元年·传》："元年春，不称即位，文姜出故也。"因为文姜的缘故，十三岁的孩子姬同登基没举行大典。姬同登基，即鲁庄公。紧接着，鲁国要做的事就是操办鲁桓公轨的葬礼。依规矩，未亡人文姜是一定要到场的。朝中又是一番唇枪舌剑，结果还是姬同一锤定音：她好歹还是我的生母嘛！众卿无语。

已经正式成为鲁庄公的姬同考虑再三，明知自己的父亲是被母亲和舅舅合伙害死的，可他也拿这个风流老妈没办法。顾及孝道，也考虑到国家的面子，还得派人去接文姜回鲁国。文姜羞于回鲁国，在车子走到齐国和鲁国交界的禚邑(今山东长清境内。当时为齐、鲁、卫三国交界地)时，感叹道：这里既不是鲁国，也不是齐国，我该在此安身啊！使者劝道：您这点小小的要求，新主公会满足的。

参加完鲁桓公葬礼，已经是三月。

《左传·庄公元年·经》上记载："三月，夫人逊于齐。"这年的三月，迫于压力的文姜悄悄离开了鲁国国都。怎么离开的，《左传》没记载，这是鲁人忌讳之事，这种忌讳也将文姜奔齐而去写成"逊"，其义深刻！

到了禚邑，文姜择一民舍住下，派人回复鲁庄公：我性爱闲适，不愿意回宫。如果非要我回宫，除非我死之后。

鲁庄公只好在祝邱为母亲建馆舍。从此以后，文姜就来往于禚和祝邱之间，直到终老。

这年夏天，周庄王佗派成周畿内采邑的单国主公单伯护送周平王的孙女去鲁国。《左传·庄公元年》："夏，单伯送王姬。"

依照当时礼仪规矩，天子的女子下嫁诸侯，必须先到与诸侯同样的诸侯国，从那里出嫁。这本是正月齐襄公与鲁桓公泺水会面的内容之一，由鲁桓公做媒，齐襄公娶周庄公佗的侄女王姬为夫人。依当时的规矩，单伯受周庄王佗之遣，将王姬送到鲁国。

单伯到鲁国城外，没有直接带王姬入城，而是自己先入鲁国朝堂，将周天子的圣旨递到鲁庄公手里。鲁国因为这件事引起了灾难，自然不愿意再掺和。仁义的鲁庄公同不愿意得罪周庄王，也不想去讨好齐襄公，怎么办？

《左传·庄公元年》："秋，筑王姬之馆于外。"于是，鲁庄公下令在国都外建馆，让周天子侄女移居于此。至于何时把她送到齐国去，谁也没提，谁也没问。

有个人问起了这件事。

谁？

齐襄公诸儿！

这天退朝，诸儿让上卿竖曼与管仲留下。此时，管仲已是大夫，每天要与上卿竖曼一起上朝。诸儿刚走过来，管仲已经猜到是什么事了，不等诸儿开口，他抢先施礼，告退。理由是纠的功课很糟，说好了今天给纠上大课，鲁妃要到场。诸儿惧怕鲁妃，不想与她多生口角，只好同意管仲离开。

忭急的诸儿，在朝堂上见左右没人，便问上卿竖曼：单伯把王姬送到了鲁国，鲁国没把她送到齐国来，这是为什么？

上卿竖曼感觉他说话的口气很不中听，但又不敢得罪他，只好说：这事您最好问管仲。

齐襄公：我想请你告诉我，我该拿鲁国那小子怎么办？就想听听你的意见。

上卿竖曼说：在处理回复鲁国要杀彭生的事上，你曾经问政于管仲。管仲告诉你，这件事的最好答案在我这里。后来我告诉你，不管是齐鲁关系，还是要掩饰文姜的故事，或者是您要娶周天子侄女，千万条理由，就只有一个答案，杀了彭生，百难全解！你问我，这主意管仲大夫知道吗？我当时怎么回复你的？

诸儿想了想说：你告诉我，水都是从高处下来的，不分昼夜地汇入一个深潭，然后再流向我们知道的地方。只要用心，谁都知道的。

上卿竖曼说：这话说得再明白不过了。现在还是这个道理。上卿竖曼把这个球踢给了管仲。他相信管仲有办法可以避免让齐国蒙受不必要的灾难。

这天下午，齐襄公诸儿亲自登管仲家门。

管仲正在接待一个特殊的客人，这个人就是郑国祭仲派来的秘密使者。管仲处事沉稳，他的太太蕊香也就养成了一个好的习惯，平时对家中人员严格按规矩教授，使所有人机智敏慧。当诸儿的车出现在巷外大街上时，管府的人就知道那赶得急急的车一定是朝管府而来，再近一些，能够辨别是国君驾乘时，管府的人就向管仲报告。

车到门口，管仲已门庭大开，站在阶下恭候……

在正堂分君臣之礼入座后，诸儿迫不及待地提出：我的细作得知，周庄王佗已经将他的侄女送到鲁国。鲁国却没将这个消息告诉我，我以为他鲁庄公想自己享用了。现在消息准确地报来，鲁庄公既不自己享用，也不告诉我，还打算在城外建别馆让王姬长期住在那里。花过了季节就败如絮，娇嫩无比的女人怎经得起岁月的摧残？到时候，残花败柳的，让我娶回来做娘吗？说着，几乎用哀求的口气道，你看我多倒霉。我的叔叔夷仲将我心爱的妹妹文姜送到了鲁国，我恨死了夷仲叔，当然恨他的儿子公孙无知。本指望鲁桓公能够替我把周天子家的女人弄个来做夫人，撑撑我的脸面，没想到彭生坏了我的事。现在彭生被杀了，谁来替我圆这个场，让我得到王姬啊！夷吾先生，王姬不是别的女人，她是周天子家的女人啊！他们能这样对待她吗？我该不该发兵讨伐鲁庄公啊！

管仲静静地听着，观察诸儿的表情。

诸儿说累了，向管仲提出召集诸侯于首止（卫地，在今河南睢县东南）会盟的事。用会盟的机会来讨伐鲁庄公，逼他交出王姬。

管仲告诉他，这个办法应该不错。

诸儿问实施情况时，管仲就把这事推到了上卿竖曼那里。因为这样的大事，他作为大夫的话语权是很微弱的。

诸儿只好离开。

齐襄公刚一走，管仲便进入密室再次会见郑国使者。

依管仲私下对郑国来使透露，齐襄公年少气盛，目空一切，他开口说王姬的事，必然会遭到诸侯嘲笑，会有人向他发难；提文姜的故事，他就更没脸面再会盟。他要会盟，大家不要怕，见面就问他文姜的事，就说王姬的事。也许，这么一提，倒会对齐襄公有所打击，他会清醒几天，收敛一些。他一收敛，天下就会安宁。当然，齐国民众更会有几顿饱饭吃吃。

郑国使者问管仲：洀水齐鲁两国主公会面，听说姬突也派人参加了。是否有这事？管仲表示，想吞灭你郑国的，目前敢说话的是齐襄公，但能不能实现，那可是遥远的事！但你们要劝住郑国主公，不可轻易会盟，以防不测。

这是周庄王三年（前694）夏末。

十

郑国派秘密使者到齐国与鲁国，是祭仲的主意。他从齐襄公与鲁桓公在泺水三河口会面的消息里闻到了不祥之味。让他更为害怕的是听说齐襄公在泺水秘密接见了姬突的人。如果这样，郑国面临的危险就大了。他一定要稳住郑国，千方百计阻止姬突杀回。思虑再三，只能派人秘密到齐国见上卿竖曼与管仲等人。从鲁国带回的让他兴奋的消息是王姬留在了鲁国，这对郑国是个好消息。而从齐国带回的管仲的话，让祭仲尤为重视。

秋天，姬亹接到齐襄公邀请，准备赴首止会盟。

祭仲劝他不要去，说有危险。姬亹不以为然，说：齐国强人，若我不去，齐国找个借口率诸侯伐我，那不是助姬突一臂之力，加速他从栎邑回新郑吗？所以，我一定要去；去了，不一定就会受辱，更不至遭遇不测吧？祭仲还是坚决地劝止。

姬亹在朝堂上问谁愿意去时，无人应答。姬亹不高兴了，点名高渠弥与他一起去。这时，又是祭仲站出来说：还是我去吧！

姬亹：你是上卿，掌管国政，不能离开。我带上智勇双全的高将军，还怕谁啊！

就这样，姬亹带着高渠弥赴会去了，祭仲留了下来。祭仲隐隐感觉到危险正在来临，趁姬亹还没走，赶紧告假说自己身体欠佳，要安心养病。姬亹不假思索地答应了。祭仲便将朝政交给别人，自己躲在家里思考去哪里躲避灾难，思索许久，决定不了去向，只能坐家观事变。

姬亹在首止一见到齐襄公诸儿就主动道歉，还特别提到那次两人角斗，他放暗器的事情。如果不提，粗人诸儿也许不会再想起。他提了，就让诸儿气不打一处来。他借着其父齐僖公"诸侯小伯"的余威，在首止会盟上当着各国主公的面，一声喝令：拿下这弑君的恶人！

参加首止会盟的各国主公刚刚到。周天子的使者虽已让前遣到场，但他本人还在路上。这时，大家见齐襄公站在高处大声喊叫，还没明白过来什么事，就见有人拿下了姬亹。高渠弥正想动作，齐襄公的人以迅雷不及掩耳之势拿下了他。高渠弥哪里知道，就在他们来首止的路上，姬突的人已早早来到齐襄公的身边，穿上了齐军卫士的服饰。当齐襄公一声令下，便刀起头落。紧接着，齐襄公看着被绑住的高渠弥，准备发话。旁边有人悄悄对齐襄公说，高渠弥是姬忽最憎恨的人。齐襄公扬手喊道：那就车裂！

周天子的使臣荣叔这时已经到了现场。大夫荣叔系周厉王时代的卿士荣夷公之后，他是代表周天朝来宣布赐鲁桓公谥号的。见齐襄公自说自话将姬亹砍了，现在又要车裂高渠弥，便上前劝阻。旁边有人拉住他，低语道：天子已经将王姬送到了鲁国，齐襄公不久将是天子爱婿，周庄王会指责他砍姬亹头的事吗？

大夫荣叔何等聪明，看看对方，收回了步子。诸侯看周天子的使臣荣叔都退缩了，别人还多什么事。

齐襄公就此宣布将护送姬突回新郑就任郑国国君，无奈诸侯响应者寥寥。齐襄公自觉无趣，不等会盟结束，跑到禚去与文姜幽会去了。

祭仲从陈国迎回在那里避难的郑公子姬婴，让他坐上了那把不祥的国君宝座。

《左传·庄公八年·传》："初，襄公立，无常。"意思是说，诸儿做了齐襄公，言行无准则，使人常常不知所措。

第九章

良才得处天意悯

一

鲁庄公得悉齐襄公当着诸侯的面将姬斖砍头、高渠弥车裂，顿时惊呆。沉思许久后，突然平视一朝文武，缓缓道：此人胆大无法度。

满朝文武闻后七嘴八舌，莫衷一是。而对城外筑别馆安置王姬的事，大多认为不宜，应该把王姬赶快送回周庄王那里，免得齐襄公来抢人。

送回去？能这样做吗？鲁庄公话出口，立刻引来一片嘘唏。谁都知道周公黑肩谋杀周庄王而立子仪未成，反被周庄王杀的事，王姬正是此事的牺牲品。

有大臣提出，让齐国来人将王姬接去。

共仲小小年纪却一语惊天：无论怎样也绝不能给齐国，我与他诸儿不共戴天！

就在这时，齐襄公特使到，来的目的就是向鲁庄公提出，要把王姬接回去。堂上又嚷成一团。鲁庄公始终保持沉默，他那刻的心里只有一个念头，不是鲁国没实力与齐襄公一决高低，而是不想因此引发各诸侯国的嘲讽，怎么说，诸儿总是他的表亲。沉思良久，鲁庄公说出了令正卿都想不到的话。鲁庄公说：请天子来主持婚礼。

特使一怔，一时无话可回。

鲁庄公立刻宣布退朝，请特使到驿站休息。

堂下大臣们热烈了，谁都知道周庄王姬佗不喜欢王姬，才在这种时候把她送到鲁国，让鲁国替他解这难题，怎么可能来主持同父异母妹妹的婚礼？恨还来不及哩！

特使回去，向齐襄公禀报消息，齐襄公气得要立刻集兵前往鲁国问罪，被上卿竖曼与管仲等拦下。

齐襄公暴跳如雷：你们拦我，我就能退吗？他带兵前往鲁国。祗邑是到鲁国必经之地，这里住着鲁桓公的妻子、鲁庄公的生母、他同父异母妹妹、他的相好文姜。

到了祗邑，齐襄公哪有不去看文姜的？两人一见面，如胶似漆的几番云雨，早把问责鲁庄公的事丢脑后了。就算还想去，文姜焉能让他去问责儿子？此事只好罢了。

快活了几天的齐襄公打道回府，一段时间不再提去鲁国要王姬的事。但没多久，还是想到了王姬，那总是个活活的女人，能给他快活的女人啊！周天子说给我享用了，我却用不到，竟让鲁庄公那小子给锁了起来。花没水浇，也受煎熬啊！这残忍的鲁庄公，我要剥你的皮！

齐襄公叫嚷着朝管仲去问计。

这是周庄王姬佗四年（前693）的某天。

管仲想拒绝不理他。但他知道齐襄公此人的禀性，你越不理，他越与你计较，便岔开话头道：有的时候，我们想到某个地方去，总有欲速则不达的感觉。有时哩，我不想这事，它却很容易就办到了。主公可明白我的意思？

诸儿：你说具体的事，我好理解。

管仲：比如你想教训鲁国。你的理由是足足的，这个鲁国的主公年少而不懂道理，活活把鲜艳的女人放在那里不让主公你享用，教训他是应该的。但能以这个理由去吗？显然不妥当！清楚自己的理由，再知道对方的能量，这样做事，才能有胜数。现在这事，你算得出胜数吗？显然不能。不能的原因在他鲁庄公能够动用诸侯联军。当然他不会拿王姬的事作为理由，而是你杀姬覃、车裂高渠弥，诸侯各国意见很大，正要寻机会惩治你。你现在动兵，正好给他们逮着机会。论武力，你敌不过诸侯联军。再说了，你想娶周天子家女人，周庄王佗并不把她当回事。

诸儿：我明白。王姬与子仪一母所生嘛！权力相争，亲骨肉也不相干……突然，他语气一转，高兴地提高嗓门说，我那老爹就是担心先前陈国、今天郑国的悲剧在齐重演，怎么可能呢？有我在，百无禁忌！

管仲冷冷一笑，不作回答。

诸儿有些不高兴：你怎么不说话？

管仲：凡事积到一定时候，情况就有变。周桓王姬林为什么要把废太子佗改立子仪为天子的大事交给黑肩？而且一定要在他身后改变？这种自己搞不定的事，交给别人去做，那是拿别人的性命开玩笑。偏偏有黑肩这样的忠义之士。你不能说黑肩做得不对啊！他受于王命，敢不忠于王命吗？

诸儿：我没说他不对。只是时辰选错了。

不！管仲说，是看错了人。黑肩考虑到办这件事得要帮手，他选择辛伯做援手。辛伯为人正直，当即告诫黑肩，大凡天子如果做以下的事，都是制造内乱的根源，比如并立两个王后、庶子同享嫡子待遇、一朝有两个正卿同时执掌宰位、另一个城市能够与国都有相同规模。他告诫黑肩一定要思之再三而后行啊！

诸儿：你再说清楚些。

管仲：内有疑妻之妾，此宫乱也；庶有疑嫡之子，此家乱也……

齐襄公叫道：这是不是说我那风流父亲？那公孙无知，到底是不是我叔叔夷仲的儿子？如果是，我父亲凭什么要把他当作自己的儿子看待，还让他与我们享受相同的公子待遇，弄得他以为真是我同父异母兄弟！你说得很对，继续说下去。

管仲：朝有疑相之臣，此国乱也。

我喜欢一个人说了算。诸儿又道，不是我不相信上卿竖曼，这老头儿实在也太老了。

管仲：任官无能，此众乱也。

诸儿：这是上卿竖曼的事，他任用的人都是平庸无能之辈。你为何不向我推荐人才啊？

管仲：知者举荐，不知者不荐，这是做人的基本道理。我知道召忽与鲍叔牙都有能力，能为齐国效力，但您一直没用他们啊！

诸儿点点头：鲍叔牙已经到莒国去了，如果他回来，我就任命他大夫。至于召忽，你想用他，那我就听你的吧！依你这么说，周天朝的悲剧是黑肩自己一手造成的？

管仲点点头：是啊！周桓王驾崩后，周公黑肩决定执行遗命！大夫辛伯以迅雷不及掩耳之势杀了周公黑肩与子仪，天朝稳定了，却给其他人带来了灾难，比如王姬……

诸儿：王姬出嫁怎么能说是灾难？对她个人是幸福嘛！

管仲：兄弟争位，殃及到她。鲁国服丧期间，不能迎娶送嫁。你想怎么办？

诸儿：我得去与姬同好好计较计较，让他把王姬给我。

管仲：如果你的国力强到能左右周天子，鲁国自然会乖乖给你送来。现在不行啊！

诸儿听管仲这话，突然一拍掌，乐道：好！这正是我想说的话。请你告诉我，我现在就想扩大疆域，怎么个扩大法？我一声令下，兵戈即至彼城下。

管仲：为什么要动用军队呢？纪国就在我们齐国的东北角上，相距不过百里。你若想扩大疆域，展示你的称霸野心，这可是最好的试验地！

诸儿：好在哪里？

管仲：如果我们对纪国采取兼并的措施，谁会动用兵力来保护它？鲁国靠它最近，但鲁国已经向你表示了他顾及不到保护纪国的事。

齐襄公费解道：鲁侯没与我见过面啊。

管仲：鲁国在国都城外筑别馆安置王姬，那就说明他并不想与您为敌。

齐襄公：那他给送来呀！

管仲：且不说王姬服丧父亲姬林尚未足三年，作为天子下嫁公主，依现行规矩，王姬只能到鲁国，作为鲁国的公主嫁到你这里。但鲁国国君去世，要守孝三年。依我看，他如果现在将王姬送给你，就等于告诉你他没能力与你斗。但他没这么做！也没对你说为什么不给，而且还筑别馆准备让王姬长住。这足以说明，他有与你抗衡的可能性。但也让你看到，他目前还羽翼未丰。如此也就等于告诉你，纪国的邴（今山东安丘西南）、郜

（今山东安丘西南六十里）、鄑（今山东昌邑西北二十里）三邑，眼下无法得到鲁的保护。鲁国不保护，那就等于送给别人啦！谁敢来取？南燕吗？没可能。陈、郑两国自顾不暇……

齐襄公：酅（今山东临淄东）的纪季会有什么想法？

管仲：想法再多，解决不了实际问题！接着，管仲说出了自己的想法：不动一兵一卒，齐国不费吹毫之力，即可纳纪国三邑于囊中。

齐襄公虽然对管仲献的计谋半信半疑，但他对管仲的信任是一点也不含糊的。

依管仲的方法，齐国派兵数百人扮成民众，分若干小组，每组有一至两个会游说的角色，分别直入郱、部、鄑三城，对城里的民众散布谣言，告诉他们，诸侯数国要开战瓜分纪国。只有齐侯在极力阻止这场战争的发生，也只有他的实力最强大，坚决反对伤害这三个城邑的民众。他就是郱部鄑三邑民众的救星啊！但是，郱部鄑三邑长官不愿意，他们说，宁可让城邑在战争中毁了，也不让齐侯来保护。这是为什么呢？

谣言出去后，很快就有了回应。三城的民众都认为，谁保护他们不受战争伤害，他们就拥护谁做主公！于是，三城民众派出长者与邑官对话。邑官回说：这事要纪侯来决定。三城长官派人去纪邑请求纪侯姜叔姬。

纪侯感觉诧异，问：护城之兵，历国都是存于民众。国家的兵，那是很少的，我只有几百个护卫兵，分给三城也是杯水车薪，无济于事啊！

三城长官一起诉苦道：平时护城的兵，都是临时从居民里征集，兵粮也是存在民间。现在民众不愿意护城，我们身边几个护卫兵能挡住什么？你若没兵给我们，我们只能听民众自己选择归顺去向。纪侯急派人去酅找弟弟姜季，看能不能临时调用那里的国家军队。

在等待姜季回复的时间里，散放谣言者再次煽动三邑民众要挟三城长官：等姜季回话，碗里的肉已经给别人夹去吃了！我们民众只能自己救自己，邑官不愿意，我们自己开城门接纳齐侯！

三城邑官不让，双方形成僵持。那些渗入三城的齐兵潜到城邑官邸左右，或采取半夜学鬼叫，或吓唬邑官下人，有的将邑官家地里的庄稼放火烧掉，还有的把邑官家的猪放跑掉……用各种手段让他不得安宁。

看看时机差不多了，管仲让齐襄公派特使到郱部鄑三城，与三城邑长会面，暗中贿赂。外面纠集民众在官衙前集会，要求邑官保护民众不受伤害。

果然，齐襄公不费一兵一卒，轻取郱、鄑、郚三城。

周庄王姬佗六年、鲁庄公三年（前691）秋天，纪侯在纪国酅城的弟弟姜季来到齐都，献上纪国版图。理由很简单，秋天地里的庄稼成熟了，纪的国君却没能力来保护收割的民众，与其让别国占去，不如顺应民意归顺于齐国。

齐襄公假装谦让再三，当场接受了姜季献上的纪国版图。齐襄公一手接过，便决定分封给自己的信臣。管仲看出来了，朝他暗使眼色。齐襄公听到管仲咳嗽，知道他想说什么，而管仲当堂未说。退朝后，管仲告诉齐襄公：现在不是分封疆域的时候，数城划归，但民众未顺，那就不能说是归。齐襄公一听有道理，问策于他。管仲说：这数城原来的邑官都是本分人，在民众中的威信也很高。特别是纪侯姜叔姬，尧舜时代的封国，不能轻废，若欲灭，也不在一朝一夕。齐襄公问：依你如何？管仲提出：保留纪侯的封号，仍然居于纪邑，作为齐国的附庸国。齐襄公不乐，以为多此一举。

管仲晓以利害：近十数年来，鲁国曾多次在不同的诸侯会面中，向大家传递齐国欲灭纪的信息。如果你现在灭了，必然会引发鲁国的肝火，毕竟纪侯夫人是当今鲁国国君的姑姑嘛！我们暂且保留着纪侯的封号，让他仍然奉祀纪祠。而酅邑则随姜季划入齐国疆域，并将纪侯姜叔姬的疆界划定：南至岱阴、西至济水边、北至於河、东至酅城疆。

齐襄公看看地图，乐道：除东北角通道，三面皆为水域拦住，好啊！

回到纪邑的纪侯心里不服。夫人见他夜愁日思，便问何事。夫人乃鲁惠公之女，鲁隐公二年（前721）嫁到纪国，至今已三十年。纪侯略微一说，然后叹道：当年鲁国号为诸侯强者之一，我纪国当然不孤。现在，齐襄公敢与亲妹妹通奸，还理直气壮杀了你兄弟，诸侯各国眼见而不理，你说这世道还有何体统可言！

夫人闻说，深感夫君言之有理，便亲书密信，使人送至鲁庄公手中。那信里自然哀语切切，阅来可见姑姑泪水盈盈，不能不让铁石心肠的人动恻隐之心。

果然，鲁庄公年轻的心动了，接信后，立刻动身，驱车千余里，于这年冬到达滑国，在滑国的都城（今河南睢县西北）等待与郑国国君会面，商讨纪国姑姑出的难题。

郑国的主公姬婴并没有因为鲁庄公驱车千里就动情动心，而是亲书一信：子仪知鲁君心意。无奈郑国的栎，是我心头之大患！如若出兵助你，姬突必趁我之隙。那时谁来救我？……

鲁庄公只好将这次千里之行，权当旅游。

管仲闻知后一笑。

蕊香双手将酒盅过额，敬夫君：这一切，都在先生谋划之中。

二

齐襄公是个躁动不安的人。得了纪国，就想着那位还住在鲁国都城外别馆里的王姬。但他每次要去鲁国想找鲁庄公对此事讨个说法时，路过禚，见了文姜，便偃旗息鼓。

鲁庄公四年（前690）春，齐襄公与文姜借着二月的好天气共同出游，坐车来到琅耶的祝丘（今山东临沂东南），招摇过市，好不风光。

消息传到纪侯那里，他那可怜的夫人竟然一气之下病情加重，不几日人便过世了。纪国报丧的人面对鲁庄公哀痛得说不上话，引得鲁国朝堂之上一片哭声。鲁庄公无奈，只得向诸侯各国派出使者，请求大家能够出来主持公道。

这年夏天，大家终于在垂（原卫国辖邑，今山东定陶附近）这个地方见面了。谁也没有想到，齐襄公带来了纪侯，且当着大家的面，请纪侯自己说，是不是自愿归到齐国麾下，让齐国来保护呀！

纪侯当众告诉大家：去国之念久存焉，这是祖先就安排好了要给齐的啊！

诸侯都以为听错了，再问，仍然是。立刻就有人怀疑纪侯被齐襄公折磨得太惨了，搞得神经错乱，说胡话了。就有人想抱不平出来对齐襄公下手。无奈齐襄公早有防备，胄甲在身，身边的护卫个个都是举得起商鼎的角色。

管仲这时走了出来，手里握着几片竹简与龟板，目视一周，徐徐道来：今天一切事的发生，都有根源。大家不会忘记周夷王吧！

诸侯听他说到周夷王，一时茫然。谁会在这会儿想起这个使西周衰微的姬燮啊。

郑国姬婴年少，手指着管仲道：你想夺人家地盘，说周夷王有什么用。

诸侯一起附和，嘘声一片。

齐襄公怕管仲镇不住场面，喊隰朋过去助阵。

管仲却用手一挡，把隰朋挡在身后，对着场上的诸侯凛然道：当今世界亘古就有规矩，人不照规矩做事，事后老天会来清理。懿王太子姬燮继位，懦弱无能，被懿王的叔叔孝王夺取了王位。直到孝王病死后，诸侯又依据父死子继的定例，扶立他重新称周天子。诸位不会忘掉吧？

诸侯异口同声：没忘。

管仲又大声道：夷王烹哀公事件，你们还记得吗？

全场无声。

齐襄公走到纪侯面前，指责道：你的祖先曾经做出了天下不齿的丑事，你们想抹掉吗？吾先祖齐哀公不辰有何罪，竟被昏庸无道的周夷王烹煮？对周天朝我们可以忍让，但不能放过小人！没有小人作恶，他周夷王能那么做吗？……

顿时，人们开始交头接耳窃窃私语。那是二百多年前的往事了，人们多么不想再提起它啊！

三

《史记·楚世家》："当周夷王之时，王室微，诸侯或不朝，相伐。"

周夷王，名姬燮，原为懿王太子，懿王死，姬燮继位，因懦弱无能被懿王叔孝王夺去王位。孝王病死，诸侯依父死子继的定例，仍扶立他为帝。姬燮对诸侯十分感激，一改以前天子站在堂上受诸侯礼拜的惯例，变为朝见时步下堂来和诸侯相见，天子的威严就此大为下降，引发诸侯对周天朝的不敬之事屡屡发生。曾在周穆王时被迁居太原一带的犬戎见诸侯对周夷王不敬，群起反叛，姬燮几次派兵征讨，不但没根除，反而次次都以周天子的军队失败而回，引发多年不断的四周各部落对周的进攻和侵扰。

《史记·齐太公世家》："哀公时，纪侯谮之周，周烹哀公而立其弟静，是为胡公。胡公徙都薄姑，而当周夷王之时。"那是周夷王三年（前882），纪国的国君纪殇公在周夷王面前进谗言说了齐哀公的坏话，令姬燮召集天下诸侯，烹齐哀侯于鼎。这是怎么回事？纪殇公为何要说齐哀公的坏话呢？

事情还得从头说起。自从姜子牙封于齐后，他的后人精于工计，国家发展很快，成为当时的诸侯强国。纪氏为炎帝神农氏姜姓后裔，源于甘肃天水的成纪。唐虞之前顺渭水东下，迁入河南偃师、郏县一带，夏朝末年为商人所迫，东迁至山东半岛地区，立国称"纪"。纪国在西周初年受封，疆域在今寿光境内，都城在今寿光市纪台村一带，与齐国隔淄河相望，是齐国的邻国（今山东临淄区皇城镇一带）。建国初期，纪国的疆域不亚于齐、鲁等国，而且国力相对来说比周围各国都要强大，以至于齐国和鲁国在建国初期都不敢对它怎么样。纪国与齐国相接，与鲁还有一些小国隔着。按理说，纪国和齐国同是姜姓国，应该睦邻友好才是，但到了纪殇侯手里，情况发生了很大的变化。这都与纪殇侯个人人品有关，史书上说纪殇侯是个很贪婪的人，又特别爱占小便宜。

姜子牙的玄孙齐哀公勤奋好学，精于工计，生活极为俭朴，百姓十分拥戴。这也引起了一些人的不安，其中就有同父异母弟弟静。静为人张扬，好侈谈，喜美色，善排场，遭遇哥哥多次的指责。心怀不满，要求外放去做邑主，不在国都受哀公的管制。大臣中有人进言说此事不可。静见势便告其母纪姬。纪姬原是纪国公室之女，她让静私奔纪去。静到纪国，先是挑动贪得无厌的纪殇公趁收割季节越过纪齐国境线抢夺齐国民众的粮食，得手后，竟然连人也抢去，男人不愿入伍即砍下四肢做风干军粮，女人充奴变卖。此事激发齐哀公兵逼纪境。纪殇公便奔到周夷王面前数次进谗言，先是周夷王不信，说多了，谎言成真理。特别是纪殇公提到齐哀公私下与鲁、宋、卫、陈、曹等国通信，要组织联军攻打纪。纪殇公的女儿嫁在曹国，设法得到此信，秘密送回了纪国。纪殇公得到此信，顿时欣喜若狂，立刻赶往镐京，面呈周夷王。依周朝规矩，诸侯间是不可以私下串联并组织用兵的。加上纪殇公说，他们还有不能在信中说的话，那就是这次组织联军不是对我纪国，而是趁势搞掉你，真正做到改朝换代。经纪殇公这么一挑唆，周夷王认真了，他选择诸侯来朝的日子准备面责齐哀公。纪殇公私言，齐哀公膂力过人，你得有防。周夷王想了想，问：你有勇猛过人者吗？纪殇公说：当然有，但他们来了需穿上天朝卫士的服饰。周夷王准予。

纪殇公又进言道：天下诸侯都不尊敬天子您啦，特别是齐侯，他已经几次佯借生病或有事不来了吧！还有鲁、宋、陈、晋、卫他们都看相的啊！你只有拿下齐侯，不说话，先宰了，杀一儆百，再说事由！

周夷王：哪有这样做事的？

纪殇公：如果不是这样，那你这席位就难说了，众人都说齐侯无罪，你开不开释？你开释，齐侯扑上来，抓了你，他的那班诸侯盟友早就私下商量好的，把你给砍了，这镐京就成了齐朝啦！

周夷王：这不好吧！

纪殇公：你怕什么？还怕齐人反吗？我告诉你，天下想做主公、想坐你这席的大有人在。你只管砍了齐侯。你再看，往后，还有谁敢与你高声说话？你试一试！

周夷王点了点头。见他点头，纪殇公便私下紧锣密鼓准备，确保万无一失。

天下诸侯依周夷王的要求，按时到了镐京。

周夷王依照复出后定下的规矩，出大殿，亲自到丹墀下与诸侯行礼致意。当齐哀公到时，周夷王没行抱拳礼，而是问道：齐侯近来可好？兵将何时逼镐京啊！我这里不是商都朝歌啊！齐侯一怔，正想问天子何出此言。旁边纪殇公大喊一声：拿下。几个纪殇公身边的猛士顿时扑了上去，将齐侯拿下绑起，任凭齐侯大叫，没人能听。诸侯不知出了何事，面面相觑，眼际交流下都觉得奇怪，唯有纪殇公像胜利者那样昂首阔步。

大家到了台阶上，只见已经早早准备了一只大鼎，鼎里冒着腾腾热气。

大喊大叫的齐侯被猛士们抬到鼎边，众诸侯见势不妙，大叫：缓！一起冲上前去！周夷王见这情景果然如纪殇公所言，抬起的手朝下一垂。那纪殇公顿时朝身着周朝服饰的纪国兵发出暗示，可怜的齐侯连说句话的机会都没有，等诸侯赶到，已经被丢进鼎中烹煮。

诸侯诧异，面对周夷王，不顾君臣之礼，上前大声责问。

周夷王出示那份来自曹国的密信，并且告诉大家，这是纪殇公送来的，没有假。

诸侯中收到信的不少，有人出面说话：纪侯小人一个，齐侯曾经多次书信于我等，济粮救你，你何出此策？鲁侯亦出列说明齐侯书信于各国的原因。

周夷王听完鲁侯的解释，感觉不对劲儿，连连问纪殇公是否属实。纪殇公理屈词穷。周夷王才发现自己太鲁莽，完全上了小人的当。人到中年的周夷王身为天子，明知做错了，但人死不能复活，他开始发愁。然而，纪殇公此前的话又在耳边响起：天子啊！你知道诸侯为什么现在会对你不恭不敬吗？就是你没权威。你想想看吧！如果你生病了，需要你的大臣里的人掏肝做药引，你看谁会？比干那样的忠臣，只有我啦！如果你杀了齐侯，你再看看，你的威望如何？想到这里，周夷王顿时直了直腰，威严地大声道：纪侯虽有不足，但他忠诚于我，敢于大胆揭发齐侯谋逆之举，此信为证。各位陈述事因，那总是你们的话。寡人念你们忠仁，不予追究你们啦！齐侯有了吗？

殿前回复：查。齐侯姜不辰有弟弟山，尚小，同系齐癸公姜慈母一妻所出。

周夷王：齐癸公姜慈母到底有几个儿子？

殿前：妻妾数位，育有三子，不辰为伯，静为仲，叔为山。静今在纪国暂住。

周夷王站起来：那就让姜静回齐就位，赐胡公。说完，手一挥，转身走了。

所有的人都怔在那里了。

周夷王一言九鼎。为了使静能平安继位，周夷王姬燮派卿士虢季子白率军护送静回国登基。齐明堂之上，文武大臣一片乱嚷，但姜静的母亲纪姬早已经收买了一些人心。在周廷军威压迫之下，姜静登基，称胡公。姜静依母亲纪姬的建议，自己一门，带上朝内站自己一边的文武大臣徙都薄姑（今山东博兴东北十五里），废齐都营丘（今山东淄博临淄北），不设军队，弃宫内居住齐哀公姜不辰遗人及姜山等人。

周夷王八年（前 877），齐哀公的同母少弟姜山亲率营丘人奔袭薄姑，杀了齐胡公，自立为齐君，称为齐献公。齐献公姜山即位后，将胡公的儿子全部驱逐出境，复齐都营丘。营丘与纪国重邑酅邑，只是一河之隔。多数人反对这样做。齐献公在明堂上宣布：傍饿狼而知其险，依纪国建都，莫忘先主之冤！朝中上下，顿时群心所向，很快加固、扩建营丘城。扩建后的营丘城东城墙濒临淄水，齐献公将营丘城改名为临淄。

面对齐献公"傍饿狼而知其险"的做法，纪殇公不敢再动一步，他的后人也不敢小视齐国。然而，齐献公的孙子齐厉公继位后，忘乎所以，早把齐哀公的冤屈丢东海去了。史书载"厉公倒行逆施，暴虐无道"，国人怨声载道。四十多年前被献公驱逐出境的胡公的儿子们乘机返回齐国，夺取君位。在争夺君位的残酷混战中，齐厉公被杀，胡公的儿子们也尽皆战死。齐人立齐厉公的儿子姜赤为君，是为齐文公。齐文公上台后，立即斩杀了帮助胡公子杀厉公的七十余人。至此，长达四十余年的姜齐宫廷内乱宣告结束。

这是周宣王十二年（前816）发生的事。也就是这一年，虢国的卿士季子制造了白盘，上用铭文记载：周夷王七年，曾命虢季子白率军大败太原之戎严狁，逐至俞泉，获马千匹。

这可能是周夷王唯一可供表彰其功绩之处。

四

管仲一番提问和讲述，令全场一片低泣哀叹。

过了很久，才有人想起，这人是谁呀？大家怎么都不知道哩！于是，大家开始交头接耳相互打探。那靠近隰朋的从隰朋嘴里探知，此人就是管仲，周朝管叔之后。顿时，大家相传圣者之后，焉有弱者！谁得此人，必成大业。

风把这些话带进了齐襄公的耳里。齐襄公忍不住挺了挺身体，感觉良好地朝诸侯横扫一眼，眼神里带着无限的傲气。

管仲朝齐襄公行大礼，然后对大家一挥双臂，声如洪钟道：各国主公，如果你们的祖先遭过此难，你们会怎么样？也许早就把他纪国杀得一个不留了吧！齐国是个有仁义的国家，从齐献公开始，一忍再忍，忍到如今。此等生长卑鄙无耻小人的国度，难道不应该从我们面前消失吗……

纪侯听得浑身发抖，跪在地上向齐襄公匍匐而前，求道：祖上做下如此不道德事，作为后人，就是不愿意，也无法阻止啊！

管仲走到纪侯面前，大义凛然道：前人之德，后人泽之；前人之罪，后人担之。这道理你不明白吗？说到这里，他转身面对大家高喊：你们说是不是这道理？纪侯应不应该为前人的罪孽担当责任？

齐军护卫振臂高呼：灭其宗祠！

管仲：各位主公以为如何？我们还是请大家说说话。

还有谁敢说，谁愿意说！

鲁庄公虽然不很清楚历史上这件事的来龙去脉，但他知道周夷王听信纪殇公的谗言，烹齐侯于鼎的事。经管仲如此一渲染，他气得脸煞白，站起来，拂袖而去。

陈国的陈宣公见鲁庄公离去，也跟着离开。其他诸侯纷纷离开。

纪侯见状，赶紧提出自愿去其国号，永属齐邑。

齐襄公大度地说：不杀你，不灭你宗祠。你的新居，仍然在旧纪范围内，与我　河相隔的鄑。纪侯明白齐襄公的意思，主动提出，家中不养护卫，由齐侯派！齐襄公看看管仲。管仲明白，这是纪侯表示彻底放弃。他赶紧表示支持。

事毕回国后，齐襄公对管仲说：纪国之事，赖先生之大力，我愿意考虑拔你为卿。

管仲赶紧回答说：您如果还想让我在您身边多待些时日，那就听我一句：目前我做齐国的大夫还不够称职，怎么敢奢求卿士！

好像管仲有先见之明，知道后面的那些不幸紧随而来了。

五

有了管仲的帮助，齐襄公感觉自己在诸侯面前说话硬气了。管仲却时时劝他，不要太急着对外强势称霸，后院篱笆扎牢，前院的门卫才能守得住。眼下要在防止内乱上下功夫。

齐襄公听不进。

周庄王佗十年（前687），齐襄公背着众臣，突然与文姜在鲁国的防邑（今山东费县东北四十余里）幽会，身边只带了几个卫士。这是臧氏食邑，诸儿也没事先打招呼，臧氏完全可以扣住他，或者借此机会替鲁国先君报仇。就在大家替他捏把汗时，他却安然无恙回来了。这次幽会，齐襄公比较快意，看到了自己在诸侯小国面前的威势！老女人文姜让他销魂散魄的功夫越发让他弃后宫所有女人于不顾，急急准备下一次的幽会。后宫开始乱了……其中有位叫连香的女子入宫后一直没得到齐襄公的宠幸，郁郁寡欢，生了病。太医去给她治病的路上，巧遇公孙无知。公孙无知曾经在这位太医最困难的时刻，接济过他，路遇之际，太医自然要停下与他说说话。太医告诉他，这个女人自恃是将军连称的妹妹，在后宫颇为强势，没想到后宫美女人人都让齐襄公宠幸过了，就她没有，至今还是个整身人。公孙无知心一动，悄悄对太医吩咐，如此这般。太医不敢。公孙无知说，你让她出宫到连称将军府上，都不能吗？这事也不用你说，只是你把消息带到即可！

果然，连香得到太医的暗示，身体立刻就好多了，太医传信，相约时间，在连称的将军府上见到了公孙无知。那两人一见面，立刻就黏上了，快意过后，连香问公孙无知可有能力保护她。公孙无知叹道：堂堂一个男人且不说抹得剩下光光身子，就差把你喜欢的也给做掉，你说我还有什么能力保护你。连香跳起来：我哥哥可是大将军，如果我哥哥帮助你，何愁不成大事？公孙无知惊骇道：你这是要让我替代诸儿？

那倒不是……连香说，再过两个月便是瓜熟时节，我哥哥就要从葵丘（即渠丘。今淄博西蓬丘里，齐都临淄西北五十里地，中间隔棘邑）回朝复命，到时候我对他好好说说你的好处，让哥哥去求齐侯把我放出宫，我在哥哥家里等你娶我。到你家能与你天天在一起，夜夜合被有欢，就是我连香最大的快活了，别的，啥也不求！

公孙无知：好！

这两个男女自有如此好事，便十天半月地幽会。那后宫里的女人见连香的气色渐渐红润，都夸她起来。老到的人自然看出端倪，也不想多嘴，远离着，知晓她大灾大祸不远了。

周庄王十年四月辛卯（前687年3月16日），好观天象的管仲突然发现，平日里太阳落山，星星出现，可这一天却不见恒星。不祥之兆顿时涌上来，他赶紧着人报告齐襄公。宫中回说，主公已经好多天不在宫中了。管仲闻后苦笑，这一刻的他能在哪儿？不在女人身上，就在女人身边！但这天象兆示什么呢？他的眉头紧紧皱起。

很快，天象变化开始了。应该有一弯牙月的夜空，突然变得黑洞洞如锅底，没有一颗星星，伸手不见五指。管仲疾速挥笔记下自己观察到的天象，然后推窗静观。忽见有无数线条般的光束从漆黑一团的夜空闪过，顿时夜如白昼，陨石如雨而注。

《左传·庄公七年》："夏四月辛卯，夜，恒星不见。夜中，星陨如雨。"

法国天文数学家俾俄（Jean Baptiste 1774—1862）断定这次的陨石雨是天琴座流星雨，是一百八十次陨石运动中仅有的八次中的一次。

天象在我国古代是一项重要的关系政治与民生的预警性标志。这场天琴座流星雨，迅速引起天下"恐慌"。时辰尚在三更，管仲早早坐在堂前正位上等待天明。天刚蒙蒙亮，管仲便疾步赶向朝廷，此时大殿尚未开，他便站着等待。很快，从来不如此早到的文武大臣都赶到了，连老得走路已经摇晃厉害的卜卿竖曼也到了，卿士高傒赶紧上前扶好他。隰朋紧跟着也上来换住卜卿竖曼。上卿竖曼对隰朋与高傒问道：昨夜白昼，瞬间即逝，依你们看是天门开还是灾祸至？

隰朋看看管仲，施礼请管仲解说。

管仲：依吾观看，这天雨而致的白昼，定为不祥。方圆范围正在我国与鲁国一带。应该特别重视才是。大处不敢妄言，小处我可明白，地无颗粒，怕是注定了的。

他这话引得大家更是恐慌不安。百官在朝门外，也惊动了朝内。朝门打开，齐襄公近仆石纷如前来传达说：今日主公在寺里过夜，未曾在宫中，不上朝。

百官焦急起来，七嘴八舌，莫衷一是。倒是上卿竖曼有主见，上前对石纷如说：请你速去请主公，天庭有示，人间不可不察问。众文武齐声赞成。石纷如见状，只好去寻找。

太阳三竿高，朝堂之上才出现打着哈欠的齐襄公。殿前值日上前禀报今日议事。

面对满朝文武的恐惧，齐襄公听罢，坦然道：天象兆示并非是我一国，仍是周天朝之征兆也。如果周天子禅让，此灾可消。只是谁敢去告诉他姬佗！管大夫，你见多识广，可替寡人向大家作一解释。

管仲无奈，告诉大家：殷商替代夏桀，据伊尹留下的文献上记载，天象有异。昨夜陨石如雨，夜更如昼，示意天下有变。诸位不可不察……

此时，殿前报，驻葵丘连称、管至父两将军任期已满一岁，殿外候旨。

齐襄公看看一朝惊恐万状的文武，朝上卿竖曼问：今日上卿身体可好些？你代寡人告诉那两个家伙，这几天寡人没空，先待在那里，等我想到了，自然会召他们回来的。

隰朋：让我去吧！

齐襄公眼一瞪：你去？你去了就不要回来！你把都城警卫交给那两个草包吗？

隰朋无语，退到后面去了。

上卿竖曼：他们就在殿外，依老臣的看法，随便找两位年轻的将军替代他们回来吧！

齐襄公不高兴地道：这家还是你当了？

上卿竖曼：老臣不说就是了。

齐襄公朝着管仲问：你们大家还有谁替他们说话。高傒，你总是在最后说话，今天，寡人想先听听你的。你说说吧。

高傒吓得退后去了，脚下不稳，竟然栽倒，引起齐襄公一声感叹：各位爱卿，都是先朝的功臣，老啦！说着，眼睛再次朝管仲扫去，并停留下来，大声问：还有谁愿意为寡人出出谋略？管仲知道他的用意，却故意装作没看到。

齐襄公见状无奈，只好吩咐殿前值日：让他们回去，在那里好好待着。

谁也没想过，在距国都五十里外的葵丘邑待一年或再多待几天，会有什么关系。

正是诸儿没实践"及瓜而代"①的承诺，实实在在酿出齐国之灾，应了那天下陨石雨、世道有变的谶语。

没能见到齐襄公的连称一定要进殿。连称与管至父正与护卫纠缠时，隰朋出来了。隰朋这个人正义感极强，连称与管至父对他很是敬重，见隰朋朝他们走来，连称放开护卫奔向隰朋，嘴里嚷嚷：让去一年，瓜熟时去，说来年瓜熟时回，做主公能说话不算数吗？

旁边有人插话：你没听说，诸儿小子言而无信、行而无矩的话吗？诸侯国哪家不知，谁人不晓？你与他讲理，就等于与猪狗说话。

连称与管至父大吃一惊，赶紧看说话人，见此人非一般人，连忙施

---

① 见《左传·庄公八年》："齐侯使连称、管至父戍葵丘。瓜时而往，曰：'及瓜而代。'"

礼。隰朋却对着对方喊：无知，你焉能如此说话，看我禀报主公去。说完，朝殿内走去。

敢说这话的，原来是公孙无知。

连称与管至父知道公孙无知连上朝的机会都没有，突然出现在这里，一定有什么事。连称想起老婆对他说起堂伯妹妹连香近来与这位公子的故事，正要说话，管至父却拉了他的袖子提醒，刚才你没见隰朋将军急急离开？可见此地不可乱与人说话。连称明白地点头，悄悄低声问：公子有何良策施教于我等？

公孙无知不屑一顾地藐视着殿门内：可否请两位将军借一步说话。

连称低低道：那就到我家吧，在我家喝酒，说什么话也没事的。这茶楼酒肆处处都是管仲的耳目。管仲知道了，那就等于诸儿知道了，将俺们小命系到他诸儿刀口上。

公孙无知转身离开，抛下话：晌午前，到。

晌午前，公孙无知从僻静的小巷来到连称家后门，见无人，迅速进了门。连家仆人引导，公孙无知来到后院一个所在，这里已经摆好了酒菜，席间只有管至父，旁边有三位侍女。公孙无知朝连称施礼，连称回礼道：都是自家人，不必拘泥。公子光临寒舍，不可没人相陪啊！说话间，击掌三声，旁边进来一位美人。公孙无知一看，竟然是连香，颇感意外。连香来到他身边，款款而倚，提壶与他斟酒。

酒过三巡，连称让陪酒的侍女离开，屋里只剩下他们四人。管至父开口道：公子，我与连将军派往葵丘戍边，说来，那也不算太苦的地方，距家不出五十里。但主公派我们时说瓜熟时去，隔年瓜熟时回。现在已经是又一年瓜熟季节，却不让我们回，说话不算数，出尔反尔？这一点，我想不通。

公孙无知：你想不通？我更想不通。我好好的都校，管着京都的护卫，犯了什么错？将我罢官免职，还取消了我的俸禄，你说我怎么说……

连香不乐地说：插科打诨的话就少提了，我不能在外太久，公子来了，我得抽空与他私下说说话，然后回宫。你们快快合计点什么才好啊！

公孙无知：合计？我就想把他赶下台，谁做主公都比他好。

连称：那就把他弄掉，你上台做主公，我们大家快活快活。

公孙无知：恐怕不妥。

管至父：有何不妥？

连香接口说：都是庄公的孙子，他可以，你为何不可？你要是愿意，我就在里面做你的内应，将这事朝实处做。

公孙无知想了想，这倒是好主意。他将酒器朝地上一掷，管至父也学了一掷。连称见状，也将酒器朝地上掷去，嘴里道：好！公子，你看我这妹妹待你如何？

公孙无知站起，朝连香抱拳道：如果成功，我娶你为夫人。

连称示意管至父，大家起身对公孙无知说话。公孙无知喊：换上酒器。连香立刻喊人过来换上酒器，亲自斟满，双手递上：祝愿夫君成功！

四人共举酒器，仰面一饮而尽。

连称抬袖抹着唇边的酒说：今日之事，应了天象，齐国改弦更张。愿公子早登朝堂。

六

退朝后，有人密报公孙无知到了连称家，还有管至父。管仲恐有不测，立刻去见齐襄公。齐襄公听罢，一笑，然后对管仲说：以前高傒好管闲事，被先主一抹到底，只留爵位，你可要注意，我不会给你那么好的闲位养你啊！

管仲诧异。

齐襄公笑道：我正想请教你，有件事，愁着不知道应该如何办。

管仲：请示意。

齐襄公：你知道我对连称、管至父驻葵丘一事，为何一岁不更？

管仲摇头。

齐襄公大声道：天下竟然有这样的贼人，敢偷我的女人睡觉。

管仲一惊，问：此话从何而来？

齐襄公将石纷如得到的密报告诉了管仲，然后说：我想杀了这两个狗男女，但这连香的伯叔哥哥手里握着重兵，戍边葵丘，我不能轻率下手！你说是不是？

管仲：那就把他们换回来，不是正好吗？

齐襄公：错也。按正常换回，他们就是都城左右都校。现在是隰朋，换成他们，那不是把肥肉送野狗嘴里吗？不让他们回来，寻思找个机会弄掉他们，不比换回好吗？

管仲松了口气：这么说，公孙无知到连称家里，是去与连香幽会？

齐襄公：正是。刚才宫门口来报，那骚货连香独自外出了，去的地方正是连称家，时辰也正合。你说公孙无知现在能不在连称家？

管仲：但愿如此。

齐襄公：奇怪，他公孙无知什么都没了，谁会看得起他？

管仲：他们的那档事，主公可以不管。如果是在干别的事呢？连称与管至父手握重兵啊！昨夜天象，主公没一点震动？

齐襄公笑道：老天爷的事，我能做得了他的主，那我可就是周天了了。说罢，拂袖而去。

天象的异常，总是伴着人间的不幸。这年夏秋交际，齐鲁等国连遭大雨，整整下了一月之久，地里种的麦子全都泡在水里，颗粒无收。人们想抢种一些其他的补救谷物，结果是夏灾连着秋涝，整个儿完蛋。

如此灾情，举国愁眉，饥寒交迫。齐襄公却快活着。当冬天来临，文姜着人向诸儿提出到穀（今山东东阿县旧治的东阿镇）幽会。齐襄公立刻应道：在我的国内，你任意跑就是了。沉醉于畸形爱情之中的齐襄公一点没注意到，国内的危机正一步步向他逼近！

那个时代，一国或数国受灾，周天子可以下旨意让丰收的国家支持受灾国，或者诸侯之间相互借粮度灾年。但有些国家却不愿意那么做。借，总是要还的。如果用武力向弱小的国家发动战争，情况就不同了。那个时代的战争，胜利者可以掠夺败国的粮食与女人，严重的还可以割让城池，甚至让败国成为胜利者的附属国。在周天子有威望的时候，诸侯各国之间，谁要挑起战争，都要忌惮周天子下令征集诸侯联军讨伐你，所以不敢轻率动作。现在，周天子权威式微，前有郑庄公的先例，后面追随者就多了。在穀邑与文姜抱着火炉快活的齐襄公不断接到国内灾情的报告，他只好让文姜书信给她的宝贝儿子姬同，问他，同为受灾国的鲁国，有什么良策。

灾情最重的鲁国，眼看这灾荒三五年都难缓过神，鲁庄公虽然年轻，头脑好使，但愁得吃不下饭。要说借粮，转眼就是三春荒，借了何时能还上？一筹莫展。

快活的齐襄公得到鲁庄公的愁话，一拍文姜人到中年却依旧弹力十足的臀部，叫道：组织联军，替他们收粮！

趁着冬闲季节，在宗庙前组织军事演习的鲁庄公收到了齐襄公的信息，觉得是个好主意。这场天灾，没受到影响的是西边几个国家，靠他们最近的就是郕国（今山东宁阳县东北）。鲁庄公立刻把齐襄公传来的信息向郑、陈、蔡送去。受灾的这些国家都知道郕国正好是丰收，有齐襄公出头，趁着周天子无力挥刀，我们干！趁机捞一把，不捞白不捞。

鲁国距郕最近，鲁庄公早早把部队开到郎邑（今山东鱼台旧治东北十里），趁着等候联军的空隙，继续对部队进行严格的军事训练。并让使者告诉齐襄公，已通知郑、陈、蔡新年到郎邑集合，你就直接到郎邑。

一直等到夏天，郑、陈、蔡国的兵都没真正集合起来，只来了齐国的军队。齐鲁两国军队进行了严格的分工，然后向郕国开去。在与郕国发生战争的过程中，郕国突然单独向齐国投降。距离郕国远的齐国因此而获得大量的粮食、妇女与物品。鲁庄公的弟弟庆父不高兴了，向鲁庄公提出攻打没防备的齐襄公，生擒诸儿，报杀父之仇。

鲁庄公想也没想地回说："不可。我实不德，齐师何罪？罪我之由。夏书曰'皋陶迈种德，德，乃降'。姑务修德，以待时乎！"[1]

主公这样的态度，鲁国的军队很快撤走了。鲁国此举在诸侯国之间广为流传，都称鲁庄公是善仁有德。

这是周庄王十一年（前686）秋天。

七

对郕国一战，齐军掠夺了郕国大量的财物、妇女，在经济上缓过了神。尝到了甜头的齐襄公，得意地对管仲说：明年，再策划几个，就能将国内的灾情完全缓解。接着，他一甩长袖说：我得松松劲了，陪我那宝贝文姜妹妹去姑棼（即薄姑）看看，总是旧都之地啊！没等管仲来得及发表

---

[1] 见《左传·庄公八年》。

意见，他的车队已经离开了都城。

《左传·庄公八年》："冬十二月，齐侯游于姑棼，遂田于贝丘。"

凭感觉，管仲察觉出情况有些不对劲，找到上卿竖曼，说出了自己的担忧。上卿竖曼感觉管仲说得有道理，便召集包括高傒等人在内的一批齐僖公时代的老臣，商量对策。有人提出派隰朋赶往姑棼护卫齐襄公。上卿竖曼摇头，万一真有人此刻叛乱，都城靠谁？他这话出来，大家商量半天，毫无结果。就在这时，噩耗传来：齐襄公在贝丘狩猎出事了。

管仲喊了一声：坏了！转身就走。

原来，早在齐襄公告诉管仲要去薄姑狩猎之前，连香已经截获了这一信息，火速送到了公孙无知那里。公孙无知不等天明即起程赶往葵丘，与在那里戍边的连称、管至父会合。商量后认为，诸儿到薄姑，必经葵丘，但他不一定会进城，怕连称与管至父向他捉回人的事。而贝丘狩猎，诸儿是一定要去的。葵丘在贝丘与临淄中间。应该在贝丘下手，贝丘提供给齐襄公的住处是一个寺。为了确保不出差错，兵分两路。一路，事先由连称、管至父带精兵埋伏在寺周围，趁着齐襄公离去狩猎的机会，杀入寺内，将留守人员统统杀掉，换上连称的人。另一路人去狩猎现场寻找下手的机会。如果不成，回到寺里彻底解决！

这日天气良好，齐襄公狩猎兴致很高。当他看到一只野猪出现，立刻准备射杀。就在这时，早早通过连香打入齐襄公身边禁军里的细作突然喊说：那是彭生啊！诸儿诧异，随口道：彭生怎么会在这里？嘴里大喊：射杀！数弓齐射，箭如雨般向野猪射去。那野猪仿佛也真的就是彭生一样，站立起来，面对齐襄公怒目而嚎，声音就像人哀号，周围人听起来，那声音就是：我是彭生啊！你真的杀我啊！……

齐襄公喊：它喊什么？

细作模仿野猪的声音嘶哑：我是彭生啊！你真的杀我啊！……

齐襄公听着，害怕极了，顿时手扶不稳，从车上坠落于地上，摔伤了腿，丢了鞋，不能行走。他责怪护卫他的侍人费：我的鞋呢？还不快与我找来。

侍人费没能找到鞋，盛怒的齐襄公用鞭抽打侍人费，侍人费的背上被打得衣烂皮开。忠厚的侍人费忍着疼痛，将自己脚上的鞋脱下先让齐襄公穿上，重新上车。侍人费的背上在流血，齐襄公一声不吭，怒气冲冲地望着前方，嘴里嘀咕：那怎么是彭生？怎么是彭生……

车到了寺门外，随行的石纷如看出了端倪，感觉不对，提醒扶着齐襄公的侍人费。两人一咬头，在寺前不远处将齐襄公扶下车，石纷如在前面探看着，侍人费背着齐襄公先隐蔽旁边，从小道进入。石纷如在寺门内遭遇叛军，双方打起来。趁着打斗空隙，侍人费背着齐襄公进入寺里，见遍地是尸体，齐襄公慌了。就在这时，另一侍人孟阳见到他们，赶紧过来告诉齐襄公真相。齐襄公一时无策，连连喊他们呼救。两个侍人只好把齐襄公放到巫祝的住室里藏了起来。

外面，石纷如在与叛军打斗中被砍倒，叛军追至寺内，很快找到了巫祝的住室。侍人孟阳闻叛军来到，赶紧躺到床上，蒙头盖被，伪装成齐襄公。叛军上前就是数刀，将孟阳砍死在床上。管至父从外进来，揭开被子，见死者不是齐襄公，下令再搜。

另一路叛军由连称带着，搜到大殿上，看到垂帷下有脚伸出。连称让手下过去，挑开垂帷。侍人费赶紧从旁边出来阻止，被连称一刀捅死。垂帷后的齐襄公被叛军拉出。

连称说：就是他，带走。

带走干什么？殿外走来公孙无知，上前将齐襄公砍死。

管仲得到噩耗的第一个反应，就是赶到鲁妃那里，劝鲁妃与纠一起迅速离开。鲁妃不愿意走，她认为公孙无知在朝里没人，只要大家团结一致，一定能够打退叛军。管仲告诉她，这与公孙无知朝中有没有人关系不大，只要齐襄公死的消息是真，朝中就没人会反对公孙无知，除非你们能够确保新的主公不是公孙无知！鲁妃喊：新主公就是纠！管仲非常清楚，由于鲁妃平时待人不善，纠在朝中的人缘并不好。这种时候，没有坚强的主干，谁愿意依附于你？鲁妃还是听不进，后面叛军的喊杀声越来越近。管仲无奈，只好与召忽两人弄了一辆车，带上纠，三人朝鲁国而去。

管仲刚刚出城，上卿竖曼就派人追了上来，要管仲回头，与百官一起抗击叛贼公孙无知。管仲掐指算了算，告诉他们：眼下想杀掉公孙无知，扶纠上台？怕不是那么容易。齐国没一场大乱，很难消停。依夷吾之见，还是先各自逃命，让灾难过去再说！况且，在这里待得越久，危险越大。我得保护公子纠，眼下，这个最为重要。说完，他命令车夫快走。

上卿竖曼的人在回去的路上与公孙无知在国都的余党相遇，惨遭杀害。

进城的公孙无知干的第一件事，就是杀尽齐襄公后宫的所有人，他的连香不喜欢后宫的任何一个人，甚至连自己的丫环也不想要。连香说：后宫就留我一人，你要女人，以后再另选，连你原来的女人也不可靠！公孙无知对连香言听计从，亲自到后宫，正遇鲁妃组织宫女准备反抗，不等鲁妃张口，公孙无知上前一剑击中她胸口，连跺数脚，将鲁妃杀死。转身离开时，命令手下，统统将她们先奸后杀，不留一个活口。数天之内，临淄被屠数千人，一时街头血流成河。

消息传到葵丘。葵丘邑官渠丘大夫是齐僖公时代的老臣，深受上卿竖曼器重。闻上卿竖曼一家千余口，无一幸免，顿时扼腕长叹：僖公啊！你对一奶所生的弟弟夷仲年有情有义，待他儿子公孙无知视如己出。可人家如此待你，你在天之灵，可知啊！

就在此时，连称与管至父前来告辞，他们将要到临淄去接受新主公公孙无知的官位。平时，渠丘大夫待他们也不薄，见他们来告辞，灵机一动，设宴送行。因为是临时的事，连称与管至父均无防备。两人兴奋，酒如水饮，很快就喝得酩酊大醉，随来的几个护卫自然也醉得不能动弹。这位葵丘大夫下令秘密将连称、管至父一行统统杀掉，尸体秘藏不宣。对连称、管至父的下属，推说正在与绝色美女快活。军营里的听说有这等好事，也都红起脖子要。葵丘邑官当然就得招来一些妓应付他们。同时，他做了一件事，暗中派人前往临淄，悄悄找到幸存的高傒，把消息透给他，希望他能够把公孙无知诱出临淄，别辱了齐国国都之洁。

高傒虽然惧怕，倒也没透露葵丘邑官的意思，而是让人告诉公孙无知，应该尽快就位，特别是连称、管至父劳苦功高，应该速请他们到位任大将军一职。公孙无知想想也对，便回去与连香说这事。连香说：我哥好酒，一定沉醉于幸福之中了，不如我们去看看他们。公孙无知觉得可行，便带着精干的数人前往葵丘。葵丘距临淄很近，当天傍晚就到了。出来迎接他们的是葵丘邑官。公孙无知甚觉奇怪，问为何不见连称、管至父将军？

渠丘大夫：正在酒中，他们得知主公要来，想醒却醒不了，托我告诉您，明天上午一定来向您三叩九拜，以行周礼！

公孙无知不知是计，高兴地听从了渠丘大夫的安排，因为这个地方是连称、管至父的辖地，再怎么想，也不会想到有人敢在这里结束他们的性命。在住处转了几个圈，他看出了端倪，拔剑对渠丘大夫道：你从实说来，寡人到此，焉有连称、管至父不到场的道理。告诉我，你把他们怎么了。

旁边护卫见邑官有危险，拔剑欲助，渠丘大夫笑着对护卫道：都把剑放下。新主公在此，不可鲁莽。护卫见渠丘大夫这么说，倒也收起了剑，而公孙无知此时则不知应该如何是好，倒是连香说：主公不必着急，我哥那嗜酒如命的性格，不会因为你的到来而放下酒的……

渠丘大夫：还是夫人知情。

公孙无知这才收了剑。

渠丘大夫吩咐送公孙无知与连香到行宫休息。

入夜，早早藏在公孙无知卧室里的杀手，听得公孙无知与连香疯狂云雨实在难忍，不想挨到渠丘大夫说的子夜动手，早早跳出，将正在寻欢作乐的一对狗男女砍下脑袋。可怜的公孙无知头被砍，嘴里还在喊快活，那连香倒是看到杀手挥刀而来，惊得头掉下了，那眼还瞪着……

子夜时分，渠丘大夫来到，听说公孙无知已被砍死，赶过去让人举灯上前验看，只见两人赤裸裸，一时愤怒，紧闭双眼，双手举刀猛烈朝公孙无知尸体砍去，一时间，无首的公孙无知尸体分为数段。砍完，刀一丢，竟然坐下去，半天才缓过神，抬起那满是泪水的脸，吩咐人向临淄高傒报告："无知弑襄公自立，臣谨行诛。唯大夫更立公子之当立者，唯命是听。"[1]

八

公孙无知一死，生前屠数千人的罪行激起民怨，特别是杀了鲁妃的事，公室众卿更是咬牙切齿，结果又激起新一轮屠杀，追随公孙无知谋反的人们遭遇了灭顶之灾。

齐国能够在这场混乱中活下来的新老文武大臣，都是不沾公孙无知与齐襄公边的"第三者"。现在，轮到他们来争主公之位了。活下来的大臣中，数公室国氏与高氏最强大。国氏、高氏二家都是周天子亲封的卿大

---

[1] 见《史记·齐太公世家》。

夫，长期代表周天子监督齐国，在齐国朝野都有很大影响，并且掌握着一定的实力。特别是高傒（字敬仲），人称"高敬仲，国之世臣，素有才望，为人情服"。公子小白年少时便与他们有结交。现在，大家看着公堂之上的争吵，监国国氏对高傒嘀咕：公孙无知一死，按礼制原则，当迎立在鲁国避难的公子纠即位。

高傒深知公子纠肤浅任性，难成大事，一边摇头，一边脑子飞快地盘算着，暗示国氏考虑他们看着长大、小小年纪就失去母亲的小白。依他的感觉，现在的小白应该已经成为大人，与纠相比，小白是齐国最好的人选。

国氏也明白公子小白是他们三兄弟中最杰出的一位，但按常规，小白是不能直接登君位的。怎么办？国氏说：找个机会在朝会上提出，让大家看着国书同时向两人发出，谁先到，谁就位。但是，我倾向小白，令兄看好谁呢？

高傒想也不想，一口吐出：非小白，吾不爱。

国氏：既然这样，明天朝会上提刚才那方案，你暗中亲笔密写一信，派千里疾骑，赶往莒国，通知小白。鹿门（东门）正是我的人把守，你可从那里出去。

第二天，朝堂之上的争议继续着。

由于高傒与公室国氏占主导地位，他们抛出了一个方案，提出现在公子中还有纠与小白，但他们都在国外。如果讲长幼顺序，那就一定要让纠先回来。而朝堂之上，支持纠的人并不多，势必影响到以后齐国政局稳定。如果我们不讲长幼顺序，改为谁先到了，就立谁拥谁，可否？在一场激烈的争论后，支持纠的一方认为鲁国虽然比莒国距齐都临淄远一天路程，派快马赶，也是能早早到的。他们哪里知道昨天高傒与国氏商量后，已经派出人前往莒国，小白能够快一步先到的可能性已基本成定局！

朝中看好纠的一派，立即遣使者前往鲁国见鲁庄公。

鲁庄公正在蒇（鲁地，今山东苍山西北）邑，得知齐使者到，赶紧召见。《春秋·庄公九年》："公及齐大夫盟于蒇"。

管仲与召忽一起来到鲁庄公面前商量此事。召忽认为，纠与小白，谁是胜数都难说。从距离上讲，莒比曲阜更近临淄，且一路是平原，而曲阜到临淄，一路傍泰山，走丘陵，会比小白晚到。

管仲却认为：在临淄时，朝中就没人看中小白。现在公孙无知杀鲁妃，激起人们对鲁妃的好感，形成怜悯纠支持纠的人占多数。朝中一定会考虑扶纠上台，没有人会告诉小白，让小白去接位的。

鲁庄公对管仲一向看好，认为他说得对，便同意了管仲的意见，做些准备，派人护送纠回国。管仲是个心细如针的人，他还是派出细作去莒国探消息。

就在鲁国商量如何送纠回齐国的时候，远在莒国的小白正好在莒国主公身边，接到信的莒侯立刻把信给了小白。小白看完，什么话也没说，开口就向莒侯借兵。莒侯也觉得机不可失，立刻点兵让小白带上。等小白一身戎装出现在鲍叔牙面前时，鲍叔牙大吃一惊。两人二话不说，拔腿就走。倒是鲍叔牙夫人想起了什么，跑到厨下取了些干馒，让他们路上充饥。

鲁国刚刚准备好管仲、召忽随一支武装力量护送纠返齐国。前去莒国的细作来报，莒国已经派军队护送小白上路二日。召忽急了，喃喃道：原本他们的路就比我们好走，早走二日，定是先到三日，等我们到，那是鸡羹已成凉粉块啦。管仲自告奋勇道：此时正是臣之用途上，请拨支兵力与我，我日夜启程，赶在小白前面拦住他们。召忽摇头：怕是不行。管仲说：那一带路，我很熟悉。他们从莒出发，上行最好走的路一定是顺潍水到淳于，从那里西拐过杞邑。我在缘陵邑前面大道上守着！

随行鲁国大夫施伯觉得管仲的方法可行，便同意了。

管仲带上一支三十人的精干兵力，翻山越岭，提前到了缘陵城外大道旁。管仲向路人打听，都回说近日未见有整列队伍通过。管仲明白，他们还没到，于是在路旁深处安营扎寨，设茶水摊在路旁作掩护，观察动静。果然，第二天就看到了远处来的莒国队伍。管仲沉着冷静，等载着小白的车进入射程内，迅速上大路上设拦，挡住去路。

莒国队伍很快到了。

管仲看着那车上有人像是小白，大喊道：车上可是准备去齐都的小白公子。小白正欲答话，忽见管仲对他张弓便放箭，躲闪不及，一箭正中胸前，多亏小白穿的衣衫上有个扣钩，制作粗糙，很是显眼，在太阳光下照耀，远处就能看到它的反光。惊慌之中，小白以为射中自己，大叫一声倒在车里。莒国送小白的队伍开始慌乱，远处的管仲以为射中了，认定纠的对手已经除掉，策骑就回，急速返回大部队。听说管仲一箭结束了小白，大家都夸管仲好箭法。管仲也颇感自豪。如此情况下，有人提出不用急了，反正齐主公的位置再也没人抢了，不急着赶路，慢慢走吧。

六日后，大家到了临淄与鄪邑中间的安平邑，前面细作报：齐国新主已经登基六日矣。

管仲与召忽等人诧异，再一打听，原来管仲那一箭并没射死小白。小白佯装伏于车内，日夜疾驰，赶到临淄与鄪邑中间的安平，正是半夜时分。突然，道旁跳出一支人马拦住去路。众人见状，惊得七魂掉去六魄，那小白更是大叫一声：天不助我，齐国悲乎！

众人几乎忘了反抗，在万分疲惫、百般无力的情况下猛遭此劫，只有等着死神来收拾自己。

就听得火把处，有个人喊：来者可是小白啊！

夜深人静的这声喊，猛然敲醒小白儿时的记忆，如此熟悉的乡音儿让他感觉亲切，立刻回应：我在这里。此时，高傒也已看到了小白，大声喊道：我是高傒，率着家中护卫前来接应你！小白也已看出是高傒，出车厢与高傒见面。旁边鲍叔牙拦住，上前对高傒问：鲁国的纠可到了没有？高傒不解地回道：没有啊！

众人松口气。小白将路上的惊险一幕简单说了一下。

高傒说：我明天就与公室的国氏一族商量让你立刻登基，免得夜长梦多。

第二天，高傒上公堂告诉大家，小白已经到了。国氏表示，只要他能够出任主公，大家就拥立他。

正午时分，小白匆匆就位，即为齐桓公。

即位的齐桓公立刻沿莒国通向齐都的鄪邑、纪邑、杞邑送信，告知地方，一旦有纠的消息，十万火急禀报。小白万万没想到，护送纠的队伍此刻已经到了安平城。安平城守卫系鲁妃的人，见到纠进城，特来拜见。管仲见形势如此，果断下令占据安平，封锁消息，不让此事泄露临淄，与此同时，派快骑前往鲁国报告，决定用武力支持纠登基。

鲁庄公得知齐国已有新君，顿时气急败坏，铁心支持纠，不然对不起死去的鲁妃。众臣也以为小白刚刚登基，脚跟还没沾足地气，派精干力量进入齐国，一定能够帮助纠夺取君位。齐桓公得知鲁庄公派重兵来犯，也不示弱，双方在周庄王九年（前685）八月十八日，相遇于乾时（齐国邑城，位于安平城西。今山东临淄西南）。一场恶战，以鲁军失败告终。鲁军虽败，但还是将安平城里的公子纠和管仲、召忽带走了。

鲁庄公与大夫施伯共乘一车，闷闷不乐地行进在回曲阜的路上。正在这时，却接到齐国使者快骑送来齐桓公的一封亲笔信，要鲁国杀死公子纠，交出管仲和召忽，否则齐军将围歼鲁国！《史记·齐太公世家》："齐遗鲁书曰：'子纠兄弟，弗忍诛，请鲁自杀之。召忽、管仲雠也，请得而甘心醢之。不然，将围鲁。'"

鲁庄公与大夫施伯商量怎么办。施伯过去对管仲知道甚少，自管仲随纠到鲁国后，很快就察觉出管仲超人的才华与智慧，曾私下对鲁庄公提出，若能留下管仲任鲁国宰相，鲁必大兴。年轻的鲁庄公没有采纳，待明白过来后，也从侧面向管仲作了暗示。管仲婉言谢绝，告诉鲁庄公：自己重忧齐患，无心别移。现在，鲁庄公告诉施伯：齐侯要我杀掉他的哥哥，说是自己下不了手！而杀管仲与召忽就下得了手了？还说是自己的一大仇敌，必亲自剐之，这是真的吗？施伯直言相告，齐国要管仲不是为了报仇雪恨，而是为了任用他辅政。因为管仲的才干世间少有，他辅政的国家必然会富强称霸。假如管仲被齐国任用，将为鲁国大患。

那把管仲也杀了，还给齐国一具尸首？鲁庄公犹疑着问施伯。施伯说：这是上策。

鲁庄公沉默不语。他在掂量，如果杀了管仲，齐桓公会不会像他信里说的，转身杀回来，把他们君臣都围歼在这里？从心理上讲，鲁庄公还是惧怕齐国的。父亲被齐襄公杀了。齐鲁受灾，一起攻郕获利，齐一口独吞了胜利果实。鲁庄公一再忍让也是无奈，毕竟实力不如齐国啊。

鲁庄公这边犹豫不决着，齐桓公的又一个特使再次飞速来到他面前。特使对鲁庄公说：管仲与召忽都是我们齐侯的仇敌。如今他们还被你们保护着，齐侯很生气，想再次发兵攻你们，活捉管仲、召忽回去亲自生剥活剐。你们如果能明白齐侯的意思，就将他们活着送还齐国，让齐侯发泄痛恨！鲁侯做不到这一点，那就是与齐侯的敌人站在一起了，齐侯就有理由攻入鲁国都城！

鲁庄公看看坐在身边的施伯。施伯当然明白主公的意思，他昂脸想了想，又低首摇摇头，沉默良久，然后，轻轻叹了一口气对鲁庄公说：主公，那就把管仲、召忽交给他们吧。从齐僖公到现在的小白，齐国主公个个都急性骄横。依我看啊，就是贤才到了他们手上，未必真正愿意用。当然，齐侯真的使用管仲与召忽，齐国必会飞黄腾达。当今天下，超过管仲的才子还没有。他现在返回齐都，天下的诸侯都会心向齐国！如果你杀了他，鲍叔牙可是齐侯的大恩人，更是管仲的好朋友，必会兵践鲁国宗祠，到那时，我们真的得不偿失！

施伯的话，令鲁庄公下了决心，于是下令将管仲与召忽绑了交给齐国来的使者。

在齐鲁两使办手续的时候，管仲与召忽开始对话。

管仲问召忽：你怕不怕？

召忽：不怕。我不早死，是想看到齐国能够有个安定的局面，如今应该说会有了。也想到你回去，不会被杀，而是出任之相，而我出任右相。这样的好事，我却一点也高兴不起来。因为我们的好日子，是以牺牲公子纠的性命获得的。杀了他，重用我，你说，我还有什么脸面活着？这是在侮辱我啊！现在你就想一件事，活下去，去做齐国的活臣，让齐国民众得到你才华的恩泽。而我，也只想一件事，去地下陪着公子纠，免得他孤单！

管仲：我们应当一起辅助齐国，实现老师当年对我们的嘱托。

召忽：功名与德行不能同时并立，德行也不会凭空而至。公子纠有你做他的活臣，实现他的愿望，公子纠还有我这为他而死的臣子，放弃万乘之国宰相的我时刻在地下陪着他，他应该满足了。夷吾，你一定要努力啊，实现我们共同的愿望。

说完，召忽猛然朝柱上撞去，顿时头颅裂开，鲜血直喷。

见状，管仲痛苦地说：召忽死了，比活着好。管仲活着，比死了好啊！

见召忽死，鲁庄公便决定杀纠。

施伯突然问鲁庄公：齐侯为何要对亲哥下手，你想过吗？

鲁庄公摇摇头。

施伯：你还记得我们夜宿生窦（一作笙渎，今山东菏泽北二十里）时发生的事吗？

鲁庄公：记得，说是有刺客。

施伯：对了。我后来才知道，的确是有刺客。是齐侯派来的，但不是一定要杀公子纠，而是看看他们三人。据说，那刺客专门看了纠，很仔细地看了纠。

鲁庄公：为何？

施伯：这就是齐侯的过人之处。那刺客告诉齐侯，他见纠“笑不乐，视不见，必为乱”。鲍叔牙认为这一点很像那个郑国的姬忽，留下，日后必会生变。

鲁庄公：这么说，齐侯是借我刀除后患？

施伯：正是。那就请主公在这里解决掉他吧，不要再犹豫了！

抱着“定国家，霸诸侯”的远大理想的管仲，被装入囚车，随使臣回齐国。在回齐国的路上，管仲人在槛车中，已知鲍叔牙之谋，诚惶诚恐自语：施伯这个机智的人啊，虽然让鲁庄公放了我，倘若反悔，重复追还，吾命休矣。顿生一计，制成《黄鹄》之词，教役人歌之：

黄鹄黄鹄，戢其翼，絷其足，不飞不鸣兮笼中伏。高天何跼兮，厚地何蹐！丁阳九兮逢百六。引颈长呼兮，继之以哭！

黄鹄黄鹄，天生汝翼兮能飞，天生汝足兮能逐。遭此罗网兮谁与赎？一朝破樊而出兮，吾不知其升衢而渐陆。嗟彼弋人兮，徒傍观而踟蹰！

管仲告诉役夫，边走边唱，能减除疲劳。管仲的歌，是按役人的步伐来编唱的，所以管仲的拍子打得快慢，役人的步伐就随歌而快慢。他们边走边唱，越唱越起劲，越唱走得越快，本来两天的路程，结果一天就离开了鲁境。

鲁庄公果然后悔，管仲乃天下奇才，若大用于齐，齐桓公无疑如虎添翼，不如先除掉此患。待他醒悟过来派公子偃追赶，赶了一阵子，远远看到管仲的车，再紧追快赶，赶到时，车前已是齐境，紧急勒车，四辙已踩了齐境，赶紧回头！

鲍叔牙在齐国边境堂阜（今山东蒙阴西北）迎接管仲。囚车刚刚出现一个影子，鲍叔牙就飞奔而至，扑上去将管仲身上的绑物亲自取掉，抱着痛哭，泪水如雨。

管仲拍拍鲍叔牙的背：好了，你我命不该绝，良才得处天意悯啊！

第十章 江河驻胸天下宽（上）

一

周庄王姬佗十二年（前 685）秋天。

劫后余生的管仲一身尘土，站在堂阜那个驿站的浴室门前，默默对着晚霞渐渐消退的西天。脸上无一丝波澜的管仲，胸中恰似大海翻浪，山涧飞瀑。是啊！这一刻对管仲来说，来得那么悲烈，又那么幸运。

鲍叔牙走过来，管仲没发现他。鲍叔牙轻语提醒：夷吾，洗澡水好了，先去洗个澡。我让堂阜最好的厨师做了些可口好菜，我们痛快地喝上几盅，为你劫后余生庆贺一番。

管仲饱饱地吸足气，运入丹田，再徐徐舒出，平缓一下自己的情绪，慢慢回过头来，看着鲍叔牙，颇有伤感地叹道：诸儿如果能听我的，就不会有今天这个后果。

鲍叔牙听出了话里的不谐之音：你怎么会说这种话？

管仲：我是在想，小白接位后，会怎么样？如果他能以襄公、无知为戒，不乏可做一代明主啊！又有谁能辅佐他呢？

鲍叔牙：当然是你啦！

管仲摇摇头：他会放过我射他的那一箭吗？

你还耿耿于怀？鲍叔牙不乐道，人家受你一箭还没你这么沉重，你这是怎么啦？

受箭伤者，可以大度。如果小白成就大业，自然须有那种胸怀。我则不同啊！

如何个不同法？鲍叔牙的语气明显带着不满。

管仲仰天叹道：射箭者却要终身记住，时时敲打自己，战战兢兢度过一生！

这就是你的不对了。鲍叔牙生气地说，我动员齐侯任你为相，把齐国的振兴押在你身上。你这种态度，叫我怎么说你才好。

管仲一把抓住鲍叔牙的双肩，轻轻地摇了摇，虔诚坦言道：正因为这个，我才丢掉一切，保全生命来实践毕生的理想。也正是因为这个，我才面对苍天，千万遍地告诫自己，莫忘那一箭对桓公的内疚！只有时时地提醒，才能做成事，做好事，不负此生啊……

听管仲这么说，鲍叔牙才释怀松口气。他把管仲送进浴室，自己去安排晚餐。

当他一人安静下来，不由得回忆起他向齐桓公推荐管仲的经过。

这事还是要从八月十八日乾时那场恶战说起。

乾时之战，齐军胜利，车队离开鲁境，朝着齐都进发。一路没有往年秋天丰收在望的景象，扑面而来的是战争下遍体鳞伤的大地，到处是横尸未收的兵士遗体，扶老携幼逃难的妇女老人……

很快，车队到了齐国都城临淄（营丘）。迎接他们车队的不是兴高采烈的民众，而是沿街乞讨的难民。卫兵努力地驱逐他们。目睹眼前景象一直一言不发的齐桓公，突然生气地大声道：不用赶他们，我们放慢车速，绕过去……

这一声如同雷响，整个车队停下了，接着，缓缓而行。奇怪的是，沿街的难民不再向前涌，而是自觉地退让，车队不但没停下，反而顺利通过并驰入宫中。

齐桓公进宫，一群侍卫围了过来，齐桓公挥手赶走了他们，对跟在身边的鲍叔牙说：你看看，诸儿与无知留下这么个烂摊子……说着，指指那些远远站着的侍卫，颇带怨气地叹道，他们哪里知道我心里想的！我若无法把大街上乞讨的人们喂饱，又有何颜面待在这里享受！

鲍叔牙心头一震，明白齐桓公这叹息之词是出自真心，一位君主如此忧国忧民，齐国有望啊！他赶紧上前施礼说话。齐桓公却把手一摆：师傅，你我在宫内，无外人，不必拘束，那些礼节，统统废掉。说吧，说说你的看法。鲍叔牙说：国力衰微，民生凋敝。当务之急是起用有权衡经济之士，担当富国强民的重任。

齐桓公情绪顿时振奋：师傅这话说到我心上了。连年征战，打仗的能人不少，懂治国的几乎没有，会权衡经济利弊的人才更少！虽说朝中也有些老臣，特别是国氏一族，还有高傒，但真正让他们挑治理齐国经济的担子，我担心的不是他们愿意不愿意，而是有没有这个能力！所以，考虑再三，我恳请师傅出任相国一职。

鲍叔牙摇摇头，推辞道："臣，君之庸臣也。君有加惠于其臣，使臣不冻饥，则是君之赐也。若必治国家，则非臣之所能也……"[①]接着他又告诉齐桓公，上卿竖曼曾经说过一个人。这个人，先主齐僖公很是看好。

齐桓公：可惜上卿竖曼……可憎可恨的公孙无知，千刀万剐都不解我心头之恨，他真不该灭上卿竖曼一族千余口人啊。师傅，你说这个人，不会是高傒吧！要说高傒，对我倒真是有恩有泽……

鲍叔牙赶紧接口：知道主公是念国家安危，非图报个人之恩德。

齐桓公：好。师傅教导我如此。师傅自然明白我的意思。那你说，他是谁？

鲍叔牙：管仲！

齐桓公听到这个名字，脸色顿时变了，用手指点点胸前的衣扣，半天才语气缓缓地问：师傅明知对他寡人有一箭之仇，还说这话？若非衣扣，小白今安在？师傅又何能站立于此？寡人不解！

鲍叔牙明白，齐桓公生气了，顾及师生之谊才没发作。明智者当退，偏偏鲍叔牙的性格决定了他不会明哲保身，而是毫无顾虑地大胆直言：主公是与下官讨论选择权衡国家经济的人才，而不是讨论处置一箭之仇！再说，那箭已射过，上苍让你躲过了，也让你坐上了主公之位。如果你把这

---

① 见《管子·小匡》。

一箭之仇的事放在选择权衡经济人才之先，我们就免谈！

齐桓公看看他，无语。

主公怎么不说话？鲍叔牙大声道，传出去，这齐国国君的胸怀就这么小，还能让天下人诚服吗？还扶什么周室，称什么霸！

鲍叔牙这话震动了齐桓公，他看看鲍叔牙，那眼里的怨气明显弱了下去，语气也缓了许多：依师傅所言，寡人愿意听听……

鲍叔牙：如果没这一箭，我还真不愿意向你推荐管仲。由于有这一箭，管仲到了你身边，会永远战战兢兢，对不对？能不为你好好做事吗？这是从小处说……

齐桓公：从大处说呢？

鲍叔牙：天下知道你用管仲，你的为人，你的胸怀，你的胆识，你还没称霸，威望已飞扬四海，胜过周天子诏书，赛过诸侯结盟称霸！再退一步说，凭我做你师傅这几年，我能做对不起你的事吗？如果管仲没与我多年摸爬滚打，我还真不敢向你推荐！

齐桓公：管仲在诸儿身边几年，的确做了几件令人称道的事，世人有目共睹。但让他担当相国之职，那是要权衡经济的，要知道民众锅碗瓢勺柴米油盐的啊！

鲍叔牙告诉齐桓公，自己不如管仲的地方有："宽惠爱民，治国不失秉，忠信可结于诸侯，制礼义可法于四方，介胄执枹、立于军门、使百姓①皆加勇。"此五点，天下无人可胜过管夷吾。"夫管仲，民之父母也；将欲治其子，不可弃其父母。"②

齐桓公沉思起来。

鲍叔牙又道：主公可曾听说我与管仲在隋国季梁那里的事？

齐桓公：哦，你们做过他的学生吧？

既然主公知道，那我讲一讲管仲在季梁那里的事吧！鲍叔牙告诉齐桓公，季梁派管仲去少师董成家代他教董公子课。少师董成是隋侯的师傅，自己的儿子却让季梁教。季梁又让管仲去替他教，管仲深知责任重大，教不好，要丢大脸。奇怪的是，管仲没在书斋里捧着先贤的经典让董

---

① 此处指百官或者王亲国戚。"百姓"用于民众是后世，先秦时均不指民众。

② 见《管子·小匡》。

成的儿子背，而是一见面就带他去了董家的庄园知料民（统计户籍）。

齐桓公：算计人口，小计也。

鲍叔牙：非也。管仲认为，察每户人口之多少，劳力之壮弱，技能之高下，是基本的情况。熟知此事，对于知准绳（计量），校验度量衡，丈量每户土地之长宽、地力之肥薄、谷种之优劣，很有帮助，是准绳农田改造的首要条件。其次，管仲准绳出一年农家收益的匡估，平准市场价格，激励农家如何选育优种，如何适时出售粮食……

齐桓公点点头：计量之器不因多少而放弃，称重之器不因轻重而放弃，度量之器不因长短而放弃，慎重理财，探知而准绳，方可决大事！我想起来，他做纠的师傅时也是这样的，坐书斋的时间远远短于跑上跑下的时光……

鲍叔牙：这就对了，有一次季梁让他代表自己去隋侯那里议政。管仲对隋侯说：大兵压境，贵在士气，更在平时。"蓄藏积腐朽，不与人者殆。"①隋侯半天才明白过来，对他说：我哪有粮食放在仓里腐烂了，不散给民众的事啊！管仲见他不承认，又补上一句："知予之为取者，政之宝也！"②这话出口，隋侯不作声了，下了丹墀，对管仲轻语说：先生的话，我听明白了，这是为政者必知之理，也是强国之根本。民信在于君王，更在政要！可是，仓库里没那么多的财物，你能想出什么办法吗？管仲回说："量之不以多少，称之不以轻重，度之不以短长，不审此三者，不可举大事。"③听管仲这么一说，隋侯打消了与楚抗战的态度，然后请教管仲富国之法。管仲把自己在季梁家知道的情况对隋侯一一叙说。他说：我看到一些山坡上草旺树茂，可是他们没钱去买小种羊、小种牛等；我还看到一些田荒着，农家却蹲在地头唉声叹气，上前问才知道，他们去年庄稼歉收，今年没钱买种子。我就在想，如果我们教会民众把山上的草用于养牛羊猪等畜牧，再用牛羊猪等肥料下地，粮食就能够增收。隋侯说：这事好办。管仲说："赐鳏寡，赈孤独，贷无种，与无赋，所以劝弱民。"④国强之要也。

齐桓公边听边重复着：赐鳏寡，赈孤独，贷无种，与无赋，所以劝弱

---

① 见《管子·枢言》。
② 见《管子·牧民》。
③ 见《管子·枢言》。
④ 见《管子·禁藏》。

民。国强之要也……好，好谋！

鲍叔牙：他还说："地辟举，则民留处。仓廪实，则知礼节。衣食足，则知荣辱。……不务天时则财不生，不务地利则仓廪不盈！"[①]齐桓公听到这里，不由得击掌叫道：好！好谋略！

鲍叔牙告诉齐桓公：管仲在隋国的少师董成庄园里还搞了一次试验，很成功，壮大了国力。后来我们到了禹孙那里。在禹孙那里，管仲主张春天先发钱给农户去买种子，农家没钱投入农事，地主就可以贷款给他们。水塘里打鱼的人还可以将小鱼苗放养给承包水塘的人……

齐桓公：这不是周厉王姬胡的改革吗？他重用了荣夷公，把山林与河流都划入了他的收税范围内，造成天下共愤，使诸侯群起，天下第一次共和，就是他引发的。教训还浅吗？

鲍叔牙：不是一回事！周厉王将国家资源私入囊中，手段不高明，自然激起民愤。管仲是致民富国强！利于民，民众能不高兴吗？民众承包了水塘，一年下来，水塘里鱼长大了，捕了送进宫，王孙公族都叫好！民众秋后收了粮，还了春上贷的钱，东家与租户谁都高兴啊！

齐桓公点点头，转而却还是说：让我好好想想吧！

就在这时，隰朋进来了。

齐桓公立刻喊住隰朋说：你先别说你的事，我问你，寡人欲请一位才干之士来辅国执政，你以为谁最为合适？

隰朋一怔，看着鲍叔牙不说话。

齐桓公不乐道：他脸上写着吗？

隰朋：鲍师不是向主公推荐了人吗？

齐桓公：你也知道？

隰朋：全军上下，谁不知道管仲他的治国领军才能？没他，襄公诸儿能维持十二年吗？不是乱贼无知，今天的齐国主公怕还是他诸儿啊！

齐桓公：我知道管仲有才，好像诸儿也不那么用他啊！

隰朋：就是嘛！如果全听管仲的，齐国还了得。

齐桓公嘀咕道：我就不信，泱泱齐国，找不到一位胜过管仲的人。毕

---

① 见《管子·轻生甲》。

竟，"管夷吾亲射寡人中钩，殆于死。"[1]

鲍叔牙生气地说：你应该为国家着想，而不是你个人的那一箭！赶快去鲁国请他，否则来不及了啊！

隰朋斗胆上前，施礼道：主公，国家刚刚平定，不能意气用事啊！管仲是个人才，鲍师举荐管仲是正确的！主公应该相信鲍师。

齐桓公见二人都如此坚定地举荐管仲，终于动了心。

齐桓公：可是，怎么把管仲从鲁国给请回来呢？鲁国会轻易放吗？如果鲁庄公让管仲做鲁国宰相，管仲会接受吗？

鲍叔牙：不会的。管仲不想为纠而死，他早早就选择好了齐国，是要在齐国施展他治国的才华，如果为纠而死，那不是太没价值了吗？再说，鲁侯没胆魄用管仲，也不会杀管仲。他身边那个施伯，为人敏感而多畏惧，你先要求送回管仲，让你来处死管仲，他就一定不会杀管仲，而会把管仲送回来。

齐桓公接受了鲍叔牙的建议，这才有了齐桓公两派使者向鲁庄公索要管仲，管仲得以与鲍叔牙在此重逢的事。

二

壶中的酒还温着，菜刚刚上。

门外飞奔进人，一路大叫：鲍师，不好了！主公已将管师绑赴刑场，要在太阳落山前报一箭之仇，送他赴黄泉。

鲍叔牙大叫一声，就向外跑。迎面碰上隰朋，一把拉住他：冷静！主公若这么快处决管仲，那为什么还要你好酒好菜招待他？

隰朋这一提醒，鲍叔牙若有所思，立刻对隰朋说：你带上一些人，如果有人真想杀管仲，你不能手软！我去把管仲所著文章带上，好让主公看看管仲是如何一位治国良相！如果斩了，叫他后悔终生！

隰朋：好主意，就这么做吧。

两人分头而去。

---

[1] 见《管子·小匡》。

鲍叔牙推一车管仲的简牍来到刑场时，这里早已里三层外三层围满了观看行刑的民众，纷纷扬扬传说管仲因为射了齐侯一箭，现在齐侯要报这一箭之仇。

只见行刑的场上，高高地竖着一柱，柱上绑着的正是管仲。管仲表情沮丧，看着身着戎装、手里拿着弓箭的齐桓公，心里愤然道：为一箭之仇，竟然要杀掉我！他小白不知道我，诸儿朝时的人也不知道我对齐国的忠诚吗？齐襄公如果听我的，会这样吗？可悲啊！……啊！那不是国氏的族人吗？那不是高傒吗？他们都在看，他们也都在看？！

只见齐桓公走上前，大声道：我们又见面了。

管仲稍稍振作一下精神，抬眼无语地看着齐桓公。

你怎么不说话？齐桓公问。

无语胜万言。管仲回答。

齐桓公：我不用万言，只想知道你能否教我治国之术？

管仲：斧钺之人也，幸以尚活，腰领属系，吾之禄也。若知国政，非吾之任也。

齐桓公：如能答应，即可座上宾。

管仲叹道：如此释之，非吾之愿。

齐桓公把一支箭搭在弓上，对管仲说：既然如此，请抬起头来，好好看看这支箭，正是你射我的。我今天还给你！……怎么？你掉眼泪了？你射我这支箭时，可不是这样的吧！

管仲抬脸看着齐桓公，缓语道：我不是为自己的死掉泪，而是为齐国悲哀！

齐桓公一怔：何以见得？

管仲：如果我们没有忘掉，那就应该知道周昭王姬瑕与周穆王姬满的时代，"世法文武，远绩以成名。合群叟比校民之有道者，设象以为民纪，式权以相应，比缀以度，薄（端，等也）本肇（正也）末。劝之以赏赐，纠之以刑罚，班序颠毛，以为民纪统。"①

齐桓公无语。

旁边人起哄。有人大声喊：一箭之仇，先报了再说。

齐桓公闻之精神大振：寡人焉可言而无信，着鲍师去与鲁庄公要人，就是要回来报此一箭的，寡人不能失信于诸侯！来人，告诉他，寡人要射箭！

且慢！旁边有人大喊。

齐桓公大喊：谁敢抗旨！

隰朋出列施礼：是下官。下官以为不妥。

齐桓公恼道：你们一个个来阻挡，是何用意？

这时，场外一声高喊，就见鲍叔牙推辆独轮车赶到。

齐桓公不乐道：师傅想坏我事？不成。今天，你不准说话！

鲍叔牙并没理睬齐桓公，而是卜前对大家说：我将这 车简牍送到这里，是想问问管仲，你如果不想留下，我可以替你在你身后烧掉，随你去另一个世界享用，因为齐侯不再需要这些治国富民的言论。

众人哗然。

齐桓公身边有人说：主公，还不快快下手。没想到齐桓公却把手一摆，大声说：大家都听着！寡人是明君，不做暗事。

鲍叔牙：既然是明君，那你就让我问了管仲，他要不要带走这一车文章。

齐桓公哈哈一笑：人都死了，文章还要吗？旋即收敛了笑容对鲍叔牙说，师傅不要勉强他，刚才我问了他，如果他告诉我治国之术，我即免他这一箭，并邀他为座上宾，他拒绝了。

鲍叔牙诧异：有此事？

我不能用他说的来赎罪抵命！管仲突然大声道，请叔牙在我死后，将这些简牍随我入棺。齐国主公不需要我，自然也不需要这些简牍，但这世上需要富国强民的主公很多！让我去为他们实现这个理想吧！说着，对

---

① 见冯梦龙著《春秋衡库》，大意为：周昭王和周穆王世代效法文治武功的远世业绩，因而成就了他们的名声。集合各诸侯国的人才，比较出有德行的人，树立典范作为百姓学习的榜样。准备好契券表格让百姓填写，编纂而成书简，推究百姓表现的好坏。用庆贺、赏赐来勉励表现好的，用刑罚来纠正表现坏的。用剪除顶发或赐予来镇定安抚百姓，以此作为对百姓经常实行的政策。

天一叹，不再言语。

好！齐桓公拉起弓，大声说：好了，寡人听明白了，那就照他说的办。现在准备！

鲍叔牙大叫道：主公忘了曾对我说过的"夷吾受政，寡人胜任；夷吾不受政，寡人恐崩"[1]这话了吗？

齐桓公恼恼地回道：寡人记性很好。但寡人现在就想着复仇这一箭，要不然，我如何立命于世，威震天下诸侯！

鲍叔牙：为臣记得，在无知准备谋反时，曾借口问政管仲，对管仲说，如果以后我能主政齐国，你是否愿意在那一刻留下辅助我？如果愿意，我给你上卿地位，确保你荣华富贵。而管仲怎么回答他的？说到这里，鲍叔牙转身对大家说，管仲在这种时候，选择的却是，丢下妻儿老小，毁掉家业……

别忘了，他是护送公子纠去鲁国避难的！齐桓公大声说，接着又补上一句，他管夷吾，从来都不会忘记自己辅君的志向。

隰朋与鲍叔牙异口同声道：既如此，主公何不留下他辅助您啊！

齐桓公咬咬牙，从牙缝里迸出一句话：他念念不忘纠！想辅助他上台，甚至射我一箭，置我死地！这样的人，能留吗？说完，再度提起弓，对着管仲拉开弓。

鲍叔牙又一次大喊：且慢，让我为他送行！来酒。

旁边递上酒。

鲍叔牙端到管仲面前，大声喊：松绑，我的好兄弟上路，喝碗酒，都不能爽爽快快吗？

齐桓公示意，旁人立刻给管仲松了绑。

管仲接过酒，却没喝，而是洒在地上，嘴里念道：母亲、蕊香，还有我那三个孩子，你们可要记住，不是我不愿意将祖上之德传泽万民，实在是我太无能了，竟然射出了那不该射的一箭。但我不后悔。一日为臣，即为君存亡……

风低低地吹着，周围寂静极了，管仲的话，每个字都落在人们的心

---

[1] 见《管子·小匡》，大意为：管仲如果接受做相国，我就接受做这个主公；管仲不做相国，我接受做主公，这个国家就一定搞不好的。

头，沉甸甸像石头，压得大家喘不过气来……

……先我一步的召忽大夫，我让你失望了。你说过，你死我生都是为了一个愿望。管仲说着，声音越来越大，召忽大夫，你说过，功名与德行不能同时并立，德行也不会凭空而至。公子纠有我做他的活臣，能够实现他富国强民的愿望；你去地下陪着他！你放弃万乘之国宰相之位去陪着他，把世世代代齐国列公渴望的强国之任让给了我，而我正满怀信心去赴汤蹈火时，却这样快地追随你来了！我无能啊！……

管仲大声地哭了起来。

突然天变了，狂风大作！老天似乎也在痛惜人才的失去。就在此时，一个意想不到的事情发生了。齐桓公手里握得好好的弓箭，霎时冲出弓槽，落在那个刚才献计要杀死管仲的小臣腰间。只听得"啊"一声，那人倒在地上，血顿时顺着箭啃了出来。

全场惊诧。

隰朋立刻叫人去把小臣拉起，小臣已断气，再看箭，竟然进去半支之深。

齐桓公诧异地看着远处的管仲，不知该说什么。

啪！只见鲍叔牙把那酒碗朝地上一掷，大叫道：好啊！老天也在做好事啊！

话音未消，刚才还乌云密布的天空，瞬间绽开一道口子，天际迅速透开，万道金光普照大地。

那围观的人群中走出了一群人，左边是国氏公室，右边是高傒家族，好像是商量好的，都前往齐桓公面前，齐齐施礼。齐桓公并没理睬他们，而是从他们面前走过，一路"哈哈哈"大步朝前去，来到管仲面前，以周礼施之，大声道：我也是人，我要对得起齐国列祖列宗！你昔日射向齐国国君的一箭，今天，已经还掉了。师傅。请你扶夷吾前去休息，后面的事容我考虑。

事至此，鲍叔牙这才真正明白齐桓公的意思。高傒私下对鲍叔牙说：主公想了很久，怕管仲日后有什么顾虑，"一箭还一箭"了却他的后顾之忧。只是没想到那厮怎么会突然出现，又如何白白挨那一箭，天意啊！

三

接下来，齐桓公没说什么时候见管仲，更没说拜他为相的事，只是提出了如何进行拜相的程序问题。参加商量的人有公室的国公、高傒以及隰朋等老臣。大家一致同意按上古之礼请管仲出任齐国相位。

上古之礼，即商代第一位国君商汤王履拜伊尹为相所用之礼。齐桓公认真听取了这个程序，还饶有兴趣地知道了汤与伊尹的故事。

齐桓公听完后半天没反应，站起来离开了。鲍叔牙立刻起身追了过去。两人在丹墀边站住。齐桓公望着远处说：我知道你会追来问我。鲍叔牙赶紧说：那您下决心啊！齐桓公回过身，看着鲍叔牙，一字一句地说：你们要我学商汤王履，我听你们的，为了齐国的振兴，我听你们的。鲍叔牙兴奋地问：是拜管仲为相吗？

齐桓公：相不相，重要吗？拜卿吧。

鲍叔牙高兴地点点头：对！上卿就是相国啊！说完，喜滋滋地离开了。刚迈步，齐桓公又说：我是认真的，你去告诉巫师，我要浸浴三天，戒斋十日，以示我对这件事的诚意。

鲍叔牙非常兴奋地告诉了管仲这个消息。管仲却很认真地问鲍叔牙齐桓公说话的语气与态度，脸面的表情，问得很细。问完，他就走了。鲍叔牙追上去拉住他，问：你怎么也这样啊！我千辛万苦争取来的，你好像无动于衷啊！

水面平静，并不是说水底也是平静的。一件事，不能单单看表面，要看以后的实质，更要看发展。管仲说。接着，他让鲍叔牙转告齐桓公：请主公放心，夷吾会真诚踏实地把自己全部交给齐国的振兴事业。话这么说，到了夜深人静时，管仲辗转反侧，思想开始活跃起来，想到众臣用汤拜伊尹为相的故事劝小白效仿，自己忍不住嘀咕起来：伊尹也不是一下子就愿意给汤出谋划策的，他用"治大国如烹小鲜"的理论来引导汤，用自己对味的感觉来试探汤的决心与诚意，直到确认汤是能够肩担天下重任时，伊尹才真正接受了拜相啊！现在，凭着小白一时之情绪，他能持久吗？他会与诸儿不同吗？还有那班大臣，个个资历都比我深，我能在他们面前说一句算一句吗？一个国家的兴衰固然与国君相关，更重要的是国君周围的臣子们。臣子虽是国君的衬物，却能够影响并左右国君的啊！

就在管仲"胡思乱想"时，齐桓公认真地告诉宫中侍者，十天内不要让后宫来干扰他，让他独睡在自己的房里清静地思考一些问题。接着，齐桓公依照祝师的安排，每天大清早起来在山上的树林里静坐一个时辰，然后在艾草煮的水里浸两个时辰，食用全素的食品后，静心地诵读上古的圣贤文章……

到了祝师选择好的日子，在齐国国都东南方向的山上，架起了一座"桔槔"。浑身涂满公猪血的管仲赤裸地绑在"桔槔"竖柱上。只见祝师手里拿着上古的经文，嘴里念着咒语，大家关注地看着太阳慢慢地升起，当太阳正午时，"桔槔"活动起来，从地下抽上来的水被汲到木桶里，扬到半天中，再对着管仲冲泻而下，很快，在咒语中，管仲浑身的猪血被冲洗干净，立刻有人带他去淄水上游半个月内没人下过水的地方洗澡。

第二天，天未全亮时刻，齐桓公早早就到了宗庙，他认真地检查了一遍仪式中的各项准备工作，满意地对紧跟在身后的鲍叔牙与隰朋说：我这样对付他，应该够尊重的了吧！

鲍叔牙：是的，主公很认真，商汤待伊尹也不过如此。

齐桓公接过话：我不想做汤，更没有替代周的野心，只想请他好好帮助我将这破烂的摊子收拾得像个样，日后见了列祖列宗不挨骂就成！

很快时辰到了，仪式开始。鸣锣击鼓，三叩六拜，焚香祭祖。召见管仲，齐桓公对管仲行国礼。宣读敬贤书。拜相仪式正式进行。其中，对策是最为主要的一个程序。齐桓公站在北位向南，管仲面北而立。祝师宣布对策开始。

齐桓公问管仲：当君王的人，应把什么当作最宝贵的？

管仲回答说：应该是天吧。

齐桓公仰起头望着天，颇有不解的疑惑。

管仲答道：所谓天者，非谓苍苍莽莽之天也。君人者，以民众为天。要把民众当作天。民众亲附，国家就可安宁；民众辅助，国家就能强盛；民众反对，国家就很危险；民众背弃，国家就要灭亡。《诗》云："人而无良，相怨一方。"当民众怨恨主公时，主公却不能改过自新，这样的政权，哪有不灭亡的道理啊！

齐桓公点点头，又问：千乘之国的齐，先僖公威服诸侯，号为小霸。襄公继位，政令无常，国势渐微。今寡人初为主公，面对上下人心浮动，国力不强，应该先做什么呢？

管仲答：礼、义、廉、耻、仁、爱、智、和，国之纲维。今欲强国，必先从这方面开始。

齐桓公问："社稷可定乎？"①

管仲答："君霸王，社稷定；君不霸王，社稷不定。"②

齐桓公问："吾不敢至于此其也，定社稷而已。"

管仲慷慨道："君免臣于死，臣之幸也。然臣不死纠也，为欲定社稷也。社稷不定，臣禄齐国之政而不死纠也，臣不敢。"③说完，离开了拜相位置，朝门口走去。大家顿时吃惊了，谁也没想到管仲会这样做。鲍叔牙赶过去阻拦，管仲大声说：我要做这个相，就是要为齐国成就霸业，主公不想，我做什么相，忙什么社稷！

其音绕梁，嗡嗡然。

请先生留步，容我三思。齐桓公说。

管仲停下，回言：没有退路，唯有称霸可走。

齐桓公满额大汗，面对管仲。

管仲回过来，看了看齐桓公，器宇轩昂道：主公不想霸业，这相我不任，请放我走！

齐桓公双手施礼道："勿已，其勉强乎！"④

管仲听他这么说，倒也放下了先前的气势，重新施礼，以臣子礼对齐桓公道：今日主公愿意为成就霸业而努力，我就贪图你这一点，承受你拜相之情，暂且先在相位上待几日吧！

到这时，一堂的人，这才缓缓松下一口气。

齐桓公转身对百官宣布：即日起，管仲为相。

百官参见管相。

仪式结束，齐桓公拉着管仲的手，一起离开宗庙，邀管仲与他同乘一车。管仲欣然而从。车上，齐桓公对管仲说：你是我哥哥的师傅，又是我父亲看中的老师，以后，我称呼您为师傅吧！管仲点点头说：称呼并不

①②③④　见《管子·大匡》。

重要，重要的是对人的尊敬要发乎于心，坦然于胸。许多人，表面待人真诚，内心里却算计着对方，所谓玩朋友于肱掌。主公要成大业，不可学那些市侩之术！

齐桓公连连称是。

四

管仲做了相国，却并不能掌握话语权。齐桓公希望他能顺着自己的心意，但管仲并不顺从。桓公新立，趋炎附势者如蚁附膻似蝇逐臭。齐桓公在堂上叹口气：这灾年……这朝外的乞讨……顿时就有人迎合而上，边看眼色边试探着说：主公说宫外大街上的乞讨……受灾之年……啊，以前都是用兵缓解灾荒的……

好！齐桓公大声道，你说出了我的心事。那你说，这眼下的灾年如何过？

那情绪，那语言，那激情，谁能不知道他小白想什么？顿时，一朝上下，都主张用兵对外，特别是国氏族人众多，谁都想挂帅出征，谁都称自己是将才。高傒一族更不示弱，大堂之上瞬间居功自傲的情绪大展。这架势，齐桓公也不得不让几分。

这一切，管仲看在眼里，遇事朝后退一步，不与他们争高下，且看他们表演。

有一天，齐桓公对管仲说：我想乘着诸侯之间没有战争的空隙，在国内进行军备训练。

管仲：不可以。国家动荡刚刚平息，不说民众，就是百官也都疲惫不堪啊！与其这个时候动兵，还不如给民众一些养息。民众富足了，百官才有兵力与财力去为你征战。现在，齐国没有完全稳定，您不思考给民众养息，却动兵，这样做，对外不利于诸侯之间的交往，对内更不利于稳定民众。[①]还是请主公再三考虑！

---

① 见《管子·大匡》："不可。百姓病，公先与百姓，而藏其兵，与其厚于兵，不如厚于人，齐国之社稷未定，公未始于人，而始于兵，外不亲于诸侯，内不亲于民。"

齐桓公点点头，温和地问道：你在这方面有什么好的建议啊！

管仲：成就王业的人处处注意民众在想什么，关爱他们的富有与健康；成就霸业的主公，处处想的是如何强大军队；衰败的主公，满脑子只有达官贵人，身边还都是小人围着；亡国之君的身边不是珠玉就是美女，最后这些珠玉美女又何尝不是别人的？[①]

齐桓公不解地问：你不是要我成就霸业的吗？

劝你成就霸业，是我毕生的努力方向。说着，管仲缓了缓情绪又说，但不是现在，什么时候，要看时机与动机。现在的齐国有三大忧患，诸儿独断专行的毛病在主公你的身上还没消除干净，这是其一；其二是社会贫富悬殊，富的可敌国，穷的满大街乞讨；其三是国家的钱远远不够赈灾，更不用说动兵了……

齐桓公不语。

管仲：当然，如果主公能为民富而不惜代价，民必会为国忍受暂时的贫困。但我觉得这种时候还没到来！所以，我要劝你缓动兵，缓称霸，勤政惜民！

齐桓公觉得管仲说得在理，想了想，说：好吧，我听你的。

《管子·小匡》上说："桓公郊迎管子而问焉，管仲辞让，然后对以参国伍鄙，立五乡以崇化，建五属以厉武，寄兵于政，因罚备器械，加兵无道诸侯，以事周室。桓公大说。"

依管仲的做法，具体实行国野分治。国都为国，其他地方为野。国中设二十一乡，其中工商六乡，士十五乡。每五家为一轨，轨设轨长。每十轨为一里，里设里司。每四里为一连，连设连长。每十连为一乡，乡设良人。再为臣设三卿，工设三族，商设三乡，泽设三虞，山设三衡，加强管理。对于野，以三十家为一邑，邑设邑司。十邑为一卒，卒设卒帅。十卒为一乡，乡设乡帅。三乡为一县，县设县帅。十县为一属，属设大夫。全国共有五属，设五属大夫分别治理。并划分各级官员的职权范围，属大夫管刑狱，县帅管划分田界，乡帅管一般政事。要求官吏兢兢业业，不许荒废政事。每年正月，五属大夫要向齐桓公汇报述职，齐桓公根据政绩来

[①] 见《管子·枢言》："王主积于民，霸主积于将士，衰主识于贵人，亡人识于妇女珠玉。"

进行奖惩。

实行军政合一、兵民合一的制度。规定士乡的居民必须服兵役。每家出一人为士卒，每轨为一伍，伍由轨长率领。每里五十人为一小戎，小戎由里司率领。每连二百人为卒，卒由连长率领。每乡两千人为一旅，旅由良人率领。五乡一万人为一军，十五乡共三军，桓公、国子、高子各率一军。农闲时训练，有战事时出征。这样既提高了士兵战斗力，也不必支付养兵的费用。另外，为解决武器不足的问题，规定犯罪可以用兵器赎罪。犯重罪可以用甲和戟赎罪，犯轻罪的可以用盾和戟赎罪，犯小罪可以用金属赎罪，铜用来铸兵器，铁用来铸农具。诉讼成功则要交一束箭。从此，齐国的兵器也渐渐充足起来。

这一方法正在实施之期，齐桓公等不及了，诸儿靠战争缓解国内经济困难的做法，总是无法从小白的脑子里抹去。他跃跃欲试，想把车队拉出国门去炫耀。加上许多官员以为只有战争才能使自己的官位上升，才能让主公划给自己更多的土地与城邑。特别是国氏与高傒，虽然管仲提出他们各可拥有一支装备精良的军队，但他们在朝堂之上，根本不把管仲放在眼里，甚至对齐桓公说：他算什么人，只会逃跑。他年轻时打仗就逃跑，原本纠有希望替代诸儿，他也逃了，还丢掉了公子纠的性命！这种人有什么富国的办法，亏你主公还拜他为相……

齐桓公耳根软了，认为高傒他们的话还是有道理。这时，从鲁国传来消息，鲁庄公正在励精图治，一心要报乾时之战的仇！齐桓公再次找到管仲，提出要讨伐不知天高地厚的鲁庄公姬同。管仲没有支持。

《管子·大匡》上说："二年，桓公弥乱，又告管仲曰：'欲缮兵。'管仲又曰：'不可。'公不听，果为兵。"

齐桓公这回没有采纳管仲的意见，心里想，等我打赢了，再与你说话不迟！齐桓公亲自兴师伐鲁，长驱直入，进抵长勺（商朝长勺氏居地。今山东莱芜西二十五公里偏北），意在一举灭鲁之威风。鲁庄公也正要找齐国报乾时之耻，积极准备迎战。

历史称其为"长勺之战"，留下战争名篇《曹刿论战》。

五

齐国大军压境，鲁国一片惊恐，鲁庄公姬同决定倾全国之力抵御。

一位名叫曹刿的人求见鲁庄公，说是为抵御齐军出谋献策。临行前，乡人劝他，这是执政者的事，你瞎掺和什么？

肉食者鄙陋，不能远谋胜数。曹刿用这话回了乡人，大摇大摆地进宫去见鲁庄公姬同。见到鲁庄公，曹刿没有丝毫的胆怯和自卑，劈头就问：你凭什么和齐国开战？

鲁庄公被曹刿傲视的气质折服，竟然忘记自己是国君的尊贵身份，赶紧陈理由说：你别以为我闲来无事让民众受罪。我告诉你，衣物食品我从来不独占，都是分发给民众的。言下之意，这战争就是为了免去民众的灾难！

曹刿早就知道鲁庄公平日体恤民情，却故意反驳说：你这些小恩小惠未能遍及整个民众，民众不可能为你去拼命，你还是罢了此意吧！

鲁庄公又说道：祭祀祖先神灵的牺牲，我都严格按照祭礼，不敢克扣、虚夸。谨守周礼，虔诚地祭祀，祖先神灵就能保佑我们。

曹刿摇摇头，说：那些祝师告于鬼神的话，你能全信吗？

鲁庄公停顿了一下，看看曹刿，继续说：大小刑狱案件虽不敢说是明察，但量刑轻重必求公允。民众深知我待他们公允与赏罚分明，他们应该支持我抵御齐师入侵。

这话，让曹刿感觉很好，他高兴地接过话说：主公，您这是做了忠信首要的头等大事。就凭这一点，我们可以和齐国一战。交战时我去助您一臂之力。

鲁庄公不解地问：你对齐军有多少了解？不等曹刿回答，鲁庄公又说：如果你觉得可以的话，到时候你与我同乘一车，如何？

如果换了别人，一定要推辞，没想到曹刿竟然回答说：我正是这样想的。说完，转身走了。鲁庄公想听听他对军事上的见解，他却跑了。旁边人观鲁庄公的脸色，准备去把曹刿抓回来，鲁庄公扬手制止了。这一动作，曹刿用眼角的余光观察到了，他认为，这个鲁庄公并不是人们平时说的软弱无能之辈。

齐鲁两军在长勺相遇，双方摆好阵势。齐军士气正旺，排好车阵就向鲁军发起了进攻。鲁庄公也不示弱，下令擂鼓发起进攻，被曹刿止住了。

耀武扬威的齐军见鲁军没动静，连续发起进攻的三次鼓声。鲁军按照曹刿的部署，坚守战阵，以逸待劳。气势汹汹的齐军冲到鲁军阵前，鲁军并不响应，闭门不予理睬。齐军也没有办法，只好退走。连续三次没有响应，齐军的士气开始减弱。

曹刿见齐军出现疲惫，便对鲁庄公说：可以反攻了。

鲁庄公一声令下，蓄势已久的鲁军立即向疲惫的齐军冲了过去。齐军措手不及，被打得溃不成军，纷纷后撤。鲁庄公见齐军败退，刚要下令追击，又被曹刿挡住了。这时，曹刿跳下车察看了齐军撤退的车辙，又登上车凭轼眺望了一会儿败退的齐军，才点点头说：可！

鲁军乘胜追击，大败齐军。

胜利后，鲁庄公问曹刿原因。

曹刿：夫战，勇气也。一鼓作气，再而衰，三而竭。敌人锐气已尽，我军士气正旺，故能克敌制胜。齐国是大国，其军事谋略不可轻视，有可能是设下埋伏，假装败退引诱我追击。我视其车辙凌乱，望其旗帜披靡，不像是诈败，才下令追击。

一番有关战争的精辟见解，口若悬河，滔滔不绝，把个鲁庄公讲得点头不迭。

长勺之战的胜利，一扫鲁国多年来的屈辱，让鲁庄公找回面子和自尊，顿时扬眉吐气。

面对大败而归的齐师，齐桓公十分恼火，他没有把这次失败看成是自己操之过急与决策失误，更不相信管仲的劝告。

没过多久，朝中好事者上奏要齐桓公再度出兵教训鲁庄公。

齐桓公当然愿意，立刻让上奏者去宋国，请宋国出兵。宋闵公子捷曾与齐襄公诸儿共举兵事，今闻小白即位，正欲相互交好，见有这等好事，自然愿意，随即订下出兵之期，六月初旬，兵至郎（今山东兖州西北）邑相会。

宋国派遣猛将南宫长万为主将，猛获为副将。齐国则派鲍叔牙为主将，仲孙湫为副将。各统大兵，两国军队先后进逼鲁国的郎邑。

郎邑临近鲁国国都。消息传来，鲁国上下一片紧张！

鲁庄公朝堂之上与众臣商量对策。

鲁庄公问大臣们，鲍叔牙挟忿而来，加以宋助，南宫长万有触山举鼎之力，吾国无其对手，两军并峙，互为掎角，何以御之？

大夫公子偃进言：鲍叔牙有戒心，军容甚整，不可轻视。那南宫长万自恃其勇，以为无敌，凭我对其队伍行动杂乱的观察，倒是可以智取。

鲁庄公摇摇头：你不是那个南宫长万的对手啊。

曹刿却说：公子偃可将话说完。

公子偃：我带支精兵悄悄从雩门（鲁都城南城的西门）出去，趁其不备偷袭，先败宋军。宋军一败，齐师自不能独留。

曹刿击掌呼：好计谋。

公子偃上前一步对鲁庄公说：我愿意一试。

鲁庄公见公子偃态度坚决，却看看大家没表态，便宣布退朝，众人不知何故。退朝后，朝堂上只有公子偃与曹刿时，鲁庄公过来悄悄对公子偃说：如果你真想那么干，寡人自为暗中接应。

有主公如此话语，公子偃胆壮起来，黄昏时分避开人们的视线，悄悄用虎皮百余张，蒙在乘骑身上，乘骑四蹄均用软席片包上，以行走不发出声音为上。月亮上来，雩门悄张，这支披着虎皮的乘骑，借着月色朦胧，逼近宋营，宋兵全然不觉。公子偃突命全军举火，一时金鼓喧嚣，呐喊声震天。火光之下，全无防备的宋军远远看到一队猛虎咆哮而来，宋军无不战栗，惊惶四散。南宫长万虽勇，无奈阵乱车散，挥刀砍人都不能让道，从何再说抵御鲁师？正在其时，鲁庄公早在城门上看得真切，倾援军到位。两处兵力合一，乘勇猛逐。南宫长万冲出包围圈，落逃到乘丘（鲁国境内，今山东兖州西北），见后面追兵仍然甚猛，只得对猛获说：今日必须死战，没有退路。猛获应声而出，遇公子偃，两下对杀。南宫长万也挺着长戟，撞入鲁军丛中，逢人便刺，竟无人敢近前。

追来的鲁庄公看得真切，问右军主帅孙生道：我知道您素以力大而闻天下，此时能与长万决一胜负乎？孙生于乘骑上抱拳致意，旋即策乘骑径寻南宫长万，双方挺大戟交锋。鲁庄公心急，不顾个人性命安危，竟然站到车轼上张望。那真是棋逢对手，将遇良帅，百十回合，不分上下，孙生渐渐弱势长万。鲁庄公急了，这样下去，如何是好！眼睛看着他们激战，手朝下面一展，喊：快取我金仆姑来！左右捧矢而上。鲁庄公搭上弓弦，就近一箭，正中南宫长万右肩。南宫长万用手拔箭，孙生乘机聚集精气神，猛尽力气一戟刺透南宫长万左股。南宫长万顿时倒地，孙生扑跳下车，双手紧紧按定，众军一拥上前擒住南宫长万。

猛获见主将被擒，弃乘而逃。

南宫长万肩股被创，尚能挺立，毫无痛楚之态。

鲁庄公大获全胜，鸣金收军，因爱南宫长万骁勇，亲往其面前，以厚礼待之。

宋军既败，消息传到北边的鲍叔牙军中。鲍叔牙思忖，孤掌难鸣，只好撤兵。

齐桓公闻败，十分恼怒，却也无奈于鲁庄公。

六

这一日上朝，见众臣又一派胡言地劝齐桓公学齐襄公借战争缓解国内经济窘境，管仲再观齐桓公的表情，那眼光总是朝自己扫过来，他赶紧让过，退于人后。这种场合，他避免与齐桓公发生正面的接触。退朝后，他走在后面。齐桓公喊住他。君臣两人在朝堂上说话。齐桓公问他：你应该是蔡国人吧！

管仲回礼：管国被灭，祖上曾寄居于蔡国的颍邑。周穆王时，恢复管国之封，颍邑归属管国。你问我是不是蔡国人，夷吾一支确实是在蔡国生活过。接着，又问：朝廷之上，众臣之议，主公好像不感兴趣。

齐桓公摆摆手说：我们不说那事，我问你，蔡侯献舞的夫人是陈国公室之后？

管仲：是的，说是陈厉公的大女儿。陈侯妫杵臼将大哥厉公妫跃的小女儿嫁给息侯为夫人。

齐桓公又问：听说这小女儿长得很美丽，有人说她胜过我姐文姜，不敌夏姬。

管仲：情人眼里的女人，个个都美若褒姒。

齐桓公笑道：那可不是好事。褒姒不是个好女人啊！

管仲：美人在身边，看着乐，也是祸。依我看，息侯之灾正是因为这个夫人太漂亮。

齐桓公：息国近楚，这故事也是他楚侯熊赀捣鼓出来的。我想不通，陈国血脉系虞舜之后，国都在宛丘（今河南淮阳）。中原什么国家不好去，要嫁给以楚为邻的息国？

管仲：这事应该就是姐姐蔡侯献舞的夫人看中了息侯，做的媒吧！

齐桓公：息妫的今天也是陈国那场乱引出的。但不知道陈侯怎么平定。

管仲见他提陈国的内讧，心头一惊：你齐国的内讧不也是刚过吗？你的父亲齐僖公多么希望避免，结果避免了吗？人家怎么解决，与你何干，还不好好想自家的事！

齐桓公见他不回话，心里明白，这是自己没事找事揭自己的疤，别人敢应口吗？摆摆手与管仲分别而走。

陈国的故事还得从执政三十八年的陈桓公妫鲍说起。

周桓王姬林十三年（前707），正是齐僖公执政齐国的第二十四个年头。陈桓公一病不起，他的异母之弟陈佗勾结蔡人杀了太子免（即陈五父），自立为陈国之君，即陈废公。陈废公妫佗做这种事，正因为母亲是蔡国人，陈废公过去经常随父母去蔡国，长大后性喜淫猎，也常常去蔡国淫乐。篡位后更是跑蔡国勤快，有时也拉上正室公子、太子免陈五父的弟弟妫跃私下同行。原来，早年在妫佗母亲的撮合下，已经有妻室的妫跃娶了一位蔡国美女为偏室。没想到这蔡女原本在家时就有相好，婚后常常找借口，瞒了妫跃独自回娘家与前情人幽会。得此消息的妫跃，一点也不在意，反而津津乐道私下设法追猎蔡女的淫乐隐私，发展到后来竟将自己原配所生大女儿嫁给蔡侯的儿子姬献舞，这一来，倒是方便了自己去蔡国。这个大女儿就是后来的息妫的姐姐。姐姐出嫁时，妹妹还没出生。

嫁给息侯的女孩子是在周桓王十九年（前701）出生的。她一出世，母亲就难产而亡。据此，陈国巫师预言她会给陈国妫氏王室带来灾难。巫师的地位很高，是智者的化身，无所不知，凡大事，国君总要让其一显身手。巫师这一发话，陈桓公不高兴了，要妫跃把这个女儿弄死。妫跃的原配蔡妃不愿意，悄悄送到了乡间。

陈废公执政，妫跃与妫林、妫杵臼心里总是不快活，原本是哥哥太子免的位置却让庶出的叔叔妫佗坐了！再说，大家都不喜欢这个妫佗。三兄弟在一起密谋，妫跃这时道出了自己多次陪妫佗去蔡国嫖娼的事，妫林与妫杵臼听出了劲道，将计就计，利用妫佗好跑蔡国嫖娼的事，暗下做篇绝妙文章。三人设计，仍由老大妫跃陪同妫佗去蔡国嫖娼，其他两人事先在妫佗常去的蔡国鸨婆家悄悄埋伏。

妫佗果然中计，入了那鸨婆家，便再也没能生还。

除掉了妫佗，陈桓公的二儿子妫跃即位，是陈厉公。陈厉公掌握权力后，不思国事，步妫佗后尘，整天泡在后宫。在位第七年，到蔡国泡妞，巧遇情敌——蔡女的情人。陈厉公原本想与这位情人共同追忆蔡女生前的一些"故事"，不知何故，不知哪条线短路，两人竟然大打出手，偏室的情人出手太重，竟将他打死。在这方面，还是晚了近二百年的卫国国君卫灵公姬元棋高一着，他与老婆南子的情人宋国公子朝，共享一个女人——南子的风流故事至今还被人们津津乐道地提及。

陈厉公妫跃去世，弟妫林继位，称陈庄公。庄公在位七年，卒，弟杵臼继位，是陈宣公妫杵臼。陈宣公在位四十五年，是春秋时期陈国在位时间最长的国君。

周庄王姬佗十三年（前 684）、陈宣公九年，死了丈夫的蔡妃向他提出，妫跃偏室蔡女所生女儿她早就接回宫中，现已长大成人，经过调教，现出落得美丽无比，应该出嫁了。嫁给谁呢？陈宣公希望这个灾星离自己越远越好。正巧，嫁到蔡国二十多年的妫跃的大女儿回来省亲，蔡妃与她说到异母妹妹的婚事，大女儿脱口而出道：息国的息侯年少英武，妹妹一定会看中。陈宣公邀请息侯来陈国访问。息侯一出现，大家就看中了。那息侯见了美女，也顿时心花怒放。双方确定结婚时间，息侯就此返家等待。

这天饭后，齐桓公在后花园散步，有人进来向他报告，说息侯被斩，息妃成了文夫人。

齐桓公半天无语，他清楚地记得，息国封国很早，周文王第三十七子封于息，故而息与周王室同为姬姓，地位与陈国相当。息侯虽为周王室，陈侯则为虞舜后裔。十二诸侯中，陈国最先。周武王时，封妫满于陈，是为陈胡公。周武王将长女嫁给陈胡公。此后，陈国与王室联姻不断。《左传·隐公十一年》记载："郑、息有违言，息侯伐郑。郑伯与战于竟，息师大败而还。君子是以知息之将亡也。"郑庄公是天不怕地不怕的春秋初霸，息侯敢和他叫板，虽然不自量力，精神还是可嘉。陈国占据今天河南东部与安徽西北大片领土。息国只是小国，在今天河南南部息县，西有桐柏山，南有大别山，但也都处于中原边境。以此而论，陈国的姑娘嫁到息国，也算门当户对吧，怎么就出这种事呢？

想到这里，齐桓公抬眼见报告者还没走，便问：息侯不是说他要大办宴席请诸侯的吗？怎么就死了？那陈国公主不是上个月才刚刚过去的吗？

来人：正是。事情就是上月陈国公主路过蔡国惹出来的。

齐桓公：蔡侯献舞的夫人是这位新娘的亲姐姐吧！

来人：同父异母。但母亲生下她就死了，是蔡侯献舞夫人的生母带大的。当时要把她弄死时，是蔡侯献舞夫人的母亲保下并带出宫去养大的。

……

蔡侯献舞夫人的妹妹从家乡陈国到息国，直线距离近四百余里，山路弯弯，崎岖坎坷，路经蔡国。蔡国距息国很近，直线距离百余里。

《左传·庄公十年》记下了这位陈国公主出嫁的事："蔡哀侯娶于陈，息侯亦娶焉。息妫将归，过蔡。蔡侯曰：'吾姨也。'止而见之，弗宾。"

"归"通常解释为女子出嫁。

蔡夫人和息夫人是同父异母的姐妹。妹妹嫁给息侯的消息，蔡夫人告诉了蔡侯献舞。蔡侯献舞早就听说小姨子美若天仙，久有非分异念，听说小姨路过，瞒住老婆，以姐夫的名义阻留小姨子以求一见。妫女哪知道蔡侯献舞心藏邪念哩，见姐夫留她，也就留吧，顺便看看姐姐，再看看姐姐的孩子。谁知，接待过程中蔡侯献舞一直是单独接见，且言谈挑逗，举止轻浮，欲行无礼之事。妫女竭力抗争，最终得以逃脱。

送亲的车队日夜兼程快速向南前行。妫女到了息侯那里，忍不住向息侯说出路过蔡国的遭遇。息侯怒火中烧，是可忍，孰不可忍！但转而一想，凭自己国家的实力不足以对付蔡国，于是派使者到楚国，向楚文王献伐蔡之计。

眼下在位的楚文王，别看他谥号"文"，其武功要胜过乃父，他最重要的功绩就是拓边，沿着父亲确定的问鼎中原路线步步向前。刚刚灭掉了中原战略地位相当重要的申国，改申为县，之后又攻打邓国。他已经打通了一条进出中原的要道。息国正处于另一个进出中原的要冲上，如果能得到息国，楚国到中原更可以畅通无阻！

息侯向楚王求援："伐我，吾求救于蔡而伐之。"[①]请楚国进攻他息国，然后他向蔡国求援，楚国这时趁机攻打蔡国，帮助息国复仇。息侯一厢情愿的念头，却不知正中楚王下怀。息国的求援使者一走，楚文王捧腹大笑。

息妫直觉前途不妙，告诫息侯：你这是拜虎为父，引狼入室……你活活葬送了我们的好日子。她的泪水无法挽回息侯的决定。息侯是个一意孤行的人，反对他这个计划的大臣很多，他不听，坚信计划是可行的。一意孤行的君王智力等于零，注定要亡国。

这天终于来到了。楚军像暗流涌向息国。

息军接受息侯的指示，退避一侧，让楚军越过息国继续向蔡国边境运动。与此同时，息侯还派使者装出一副惊慌失措的样子到蔡国求救。蔡侯献舞一听，身子像拉满的弓一样，全身每一个细胞都兴奋聚合，人叫道：好啊！小姨子终于找上门来了！她来求助，这可是桩美差！上回不让咱亲，这回看我的！蔡侯献舞立刻钦点精兵数万，亲率精兵南下救援。

楚军早已在蔡军必经之路上设下埋伏。蔡军过来，楚军悄悄让过，迅速将其退路截断。当蔡军进入埋伏圈，楚军一声令下，从蔡军背后发起进攻，蔡军立刻乱了阵脚。蔡侯献舞冲出包围圈，带着一支人马向息都奔来。息侯在城楼上看得真切，下令紧闭城门，不予理睬。蔡侯献舞让人向息侯喊话：蔡侯来了，快开城门！喊了一阵，没用。眼看楚军追上来了，只好带着人马逃窜。息侯在城门上大笑：姬献舞，你也有今天！

细作把息侯在城上的举动告诉蔡侯献舞，蔡侯献舞并不知道是戏小姨子惹出的祸，嘴里一个劲地骂息侯：陈国认你做女婿，真瞎了眼！

蔡军逃到莘地（今山东曹县西北），仍摆脱不了楚军围困，没战几个回合，蔡侯献舞本人成了楚文王的俘虏。

消息传来，息侯欢天喜地，当着众大臣哈哈大笑，回到家中，又搂抱着娇妻报功。娇妻却笑不起来，反而泪流不止。

这是为何？息侯大惊道，为夫与你报仇雪恨了，何故落泪？

息妫揩干了泪说：臣妾蒙君侯深恩，才有借楚复仇之事。只是这楚国正在强大，对中原虎视眈眈，不可不防。还有这蔡侯，这次受蒙骗，对息

---

① 见《左传·庄公十年》。

国必然恨之入骨，息蔡从此无宁日矣。我息国又正当蔡楚之间，此二国皆大，我深为君侯忧之！

如此有见识之言，息侯听之当羞惭，偏偏却没有，反而开怀大笑道：夫人不必这么想。蔡侯被俘，生死未卜，其奈我何？至于楚国，已是我友邦，怎会害我？夫人多虑了！寡人在，息国何忧之有？

息妫整理服饰，端坐于息侯对面，正色道：夫君啊，秦虎楚狼，天下皆知，独你不晓。此番复仇，你借楚力，蔡侯恨我在次，楚出手援情让他楚狼从此有恃无恐是大啊！小国在大国之间，时时之忧，焉能忘掉！乞望夫君深思之！

息妫担心的事情终于发生了。楚文王再次来到息国。

原来，蔡侯献舞被掳回楚国，楚文王想杀他祭太庙，大夫鬻拳苦谏。鬻拳的意思是，楚国正想称霸中原，就此杀蔡侯，势必让中原诸侯害怕，即便以武力服之，也是面服心不服。他希望楚王以仁义播天下。楚文王考虑再三，觉得大夫鬻拳的话有道理。他把蔡侯献舞喊来，要放他回去。蔡侯献舞问：你没有任何条件地抓我又放我，这是为什么？

楚文王简单将抓他的过程轻描淡写说了，随即拍掌三下，幕后闪出一群美女，霎时音乐四起，歌舞曼妙。楚文王亲邀蔡侯献舞携美女入池。但蔡侯献舞淡淡地看一眼，毫不动心。他心里如油煎啊！原来你息侯做出如此下流之事！

楚文王：蔡侯看不上我这里的美女？

蔡侯献舞淡淡一笑：以大王之威，难道仅见于此？此又何足道哉！

楚文王：依君侯所见，天下何处更有绝色？

蔡侯献舞笑道：息妫之美，平生未见未闻。褒姒、妲己，何足挂齿也！接着，又将息妫之美着实描摹了一番。他想，你息侯设如此不义陷阱，鼓动楚狼击我，我能对你讲亲情吗？

好！既然如此，让我见过息妫，着实不虚你所言，我再送你回家。楚文王之心已怦然而动，若能得此美人，此生足矣！

楚文王突然赴息国，息侯有不祥预感，感觉来者不善，但还得设宴款待。

宴会上，息侯搞了些歌舞节目，楚文王看得没精打采，勉强应付息侯的热情劝酒，假笑两声道：寡人为君夫人之事很是操心，可否请君夫人为寡人斟酒一杯呢？

依规矩，两国君侯会见，夫人理当回避。现在楚文王要见夫人，焉可拒绝？息侯当即叫人请夫人出来斟酒。

息妫款款而来，头微低，面从容。她一出场，楚文王的目光就直了，惊叹道：世间真有此等尤物！寡人枉自为王，枉自为王矣！

息妫向着楚文王施礼，并表示谢意。

楚文王慌忙答礼，居然把筷子弄掉了。

息妫斟酒，玉手、玉颜、玉体，让楚文王魂不附体，七忙八乱伸手去接息妫送过来的酒杯。偏偏酒杯不是由息妫送到他楚文王手里，而是到了女侍手里，由女侍再过手递给他。就这样，楚文王也激动万分，一饮而尽。杯子一放，目光又狼一样扑了过去。

息妫略一施礼，袅袅而去。

楚文王望着去处，半天不动。

楚文王身边一位陪将上前对息侯道：我楚国为君夫人出了大力，可否让君夫人犒劳我楚国君臣？

息侯一怔，以为听错了。

那陪将用手动了动佩剑，再一次重复：我楚国为君夫人出了大力，可否让君夫人犒劳我楚国君臣？

这是什么话？息侯怒气直蹿，双拳紧握。他不知道应该如何回答，看看四周，没人出来替他解围。

楚文王抬高声音道：息侯为何不言？当初我楚国出兵相救，岂有二话？

息侯迟疑道：还望大王宽容为怀，这样的事，恕难从命！

楚文王将杯子往地上一掷，大喝：岂有此理，分明是敷衍本王！来人，将此小儿绑了！说时迟，那时快。楚文王身边大将眨眼间就将息侯绑了。

前面的动静，自然被后宫察觉，宫人劝息妫逃避，息妫正朝一口井里跳，被后面赶上来的楚文王大将斗丹拽住了裙裾。斗丹说：君夫人难道不为息侯着想吗？夫人若去，息侯岂能独存？这句话镇住了息夫人。她痴了，呆了，一任泪涌。

楚文王熊赀灭了息国，将息国改成了息县。杀了息侯，以绝息妫后念，将息妫掳进后宫，赐封文夫人。夫君被杀，自己由正室变为人家的偏房，还不知道是第几十偏房，能高兴吗？这位文夫人在文王面前变得少言寡语。文王问她何以如此不欢，她说：吾一妇人，而事二夫，纵弗能死，其又奚言？

你的意思是？……楚文王何等机智，用话套出了她的心里话，原来息夫人不忘因蔡侯而失夫之仇，想借他的刀杀蔡侯献舞。楚文王想，美人啊美人，我是喜欢你，但我也不能杀蔡侯献舞落话柄于世人啊！现在，我已经放他回去了，再次兴兵去问罪他，是否太急了些。容我再好好准备一番啊。

蔡侯献舞戏小姨子惹出来的事也太大了啊，这件事倒是让息妫出了名。历史记载最典型的就是"蔡侯不礼息夫人，息楚联合，楚改蔡师，虏蔡侯"的史实。后人把息妫与文姜、夏姬、西施并列，称为"春秋四大美人"。

……

齐桓公叹道：寡人绝不上这种当！然后看看来人问，相国知道这事吗？

来人说：是管相国让我来告诉您的。

齐桓公一惊，缓缓而语：用心良苦。说着，吩咐备车，准备去看望管仲。

七

君臣两人见面，齐桓公叹言：楚王熊赀太霸道了。如此下去，他会不会学了商汤王履，做那取代夏的事？

管仲看看他，心里道：你为什么不说周替代商呢？可见你还是有些忌讳的，也说明周天子在你心里有地位。这是可喜的，是个好君主！想到这里，管仲接过话说：如果再没人出来辅助周天子主持公道，周天子说话还能一言九鼎吗？以前虽说徐国也敢称王，但人家不干涉中原诸侯。这熊赀可不是的，息国现在成了息县。那么，明年或者后年，待楚熊精气神足了，一定是先吃蔡侯，那蔡国会不会也成了蔡县啊！

齐桓公：已经有了申县、息县，只要他的野心拓展，就会有蔡县！他得到了息妫，能不给息妫一个说法吗？

管仲：若说这息妫，还就是美色误国！息侯若娶个一般女人，会出这事吗？

齐桓公：说到女人，我想起了那个我哥要娶的周天子家的公主王姬，现在还在鲁国啊！能不能娶回来呢？

当然可以，这事儿我替你把握着。管仲接着说，世人都说美人误国，依我看，还是富有伤命！这都是因为物质富有造成的，人富有了，却不知道这"富"怎么使用，反而成了害！蔡侯献舞温饱思淫，动起了小姨的念头。这是只知富贵而不知生命的重要啊！这种人做了国君，就管不好国家；做了臣子，一定会犯上作乱；作为儿子，也会成为逆狂之徒。一个国家如果有他们三种人中的任何一种都是不幸！

物也者，所以养性也，非所以性养也。齐桓公接过话称是。

管仲告诉他，物质是用来养生养性的，人在这世界上是享受长寿与生命快乐的。但由于物欲的影响，名利的追逐，影响了本来能够的长寿与快乐。人成了物质的奴隶，倒过来听从物质的指挥，用宝贵的生命去追求物质表面的虚物虚名，面对丰富的物质，过度享用，引出许多富贵病，结果是减短了寿命，甚至白白地损失了生命，有什么意义呢？

自身的生命是本体，是物质为你这个生命的存在服务，还是你作为物质的奴隶而存在着，为物质去辛劳？两者的位置摆好了，恰当了，你才能做事。假如有这样的一个人，为了适应鞋子而削脚，为了换帽子而砍掉头，为了换衣裳而自残身躯，世人都会认为是糊涂的。这是因为他搞错了本末。事实上，世人趋炎附势追逐名利就和这些人在本质上是一样的。他们为了名利而危害生命，甚至不惜割断脖子、砍掉头颅来追求财利名禄，乃至殉死！这都是不知道生命与身外之物的真正关系造成的啊！比方说，人有车，是为了出门办事方便，但这种安逸却引出了脚病。肥肉浓酒，本是为了强壮身体，现在却成"烂肠之食"让人生病。美女与音乐，本来是让人悦目清心的，结果让人沉湎甚至为美女发动战争。息侯就是这样的傻瓜蛋。我觉得息国灭了，不可惜，息妫嫁了楚狼，也是天意。我在想另一件事。管仲说。

齐桓公正听得来劲，忽然听他说想另一件事，便赶紧问什么事。

管仲：人在保全健康身体后，应该做什么事才对？

齐桓公：师傅这个话题可要好好讲讲。我今天就不走了，在你这里吃饭，我们同睡一榻，抵足而眠，好不好？不等管仲说话，齐桓公吩咐随从，把厨师喊来，迅速去采办食物。管仲不让。齐桓公有些生气地说：我今天来得仓促，没带什么，也是想看看你的生活。鲍师告诉我，你生活极为简朴，一个童仆，自己做饭。这是何苦？这样吧……他指着随从吩咐，你、你、你，你们几个留下。师傅的一家都被无知那狗害了，孤身一人，你们留下照顾他。

管仲连连推辞，相互谦让许久，齐桓公坚持那么做，管仲只好随他，提出留下一位即可。有些家务事，叔牙夫人会常常派人来做的。

鲍师怎么可以这样？齐桓公说，他不能给你再娶几房太太吗？夏天抹个凉席，冬天焐个暖被的，女人的体温很是适合你这样的老男人啊！再说了，总得有人传宗接代才是……

说着，齐桓公又让宫中的女官带些女人来，让她们一排儿站着，叫管仲自己挑。齐桓公说这些都没被我染指过，你可以放心。管仲心里明白，年已四十过半，对这些已经看淡，暗示齐桓公作罢！齐桓公却并不理睬，一味地笑着说：对女人，你不如我。你这样为国操劳的人，不能用那半老的，那种女人，渴得很。女人要用自己调教出来的。从小女子开始，自己调教，一招一式，都顺你的意，那才是你的女人。别人调教好的，用过的，就好比伊尹说的，不是清汤炖出来的鸡，味儿就是不纯！

管仲一笑，说：主公对此颇有研究啊！

师傅可不能这样说我啊！齐桓公解释说，我没把时间浪费在女人身上，刚才说的那些都是平时从后宫听来的。

听说你为一点点小事，就把宋妃休回去了？管仲说。

提到这事儿，齐桓公气不打一处来：这个宋侯子捷，真是犯浑，我把宋妃赶回去，那是为让她清醒清醒，他却把她转嫁给了蔡侯献舞。蔡侯献舞这个倒霉蛋，刚刚从楚熊爪子下逃脱一命，还不长记性，又贪起女色来。你说他子捷做的什么事。我要讨伐他！

不可讨伐宋。人家会说你不义！管仲劝道："臣闻内政不修，外举不济。"①接着又说，我看这蔡侯献舞虽然回去了，并不太平。宋妃嫁了这个丈夫，不知能长久几年？我倒是觉得主公应该把那个王姬娶回来，她在鲁国搁了十年啦！当年的豆蔻年华，如今应该也不算老，这样的女人可靠。

---

① 见《管子·大匡》。

齐桓公连连称好，又说：太少的侍候不了，老的也不想沾，乖顺焐腿的即可。

管仲点点头，婉言道：趁着身体好时，多为天下担重任。千万不能学蔡侯献舞。只有把精气神用到霸业上，成了气候，才能阻止楚狼秦虎，帮助周天子维护天下，创造和谐的天下。那才是你应该选择的路，也才对得起列祖列宗！

齐桓公点点头，问：你在朝上为何总是缄默无言啊！特别是我几次用兵，你都不赞成。更有甚者，你出任相国也有些时间了，怎么不见你推荐一个官员呢？好的孬的，瘪芝麻也不见一粒，这是为何啊！

管仲笑笑：主公身边还有许多的好臣子好将军，先用他们，先听听他们的，到需要我的时候，我责无旁贷嘛。

齐桓公听他这么说，有些不乐，正要追问缘故，管家过来喊大家边喝酒边聊，齐桓公压住话头，邀管仲一起入席。

八

管仲送走齐桓公，想起了一个人。他悄悄地出门，来到一条临街很热闹的店铺前。到了面前，刚刚站定，虚掩的门后冒出几位姑娘，伸出嫩嫩的胳膊肘儿，身体燕儿般飞过来扑搂抱扭，管仲还没来得及反应，就不由自主地随着她们进入院内，听得身后院门"哐当！"一声关上了……管仲对这里轻车熟路，他没在院内站停，甩开这些纠缠他的小女子，抬腿向旁边的一条巷子走去，院门口这些女子笑呵呵地喊着，相公走好，玩得快活……

管仲走到巷子深处，左边围墙上有个小门。他迈上石头台阶，抬手正要敲，"吱扭！"门开了，一位老媪笑盈盈地面对着他说：我知道你会来的。

管仲：在吗？

老媪点点头：在，像有急事要找你啊！说着，前面带路，管仲随后，顺着后院树木竹林间弯弯曲曲的小道来到一座小木屋前。老媪推开门，一位眉目清秀、装束利索的妇女对管仲施礼。管仲还礼并告诉她：我们之间，不必啦！那妇女说：相国永远是田靖的恩人啊！

管仲一摆手：举手之劳，何足挂齿。步入屋内，径直走向桌前，见上面放着几支简，拿起，简上面的墨迹还没干，字迹工整清秀，颇有几分成熟。忍不住夸道：田靖啊！如果我告诉人们说是你书写的，会有人相信吗？

田靖：如果不是相国栽培，你说，我还不早成尸骨啦！

管仲：莫说这些，我今天来告诉你一件特大的好事。主公到我家中，还给我送来了几位女仆，并要给我安排女眷，我……

田靖：那你一定接受了。

管仲：不！我拒绝了。我告诉他，已经有了可心合适的……

你不能！田靖扑到管仲怀里，阻止道，你不能说出我，我是个不干净的女人。我愿意侍奉你，那是为了报答你的救命之恩。管仲把她按到榻上，让她安静下来，告诉她：我想告诉主公，我的心上人就是你。但我没说，你不让我说，我当然不会说。今天我来告诉你，是有另一个想法的。

田靖听他这么说，也赶紧说：我也要告诉你一个好消息，想给你推荐一个人才。是你先说，还是我先说？

什么人才？齐国正需要人才，当然应该你先说啦！管仲说着，还是抢先说了，我要说的就是一句话，让主公来做我们的证婚人！

不——田靖还想说下去，管仲拦住：先说正事，我们的事放一放。

田靖只好喊老媪：还是让婆婆来说吧！

老媪从门外进来对管仲说：我与田靖姑娘到城外买柴，无意间碰到一个伙计，相貌与众不同，与我们谈柴价时，手里还拿着简册阅读。我就问田靖，他在看什么啊……

田靖接过话说：我粗识几个字，知道那是周文王给武王的遗嘱《保训》，我记得相国对我说过的。那人见我认出了上面的字，立刻对我说：小姐，你家没有男仆，要你亲自出来买柴？我告诉他，我也是个苦命的人。我的话还没说完，柴行的老板过来斥喝道：一个青楼妓还讲什么文章道理，真是太阳从西边出来了！那青年见状不服，与老板争辩。老板如何将他放在眼里，说他连自己嘴都糊不住，还替妓打什么抱不平！那青年一气之下不干了，并对我们说，你们也不要买他的柴。说着，拉上我们就离开了。原本我想早早告诉你的，但你这几天都没来，我也不敢到你家去……

管仲早已按捺不住，连连问：在什么地方可以找到那位青年？

田靖想了想：南门外，那里有几户养牛的，你过去看看吧！记得他提到养牛的活儿轻松，能有空读简。

第二天一大早，管仲就出城去寻找田靖说的那位青年。果然，出城不远，看到有牛车过来，别的牛车的车夫都是扬鞭赶牛，而一个青年却唱着歌赶牛，牛非常听话，踏着他的歌声前行。管仲明白此人不寻常，下了车，过来与他同行，问原因。

青年说：当年尧到历山打听到舜的消息，见远处田间一青年耕地，举止有些怪。只见这青年的犁前驾着一头黑牛、一头黄牛。奇怪的是，这个青年从不用鞭子打牛，而是在犁辕上挂一个簸箕，隔一会儿敲一下簸箕，吆喝一声，两头牛奋力向前，他却轻轻松松。尧等这青年耕地到地头，便问：耕夫都用鞭打牛，你为何只敲簸箕？青年见来者问，拱手答道：牛为人耕出出力流汗很辛苦，再用鞭打，于心何忍！我打簸箕，黑牛以为我打黄牛，黄牛以为我打黑牛，就都卖力拉犁了。尧一听，觉得这个青年有智慧，又有善心，对牛尚如此，对民众就更有爱心。于是，尧与他在田间扯起话题，谈了一些治理天下的问题，发现这位青年明事理，晓大义，非一般凡人之见。他就是舜……

管仲折服，连连道：先生既知尧舜，必知今日齐国的现状？

青年道：余闻相国管仲，乃治国奇才，所以我离开卫国，欲求投其门下效忠，然苦于无人引荐，故只能做柴行伙计或者给人养牛、赶牛车！可悲可叹……

经过交谈，管仲知道此人正是田靖说的有为青年，忙问其姓名。青年告诉他，姓甯，卫国人氏。管仲说：你是卫武公之后？卫武公姬和是周宣王十六年（前811）接位的，在位五十五年。他的最大功绩是在犬戎攻灭西周、杀幽王之际，率兵平戎，辅佐平王有功，被封为"公"！他将自己第四个儿子姬麈封到甯邑（今河南获嘉），其后以甯为氏。对吗？

青年连连称是，再次施大礼而道：贵人降临，乃我甯戚之福，敢问贵人何故至此？

管仲笑道：我什么贵人，还不与你一样，替人干活的。我与你不同的是，我帮齐桓公一起给齐国与天下人干活。青年一听，明白来者是谁了，赶紧下跪。管仲扶起他，告诉他，自己正替齐桓公在民间察寻名士贤才。你的才能若被淹没民间，实为可惜，应当为齐国明主桓公重用，不知你可否愿意?

甯戚当然高兴,立刻拜谢管仲。管仲当即命书童取来笔墨,疾书一简荐信给甯戚,让他去找齐桓公。接受了管仲的举荐信,甯戚却没去见齐桓公,而是继续给人家养牛。当老媪与田靖再次遇见甯戚时,田靖问他原因,甯戚也就毫不掩饰地对她说起了在宋国的遭遇。

前不久,甯戚听信人言,宋湣公子捷曾经在周庄王八年(前689)亲率齐鲁陈三国联军伐卫,送卫惠公复位。甯戚认为宋侯子捷一定是位胸怀大志者,决定去投奔。当他一袭宽衣大带,昂首阔步出现在宋侯面前,已经接位八年、正准备组织联军攻鲁的子捷见来者如此随意,心中顿时不爽,便端坐不理。

甯戚乃仰脸一声长叹:危哉乎,宋国也!

宋湣公:寡人位备上公,忝为诸侯之首,危何有之?

甯戚:你难道能比周公贤吗?

宋湣公倒也有些自知之明:周公圣人,我哪敢与他比。

甯戚:周公在周盛时,天下太平,四夷诚服,犹且吐哺握发,以纳天下贤士。明公以亡国之余,处群雄角力之秋,继两世弑逆之后,即效周公,卑躬下士,犹恐士之不至。偏偏妄自尊大、简贤慢客,虽有忠言,安能至明公之前乎?不危何待!

宋湣公此时才恍然大悟,离座迎接甯戚,但甯戚已经看透子捷,转身而逝。

……

听罢甯戚之言,田靖说:宋侯已经明白过来,你就应该在那里帮助他啊!

甯戚摇摇头:从他的面相上看,命数不久。我当寻明主而仕!

田靖:天下的明主你能一眼看出吗?你能寻到吗?

甯戚:天生我材,必让明主用之。

这时,城门里有车队出来,甯戚告诉她们,说不定齐侯出来了,我想试一试!田靖见甯戚这么说,便与老媪离开。

没多一会儿,车队到了面前,果然是声势浩大的齐桓公车队。

甯戚取起磬棒,敲打牛角而歌:

> 沧浪兮水漾漾，
> 波澜兮跃鱼。
> 太公兮遇文王，
> 甯戚兮茫茫。
> ……

　　齐桓公听着这敲牛角的声音里夹的歌，顿感异常，忙喊车停下。卫兵见齐桓公下车，以为是前面的牛车挡了道，正要过去呵斥，齐桓公扬手拦住，对甯戚温和地问：你刚才唱的什么歌啊，那么好听。

　　甯戚知道他听出了意思，却故意问，便也打起马虎眼，笑道：哪有宫中的歌妓们唱得好啊！齐桓公一眼看出了他的用心，也不揭穿他，笑道：你刚才唱词里说，姜太公能够遇上文王，造就人生伟业，你还茫然没头绪，是不是？甯戚听他这么说，顿时慌了，知道这位齐侯非宋侯那等浅薄者，赶紧施礼，道：余卫国甯戚，五年来，一直寻找能够展示自己的用武之地，可惜这世间都是向着鱼肉的眼珠，哪有识人的慧眼啊！

　　齐桓公笑道：你这话就不对了。人眼都是一样的，只是有人修炼得好，将慧心用到了观察上。这样的人并不多，但你自己也还没修炼好啊。如果你修炼好，你也可以发现对方，自己去推荐自己啊！所以，你不能怪别人，要先从自身找原因。年轻人，我说得对不对啊？

　　甯戚压根儿没想到齐桓公这样平易近人，才华出众，说出的道理要胜过那些挂羊头卖狗肉的"名士"，赶紧再次施礼。齐桓公笑呵呵地说：让我的卫士去将牛还给东家，你现在就上我的车，我们在车上聊聊，寡人要向你请教治国方略……

　　如此真诚，甯戚只有顺从的份。

　　到了朝堂之上，齐桓公正坐，喊甯戚过来。甯戚上来，先是施礼，然后介绍自己。说了一半，齐桓公说：你不用再说了，现在就去管仲那里做个管粮的小吏，容后有业绩再拔不迟。

　　甯戚站着没动。群臣见甯戚寸功未建便入朝为官，感觉太便宜了，出列劝齐桓公说：卫国距我如此近，派人去了解后再用不迟啊！

　　齐桓公摇摇头，说：不用去问，问的结果不是说此人的毛病，就是鸡毛蒜皮一堆。我先让他去做做事，有什么不足，就会露馅的，再量才安排适合的位置不迟！

甯戚见齐桓公如此说话，知道是位能容人之君，赶紧从怀里取出管仲的举荐信送上。齐桓公一看是管仲举荐，有些诧异地问：有了相国的举荐，你还担心什么？直接来嘛！

我在五年内，有过许多人的举荐，见过好几位君主，都让我失望。所以我想自己也考考君主，看看人家有没有海量能容纳我！甯戚说。

齐桓公乐道：这么说，你也考了我？

群臣齐喊：大胆！敢对我主无礼。

齐桓公站起来对大家说：你们这样干什么？君臣关系原本如此嘛。好比夫妻，切入骨头的爱，一旦大难至，还不是如林中鸟各奔东西？君臣合者千秋佳话，不合的，闹出国破山河碎，周围各国这样的例子还少吗？

群臣见齐桓公这般说话，也都无言地退下。

齐桓公这才想起管仲今天没有到朝，便问值日官。值日官报告说，一个时辰前，京都卫士长带人砸了几家青楼，青楼告到了大司理衙门。隰朋大将军临时兼着大司理的事，他请相国去商量处置！

齐桓公哦了一声，看看甯戚，说道：相国与隰朋大将军都在那里，你也去参加吧，看看他们的处理是否公允。相国几次提出要颁布准予办妓院的法令，我都没应允。这种有伤风化的事，周天子都没有做，各国也都不做，齐国却带头做，我总是觉得不对劲儿。你去看看，也好公议时说说看法，便于寡人定夺！

甯戚受命而去。

九

甯戚到时，大司理公堂上，乱成一团。管仲与隰朋等一行大官都席地而坐，默默看着那些带武器的京都卫兵在大闹。只有卫士长不开口，看着席上的官们。

管仲与隰朋嘀咕着什么。只见隰朋点头，管仲招手让离他最近的卫兵到面前，低低交代了几句，卫兵离去，管仲继续与隰朋耳语，两眼警觉地观察着大堂上的动静。

大堂上，卫兵甲：这些婊子有什么值得保护的？统统杀掉，让天下少了麻烦。

审案官问：就因为人家向你们要花粉钱吗？

卫兵乙：老子睡了她，却向老子要钱。兵睡女人，哪朝哪代哪个法律说要给钱的？

卫兵丙：就是嘛，我们睡了人家主公的老婆，她还磕头谢我们比她家主公猛哩！

……

够了！隰朋喊道，你们闯入青楼，抢睡女人，不付钱，还有脸在这里说话。卫士长，把这几个兵抓起来，砍头！

被绑的兵大叫大嚷道：老子给你们卖命，你们竟然为几个婊子砍我们的头？我们到阴曹地府也要回来找你们算账！

且慢！管仲站起来，扬手道，不！砍头也要砍得心服口服。天下只有讲理的地方，没有撒野卖泼的场子！我想请个人过来告诉这几位兵爷，让兵爷知道这些到青楼的女人，是什么原因去的。

隰朋过来问卫士长：你知道这几个女人的身世吗？她们为什么不做良家妇女，出来做不能见人的勾当？你说。

卫士长摇摇头：我不知道。

隰朋让坐案边记录的小吏说话。小吏大声告诉大家：潘氏女，年十九，婚后三年不育，被公婆赶出家。娘家父兄均已战死，无家可归，被人强暴轮奸，欲死不能，只能沦入青楼。王氏女，二十有四，丈夫战死，留下病中的公婆与太公太婆等四位老人，还有未成年小叔小姑三人，虽有薄地三亩，却没劳力耕种，只能偷偷瞒着家人到青楼挣钱供养一家……

卫兵甲跺脚：你何不早说，如果是这样，我等有何脸面见人家战死的丈夫！

卫兵乙喊道：不用念了，如果都是这样，我等甘愿受罚。罪在我等！

隰朋：小吏可将这家青楼的全部妓女名单与身世给他们看。

小吏将簿册递给卫士长。卫士长让那些卫兵看，卫兵一个个摇头，不识字。

管仲起身了，他走到前面，面对大家说：谁不是父母所生？谁不愿意做个堂堂正正的光明人？这些女人，她们与别的女人有什么不同？看不出是不是？但她们从来都不敢顶着太阳在大街上走。为什么？羞辱自己的行为啊！她们要做这件事吗？如果她们有更好的职业，她们愿意做吗？……说着，管仲走到那几个妓面前，问她们：如果你们有好的活儿做，还愿意做这事吗？

妓们七嘴八舌：不愿意。谁愿意受男人蹂躏糟蹋啊！没有活路，逼良为娼啊！

管仲：你们都听到了吧！是生活的现实逼良为娼……

这时，大堂上走来田靖与老媪。

管仲一眼看到，招了招手，提着嗓门道：你们看，大堂上来了两位妇女。你们可能瞧不起她们，年轻的叫田靖，是我的准夫人，但她以前是妓！

大堂上轰地嚷开了，卫兵们诧异地喊：堂堂相国，找妓做婆娘？！天下谁信！大家窃窃私语起来。

走到面前的田靖朝大家弯腰施礼，纠正管仲的话：我不是相国的夫人，更谈不上准不准的话儿。他想那样做，我还不愿意呢。打我懂事起，就闻兵爷闯青楼白占便宜，难道今天要改过来了？……依我看，姐妹们，兵爷真的没钱，又替国家打仗丢命，咱就当犒劳他们吧！

小吏过来提醒田靖：相爷要你说说你的来历。

田靖应道：到青楼的女人，可以说，个个都不寻常。就拿我来说吧……

原来，田靖是鄑邑，就是俗称安平邑那个地方的人。几年前，管仲代桓公巡视来到鄑邑。有一天，他得到消息，城里的几位大户要与一嬴氏大户开仗，原因是为一个女人。起先，管仲没在意，为一个女人开仗的事，从古到今多的是。驿吏告诉他，这个女人与众不同，是个不守本分的女人。管仲好奇地说：不守本分的女人，绞死也没人替她说话啊！驿吏又说：这可是天下最贤良的女人啊！管仲更不能理解了：贤良的妇人是国家的宝贝，焉能是个不守本分的女人？

问题就出在这里，城里好几个大户都替她说话。驿吏说：这些大户经常到她家，打着送钱粮的幌子去的。去了，自然有与她睡上一觉的。被嬴家一族族长安捉了好几次，但又都被她的公婆跪下求情放了。管仲更觉得奇怪，哪有公婆支持媳妇偷野男人的？必有原因。驿吏见他感兴趣，便说：鄘邑民众都盼相国能够断个公道。

管仲随驿吏赶到城南一条弄前，驿吏说：屃屌弄到了。管仲诧异问：这里叫什么名？驿吏说：屃屌弄。管仲很不高兴地说：什么名不好起，偏偏起这个名？

驿吏说：这是有来头的。这嬴氏不是我们齐国的。管仲说：是的，韩赵鲁燕卫晋宋郑，都没嬴氏。嬴氏在秦，且是国姓，嬴氏姬姓嘛！驿吏说：嬴氏来这里先是做生意，后来买了地，开始农作，到这一代也就是三四代，成了一方大户。寻思搬进城里，遍寻所有闲置之地，无有人家愿意卖宅地于他。后来他们找了衙役，衙役从中说合，给了这块狗都不撒尿的地方，且地方苛刻要求他们把这地方叫作“屃屌弄”，说以前这里就叫“屃屌滩”。嬴氏是西北远路人，说话发音与我们不同，把“屃屌”读成“贝调”，意思是“用钱才能调”的好地方，倒也很高兴。令人不解的是，他们住下后，十几户人家，占了长长宽宽一弄堂，有了个场地平台。奇怪的是，住下后便人丁不旺，上代四儿三女，总共生有七子一女。一女与鲁国商人私奔，七儿先后病死战死。这七儿中，只有一儿成家，就是这位事主。管仲问：战死的那位是哪家的？驿吏说：就是事主这户。哦！地方没抚恤吗？管仲问。驿吏说：有，都给族长扣下了，说事主不守妇道。这一扣坑了七八位老人的活命粮！管仲说：焉能如此！本官定要给他们一个公道。

说话间，来到弄中段一个开阔地上。只见迎着一户的大门敞开着，门口朝外一溜跪着七八位耄耋之年的老人，面对他们的是一立柱，上面绑着一位赤裸裸的年轻女子。立柱旁边有案桌供亡灵，也有记录人员。不远处，另一拨人弓箭快刀在握。主审的人牵着好几条狗，其中已有几条狗与人被击毙在地。这一刻，又有人逐狗上前欲咬那绑在立柱上的女子，只见石刀毒箭眨眼间飞至，那狗与牵狗者立地而毙。眼看双方要再次进行血拼……

驿吏大喊：相国到此！

众人一听，都朝管仲看。嬴家大户中有人认识管仲，大叫：果然是相国来了。主公的师傅到此，我等愿意听他的。

外围那些人听这么说，也有人认出了管仲，过来施礼。管仲什么人也没理睬，径直走到立柱前，解下外衣披到那女子身上，低沉地吼道：一群猪狗!

有人听到了，慌忙命令解下绳索，将那女子松绑。另有人拿来衣裳让她穿上。有人要让她离开。管仲喊：留下，本官要听听她说什么。说着，上前把那些跪地的老人一一扶起。有人就地设席，请管仲入席。管仲坐下，学那甘棠就地审案。管仲的卫兵守在身边。管仲请跪地老人派代表入席，也请女子一方派代表入席，然后告诉大家，自己奉齐公之命巡察到此，见有此事，愿意对此事凭公论断，如果不愿意让我断的，可以离开，后果自负。众人纷纷表示愿意接受相国的审理。

管仲：那好，我就开始了。他对那污辱女子一方的代表说：你先说说你们的理由吧。

嬴氏代表：相国知道，一女不可事二夫，如若准她这种坐家引娼偷人，相国你说，日后谁还愿意前线上阵！若是弄出孩子来，那血脉又算谁的？

就这些吗？好！管仲扬手，打住。再问护女子一方，你们为何相救？

大户代表摇摇头，指指老人：先让他们说吧！

那耄耋老人代表先磕头，然后说：列祖列宗饶恕，一定是我们的上代做坏事太多，造成我们这一代刚刚娶了个儿媳妇，儿子就摊上了前线，一去就没回。留在家的几个男孩，相继得病而亡。这谁都不怪。怪我等老朽，有何能力去耕种那几亩薄地？贤惠的媳妇用嫩肩膀拉犁耕地，那城里的大户看我等要饿死，施舍一些粮食。这事已好几年。是我等自觉得人好处，无以回报，让媳妇给他们生个孩子，算是报答吧！罪在我等老死之身，不在媳妇，恳求相国大人放过媳妇！

管仲看看那女子，倒也眉清目秀，便问多大。女子回说：今年十八。我是陈国人，原本也是大户人家小姐，姓田，单字靖。陈国内乱，父亲带我逃亡齐国，父母在客栈中相继染瘟疫去世。是我丈夫与公公路遇相帮，送走父母，奴家自愿嫁与恩人家。十六岁过门。第二天，遇上摊派抽丁上前线，几个哥哥争着要去。我丈夫知道哥哥们身子弱，前去必死无疑，便自己去了，一去再也没回来。几年里，哥哥们都相继病故，留下七八位老人，如果我离开，他们也都必死无疑。古有头插草卖身葬父，我白受恩人粮食数年，自愿将身体给他们作为报答，又有何错？相国大人，你要主持公道，将嬴氏族中坏人揪出。我家应得的政府抚恤，竟然也被他们吞没！

管仲吼道：竟然有这样的事？

嬴氏一族顿时慌了。

拿下他们前面那一干人，待主公发话，处决！说完，管仲感觉用力过猛，稍稍缓缓气，镇定住自己，然后起身对女子公婆等七八位老人施礼：诸老在上，受我一拜。此拜乃我代我家主公谢你们对陈国内乱来的难民伸出援助之手，体现我齐国的风范。二拜诸老，请你们放心，从今天起，政府会管起你们的衣食住行……

那些帮助过女子的大户跳起来，七嘴八舌道：相国不必忙，国家的大事，你只管去抓，这等小事由我们来管吧！

管仲想了想，站在中间说：也好，但有件事，我得在这里定下。说着，眼睛朝着那女子，缓缓道：也是天降苦难于你，堂堂男子汉尚难撑起这一片苦棚，想不到你却能顶住，真乃我齐巾帼英雄！可是你毕竟不守妇规，多事诸夫。夷吾思想，哪朝哪代会没有你家这样的事啊……

田靖看着管仲。

管仲：你可以有另一种选择，从此另择一个男人重新成家，相夫教子。

田靖：我这七八位老人怎么办？

管仲：我想说的正是这件事。若把他们交给政府，政府是可以管你一家。一国之疆，广大无垠，政府如果顾及不到，岂不苦了老人？再说，国家的能力时强时弱，遇上战争与天灾人祸，国家尚无力维系，能顾及到你吗？

田靖：我想自己管他们，给他们养老送终，尽我一份晚辈的心。但是，如果你能准允像我这样苦命的女人，为养老人维持家业，强作欢颜卖身挣钱，苦我一人，累我一人，罪我一人，让老人们平平安安，我做什么都愿意……

好！管仲说，我思来想去，只有作出一个决定，允准青楼的存在。你想卖身救贫，可以到青楼里去，而不在乡邻间。可以吗？

田靖：当然可以，只是老人们怎么办？

是啊！那就得允许坐家接客，这又如何是好？管仲犯起了愁，他在原地踱步许久，抬头慢慢说道，夏桀既弃礼仪，淫于夫人，求四方美女积之后宫，做烂漫之乐。商汤准予妓女存在，都是有历史记载的。我朝虽没明文规定，但事实上妓女的存在，谁都不能否定。政府又没那么大的能力将这些民间之需包下来，怎么办？为良德风尚，想嫖娼之人，可以去青楼，不必伤害良家妇女；这也有利于社会风尚。只是这坐家接客之事如何处置是好？管仲走到田靖面前，对田靖道：如果有个方法让人一看就知道你是做那事的，这样好不好呢？

田靖点点头：命运让我这样，不愿意也得愿意。

管仲问她：从今往后，你走在大街上，人家都知道你是妓，你愿意吗？

田靖胆怯地问：相爷要我做什么？

管仲问她：如果在你父母给你的发肤上做个标记，明眼人一看就知道你是做那种事的人，你愿意吗？

田靖点点头：我愿意。

管仲点点头，吩咐小吏拿剪子来。下面的人迅速拿来剪子。

管仲举着剪刀来到田靖面前，面对着众人说：我，齐国宰相管夷吾，今天在鄑邑，为拯救一个家庭，为保全我们齐国的风尚，作出一个决定。这个决定是，愿意事二夫者，必然这样……说着，用手做了个动作。大家都明白了，齐声叫好。管仲把剪子交给田靖，认真地叮嘱说：下面的事，由你自己决定了。

田靖接过剪刀，咬紧牙，将剪刀缓缓向自己额上而去。只见她用左手撩起前额一束头发，右手的剪刀横刺过去，咔嚓一声响，剪刀同时掉在了地上。众人朝地上看去，那儿散着一缕田靖的头发。只见田靖紧紧地闭上了眼睛。

管仲的声音飘过来：田靖姑娘，齐国宰相管仲给了你第二个生命，从现在起，你要有心理上的准备，你走到哪里，人家都知道你是做什么的！你额前一缕短发就是你职业的标志。你不用怕。做人做事，正大光明就好！我亦将提请主公颁布一条法令：凡是从事青楼职业的女子，额前必是剪出一缕平发。

嬴族代表叫道：你这是鼓励坐家卖屄。

管仲：她愿意去做，你愿意在她身上去花钱，两厢情愿，有什么不好？当然，我会提请主公颁布政府的管理制度，切实保证有益社会才行！

事情到了这个地步，一堂的人都没话说了。

田靖的身世令一堂的人唏嘘感叹，几个卫兵羞愧地低下了头。这时，外面有人报，主公派人送信于相国，请相国接受。管仲赶紧起身去接，一看，原来这里的事，已经有人报告给了齐桓公，齐桓公对田靖很是关心，要管仲带她去见面。

管仲看罢，对坐在那里的隰朋说：你看这如何是好？若是主公看中了她……

隰朋起身说：主公后宫那么多女人，会看中一个妓？

管仲觉得也对，带着田靖来见齐桓公。

齐桓公一见田靖，顿时两眼发亮，叹道：果然美貌。他问田靖：甯戚是你发现的？你可真有眼力。

田靖落落大方地回道：不是小女子有什么能耐，是甯戚将军才貌出众，还有相国慧眼识人。我只是想到主公要振兴齐国，必是急需人才。记得家父在世时教导小女，不要以人出身卑微就认为无能，十步之内，必有芳草，十里之外，必有知音。

齐桓公连连说：说得好！说下去。

田靖果然继续说下去：太公七十岁在商屠牛，八十岁在做小商贩，周王拜他为师，灭了商，建立大周。伊尹十九岁在做奴仆，后做了商的贤相，辅弼商汤建立商朝。

那你怎么知道甯戚有才的？齐桓公问。

田靖：甯戚一句"浩浩乎白水"让我知道他的不平凡。陈国有歌曰："浩浩白水，儵儵之鱼，君来召我，我将安居？国家未定，从我焉如？"所以，我能听懂。再说，我介绍给管相国，是因为相国自上任以来，为国操心，身心劳累，逐渐使得齐国富强。要是有个助手给他，岂不是更有作为？特别是有能力的才俊做助手，焉不龙乘云，虎生风，齐国富强之道一定能走得更快些。是不是这个理啊，主公！

齐桓公乐道：好主意，正如我愿。不过姑娘，我有个更好的主意。相国需要一个好助手，这是一定的。相国史需要一位贤良的女子照顾他的起居啊！这件事，你愿意吗？

田靖连连摇头：堂堂相国焉能娶一个青楼女子？不成，不成！

齐桓公：我说你不是青楼女子那你就不是了！我颁布法令，让管仲娶你。我还要主持你们的婚礼。相国，你说句话。

管仲赶紧施礼谢齐桓公。

田靖看看齐桓公不是开玩笑，赶紧下跪谢恩，眼睛偷偷瞟看管仲，管仲也正好在看她，眼里满溢着喜悦。

有齐桓公做主，青楼女子田靖成了管仲夫人，天下还有谁敢说话。

十

句首这天早朝，齐桓公问大家有什么紧要的事上奏。一群好大喜功的臣子又开始胡吹乱侃，勾起了他渐渐淡忘的宋湣公将宋妃另嫁人一事，越想越恨，声称要讨伐宋。

东郭牙看着管仲。管仲把眼微微一闭。东郭牙明白他的意思了，心里道：你不反对，我还是要说。便大声提出反对意见。甯戚与王子城父嘀咕后支持东郭牙，宾胥无见鲍叔牙支持，也拉上隰朋投反对讨伐票。国氏与高傒一派联合支持齐桓公讨伐宋国。一时，朝中乱成一团。齐桓公看看管仲，见他眼闭着，心里恼道：你闭什么眼睛，不就是不赞成吗？气呼呼站起来，走到屋中央，对大家宣布：不管朝中意见如何，寡人讨伐宋国那个子捷的事，就这么定了。退朝！

宋湣公得此消息，快马通报各诸侯，说齐桓公与他的那个哥哥诸儿一个德行，为女人疯狂得竟然动武，他想把我当鲁桓公那么捏！诸侯可不能忘掉鲁桓公怎么死的啊！诸侯各国闻而怒火中烧，个个义愤填膺，迅速达成共识，组织联军阻止齐桓公，以防鲁桓公悲剧再演。

齐国进攻宋，必借鲁国过境，鲁国不让道，齐师只好改道顺济水绕行。一路疲惫的齐师到了宋国边境，还没驻扎，早早等候着的联军立刻下战书，齐桓公头脑一热迎接战书，一开仗，齐师即大败而退。溃退的齐师回路必经谭国，依规矩，谭国应该在路边设宴或者茶水，犒赏齐师。没想到败师齐军路过，谭国表现冷冷清清。肚里憋了火的齐桓公想发作，被众人按下。回到家，齐桓公修书告各诸侯国，说明自己为什么要讨伐宋。所说与宋湣公的说法完全两码事，诸侯各国一时难辨是非，只好派人前来问候，以明真情。这是一种礼节。偏偏谭国还是没派人。齐桓公一怒之下，挥师灭掉了谭国。

谭国国君逃往莒国。这是这年冬天发生的故事。

这个莒国，还颇有一些不凡之处。史书有两种不同的记载，一说西周封己姓（一说曹姓）小国，开国君主是兹舆期，都计斤（今山东胶州西南），春秋初迁都莒（今山东莒县）。另一说周武王封少昊之后兹舆于莒，嬴姓，后以国为姓。

齐桓公并没因灭了谭而消气，回国后把管仲喊来，用很硬的口气对他吩咐：请你立刻用你相国的权力，在全国进行备战。我们的战士没有经过训练，根本不堪一击。我们的装备太差了，无法与人家对抗，"诸侯故敢救吾仇"[1]！

管仲并不因为齐桓公的态度而退却，相反更加理直气壮回答他：照你说的去做，齐国必亡！齐桓公反问：何以见得？管仲告诉他，几任主公任意夺取民众财物，士人受勇武的鼓励，以为只有战争才是他们光宗耀祖的唯一出路！对外乱攻击别国，造成诸侯间不信任。真正行义之士也不到你身边来，民心不向君，如此下去，齐国能不亡吗？"政之所兴，在顺民心。政之所废，在逆民心。民恶忧劳，我佚乐之。民恶贫贱，我富贵之。民恶危坠，我存安之。民恶灭绝，我生育之。能佚乐之，则民为之忧劳。能富贵之，则民为之贫贱。能存安之，则民为之危坠。能生育之，则民为之灭绝。"[2]

在一旁的鲍叔牙赶紧上前对齐桓公说：请主公相信夷吾说的。

齐桓公把手一摆：送客。

鲍叔牙随管仲离开齐桓公，回到管仲的官邸。没进门，鲍叔牙就埋怨管仲说：你曾经答应过主公，也劝主公兴起霸业，现在主公想霸业了，你却打退堂鼓，这是为什么啊？

管仲面对鲍叔牙，一脸的怒气：你知道现在的国家是什么状况吗？国库拿不出半个月的军备开支，后宫的俸禄已经再一次由主公自己减了一半。你知道主公休宋妃为什么事吗？就是宋妃每天一只小雌鸡的事儿。主

---

[1]　见《管子·大匡》。

[2]　见《管子·牧民》，大意为：政令能够推行，在于它顺从民心；政令所以废弛，因为它违背民心。百姓厌恶劳苦忧患，我就要使他们安逸快乐；百姓厌恶贫困低贱，我就要使他们富足显贵；百姓厌恶危险灾祸，我就要使他们生存安定；百姓厌恶灭种绝后，我就要使他们生养繁衍。能使百姓安逸快乐，他们就会为此任劳任怨；能够使百姓富足显贵，他们就会为此暂处贫贱；能够使百姓生存安定，他们就会为此赴汤蹈火；能够使百姓生养繁衍，他们就会为此献出生命。

公认为她太奢侈！主公半月才一只鸡！……

鲍叔牙：你说得都对。依你看，怎么办？

管仲：你别问我怎么办。你要想一想，襄公为什么会垮掉？难道就因为减了公孙无知的俸禄吗？用公孙无知这种手段夺取国家权力、活得很滋润的诸侯多得是，为什么公孙无知就垮了？你能告诉我，为什么吗？你说呀！

鲍叔牙喃喃道：我说不出，我如果能说得出，我就当相国了。

管仲说：我来告诉你。就是因为民众不支持。多年的战乱，国家支撑不住了。国家支撑不住，就是民众不支持。国家是靠民众存在的。民众不支持，国家这个大厦焉能不倾。如此之下，你有何法？可怕的是，没人看到！还在想着学诸儿的方法，靠侵略别人掠夺别国的财物来杀鸡取卵、饮鸩止渴！这更可怕。

鲍叔牙一把抱住管仲，着急地问：你说怎么办？

管仲想了想，说：我们的国家是有希望的，这个希望正在主公身上。他有才智，但他心急，想一天就让他的国家富强起来。所以，我们要有足够的耐心等待他睿智的启动，只能耐心等待，别无选择！

鲍叔牙：再等，国家就要亡了！

管仲摇摇头，拍拍鲍叔牙的手背，笑道：我不是吃饭不干事，我在暗中整理着国家的秩序。你看朝上为争夺俸禄而互相斗杀的事屡见不鲜，这可不是好事！只有这样的人越来越少，朝廷上的忠义之士才有可能出现，正气才能真正得到张扬！

鲍叔牙：已经死了好多人啊！再这样下去，传遍诸侯各国，谁还来啊。

这也是我担心的。管仲说，我最担心这种事情的负面效应，诸侯各国中的义士不愿意来齐国，齐国真正的有识之士也不愿意出来做官。

鲍叔牙把他与管仲说的话，向齐桓公作了传达。

齐桓公鼻子哼哼，说：我才不信他的哩，他就只知道天天跑城外那些庄园，找种地的做工的！我告诉你，没他这个相国，我这个齐国一样能够强大起来。

管仲再一次见到鲍叔牙时，鲍叔牙告诉他：主公已经下了三道战备训练的文书。管仲说：我也知道了。我也下了三道关于国家经济政策调整的文书，都挂到稷门去了。

第十一章 江河驻胸天下宽（下）

一

齐桓公三年（前 683）仲春，鲁国得到来自宋国的消息，宋湣公因南宫长万被鲁国活擒，决定发兵进攻鲁。鲁国准备应对。这消息也到了齐国。上卿国氏上奏：今年戊戌年，干什么都顺，主公何不趁着这个机会，利用鲁宋两国的矛盾趁火打劫呢。齐桓公觉得有道理，磨刀霍霍，决定趁宋鲁开战之机，近距离占领鲁国城邑，屯兵静观"争斗"明朗，借跳板远程讨伐宋国。而讨伐宋国的"名义"，就是宋湣公转嫁宋妃给蔡侯献舞一事。

朝议中，高傒提出，应该先与宋联合攻打鲁国，理由是，宋国大将军南宫长万是在与齐联军进攻鲁时被擒的。

齐桓公觉得在理，问大家有什么想法。

好事者提出，十万火急给宋国去信，让宋在鲁的南边开战，齐在北边宣战，南北两边夹攻，鲁侯姬同一定受不了。

好！齐桓公当场让几位将军准备南下进攻鲁国。

好战的将军们叫嚣，把齐国的边境线划到鲁国国都城下！

甯戚看着王子城父，又朝宾胥无挤眼，让他关注管仲的表情。而鲍叔牙与隰朋交头接耳，也向管仲看去。管仲知道他们在看自己的态度，偏偏一语不发。

耐不住的齐桓公看到这一切，提了提嗓门朝管仲问：我打完鲁国，去教训宋湣公，可否？

不可！管仲严厉制止。

管仲如此强硬态度说话，令齐桓公很不高兴。齐桓公看看大家，忍下了。因为管仲的坚决反对，此事没结果地退朝。退朝后，管仲看到鲍叔牙与隰朋要与自己说话，便没马上离开。其他想煽动齐桓公动武的文臣武将见管仲不走，只好怏怏离开。齐桓公走过来，带着情绪说：师傅，人家宋国是因为我才丢了南宫长万的，他出兵去救了，我能不去助一臂之力？于情于理也说不通啊！还有，那个昏君子捷，让我蒙受何等耻辱啊！你说他楚王熊赀得了美人息妫，那是何等快活。后宫戏妃戏到昏厥的宋侯子捷，竟然把我的宋妃送给蔡侯献舞，让他跟楚熊一样乐！是可忍，孰不可忍！他蔡侯献舞离我太远，一时奈何不了他。既然要攻打鲁国，顺道教训教训宋侯子捷，有何不可？

不可以！管仲坚决地说。

齐桓公说：你说国野分治，我依了你。你要实行军政合一、兵民合一的制度，我又顺从了你。这个制度虽然实施不久，优势与威力已彰明较著，动兵有何不可？

管仲：你只看到了外表。国野分治，形式上容易，真正起没起效果要看经济。军政合一、兵民合一，都要从经济实绩上体现。下一步，就是如何减少税收、增加人口的生育水平、提高齐国的总体人口数量。再深一步，那就是加重盐商茶业的税来填补其他农业方面减少的税收，使国家收入保持一定的稳步增长。不到一定时机，切不可说动兵。就是动兵，也不是说动就动的。

说到这里，管仲缓了缓语气，告诉齐桓公：想干大事的人不能在小事上感情用事。不能老是想着个人耻辱的小事。尤其是国君。成大事的国君，不是以多打仗、多进攻别人来显耀自己的威风，更不忌恨受辱的事，不袒护自己的过错。这样，国家才能越来越强大。反之，国家就危险。树敌过多，必然危险就多，这个道理不用我说，主公早就明白了。

齐桓公反问：依你说，我该做什么事？

管仲善意地劝道：应该修好与鲁国的关系，将王姬娶过来。搁那儿十年了，人家姬同有情有意地替你养着。王姬虽已二十四五岁，但还是年轻的嘛！

齐桓公听不进，生气地走了。

隰朋也觉得管仲对齐桓公不敬，鲍叔牙走过来对管仲说：你这样硬顶不是好办法。

管仲对他们说：主公错怪我了。我知道主公是位胸襟宽广的君主，虽然对我不支持他打仗的事很有意见，但他丝毫不束缚我管仲在国家事务上的做法，使我得以推广多年探索出来的治国决策。从这一点上讲，我很感激。请你们转告主公，我不是与他唱反调，我正在与他的想法一步步磨合。

话传到齐桓公那里，他恼恼地回道：寡人等不及啦！寡人让隰朋随我出征，教训乳毛未长全的姬同……

鲍叔牙赶紧劝说：主公，姬同是你同父异母姐姐的儿子，你嫡亲外甥啊！且娶亲成家有后，年虽二十三，在位也有十一年了。再说，鲁国与我国先祖封国时，周天子希望齐鲁两国代代和睦相处……

外甥就不能教训啦？瞧他那熊相。这回我看他躲哪里去。你啊，也别跟我去了，就在家待着，替我筹备后需物资！齐桓公说完，一意孤行去做他的事了。

结果，不出管仲所料，齐桓公兵逼鲁国长勺，鲁国有备而迎。

鲁国得悉宋齐两国从南北两边向自己动干戈，鉴于上次宋国吃了败仗，鲁师有些麻痹大意起来，兵力侧重倾向北边。不料，鲁宋两军在郕邑（鲁国西南方位，今山东汶上）一开仗，鲁国就输了。鲁庄公慌了，他深知消息一旦传至北边，齐军加速进攻，后果就会再来一次历史上宋庄公冯拆郑国太庙椽子修宋国庐门的故事。万分危急之际，曹刿提出，放南宫长万回去，缓和与宋国的关系，集中主要兵力对付齐军。鲁庄公明智地采纳了曹刿的意见，对宋实施和解，将南宫长万放回。

宋潜公得到了南宫长万，目的达到，班师回朝。

鲁国重整三军，星夜起程急赶近三百里，会合预先潜伏于距长勺不远处的鲁军，举一国之力，与齐桓公抗衡。鲁军有备，士气足，一交战，齐师便败。

战败后的齐桓公找理由对管仲说：我的兵力还不足，如果我用多于他三倍的兵力，看他臭小子还怎么抵御我。

管仲心里非常明白，这一刻的齐桓公被那些朝中好战分子抬得忘乎所以，自己再说什么话，齐桓公都不会听。只有当这些好战分子都死伤于战场上后，自己的话才有可能入齐桓公耳朵，也才有人会认同他管仲所提倡的：国与国之间，并不一定要靠战争才能称霸！各国间只有和谐交往、和睦相处，民众才能真正摆脱贫困饥饿。要想达到这一目的，眼下的管仲还只能以静待动，静观其变。

就在齐桓公继续积极备战之际，诸侯国间的形势发生了变化。

宋国遇到百年未见的大水。因为鄑邑之战，鲁宋两国修好。鲁庄公派人送物资前往慰问受灾的宋国。宋潜公亲自出城迎接。

《左传》上这样记载：

使者代表鲁庄公施礼："天作淫雨，害于粢盛，若之何不吊？"

宋潜公对曰："孤实不敬，天降之灾，又以为君忧，拜命之辱！"

消息传到齐国，齐桓公不乐，在朝廷之上发牢骚。管仲却认为是好事。

齐桓公不满道：这是什么好事。

管仲说：四邻修睦，天下苍生高兴！主公可以迎娶王姬。王姬到了，您与周天子就是嫡亲关系，鲁侯还会不敬你这嫡亲的舅舅？

齐桓公想了想，回说：你去办吧。

有他这话，管仲修书一封，送达鲁庄公。鲁庄公上台时接手的这只烫山芋，一焐就是十年！换了你齐国的主公，还不早早就先尝了，尝足了味儿再退给周天子，让人家重嫁！鲁国是礼仪之邦，不干那种事，替你养了十年，你该不再对我撒野了吧！

齐桓公迎回了待嫁十年的周天子家公主。虽说当初天子许给的是齐襄公诸儿，如今换成了弟弟小白，但反正也是齐侯，王姬还是高高兴兴出嫁到了齐国。一踏入齐宫后园不久，就给小白生了个白胖胖的公主。

鲁庄公以礼厚待的宋国将军南宫长万终于回到了宋国。

这件事，管仲另有看法，他对隰朋说：应该让南宫长万到齐国来。此人勇猛，但无头脑，调教得当，一定是员很好的大将军，回到宋国未必是好事。隰朋把这话告诉了齐桓公。齐桓公邀管仲喝茶对弈时，着意询问其中奥妙。

管仲坦率地说：我让他到齐国来，只是不想让宋国遭受一场无故之灾。正以炮开局的齐桓公闻而大惊：师傅竟然有先知先觉之能，顷刻之间就能知道宋国有难？那么，你也一定有破解之法。管仲摇摇头。齐桓公义道：那你一定知道大难何时降临齐国！

管仲笑笑不语，架以双马挡住炮阵，示意继续下棋。

齐桓公举棋不动：师傅为何不语？

管仲：我说大祸临头，你信吗？我说祸在你手，你信吗？

齐桓公放下棋子道：师傅笑话我？

管仲说：臣不敢。说着，手抽回一匹马，改顶中心卒。嘴里说：臣一直以为主公聪慧，能够自己省悟，不需要别人点拨。

齐桓公见管仲留半壁棋路于自己，例也大度地让过，走了几闲棋，接话道：鲍师也这么说。是你告诉他的，但我不知道什么时候能悟出其中的奥妙啊！

管仲笑笑：快了。

这时，有人进来在管仲耳边嘀咕。

齐桓公喊道：主公在此，敢耳语乎？

那人立刻给齐桓公施礼，说：相国让我去核实南宫长万回到宋国的情况。宋侯果然对南宫长万很冷淡，还说，当初我敬重你，是你勇猛无敌，现在你作为鲁国俘虏而归，我不再敬爱你了。这是他在大堂之上当着大家说的。

这个子捷，如此无知。齐桓公说。

管仲两眼一亮道：依主公该怎么办？

齐桓公：人家被擒，并被敌国礼为上宾，你发兵救回，他本身就已经很自卑，作为主公的子捷此时只能安慰，激发他的斗志，让他再立新功。哪有落井下石、当面奚落的道理！

管仲击掌赞同，连连说：所以我觉得天下的勇将、名士都应该到齐国来，齐国的国君才是天下胸怀最宽阔的人！

来人又说：当时南宫长万听了宋侯的话，羞惭难当，悄悄退于庭角，不再说话。退朝时，大夫仇牧私下进谏宋侯，告诫他，君臣之间，应该以礼相交，君不可戏弄臣子，不然枉生悖逆。宋侯全然不当回事，回说：我只是与长万开个玩笑，没什么。

管仲又一击掌：祸生也。

齐桓公：他生祸，与我有什么关系。

管仲：主公能够挑起担子称霸天下的时候到了。

朝中值日官来报：天朝来讣告！

齐桓公赶紧起身前往正堂。

几乎同时，宋、鲁、陈、燕、赵等各诸侯国都收到了周庄王姬佗去世的讣告。别的诸侯国都没出"精彩故事"，单单宋国出事了。

宋湣公与宫人在蒙泽（今河南商丘东北）的离宫内游玩，本来玩得很开心，忽而宋湣公提出让南宫长万与自己掷画戟为戏。南宫长万掷画戟是绝活，能掷戟高数丈，转而用手接住，百无一失。长万奉命玩耍了一会儿，宫人都夸赞不已。宋湣公看得手痒痒，上前接过画戟玩起来，玩了几下，怎么也掷不高，心中不服。旋即让内侍取来博局与长万决赌，并言明输者大斗喝酒。赌博是宋湣公的强项，南宫长万勉强应付。结果，南宫长万连输五局，罚酒五斗，醉至八分，心中不服，要与宋湣公再赌。宋湣公嘲笑他说：俘虏是常败之人，怎么可能胜于我！让开，让别人上！

南宫长万一时无语，退守一旁，心怀怨愤。

就在这时，周庄王姬佗去世的讣告送达。照理，宋湣公应该去正堂接受，可这一刻他赌博正上瘾，竟然看也不看，挥手说：周朝更立新王，我当派人前往吊贺。

站在一边的南宫长万上前奏请：臣未见过王朝都城的繁荣，愿奉命前往。

宋湣公抬头看看他笑道：宋国难道无人，用你这个俘虏奉使？

一侧观玩嬉耍的宫中妇女闻而哄然大笑。南宫长万面红耳赤，由羞而怒，乘着酒劲，一时性起，不顾君臣礼仪，大骂道：无道昏君，你知道俘虏也会杀人吗！

宋湣公大怒道：贼子怎敢无礼！夺戟去刺长万。

南宫长万也不去夺戟，提起赌盘，掷过去，将宋湣公打倒在地，扑上去连挥老拳。那宋湣公平时贪色，早已身虚体空，怎经得起武将的拳头？没几下，便四肢一展，断了气。

南宫长万与宋湣公搏斗之时，宫人妇女皆逃开，一路大呼小叫。大夫仇牧闻讯纠集卫士赶过来，在门口拦住。仇牧执剑责问长万：为何如此？

　　杀人红眼的南宫长万并不回话，上前用臂搬开仇牧，仇牧不让，南宫长万竟用拳头将仇牧头敲碎。卫士们见状，无有一人敢上前。南宫长万走到东宫的西门前，遇到大宰华督，不等华督说话，上前就刺。华督自然不是他的对手，三下五除二解决掉。这时的南宫长万自己驱车由离宫赶回都城，喊来党羽南宫牛与猛获，一番商量后，尽逐戴、武、宣、穆、庄之族，推出他们认为满意的公子游为国君。群公子见状纷纷出奔萧邑(宋属，子姓。今安徽萧县西北十五里）。公子御说逃奔亳城（即薄邑，今河南商丘北四五十里）。群公子出逃，猛获与南宫牛着急，南宫长万却说：群公子中，唯有御说文而有才，又是子捷嫡弟，今日逃到亳城，必会纠集力量反我。若杀掉御说，群公子则不足为虑也。大家觉得在理，随即派南宫牛同猛获率大军攻打亳城。

　　这是周庄王十五年（前682）秋八月初十。

二

　　萧邑有位叔大心，见大批宋国公子来他的地盘上避乱，见义而为，就宋国内乱向诸侯求援。

　　特使到了齐国。管仲见了特使，高兴地说：我国君集中精兵十万、战车五千，怕是正为解宋国之围。萧邑特使精神大振，急急随管仲赶到齐桓公那里。谁知齐桓公对特使说：这件事可以等几天，让他子游也过几天主公瘾吧。

　　年已四十八岁的管仲不解地悄悄问：主公，你这精兵强乘上哪去啊！

　　齐桓公避开萧邑特使，耳语道：不是与你说了吗，这回准备了超过鲁师三倍的兵力，一定让我那外甥姬同对我这小娘舅服帖服帖！

　　听到这话，管仲哭笑不得，顾不得面对萧邑特使，仰面长叹：齐国真正的危险到了。

　　特使辞行时，管仲与他耳语。特使明白管仲叮嘱的重要，回去即向叔大心禀告管仲的问候，并奉上管仲手书！叔大心依管仲手书所言，向戴、武、宣、穆、庄数族请求私人武装，秘密聚集曹邑，会合宋都逃来的公子们联合击杀在师（亳城附邑）围攻太子御说的南宫牛。一场激战，南宫牛战死。猛获见南宫牛死，大势已去，奔卫国而逃。叔大心帅旗猎猎，军威大振，直扑宋都商丘。途中，戴叔皮献策于公子御说，假用降兵旗号，谎称南宫牛等已克亳邑，擒了公子御说得胜回朝，哄开城门。公子御说以为好计，授权先遣数人一路传谎直达商丘而去。待这边兵临城下，南宫长万确信不疑，未设防御。城门洞开，旁路杀出群公子兵卒，一拥而入，大喊单要拿逆贼南宫长万一人，其他人不必惊慌。城中兵将闻而纷纷不战自溃。

南宫长万得悉，急奔朝中，欲奉公子游出奔。见满朝俱是甲士填塞，有内侍走出，告他，子游已被众军所杀，拥立太子御说为主公。南宫长万见大势已去，思考出走，何去何从？诸侯国中只有陈国与宋国无交，欲奔陈国。想到家中还有八十余岁老母，长叹一声，天伦不可弃也！复翻身至家，扶母登车，左手挟戟，右手推车而行。至城门破门而出，其行如风，竟无人敢拦阻。从宋国都城商丘至陈国都城淮阳相去二百里，南宫长万推着车，一日便到。如此神力，古今罕有。

消息传到齐国，管仲急急见齐桓公，向他献策：出面平息宋国之患！齐桓公不解地问：我现成的鲁国不去，舍近求远跑宋国干吗去？

正是主公为天下立功的机会到了！管仲告诉他，宋国之难虽然是叔大心出头灭了几个邪头，但乱根未除。诸侯各国都想趁机展示一下，但实力不如你，如果你不出面，这头功给了鲁国，你说，相比你动兵去教训外甥姬同好，还是用平宋乱的业绩向诸侯各国炫耀好啊！

齐桓公听了，觉得有道理。管仲见齐桓公听进去了，便提出他的设想：先派细作打入陈国，要陈国除了南宫长万。只有南宫长万不存在，宋国之危才能彻底解决。

管仲向齐桓公推荐的细作竟然是女人，不是别人，正是管仲的夫人田靖，随她而行的是齐桓公从宫中派给管仲的女佣。齐桓公觉得奇怪，问其究竟。管仲说：据消息，御说的儿子睇好喜武力，年虽五岁，常常与仆人女佣角斗为戏。贱内田靖，机警敏捷，她作为跟随特使的使唤，必可接近公子睇，用语逗公子睇。不费一兵一卒，以童言达到除南宫长万的目的。此人一除，宋患可减大半，那一刻主公出兵举臂一振，天下诸侯应之。平宋患之头功，能落别人头上？

甚好！齐桓公依了管仲之见，立刻派使者去宋，使者带上田靖与女佣。

使者一行到了宋国，得悉宋桓公不在朝中，便往后宫而去。宋桓公接待使者，田靖便与女佣去寻了公子眛玩耍。

宋桓公与齐使说话。齐使提出齐桓公的看法，并且告诉他将号召天下诸侯联军平宋患。宋桓公担心其中有异。使者笑道：主公不必有虑，焉有跳过鲁国而取宋为粮邑的道理？舍近而取远，兵家最忌，我家主公一片坦诚，请不必多虑。

正说着，五岁的公子眛过来了，侍于宋桓公之侧听着他们说话。

宋桓公告诉使者，已拜戴叔皮为大夫，选五族之贤者，为公族大夫。叔大心因救宋有功被封萧邑，人称"萧叔朝公"，仍归守萧邑。

公子眛在一边听着，笑语插话道：父亲，怎么不见长万来矣？

宋桓公诧异道：小孩子家何以知之？

公子眛说：长万的臂力很大，我们不要他，陈国就捡了个宁！你不信，问这位齐国使者，是不是啊？接着，他对齐使说，刚才随你来的女佣们说，齐国的女人都想嫁长万这样的男人。我问为什么。她说，可以生下许多强壮的勇士！

宋桓公：这么说，我一定要把猛获与长万擒回国内。

公子眛说：长万勇猛，天下久闻。派个人去，空空两手，一张嘴，人家会给你？

宋桓公顿悟，问齐使：小儿之见可对否？齐使告宋桓公：路人皆知长万之雄猛，而陈侯贪财，哪有棒打送财神的理啊！宋桓公明白，乃命使臣多携带贵重宝物以贿赂之。

宋国使臣至卫国，卫惠公姬朔与他见过面，请他于驿站休息，次日朝上，卫惠公向群臣问道：宋使来要猛获，我们给与不给？

群臣纷纷开口，有的出列请求：人家急难之中来投我，一定会为我效力，不能弃之。

偏偏大夫公孙却耳谏道：天下可恶的事，只有一个，那就是宋人恨的，就是我们恶的。我们留下宋国恨的人，闹不好，宋国发兵，五百里伐我卫，有何益哉！从卫宋长久和好上考虑，不去庇护一个宋国恨的人，得大于失吧。

姬朔认为有道理，便暗中着人绑缚了猛获，让宋使押解回国。

陈宣公妫杵臼有个特点，不在朝上接待客人，好在偏室相见，所以来者都知道这是避众人耳目，也因此知道他妫杵臼贪财。宋使出手大方，姬杵臼顿时心动，当场答应送回南宫长万。使者提醒他：南宫长万绝力难制，必须以计困之。

妫杵臼连连称是。宋使离开后，陈宣公妫杵臼让公子结代表自己去对南宫长万说：你能到陈国来，是上天对我们的恩宠啊！胜过我们得十城。宋国已经多次派人来，要我们把你交给他们。我怎么愿意呢？但我们又怕你哪天会嫌弃我们陈国偏小，要到大国去。到那时，我们既亏又无颜面啊！我想请你宽容数月，让我们给你专门打造车乘，你看如何？

南宫长万不知是计，赶紧回答：陈侯能容我，已是我的幸运，不敢再有什么求的。

公子结听到他这话，让随从提来好酒，就席而坐，畅饮为欢。酒过三巡，公子结提出与南宫长万结为兄弟，南宫长万欣喜而从。

第二天南宫长万亲至公子结之家道谢。公子结复留款待，大宴伺候，酒喝到一半，公子结一个眼色，一群美女依次而出，频频劝酒。南宫长万不知是计，以为酒量大，欢饮大醉如泥，卧于坐席不能起身。公子结见状，让力士用犀牛皮将南宫长万包裹起来，再用牛筋捆住；又到南宫长万住处囚其老母，星夜传送宋国。

至半路，南宫长万方醒，奋身挣扎，但革坚缚固，终不能脱。快到宋国都城商丘时，犀革俱被南宫长万挣破，手足皆露于外，押送军人赶紧以大棍击之，令其胫骨俱折。那边接到报，早早赶来的宋军将南宫长万与猛获一起绑至市曹。宋桓公看也不看，令人将他们剁为肉泥，并使人治为酪（肉饼），遍赐群臣，告诫道：人臣有不能事君者，视此酪矣！

南宫长万之八十岁老母，亦并诛之。

三

南宫长万被除的消息传来，管仲告诉齐桓公，该是举义旗的时候了。依管仲的意见，齐桓公号召诸侯各国出兵，用联军维护宋国安定。

召集天下诸侯之军，平宋患，这样的大事必须是周天子授权才行。所以，管仲建议齐桓公先礼周天子，对姬胡齐成为周天子表示祝贺，稍稍提一下宋患之事，表示自己很关注。齐桓公不高兴地说：我就告诉他，想去平宋乱，看他怎么说。管仲赶紧制止说：你忘了郑庄公的教训了吗？郑庄公太霸道，不把周天子放在眼里，结果怎么样？我们只有打出维护周天子的旗帜，才能实现你成就霸业的梦想！

齐桓公想想也对，发话说：那就请师傅起草一份国书呈周天子姬胡齐，首先向他道喜接位……说到这里，他还是忘不了出兵的事，提醒管仲一定要提到他小白愿意代表周天子去平息宋国的不幸。

姬胡齐接到齐国的来信，没任何表示，只是问了一下太宰：齐侯真的把王姬娶回去了？太宰回说：是的。便没下文了。

从己亥（前682）冬十月一直到庚子（前681）正月，齐桓公的焦急等待毫无进展。周天子姬胡齐既没对齐桓公的祝贺答谢，更没对齐桓公想借他的名去平宋患的做法表态。

齐桓公急了，问管仲。管仲也在着急，然而，管仲急的是另一件事。

这是周釐王元年（前681），齐桓公五年春上。管仲已经是四十九岁，任相国也已进入第五个年头。面对着万物复苏的庭院景致，管仲颇有感叹，他轻轻地、不可见地在袖中紧紧地攥着手掌，形成一个很硬的拳头，手臂慢慢地曲起，随着脚下的缓行，他此刻站在一棵树前，眼光朝四下看去，目光所及，无有一人，他抬起了手臂，露出那只强有力的拳头，朝树干猛然击去，然而，就在触到树皮时，戛然而止！

树干比拳头大好几倍，此拳击去，皮破拳败，何利之有？管仲看着树干，自语道：我管仲的抱负焉能与此可比！只有笨蛋才做这种傻事。他笑着走开了，步履顿时变得轻松起来，脑子里涌满了五年来齐桓公点点滴滴的故事，尤其是与他有关的几件事，令他刻骨铭心。其中之一便是他就相位三个月以来一直想做而没有做成的事：他想调整一下朝廷官员，选拔可信有用之才挑起国家重任。后来，齐桓公愿意了，说：你说说吧，想提拔谁啊！

管仲说：遇升官或降职之事，讨论法度制裁，言语刚柔有节制，说起来应该由隰朋把握最好，他应该担当对诸侯各国大事的大司行①长官。开

---

① 大司行：官职，相当于外交部长。多数文载"大行"。《管子·小匡》："升降揖让，进退闲习，辩辞之刚柔，臣不如隰朋，请立为大行。"

垦农田，修建城邑，增加人口，征收军粮，使土地与民众发挥最大的效益，这方面甯戚有他独到的专长，请为大司田①。平原千军百乘指挥裕如，鼓响三军士气贯长虹，斗敌视死如归，我不如王子城父，请他任大司马②。判决适当，不杀无辜，不诬陷无罪之人，宾胥无比我强，请任命他为大司理③。敢于持理直言，不怕冒犯主公，这种劝谏忠心之士，非东郭牙不可，他胜我百倍啊！

齐桓公看看他，扳手指数了数，说：你提了五位重臣。有了他们，你这相国还有事可做吗？

管仲回道：把国家治理好，有这五个人就够了。

齐桓公不乐道：那还要你做什么相国。

管仲：你让我去干他们五人的事，我是不干的。主公想成就霸业，那用我一个就足够！

齐桓公想了想，答应了。

答应是答应了，但在朝中议事，决断大小事，那五人的定论总是被朝中卿士们否决。拿到管仲这里，管仲上朝提出，还是被卿士们攻击，有的甚至被齐桓公婉拒！管仲暗中细细察访才明白，朝中还是上卿国氏说了算，高傒声音震朝野。但毕竟数次的对外扩张战争，让公族中好出风头的人已折损几无，国氏的实力最强大，剩下的也只是几具老残之躯了。高傒一支要好些，但也锐气大减。如此之时，管仲觉得，是该向齐桓公摊牌的时候了。如果再不摊牌，相国的权力还得不到真正意义上的实施，齐桓公的霸业那就无从可言。主意拿定，管仲下决心开始做准备。

现在，就是一个好机会。

周釐王不给齐桓公崭露头角的机会？好！我管仲给。

正月刚过，桃叶刚刚绽芽，柳枝也开始摆动着吐尖尖。齐桓公的花园里，太阳晒得暖暖融融。亭台上，齐桓公与管仲晒着太阳下棋说话。

齐桓公焦急地问管仲：姬胡齐这小子怎么不回话。管仲看看他，提醒说：任何时候，作为臣，都要对天子有敬畏之感！这样做，对你没损害而

---

① 大司田：汉朝称司徒，相当于农业部长。
② 大司马：相当于三军总司令。
③ 大司理：相当于司法部长。

有大益，别人知道你对天子的敬意，也会对你更加敬畏。

齐桓公点点头：师傅提醒得对。你觉得天子会不会给我回复？

不好说……管仲说，离桃花汛还有一段时间，你可再派快乘去天子那里一趟，一句来回，并不耽误。如果天子还是不回复，你就不必顾忌啦！

齐桓公立刻派快乘去周天子姬胡齐那里。

快乘第三天就到了成周都邑，将齐桓公的呈文送上。姬胡齐阅后看看太宰，太宰明白告诉姬胡齐：天子可不能忘记郑庄公啊！关于郑庄公的故事，姬胡齐耳里灌了不少，他明白地点点头：人家又来信了，不能再不回吧！太宰笑笑：你可以告诉他，替天子解忧，乃诸侯之分内事，不得天子之令，擅动干戈，乃周礼之忌。就这么回他，让他自己去思考。

回到齐国的快乘，将姬胡齐的话原原本本传达。齐桓公问管仲怎么办。管仲笑道：这是天子对你不放心，你可以假借天子之名送信于诸侯，集结诸侯之兵平宋患啊！

如果有人向天子告状怎么办？齐桓公问。

管仲：会的，一定会的。而且必须有人这样做，你才师出有名。

齐桓公：天子告诉人家说他没同意，怎么办？

管仲：上面没有天子授权，下面也不是诸侯中的伯爵，能够会诸侯去安抚弱国、拯救水火之中的民众，有什么不可以？谁给你权力？是上天给你齐侯的权力。

好！齐桓公击掌道，就这么做。

当下，齐桓公发信于诸侯，要他们派兵与他一起平定宋患。各国态度不一，但还是有郐国、蔡国、陈国、曹国主公表示愿意参加。依管仲的看法，尽全国之力，集兵十万，向宋国进发。

周釐王姬胡齐元年（前681）春上，天气很好，齐桓公很快就到了北杏（齐境内，今山东东阿境内），看到宋国派来的特使已经恭恭敬敬迎候在路边，齐桓公很是高兴，下车再查点，郐国、蔡国、陈国、曹国主公都已亲率大军到达，还有一些小国没到。

宋国特使前来向发起国国君齐桓公禀报情况。

齐桓公关心宋侯怎么没先到。特使报告：国内事务多，我主已过桃丘到留舒，约有半日时辰就到了。齐桓公高兴地说：那就等他到了，再让他宴请。我今天晚上先请大家。各诸侯国都高兴，陪着齐桓公巡看各国军队，只见军营里乱哄哄的，狩猎、角逐、角球、赌博，还有人招来妓女……

作为召集主盟国的国君，齐桓公还是想到了管仲在他临出发时的叮嘱：这是你首开"由诸侯国名义主天下会盟之政"[①]。依《周礼》"九命作伯，得专征诸侯"，你没有得到天子的准允，这是心目中没有周天子的做法。但这是正义给你的力量，是天下民众给你的权力！你的一言一行，一定要让大家看到你的大国风范。什么叫大国风范？齐桓公心里当然明白。他立刻下令，禁嫖、禁赌，准允健康的娱乐。这一来，各国主公都感到诧异，大家都知道齐国国君好女色，焉有你齐侯出来就做正人君子的事？但齐桓公说到，齐师就能做到，每天除了吃饭睡觉，就是训练。齐桓公请大家喝酒，温文尔雅。大家都诧异齐桓公不是齐襄公的弟弟吗？真是龙生九子，个个不同啊！

有齐桓公作出尊王表率，消息传开，各诸侯国不敢小视。宋桓公到后，联军向宋国进发，由于北杏集结所传出齐桓公严肃军纪的话题，进入宋境，几乎没有任何抵挡，所到宋属各邑，无不开城迎接，宣布尊周王、敬宋桓公。齐桓公好不开心，他生下来到今天，还是第一次遇到这样的好事，各国主公也从来没这样开心过，大家尊称齐桓公为"伯"。齐桓公不敢领受，连连推辞：此天子授，方为正。

齐伯桓公回返的路上，可谓是意气风发，一路所经葛、戴、曹、阚、宿、邱、郜等邑均受到国礼相待，犒劳的物品装满一车又一车，有的国家还送美女给齐桓公。齐桓公得意之时，突然发现属于鲁国的属国遂（今山东宁阳西北），大军路过时，毫无动静。他感到奇怪，派人去问遂君。遂君正在后院戏美女，并没把齐师路过的事放在眼里。他认为自己是唐虞之后妫姓，商汤时的封国，周天子敬我而礼遇，你敢怎么样我？

齐桓公闻后大怒，问鲁庄公：你意下如何？

鲁庄公回说：遂乃我属国，我已经派兵并亲随，你应该不再计较。

齐桓公怒道：不成！我们就此较量，你若胜我，听你的，你若输我，把遂交我处置！

鲁庄公以为齐师骄矣，战斗力一定不行，便接了战书。

---

① 胡安国语，见冯梦龙著《春秋衡库》。

齐桓公问隰朋：明日与鲁师相会，胜数有几？

隰朋回说：我得问将士，他们这一路吃喝玩乐，快活成神仙了。

齐桓公狠话道：必胜，若败，就地斩尽杀绝，一个也不要回去，丢人现眼！

隰朋得了此令，将齐桓公的话通报三军。曾参加过长勺之战的诸将士气得嗷嗷大叫，个个发誓要洗刷长勺之耻，加上这一路并没丢下训练。待与鲁军相会，齐师不再理会曹刿那种一而再、再而三的把戏。一开战，便风卷残叶般向鲁军扑去。鲁国人讲礼义，何曾见过如此虎狼之师，不到两个时辰，鲁军大败而逃。齐桓公的车乘于鲁军前方，横戟拦住主帅车乘，迫使鲁庄公下车同意由齐侯惩治遂侯。

趁热打铁，齐桓公率师直扑遂邑，不费吹灰之力，攻下遂城。把遂君绑来，齐桓公问他知何罪。遂君昂头回说无罪！申述道：我乃唐虞之后，周朝始王封我王城百里外划二百里周圈，保留我妫姓遂国，世代掌四郊，各掌其遂之民数，而纠其戒令，听其狱讼，察其辞。周天朝有我官职卿士，遂士中士！你敢无礼？你背周天子之名而自作主张召集天下诸侯，你才是该斩之叛逆！

齐桓公哈哈大笑道：此天下乃周天下，小白只是替周天子主持了一回公道。有道是，宋国有难，天子初位，有所暇顾，齐伯为周天子安抚天下苍生，当视如天子之令！谁敢抗令，与宋乱者同罪而治！遂君辩解并提出要面见周天子。

你太不知轻重了。齐桓公闻而大怒，抽出剑，一剑刺入遂君胸脯，遂君当场倒毙。

齐桓公宣布：遂邑成为鲁国与齐国交界之邑！并修书呈周天子，同时报告鲁庄公，让他来与自己办交割手续。

姬胡齐收到齐桓公上报书，看了看，连叹气的表情都没有，扔到一边，去做自己的事了。

鲁庄公气得嗷嗷叫：没想到你身为舅舅，做事这么绝，比楚熊还狠啊！

四

班师回朝的齐桓公第一件事就向管仲报告这次出行，为了表示自己的虔诚，他戒斋数日，还请祝师选了一个好日子。

见面的场面是热烈而欢快的。齐桓公言语间的欢意，无以言表。管仲却不动声色，表情一如平时的刻板。渐渐地，齐桓公感觉到了那种用热脸贴冷屁股的味儿。他甚为奇怪，以为是礼节不周，重新与管仲施大礼相见：师傅在上，请赐教。

啊呀呀！折煞老夫也。管仲赶紧回礼。

齐桓公：师傅竭力支持我出行替宋平难，寡人大胜而归，师傅却不乐，这是为何？

管仲：主公平宋患出师大捷，夷吾当然应该祝贺。但夷吾另有心事。是否主公说过一句话：从此平原驰骋，谁敢小视我？

齐桓公：不错，我是说了。我有你管仲辅政，焉不雄视诸侯？

管仲：错也！称霸之业，任重道远，万水千山之阻还是小事，焉能步未迈先夸海口？

齐桓公：有师傅，我有何惧？

管仲摇摇头说：我以为你目前有三难。一是个人好胜而少智，这使你难成英主；只有英主才能做到替天子释难。真正的霸业是属于英主的。

齐桓公：这我可以改。

管仲：民众生活贫病交加。

齐桓公不解地问：师傅的许多好政策不都一一惠民了吗？难道寡人给你设阻了？

那倒没有……管仲解释说，禾非一日成粟，一木一树不成林！民众要养，国家要蓄，非朝夕之能也。

明白。齐桓公又问，师傅说的三呢？

管仲：我想竭尽全力成就您的霸业！可我在朝上说话，没人听；我想对民众的贫病交迫施予主公之泽，有人却说我是往自己脸上贴金。我想惩治恶人，彰显你主公的善德，但却推不动全国的力量来做……

齐桓公终于听明白了，他想了想，对管仲施大礼道：请师傅给我一点时间，让我调整好一些事，然后再回复你，好吗？

管仲说：主公想好了。我也可以好好与主公说说古贤如何辅助帝王成大业的故事。只是主公愿意听，我才能讲啊！

齐桓公说：我吃斋、沐浴数日，就是想来听你教诲的啊！

管仲摇摇头，说：主公心头的事很多，静不下来，就是我讲了，你也听不进去多少。还是改天吧！

好吧！齐桓公见管仲这么说，他作为国君也不能强人所难啊！管仲离开后，隰朋来了。齐桓公问他：我待管仲不薄，可他为什么说自己在朝上说话没人听；他想推行他的一些想法，我全力支持，他说他推不动。他推不动是我的责任吗？隰朋说：主公不用怀疑夷吾的忠诚。夷吾说的，我也看到了，确实如此。依我看，还是请主公多找找原因。齐桓公想不通，见了鲍叔牙，还是提出这个问题。鲍叔牙不满道：如果是我，早就搁下不管了。齐桓公问：为什么啊？你说具体些吧。鲍叔牙说："商贾在朝，则货财上流；妇言人事，则赏罚不信；男女无别，则民无廉耻……"①

齐桓公：我给他权力了。

鲍叔牙：他推行贤德之政，没人听，那就是说你没真正给他权力。"国之所以治乱者三，杀戮刑罚，不足用也。国之所以安危者四，城郭险阻，不足守也。国之所以富贫者五，轻税租，薄赋敛，不足恃也。"②说完，鲍叔牙给了齐桓公一捆简册，是管仲刚刚写完的。齐桓公展开读起来——

贿赂带进朝廷，赏罚不守信用，男女无羞耻。这样的社会，要使民众安于危难，送子弟去为国捐躯，可能吗？朝廷没有赏罚，贵贱没有区别，服制不能按等级规范，要使民众尊重主公，听命于官吏，那是不可能的。统治国家，首先是统一民心。民之纯，国之兴；臣不为，民不越……

齐桓公越读兴趣越大，高兴地念出声来：君主不能以民众的利益为前提，而是靠巫术求神灵，这样的统治没有不败的。结果是，功业不能成就，声名不能显著。它的危险造就独断专行、自以为是的孤家寡人。这个国家的民众也将贫病交加，这个国家在诸侯间没一点点声望，这个国家的

---

① 见《管子·权修》。
② 见《管子·立政》。

主公一天不如一天地混日子……

处于高度兴奋中的齐桓公，停下来对鲍叔牙看了看，说：你说得对极了！接着，沉思片刻问道，鲍师，要说我再给他权力，给什么权力？他已经是相国，还需要什么权力？我只有国君这个位置了。如果能够让齐国强大，我可以把国君的位置让给他。

鲍叔牙：主公错也。他不是想你的国君之位，他只要作为国相，能够令行禁止。说句老少皆知的话，他夷吾开口说话，有人听，听了有人愿意就去做，即可。

齐桓公：就这么简单吗？我在朝堂上宣布一下。

鲍叔牙：一人之下，万人之上，行则规，事有矩！

齐桓公想了想说：鲍师不会忘掉那些擅权夺位的血腥故事吧！

鲍叔牙一下明白过来了，管仲在朝堂上的言令行使受阻挠，看来还是与齐桓公有关，于是真诚地对齐桓公说：别人怎么样，我不清楚。管仲我知道，他不会做那种事的。

齐桓公轻轻舒口气道：我相信，但你得给我时间。

不是齐桓公给他鲍叔牙时间，而是鲁国让齐桓公真正认识了管仲的智谋与胆识。

五

鲁庄公姬同一生气便睡不着，在榻上辗转反侧，满脑子是齐国舅舅们令他又惧又恨的作为。曹刿虽然为他赢得长勺之战，结果又如何呢？包括杀遂君在内，齐国数次侵犯，夺走鲁国大片土地。用曹刿的话来说，齐强鲁弱，齐国侵占鲁国贪得无厌，再这样下去，鲁国城墙倒下就能压着齐境。

朝堂之上，鲁庄公问大家：从国都到齐境只有五十里，鲁国的存在岌岌可危。怎么办？

曹刿气宇轩昂大叫道：不灭齐威，焉能立于世间。

文臣们胆怯地看着那群武将，武将们挥臂支持曹刿对齐动武。朝堂之上，乱哄哄如小儿逗趣。公子偃实在看不下去了，出来大声道：齐国的实力一直比我们强，你们忘了齐襄公的霸道吗？小白上台，如此迅猛侵占我国，凭我国国力根本不是对手。动武之说，休也！如果动武，国必亡！

鲁庄公急了：公子你说怎么办？

公子偃看看曹刿，问：您有何良策？

曹刿：如果主公愿意听我的，齐威必削。

满堂之上，一片惊叹。谁都知道这个曹刿的长勺之战，削了齐国的锋芒，现在又能有什么好的主见，救鲁国之危？

鲁庄公温和地说：赖你的功德而使鲁国稍稍振作，不料此后，齐桓公把我这个外甥当猴耍。眼下，只能依赖先生出力。请告诉我，若由你去削削齐威，需要多少兵力？

曹刿：一支少而精的卫兵，以一当百，百人足矣！

众臣又是一片惊叹。

鲁庄公看着大家，迟疑不决地问：够了吗？

曹刿：只要依我的谋划而行，必操胜券。

朝堂之上一片欢呼。

鲁国大堂上的风，通过齐人安插在鲁国的细作，很快就吹到齐桓公耳边。遗憾的是，曹刿之谋的内容无法知道，齐桓公有些干着急。心细如丝的管仲分析了细作这则关于鲁国朝堂之议的消息，劝齐桓公慎重考虑，没有充分准备，宁可放弃也不要盲目行动。没想到齐桓公发威道：小子胆敢在大堂上议论与我抗衡！偏偏这时，隰朋带来了鲁国特使。

齐桓公宣鲁国特使在朝堂见。朝堂上，鲁国特使送上国书。

齐桓公让隰朋打开鲁国国书并宣读。在鲁国的国书里，鲁庄公提出，既然遂已经被你灭了，那就顺你的意，我们在柯会盟，办理交割手续。

哈哈哈！齐桓公放怀大笑，对大家说，怎么样？征服四海就得靠武力拳头！

一朝大臣听说鲁国愿意将遂邑永久割让齐国，皆弹冠相庆。只有管仲不语。齐桓公看看，并不把管仲的态度放在眼里。

齐桓公问特使：你们主公还有什么话要你带到的吗？使臣摇摇头。

管仲还是从使臣坦然的外表下，证实了自己的担忧。他捕捉到使臣嘴角那不可见的一丝冷笑，不由得打了个战栗。

隰朋正要开口说话，甯戚却抢先问：贵国愿意割让遂邑，我们当然高兴，只是你们割让的是空城还是有民众的城啊！

特使没想到甯戚会问这话，倒是答不出来了。这个事，以他所知应有密谋，他能说什么呢？

大司理宾胥无出列说：主公，使臣连这都说不清楚，可见鲁国割让遂邑一事纯属乌有国之闻。还请大司马王子城父事先备好兵乘，以防万一。

使臣听到这话，慌了，赶紧说：我们主公说了，我们是小国，会盟不带军队，就连剑也不佩。希望齐国国君拿出大国的风范。

齐桓公想也不想地说：可以！

使臣：随从人员也不允许佩剑。

齐桓公：当然。

东郭牙赶紧出来谏言：主公万不可轻信。

齐桓公不高兴地回道：众卿不必再言。

东郭牙：我身为谏臣，不能不谏。他还想说下去，管仲却向他使眼色，东郭牙明白了什么地退下去。齐桓公看到了这个细节，退朝送走鲁国使臣，招呼几位重臣到暖亭说话。一番讨论，管仲赞同朝上持反对意见的几位大臣，他认为目前鲁庄公没到心甘情愿割出遂邑的地步，一定暗藏阴谋。

大司理宾胥无提出：这次不能排除鲁庄公为父亲报仇的可能性。

隰朋也劝齐桓公考虑深一些。

齐桓公恼道：我就不信他有那胆子！

管仲再三恳请齐桓公收回成命。现在，诸侯各国对齐都不友好，不带剑赴盟，不如退出！

齐桓公看看管仲：有这么严重吗？

是的！管仲说，主公想通过会盟来削弱鲁国，诸侯各国能不把主公当作贪婪之徒看吗？以后发生战争，小国就要强硬，大国就早早作戒备，这对齐国有什么好处！

齐桓公不听。

管仲又劝道：主公一定不能去。依我之见，鲁国出席的人员，不可能不佩剑。别人不说，单就曹刿，那是个省油的灯吗？为人强横狠毒，完全不是一个守约之人！

鲁国礼仪之邦，焉能做那等下流龌龊之事。齐桓公如此回答管仲。

这场讨论以齐桓公的坚持而告终。为了保证齐桓公的安全，也为了见见这个曹刿，管仲将相国之职托付于鲍叔牙，并交代好一切应变之策，自己随齐桓公而行。依管仲的意见，大家还是带着精干卫士。

寒风凛冽，水滴成冰。

柯邑（今山东东阿）一处向阳的高坡上，中央设坛，四周无遮。离盟坛五十丈处，鲁国军队严阵以待，近处百名骁勇之士虎视眈眈地注视着齐国来人。齐桓公带着二十余名身怀绝技的卫士毫无畏惧，且面带微笑从鲁国军队面前经过，不时向列队的将士示意。鲁师被齐桓公的威武与胆识镇住。到了坛前十丈处，面对鲁国百名骁勇之士，走在齐桓公后面的管仲暗示王子城父，王子城父依事先的暗号迅速传递，每个人手攥剑柄，准备战斗。那百名骁勇之士见齐桓公到面前，急切想动手，但长官陪着齐桓公，如果动手，管仲一剑即毙长官之命。此时此刻，双方卫士狼目虎视，谁也不怕谁，只要动手，第一个倒下的必是前来迎接齐侯的鲁国上卿，这是谁都明白的事实。鲁将只能再等待下手之机。坛前，齐侯的队伍被拦住了，告知随从与卫士均在此停下。管仲目测了距离，如果发生意外，一个卫士冲上去，无论如何也赶不上。怎么办？齐桓公也明白了这个道理，这时他才清醒意识到管仲事先的坚决反对是对的。他朝管仲投去求援的目光，管仲暗示不理睬！齐桓公把手一挥，卫士冲向前去，又过去五六丈。这时鲁国大夫公子偃过来横剑拦住：何等人，敢闯我盟坛。

王子城父也把剑一拔回道：齐国大司马城父在此侍候我国国君赴盟，你敢阻拦！

双方随从武士拔出武器，一场小战一触即发。

鲁国走出曹刿，对公子偃道：休得无礼。立刻向齐桓公施礼，然后说：我国特使到贵国已经说明了大家都不带剑。所以，大夫偃只是执行鲁国国君的旨意，请你们能够理解。

管仲提出，我们的卫士就在这里。

曹刿想了想，答应了。

曹刿与公子偃都离开。鲁国那位下盟约书的使臣出现了，随之出现的是笔墨锦帛与桌几。齐桓公问：这是干什么？使臣说：我国国君提出这次盟会，旨在向北离开国都五十里地另设关防，由此向齐称弟，拥有关内侯的地位即可。条件只有一个，希望鲁国与齐国世代友好，永罢干戈！齐桓公答应，然后笑道：你这是用来订立盟约的？使臣说：是的，鲁国是小国，会盟时一定不带剑，这是双方约定的规矩。带剑赴盟，传至诸侯就会以交战国的面目出现，于齐国不利。如果您要带剑赴盟坛，不如不赴。齐桓公微笑道：请你撤去这些。我在国内时，已经答应过你了。使臣并不罢休，提出一定要订立。齐桓公看看管仲。管仲出来对使臣说：我们主公言必行，请你相信！这时，齐桓公转脸对随从们说：大家都不要带剑，把剑放下，交给王子城父保管。

使臣看到齐国来者均卸了剑，朝远处站立的人投去一眼。

管仲顺势看去，那儿站立的正是曹刿，脸上放着阴冷的微笑，心里明白，此次赴约凶多吉少。他琢磨出了曹刿出此策的目的，越发证实自己事先的猜测是对的，暗暗庆幸自己早早备下应对方案⋯⋯

这时曹刿向特使示语，让订盟的人员撤出，齐国人员登坛。

齐桓公从左边登坛，鲁庄公从右边登坛，双方到坛上相见，施礼，然后入席。这时，一个奇怪的现象出现了：依会盟规矩，双方互施国礼时，巫祝应该出场，先进行祭天等一连串活动。此时不但没有，场上也没祝师，显然是有意为之。齐桓公正欲开口问原因，只见鲁庄公从怀中掏出短剑，跃身而起，左手举剑对齐桓公，右手指着自己道：鲁国弱，你就经常欺负我们，迫使我鲁国国都到你齐境只剩五十里。今天的会盟，就是设局。与其让你侵占，一个时辰即可灭我鲁国，不如我们两人现在都死。我与你拼死在坛上。

面对这突如其来的事变，齐桓公平日里目空一切、处处以胜利者自居的气势一扫而空。只见他吓得脸色发黄，浑身打战，说不出话来。说时迟，那时快，只见管仲飞快登坛，欲保护齐桓公。曹刿见状跳上台，抽出剑，拦在管仲与齐桓公中间，严厉道：两国的国君想做什么事，别人最好不要介入。否则，我的剑不认！接着，大声说道：请归还侵占的鲁国土地！

事发仓促，左右投鼠忌器，全都眼睁睁地不敢上前解救。

管仲怒斥：你们事先口口声声宣称互不带剑，还要我们立据为证！可你们君臣均以剑要挟，传至诸侯，你们没想到后果吗？

鲁庄公正欲回话，曹刿大声抢先说道：我们反正是弱羊搁在你们案板上，死前挣扎一下，有什么不可以。

你们这是要我国主公的性命。管仲大声说着，回头对齐桓公道：主公，请还给他们地吧。你对他们说，我们以汶水为界，好不好？

曹刿听得很清楚，问：管夷吾，你是说，鲁国与齐国，从此以汶水为国界，这可是真？

管仲：当然是真。

曹刿：那直线就近百里啊！

这时，齐国大夫甯戚从坛下赶来，大声告诉齐桓公：我们出发前，管相让我带上版图。主公，就此划给他们吧！

齐桓公见状，想不答应，如何可能？年轻的鲁庄公已经将剑逼到自己的喉结，命在旦夕！好汉不吃眼前亏，你这样做，我暂时让你，明天我·定会加倍让你划给我，让你像遂国一样从版图上消失！嘴里嘀咕道：还给你就足了。

别人听不到，鲁庄公听得真切，抽回剑，说：你说话可算数？

齐桓公：当然。

曹刿见劫持得逞，马上扔下匕首，退归面北的臣位，面不改色，辞令如故。

对于齐桓公小白来说，作为堂堂大国之君，在如此庄重的场合，众目睽睽之下，受此莫大的耻辱，顿时气得喘吁吁地说不出话。当他看明白自己已经摆脱了曹刿的挟持，立刻恼羞成怒，站立高处喊王子城父过来，要杀掉曹刿并悔约。管仲急向前阻止：不可！弃信而杀曹刿就会失信于天下诸侯，且人可言你贪小利而背信，更会失去天下的人心！请主公相信我的话，我们虽然暂时失去一些过去夺来的地，而后一定会获得比这更多的利益！

经过管仲再三劝说，齐桓公按下怒火：好吧！我相信师傅。

曹刿见势朝公子偃发话，请卜文房用具，与齐侯订约。

在坛下的公子偃手一挥，几个美女抬上了桌几，置于齐桓公与鲁庄公两人前方。书者由齐国大司理宾胥无担任，书写完毕，管仲先看了一下，感觉提法有些问题，提醒宾胥无：就写自齐侯任职以来占鲁国北疆之地，悉数归还，即日起两国境界以汶水始……

鲁庄公听得真切，赶紧站起来，正要说话，那曹刿却瞪大双眼怒视鲁庄公，声音如雷：堂堂大国侯爵，岂能儿戏！鲁庄公立刻坐了下去。管仲看得明白，温和地说道：竹直而质脆，刚烈之物总难长久啊！曹刿自然明白管仲话里的意思，羞愧地低头退后而去。

齐桓公恼道：师傅，说给他们就给，别说那些废话！

管仲把宾胥无写的契约双手捧了递给曹刿，话里带话说：这里还是你说了算啊！曹公对鲁国胜过当年隋国的季梁啊！曹刿不乐道：季梁会打仗吗？他能三击鼓而退你齐师十万兵？

当然不会，应该说，先生胜过季先贤。管仲用挖苦的腔调补上。

也许是冬季的寒风，把管仲的话送入大家耳中变了调，大家都明白地咋舌。曹刿过来对管仲说：我以为还是先请齐侯看。说着，大步走到齐桓公面前，双手捧着敬上：请齐侯过目。齐桓公气得脸煞白，依他的性情，恨不能跳起来把眼前这个人手撕羊肉一样给撕了！此刻，齐国所有的随行人员都看着他，特别是坛下的王子城父和那些精干的卫士，只要他一个眼神，必会冲上来。再看管仲，却温和地投过来一笑，软话提醒他：好事不在忙中取，凑热闹的事，我们不做。齐桓公听明白了，看也不看地说：滚一边去，小人！

那鲁庄公很知趣，赶紧起身过来，对齐桓公施礼：小舅虽是国君，也是姬同的亲舅，如果不是亲舅，您是不会这样做的。外甥姬同今天上了一堂课，知道以后如何孝敬小舅！

齐桓公恼道：快快看罢，我要上路。

鲁庄公认真地看罢，对大夫申繻温言道：可让司理书写同样一份，交给管仲。大夫申繻应诺去办。很快，写好过来。管仲与曹刿共同核对两份契约文字相同，相互对视，异口同声：可以了。并转身面对各自的国君。齐桓公与鲁庄公同时起身，面对他们接过契约，过目后，交给管仲与曹刿。此时，音乐起，奏起鲁国的音乐。齐桓公突然把手一挥：停！奏周曲！

所有人一怔。

曹刿喊：周天子未亲临，也没派使者。不可！

管仲脑子转得快，大叫道：我国国君深知天子之威大于一切，如此重要场合，焉能离开周天子的恩泽！普天之下，皆周之天下，天子虽未派太宰，可他们在看着啊！

鲁庄公无语，看着鲁国随从的大臣们。大臣们私下窃窃私语，并无人出来支持曹刿。鲁庄公明白，这是齐桓公在起雀头搅事儿，赶紧吩咐：

周天子的权威永远与天地共存，奏周曲。

奏毕，管仲喊：请奏齐乐！

鲁国巫祝看看鲁庄公与曹刿。

齐桓公喊：看什么看？奏！

巫祝也就开始奏齐乐。

在齐乐与鲁乐声中，管仲与曹刿互换了契约，齐国书写的交与鲁国，鲁国书写的交与齐国，两国司理接受后退走。

齐桓公准备离开，鲁庄公却走过来，向齐桓公施礼：多谢小舅之恩！

哼！齐桓公睬也不睬地从弯腰的鲁庄公面前走过，对管仲说，要这东西干吗？看紧那曹贼，拿他的头颅给我祭祖！鲁庄公听了，顿时双腿一软，侧倒于地。管仲赶紧提醒齐桓公：不可，此地不要再说话。好汉不吃眼前亏，他们已有准备，我们更不能鲁莽。从长计议，从长计议。说完，管仲对远处的申缥喊道：你约好时间，我们的大夫甯戚与你们交割城池。

申缥应声而去。

六

心有怨气的齐桓公一直闷闷不乐。

队伍刚刚进入齐境，有快马来报，说：郜、铸、曲池、郳、盛、菟裘、卞等国派特使专来问候。齐桓公有些恼怒地对管仲道：都是来看我笑话的！指着前面的堂阜道：我们去那里休息，如果他们想看我的笑话，就到堂阜来见。

管仲吩咐在堂阜官驿安排齐桓公住下，自己便告辞回国都去。齐桓公问他为什么不留下，听听人家会说些什么，管仲告诉他：人家说什么不重要，重要的是自己怎么想！上古时，尧舜禹都曾经用礼义替代过战争！从那时起，英明的君主就明白用礼义替代杀生的战争是最好的手段。我相信那些前来看你的小国国君一定是站在你一边的，你说让他们出兵，他们不会含糊。我得先回去替你准备你想动武的兵乘！

王子城父在一边帮着说道：相国应该赶快回去准备。鲁国如果想灭掉齐国，他现在集全国兵力把我们一举消灭在堂阜是完全可能的。

齐桓公想想也对，说：其实鲍师在家也完全能够办到的。你不想看到我在那些小国面前出丑，也好！那你就回去吧。

令齐桓公想不到的是，这些小国的使者一到堂阜，就向齐桓公恭恭敬敬行大礼，都说：我们都知道了鲁国的国君姬同让曹刿使下流手段，迫使您作出让步。但是，齐侯您并没把当时的胁迫看作坏事，事后集结兵力教训鲁国，而是真正履行契约。这就是您的宽仁与大度！我们大家都一致要求周天子封您为"伯"，有您在，我们就有了靠山啦，今后就不再怕别人欺负了啊！

齐桓公听到这话，恍然大悟，想起了管仲的话。他沉思片刻，笑着对众使者说：我们齐国自从有了管仲任相国，就放弃了靠战争来成就霸业的想法。我要告诉你们，"尊王攘夷"是我们高举不衰的旗帜！从今往后，齐国不再向鲁国乃至各邻国扩张，我们要和睦相处。我们要把精力真正集中起来，尊周天子为天下之尊，坚决打击不尊周天子的言行，创造和谐的太平世界……

这些小国的使者，听齐桓公这么说，都很惊诧，也不敢相信有这样的事，交头接耳嘀咕。

齐桓公：甯戚在吗？

甯戚：主公，臣在。

齐桓公：你听着，立刻着手将我上任以来，靠武力占领的土地清查出来，退还给人家，如果他们不要，另当别论。从今往后，只有他国自愿献出版图的，我们还要认真查清原因后才能接受！

各国使者这才相信这是真的。

齐桓公还没离开堂阜，诸侯各国的问候使者源源不断赶来，齐声颂赞齐桓公在与鲁国柯邑会盟中以德报怨的高风亮节！齐桓公在陶陶然之中，彻底信服了管仲。

回齐国的路上，齐桓公与隰朋等人共坐一乘，一路商量着如何尊重管仲，按照管仲的意见，"修于政，不此伏彼起于兵革，自圉，辟人，以过，弭师。"①

---

① 见《管子·大匡》，大意为：努力整顿国内的政事，不再加强战备，只自守边疆，发掘人才，不再做错事，息兵停战。

当齐桓公到达国都时，鲁国的国书也到了。鲁庄公以国家的名义宣布鲁国成为齐国的小弟，像其他诸侯国一样尊齐为"伯"，随时听命于齐侯调遣。

齐桓公心中大快，抬眼看到管仲走过来，赶快下丹墀，快步过来迎接管仲，敬重之情远远高于往日。他挽着管仲的手一直到朝堂上，命人在他的左侧设席，请管仲入席。这是周朝先宗姬昌敬重有功重臣的举止。

众臣见状，都纷纷向管仲行大礼。

齐桓公借此机会宣布：在齐国，管相的话高于我小白！国事听命于管相！管相有权推翻我小白下的决定！从今而始，吾小白，敬称管相为"仲父"！

退朝后，大臣们都走开了，齐桓公却把管仲与隰朋留下来说话。这时，有两只鸿雁从窗外飞过，齐桓公看到了，有些感叹：这个季节，鸿雁南飞或者北往，时而这里，时而那里，想到哪里就哪里。这是因为它们有翅膀啊，它们就能将自己的意愿通达于天下！是不是这个道理哩？

管仲、隰朋无语。齐桓公感觉奇怪，问他们为什么不说话。

管仲：你有成就霸业的心愿，而我不是能成就霸业的臣子，因此不能回答你啊！

齐桓公：仲父何出此言？成就霸业是你一直劝我的，现在你怎么又这样说话呢？你为什么不能对我直言，让我有方向、有奔跑的目标？在我的心目中，仲父您就像鸿雁的翅膀，渡河的舟船。如果仲父不发一言来启引我，我虽长耳朵，又从哪里获得治国之道；我虽然有嘴，又怎么学到治国之法？

管仲：你真的想成就霸业，好事啊！可你愿意从根本开始吗？

当然愿意……说着，齐桓公感觉君臣位置似乎对管仲不敬，赶紧起身，换到另一屋里，以平等友人的位置来与管仲对话。他问管仲：仲父所说"根本"是什么呀？

万物以天地为本。国以人为本。管仲说，齐国的民众就是你的根本。没有齐国的民众，你做什么主公，称什么霸呢？

齐桓公恍然大悟，连连施礼道：仲父所言极是，还盼仲父明示。

管仲：如今租税很重，民众饥寒交迫；现今的刑法没有规矩，民众错案冤魂；当下借主公名义下达的劳务很多，民众负担过重。这些，你都看不到啊！你能不能减轻民众的税赋、宽缓刑罪、削弱太多的义工使民众有时间种地啊！

齐桓公想了想，对管仲说：仲父说的这三点，我的确也想到了。但我不能擅自更改，这都是祖上留下的，我得到宗庙敬祭祖先才行。

管仲听他这么说，高兴地站起来：我这就去告诉百官，让大家把认为现在不合理的规矩梳理一下，你好一次性向祖宗祭拜，请求开恩啊！

齐桓公应允，吩咐百官回去准备。大家都削好版牍，备好墨笔，准备祭拜祖先时记录。

三天后，齐桓公领文武百官到宗庙祭祖，面对列祖列宗，他再次宣布管仲事相的权力。在太庙门庭朝见百官，颁布新的法规——

从即日起，符合纳税者只交百分之一的税；对孤儿幼女不准施刑；对平时不准开放捕鱼的河池，定期开放，准予捕鱼；通关卡口从现在起，只是检查，不准征税；进入市场的农工商品，只是记录，并不征收费用。

……

管仲见齐桓公真心治理国家，很是高兴，即席表态。他颇有些感慨地说：再过两月，我就步入五十岁了。古人到这年龄，是知天命、安命、颐养天年的时候，想不到今天还能得到齐侯的信任，授予无上的权力。夷吾决不敢辜负齐侯列祖列宗，一定殚精竭虑帮助齐侯完成"尊王攘夷"的霸业。

离开宗庙时，齐桓公拉管仲同乘一车。

齐桓公坦诚地对管仲说：经过柯邑会盟，我是真正明白仲父为齐为我的好。对于称霸，对于治国，我一直有些犹豫。主要是我有三大缺点：一是好打猎，二是好饮酒，三是好女人。男人染上这三点，什么事都做不成。君主沾上这三点，那就是庸主，无以完成祖宗交给的事业！思前虑后，我决定学先贤的做法，把国家交给你，由你来完成我们祖先的愿望。现在，我的第一步就是赋予你至高无上的权力，如果我不能治理国家，无法支持你时，你可以将我推翻，另换主公。

管仲听罢，连连道：你身上的三样缺点，都不是最要紧的，可以容忍。

齐桓公诧异道：你连这三样缺点都可以容忍，那么，在国君说来，别人最不可容忍他的缺点是什么？

管仲率直地告诉他：不了解贤人；了解了贤人而不加任用；虽任用了却又不相信；即使相信了却经常使小人掺杂其间。这对于国君来说，才是最可怕的。

齐桓公笑道：照你这么说，我还可以坐这国君之席。你是贤达，我对你敬重又寄予大望，你能否再告诉我，怎样才能让天下诸侯都听命于我？

如此说来，你还是有点霸业精神的嘛！管仲坦然一笑，说，你认为天下都能听你的吗？南边的楚熊、东南的吴越、西北的秦虎？

齐桓公：是的，他们时刻都想替代周天子。正是出于这个原因，希望仲父告诉我，怎样才能让他们听命于我，与我一起去实现"尊王攘夷"的大业。

管仲："欲用天下之权者，必先布德诸侯。"①你的柯邑之举以德报怨，即为布德之举，完全能够得到众多国家的认同和尊敬。我们先王的原则就是有所取得，必有所付出。好比人欲前跃，必先屈退，然后才能舒展一跃得更远。明白了这个道理，必能使天下之权应用裕如。

明白。齐桓公道。

管仲又道：一般人都明白，军队打仗的胜负主要靠指挥者，指挥者自然又看他的权力大小，权力大小又是看他拥有土地的多少。土地多的可以有充足的养料去供给军队，精兵壮士多，打胜仗的概率就高嘛！

齐桓公乐道：能够得到地利的人，权力就归他所有；失去地利的，权力就失去。

管仲摇摇头说：争夺天下，说到底还是争夺天下的人心，有人心才能守得住土地。从这个道理上讲，不用战争，而用道理，一样能够取悦天下人心。人主所向，天下归一。周公吐哺，正是这个道理。用战争得到土地，与用小人计谋得逞都是一个道理，只能一时之快，久之必失人心。失人心，即失天下，只是时间迟早罢了。

齐桓公觉得很有道理，问：依仲父所言，得不到天下大多数人拥护者，就不可以成就王业！能够得到天下半数人拥戴者才可以成就霸业？

---

① 见《管子·内言》。

是的！管仲说，古圣贤王总是谦卑有礼地对待天下贤士并加以任用，均分利禄来吸引天下民众顺从他的统治。从这一点上看，至尊的天子拥有天下的财富，而不被世人认为是贪欲，因为他需要治理天下所必备的物质。正因为如此，他们拥有再多的物质都不为过！有为天下人谋利的心愿，加上天下的财富，再靠自身的修炼，这才能体现权威的震慑作用，达到聚合天下权力、治理天下而四海诚服的目的。

齐桓公：明白了。权威如何震慑，又如何聚合天下的权力呢？

管仲：用广施恩德的行为，来结交诸侯，使他们心甘情愿附属于你；用严惩奸佞的罪行，来规范天下的行为人心。有了这两点，就可以借天下的威势推广明君的功绩，讨伐逆乱的国家，赏赐功臣，树立圣贤的榜样与威望，彰明天子的德行……

齐桓公：民众在这样的环境下，当然就安宁啦！

正是！管仲点头道，所以啊，先王们夺天下的经验说到底，就是靠功德！这个功德就是道理。道理啊，也就成了实实在在的"物利"关系啦！这就是正道，有这样正道的国家经常没有忧患而名利双收，君主还要被人称为圣贤；国家遇到危难能安然渡过，人们称这个国家的君主叫"明圣"！

哦！难怪常说，先王师法的是神圣，尊崇的是明圣。齐桓公恍然大悟。

管仲提醒他：一句话能保全一个国家，不听或反之就灭亡。这是大圣人的话。

齐桓公看看管仲，心里想：你说得太对了。柯邑会盟就是你仲父一句话，成全了我的权威。以后我还要多听你的……

管仲告诉他：千乘之国如果掌管得好，他也可以让诸侯诚服，拥有天下。万乘之国如果掌管不好，也可能丧失国家。这就看你治国的能耐了。有三种情况，能够展示国家高度危机的征兆。第一是人家都安定，你的国家却动荡不安；第二种情况是，诸侯都能相互合作，唯有你被排斥在外，这样的特立独行者能不被诸侯联军灭掉吗？还有一种就是危险出现，邻国都在积极准备战争，你却还在歌舞升平。

齐桓公点点头：我明白了，治理国家与诸侯间的联系很重要。

是的！管仲说，从某种意义上说，英明的君主为天下匡正时势，已经成为天下诸侯的共识。抑制强国，扶助弱小，抵御暴虐，制止贪欲，保

存亡国 [1]，安定危局，继承绝世，这就是天下拥戴、诸侯亲附、民众得利的好事。今天天下的趋势就是，支持这样做的君主成就王业。智谋超越天下，果断称绝当世，才能震撼四海，也才能辅佐王业。换言之，千乘之国完全可以取代万乘之国而行天下，关键在于谋与义！也可以说，义取天下，并不需要你是诸侯伯还是附庸，更不提你是天子还是诸侯！

仲父说了这么多的道理，就是阐明"无德而欲天下者，后果必败"的道理吧？齐桓公说，又问道，我们用什么标准来看一个国家的盛衰呢？

管仲：观察一个国家的角度是很多的，路过时，路边的庄稼会告诉你这个国家拥有的民众状况；你去会见它的国君，仪式会告诉你，它是真正富有还是空虚；从军队出来的步态更能看出战斗力……没有土地想富有，自然不可能；没有德行想称霸，自然就有危险；国土不大，却建了许多都城，徒增游手好闲的人，必然会让阴谋分子有篡弑之隙……

车乘行至宫门前，大家下了车。

齐桓公拉着管仲的手，说：仲父，我听你的教诲意犹未尽，今天太阳也正暖暖地晒着，我们边散步边继续聊，如何？

管仲：当然可以。

齐桓公吩咐：前面草堂备下温酒，我与仲父在那里用餐。走，请仲父继续刚才的话题。

草堂上，三面暖壁，一面迎着太阳，整个亭中暖暖的，让人想睡觉。酒菜上来，君臣两人对饮。齐桓公说：仲父，我还是希望你把治理国家方面的事说细一点。

管仲放下酒器，侃侃而谈：一个国家应该君贵臣荣，君主威严尊贵，臣子卑贱恭敬，方可政行令止，这个国家的治理就到了最高的境界。你可以设想，天下有两个天子，天下还怎么治理？这好比一个家庭里有两个父亲，那个家还能好吗？动物里面也讲一山不可有两只虎王。尧舜时代的民众，并不是生下来就听命治理的；桀纣时的民众，并不是生来就要动乱。关键还是君主的管理。霸业起步，第一步就是治理民众，治理好了本国的民众，国家才能稳固。民众动乱，国家危亡。英明的君主是明白个中相互关系的，他们使用仁惩并举的手段，使臣子敬服，政治宽平，民众能够安

---

① 指拯救被别国侵略欲亡的国家。

居乐业。对军队教化和谐，将士勇猛善战。所以周穆王伐徐国，迫使楚国取消称王都属于正道之举！

齐桓公听得津津有味，竟然握着筷子悬于半空而忘掉放下。

管仲继续道：君主能够使用能人，国内百事自然可以得到治理，亲近仁人则君主没有危殆，任用贤士则诸侯能够诚服。从这个角度去看霸业，霸业的形势是怎样的呢？在实行德义、运用智谋、兴兵作战、利用各种外部条件等各方面，与诸侯各国相比都处于优势、优越地位，这样的君主能不称霸吗？管仲换了一下坐姿，继续说下去：善于"尊王攘夷"的国君，会利用大国的势力，并在逐步利用中渐渐使大国神不知鬼不觉地缩小；利用强国的权威，悄悄削弱它；利用重卿的诸侯国，表面顺从，暗中减弱它的势力。天下强国多，那就联合强国削减有劣迹的弱国，以实现自己的霸业；天下强国少，就联合小国来攻打大国，以实现王业。强国多时，谈论王业是极愚笨的；强国少时，施行霸道是败坏事业的馊主意。神圣的国君，总能观察清晰天下走势，掌握准确的诸侯国动向，权衡得失祸福的门径。这样的国君认为：强国多时，先举事危险，后举事得利；强国少，先举事称王，后举事必亡。好战之国多，后举事则成霸；好战之国少，先举事可以称王！成就王业者的心，方正而不偏执。列位不排斥贤人，选贤不只看年龄地位，而重才干与智慧。先王们争夺天下时，靠的就是方正的态度；建立天下，靠的是整齐的号令；治理天下，靠的是民众一看就懂的政策；发布政令要符合民心，奖勤罚懒一定公平无私，兴举大事必要顺应天时地利……

不知不觉，太阳西斜，管仲谈兴不减，齐桓公更是如饥似渴、全神贯注地倾听……

第十二章 小谋初展试大图

一

就在管仲与齐桓公达成共识，竭尽全国之力搞经济之时，郑国之乱再度开始。

郑国的再次动乱，起因竟然是已故姬忽娶亲过程中的一则传说。

那是周庄王姬佗元年（前696）四月甲辰，也就是四月初六。这一刻的齐桓公小白正随鲍叔牙亡命奔莒。也是这一天，管仲观看天象隐隐感觉到了什么，正待细察。仆人来告诉他，郑国公子忽，就是那位先主僖公两次要把女儿嫁给他而未愿接受的姬忽，去陈国娶新娘了。管仲当时哦了一声，隐隐有一种莫名的不祥之感。当时的他，千头万绪缠在身，实在无暇细琢磨。

郑国距陈国不远，郑公子姬忽去陈国娶亲，本可以去了就回，可他偏偏小住了几天。辛亥这一天，也就是四月十三，在陈国大夫陈铖子的陪护下，新娘从陈国朝郑国进发。甲寅（四月十六日）回到郑国国都，这支浩浩荡荡的娶亲队伍刚刚走到郑国都城南门下，就被阻住了。姬忽着人去问情况。回来报告说，有两条巨蛇在南门下打架，场面十分激烈。

姬忽喝道：蛇打架很正常，人还打哩。赶走就是了。

陈铖子却扬手拦住，让他的手下去观看。姬忽问其原因，陈铖子闭口不言。陈铖子不言，姬忽不再问。事后，陈铖子道出原因：原来，依当时的礼节，姬忽迎娶新妻，必先拜祖宗，后入洞房交欢。而姬忽到陈国后即让新妻到陈国驿站来看他，并强行相拥交欢。陈铖子得知后预感要出事，但他只是想到姬忽悖祖宗之旨的后果可能就是无后或者不善终，至于怎么个"不善终"，那就只有天知道了。现在，蛇打架挡了姬忽的迎亲婚队，真是不吉利！

很快，陈铖子手下的人来告诉他，郑国南门下这两条蛇打得很激烈，好像是在争地盘。一条住在城门里，长八尺，青头黄尾；另一条住在城门外，长丈余，红头绿尾。三日三夜，不分胜负，国人观者如市，莫敢近之。后十七日，内蛇被外蛇咬死。外蛇竟奔入城，至太庙之中，忽然不见。

陈铖子挥挥手，让手下归队，不再言语。

后来高渠弥射杀姬忽的消息传到管仲这里，他又是一叹，并扳着指头说：故事没完，还有人等着受难。那两蛇相争的故事并不是指他们。事实上，后面还有姬亹与姬婴……

能够参透两蛇相斗故事的不单单是陈铖子，还有许多人，其中就有鲁国的大夫申繻。反应最强烈的恰恰是据守在郑国栎城的姬突。姬突自己对号入座，说自己就是那条在城外的蛇。多年的流亡生涯，让姬突对君主之位有了全新的认识，他意识到，这个宝座浸染鲜血，自然也包含同出一父兄弟手足的鲜血。上天告诉他，只有进城杀死亲弟弟婴，郑国才是他的！骨肉与权力，还是后者好啊！他开始谋划这件事，心谋与准备，整整花去他十七年时间。

十七年后的今天（前680），姬突决定重返郑都新郑。他玩的把戏也很普通：派人找到郑国大夫傅瑕，并绑架了他。贪生怕死的傅瑕提出只要饶他一命，什么事都愿意干。姬突说：好啊！你帮我回到新郑，坐坐那个本来就属于我的位置！傅瑕想也不想地回答：可以。当下两人说好，姬突派精干刺客充作傅瑕家奴随行入郑国。怕傅瑕变卦，傅瑕临离开前，姬突专门进行了有祝师主持的盟誓。傅瑕对天发誓，除掉姬婴并绝其后，迎姬突回新郑。数月后的六月二十日，傅瑕果然弑姬婴及其两个儿子，把姬突隆重迎回了新郑。

夺回君位之后，姬突杀的第一个人就是傅瑕。

大夫原繁与姬突在丹墀下相见。原繁论辈分是姬突的伯父，但原繁对这位新国君视而不见。姬突喊住他：伯父啊，我在外流亡时，你不向我通报国内的情况；我回来了，你又不主动向我表示亲近，这让我觉得很遗憾。你是不是认为我杀傅瑕不对？你别忘掉，一个敢于反了旧主讨好新主的人，能忠心侍君吗？

原繁当然知道姬突的用意，他平静而有条理地告诉姬突：举国之民皆是国君的臣子，臣应该忠于君，这是上天的规定；子仪（指姬婴）在位已经十四年了，那些图谋使你返国的人，当然都是有二心者；庄公（指郑庄公姬寤生）之子还有八人在，如果他们每人都像你一样，以高官厚禄诱使诸臣背叛君主，你又该怎么办呢？

姬突咬着牙，很久不说话。

原繁没有正视他，而是直接走了过去，把姬突甩在那里。恼怒的姬突跺跺脚，决定先把祭仲一党的公子姬阏杀掉，公子姬强不惹事，那就让他活着，但不能行走！姬突办完这些事后，得到消息说原繁自缢而死。原繁留下话，他不愿与残忍的侄子同晒一颗太阳！

"恢复"了郑侯地位的姬突，向各诸侯国通报。

齐桓公很在乎从坊间传来的消息，这些令人惊心的传说，对姬突是极为不利的。齐桓公决定放下手里抓经济的精力去掺和郑国的动乱。

细作告诉齐桓公，鲁国对郑国的故事也有些反应。鲁侯姬同根本就没去想什么不可违逆的天意之类，倒是想到了妖怪，他问鲁大夫申缟，难道世上真的有妖吗？

申缟是怎么说的？齐桓公问。

细作说，大夫申缟回答鲁侯：妖由人兴，人如果没瑕疵，妖就不会发作；人若违背常道，妖就会兴起。

齐桓公问管仲：鲁国申缟这话有道理吗？

管仲回答得很清楚：如果我没猜错，主公想去教训姬突。

哈哈！齐桓公开心道，只有仲父知道我的想法。怎么样，我们现在就行动？

管仲摇摇头，说：你想去教训他，是不是想表示自己的强大？如果是这个目的，我们可以用另一种更省事的方法来达到。眼下国内大搞经济改革，不宜多动荡，对外应该更谨慎才是。

仲父所言极是，请示意。齐桓公完全顺从管仲的意思。

管仲重提当年齐桓公以天子名义平宋患的事，说：当年的北杏会盟，奠定了我齐称霸的基础，眼下郑国之事，可以借用前例，先去天朝探一探天子的看法。

齐桓公立刻做了安排。

又是厚礼，送到周天子姬胡齐那里。周天子完全是一副受宠若惊的样子，倒是身边的卿士家父看得明白，连连暗示胡齐，要拿出天子的威严。胡齐很快明白过来，以帝王之威、仁爱之礼，隆重接待齐桓公的特使。明白齐桓公特使的来意后，胡齐大大吁口气，立刻对单伯吩咐，率王师随齐侯去振天子之威，束诸侯无德之举！

经过一番准备，管仲向齐桓公建议于周釐王三年、齐桓公七年（前679）十一月在卫国鄄邑（当时是卫国城邑，今山东鄄城北旧城）会盟。齐桓公当然同意。应邀参加会盟的诸侯国有宋、陈、卫、郑以及刚刚替晋的曲沃武公，他们都提前到达鄄邑等候齐桓公的到达。这让齐桓公很有脸面，特别是周天子派的特使卿士家父，还有大夫单伯率领的王师，给齐桓公撑足了门面。谁也没想到，这个不起眼的鄄邑，自有这个开头，后来竟然成了齐桓公成就霸业的始地，更成为诸侯会盟的常设之地。

这次会盟，齐桓公发表了成为后人"君主临政之概要"的鸿篇巨制。这篇文章是管仲事先给齐桓公制作好的简牍，齐桓公照本宣科：

凡将立事，正彼天植，风雨无违。远近高下，各得其嗣。三经既饬，君乃有国。喜无以赏，怒无以杀；喜以赏，怒以杀，怨乃起，令乃废，骤令不行，民心乃外。外之有徒，祸乃始牙。众之所忿，置不能图。举所美，必观其所终。废所恶，必计其所穷。庆勉敦敬以显之，富禄有功以劝之，爵贵有名以休之。兼爱无遗，是谓君心。必先顺教，万民乡风。旦暮利之，众乃胜任。取人以己，成事以质。审用财，慎施报，察称量；故用财不可以啬，用力不可以苦。用财啬则费，用力苦则劳。民不足，令乃辱。民苦殃，令不行。施报不得，祸乃始昌。祸昌不痏，民乃自图。正法直度，罪杀不赦。杀僇必信，民畏而惧。武威既明，令不再行，顿卒怠倦以辱之，罚罪宥过以惩之，杀僇犯禁以振之。植固不动，倚邪乃恐。倚革邪化，令往民移。法天合德，象法无亲。参于日月，佐于四时。悦在施有，众在废私。召远在修近，闭祸在除怨。修长在乎任贤，高安在乎同利。①

齐桓公的声音在朗朗晴日的天空回荡。

会盟之席，鸦雀无声。

齐桓公的讲稿宣读完，整个会盟场上，依然静如子夜。许久，才有人击掌，旋即掌音如雷。诸侯纷纷起身向齐桓公致贺。

有人说就是这次会盟，齐桓公不耗一兵一卒，在当时的诸侯国中确立了自己的霸主地位。与会的诸侯争相抄录齐桓公的演讲，正是这篇演讲震慑了诸侯，使大家意识到舆论的极高地位与重要性，开创了"稷下学"

---

① 见《管子·版法》，大意为：凡是君主要成就功业，就要端正心志；不违背上天的自然规律；处理好各种远近贵贱人的关系，使大家都能各得其需。这三方面都能协调裕如，君主才能真正地拥有这个国家。不要因为自己的一时高兴就乱封赏，也不要因为自己的一时盛怒就滥杀无辜。这样的行为会引得人们怨声载道，政令也将废弛无效。政令出现屡屡无效，民众就会见异思迁。一旦民众心向城外，祸患就已经开始萌生。民众怨愤纷纷，君主仅靠手中少数人的力量是难以应付的。做自己喜欢的事，就要先考虑到它的结果。废弃自己所厌恶的事，你一定要周全想到后果。用表彰来鼓励敦厚恭敬之人，用奖赏来激勉有功之人，用授爵来增添名士的声誉。广施仁爱而没有遗漏，这才叫君主的胸怀，或者说是"君心所衡"。一定要先施教诲，民风才能淳朴。朝夕想到民众生活所需，并及时给予，民众才能真正为你承担责任。用人先要审察自己是否出于公心，做事先要树立标准。财力使用要审酌，谨慎支出酬报，明察利弊关系。努力做到合理使用财力而不吝啬，劳役民众而不让他们过度伤累。役使民众劳力过度，民众就会更加劳苦、贫困，政令也将因此而受阻，祸患将因此而萌生。如果这个时候你还不能觉悟，民众只能离你而去。法令公正，制度平等。杀戮有罪而不予赦免，执行刑戮威信实有据，民众畏惧自然诚服。权威一旦公告明示，政令就无须再三重申。训斥懒惰者，让他们知道羞辱；严罚有过的人，让他们知道惩戒；杀戮犯法而不可饶恕的人，使邪念者受到震慑。如果执法坚定不移，邪恶异念就会感到恐惧，民众中的不良恶习就会得到铲除。政令既出，民众欣然从命。君主要效法上天广施厚德，效法大地宽爱无私。这种念想要与日月同在、与四时相吻。要使民众高兴，请你对他们施利护爱；要使民众拥戴你，请你对他们废去私心。要想招来远方的贤士，请你修治内部；要想避免祸害，请你先消除怨恨。实现宏图大志在于任用贤才，巩固君位在于与民同利！

的先河。

齐桓公不可动摇的霸主地位自此而始。

二

郯邑会盟，使齐桓公的威望如日中天。

翌年十二月，齐桓公听从管仲的劝告，在齐国北边的幽邑，再度与宋、陈、卫、郑、许、滑、滕诸侯国会盟。这次主要阐述郯邑会盟的"尊王攘夷"精神，并告诫大家，谁想对周天子不敬，我这里首先通不过。有前次郯邑会盟的那番讲话垫底，齐桓公再说什么话，诸侯都愿意听。看到这样的状况，管仲悬着的心放下了，他知道，诸侯把时间留给了他，他就要好好地干些事。

稳住了诸侯间的形势，管仲便把注意力放到了国内的经济与秩序整顿上。

朝堂议政，以往，不管你提什么议题，朝堂上总有人说三道四，起哄反对，他们心中只知道用兵打仗。现在，齐桓公不在朝堂上主动提用兵，满朝文武便无人去触动这根敏感神经。齐桓公听了管仲的劝告，把主要精力放到国内经济与秩序整顿上了。管仲把他任相以来要做的四件大事，件件落实。

这四件大事是：

首先对他的相国府动大手术，将原来乱七八糟的重叠机构，重新设为轻重九司府；负责行使监管国家的货币、料民、准绳、籴粜、平准、盐铁等管理职能。

其次，宣布对盐与铁资源实行国家垄断专营，任何人不得私采经营，当时称"官山海"。

再次，对农业土地实行均田分力，你家地多，没有劳力，可以采取均出土地让无地者代耕，只付相应的报酬，与收租区别很大（与今天的"土地承包经营"类似），称为"相地而衰征"政策，这项政策深得人心。

最后一项是扩大粮食的贸易进口，在国内粮食生产机制没有稳定的情况下，以进口粮食作为急救！

这四项改革的大事，需要管仲亲自落实与实施，朝中一些日常事务就不能多牵扯精力。管仲征得齐桓公同意，把政府职能部门大事分给隰朋、宁戚、王子城父、宾胥无、东郭牙等人去做。在实施中遇到问题，他们可以直接去找齐桓公汇报。齐桓公非常乐意倾听并提出一些独到的见解。他们也会带着问题深入民众寻找答案。实在解决不了的事，齐桓公召管仲来会商。这样一来，管仲就不被日常事务缠身，完全腾出精力来实施这四件大事了。

管仲要实施的四件大事，其实都是相互关联的。齐国经过这么多年的用兵，人口下降颇多，要采取一些可行的政策鼓励增加人口。人口的增加有许多前提，首要是粮食问题。解决粮食问题，就要鼓励农耕，从根子上解决本国粮食生产供不应求的矛盾。农耕没跟上之前，粮食进口尤为必要。进口粮食，不是有些人所倡导的用战争去掠夺能解决的，那是饮鸩止渴，万不能做。思路理清，管仲就要到民众中去走走、看看、听听。

转了几个地方，管仲发现，秋收刚过去不久，国家粮库的存粮竟然所剩无几。距离明年夏收还有整整半年，不用说动兵，就是日常开支也不行。这是怎么回事呢？经过调查，管仲发现，随着齐国在诸侯间的威望上升，商家认为齐桓公好战性格不会改，要不了多久，一定会发动战争，首先遭殃的一定是鲁国。于是，商家就在齐鲁两国之间囤积粮食。商家大量收购粮食，朝廷却收不到粮食。国库没有粮食，怎么办？强行征收商家手里的粮食，一定会触动许多人的利益，有些商家的背后就是公卿大夫将军们。

管仲还发现，在国内商家囤积粮食之时，诸侯各国也对出口到齐国的粮食抬高价格，有时高得惊人。思索良久，管仲突发奇想：我何不借他们的手来操一次盘，让我齐国坐收渔利，同时也给那些敢与国家抗衡的人颜色看看。思虑成熟后，管仲决定付诸实施。一旦进入实施程序，必须确保成功！管仲这样严格要求自己。

这一天，管仲到鄑邑巡看"相地而衰征"的实施情况，路过一处粮库，见进出车辆不多，粮食也很少。上前问原因，邑官说：诸侯各国都知道齐国缺粮严重，他们抬高的价格已经不是月翻旬涨，而是日翻倍，旬涨潮。前天还是十钱一升，今天已经是百钱一升，明天可能就是一金一升啦！管仲倒吸口冷气，忍不住暗自叫道：见风涨啊！怎么办？邑官见他无语，叹道:这好说，更为重要的是，有些将军大夫借机哄抬，在他们看来，反正是齐桓公的天下，那饼太大，随便掰一块，还不够你吃几辈子啊!

管仲明白他说的话，不搭腔，走开了。刚刚走出邑道，迎面遇到甯戚的弟弟甯樾。一问，是甯戚派他去处理土地问题正好路过。管仲让自己的车与甯樾的车走一起。两人隔着车说话。甯樾告诉管仲，朝中有些官员与不法商人勾结一起囤积粮食。如果能够制止他们，也许会好些。管仲告诫他:朝中复杂，这些话传到我这里，就别再传了，也不要告诉你兄长，他那人直性子，说不定会忍不住在朝上说出来，势必引起不必要的麻烦而影响了我们的大局。

什么大局如此重要? 甯樾不解地问。

管仲笑笑:主公要尊王攘夷，这个大局，你能不知道?

甯樾颇有些不解。

管仲说:在用兵上，战争未开始就预料到一半的结果，这是军事上的高见。在一件事还没出现、风起萍末时，你就应该有三成的预料，知道结果会如何，那就有了八成的胜数……如果我们都把主公的大业放在首位想，那几个贪官算什么? 把他们养着，硕鼠是因为大，更因为养大了可以杀了吃，皮也可以做用品，才有人愿意养着他们。小鼠有屁用!

甯樾点点头说:我明白了。相国有什么事可以交代我，信任我啊!

管仲笑道:那是自然的。眼下我想做一件事，正用得上你啊! 当然，这件事做起来还有些悖天意。可如果不做，齐国的缺粮危机就很难度过，严重时会招致亡国……

甯樾怀疑地问:有这么严重吗?

是的。管仲开导他说，泰山下的方圆百里梁邑，连续几年粮食丰收，鲁国也是粮食丰收，单单我们齐国连续两年歉收。加之我们前几年用兵多，国库没存粮，兵怎么用? 民怎么活? 甯樾问:相国有何妙计安天下? 管仲笑道:天下人都知道我们主公好女人，女人这尤物是要耗精气神的。只有精气神足了，才能与美妙女子卿卿我我啊! 楚国盛产斑点鹿，特别是春天鹿长的那个嫩角，可是壮精血的好东西。你能让楚国的商人们搞那东西到齐国赚大钱吗? 赚那东西的钱能不比贩粮食赚得更多吗? 甯樾答应:我这就让人四下散布。管仲满意地点头，接着又说:你还要告诉鲁国与梁邑的商人们，告诉他们，我们的主公不知做了什么梦，要大家不再使用齐国那薄而轻的纨绸。甯樾不乐了，说：这是齐国的特产，工艺上要比鲁绨难啊，费料还少……

管仲打断他的话说：正是因为这个啊！你依我说的去做，一定不会错的。

甯樾嘀咕：相国说的事一定是对的，我照办就是了。

管仲的话，甯樾能够照办，齐桓公可不那么容易听进去。他对管仲说：你有什么办法先让这城邑的民众别穿得那么破破烂烂啊！走在路上，看到的都是遭饥无食、受冻挨饿无衣的民众。正常的赋税收不上，房屋漏雨，城墙坍塌无力重建，你说怎么办？仲父，我眼下就想让齐纨的价格降至民众能够随便购买，民众可以摆脱饥饿，能下地干活，穿戴像样子。

管仲说：这事太好啦！正是我想做的。

齐桓公乐道：又是关系尊王攘夷吗？

管仲回说：正是。

齐桓公问：如何见得？

管仲靠近他悄悄嘀咕。齐桓公听了直点头，然后高兴地起身说：好！你告诉我，怎么做，才能让大家都到地里干活，身上穿戴像样？

管仲：办法简单。你下令把道旁的树都修去枝叶，只留主干。

齐桓公：就这么简单？

管仲：去繁就简，得益万千。

齐桓公立刻下令将全国各邑与路两旁大树的树枝修掉，只留下朝天的树干。一岁不到，原来积压的齐纨顿时告罄。织造官上报要从国外进丝。齐桓公问管仲，管仲把手抬到半空，猛地朝下一劈，大声道：非也。正吾所愿啊！

仲父何出此言？齐桓公诧异，又问：仲父可否告诉我，你让我剪道旁树枝与"五衢之民，衰然多衣弊而屡穿"[1]，有何关联啊！

道旁树成荫，正是春天与夏天，枝繁叶茂，过往行人要在树下贪荫。各路民众中男女相好者来往集市的，散市后都愿意两人多待一会儿。他们上哪去呀？当然是有树荫之处。那壮年男女推车而过，也选树荫下歇脚儿。树荫好，必多贪凉，人一多，打情骂俏的故事就多，消磨时辰、闹出

---

[1] 见《管子·轻重》。

故事不说，更忘了回家下地干活。还有那嫁出去的女人与娘家熟人见面，唠的时辰啊，昏天黑地！父子俩更好，席地而坐，闹壶酒，借着树荫的凉爽，喝开了，还想什么农田的活啊！百乘车辆休息在树荫下是很正常的事。因为大树的枝叶浓密，树上聚鸟，人们都喜欢援弓而射之，有这种种乐趣，谁还想回家啊？老年人在树下唠老经、下棋，多好啊！……

齐桓公点点头：仲父说得极是，但不都是这样吧？

一家之中，若有我上面说的三种人占树荫凉爽，那田草还有人薅？五谷该播时没人，桑麻栽种不及时，茧丝要人缫却没人！庄稼人五月累死腰，树荫下，却有这么多闲人。帛布丝絮能不贵吗？你把树枝芟剪掉了，树下没荫可纳，人们只好去干活啦！

齐桓公高兴地说：我明白了。民可驭的道理原来就在这里面啊！现在，齐纨告罄，你不说想办法抓紧生产，却说"正吾所愿"，这又有什么奥妙呢？

管仲请齐桓公想一想数年前齐国秋收丰产时的事：你那年担心我国丰收的粮食会流到诸侯各国去。这种情况年年都是发生的，诸侯各国的粮食也都是这样流通的。没多少人想着囤积粮食的事。再说，民间也有囤积过季的粮食变质的事发生。但你说的这个担心……

齐桓公一拍脑袋，想了起来，乐道：这个事啊！多亏你的细心，你告诉我，都城西厢与东关各有一户在建造粮仓。你让人仔细察看过，很好。回来告诉我那囤造得好，特别是囤底高，壁是用傅说法所筑，厚实，也盖了尖顶，利于下水。你劝我去看看，最好送块亲笔题字的壁给他们，以示奖励啊！管仲回道：正是你送的两块石壁，上面凿有您亲笔题字，可让他们在全国都闻名啦！大家纷纷效仿，结果就解决了粮食保存的问题。

你把他们的事迹写在木板上，挂到稷门上，全国都知道了嘛！齐桓公说完，须臾又叹道，天下没有一劳永逸的事，连旱两年，又开始缺粮了。怎么办？真叫人发愁。

管仲：主公还记得我去年对你说的，要从根本上解决我们齐国粮食缺乏的话题吗？齐桓公点头说：记得。管仲立刻就说：我现在请你赶制鲁绨织料的衣裳，出席过几天鲁国公使来的接待场合。

齐桓公问：有什么用呢？

正好管土地的甯戚过来，管仲喊住他。

管仲问齐桓公：主公知道齐国的土地有多少里？

齐桓公看看甯戚说：方圆五百里。

甯戚说：修筑平阴堤防和长城，占掉了三分之一，但这都是不长谷粟之地。海庄、龙夏一带，又占掉了余下的四分之一，当然那也是不长粮食之地。潮汐外绕、海水淹滞的地带又占了五分之一，也是不长五谷之地……

主公，照这么算来，你可是寄食他国的主公啦！管仲接过话说。

齐桓公惶恐地起身说：如此，我该怎么办？

甯戚告诉齐桓公：主公不必慌张，相国早已胸有成竹。

哦？不妨先说来听听。齐桓公对管仲道，仲父对我还有什么保留的啊！

没有，完全没有。我只是在时间上安排一下，有些事可以早讲，有些则需要迟一些讲而已。管仲对齐桓公讲起了道理，说，善」发号施令，也可以成为治国的基础。主公如果专门征收货币，富商就会操纵货币；主公如果专门征收粮食，富商必会控制粮食；主公能用号令来征税，左右四方不就都在您的掌控之中了吗？

齐桓公点点头：你这一说，我明白了天地万物的产生、它们的归属，还有在它们流通时的价格。我想知道，怎样才能解决不寄食他国与土地被占领呢？你反对我用兵啊！

管仲看看甯戚。

甯戚明白相国是要他说说看法，他就直言道来：鲁国与我们隔一道长城，汶河又将我们一些孤立的土地割让给了鲁国。但两国之间争战不停，造成许多地方不能开耕种植。如果相国有一种办法把两国之间的这些荒地都用起来，也能生产不少粮食啊！

齐桓公说：对啊！仲父应该从这方面去想法子。

管仲点点头说：是的，我想从三个源头上抓起，就可以解决主公担心寄食他国的问题。齐桓公问：哪三个源头？管仲说：你想控制住帛，就要在原料麻上征税；麻价上涨十倍，帛价就可上涨五十倍。你想控制丝织品，就先在丝上征税，甚至在茧时就开始征，再对丝织品征税，就可以得到二十倍的税金。你还要征粮食税吗？对粮食想征税，就先征山地税，对六畜征税，先征郊野……总之，善于利用源头，朝廷征税就能调动本源，起到对价格的杠杆作用。从这个角度上讲，如果我们的帛经过征税，上涨了五十倍，主公可以将涨价的帛输出他国去，除去换回我们必需的物资，还比原来没涨价时增加国库收入二十倍吧！这是因为对物价使用轻重之术。

不觉间，太阳已经西坠。甯戚提醒管仲：时间已经很迟，主公该要休息了。齐桓公不高兴地对甯戚说：你有事可以先去，我与仲父再多聊一会儿。接着对管仲提出要求：你可以把轻重之术仔细着说，让我能够听得更明白些。

甯戚告辞后，齐桓公邀管仲入宫共进晚餐，管仲却谢绝了。他告诉齐桓公，对于轻重之术，涉及历代先帝，应该尊重，不如换个时间。齐桓公接受了他的建议。

三

齐桓公专门安排了时间，让管仲在朝堂之侧的一个大屋里向他讲授轻重之术。管仲也认真做了预习。当管仲走进这间宽敞明亮的大屋时，精神为之一振。齐桓公笑盈盈迎过来，说：仲父，在这样的地方讲授你的轻重之术，是否得当啊？

管仲高兴地在屋里绕了三圈，然后站在屋中央，挺直了腰，大声说：主公，这个地方适合让天下有学术之长的师傅们来传授他们一家的学问。别的国家没有做到，我们要先做到。只有名士都到这里来讲课，齐国就能首先使用上他们的擒赢之术！如此，齐国不就拥有无数名士了吗？

哈哈！桓公连连击掌叫好，说，你将齐国要做的重大事件与政策，都制成简策，悬于稷门，向民众征求意见。这种做法已经引起天下关注。我们再搞专门讲课的学堂，太好了。就这么说定了。仲父，这个地方总得有个名称吧？

管仲摆摆手，说：这个地方什么人都可以来讲课，也算是稷门悬文争论的地方吧。先别给什么名称，束缚了大家的手脚反而不好。自由开放些好！

好，那就依仲父。齐桓公说着，想起什么的对身边人吩咐，速将刚才仲父与我说的事写成公文悬于稷门，昭示天下。接着，齐桓公又令身边侍郎取来竹简，要他们认认真真将管仲所讲之课记载下来以备刻简入册，作为国家文献保存。安排完这些，齐桓公恭恭敬敬地退到下方的位置，认真地面朝北而坐。管仲说：主公，你不能这样。齐桓公大声地说：天地师为上。我记得这是你当年对我哥纠说过的。你还引经据典地告诉他，是黄帝时代传下来的规矩。这话，我一直没敢忘！我在这里重申，这儿没有贵贱之分，更无君臣之别，只有师生之辈！故我居学生之位，理所当然。

见齐桓公这么说，管仲心里很是宽慰，也就不客气地在老师的位置上坐下，开始讲课。

这间屋子后来就成为齐国主公开设的课堂，邀请各种学说名家在这里讲授他们的专长之术，成为稷下学的起源之地。

管仲开讲道：自从伏羲氏治国，没有不用轻重之术而能成就王业的君主。伏羲氏兴起，创造了八卦，发现了阴阳的规律，发明九九算法来证明天道，使天下因此而归化了伏羲氏。到了神农氏手里，他在淇山之南种植五谷成功，使天下的民众知道食用五谷，天下诚服于神农氏。燧人氏兴起，钻木取火，烧煮肉食，民众吃了再也不会食物中毒，天下归顺。黄帝开始统一天下，他伐光山林，抽干水泽，使民众能够有较大的活动范围。虞舜治理天下，火烧大泽，斩杀野兽，为民众定居谋利益，并开始祭封土地神社，建造木质里门，民众逐日知道礼节。那时的民众是没有怨怒与憎恨的，更没有不服统治的，天下自然就太平。夏禹时代，开始治理水患，将四渎之水引入大海，测出九州的高度、划分出九片大泽，让民众懂得修筑城郭、门墙、房屋，天下安居。殷商统治天下，发现了马比牛更能驾驭，于是树立牢栏，畜养牛马，天下顺从。姬周朝临天下，推演八卦，配合阴阳，便天道合理而天下信服……

齐桓公问：我就想问仲父，当今诸侯，应该如何做才行啊！

管仲回答：可以将前人的经验好好温习而兼收并用，但不必照搬俱尽。

齐桓公：这话如何讲？

管仲：前代帝王们的统治之道已经十分完备，不需要再在国家统治上加什么了。你要做的，就是从道义上深化前人的仁德即可。

齐桓公：道义又如何实施呢？

管仲：当今周天子年幼力弱，诸侯过于强大，都不对天子聘问贡献，甚至过了头！您应该削弱过于强大的诸侯，延续濒临灭绝的弱国，率领各国诸侯振兴周天子的王室，再现周文王时代的风采。

齐桓公：我明白了，这就是"尊王攘夷"！我照办。

……

从讲堂里出来，齐桓公邀请管仲喝茶。喝茶的时候，齐桓公问管仲：有件事，我一直没有弄清楚，今天你该告诉我了吧？管仲说：你问就是了。齐桓公说：那天你说，"正吾所愿！"我不能理解，现在齐纨原料紧缺，进口丝料价格猛涨，你却说"正吾所愿"，何意啊？管仲问：我是否请你赶制几件鲁绨朝服的？你赶制了吗？

仲父所嘱之事，我都是认真做的！过几天，我要接待鲁、韩等数国使者，就穿鲁绨接见他们。这有什么关系吗？我担心他们知道我国齐纨的原料紧缺，会更加抬价！

管仲笑道：要想解决面临的困难，我们可以直接去面对它。但如果有更好的办法，不直接面对这个困难，而是触类旁通，即通过解决另一个问题，致使你想解决的困难迎刃而解，效果还比原来更好，难道你不想试试吗？

齐桓公来了兴趣：有这等好事？

管仲说：当然啦！你想，当年大禹治水成功，汲取了父亲鲧的教训，改阻为疏，结果天下不再为水患而愁。你一直愁我们这几年灾害与用兵造成粮食紧缺，想解决这个问题，根子就在纨与绨上！

此话怎么讲？齐桓公不能明白。

管仲笑道：请主公准予老朽先不披露此中奥妙，且请主公依老朽的要求，穿上鲁绨制服接待来使，出入公共场合，让天下都知道你现在穿的是鲁绨制的朝服，如此即可。齐桓公问：就这些吗？管仲想了想，又道：还请主公将此事颁令于稷门，让齐国所有官员都穿上鲁绨所制官服。

齐桓公爽快地答应，并让人去办。

很快到了接待鲁国特使的日子。鲁国特使是来报告文姜对家人致问候的。依当时的规矩，出嫁的女儿如果父母都在，是可以回家归宁探望父母的。父母不在了，只能派人前往问候兄弟们，如果兄弟们请她回家看看，她才能回家。鲁国的特使就是带着文姜的这层意思来的。齐桓公问管仲可否让文姜姐回家看看。管仲说：不急，文姜不是要回家看看，是要回齐国住。现在，你不要急于答应，更不能与她有过分的热情。我们要利用这件事达到一种目的，什么目的，很快你就会知道。眼下，要让鲁国的特使知道你对文姜是重视的，是在乎骨肉亲情的，更要让天下知晓这一点。要做到这一点，你得把接待鲁使的形式搞得隆重些。

齐桓公回说：这好办。立刻吩咐下去，按最高规格接待鲁国特使。

鲁国的特使在驿站住了好久，终于挨到齐桓公接见。当他出现在齐国朝堂前时，举目望去，一下子怔住了，他以为回到了鲁国。只见朝堂前所有的齐国文武官员以及侍卫们，身上穿的都是鲁国生产的绨绸，质地厚实而饱满，人穿着也很精神。

就在鲁国特使呆愣之际，管仲出现了，远远地从车上下来，快步走到鲁国特使面前招呼他。鲁国特使更是大为吃惊，据他所知，管仲用这样的礼仪是接待周天子的特使或者诸侯国的主公才有的。对于诸侯国的特使，管仲是不会给这个面子的。他有些诚惶诚恐，赶紧回礼。

管仲当街回礼，然后笑盈盈道：眼神儿转悠什么呢？你是看我这身服装呢，还是看我这老头儿啊？

特使道：相国说的正是在下不能明白之事。你们一向都以齐纨的薄而软、飘逸优雅著称于世，怎么突然改用我们的鲁绨制作朝服了呢？这不合齐国风俗啊？

管仲笑道：适时而就，因势而导，就不存在什么合不合的事啦。近来，鲁绨的价格低于我们齐纨。一匹齐纨可换五匹鲁绨，而且天气渐凉，一层鲁绨顶三件齐纨，你说，我们应该不应该多进你们的鲁绨啊！

原以为满大街传的话是说着玩玩的，看来甯樾没说假话。鲁国特使听得两眼直直的，半天才回过神来说：鲁绨不完全是鲁国生产，梁也产啊！

不管哪里产，我们有多少进多少。说着，管仲非常礼貌地引特使向朝堂上去。走到正堂前台阶，特使抬头，见齐桓公已经站在朝堂大殿的丹墀前迎接他了，他更感觉非同寻常。到了面前，齐桓公告诉他，您是我大姐的婆家来客，我若忘掉与大姐的同胞情义，祖宗也不答应啊！这更使鲁国特使坠入了五里云雾，分不清东南西北，任这一朝的齐臣摆弄。离开齐廷，鲁国特使专门从稷门出城，在稷门，他又看到了悬于稷门城墙上的告示。那上面清楚地写着，朝觐周天子所用服饰全部改为鲁绨制作。他立刻快乘回国向鲁庄公报告自己的所见所闻。

鲁国特使的行为自然也带动了各国在齐都的细作们的行为。一时间，鲁国、梁邑等地风传开齐国盛行鲁绨的事。响应最为直接的自然就是鲁庄公。他下令加快生产鲁绨，以满足齐国进口的需要……

消息传来，管仲立刻派人抓紧进口鲁绨，做好去朝拜周天子时要用的服装，这更加让鲁国、梁邑等地民众丢下最忙的农活，生产鲁绨。

从最好的方面估计，这股已经起来的鲁绨风潮至少一年半载才能稍有平缓。这一年半载正是鲁国送给齐国与管仲的宝贵时间啊！管仲可以腾出双手去做别的比这更急的事啦。

那是什么事呢？

这件事的开端是在一个早上。这个早上，天气很好。齐桓公看到管仲时问，你替我准备那么多的鲁绨朝服，用于朝觐周天子。我还应该准备些什么敬献给他呢？总不能单单是齐纨与食物啊！

管仲心头一乐，这正是我要做的另一件事啊，我还没提，你先替我说了。赶紧施礼。齐桓公拦住说：仲父又要向我施礼，怕是有什么事吧！管仲说：正是，请主公在城西北背阴处另筑一城，用三重城墙、九重城门。招一些工匠在那里住下，用菑石雕成石璧①，一尺长的定价一万钱，八寸的定价八千，七寸的七千，圭璧定价四千。大孔璧定价五百钱。限时三月完成。

我缺的是去周天子那里献礼的经费！齐桓公恼恼地说。

管仲回他：我这不就是在解决嘛！

齐桓公笑道：这能够解决吗？拿菑石做的石璧去朝拜周天子姬胡齐？

管仲肯定地说：请主公现在就下令照我说的做，到时候你会明白的。见齐桓公不动，管仲上前悄悄道：我不是与你事先打过招呼嘛，有些事，你不要问，照我说的去做，做错了，责任是我的。做对了，功劳当然是您主公的。

齐桓公笑了，挥挥手说：好！照你说的做吧！

当这些石璧临近完工时，管仲将验收石璧的事儿交给了鲍叔牙，自己向齐桓公说明要在他正式朝觐周天子姬胡齐前，自己先去打个前站，说白了，就是探探情况。管仲离开齐桓公外出，需要在朝堂之上当众请假，这种场合不能太多说话，更不能把事说得太白。朝堂之上，谁是他国埋下的细作，脸上都没写着啊。齐桓公这几年与管仲已经磨合得心有灵犀一

---

① 一种可以供奉先祖偶像或敬物的神笼类物品。

点通，他的一个脸色，你的一个表示，无须用语言就能明白对方的意思。齐桓公当堂说：仲父，请你去告诉周天子，说我要去朝觐他，请他抽个空嘛！管仲回说：就这么简单的事，我去是表示您对周天子的尊重嘛。这君臣当堂一唱一和，外人自然看不出端倪。

管仲来到洛邑朝觐姬胡齐。

姬胡齐见到管仲穿着的不是齐国一直引为自豪的齐纨，证实了大夫单伯从梁邑带来的消息，便对管仲说：鲁梁两地的民众放下紧要的地不种，拼命生产鲁绨，这是你捣腾出来的吧？管仲坦然告诉他：鲁绨与齐纨都是用丝原料制作的，两者不同的是，齐纨单薄，三层也不及鲁绨一层，天气秋凉，鲁绨自然是最好的选择。再说，现在齐纨的人工费太高，已经是鲁绨的五倍，我们采用鲁绨替代齐纨，就是为了省钱，有钱让鲁梁两地的民众赚，这也是坏事吗？这番话，管仲当着周天子的满朝文武大声讲，他的话出口，眼角就瞟见有人飞速离开，管仲心里明白，这一定又是去报告鲁国的，心里一乐，正合吾意也……

姬胡齐高兴地点头：对对对！一层能够盖过三五层且温暖，那是何等的好事。好！好！赐坐。

管仲看得出周天子对自己的到来非常高兴，便格外关注这个高兴的原因，渐渐地，听出了眉目。原来，姬胡齐的高兴有另外的意思：接位后由于自己年轻，辅助的卿臣都没太大能耐。而管仲的所作所为早早就让他感觉极好，他希望自己身边有管仲这样的人才。于是，一见面就向管仲表示请他留在洛邑做上卿。管仲装作什么也没听到。姬胡齐立刻又说：你兼着齐国的宰相也行，在齐国培养一个代职的人，慢慢脱出身来吧。奇怪的是，管仲对他这么直白的建议还是没有回应，而是退后三步，用大礼回他，然后大声地当廷朗朗道：我奉我国君旨意，前来朝拜天子，呈奏天子，齐侯欲率领各国诸侯来觐拜先王宗庙，沐浴伟大的周礼，聆听天子您的教诲，请您恩准。

所有人都明白，管仲用这个方法拒绝了姬胡齐的要求。姬胡齐也明白，但他心不甘，欲再次提出，身边的卿士家父看出苗头，赶紧出列上前对站在中央的姬胡齐说：管相是代表齐侯来的，他只能先顾着国事，请天子给管相赐位入席，好说事儿。

姬胡齐一下子明白过来，请管仲入席。

大家再次以君臣之礼当廷退二进一步地相互施礼揖让，互退至后，面对面地退身入席，管仲始终面对着周廷大臣与姬胡齐。事后，姬胡齐问礼官：管相之礼何能如此周全？礼官告诉他：当今这样的谦谦君子已经不多。有管仲这样的人才在齐国，必将成为您非常重要的依靠力量。姬胡齐连连说是。他哪里知道管仲到洛邑，第一个去拜访的就是他的礼官，吃人家的嘴软，收人家的手短，自古就是这个理嘛。

一阵寒暄后，话题原本就应该转入正事。但礼官暗示姬胡齐，可以先让齐相观周礼。管仲听到了，赶紧起身施礼，表示希望能接受周礼的沐浴，在周礼的熏陶下，自己才有长进。

姬胡齐当然高兴，于是，整整一套完备的周礼，从祭天、祭祖至上古黄帝亲制之曲，到周朝大典，竟花掉了三天时间。姬胡齐告诉他，这只是宫廷的，民间的还没搬出来。管仲抚着挂圭，感叹地说：上天让我们生活在周天子的时代，的确是一份荣幸啊！我们谁都不应该忘掉自己的责任。在这方面，我越来越感觉到我们齐侯的责任重大。

姬胡齐问：他怎么啦！

管仲再次搬出来意：齐侯要率领诸侯各国的国君前来觐拜周朝先王宗庙，沐浴伟大的周礼，聆听天子的教诲。说到这里，管仲提了提嗓门说：大家都不能空手而来啊！我们打算让大家带上红色的弓、石璧……

姬胡齐问卿士家父：如果没记错，当年武王平定天下用的就是朱弓。卿士家父接过话说：正是，殿下记性好啊！诸侯带着朱弓来朝觐，表明武王后裔虽然都是诸侯，但没丢掉武卫的能力，他们仍然可以随时顺从您的调遣，捍卫武王的天下！接下来，姬胡齐问石璧的作用，卿士家父插话道：诸侯带着石璧来，是前来请周王室先祖神灵回去世代供奉的，更比朱弓重要。姬胡齐这下高兴极了，连连说对，并让卿士家父立刻向各诸侯国传他的话，前来朝拜先王宗庙、观周礼的诸侯必须带上朱弓、石璧，没有的，一律不能入洛邑！说完，又想起什么事地问：离周先王祭祀时辰不远了，上哪去找石璧啊！

这时，礼官插话了：天子，石璧不是简单地用一块石料做做的啊！

管仲故意问：有什么讲究？

礼官看看姬胡齐。

姬胡齐不高兴了：看我？我脸上有花，你能说出是什么花？你说，你说呀。

礼官说：当年文王到过萪山，在山上休息时，梦见神仙告诉他，百年后，如果用此山石请凿玉者制作石璧，您即可回归人间巡视后代子孙们的所作所为……

卿士家父恍然大悟，对姬胡齐说：我说天下玉匠怎么尽出萪山啊！是先王庇荫啊！

姬胡齐问：萪山在哪里？

管仲施礼后道：就在齐境内，那儿的玉匠就是以精凿石璧而名扬天下的。

姬胡齐立刻对卿士家父交代：添上一句，要用萪山之石凿的石璧，先王才肯认可。说完，看着管仲说：我用最高礼仪接待你，还有一款未尽。管仲笑笑：是享用周王当年的盛宴吗？姬胡齐脸上的笑定了格：你知道了？说着，便起身，待管仲走过来，他拉卜管仲说：我已经吩咐乐曲歌舞轮着上，好好让你感受感受……走，赴宴。

管仲哪里敢赴宴，他怕闹不好就把自己给"宴"（淹）在这里，回不了齐国啦！他赶紧找借口推辞掉，匆匆上乘，回齐国去了。

姬胡齐得到管仲"溜"走的消息，半天都没回过神来。卿士家父安慰他，管仲是位识大体顾大局的人，虽然不做你的上卿，但他的心还是向着你的……姬胡齐点头道：说的也是，你代我去送送他，看他还有什么没说的话，让他留下……

坐车赶到城门口的卿士家父追上了管仲，两人在道旁寒暄告辞。卿士家父拉住管仲的手说话：天子的奉养财用不足，你是知道的。多次向诸侯征租，诸侯中除了齐国每次都增加束数，其他连出都不愿意！齐相还有什么办法让天子的钱多些起来呢？如果天子钱多了，对诸侯说话也就硬气啦！

对了，我差点忘了。你再请釐王发一道旨意，告诉大家：三个月后要去泰山祭天，除了大家要带朱弓、石璧外，每人必须带一束三脊茅（也称苞茅），而且要新鲜。管仲说。

卿士家父：如果我没记错，历来苞茅都是楚国进贡的。不知为何，楚国好与我们作对，停止上贡苞茅，以至于祭神上酒时，没有苞茅……

管仲：是啊！没有楚国进贡的苞茅，祭神时，无以束酒①。现在，我们发现江淮一带正有这种三脊茅。

卿士家父：就是那不抽芦花也不长菰，完全没有用的三脊茅啊？

管仲：正是这个没用，我们得用起来。上天赐给我们三脊茅，就是让它只派一个用场，给天子用的。你想想，在祭泰山、禅梁父的队伍里，人人双手揖一束青翠欲滴、水灵灵的三脊茅，那是一片生气啊！

卿士家父：我们去弄来，让诸侯来取？

管仲：不必。你可以派人把江淮一带的三脊茅产地管起来，事先对任何人不要说出真相。等各国诸侯派人去取时，以高金售出，一金一束。我保证釐王能够在七年内不看诸侯的脸色讨租过日子。

卿士家父：七年后呢？

管仲：到那时，齐侯就完全有力量听釐王的调度，诸侯敢不听？

卿士家父深信不疑。

三脊茅的话传到姬胡齐那里，他捋着下巴乐滋滋地点头：还是管相高见。

四

管仲回到齐国，没急着去见齐桓公，而是匆匆回府处理完急事，然后再去见齐桓公。没想到齐桓公一见面就问他：你真做了他姬胡齐的上卿啦！管仲诧异道：主公何出此言？齐桓公说：我何出此言？你叫我让石工凿了那么多没用的石璧，闲置在那里，有什么用啊！你跑到周天子那里，我以为你会让他下旨意叫诸侯来买，传到我耳中的话却是你鼓动他让人封了江淮河滩，让那些没用的三脊茅一下子成了金子。姬胡齐的腰里壮了起来，还能把我齐侯放眼里吗？说着，气呼呼地跺跺脚，大声道：我没钱收购齐纨原料，我着急粮食……

你都知道了？管仲避开正面话题问道。

---

① 祭神时，酒从苞茅上倒下，从苞茅中间过滤后，渣滓就停止在苞茅间，祭过神的酒，大家再用时就不同了。

是的！齐桓公见他避重就轻，无奈地摇摇头说，仲父的智慧是齐国的财富，我当然不是小器得不让你去帮助周天子。我是说，在帮助周天子的同时，齐国的腰先得壮起来，说话气足足的才是啊！

管仲：主公能说出这样的话，可见主公的胸襟绝非其他诸侯能比。我能够让周天子七年不必看诸侯脸色花钱，自然是要让石璧能使你八年不向民众征收赋税！

齐桓公：不征税？就凭你那几块石头？

那些富商大贾和高利贷者，还是需要向他们征赋税的。管仲解释说，眼下不征平民的税，有利于调动大多数的平民对国家对你的拥护。

齐桓公脸呈笑意：仲父这话正合我意，如此则可以缩短贫富差距。民众心向着朝廷，才愿意多开垦农田，重视农业生产。仲父在这方面还有什么更好的方法吗？

管仲：用你的权威，发布号令来达到你的目的。比如税赋这件事，平头民众减免了，那些富豪大贾还愿意缴吗？

齐桓公：不愿意可不行，我指望他们的税源办大事哩。

这就对了。管仲高兴地说，这件事做起来难度一定很大，只有你自己发号令才行。我刚才说的"用你的权威，发布号令来达到你的目的"就这意思。齐桓公点头：我明白了。仲父，我的事务太多，哪能事事都让我去发布号令啊，你出面不行吗？

管仲坚定地告诉他：不行。没有你的权威，此事寸步难行。

齐桓公想了想：好吧。请你派人先去把情况摸清楚。

管仲立刻派宾胥无去南方，隰朋去北方，甯戚去东方，鲍叔牙去西方，让他们去调查四方放贷与借债情况。

鲍叔牙很快就回来报告说：我去的地方是依济水、靠黄河的区域，这里草茂水丰，民众靠捕鱼、打猎和砍柴为生，也种一些地，那些地是不能与鲁国丰沃之壤相比的。放高利贷者放出去的债多的一家就有千钟①，少的也有六七百钟。借债的贫困者我粗粗统计一下有九百多户。

① 钟：齐国量器的一种。当时齐国的量器分四种：豆、区、釜、钟。六石四斗为一钟。据上海博物馆藏具测定：每齐一斗，相当于今天 2000 毫升。《隋书·律历志》：齐以古升（一斗）五升为一斗。房玄龄注《管子·国蓄篇》称：古之石，准今之三斗三升三合。

宾胥无在鲍叔牙之后回来报告情况。宾胥无去的南方山区，那里的民众以上山砍柴制作轮轴、采集小栗制作食品为生计，也有一些专门打猎。放高利贷为生的大户不多，但他们放出去的多达千万钱，少的也有六七百万。管仲问：利息是怎么算的？宾胥无说：他们贷出一百钱，收利息五十。管仲不高兴地说：这么多，是一半啊！借债的人负担得起吗？宾胥无说：借债的人已经有八百多家，许多贫民生计难以维持，只能用儿女去抵债。一个十六岁的女孩子只能抵一百钱。他们把这些女孩子弄去，好看的就养着教她们歌舞吹唱做家妓，差点的翻翻价卖掉。管仲叹道：民不聊生。宾胥无说：说到民不聊生，还真有几起死人案件，都是女孩子卖到不好的人手里，活活被糟蹋死掉的……

我想处理他们的，但相国交代的事是大事，怕误了相国的大事，赶回来禀报。宾胥无说。

管仲说：你做得对。案子过几天再办不迟。说着，吩咐家人去甯戚府上看看甯戚回来没有。

那位去甯府的人半路捎来消息，他路过隰朋府上，看到隰朋被人抬进府的，看来病得很重。管仲立刻起身，并先派人去隰府转告：请隰将军好好休息，相国马上到。

管仲出门没走多远，遇上了甯戚的车乘。甯戚见管仲外出步行，赶紧下车，邀管仲上车。管仲上车就亲自去抓缰绳，索乘换方向。甯戚知道管仲的脾气，也不问，让车夫将缰绳给了管仲。管仲亲自驾车，飞鞭索乘，很快到了隰朋府上。下车时，管仲告诉甯戚，隰朋想过来禀报调查的北方情况，但病了。

门卫快报躺在榻上的隰朋。隰朋挣扎着想起来，还没来得及起身，管仲已经进来。管仲深通医道，先给隰朋看了病，诊断出隰朋是受了风寒，立刻又拉了甯戚一起外出采草药，亲自在院子里煎药，然后将药滤出，甯戚端着，两人进屋。隰朋感动不已，要起身，管仲按住，让他先把药喝下，蒙头睡上一觉，发出汗就会好。

管仲与甯戚退出，另室席地而坐，管仲问起甯戚去东方的情况。

甯戚告诉他：东方的民众，依山靠海，有土地却常常被海潮入侵，潮退后的滩涂被太阳一晒，白花花一片碱，草都不长，何来谷物。管仲点点头说：我去过海边，知道那里的情况，如果晒盐，倒是好生计。甯戚说：

这个行当已经被大户丁惠、高氏、国氏占了。他们用放高利贷来制约无生计的民众替他们义务晒盐。管仲问：都是这样吗？甯戚点点头接着说：还有一些民众是靠上山伐木或者下海打鱼为生。不管靠什么生存，都在那几家大户的控制之下。大户放高利贷放得多时有五千钟，少的也有三千钟。他们贷出一钟，收利五釜 ①，如此高的收益，令许多人铤而走险，使更多善良的民众沦为奴隶。相国一定要整治这种现象……

管仲问：靠借债的民众有没有上千？

甯戚：八九百。更为糟糕的是，丁惠一族放债逼死好几条人命。国氏也有。

管仲问：国氏犯案的是国氏哪一支？国氏、高氏都对齐桓公有恩，这事还要慎重考虑，先不必对外讲。你把证据拿到再说。

甯戚告诉他：人证物证都有。而且逼死的人家原本也是人户，硬是国氏的奴才狗仗人势，暗中搞鬼……

这时，隰朋的家奴过来告诉管仲，主人出了一身汗，精神顿时爽了，想见相国。管仲与甯戚赶紧进屋。病榻上的隰朋欠身靠墙，把自己去北方的情况一一道出。

管仲听完后，与甯戚一起起身告辞，让隰朋好好休息。离开了隰府的两人，哪儿也没有去，直奔齐桓公处。齐桓公放下手里的事儿，听管仲汇报。管仲颇感慨地告诉齐桓公：就隰朋从北方了解到的情况看，那里的民众住在靠海的洼地，煮卤晒盐为生，有的是靠捕鱼、砍柴为生。表面看，资源还是比较丰富的，但借债人家还是高达九百多家。借债一百，利息二百，成倍翻，与其他地方不同的是，借时就扣了双倍的高息。放贷的大户放出去六七百万甚至上千万钱。四位大臣了解到的情况告诉我们，放贷的总计放出了钱三千万、粮三千万钟，借债的贫民达三千多家。民众生活得并不好啊！想不到，我们的民众隶属于一国，却要承担五国君主的征敛，而被征敛的钱粮却不是为了国家的军队与建设，竟然都落到了大户囊中，这如何是好？国家何能不穷？军队如何善战？

齐桓公问：仲父有何良策？

---

① 釜：齐国量器之一。排在钟前，豆与区之后。六斗四升为一釜。据上海博物馆藏具测定：每一釜，相当于今天 20580 毫升。

管仲早已胸有成竹，想把好方案一吐为快，话到嘴边还是忍了。毕竟高氏、国氏在主公登基的事上是立了大功的，现在主公心头热着，顺着我的意思去做了，万一有什么闪失，闹出不好的插曲，主公必会懊悔。想到这里，管仲向齐桓公提出：请允许我与四位大臣一起商量个妥当的办法，再来禀告。

齐桓公请他们快快拿出方案：这回就不要先挂城门上去告示啦！直接安排大家去做。

有这话，管仲更有信心了。

五

四方的大户都应齐桓公的邀请来到了国都，齐桓公隆重地在朝堂上接见他们。

被接见后的四方大户，人人都兴奋无比，大街上到处都是他们的身影，店铺里进进出出，肆无忌惮地抢购着京城里最好的商品。他们耀武扬威地横行跨步，当街站立，相互耀富。

消息传到宫中，齐桓公微微笑着问管仲：能镇住他们吗？

管仲说：你把严宽标准定死，杀鸡让猴看，准行。

好！齐桓公命令把大司理宾胥无请来。

大司理宾胥无奉旨到。齐桓公问他是否收到东方来的民众状词。宾胥无想了想回道：没收到状告高利贷人的案子。齐桓公看看管仲，问：这就奇了。他甯戚搞错了，还是我们的民众甘受委屈啊！接着，齐桓公又问：放高利贷出现的命案不到你这里吗？

宾胥无摇摇头。

管仲说：这里面一定有问题。主公还记得你接位三年时颁布的一个法令吗？

齐桓公想了想，让人搬来"律"，从中找到了有关的条例："凡庶人欲通，乡吏不通，七日，囚。士出欲通，吏不通，五日，囚。贵人子欲通，吏不通，二日，囚。凡县吏进诸侯士而有善，观其能之大小以为之赏，有过无罪。"①

管仲说：你看，明明写着，凡是平民要到乡地去陈诉事件的，官吏不准他们前往，扣压超过七天，官吏要受囚禁！依甯戚说有三条人命，为什么没人问？主公可以让甯戚再去调查一次。或者把人带来，面对面地解决。一查准清楚，不是乡吏包庇坏人，就是受了委屈的民众惧怕而不敢告！

齐桓公：仲父的话对。让甯戚把受害人带到朝堂之上，我亲自审问，这样可以达到仲父所说杀鸡儆猴的作用。最终，还是为推进民众减税赋，对大户征税赋，刹刹高利贷风！

管仲说：更为重要的是振兴我国经济！

齐桓公问：如此一来，寡人只能先放这些大户回去，改天再办了？

管仲摇摇头，对宾胥无说：不妨你让人把甯戚喊来。齐桓公看看窗外，见卜着雨，便对管仲说：等雨小了再说吧！

宾胥无好像没听到齐桓公的话，转身就走了。很快，从大雨里奔来宾胥无，身后进来甯戚。

甯戚果然对齐桓公禀告说：我回来时就把证人带来了，还有街坊耆老们的联名状。说着，从怀里掏出那份写在纨上的"证词"血书。齐桓公看了，忍不住抹起了眼睛，叹道：我想让我们的民众生活得更好些，想不到他们却如此胡作非为！仲父以为如何是好？

管仲告诉齐桓公：首先我们在这里商量的事，万不能先透出去。丁惠好弄，而对国氏、高氏，他们权重位高，朝中爪牙密探不少，稍有不慎，会出乱子。齐桓公恼道：我不怕他们造反。管仲说：不是怕，是没必要搞得节外生枝，浪费我们宝贵的精力与时间！再说了，国氏、高氏在朝中也是支持主公的，罪错乃家人或下人所为。当然，家人之过，主人也有责任。惩治坏人与凶手，教育主人，让他们管束好家人与下人！从这个角度去想、去办这件事，会更好些。这事由宾胥无去办，办好了，公示天下！

齐桓公表示同意，并问：如何办呢？

管仲提出：还是要严宽结合。严，就是惩治凶手。宽，就是主公你设宴款待他们，并提出如果他们想送我礼，你只收织有乐器与兵器花纹的

---

① 见《管子·内言》。

美锦。

齐桓公：这种美锦，民间没有，都在我的国库里啊！

管仲：正是，这样一来，你的美锦可以调高十倍价出售。

齐桓公：我缺的是粮食，不是钱。钱一多，物就贬值，这道理我还是知道的。

管仲笑道：请主公先依我的做吧，结果正是你需要的。

齐桓公：那就不用设宴了。

管仲强调：我们利用主公的宴会来伸张正义，达到"杀鸡给猴看"的效果！

宾胥无：设宴？哪有那么大的地方？

管仲：没有也要造。还要高规格！

几千人的宴会，依周武王时代的规矩，这种大宴要摆在朝中的高坛上。齐桓公说：哪里有这样现成的高台啊！再说，天正下雨，如何可行？

管仲说：我观天象，这雨乃夏暑热风所招，今日傍晚可止。我们连夜在宫中的大平地上设一高台，依吉卦顺天象朝南扇状摆开，分出区块，清出走道，按每四人一桌摆开，远远看去，无比壮观，加上秋高气爽，太阳还带着些夏日的骄傲，晒在身上，雄勃之气直朝上蹿！

齐桓公高兴地说：仲父之言极佳！寡人听任仲父一意而行！甯戚，你照仲父之意去好好处置，不得有闪失！

甯戚立刻把证人与证物都移交给了宾胥无。

宾胥无办事效率极高，快马赶往东方将受害人所说的国氏、高氏两族中的行凶者擒拿归案，并令地方官吏严守这两族其他人员，不准他们中间有人外出串通居住国都的国氏、高氏两府。如有闪失，问责乡吏。嫌疑犯到案后，宾胥无连夜审讯，并将结果报告齐桓公。齐桓公听完报告，沉默半响，然后问管仲知否。宾胥无说：相国一直守在边上看着我审理的。齐桓公又问：那仲父是什么看法？宾胥无回答：他让我先听听您的，如果可能的话，按事先的安排，宴会高台也已经搭好。只是不知主公何时为四方大户饯行，他们待在京都好多天了呀！

齐桓公：我想明天中午宴请，给他们送行。接着，捋着下巴想了想，对宾胥无说：你去转告仲父，我想就在宴会时挑明此事。宾胥无想了想，说：相国已经猜想到主公会这样做，他让我提醒您，能不能在宴后？宴请刚刚开始，你把这事一挑，谁还有兴致喝酒啊！

齐桓公说：你说的倒也是。那就酒过三巡，不能再迟了。

离开宫门后，宾胥无没回家，直接来到相府。管仲不在家。家人告诉宾胥无，相国去检查明天宴请的现场了。宾胥无感到很纳闷，一个宴会的现场，需要堂堂相国大人事无巨细地过问吗？立刻赶过去，见好几位大臣都在。宾胥无更觉得奇怪。管仲认真地将他拉到北边，上了台，两人站在高高的台上，宾胥无这时看到空旷的四周什么树木与遮蔽都没有，只见台前摆好了宴桌，这些宴桌都有规律地呈扇形展开。他突然想到了一个问题：在哪里审案？

管仲笑道：你只问了一个问题，我要问的问题就很多了，比如，大户们起哄闹事怎么办？有人暗藏凶器，群起造反，怎么办？你请人家赴宴，总不能每桌前站几个兵吧！

宾胥无：是啊！

管仲告诉他，主台高三尺，放在乾位，依主台扇形八条通道向外延展，分出屯、蒙、需、讼、师等七部卦位，东南西北来的大户依卦位分主次打散排列入席，不让来宾看出凶卦位上的安排。说着，管仲跺跺脚，指着脚下说：在这样场合想做事，没有密谋不行。过度的密谋引起人怀疑更不行。你说，伏兵放哪里？如果众人一起围攻主公，你怎么保护？

宾胥无明白了，这脚下是有文章的。伏兵整个儿都在台下。

管仲：根据事先的安排，有计划布置好用兵……

宾胥无这才明白管仲要他来看现场的煞费苦心，心里更是敬佩管仲做事的深思熟虑。管仲趁势对他说：齐桓公是我们难以得到的知人善任宽宏大度的君主，这样的君主并不是人人都能遇到的。先贤说得好，良臣遇明主，几百年才能相逢。逢上了，就是人世间的幸事。那些乱事的诸侯国，包括周天子那里都是一样的。良臣遇昏君、仁君逢奸臣，这样的事是朝朝都有，代代不绝！那是多数。正因为是多数，人们才知道太平的可贵，才明白珍惜生命的可贵，才需要律与法来约束行为不端之举……

宾胥无看看周围没有人，悄悄问：相国如此忠心耿耿于主公，让齐国强大，是不是有商汤履与周武王之心啊！

管仲严厉地警告：你等万万不可有此念头。作为臣子有此念头必会殃及明主。明主也是人，一棵好树，常有煦风雨露相伴，必可成荫庇护路人，造福世人。如果常在恶劣环境之中挣扎，它自己也会损伤，更无益于世！作为臣子，首先要心明臣子的作用。现在不是伊尹出世，是管仲在世。管仲受上天的遣派，来维护周天子四海安泰、八方和睦，制裁楚狼秦虎，扶弱护微！让我们每个来到世上的人都能有快乐与安康。周天子的微笑与福泰，正是我们的春风与雨露。

宾胥无战战兢兢地说：相国，请你原谅我的无礼与胆大！我现在明白了。但我还想问一句，你的这些想法，主公能明白，或者说，能与你想到一块吗？

那当然。管仲脸色温和起来，如果主公没有与我一样的想法，他能够宽恕我对他的一箭之仇吗？你再想，如果他胸怀不宽，他能够将曹刿剑逼咽喉时答应的事，事后仍然兑现吗？换任何一个人都做不到！上苍啊，你太伟大了，你派管仲来，就为相遇明主齐侯的啊！说着，"扑通"跪下，嘴里念念有词。宾胥无吓得赶紧也跟着下跪，学管仲的样子朝天祷告……

六

果然如管仲所说，这一天大清早，天气就很好，多日阴雨后出现了难得的晴天。齐国都城的大街小巷显得格外热闹，四方大户，个个趾高气扬，目空一切，横排着走进宴会场。幸好，每个区块的进口都有人把守着，告诉他们应该到哪里就座。有人不高兴，想随便坐，侍卫低声提醒他：这是主公宴请你们，他想一眼就能看到你，与你共酌几盏，你乱坐了位，届时如何找你啊！有这话，那想乱坐的也不敢了，怕失去与齐桓公碰杯互敬的好机会。当高台上出现齐桓公与管仲等满朝文武，太阳正升到三竿高，时辰进入巳初。巫祝手里拿着两根槌上台来，径直走向高台左边的青铜大钟，嘴里嘀咕着什么，然后扬手展臂高高地在半空划出一道弧形，随着那两槌的落下，整个天地顿时被震荡，敲响的钟发出的声音悠悠而高亢、激越、洪亮、广阔。台下众大户赶紧入座，迅速安静下来。接着齐乐奏响，歌舞翩跹。齐桓公高高举着祭器，朝着周天子的方向，再三祷告，感谢周天子的恩泽，让齐国能有这么多的大户相聚在都城，这让他看到了齐国的明天，更坚定了"尊王攘夷"事业必达的信念……

所有参加者都随着齐桓公的祷告而礼拜或祈祷……

司仪宣布宴会进入正式程序，即开始饮酒。

酒过三巡，置于台上右侧的鼓被击响，发出沉闷的吼响。这鼓声如拳击人心窝，在场的所有人都停下了手里的动作，有人端着的酒器掉在地上，发出清脆的响声……谁都知道，鼓声代表着庄严，代表着与酒宴完全不同的仪式的开始。

果然，管仲走到了台前，说：倕作耒耜，乃按神农之意，作陶、冶斤斧，为耒耜、锄、耨，以垦草莽，然后五谷兴助，百果藏实，兆示国安民富。一农不耕，民有饥者；一女不织，民有寒者。仓廪实，知礼节；衣食足，知荣辱。我说这些，是希望在座的大户都能明白农作之艰，民耕之苦。然而，就有一些人过惯了华灯映月、钟鸣鼎食日子，一点也不思民耕之苦，借机勒索……

管仲说话间，大司理宾胥无出场，在他的后面，卫兵搬出绞刑架具。全场气氛顿时紧张。紧接着，卫兵押出了几位命案在身的人，五花大绑，他们看着台下，大叫主人救命！

台下的人都站起来，他们想看清楚那些被五花大绑的是什么人。

你们不用站起来看。管仲说，请大司理宾胥无将他们所犯罪行一一通报，并请所归属大户的主人也到台上来。大户们个个不想上去，但又不敢。其中国氏、高氏两族的大户不动。齐桓公对着在台上就席的国氏与高氏两卿发话：应该听命相国的号令，他代表着我，代表着齐国，代表着正义的周天下。如果你们不让他们出来，那就由我来替代你们受令，不然，相国的令还怎么在齐境内通行？

高氏与国氏见状，赶紧让下属大户上台。丁惠见状，跑上台就下跪，请求齐桓公宽恕。

齐桓公：要宽恕？依照夏商的法律，你们与这些虐待民众致死的罪犯一起上绞架！

台上靠得最近的国氏、高氏闻后惊恐万状，他们看看四周，自己的护卫只有寥寥几人，还站在远处，如果真的要被绞死，护卫是救不了自己的。怎么办？好汉不吃眼前亏。他们赶紧上前对齐桓公行大礼，承认自己平时对下管教不严，造成大户们狗仗人势、欺压民众……

管仲插话道：欺压民众事小，坏了主公"尊王攘夷"事大。依周律，你们这几大家族的大户都应该上那边的架子！大司理依周律处置，只是大家都要口服心服才是。

国氏与高氏一听，明白了，连连说：应该应该！

齐桓公：仲父，你定夺吧。

命系到了管仲手里，国氏、高氏以及丁惠一族都明白，死罪一定没有了，没有了死罪，那就是万幸。赶紧跪拜，请求最好的出路！

大司理宾胥无提出他的判决：齐国不搞株连，杀人者处斩首示众，主人处以罚款，在朝庇护下人犯罪的公卿国戚文武官吏应以降职削俸禄以示警告。请求主公与相国同意本官裁定。

齐桓公看看管仲，管仲赶紧奏请主公定夺。齐桓公将手中的酒器朝案几上一掷，怒道：大司理的裁决太轻了。本朝推行管相国的一系列治国方略，作为我，只有助力之能，而你们却在破坏！一两条人命事小，毁我齐国事大！是可忍，孰不可忍！……

带着几分酒意，齐桓公尽情地发挥着他的表演。管仲趁势朝国氏、高氏、丁惠一族等大户暗示，快快下跪求饶，请求主公宽恕！

众人在此时只有听从的份儿，一排跪在台上，齐声请求主公宽恕。

齐桓公站起来，走到他们面前，咄咄逼人道：怎么个宽恕法？

跪拜的众人七嘴八舌，乱成一团。

管仲过来对大家说：你们各自取一签，将愿意赎罪的方法写上，然后递给大司理，由他定夺。众人见状，赶紧起身。

齐桓公迎着喝道：谁叫你们起来的！

众人赶紧再次跪好。旁边有人递上削好的签、笔。每人抖动着手，在签上写下愿意献出多少粮食等。丁惠一族先递上。宾胥无看后，怒道：你拿多少钟？是想塞人牙缝吗？说着，将手里的签一掷！丁惠族赶紧取回，改成一万钟。宾胥无这才稍稍平缓些：还是太少，比起人命，还是太少！众人又纷纷加码改写……

很快，认定的数字出来了，管仲暗示宾胥无不要报。齐桓公看到管仲的表情，知道自己的"表演"有了效果，便缓缓语气，对宾胥无道：依卿判决处理。把他们搬下去，别扫了我们喝酒的兴。仲父以为如何？

管仲赶紧回说：甚好！

台上的国氏、高氏、丁惠及大户们纷纷回到自己席位上，酒宴继续。那酒还是原来的酒，菜还是原来的菜，但人人都夹不起菜，端不稳酒器。这一切管仲都看在眼里，他明白效果出来了，赶紧暗示齐桓公走下步棋。下步棋，就是齐桓公率领公卿国戚文武大臣到人户们桌上去敬酒压惊。

齐桓公端酒来到犯错大户桌前。那大户赶紧先敬。齐桓公笑盈盈问：你用献粮食抵了朝廷对你的惩罚，那是朝廷啊，我可是帮你说话的。如果不是我说话，你还能坐在这里喝酒？

旁边有人暗中拱拱大户，让他谢不杀之恩。

齐桓公摇摇头：我要实惠。嘴上的甜头，就好比梦里吃蜜，那能真吗？说着，他问左右：你们没听说我的后宫都喜欢织有乐器兵器花纹的美锦吗？

左右赶紧说：知道知道，想献礼给主公的，可谁能寻到那美锦啊！

齐桓公装作没听到，敬着酒：就送那，我就满足了。太大的礼，我也不要。

管仲派人在一边直接就记下了需要的人名与数量。

大户中，不乏聪明才智过人者，自然看出管仲与齐桓公演的"双簧"，不但不反感，而是加倍高兴，连连对左右称：齐国有望！齐国大幸！

齐桓公端着酒对大家敬酒，告诉大家：国家的税收，你们要带头！

众大户谁敢说个不？巡敬一周，回到台上的齐桓公依然是千杯不醉之态。

大户们开始排队上台敬酒，齐桓公凭借酒量再次应付裕如。

众人敬酒差不多时，管仲宣布主公有重要的话说。

齐桓公端着酒走到台前，对大户们说：关于征税一事，你们也知道了。我自己是不可能有时间去的，南方委派的是宾胥无，他到了那里，你们要像见到我本人一样如实缴纳！

台下一片欢呼赞同。

……隰朋去北方，甯戚去东方，鲍叔牙去西方。齐桓公说着，看看管仲问，听说这些大户将钱粮借贷给贫民，使他们能够按要求纳税，他们因此欠下了很高的债。都是因为我，使这些贫民越发穷困潦倒，有的弄到了丢命的地步。我心里不忍啊！这样吧，我这里有一些织有乐器兵器花纹的美锦，每匹价值万钱。我愿用这些美锦为我的贫苦民众偿还借贷的本息，让他们不再成为你们的债人，你们认为如何？

四方大户闻而一齐下跪，叩拜：主公如此体恤民众，我们立刻献出那些券契，呈于堂下，请你过目。

齐桓公：那不行。你们用自己的钱财让我们的穷苦民众能够春天耕种、夏天耨锄，这已经很不错了。我很赞赏你们，但对你们没有什么恩宠，如果这些美锦你们还不能接受，我是坐卧不安的……

四方大户再次下跪叩拜：那我们就领了吧！

于是，台后上来的卫兵将美锦搬上来，现场与四方大户们手里的借贷券契进行替换。替换结束，齐桓公还没用上三千匹，四方贫民的借贷券契全部收回，四方民众再也不用为债发愁。

消息传开，四方的贫民纷纷教育自己的孩子，要永远记住国君的恩德，连种地这样的事国君都看成是国家大事，我们有什么脸面不把地种好啊！

事后，甯樾看到管仲，敬佩有加地说：相国，你这一招，可是天下无人能比啊！不但解决了齐国缺粮的困难，还让那些敢在齐鲁两国间囤积粮食的人，遭受了狠狠的打击！

管仲笑笑，没说话，他的肚皮里还有许多富国利民之谋没有拿出来，这不过是小小的，算不上的啦！

七

这一天，鲍叔牙带着甯戚与隰朋向管仲汇报各地具体落实四方大户免贫困户债务的事。管仲请大家到主公那里汇报。齐桓公欣然同意。

各地的情况不同，东、西地区地理位置差异很大，大户的情况也各有千秋，南、北的贫困户太多，能减免的都已经尽力，尚有部分没能解决。大户们将这些困难推给了邑官，当地邑官能力更有限，只好上报朝廷。

管仲问起了一些细节。他问甯戚，戚姓的大夫在朝里官不大，戚姓本宗同族的其他户，生活如何？

甯戚不知道管仲的用意，实话实说，戚姓还可以，戚姓大户接济穷困的本宗本族很到位。倒是朝中的城阳大夫，关起门来自己快活，根本不顾本姓同族人的死活。

齐桓公闻后轻轻叹了一声，看着管仲许久才问道：仲父，你看怎么办？

管仲若有所思地看着甯戚，没接齐桓公的话茬。

齐桓公急了：仲父，你刚才说的那些平准与平衡都与这个无关啊，难道还要我把天下大户再次请来？

管仲问：有用吗？

齐桓公说：那种事用一次就足了，再用，怕就不灵了。

管仲笑道：正是。

看来，你有好办法了。齐桓公乐道，快快说来听听。

管仲说：请你把城阳大夫喊来，先解决城阳邑的事。城阳邑，地处莒、沂、源等邑之中，尽为肥沃可耕的好地。全国数年灾荒，唯有城阳邑没事，城阳大夫的日子能不快活？

齐桓公想了想，说：那就敲打他。

管仲说：是的。主公这样对他说：你的宠妾穿着上等丝绸，鹅鸭吃着穷人看不到的剩饭。从你府上过，很远就听到里面钟鼓齐鸣、笙簧吹奏，歌舞升平，好不热闹。我早就知道你奢侈到极点，没找你，是等着你自己觉悟。看来，我高看了你。不能不提醒你注意到，你的同姓进不了你的家门，你的伯叔父母、远近兄弟都在受冻挨饿。有人告诉我，这样对待同姓伯叔父母兄弟的人，做官是不可能忠诚于君主的。我现在决定取消你的爵位，不要再来见我。在你的府上周围，我已经派了卫军守着，你不能出门！

齐桓公连连说好：就这么做。说完立刻派人通知城阳大夫明天上朝不能缺席。

城阳大夫并不知道出了什么事，一夜都没睡好。第二天天还没亮，他匆匆赶向朝中，路上遇到了每天都是最早上朝的管仲，赶紧请教主公今天要他到朝的原因，希望相国给他指点指点。管仲含糊道：这几次上朝议决大事时，主公可能没注意你。城阳大夫说：我站太后了吗？管仲说：如果是这样，今天你站前面些！城阳大夫怀疑地问：会这么简单吗？管仲反问道：你怀疑我与主公商量了要整你？我想整你，还要动用主公吗？再说，主公想整你，需要找我商量吗？

城阳大夫听了这话，站立不住了，只好与管仲告辞，快步先走了。

当第一缕阳光从窗户透进来时，正好照在齐桓公的面前，阳光就像给齐桓公罩上了一个盆状的光环。所有进来的人，都感觉到齐桓公的神秘与伟大，不知不觉中对那光环里的人肃然起敬。殿前值日巡视过后，禀告齐桓公：主公，早朝可以开始了。

城阳大夫今天没像平时那样远远地站到别人的后面，而是被值日官示意站到了最前面。朝议一开始，齐桓公就说：现在我注意到了一种现象，同样是一姓的家族，却不能有福同享，有难倒是要一起受着株连九族、灭门之灾什么的。你们说，这公平吗？这样的事，就发生在我们齐国，就在我们的朝堂之上，有人正是这样做的。

堂下鸦雀无声，谁都感觉到这是在指自己，没人敢抬脸看堂上的齐桓公。

城阳大夫！

如同天上落下一个响雷，震得堂内嗡嗡然！

城阳大夫赶紧向前，对着齐桓公下跪。

齐桓公：你知错吗？

城阳大夫喃喃道：望主公明示。

齐桓公便把昨天与管仲在一起，管仲教他说的那番话，一字不漏、字字如铜豆落金盆，脆生生在广庭之下爆响了一阵子。在场的所有人都惊骇，谁也没想到齐桓公会私访暗察到你生活里的细节，了解到你的庄户、亲戚、同宗、一族人的生活与你的关系……

当齐桓公宣布将城阳大夫削去爵位、免去公职、软禁家中、不得随便外出时，人人的脊背上都沁出了细汗。

很快，稷门上挂出了对城阳大夫处罚的公示。

效果立刻就呈现出来了。全国几乎所有的功臣世家、王亲国戚，都开始关注起本宗本族亲友们的生活，有些很远地方的穷人一辈子饥寒交迫，突然间被国都里来的贵客请到了城里，分到了住房，有了地种，不再露宿野外，不再受风雨寒霜的侵害，更有那些无力劳作的贫病鳏寡孤老都得到了照顾。

齐桓公与管仲在宫中一个亭子里下棋。守城官派人送来一个帖子，是一位不愿意留下名姓之士贴在公告栏旁边的。

　　管仲接过去一看，乐了，递给齐桓公：请主公看看吧。齐桓公一看更乐了：仲父，你这个方法真管用。帖子说得对，灾年的齐国，被管仲又寻到了一条救灾之路。仲父，你这一着，省掉我国库多少开支啊！哈哈，帖上还说我推行仁义的方法也是天下首举，不仅仅是减少了饥民，更使功臣世家的兄弟骨肉相亲相爱……

　　管仲说：贤德主公的威望就是这样来的。

第十三章

冒天下之大不韪

一

　　管仲最初提出的"轻重九府"，是在周天子的"大府、玉府、内府、外府、泉府、天府、职内、职金、职币"前提下，根据齐国的国情，逐渐将周九府的各自职能分解划改为"太常、太仆、卫尉、都尉、大司行、大司田、大司马、大司理、中谢"九府。其中由东郭牙任"中谢"，其职能除了"谏劝"以外，加以辅助国君制定法令。数年来，在充分发挥这些部门职能的过程中，管仲本着"重农辟地、通货积财、富国强兵"原则，解决了众多平民头上压着的高利贷问题，又及时颁布了垦荒开地的新政策。

　　在刚公布这一新政策时，却遇到了新的问题，山地与海边因为地域的划分不清楚，政策使用出现许多问题。管仲带着众臣深入最基层调研后，大胆提出了新的行政区域划分。这就是"三国五鄙"行政区划法。

　　齐桓公有些想不通：这"三国五鄙"重要吗？

　　管仲解释说：先颁布行政区划，使各种政策性的措施、法令都得按区划来进行。特别是商务与农务的税收，区域不同，税赋的标准就能制定得更细些，也从客观上稳定与限制了"盐铁专卖"的不同对象。一环扣一扣，环环相扣，一着不让，着着有的。

齐桓公点点头：我明白了，仲父只管落实就是了。

管仲：这是国家大事，应当由国君签署命令实施。请主公认真阅后再行签署。

齐桓公见他这么说，便认真地看了起来——

三国，就是把国家划分三大城市行政区（相当于今天的省部级建制单位）。五鄙，就是把国家划分五个农业行政大区（相当于今天的地区级行政建制单位），设立大夫级官职。城市以五家为一轨，十轨为一里，三里为一连，十连为一乡，一乡两千户。野鄙（即农村）的建制是：三十家为一村，白村为一乡，四乡为一县，十县为一属，一属人口限在九万户。

齐桓公边看边点头：这办法不错。

管仲提醒他：实行行政区划，能够解决兵源的长期稳定性，实现战时为兵，平时务农。

嗯，好！齐桓公手指着呈文道，这就是你说的全民耕战之策？每户一兵，百夫长统领百十人不等，称卒帅（亦称长耳）；千夫长统领二千五百人，称师帅；五乡之兵为万，统领称冢君。士、农、工、商四民分居，同业人聚居一处，安习本业，相互切磋，不易受外界干扰。作内政而寄军令，战时打仗，守则同固，战者同强，使大国莫能御之。好！接着，齐桓公问：湖区、山地、水泽地带，你也用这种区划吗？

管仲说：呈文也都作了仔细的区划，采取"泽立三虞、山立三衡"。水湖泽地带分设"虞府"，专门管理这一地区的民众与资源；山林地区自然与水湖泽地区不同，设"衡府"专管。相志其征，则民不轻易流窜；民有自己承包经营的土地与湖泽水面，自种自收，则不会懒惰。"虞府"与"衡府"就是从行政上管理，按季节采获山林渔业之利，减少乱伐乱采；陵陆、丘阜实行均田畴的公平分配，使民不疑朝廷政策；一切稳定正常，朝廷也减少干预民众劳作安排，无夺民时，则民众富也。民富国则强！

齐桓公连连说好，接着又问：这个先颁布？

管仲说：是的。这个颁布了，再颁布废除奴隶、设立"女闾"，那就很正常。接着你推行"盐铁专卖"，就更顺当无羁。

果然，"三国五鄙"行政区划法一实施，全国震动很大，流动人口相对稳定下来。人口的稳定，垦荒开地的新政策就凸现了效应，特别是：谁家开的荒，就是谁家的地，不管你是平民还是奴隶，都可以得到合法的认可，开荒多的奴隶还可以解脱奴隶身份，且五年不征税。这个政策一经颁布，临海多山耕地稀缺的齐国掀起了开垦荒地的热潮。与此同时，积数年之力采取减免农作税赋、控制住粮食危机、扼住货物无控膨胀，以及制造"鲁绨楚鹿"来控制诸侯各国对齐国货物涨跌无序的影响。很快，连年灾害不断的齐国经济有了起色。

齐桓公看到管仲的治国实绩，很是兴奋，问管仲："代民偿债、返回平准"就是你"内阁政策"的一部分吧？管仲回答：正是，眼下我最为关注的是奴隶开荒后，能不能保证还是奴隶的？主人要了，奴隶能不给吗？齐桓公问：依你就是要废除奴隶，在齐国不存在奴隶？管仲挺挺腰，回答：正是，现在是废除奴隶的时候了。齐桓公不高兴地说：你接下去还要设"女闾"。管仲说：正是。齐桓公很想大声地告诉他，别做梦，但他没说出口，站在他面前的是德高望重的仲父，他没有那种勇气。他缓了缓情绪，换一种口吻，亲切地问：仲父想做什么事，都可以自己决定，这件事为什么一定要我来决定？他扬手制止管仲接话，继续说下去：我知道，这件事如果真正想做，不仅仅是诸侯各国反对，天子也要干涉，国内更是一片声讨！

我就想在做"女闾"时，搭乘一个借口，两件事一起做。管仲沉稳地回答。

齐桓公：废除奴隶与开设"女闾"都是遭人反对的，两者一并做，我看足以使人们起来把我们给废掉！

管仲回答：恰恰相反。你念念不忘的是"盐铁专卖"整顿，有效地集中资源，为"尊王攘夷"夯实基础。但是，你知道吗？就像垦荒政策一样，还没有实施就出现问题，需要立刻补上"三国五鄙"的行政区划法，使行政区划稳定，人口固定下来。但垦荒的成果又出现大户鲸吞奴隶果实的问题。如果没有行政区划，大户们可以跑到另一个地方重新生活，"三国五鄙"使他不能跑了。这就是行政区划的好处。新的矛盾就是奴隶不废除，垦荒成果仍然不能真正呈现它的作用。眼下只有废除奴隶！并且，迫在眉睫。

"盐铁专卖"又要推后？齐桓公叹道，自夏商周三代将青铜作为权力象征的鼎器分封物，谁都不敢擅用青铜作为武器，而吴国则将青铜掺入铁精，制造出锋利的枪剑；楚国更是将青铜用于祭天器皿。而我们的铁精如何能够加入青铜里面，制造更锋利的兵器。这是我想做的。如果你能把盐铁管理起来，成为专营，这就真解了我大患，何愁称霸……

管仲笑笑说：主公，盐铁专卖，涉及面太广，侵占到太多人的利益，也许会动到你的爱臣、爱妃们的利益，闹不好伤筋动骨，必须有个过程，瞄准时机才能动啊！

又是一个瞄准时机。齐桓公不以为然道，你做什么事，都要久虑而后决。仲父认为什么时候可行，你开口，我来发令。

管仲真诚地告诉他：得集全国之力。更为重要的是要有民众支持的基础。这几年灾害不断，特别是旱灾，几乎造成局部地区颗粒不收。恢复国力尚需时日，不宜有大动作啊！一项利民益国政策出台，在实施前都要好好铺垫，开启前都必须有个前奏与序曲。这个铺垫就是整治。不整治，商人与囤积居奇的权贵会掠夺鲸吞民众的劳动成果。表面看上去一时是民众的，如果没有很好的政策保护，迟早还都会被大户霸占，被高利贷掠夺，被贪官污吏拿走。民众依旧水深火热。你刚刚出台的垦荒制度，许多奴隶一开始不愿意开荒，但被你的政策鼓动起来后，利用空闲开荒，现在许多人家的主人见地好种了，找种种借口收去奴隶用汗水开的地，你怎么办？只有废除了奴隶，奴隶开的荒才能真正是他们自己的，他们才能生存。他们的生存，也就多了一份你在民间的支持力量。当然还有得到实惠的民众。这是你"尊王攘夷"的最坚实力量。

齐桓公：照你这么说，整治也要下重拳，也要这么复杂吗？

正是。非常重要。整治，就等于斩断贪官污吏不法商人们伸出来的贪婪之臂。管仲告诉齐桓公，整治也是执政者必需的措施，需要时常做做，时常翻新。让大户与放高利贷者心理上有震慑感，君主的威望才能越来越高，民生国利才有保障。这就是伊尹讲的，"治大国如烹小鲜"的道理之一。小鲜在烹之前的预备工作还是不可少的嘛！

齐桓公点点头，又担心地问：你让我将美锦抬高价格给献礼的人，给那些放高利贷的人，他们心里都很清楚，知道我在骗他们。这让我心里不能踏实。时间一长，我就成了别人眼里的"罪人"，你则成了好人啦！

管仲安慰道：我明白你的心情。如果我们没有朝拜周天子的石璧带来的钱财，要度过饥荒与灾害就是空话。如果我们不以鲁绨替代齐纨争取到时间……

齐桓公打断他的话问：时间也是钱粮吗？

管仲点点头：用鲁绨替代齐纨，目的就在于造成鲁梁人对眼前利欲的盲目追求，忽视种粮的季节，导致粮食生产的锐减。与他们相反的是，我们鼓励开垦，甚至开了奴隶开荒归己的先例。这几年，齐国可耕面积骤增，给邻近诸侯各国的心理上造成比实际损失更大的压力，抑制进入齐国的粮价就成定局！

这可是冒天下之大不韪啊！齐桓公惊呼。

我不这么看。管仲淡淡地说。

齐桓公看看管仲那静如秋水的表情，心里倒也安慰了许多，他对管仲说：只要对国家有利，寡人听仲父的。

管仲见齐桓公心境很好，觉得是个难得的好机会，便告诉他：国内物价的"平准"还需要再做些补救工作。

齐桓公不解地问：还不够吗？

是的。管仲说，去年春上，春汛泛滥成灾，一些城邑与民众都受了损失。事后，各地大兴水利，民众为修水利而缴水利税，一时没钱的民众被迫变卖物品抵税，这些物品我让甯戚登记在册。夏天，军队的帷盖衣幕供应不足，民众应该缴纳布帛而没缴，都采取以抵押物品作税，我也让甯戚登记在册。秋天，铠甲兵器需要修理，弓弩需要安装弓弦，这些都需要丝麻，也是通过向民众征丝麻税来办的。民众没有丝麻的，就要用别的东西来抵押；我让甯戚记录下来。到了冬天，需要打造铠甲兵器，粮食不足，用作赏赐的黄金也不足了；这个时候向民众征税，民众大都只能以物相抵，我让甯戚记下。如此合在一起统计核算，就可以发现民众一年四季在征税里每次抵押物的不同价值，更看到这些物质在不同季节的价值变化。这个变化完全可以作为国家控制物价的基础。有了这个基础，富商大贾就不能骗你，更无法与你搞暗箱操作。

齐桓公笑了：这也是你说的平准措施之一。

正是。我正准备申报主公批准成为基本国策之一。管仲接着又说，我还想到了国与国之间在买卖上的平准，应该说是平衡。平衡国与国之间的物价，我们可以从中获利。通俗地说，是商与贾的作用，也是坐贾行商的最诱人之处。平时也许看不出，逢灾遇难的年份，那就凸显非凡啦！

齐桓公来了兴趣,连连说:那你快快告诉我。

管仲用一个例子来解析给齐桓公听:从前有个叫癸度的人,他出门无论到什么地方去,第一件事就是先摸清这个地方的物价,将之与自己掌握的其他地方的物价进行比对,然后得出一个自己需要的物价,再去与商贾们说买卖。比方说,以前莱国人有一种胜人的技术,那就是把丝染出各种颜色。在莱国,紫色的丝练,每束只值一锱①;紫色的绶带也是这个价。而在周都城,紫色丝练与紫色绶带都是高昂的贵重物品,每束或一条都价值十金。莱国的商人知道这个行情后,将紫练与紫绶收购一空。而周都城的商人知道后,智慧就更比莱国的商人高,他们收集大量通用的筹码(钱币的替代品)作抵押,使莱国商人的紫练紫绶都成了自己的手中物。这样做,看起来没什么差异:莱国人手里有的是作为钱币的筹码,而周都城的商人则拥有了大量的紫练与紫绶,可以说是垄断了莱国的紫练与紫绶。随着时间的推移,性质发生了变化。那些莱国人手里的钱币筹码还是那么多,几乎没什么变化,而周都城的商人却掌握了随意调节紫练与紫绶市场价格的权力。

齐桓公问,莱国的人想要紫练,能买回去吗?

管仲答:当然可以,只是价涨到了百金。莱国人买,周都城的商贾不收他们的钱币筹码,只用当时的粮食或者其他物品抵押。这么一来,以前一束一锱,现在却是百金一束。等莱国人醒过来,热羊汤也上冻啦!

齐桓公:我明白了,有实物在手就可以控掌物价的升浮。

管仲说,这还是一方面,更为重要的是,天下的价格高,我的物品价格一定要高,不然,人家看到你的物价低,把你的物品都买去了,随着时间的推移,你得到的钱却再也买不回原来的东西了。所以,你不把美锦的价抬高,能摆平借贷的事儿吗?

齐桓公问,鲁绨又怎么说?

管仲:这是遮眼法啊!我们表面去收购鲁绨与楚国的斑点鹿,这与我国一般平民生活无大碍,受到影响的是我国士大夫们及宫廷的生活、官员礼仪。但是,鲁梁两地的粮食生产就一定会受到影响。这是因为鲁梁两邑的人们看到鲁绨有丰厚的利润,纷纷放弃粮食生产的时机去为赚钱编织鲁

---

① 锱:古时重量单位。六铢为一锱,四锱为一两。

绨。这种时候，我们用没任何实用意义的钱币筹码去获得鲁绨与斑点鹿，这当然影响不到平民生活。但平民受到你新政策的激励与实惠，会加倍努力生产粮食。等鲁梁两地人们发现粮食紧张了，再想回头赶，迟了。人误地一季，地就误人一年啊！有了这个误差，我们就能抑制住天灾给齐国带的缺粮危机，也让鲁梁两邑替我们分摊了因灾难带来的缺粮窘境！我国的粮食赶上去了，这个时候的鲁绨就可以用比收来时高十倍百倍的价返给鲁梁两地……

齐桓公：这叫转祸于人，我们不能做。

管仲：在国与国交往中，没有永远的朋友与敌人，只有周礼！在保证自己的生存过程中，同样没有是非的铁定准则，也只有周礼。今天我可以这样做，明天我可以那样做。准则，除了遵循周礼，还有一条，就是控制诸侯各国进入齐国的货物涨跌无序的状态，调节好齐国与莒国、莱国、梁国、鲁国的关系，使我们不通过战争达到想达到的目的。这就叫"商战"。商战是没有硝烟的战争，是利用智谋作为有力的两只手，掐住了对方的咽喉，使他吞吐有困难，这时，他必会求你放开手。这时，你想说什么，想做什么，他能不答应吗？只有这样，你的"尊王攘夷"才能真正发挥作用。

齐桓公点点头：我明白了，这就是你说的平衡供求关系在国与国之间的作用。

管仲：正是。平衡供求关系与上面讲的平准措施，都是治国中十分重要的举措。

二

一件意外的事让管仲搁下了废除奴隶与开设"女闾"的大事。

齐桓公最喜爱的一名王姓乐伎的外甥女被奸致死。

王乐伎深得齐桓公的宠幸，令她不安的是，多次宠幸却没能给齐桓公带来一子半女。眼看年纪一天天大起来，自己无望在后宫立足，便用心培养家中最为疼爱的外甥女爱爱。此女三岁学琴，六岁习舞，八岁能在鼓上跳舞。如今十二岁，出落得如花似玉，弹唱歌舞，无一不精。王乐伎打算再等等时机，引荐给齐桓公。没想到，爱爱傍晚走在城里一条僻静街上，突然失踪。寻到时，人已死。王乐伎寻死觅活大闹，齐桓公更是要宾胥无立刻查出凶手。凶手迅速查到，是一群乞丐。审讯时，乞丐们说：这天气好，树叶儿都想母的，猪都叫窝，狗满大街追雌的，谁都想睡女人啊！我们没老婆，又没钱去逛青楼，这送上门的女人，能不沾沾吗？谁知道她不经事哩！审官问：怎么个不经事？乞丐说：这么个粉嫩的肉蛋蛋，却只能一个一个上，谁在边上站着都渴急啊！三十几个人，还有两三个没轮上哩！齐桓公气得直跳脚，要宾胥无将他们统统砍掉。管仲却挡住了。他问宾胥无：依周律，轮奸致人死亡，应判何罪？宾胥无回说：主犯砍头，从者沦为奴隶。齐桓公叫道：乞丐的地位虽与奴隶无异，但他们比奴隶快活！奴隶还有人会把他们卖掉，女奴生的孩子还是奴隶。乞丐除了快活还是快活！这个法要改！

管仲回道：平常街上哪来乞丐？偶尔出现一个也会被大户或泼皮抢弄去作奴隶卖掉。如今，齐国数年灾害，竟然会有这么多乞丐，也没人将他们抢去作奴隶变卖，这应该是主公仁治，是好事。

齐桓公恼道：好事？呸！真是的，为何不捉这些乞丐去做奴隶，卖到秦国、北燕也能挣钱啊！赶上吴越来的商人，卖给他们多好啊！再说，衙门为什么不组织他们去开荒啊！唉！偏偏留在城里害人。说着，再次提高嗓门：全砍了，杀一儆百，看还有谁敢乱来胡搞！

主公，这事绝不只是乞丐们第一例。管仲说，也不单单是走路的人遭殃！据我所知，宾胥无那里还有一些案件。比如说，春夏之际，乡人纳凉，女人贪凉快，在门口或院子里睡着被人偷奸，闹出人命不在少数。更有奇者，西街豆腐店的少妇王氏清晨弯腰靠着缸沿捞豆腐，翘起的屁股被过路街坊盛光棍插了个后庭花。结果，盛光棍成了豆腐王氏床上的常客，丈夫干涉，王氏与盛光棍干脆私奔。两人没跑多远被族长派人捉回，王氏宁死不让丈夫再碰！告官后，宾胥无问怎么办。还有，东城胡波仗势欺人，抢走街坊庄元生老婆硬行奸宿，女方不愿意，伤及胡波下身，造成胡波失去男性功能。胡家大打出手，庄氏一族死伤数人！

齐桓公怒道：这还了得？我下令，凡强迫女人与己交媾者重刑、重治！仲父，上次卫兵闯青楼，我依你而处理了。结果呢？越闹越大，连乞丐们都敢光天化日之下强奸行人，传到周天子面前，他会怎么看我？诸侯又会怎么说我？仲父啊，我现在告诉你，我让你纳田靖，就想绝了你开放青楼的念头。大司理那里关的那群乞丐，还是依我说的办掉吧！

其实，管仲之所以拦下齐桓公要将乞丐们统统砍头的决定，并非要救这些无法无天的乞丐，而是想借此找个由头给齐桓公说治国安天下的道理，使他知道砍头容易，明理难。他说：我给你说过禹治水获得成功的事，这件事让我们借鉴的不单单是治水，而是从中领悟到处置世间各种事物的道理。禹改变父亲阻水之法，而以疏导，引水入海，从此不再为水患发愁。它启示我们对许多事都可以改阻为疏，或者疏阻并举……

看到齐桓公脸上的怒气有些缓解，管仲便将话题引回，继续说下去——

如何处置青楼的事，我一直在思考。人有七情六欲，男欢女爱，天性所致，你想灭掉，那是不行的。齐国要成为天下最富强之国，我们就要引导人们如何学会生活，如何知道尊严，如何学会爱人、惜物！说到青楼与娼妓，主公知道夏桀蓄女乐、倡优达三万人。侍姬、小妾、声妓、歌姬、舞姬，也称美人、女乐、娼妓，这么多的称谓，可见自古难绝娼妓！周天子对她们称呼得最为贴切：女酒，女春。有钱的公孙王室、侯爵大户养着一群妓，用以招待客人，还可以作为礼物赐人！没钱的平民，自然就想着法子与自己相中的女子交媾，还有图长久的，更有抢来偷来骗来人家女孩子，养大后在家里接客的。没本事的乞丐，看到白晃晃的大街上就一个美女，四周无人，谁不想上去沾沾？不想沾的人都不正常！想沾的，怎么个沾才合法合理，这不仅需要我们教导他们，更要他们自觉形成、自觉遵守的。主公要颁布法令，让天下人都知道，想泄欲快活，也得遵守法规！

齐桓公摇头道：你还是绕着弯子让我同意开放青楼！别提了，鲁国带头向周天子告我的状，这还不算，还在诸侯各国间散布说寡人同意齐国开娼院，是乱天下道德。

姬同这样做，一定有他的道理。管仲瞟了一眼齐桓公的表情，欲擒故纵地说。

齐桓公说：屁道理。标榜自己仁义道德的姬同，他的后宫有多少女人？他就不把自己用过的女人送给部下吗？他管理下的鲁国没女人偷情的故事？说着，突然停下来，看看管仲，明白了什么，故意轻叹一声，语气温和地说：怎么又绕进你的圈圈里了。仲父，我告诉你，我一直顾着你的面子，现在，我不能再顾了，马上告诉宾胥无，先将他们砍头示众。

主公想做什么，不必考虑我。管仲说，治水可以先阻，阻不住再疏；疏不行，也可再阻，均应视实际情况而定论嘛！

齐桓公：这么说，仲父是同意我砍那群乞丐的头啦！

管仲：其实，卫兵闯青楼与乞丐轮奸事件都只是反映出一个社会现象，一个急需治理的社会现象，如同你鼓励奴隶开荒可以赎身的政策。大户嘴上让奴隶把开垦的荒地作为赎金，说是地到了大户手上，奴隶身份就能改变。事实上，奴隶却还是无法离开大户而独立。因为地收走后，奴隶仍然两手空空。你的政策只是让大户借奴隶的热情增加了土地。

废除奴隶这事，容寡人深思后再说。齐桓公说。

管仲却毫无顾忌地继续说下去：卫兵宿妓的性质是交媾双方自愿，焦点只是给不给钱的问题。我国法律没有规定青楼宿妓一定要付费，卫兵可以不付费。如果事先两人说好了付费而不付，这只是人品信誉问题。乞丐们拦路强奸、轮奸致人死亡，是犯罪，是任何仁治国家都不能容忍的。两者性质完全不同。我支持你砍罪犯的头，但我要提出砍多少，提出一个适量的量刑问题。人头落地，不可复；不砍他们，你胸中之气不得平泄。这里面有主犯，也有顺势起哄的，更有几个没干的，你统统砍了，其中冤魂必出，他们焉能罢休？

齐桓公明白了管仲话里的意思，有些为难地说：王乐伎那里怎么交代？

管仲说：主公不必为此忧愁。但主公能这么想，这么说，就是开明啊！其实……管仲很认真地开始说起来，男女交媾，终究是掩掩遮遮的暗中勾当。如果我们把这种私下的交易、暗底下的买卖，放到太阳下来公开做，怎么样？这也没什么丑哇！人之天性，与其暗中伤风败俗，不如让他们在太阳下正常操作，国家用税收的办法管理起来，使之成为经营活动，卫兵宿青楼就不会不给钱！这样做的好处是，一来国家可以获得税源，二来能杜绝病毒的暗地传染，三来女人的来源正常，免得有人逼良为娼。

说着说着，管仲干脆将自己久思熟虑的打算一锅端出：长久以来，我就一直想如何成立"女间"，将战犯或罪犯的遗孀充于其间，并抽以税收。也有像贱内未嫁我之前遭遇相同者，自愿的，均可入内，也让她们作为行业健全规范起来。还可以让她们中愿意从良的，缴一定赎金就可以获得自由……

齐桓公问道：听宫中女官说，有个使女，知道田靖主动剪去额前头发的事，她也要求那么做。理由是自己不想守着空身子一辈子也盼不到主公宠幸，还不如去做妓，早晚也都有个男人给的快活。你说，给不给她去做妓？

她想做，当然可以。管仲说，此女是不是叫留海？

奇了，仲父，你是什么都知道啊！齐桓公感叹道。

管仲：女官找过我，有留海那种想法的女人不在少数。男人与女人都一样，情欲强盛的女人，一夜能侍候十几个男人。这样的女人，让她守着一个男人自然会出事。这种女人，天生就是大众情人！还有一点，我告诉你，后宫常常出事，也正是她们长期缺乏与男人的正常交媾，那么多的女人就守着你一个人，有的一辈子都轮不上……

让我想想。齐桓公说。

管仲更进一步道：人欲天性，都是正常的事。我劝主公，除了自己近身的几个可心的女人，其他不需要的都放出宫去，看到外面好的，想着换新鲜的，再到民间去征召。别老死守着那堆老脸孔嘛！流水不腐，活树不枯，都是有生命在运动。你想要你的后宫女人们永远新鲜，就得像活水那样流起来！

齐桓公笑了：没想到你这老人，脑筋倒是不老，好使。这样吧，我向你与宾胥无提个要求，将那群轮奸王乐伎外甥女爱爱的乞丐首犯斩首示众，其他的统统充作官奴变卖。以后，凡是来路不明的流浪乞丐，统统没官作为官家奴隶处置。

管仲正了正脸对齐桓公说：主公别再一口一个奴隶。废除奴隶的事既已提出，虽没有告示天下，但我们自己就先开始吧。从齐国开始，不再有奴隶。君臣之别，男尊女卑，贵贱之分，那是改不掉的。

齐桓公急了：仲父，你这是开玩笑吧！

管仲说：相国绝无儿戏。废除了奴隶，"女闾"实施，齐国才能真正担当得起"尊王攘夷"的大任。

齐桓公摆摆手，说：奴隶一事先搁一搁，开设"女闾"一事，你弄个方案，我们再细细讨论，也让公室上卿参与一下，他们有什么要求，你我都可以忽略不计，但人多话多主意多，多听听有益而无害嘛！仲父以为如何？

管仲想提醒齐桓公，相国主政，完全可以说了算话，你干涉，莫不对我又不信任了？但转而一想，开放青楼毕竟是大事，主公能够有支持态度，很好啦，也许朝议并非坏事……

齐桓公看出管仲有情绪，语气温和地说：仲父，我提出废除奴隶、开设"女闾"需朝议，并非削弱你作为相国主政的权力。实在是这两件事关系重大，也出于对你的尊重与保护，寡人才决意如此，请你能够理解。一旦定夺此事，日后我就只享清福，不再干涉你的朝政。

有人进来报告：天子那里有急报。

齐桓公与管仲不约而同朝外看，只见门外远处匆匆奔来一人。

三

这个人的进来，让齐桓公把朝议管仲说"女闾"的事搁到了一边，一搁就是两三年。

此人来禀报的是"国际大事"。这件大事，还得从在位五年的周釐王驾崩（前676）、其子姬阆接位说起。

周惠王姬阆有个叔叔子颓，是周庄王一天午睡时，侍女陪幸的结果。侍女生下子颓，其母被称"姚姬"。庄王宠爱这个午睡时得的儿子，让大夫蒍国做他的师傅。子颓长大后喜欢牛，在京都养了几百头牛。子颓养牛，很下功夫，他亲自调料喂养，为牛添加刍料，常常夙夜不寐。他还为这些牛披以文绣，称它们为文兽。牛养得膘肥体壮，牛气冲天。每当外出游玩时，子颓及其奴仆随从都骑牛而行，出游队伍浩浩荡荡，一路扰民践踏无忌，路人避之唯恐不及，地方官员与民众对他们恨之入骨，敢怒而不敢言。子颓与大夫蒍国、边伯、子禽、祝跪、詹父等人私结为党，朋比为奸，无恶不作，人称公子颓的这几个死党为五大夫。周釐王在位时，对他们的恶行未加禁止。周惠王即位后，子颓依仗着他是惠王的叔父，全不把王公大臣们放在眼里，动辄还给惠王一点颜色看看。惠王原本就对子颓一伙人的不法行为非常恼火，即位后首先下令将蒍国饲养野兽的菜圃，作为王公贵族田猎场所。接着，将大夫边伯紧挨王宫的房舍划入王室扩大的苑囿。褫夺子禽、祝跪、詹父的田产充为公产，革去了宫内膳夫石速的俸禄。

周惠王的举动激怒了以蒍国为首的五大夫一伙。他们与王室贵族苏氏进行密谋，联合对与周惠王有隙的公室卿士，于惠王二年秋（前 675）打出奉子颓为君的旗号，攻打王宫，企图灭掉姬阆。幸有周公忌父与召伯廖（召公奭之后）等大臣率部抗拒，五大夫才没能攻入王宫。蒍国见不能取胜，京都自然不能再待，挟子颓奔往苏氏封地温邑（今河南温县）。温邑系周武王时期司寇苏忿生的采邑。周桓王时，为确保王畿安全，强行割苏地十二乡邑与郑国交换王畿边上的四座城邑。苏氏后人为此与周王室反目，改依狄人。现在，五大夫奉子颓来温避难，苏子思虑再三，自知无力与周王室抗衡，干脆与子颓一伙奔往邻近的卫国，请求卫惠公姬朔出兵护子颓归周为王。

姬朔正对周釐王在黔牟事上的态度耿耿于怀，遇上五大夫作乱，子颓来卫国请兵，兴奋得一拍掌，也不与大臣商量，满口答应出兵扶子颓归周为王。一面整顿兵马，一面遣使联络邻国南燕，两家约好共同出兵伐周，拥立子颓为王。

这年冬季，姬朔经过一番精心准备，亲自率领卫燕两国兵马，杀气腾腾直奔周王城而来。无备的周公忌父一时来不及召集诸侯勤王，王城军队抵挡不住来势凶猛的卫燕联军，只得与召伯廖护周惠王出奔郑国鄢邑。

攻入周都的姬朔与五大夫共立子颓为王。子颓即位后，占据王城，志得意满，尽情享乐，大行歌舞以享功臣五大夫，又把卫惠公和燕君好好地表扬了一顿。姬朔在京师恣意享受了一番，然后得意洋洋返回卫国。

齐桓公得到此消息，正值国内"夏。齐大灾"[①]，想出兵又怕管仲拒绝。果然，还没开口，管仲就说：今年旱灾更厉害，粮食供应不上，吃不饱饭，怎么打仗？齐桓公不高兴了：这种情况下都不出兵，我还讲什么"尊王攘夷"啊！

管仲说：子颓也是周室血脉，有人护他上台，也有人说他是篡位，最能出面的应该是秦国，秦国不动，楚晋两国都想出兵，并且声称"不辱即危"！以天下为公的理由看，你齐侯出兵，怕不一定就是"尊王攘夷"。胜则可以这么说，败呢？

齐桓公想想，觉得管仲说得也在理，便问他的看法。

---

① 见《左传·庄公二十年》。

管仲说：姬突的心境有些不寻常。

齐桓公不乐道：他小子有什么念想？

原来，周惠王出奔鄢地的消息传到郑国，大夫叔詹向郑厉公姬突建议：五大夫及卫朔立子颓为王，周室人心不服，君若兴兵纳王，此乃万世之功也。姬突听罢大喜，认为这是恢复先祖在周室为卿的极好机会，对叔詹说：善哉！子颓懦弱，无能为也。所恃者唯卫朔之众耳，今卫朔撤师回国，五大夫等人乃掌中之物耳。寡人将遣使以理喻之，如能悔而反正，则胜似用兵多矣。姬突亲自前往鄢地慰问周惠王。

说到这里，管仲这才端出自己的想法：应该出兵，齐国出兵护卫刚刚登基的周惠王姬阆，这是何等的大义之举啊！但不是冲在最前面的，而是声响很大，步伐很慢，属于起雷闪电而不下雨式。

齐桓公明白管仲的意思后，向全国号召"尊王攘夷"！民众借债欠息，供给军队粮草。

就在齐国摩拳擦掌、跃跃欲试"尊王攘夷"时，时刻都在盘算着如何恢复在周廷地位的姬突于公元前六七四年春修书一封与子颓，试图调解王室纠纷。书曰：

> 突闻以臣犯君，是谓不忠；以弟奸兄，谓之不顺。不忠不顺，天将殃之。今王子误听奸臣之计，而放逐其君，诚大谬也。若能幡然悔悟，奉迎天子回朝，王子束身归罪，仍不失荣华富贵。如若不然，尚可退居王畿一隅，比于蕃服，犹可谢罪于天下，以塞众人之口。唯王子从速图之，寡人静候天音。

（冯梦龙《东周列国志》）

子颓得了郑厉公的书信，犹豫良久，拿不定主意，与五大夫商议。蔿国说：骑虎者势不能下，岂有屈万乘之尊，而复退居臣位者？子颓想想有理，竟然将郑使驱逐出城。使者回到郑国，将出使情况作了禀报。姬突脸不动怒，心中暗作计算。姬突暗遣精兵从鄢地将周惠王转移秘密安置。秋天，姬突奉周惠王攻入邬邑，之后又攻入成周，取回了成周的传国宝器，并将周惠王君臣安顿到栎邑。郑厉公曾在栎邑居住了十七年，宫室及一应设施齐整如故，正适合周惠王暂时居住。安顿好惠王君臣后，又遣使具币通于西虢公，与西虢公秘密筹划，共纳惠王归周复位大事。

公元前六七三年春，郑厉公约会西虢公，两家在弭地共同起兵，誓师讨伐逆臣子颓及五大夫一伙，帮助周惠王归周复位。

齐桓公得到消息，问管仲怎么办？管仲先让人送信于姬突。齐桓公心急，说是不能等，立刻组织一支精兵随后前往。快马日行千里，早早赶到姬突帐前。姬突接到齐侯的信，扫了一眼，想也不想地回复道：区区小事，何必劳驾齐侯。

这下齐桓公傻了眼，他没预料到会这样。管仲心中早已明白，告诉齐桓公：姬突是聪明人，他早早摸清了底，解决五大夫有他与西虢公的兵足矣，你再去，多一人分羹，好吗？

这小子！齐桓公恼道，我该怎么办？

管仲提出：队伍不要立刻撤回，到峥丘驻扎，如果卫国出兵救五大夫，我们可以拦腰击敌。虽不能亲护周惠王，也能立一大功啊！

齐桓公突发奇想，如果不参战，我们可以借机"天下震慑，诸侯宾服"，令戎人不敢小视我中华。管仲点点头：灾荒之年，本是忌用兵，主公既然用了，适时而止吧！

果然，如管仲所言，郑国与西虢联军以迅雷不及掩耳之势，下午从弭地进发王城，第二天天不亮，兵逼王城下。郑厉公奉惠王攻打王城南门，西虢公率军攻打王城北门，两边兵马激急相逼，王城守将无以相挡。大夫蒍国慌忙叩击宫门求见子颓，恰逢子颓正忙着为他的爱牛添加饲料，没闲工夫接见。情急之下，蒍国假传王命，同时令边伯、子禽、祝跪、詹父等人率兵守御，自己急修国书请卫朔发兵相救。周人素来厌恶子颓和五大夫这一伙人，听到周惠王归国的消息，欢声雷动，纷纷从被窝里跳出，各操兵器与守城人拼杀，争献城门迎接周惠王入城，郑、虢联军奉惠王一拥而入城内。

蒍国屋外，送国书的使臣已备好快马，焦急地在门前转着。提笔铺绢起草国书请求卫朔发兵救援的蒍国，手颤无以下笔，忽听朝堂上传来阵阵钟鼓之声，忙喊小厮问何事。小厮报：主人闻钟鼓之声，乃旧王入城贺朝之乐矣！蒍国闻之，知罪孽深重，掷笔于地，拔剑自刎。子禽、祝跪二人皆战死于乱军之中，大夫边伯和詹父被周人绑缚献功。子颓与石速骑着心爱的文兽牛出西门奔逃，怎奈牛体肥硕，一步三摇，行动迟缓，结果连牛带人悉被郑国追兵捕获。子颓、石速与边伯、詹父被一同斩首号令，首级悬于城门，尸体曝于街头。

周惠王再度行即位大礼，论功行赏，犒劳士卒，将虎牢以东的土地全部赏给了郑厉公，把洒泉（今河南渑池境内的城池）之邑赏给了西虢公。

姬突原想入朝为卿光宗耀祖，而周惠王却只赏给了他虎牢以东的土地，他私下再次见天子提要求，天子沉思片刻，封姬突为"伯"。郑厉公的目的还是没达到，遂率兵悻悻回国。

消息传到齐桓公这里，他倒是有些替姬突感叹。管仲却说：那位置是留给您的。齐桓公的兴奋点被燃起，下令驻峥丘之兵出击戎人。但，戎人也不孬，早早探得齐军近在咫尺，有备无患。峥丘之战，齐军虽没损失，也未讨得便宜。国内大旱灾，赤地千里，齐桓公本想从戎人那里弄点补偿，想不到撒得千网竟连鳑鲏鳜鲋也未得，恼火万丈。倒足管仲相劝，放眼长远，必有甘泉。齐桓公听罢，问道："峥丘之战，民多称贷负子息，以给上之急，度上之求。寡人欲复业产，此何以给？"[①]

管仲久思后回道：国内旱灾甚重，不宜再加重了，可用两个方法解之。先用巧诈，但只能用一次；然后依我所说开设"女闾"！"女闾"仍需废除奴隶。

齐桓公回说：废除奴隶，各国没先例，尚须禀告天子。"女闾"则恐大变。我们能否从"盐铁专卖"中获利以弥补旱灾的损失？

管仲摇摇头：时机不到。

齐桓公想了想：那就先对国内大户巧诈一二。

管仲应道：可行。

齐桓公在朝堂之上宣布对各地在峥丘之战中愿意放贷给贫民的大户予以表彰。具体做法是，由地方官刷白放贷大户家的高墙，增高他们家的门槛。在以门槛高低论贵贱的周朝，如果官方替你抬高门槛，那是非常荣耀的一件事，大户们都感觉很有脸面。但又感觉十分疑惑。就在这时，邑官来了，通知大户：朝廷将专门派官员前来看望你们。大户更是受宠若惊，问这是为什么。邑官告诉他们：峥丘之战，正因为你们愿意贷款给贫民，替国家分忧，朝廷要犒赏你们。大户们都有过上次赴京都宴会的故事，心

---

① 见《管子·轻重丁第八十三》。

存不安，哪里还敢有什么大奢望，只求朝廷官员来后让大家平安即可。很快，齐桓公派出八路使者，奉赍石璧上门慰问大户。大户们见朝廷奉赍供祖先神灵的石璧上门，心里更是忐忑不安，不知齐桓公与管仲又要对自己"巧诈"什么，嘴上只是连连表示感激涕零，再三说：朝廷给我们的待遇太高了，如此大礼，我们受之有愧。

使者说：主公在我们出发前告诫我们，他知道《诗》书上说，"恺悌君子，民之父母也。"他打峥丘之战，正遇上国内数年灾荒连着大旱，民不聊生，但你们还是借债给民众，使民众积极踊跃出资支持主公的峥丘之战，还使民众能够春天耕种，夏天除草，确保灾年收成不多中能有粮食支持前线，这都是你们的功劳！所以，要让使者代表主公赍石璧慰问。

大户们见使者话语坦诚、表现谦卑，都打消了顾虑，纷纷拿出债券与文书当着使者的面毁掉。同时还拿出储藏在家的粮食与财物，赈济贫困病家。

由于大户这一善举，迅速缓解了国家的困难。

齐桓公对管仲说：这种巧诈，何不多多？据我所知，四郊的民众都很穷，城里的商人都很富有，我想用一种办法来削减城里商人的财富，让城郊的穷人能够度过灾荒。这方面，你有什么好主意？

管仲笑指大路说：主公可否看到大路中间被车辆碾轧得凹下去了？齐桓公说：这很正常，古人说，千年的大道成河流嘛！管仲说：这就好。我们可以利用它来帮助穷人。齐桓公费解地问：这有什么奥妙？管仲说：请主公下令将洼地的积水，统统灌入大路中间的凹槽中去。齐桓公说：这一来，这大路就不能行车了，现在天气热了，积水会滋生蚊蝇。管仲乐道：要的就是这效果。齐桓公果然下令将通城里的两条主要大路灌上水，一时间，路两边的屠夫、饭馆等临街店铺贪图方便，尽倾污水于路中间的水中，没多久，水里蚊蝇成灾，引来鸟类与燕子等聚集。人们也在黄昏时聚集水边席地饮酒、聊天、娱乐。孩子们也拿着弹弓、弹丸在水边打鸟类直至天黑……商人们舍不得离开这个人们集中之地，他们的买卖还是在这里，但买卖做到一半时，又不得不丢下手头的活儿去赶蚊蝇与鸟类。日子久了，城里商人的生意越来越淡，而城外贫民的日子渐渐好起来。齐桓公感到诧异，亲自到民间调查，原来，大路两边的环境条件差了，人们都不愿意在水边买猪肉等食品，而出城去买环境好的新鲜食品。到了下午，城里的商人只好低于进价出售猪肉等食品，人们还不愿意要。城郊环境好，新鲜食品容易出手，往往是低价进来，高数倍的价出手。

再次与管仲沟通时，齐桓公问管仲：下一步，你对振兴齐国经济还有什么更好的想法？

管仲告诉他：灾年有好想法也不能乱来。依照往年经验，灾年是做奴隶买卖生意的好年份，大量的人贩子看上了齐国的灾年，奴隶市场的价格低，他们纷纷将齐国的奴隶贩卖到秦、燕、郑、鲁等国去。更为可怕的是，官府接到丢失人口事件骤增，而这些丢失的人口，正是被人拐走、骗走、绑架的居多。他们连妓院的女人也敢绑架，而且这些妓女到了他国，也还是卖淫，为他国的大户们挣大钱！长期这样下去，齐国人口将锐减……

我明白，你想废除奴隶。齐桓公说。不等管仲说话，他又赶紧说：能不能再缓缓？

管仲爽朗地回答：可以！接着问道：你想到什么好的振兴经济的法子？

齐桓公说：我哪有啊！有也是小芝麻事儿，不值一提啊！

管仲说：山不拒细沙而成山，河不辞水滴而成河，芝麻多了能堆成山！主公有想法就提出来，我替你端量端量，看看行不行。

齐桓公说：莱国与莒国都有柴薪和农耕的利益可以富民。我们山多，薪不如人多；人家地广，可耕地多，我们有地也尽是薄地，一年还来几次灾，怎么办？

管仲说：请您下令让隰朋将峥丘之战撤回的兵调往庄山，将那里的铜铸成钱币，用这些钱币购买莱国与莒国的柴薪。

齐桓公照办，消息传到莱国。莱国的国君对左右臣子说：钱币能在各国之间通行，是硬通货，柴薪只是我们的副产品。如果我们能用柴薪换回大量齐币，不就有了左右齐国经济的实力了吗？众臣都叫好，也有人提出异议，认为齐国管仲有深谋，这种便宜事背后一定有阴谋。莱国的国君不以为然道：就是有，那又算什么事啊！我们的柴薪留着也是烧火的，换成硬通货，有什么不好？有国君此话，莱国全民放弃农耕而专事砍柴。当莱国上下都努力砍柴时，管仲让隰朋将庄山铸钱的兵统统撤回，专事农耕。两年后，齐国停止收购莱国与莒国的柴薪，同时将卖给莱国与莒国的粮价提高到三百七十钱。齐国供应本国的粮价是十钱，这相差三十七倍的粮价，让专事柴薪而放弃种粮的莱国与莒国一下子无法接受。时隔二十八个月后，莱国与莒国的主公不得不到齐都向齐桓公面北称臣。

四

齐国连续数年的灾荒，在管仲竭尽全力的精心谋划下，经济不但没衰竭，反而日益振兴起来。这让诸侯各国对齐国刮目相看。齐桓公自然折服管仲的能力，他提出尽快进行"盐铁专卖"整治，集中铁精与铜矿的国有化管理，强化军队的武器装备。管仲则认为：时机还是没到，眼下最要紧的事是废除奴隶，开设"女闾"。

齐桓公说：你不知道我的态度吗？

管仲说：主公要让朝堂公议决断，那也好！我认为，整治"盐铁专卖"需要社会稳定的大条件！如果我们废除了奴隶，其他国家的奴隶只要踏在齐国国土，立刻就有了身份，谁不想来啊！齐的人口增加不就快了吗？军队的兵源还用发愁吗？

齐桓公说：如此说来，倒是好事。你开设"女闾"又怎么说？

管仲：开设"女闾"是帮助你解决资力。变害为利后的齐国娼妓，能够在官府的管理下，使军资得到充分的供给。有了人力与资力的左右两臂，你那时再整治"盐铁专卖"，情况就不一样啦，成了牵动全民切身利益的事。如果有人反对闹事，全民的力量会帮助官府，支持主公，这比军队更为安全可靠。看到齐桓公点头，管仲又更进一步说道：到那时，废除奴隶后的人心，加上"女闾"钱财，算是地利吧；还有你至高无上的权力，天时、地利、人和，整治"盐铁专卖"必稳操胜券。

齐桓公思虑许久，还是提出朝议。

预谋在先，临事有衡，这是管仲几十年的经验。为了确保朝堂之上的讨论不至于偏离自己的目标太远，离开齐桓公后，管仲召集九府首官沟通。依照惯例，朝议时，首先由九府之一的归属掌管部门首官出列陈述。陈述者具有先入为主的影响力，管仲自然要在他身上多下些功夫。紧接着，管仲再一次与隰朋、甯戚、王子城父、宾胥无、东郭牙交流看法。有这五位重臣的支持与赞成，管仲的提案就更有把握在朝议中通过了。

管仲忙碌完各项事务回到家，已经上灯时分。一进门，仆人小九过来告诉他，后堂闹了几个时辰了，不可开交哩！管仲嘴里问着脚下提速朝里走：什么事，夫人不在家吗？小九回说：夫人在家也管不了啊！管仲不解地看看他，小九慌忙把脸朝边上一撇。管仲站下，诧异道：小九，你可从来没这样啊！

小九朝管仲施礼：主人在上，受小九一拜，小九这一拜，也算是尽了主仆情分，小九这就请主人给路条，小九要另寻他处谋生了。

管仲慌忙将小九拉起：起来，这是怎么回事，你可以说明白。是夫人欺负你，还是你在这里有什么不愉快的事，快快说来，我好给你主持公道。

小九：主人的公道，还是留着给青楼里的人去主持吧！说完转身就走。

青楼？又是青楼！管仲怔在那里，半天才恍然大悟。仆人如此态度，夫人又怎么说呢？果然，见到田靖，田靖的第一句话就是：相国，你娶我田靖为妻，已经是冒天下之大不韪，我上街，人们指指点点，倒也算了。这几天大街小巷纷纷传说你要废除奴隶买卖，大户人家准备与你抗衡，闹得沸沸扬扬。现在又听说你真要开"女闾"，让天下女人，包括已经做了妻子的女人都去青楼接客，可有这事儿啊！

怎么会如此？管仲愤激地跺着脚，对田靖道，别信外面的传说。然后看看随夫人过来的男女仆役都站在面前，情绪与表情极为不正常。心里想，这一定是有人乱编了话来攻击我。身为相国，一人之下，万人之上，独断独行，自然得罪了许多人，他们想从我这里得到一粒芝麻，转身吹成大西瓜来攻击我，我完全不怕！但墙怕里面渗水塌，人怕家中后院火。我府上人不明白管夷吾在做什么，天下人能不胡传乱说吗？也好，我现在就从你们开始，正本清源，让你们明白是怎么回事。想到这里，管仲镇定下来，对田靖说：废除奴隶，是我提出的，目前齐国的灾荒未消，奴隶买卖市场火旺，甚至有人胆大妄为抢良民为奴隶去贩卖，官府还有人与奴隶贩子串通，造成奴隶市场需求增大。如果我们废除奴隶，人人都是民，谁还敢绑架人去充奴隶买卖？特别是女人，那些胆大妄为之徒，光天化日之下绑架路上的女人贩给青楼做妓女的事，你们听得还少吗？如果废除奴隶买卖，齐国没奴隶，如何？你们想过没有？

仆人们静下来。

……不错，是我极力主张开放青楼。但我这样做，是要用法令将青楼管起来。就好比我们城里的污水，能让它们满大街流吗？挖个沟，叫阳沟、也叫明渠，污水就被管住了。青楼也是这个理！

胡扯！有人高喊道。

管仲定神一看，就这么一会儿，大门口已经拥进了许多街坊邻居。喊话的是管仲很熟悉的邻居芋子。初时，芋子没有名姓，人们称他芋头。由于他身矮瘦弱，不能劳作，便在街头做掮客营生，日子长了，沾上一身奸诈刁钻的习气，每每犯事，他家人就来找管仲作保取释。几次后，芋头请管仲喝酒，被拒绝。芋头有一次告诉管仲，他有特别之茶，想请管仲喝一次。管仲答应了，喝了果然感觉别样清新，问其何处获得。芋头说：这是我自己采摘的茶树芽尖所做，每年春上，茶树芽发一瓣嫩叶时，取其一芽一叶，温火焙成。春上茶树发芽时，他真带管仲上山采茶芽，教管仲制茶。秋天又教管仲用茶籽榨油。芋头制茶与众不同，不用铜器，而是铁镬。关于这一点，芋头说，这些都由神农单传于他芋姓一脉。管仲知道他在拉布儿当虎皮，笑着提醒他，神农时还没铁镬。相处后，管仲教他发挥采茶制茶的手艺，从此，芋头再也不犯事儿了。芋头送了数斤好茶给管仲。管仲立刻送去给齐桓公，并建议作为齐国的特产敬献给周天子。周天子尝后十分喜欢，让厨师用肉糜做成茶羹，其味鲜美无比。卿士家父提醒周天子说，茶糜与茶羹都是伊尹的创造。管仲却另有看法，古时精湛技艺失传很正常，保留下来就是功劳！此话传回周天子那里，天子很高兴，让齐国特使带了一盒礼饼给芋头，赐芋头姓氏。管仲问芋头姓氏来历。芋头故弄玄虚，说他祖先是黄帝，他是黄帝之后，说氏，应该是神农一脉。管仲依他所说呈请周天子赐芋头芋姓。周天子赐他芋姓，并赐谓"子"。芋头有了名分，再也没人公开敢喊他芋头，而尊称他为"芋子"。管仲并不因为芋子做掮客犯事而歧视他，反而向齐桓公推荐去讲堂讲茶道。芋子很是兴奋，上过两堂课，干脆带上五个儿子都去讲堂听来自各地学者名士的讲课。

这么一个良好家庭的人，却也有不足。半年前，他最小的媳妇过门当晚夫妻吵架，第三天半夜媳妇跑了。芋子找管仲诉说，媳妇天天与儿子同床就吵，扬言宁可做妓，也不愿意死守一个蒲草塞子。管仲听这话，便明白了事由，让甯戚派卫兵在全城搜查，天亮之前将他媳妇找到。管仲提醒他：男人要爱，女人要疼，人之天性，你扼杀，自然就要造反。果然，没多久，这个媳妇又失踪了。芈子再请管仲帮忙。管仲这回从守门官那里知道，这个媳妇大白天跟一个男人出城私奔了，再也没了影踪。

现在，芈子怒气冲冲站在面前，管仲过去对他施礼，请教。

芈子回礼，语气很重地说：你说的那些大道理我不懂。草民土人，只知一女事一夫，哪有鼓动人家女子又大腿给天下男人的，还公开报价取资！耻！耻！耻之极也！说着，转身道：与这样的相国为邻居，是我们的耻辱啊！

旁边有人响应道：衣破妇人补！匹夫何人不须妻？男人们，你们还怔着干吗？冲上去，把这个臭妓婆与坏相国赶出城去！

冲进院子的人们响应着、高喊着向管仲拥来。

田靖见情况不妙，暗中令卫兵去喊里长搬救兵。相国府的卫兵过来阻挡。管仲拦住卫兵，大声道：让他们过来将老夫撕碎！看他们会有什么好日子过！管仲的声音不高，却很有力量，人们停下来。管仲正要站到高处进一步发表自己的看法，突然，人群后面有人朝前推拥，有个声音大喊：为了我们的老婆不上青楼，大家上啊！把他揍死！……

这时大门口又有一股人潮涌来，还没等管仲看清是什么人，脸上却挨了一拳。紧接着，拳头如雨向他袭来。好在管仲平时身体还强壮，也学过一些防身之术，能躲过重拳，但还是挨了一些。

还不住手！随着一声大喝，长戈横向众人。闹事者看清楚，此人乃卫队长。长戈横马立刀，这些人哪是对手。与此同时，门口又一股人潮涌过来，边跑边喊：不许闹事！众人顿时慌乱了，原来是里长请的百夫长到了。百夫长令兵阻住芈子等人的退路，自己上前告诉管仲：里长早就知道芈子与朝里反对相国的人勾结，想借机会置相国死地！

旁边街坊长者闻而呵斥芈子：我等早就听说你与大户们私下往来很密，平日受相国恩泽却不思报，反而做内应谋害相国，岂能容忍！老人们一起高呼：百夫长，请将他捉走吧。

管仲摆着双手对百夫长道：请把芈子放开。如果他能够允许我把话说完，他应该明白夷吾这些年所做的事，都是为民众的，都是想让我们齐国振兴富强的！

有人这时移过一块石头，让管仲站到上面。管仲抚着脸上的伤，对大家说道——

堂堂的相国，要娶女人，这天下的女人，谁不想做相国夫人？安置几房黄花闺女能是个事吗？可我偏偏娶了个青楼里的田靖。为什么？不是她忒漂亮，更不是她有钱，也不是我想做本什么轰动的大戏。田靖虽然做了妓，但她是个善良的好女人。战争与饥荒把田靖这样的好女人逼入了青楼！你们说，这是谁的责任？是我。是我这个相国没尽职。我应该把她从青楼里救出来，给她全新的生活与命运。我发誓，在我的有生之年，一定不能让这样的事再发生！所以我要废除奴隶。奴隶也是人，别小看他们。大家看我们这脚下的泥，够低卑的吧？但有一天主公天子的宫殿造墙，你能说这脚下的泥不会跑到最高处去？是人，是物，都有尽其所能之时……

众人听入了神，连连点头。

管仲见大家听入了神，他开始把话题转到"女闾"上——

大凡有良知的人，都知道娼妓之害，然而谁能禁之？男欢女爱，皆人之本性。自有人以来，男欢女爱、偷情越轨之事，上至圣人，下至民众，何能绝之？夏桀蓄女乐、倡优达三万，商纣造酒池群妓群宿……既然这个社会现象古圣贤都没法取缔，我们就能吗？既然不能，也不能任其自流，祸害苍生啊！多年来，夷吾就想，能不能像大禹治水一样，把它给治一治？虽不能变害为益，却可束其害源，正其本性呢……

是啊！相国说得对。一位老者大声对大家说，乡邻们，如果没有相国，我们今天还处身无衣遮，食不果腹的境地啊！

另一位长者过来指责芈子道：你都被尊为"子"了，如此高贵有名分之人，怎么也做武夫啊！你听到相国说的话了吗？让青楼在官家的管理下，不再让那些坏人为非作歹，有什么不好？

管仲提高嗓门道：让娼妓活动在太阳下进行，让大家都看到官府管住从事这一行当的女人，不再出现逼良为娼的事件，不再让娼妓暗地害人……话再说回来，进入青楼的女人，未必都是坏人，大多数人是生活所迫，她们也有家要养活。我们允许她们的存在，我们给她们治病，定时检查她们的身体，这有什么不好啊？你们所担心的事就完全可以避免了啊！……

芈子哪里是要听管仲这个道理，他的目的是要搅掉管仲的做法，现在大家都听了管仲的，那还了得？他大吼一声，恼道：你说的管，就是又想法子敛财啊！乡亲们，他姓管的又开始出歪点子替国君敛财了啊！我们小民的日子还怎么过啊!

不明真相的人听芈子这一吼,又开始闹起来……

五

芈子大闹管府的消息飞快传到宫中,长卫姬可坐不住了。

长卫姬何许人?这件事与她又有什么关联呢?

说长卫姬,要再提一下本书前面曾经提到"桐叶为珪"戏言成真的话题。

西周代商后,周王为天下共主。周武王死后,周公摄政,他吸取了商朝的教训,为了巩固一处的统治,实行了同姓分封制,把他的同姓兄弟、功臣分封到各地去做侯。周文王第九子即周武王同母弟唐叔,在周成王时封于卫,称"卫康叔"。关于这件事,司马迁说了一段"野史",来源即"桐叶为珪"。

某天,周成王与唐叔虞两人闲来无事在后宫花园里一起散步玩耍。走着,走着,周成王顺手摘下路边梧桐树上的一片叶子,对唐叔虞说:我把它当作珪啦!又慎重地交给唐叔虞,并正了正脸说道,我拿这个封你。

叔虞是周成王母亲的弟弟,也就是成王的小舅。听说封他为侯,当场怔了一怔,然后看出了是笑话,也就很高兴地接受了。不过,他是否也把这事当作一个玩笑,没人知道。事后,唐叔虞对周公旦说起这件事,周公旦却很认真,他立刻面见周成王请示说:天子,您封虞了?那就选个吉日正式宣布吧!

周成王诧异地说:那是个玩笑罢了。

周公旦说:我听说,天子没有开玩笑的事啊!天子说话,史官要记下来的,乐人就会诵唱,天下的士人要写到文章里称颂。所以不管唐叔虞对这件事的态度如何,只要你天子说出的话,都要算数。

周成王问:依你怎么说?

周公旦说:他是你的舅舅,如果你觉得可能的话,当然能封的。问题是你是天子,不可信口开河,更不能随随便便说话不算数,那天下之事如何定乾坤?!

在周公旦这番话的劝告下，周成王果然就把唐叔虞封在晋的康地，称"康侯"，彝器铭文和《易经》里的"康侯"就是他。武王、周公灭殷时，命康叔监视殷国。《周书》里《康诰》《酒诰》两篇便是武王命康叔的训词。周公摄政，实封康叔于殷朝故地，称"卫"，即保卫周首都的意思。从此，开始了卫国的历史。

卫国与狄人相邻，经常受狄人的侵扰，南方又苦于诸侯争霸，疆域日渐缩小。为了抵御狄人的侵犯，卫侯需要与各诸侯国联合抵御狄人，同时也要减少诸侯对卫的侵占。联合的方式有以金钱、牲畜等财物相赠，其中相对重要而稳定的关系便是和亲。卫侯的妻子大都从诸侯国迎娶，卫国的公主也多嫁各国诸侯国君，两国结姻，利益关系便形成同盟。

齐桓公小白年幼时，卫国发生了内乱，起因是卫惠公朔。朔是卫宣公晋的小儿子，上有太子伋。本书前面说到卫国之乱时，曾提到朔的母亲系齐国嫁过去的宣姜。她与其子朔联合诬陷太子伋乱伦。卫宣公晋不细察，轻信谗言而废了伋的太子位，由朔继位。三年后，诸公子不服，左公子洩与右公子职联合起兵推翻了朔，拥护黔牟（名留）上台。仓促之下的朔，身着小衣只身逃出宫，亡命于齐。刚刚接位的齐襄公诸儿接纳了这个外甥，他当时没有力量帮助朔返回卫。朔只好又去求鲁桓公。身为姨父的鲁桓公提出齐鲁联合出兵扶朔回国登位。但齐襄公那时的心在胞妹文姜身上，没答应。鲁桓公的弟弟突愿意率兵护朔赴卫登基，鲁桓公欣然同意，结果却兵败而归（后人将此事记于鲁庄公同的身上）。朔在齐国八年，秘密从卫暗度万金贿赂齐襄公，并多次往来于齐鲁，为齐襄公与文姜穿针引线，多次助成文姜与诸儿的"好事"。鲁桓公知道后，逐朔不得再来鲁。诸儿知道后，答应朔适当时期找个理由用兵送朔回国。朔明白诸儿说的"机会"，只身前往周天子姬佗处行贿，讨得周庄王姬佗一令，令齐襄公率诸侯联军平息卫乱（后人说是借托，完全是诸儿与朔在密室里编造出来的）。朔见有齐襄公带头，立刻暗使重金贿赂其他四国。史书称"朔借诸侯之力，连五国之师，拒王官之微者，以复归于卫"。联军所指，旗开得胜。回到卫国的朔，立刻废了黔牟，本想杀他，齐襄公挡住，要他送还给周庄王姬佗。朔便把黔牟赶到周天子身边去，将黔牟的党羽大夫甯跪赶到秦国，又杀了左公子洩与右公子职。喝酒高兴时，齐襄公笑问朔：你曾再三说要谢我，现在大权在手，怎么谢我啊？朔一时无语，半天才想出话来说，将自己的女儿嫁给齐襄公。齐襄公笑道：我给你的支持，嫁三五个都不足以报答我。朔连连说是，可我只有两个女儿，大的才十三，小的十二。齐襄公说：都是美女，小的好，都给我吧！朔当然答应。天有不测风云，没等到齐襄公诸儿迎娶朔的两个女儿，齐国内乱开始。齐桓公执政后，卫惠公朔答应嫁齐襄公的两个女儿还搁在家里，依当时的习俗，齐襄公的弟弟小白便可以接纳她们。于是，卫惠公选了个好日子，将两个成熟的女儿送到齐桓公面前。按辈分，朔的女儿就是齐桓公的外孙女儿。齐桓公好色，来者不拒，且多多益善，但他说了一句话：来了只能做妾啦。卫惠公把手一挥：随你的便，嫁出去的女，泼出去的水，我管不了啦！卫国两位少姬到齐后，齐桓公一看就满意，用后感觉更好。为了区别她们，两位来自卫国的公主被称为"长卫姬"（史书也称共姬）和"少卫姬"。

　　齐桓公已有周朝下嫁的王姬和来自徐国的徐嬴、蔡国的蔡姬三位夫人，她们都没生儿子。齐桓公后又再娶六女，除卫国两女生有儿子外，郑姬，生昭（孝公）；葛嬴，生潘（昭公）；密姬，生商人（懿公）；宋华子，生公子雍。其中以长卫姬和少卫姬的儿子为伯仲。长卫姬的儿子，起名无亏，也称"武孟"。少卫姬生的儿子，起名为"元"，史书上称为"公子元"。

　　长卫姬可不是一般人。夫人们没生儿子，她的儿子无亏和公子元与其他妾所生公子地位平等，都有资格竞选太子。而这一权力就在齐桓公手上。长卫姬便一门心思想方设法让自己的儿子成为齐国国君接班人。

　　武孟满月，齐桓公和长卫姬抱他入庙祭祀祝祷，小住了几天。庙里的执厨竖貂做得一手好菜，长卫姬一尝就喜欢。长卫姬对齐桓公说：你不能留下陪我几天吗？齐桓公说：你身边有使女够了。长卫姬眼睛瞟着刚刚离开的竖貂低语道：那是男人，常来这里，你放心吗？齐桓公乐了，附她耳边悄悄打趣道：你想知道他那物件长什么样吗？长卫姬红了脸，扬手要打他。齐桓公说：那儿看上去与你一样，只是没有孔……长卫姬一下子明白了，追问为什么。齐桓公说：《周礼》上讲"夏宫辟五百"，那都是犯人或者是战俘中的半大孩子，劓了放后宫陪女人。这个竖貂是有来头的，原来是公孙无知身边的近卫，年少就有一身好武功，公孙无知与他一起玩女人，他猛而有劲，女人都喜欢他而甩下公孙无知。公孙无知心中记恨，便将他灌醉后，让人劓了他。谁知他醒来后，本想杀了公孙无知，在我父亲的劝告下，入庙做了巫祝，因为有一手厨下好手艺，我父亲常常来看他。

我也就是那时尝了他的厨艺。

长卫姬再见到竖貂时，见他带着徒弟。徒弟个儿不高，白白净净的，长卫姬一眼就喜欢上了。问起了他的来历，徒弟告诉长卫姬，他是雍国人，名牙，易氏。读书很多的长卫姬笑道：武王伐纣后改封文王第十三子于雍，那地方曾经是商王畿西部的田猎区，也是今天周天子东进之要塞，故称雍，后人以国为姓。看来，你还是帝王之后啊！接着，长卫姬又掉起了书袋：易氏应该是居易水河畔的狄族，嫁给帝夋，吞吃燕卵生下商朝始祖"契"的简狄，就是名字为"简"的狄族之女。"狄"与"易"是相通的。

易牙连连说：夫人说得极对。

长卫姬高兴起来，要让易牙做几道菜尝尝新鲜。执厨说：夫人方才的斋饭里，已经有易牙的手艺。长卫姬却说：我要亲自看着他做，现在就做。易牙亲自取山上之蕨菜鲜尖芽与绿豆芽烩炒一碟，又用海鲜煨猪蹄一盆，为的让长卫姬催奶。长卫姬食用过易牙做的饭菜，赞不绝口，后来竟到了没易牙做的菜，下不了饭，儿子也没奶喝。如此情况下，齐桓公只好让易牙入宫，条件是带着竖貂。齐桓公的意思是让竖貂做易牙的镜子，免得易牙昏头，干出错事来。易牙入宫后，齐桓公还给他作了规定：只能在前宫做事，不能随意进入后宫。后宫需要，由竖貂转递。

有次长卫姬病了，太医给她煎的药太苦，她不想喝。易牙得知后，精心炮制一道可口的食疗菜进献长卫姬，长卫姬吃完后病就痊愈了。从此，易牙深得齐桓公的宠爱。此时的易牙把放在长卫姬身上的心，腾出一半移到齐桓公身上。他清楚，将齐桓公的嘴吊住，就管住了半个齐桓公！人嘴是越吃越刁，齐桓公在易牙这位厨师勺头的关照下，尝遍了天下美食。某日，齐桓公信口开河地问易牙：山珍海味我都吃腻了，这天下还有什么好吃呢？说着，手捋下巴看着易牙。易牙想了一会儿说：主公有道菜没吃过，只是原料难取。

在一边的长卫姬插嘴道：听说伊尹当年就说过，做天下主公的人选择菜肴原料要比小民广阔，没什么原料不能找到的……

齐桓公笑道：你说出来，我就能替你找来。

易牙想到了这道菜，也想到原料，只是没说出来，此时他的额上开始淌汗了。

数天后，一道精美的羹送到了齐桓公面前。齐桓公尝后，大为兴奋，竟然双手捧起碗将碗上的剩汁都舔干净了，起身伸了几个懒腰，看看易牙，问道：如此好羹，何等鲜美，是什么原料做的啊？寡人想天天有这道菜。

易牙扑通跪于地上，头都不敢抬地奏道：乃臣子之肉，献于主公尝鲜。

什么？你说什么！齐桓公大惊。

是臣小儿的肉。臣想不到天下还有什么好菜肴主公没尝过，唯有人肉。取三月之婴儿，大概是最好的了。臣思忖主公待我之恩，将儿子亲宰制羹献于主公，以示臣之忠心。

啊呀呀！齐桓公又惊又叹，告诉长卫姬，长卫姬嗔怪道：你还不快快提拔他？齐桓公说：提拔之事，需有仲父提出才行。即便是我提出，仲父也会反对。长卫姬问：这是为什么？齐桓公叹道：仲父一心为国，鞠躬尽瘁，无二心干寡人，寡人不忍干涉干他。长卫姬生气道：提个大夫、尼大的事，值得如此较真吗？齐桓公不忍看到长卫姬生气，只好答应。没想到，管仲果真拒绝，而且很坚决。易牙知道后，耿耿于怀，长卫姬心里更是不乐意，寻思找机会教训教训管老头儿。

现在，易牙就在长卫姬面前把相国府上的事加油添酱大肆渲染。长卫姬听着听着，触到了神经。不久前，长卫姬听说芈子有个儿子没男人的功能，便问易牙，能不能将他召进宫做使唤。易牙当然高兴，被管仲知道后拦住了。易牙话锋一转，刺激她说：管仲将在宫内开辟"女闾"，将主公的女人都赶到那里去接客，让天下男人尝尝主公女人的味儿……

这还了得！长卫姬怒不可遏，气呼呼赶去找齐桓公。走到中门，突然站住，看看后面紧跟着的易牙问，是不是所有的女人，包括王姬、徐嬴、蔡姬，还有郑姬、葛嬴、密姬、宋华子她们？易牙一咬牙，回说：不但她们，还有更多的，所有主公宠幸过的，不想留下的，都要去。长卫姬怒道：那就好。她一转身进入了王姬的宫中。王姬刚得到王乐伎的报告，正与徐嬴、蔡姬私下议论这件事，想不到长卫姬冲进来大喊大叫的正是这件事，三人看着长卫姬，徐嬴与蔡姬异口同声问：妹妹你想怎么办？

长卫姬：劓了那老狗。说着，转身手一招，跟来的丫头们个个摩拳擦掌朝外走。在她们后面是一群打手。

慢着！王姬站起来对大家说，这事主公还没与我们说，传言不足为信。等主公说话时再计较也不迟啊，何必操之过急！徐嬴、蔡姬连连赞成。王姬又说：可派一人先去与主公禀报，或许此事主公尚不知。

长卫姬原本就不把王姬放在眼里，这一刻王姬的话怎能让她收心？她的目的远不在宫中开不开"女闾"的问题上，而是她能成为正宫，儿子能立为太子。这些年，她在齐桓公身边也吹了不少枕边风，收效甚微。她也使用各种手段在后宫笼络众姐妹，弄得后宫上下都知有长卫姬，不知王姬。眼下，长卫姬朝众人一眼扫去，道：我们姐妹都只属于主公一人，焉可让别人来污辱，除非我等死了让他们来奸尸！姐妹们，你们说对不对？

众人呼应。长卫姬把挡住去路的王姬朝边上一推，振臂高呼：那就去问主公！雄赳赳气昂昂向前迈步，众人一拥而随。王姬见状，扑上来阻拦。长卫姬见她敢来拦，用尽全身气力将她朝后推去。王姬连连后退，脚后跟被石阶一绊，仰面摔倒。长卫姬看也不看，竟然从王姬身上踩踏而过，众随者如法炮制。后面的徐嬴与蔡姬见状，慌忙赶上前来挡住，呼大家将王姬扶起。可怜的王姬刚刚扶到榻上，大呼一声，嘴里喷出如注的鲜血。众人惊呼太医，周围哪里还有人，都随了长卫姬而去。徐嬴与蔡姬只好相扶着疾急一路呼救，一路赶向太医府……

后宫之事，最先得到消息的是鲍叔牙。他赶到宫门前，正遇长卫姬带着众女在后宫乱窜，寻齐桓公不见，欲出宫上朝或去相国府，被卫士横枪拦住。鲍叔牙上前问：夫人出宫去？

长卫姬喊道：我们不是出宫，是找管仲那老不死的，他要把我们都赶到"女闾"去。我等是主公专用的，他这样做，还有王法吗？

鲍叔牙诧异道：闻所未闻之天下奇事。你听谁说的？

长卫姬：你不要再护他的短了，他娶妓为妻，现在又要开"女闾"，家已经被人围住，怕是早被人撕成肉渣碎淬啦！

这时，宫外传来一阵嘈杂声。易牙在长卫姬身边悄悄说：宫外就是那些闻说开"女闾"，赶来摘头彩的。

长卫姬大喊：管仲那老贼都喊外面的男人来享用咱了，姐妹们，怎么办？

人群中有个声音喊：冲出宫去！

卫士过来挡住：不可。

后宫这些女人，何时来过真的，见卫士用兵器拦着，都害怕了。

长卫姬冷静地看看大家，一挥手说：姐妹们，我们是忠于主公的，不用怕这些卫兵。冲出去，找管仲老贼，把他剁成肉糜，蒸煮油炸！除了管仲老贼，我们才能有太平。

易牙在私下提醒长卫姬：夫人这话在理，小臣知道另一条路，走竹林后面绕过去。

好！你带路，我们走那边。

鲍叔牙大喝一声，挡住众人的去路：哪里也不能去！

长卫姬怒道：你来得正好，先将你做了管老贼的垫底。姐妹们，上，撕碎他……

鲍叔牙身边的近卫"嗖——"拔出了青铜剑。

就在这时，后面有人急急赶来，大呼：王姬夫人出事了！

长卫姬连连看左右，想问问易牙这是怎么回事，到哪里找易牙？他早脚下抹油溜了。鲍叔牙严厉喊道：统统回犀，等待主公发落。可怜的长卫姬刚才还很神气，突然间像烈日下的瓜秧叶，蔫下来了……

赶走了长卫姬，鲍叔牙喊上自己的卫士，朝宫门口来。

六

宫外那热闹还真不是假的。

管仲娶妓女田靖为妻的消息，国都营丘人皆知之。现在，宫中要开"女闾"的消息更是不胫而走。那些腰缠万贯的大户，谁都想抢得头彩！眼下，就有那么十几个人，人人带着家奴，个个衣着华丽，横行街面，莫说车辆不能通过，老鼠都窜不过去。这些人来到了宫门口，张口扬言要进去玩妓。

宫门卫士拦住，呵斥他们：大胆！这是主公的后宫，谁敢进去！

有胆大的，朝着卫兵道：你狠什么？主公在宫中开设了女闾七百，那是多少啊！我们思忖，主公把自己玩的女人都拿出来卖钱了，我们还不进去替主公分忧……

大胆！卫兵喝令他们离开。仗着有钱的大户们就是不离开，吵嚷着……

就在这时，鲍叔牙出现了。他迈着官步，慢慢踱过来，板着脸，拉着长腔，明知故问道：什么事，如此吵嚷？

卫兵认识鲍叔牙，正要称呼，被鲍叔牙暗示挡住。鲍叔牙打着官腔道：如实说来即可。卫兵便把事由一一道来。鲍叔牙没等听罢，把手朝想进宫门的人一伸：说得不错，主公说了，你们谁想睡他的女人，可以，战时杀敌立功者，灾时出钱赈灾者！

卫兵拦道：大人，不可啊！鲍叔牙一扬手：主公交代了，他喜欢与民同乐。

众人欢呼起来。鲍叔牙趁机与卫兵耳语，卫兵随即相互耳语串通……

胆大的上前近一步问鲍叔牙：你说的可是真的吗？

鲍叔牙把眼一瞪：会假吗？你不知道相国娶的女人就是青楼里的哩，前脚剪了前额，后脚就做了相国夫人，这年头的事说不定，你进去睡女人，一睡就睡到了正宫妃子，那是什么滋味？幸运！

胆大的问：要多少钱？

鲍叔牙的手掌亮着，声音幽幽地：十金一个时辰。

众人嚷起来，有人拉住鲍叔牙喊：金屎哩！要是一夜呢？可不是万金啦！

没错！有人愿意倾家荡产，主公何不让个女人给他？天下的女人，谁不想做主公的女人？主人用过后，或是睡个午觉的，让给你，获你千金万金，谁划算啊？说着，鲍叔牙把眼一瞪，吼道：主公的女人，不是金的？你回家看看你婆娘那儿，比比！

胆大的一咬牙，吼道：若是真的娘娘，我愿意！

旁边人劝他：你没听明白？陪主公午睡打瞌的，那也算娘娘？没下过崽的，能算吗？

鲍叔牙回身看那人：怎么的？午睡的不是妾，还是正房啊？嗯？

胆大的开始后怕。旁边人劝道：搁平时，你想正宫夫人的念头冒出来，那就是杀头的罪，更不用说是摸一摸！现在能让你胡来？说着，连连摇头……有人朝后退。

鲍叔牙见势，提了提嗓门：我透点话吧！主公打算在宫内开设七间，后宫三千美女，七间三十五比，每天要有一百七十五位。你们只要有精气神，天天都来，天天都是新鲜的！主公说了，每天都有一位坐镇女间……

众人的兴奋又被煽起来，你推我搡地朝宫门口拥。鲍叔牙朝卫兵一努嘴，卫兵把枪一横：交了金子才能进去。胆大的当场掏出十金。鲍叔牙朝卫兵道：让他进去。后面的见前面进去了，也跟着交金进去。这十几个人进了平时没机会进入的宫中，还没走两步，后面一声人喝：站好！贼头乱探，小心被割！吓得这十几个人赶紧原地站住，一动不动。过来一小厮，看看他们，捂嘴直笑。众人不解何意。那小厮喊：看什么看什么？乱看，小心脑袋搬家。众人吓得呆若木鸡，小厮领大家朝前走。奇怪的是，他们并不朝宫中深处去，而是顺宫墙边的小径绕弯，走了半天，也不知到了什么地方。胆大的突然明白过来地问身边一位：老兄，你说，开女闾，可能让小民们睡主公的女人吗？应声的回道：是啊，我也纳闷着哩。胆大的变胆小了，脚步慢下来，后面的人喊怎么停下了。那前面的小厮喊：脚头快些，前面到了。前喊后推，不想走的也只好随人流前行。就这样七拐八弯，就在大家头晕目眩之时，听得一声：到了！抬眼望去，果然是灯红酒绿的所在，花枝招展的美女云一般游来荡去，顿时把色鬼们迷得神魂颠倒，进得屋内，便入了销魂飞魄云雨世界。再出来时，抹掉脸上的汗，冷风一吹，头脑开始静下来，看着刚才享用的"美人"，也不见得比家中的女人好到什么地方去。忍不住问女人：就凭着你，真是主公的女人？女人听明白了，哈哈大笑起来，早把事先的叮嘱忘了：我们哪，原本都是奴隶啊！长得有几分姿色，给大户人家收养着做家妓供客人玩的，听说国家要放开，大户就派我们来充数抵税赋啦！

胆大的问：什么充数抵税赋？

大户与官府相约，我们干活，他们收费拿提成，然后用与官家抵税赋嘛，你们这都不懂？女人脸上掠过不屑一顾的表情……

七

管仲在家受到冲击的消息传到齐桓公耳中，他正准备前去看望管仲，后宫来人说王姬病危。齐桓公只好急呼甯戚先去管仲府调停，自己匆匆赶往后宫。

甯戚率二百卫士赶到相府，那位芈子正在向管仲跪求原谅。听得管仲对里长说：我一向主张宽仁。他芈子有悔改之意，能否让他以劳工一旬赎罪？

里长问百夫长此事可否。百夫长见甯戚到来，随即向甯戚汇报。甯戚听罢，过来小声问管仲。管仲重复了自己的态度。甯戚告诉大家：相国原谅了芈子，希望大家今后不要乱信谣传。相国一生光明磊落，想的做的都是替民众着想，绝无个人恩怨。就是开设"女闾"也是为了平民大众啊！

大家连连说：是啊，是啊！刚才相国都给我们说明白了，我们要全力支持。

甯戚看看没什么危险了，便对管仲说：主公很担心你，让我赶来。其实，宫中也不太平，鲍将军已经去了，我们是否立刻去宫中？

管仲一听急道：我早就预感要出事，没想到这么快！起身就走。甯戚唯恐路上再有人给管仲添乱，挥手让大家紧紧跟上。等田靖赶过来，管仲一行已经上了大路。芈子过来对田靖表示歉意。田靖脸一沉，想骂他，还是忍住了，心中暗自决定，立刻搬家！

管仲与甯戚一行刚刚跨过后宫门，就见宫女们来去匆匆，个个神色紧张。到了齐桓公所在的王姬宫前，有人向齐桓公报告管仲与甯戚的来到。齐桓公还沉浸在王姬去世的悲痛中，没反应过来，倒是一边的宾胥无提醒一句。齐桓公抬抬手：喊他们进来。

管仲进来，赶紧施礼。齐桓公站起来，叹道：仲父，你看怎么办？说着，手一指。管仲看到长卫姬与几个姬都被绑在一边，长卫姬跪在中间。管仲知道芈子与这位长卫姬是有瓜葛的，只是易牙怎么会不在这里？他想问，还是忍住了，不想马上揭穿他们，倒是想看看他们能折腾多久，干出多大的事？齐桓公走到管仲面前，头也不回地对甯戚说：把她们统统送到虎牢，喂了虎吧！

长卫姬一听，哭喊起来：无亏救我！儿啊，无亏，你在哪里，快来救我……

甯戚上前跪求齐桓公留下长卫姬。

齐桓公慢腾腾转过身，见只有甯戚一人跪求，脸上掠过一丝不快，问道：为何只有你一人出面，而你单单要留她一人，莫非她有恩于你？

甯戚道：主公千万莫以为臣替长卫姬求情有什么私心。臣是为齐国江山所虑。

齐桓公面对着甯戚：起来说话。

甯戚起身说：长卫姬是主公长子无亏的生母，如果你杀了她，积怨无亏会乱大谋。

一边的管仲捋着下巴，暗中赞许甯戚的细致。

就为这？……齐桓公把头一昂道，即使他无亏会弑父，也是天下为公，我无语。别的我还怕什么？难道眼下这乱还不足以让齐国江山动摇吗？况且，我没说杀她，只是让她成为虎食。有这样尊贵的肉体喂了虎，那虎若放出打仗，应该天下无敌！

管仲说了一句：这理由牵强附会。

齐桓公见管仲说话了，便接过说：她将后宫搞乱，还将王姬踩死，其罪能小？

听说王姬已死，管仲震惊。齐桓公说，这个王姬，是你仲父劝我迎回的，是天子家的公主啊！周礼齐全，贤孝有德，后宫人人赞颂，不知怎么就得罪了这贱妇……然后挥挥手，示意甯戚照办。

管仲拦道：大司理在此，何不让他去处理！

齐桓公故意停顿道：仲父还想救她，你可知她如何待你？

管仲心里道，我何不知道啊！处世如果都随自己的心愿，这世界还有宁日吗？得让人处且让人。他赶紧回话道：主公常对我提及"尊王攘夷"，我以为那才是最大的目标，正是"天下为公"的最大体现。以此衡量一切，包括老朽的个人尊严都微不足道啊！说到这里，他故意停下看看齐桓公有什么反应，齐桓公脸背着大家，两肩在动。管仲明白，这正触动了他的心事，赶紧清清嗓门，补话道：正如甯将军所言，她们如此柔弱之躯，进了虎牢，那虎能放过她们？这数位都生有你的骨肉，都是公子，将来会如何，不用多想也知道啊！如果放过她们，再严加管束，不比喂了虎强吗？

那就依仲父所言。齐桓公抬腿在前面走，管仲赶紧示意宾胥无将她们带走，又招手让甯戚与自己一起随后跟上。刚刚走出门，齐桓公站下对管仲说：仲父，能否将这些贱妇押到王姬面前，让她们跪守灵堂数日。

管仲连连说好。门里的宾胥无听到，立刻答应照办。

王姬的屋里人来人往，十分凌乱，太医们没接到齐桓公的命令，仍在努力施救。齐桓公进屋后，低嘱管仲：仲父可否代我去看看？管仲点头，快步前往，俯身瞧王姬，脸容依旧，伸手试鼻下，毫无气息，再去握腕把脉，体温早无，腕臂凉透如冰。管仲伸直了腰，依周礼对王姬遗体三鞠躬，向齐桓公报告王姬已仙逝，并请齐桓公派特使向周天子报丧。齐桓公按照周礼向王姬遗体告别后，整个屋里顿时哭声一片。那一群被绑的罪妇们此刻才真正感到恐惧，慌忙跪拜，痛哭流涕……

在宫人的带领下，齐桓公与管仲一行来到旁边的屋里。这是王姬用的客厅，细端详屋里摆设，竟然极其简陋，没有任何摆件，当堂正中供桌上，是齐桓公去鲁国迎娶她时赠予的一束苞茅，插在花瓶里。管仲走过去，看了看，叶虽枯黄，依旧一尘不染，仿佛如昨天刚刚插上。他轻轻用手抚道：主公啊！王姬待您之心，臣从这束苞茅上看出来啦。

齐桓公泣诉道：仲父有所不知，王姬待我，连侍卧式样，都依周礼啊！

管仲明白，主公与女人同床，极少享有天子式。周礼道，天子招幸，王妃侍卧，必须从脚底钻入，舔脚至腹，令天子大悦，方可引港待驻。事毕乃从脚下退出，不可同卧于天明。今天，之所以能够令齐桓公有如此感叹，正是王姬一直遵循周礼，视齐桓公为天子。而长卫姬等人则做不到！管仲赶紧向齐桓公致歉：如果不是我提出设"女闾"，也不会引出这样大的事来。齐桓公摆摆手，打断他的话说：这事还没声张，后宫怎么会先闹起来？就是对后宫有什么说法，也不会把她们送去"女闾"啊！她们惊慌什么呢？

管仲故意伸义道：这就是语言的威力。所以我主张在战争中，可以不用兵力，只用对话，一样能够达到胜利的效果。这件事，表面看是后宫之乱，如果主公能清醒地看到它的利弊，也许就是一件好事。

齐桓公：好事，要开"女闾"，天下反对，后宫大闹，能是好事吗？

管仲：是好事还是坏事，要看利弊得失。利弊得失也要看你是从长远看，还是短近看。利弊之事，更要权衡。看某件事，置一个特别时段来分析，在这个时段是利多还是弊多？主公当下最为紧缺的是什么呢？

齐桓公看看他，反问道：你说哩？

管仲：应该是钱财。

是啊！齐桓公说，如果钱财丰足，我也能像姬突那样在周惠王面前显摆显摆啦！

管仲叹道：老臣知道主公想做些"尊王攘夷"的实事，不是老臣不让你做，实是我们齐国目前不具备这一实力。等几年，我们的翅膀硬了、丰裕了，你那时就可以随心所欲。眼下积聚钱财是第一等大事。开"女闾"，一来，奴隶买卖被废除后，女奴不可随便作为妓女使用，这就切断了大户们的敛财渠道。齐废奴隶，各国奴隶必然会私奔我国，我国人口就能增加，名士居我国，那可抵千军万马啊。二来，国家对青楼妓院管理，减少恶劣疾病的传播；收取税赋用于国家，补充民间减赋后的空缺。第三嘛……

这时，有人来报：鲍将军来了。

齐桓公朝管仲看看，满脸的狐疑。

管仲邀道：鲍将军此刻来，必有要事啊。

那就看看去。齐桓公起身道。

八

齐桓公与管仲站在王姬宫前的台阶上。

鲍叔牙紧步快走朝这边而来，在他的身后有支队伍，两人扛一箱，有十几箱之多。远远看清楚时，管仲明白了什么，手捋下巴，笑眯眯看着。齐桓公瞟他一眼，大惑不解地问：你笑什么？莫非你们俩事先串通好了的？管仲只是笑，并不回话。

这支队伍到面前停了下来，鲍叔牙上前行朝见之礼。齐桓公指着他身后的担子问是什么，鲍叔牙回禀道：奉相国之命，巧诈之术，从那些有钱的大户手里捞了一笔不小的钱财。接着，鲍叔牙将前后经过说了。齐桓公听说是巧诈"女闾"而得之，快步下阶。鲍叔牙忙让人打开箱子，齐桓公看到箱子里满满的真金白银，上前双手捧起一把，看着管仲，声音有些颤抖：仲父，这钱来得太容易了啊！

管仲沉着脸，回答道：那就请鲍将军赶快将这些钱退回去。

退回去？……不！齐桓公对管仲说，国家灾荒数年，仲父呕心沥血，好不容易才将灾情缓解。周室之乱，我打出"尊王攘夷"旗号，却苦于军资而不能与姬突相争头功，让那小子取了"伯"！峥丘之战，竹篮打水，不也是缺乏军资嘛！有了钱，是多么好的大事啊！我能办多少想办的事啊！……

管仲似乎听出了一些眉目，但仍不开口，听着齐桓公一个人发议论。

……仲父，我不能明白的是，这些钱为什么只能从"女闾"来？你又为什么一定冒天下之大不韪而废除奴隶、开设"女闾"，把这两件犯天下人大忌之事都搁你这里一起搞？齐桓公面对管仲问道。

主公是否想说，如果这钱从"盐铁专卖"整顿里来更好？管仲挖苦道。

齐桓公笑起来：仲父所问极是，寡人看到这些钱，就想"盐铁专卖"整顿的事儿。依寡人看，只有"盐铁专卖"来的钱财才真正叫得响，用那钱"尊王攘夷"才能让天下诚服！说着，脸色慢慢沉下来，声音也有些变了，为什么要在废除奴隶与开设"女闾"之后？寡人不能明白。

是的！管仲斩钉截铁地回答。他不等齐桓公再说什么，指着鲍叔牙抬来的真金白银说：我们只是从大户们身上小试一把，就获利如此。天下那么大，如果开设"女闾"，那些好色之徒如蝇逐粪，蜂拥而来，那是多少钱财？如果我们废除奴隶，大量的奴隶成了平民，扩大了兵源，这是一件多么让人高兴的事。废除奴隶，齐国就不会再有人口丢失，不再会有人抢路人作奴隶去变卖。就是我，再也不用担心某天走在城外会被人绑架去作为奴隶卖掉，各国也不会再向齐国输送奴隶！而有才华的人、名士都会因为齐桓公的威望接踵而至！其中的女奴隶，她们在大户家里，干的是最苦的活，主人想睡她们，什么时候都可以，随便什么男人，只要主人发话，她们都得顺从！没了奴隶身份的女人，上得了大堂，下得了厨房，可以高攀相国，下嫁军士。如果愿意，也可以进入"女闾"，挣得属于自己的钱财，有何不好啊……

齐桓公打断他的话说：你不知道天下反对的正是这两件事吗？

管仲大声道：主公见得多的是弑君杀父篡位，为一个王位，兄弟反目，父子残杀！还有一个美丽的外号"天下为公"！你说，废除奴隶，让同样是人的奴隶与我们一样发挥自己的聪明才智，有错吗？主公不会小看奴隶吧？

齐桓公赶紧说：奴隶里面有的是才华横溢的人，辅助商汤履的伊尹就是奴隶出身嘛！

管仲点头道：齐国需要大量的人才，也包括被埋没在奴隶里的人才！齐国振兴需要钱财，也包括从"女闾"里来的钱财。一个人才，一个钱财，这两样，比之人家的弑君杀父篡位，哪个是真正的"天下为公"？

齐桓公应道：仲父做事，就是天下为公。寡人只是想，能不能一件一件来，这样寡人朝议时也好说些。

管仲却说：差矣！这两件事，是相连的。不废除奴隶买卖，就不可能取消女子被作为用品使用。而大户们、公子王孙、诸公列卿的私家青楼妓院里充实着漂亮美丽的女奴隶，不废除奴隶，就不能将她们解救出来！再说，这样的事，天下贵族都反对。既然天下反对，一件是反对，两件也是反对，我干脆一下子全端出来，让你们反对！夷吾想做的事，一如过去，都是替天下苍生做的。夷吾一人，一碗一床足矣。天下苍生芸芸，如春草，似夏潮，胜秋叶，显白雪，长长绵绵，不绝于世。让他们来世一趟，不枉来，含笑去，乃我之使命也！

齐桓公叹道：我担心朝议通不过，这段时间，上卿大夫们向我提出反对意见的不在少数。

管仲不以为然道：我还是那句话，如果你真正想称霸，必须有雄厚的经济实力。什么叫雄厚？各国到我们这里来，他们送的礼，我们要加倍偿还，让他们感觉到依附于我们的好处。我们的民众应该不再承担国力支资的责任！种田不但不收税赋，还应该鼓励，给予奖励。多生健康的孩子，国家就要承担一部分抚育费用。天下人看到的齐国，在主公这个时代，是多么的幸福。这种幸福，不是毛毛雨，不是在嘴皮上抹点蜂蜜，而是实实在在的，是用钱财堆起来的。我算过，除去已经增加的税种，远远不够国力的消耗。如果我们能够开设"女间"，管理起青楼妓院，这就是一笔不小的税源。鲍叔牙这几天小试的结果你看到了。请主公相信夷吾，一定能够把这件事做好！

齐桓公似乎有些心动。

管仲接着说下去：……以前，只有大户可设私馆养妓，妓作礼物送人。公子王孙玩女人合理又合法，平民玩女人就犯法。大户可以用妓获利，小民却要遭灾。开设"女间"，情况大变。所有大户与公子王孙养娼妓的私馆统统废除，归入公营。条件准许，指定地段，挂牌于户外墙上公示"女间"，只要遵守规矩，按证纳税，可养妓接客。如此，那贫穷无路可走的妇人，不也给她们一条活路了吗？这世上的妇人，脸面甚是重要，自己饿死冻僵，那只是自己，如若像田靖那样，自己走了绝路，那家中的老少病人如何办？辱己而能活一群人，她会选择哪条路？主公啊，别看是有伤风化，剖开细细研究，个中的益处比害处大。要紧的是国家的税收，要紧的是我们民众的身体健康，更要紧的是民众的饥寒交迫啊！贫穷与卖身，坊间告诉你，笑贫不笑娼！人富而思淫，穷得前腹贴后脊，谁会想去找女人？所以啊，我就想，我们可以满足那些吃饱喝足、无所事事、整天想着玩女人的富人们，让他们去女闾寻身体干净、有些档次的妓，我们收取他们的税。何乐不为？比之那些"弑君杀父篡位"的"天下为公"之举，难道不更值得我们去做吗？夷吾不怕，天下有事，请主公全推我一人身上！

说到这里，管仲提足了精神，冲着齐桓公大声嚷道：请不要朝议！这事完全属于我权力范围的事。齐桓公站住，看着管仲问：仲父对自己的想法与做法没有信心吗？管仲摇摇头，大声道：非夷吾没信心，而是朝议无是非，七嘴八舌，完全是派系利益，私党偏见。请主公好好想一想，有几次朝议是完全合乎主公的初衷？哪次又不是折中、和稀泥？我可以说，你把这两件事放到朝议上，用心计者一眼就看出，是你不再信任我，你给予我的无比强大的权力，顷刻间就土崩瓦解了，齐国的好日子就到头了，那称霸的事，想也别想啦！

齐桓公开始沉思，来回踱步。

鲍叔牙上前一步，对齐桓公施礼道：相国所言极是。请主公还是像当初那样，赋予相国至高无上的权力，让齐国强大，让主公"尊王攘夷"的愿望早日实现。

齐桓公仍然无语。鲍叔牙见状倒为难起来，他看着管仲，想说什么，见管仲朝他使眼色，面对管仲十分自信的表情，他忍住了。果然，经过激烈的思想斗争，齐桓公猛然回转过身来，面对着管仲，落地有声：仲父，朝议就免了。请你起草，告示天下，齐国决定废除奴隶，凡是进入齐境之奴隶，无论你是多少钱买的，一律成为平民。开设"女闾"一事，也请仲父全盘考虑。这两件事，是否要先报告周天子，由仲父定夺！

管仲上前施礼，接受齐桓公的指令。

这时，东郭牙随宾胥无快步赶来，两人报告王姬逝世的消息传到宫外的反响。齐桓公问管仲有什么办法。管仲回说：后宫之事，全凭主公说话，相国不过问。齐桓公直了直腰，说：长卫姬等一干人免去称号，寡人暂不考虑太子之事。东郭牙还想说话，齐桓公袖子一甩，示意去吧。

九

不久后的一天上午，齐国国都营丘四城八门张布两份告示。挂于右前方略高些位置的是关于废除奴隶身份的告示。告示上说，从即日起，凡奴隶身份者均自动取消。奴隶原属东家的可以自愿选择去留。去者，东家发放路费；留者改变身份，继续在东家劳作均应按劳计酬。另一个告示的内容是：为消除不良疾病的传播，树正社会风尚，抵制不正常的暗娼交易，政府决定废除不正当青楼妓馆，开设"女市"。凡无主且美貌之生育期女子、战争被俘获之妇、处斩抄没官之女眷、已经在做娼之女奴隶、无主或被弃之女，自愿者均可进入"女市"做正常交易。女市经交易后进入"女间"。女间即男女纵欲私情苟合之场所，其功能一如过去私辟之青楼、妓馆，为官家所准允，发给证券，正常经营，政府从中收税供国资之用。凡进入"女间"之妇均受政府法律保护。"女间"分馆设与家居两种，一间为一门，一门内设五比，一比可纳五妇，一妇一居。一间设一间长，负责抽税纳课，平定日常纠纷事务……

这两份告示，犹如热油锅里泼凉水，齐国上下都沸了。

先说废除奴隶。

齐国的奴隶，占到总人口的十分之一，也就是说，家家户户，有一丁点能耐的人家都养着几个奴隶，最少的也有一两个。大户人家，公子王孙、诸公列卿家的奴隶成群结队，私家妓院里，漂亮的女奴隶基本都是妓，从小培养出来的歌妓、舞妓不在少数。告示出来后，大户们领教过齐桓公的"恩威并施"，不敢自找没趣，没等邑官、里长们进门，自觉当着奴隶面烧了奴隶的身契，解放了奴隶。

拿着朝廷俸禄的公子王孙、诸公列卿却不愿意执行，其原因是，虽然他们早就知道会有这件事，但依他们的观点认为，这样大面积得罪众多豪户大富的事，管仲不可能成功。偏偏管仲就真干了。事到临头，抵触是自然的。有人还想找宫中嫔妃们说情，又怕连带着一并处置掉！平时奴隶多者，特别是专设妓院以此营利的，私下串通想捣散废除奴隶的政策。没想到管仲早就决谋在先，把情况摸得一清二楚。告示一出，甯戚等将军大夫数路兵力，分片保块，坐镇指挥，家家过堂，户户登记，逐一不漏。特别是女奴隶，长得好看一些的，青楼鸨婆刁钻圆滑想藏匿这些人，官家事先早就按管仲的布置有了准备，百夫长带兵过目，凡是青楼妓院的奴隶一律带走，直接进入官家"女闾"！对于私家的奴隶，那就很好办了，查到没废除的，重金惩罚，告到齐桓公那里的，告者不论是谁，一律课以狱刑。

数日之内，齐国成了春秋时期第一个没有奴隶的国家。

齐国开设"女闾"的消息不胫而走。先是国都营丘沸沸扬扬，大街小巷水泄不通，人们奔走相告这一大奇闻。许多人朝开设女闾的街面去看个究竟。通向国都的条条大道尘埃飞扬，各地车乘飞驰电闪般拥来，人们不相信齐桓公会开放妓所，谁都想一睹真情，尝个新鲜。

时间不长，营丘城中客栈突然爆满。秦、郑、晋、卫、鲁、宋、燕、楚、吴、越等大国的嫖客蜂拥而来，还有来自楼、烦、东胡、隗、荆、唐等小国的嫖客，整个儿就是一股潮涌。管仲接报，国都主要大街上行人如织，开"女闾"的地段更是水泄不通。管仲赶紧疏通道路，直接从大街"腰"间劈开，横开新街。腰缠万贯的投资商看准商机，买下刚开辟的新街地段，前门是酒店茶馆，中间是"女闾"，后面通着澡堂。号称想玩的，只要你踏进门，便是一条龙服务。更有甚者，旁边开设女子用品店、服装行，真是应有尽有！没多久，新辟的街又被占满了。管仲向齐桓公建议，宫城东南角一带有闲屋百间，可否将宫中围墙推掉，清理出这些屋来，另辟为"女闾"所在。齐桓公想也不想地一口答应：闲着也是闲着，何不用起来。把寡人的宫城缩进去一点就是了。齐桓公接着问起，齐国一下子涌来如潮的人，治安情况会如何呢？

管仲报告，开设"女闾"后，官府不再收到违背女人志愿被强宿的诉讼，连乞丐也少了。齐桓公诧异问：以前青楼门前有许多乞丐，有钱的嫖客愿意随手丢几个钱给他们。难道他们也有生财之道？管仲说：正是，青楼人手少，就把乞丐也招进去，让他们打杂做事，身强力壮的还做了护院家丁。

齐桓公又问：税收情况应该很乐观吧？

正是！管仲说，还是有许多我们没想到的事。比如妓院有了，百业也跟着兴了起来。税种已经增加了好几项，比如"烟花税""花粉捐"多达十几种。国库大为富足。齐桓公问：仲父还有什么事情要寡人做的？管仲说：正有大事要说的。你没有看到都城很拥挤吗？

齐桓公问：你有什么好的想法？

管仲端出了自己的想法：开闾门，设闾城。从比较空旷的都城南角上，破开城墙，横向建一座"闾城"，在这座城里，以"女闾"为主，兼顾其他百业。管仲解释说：楚、吴的商人头脑很好，原本做生意的，现在看到我们开辟妓院，他们一掷万金，挑几个或数个高俏美丽的女孩养着，自己看上眼的，就做了妾，替他们生几个小孩子。楚吴越之地的人矮小，女子更小，与齐国的美女生的孩子高挑俊秀……齐桓公接过话说：他们搬到你新建的"女闾城"去，专门让他们在那里生活。管仲乐道：他们就想这么做，连建城的钱都是他们出。齐桓公应道：那好啊！但他们的户籍必须入齐，成为齐国的居民……

管仲：下官从大司理宾胥无那里知道，早就颁布了这一规定。奇怪的是，吴越商人荆楚贩子，还有秦晋的说客们，不但不反对我们的这一政策，还积极配合哩！

齐桓公哈哈大笑起来，摇晃着双臂大叫道：好啊！好！齐国有望。仲父功不可没。

令齐桓公与管仲想不到的事发生了。

有一天，齐国接到周天子的来信，直接指令关闭"女闾"，收回废除奴隶的公文，并说这是周礼所不容的，如果不听，郑伯组织七国联军讨伐。齐桓公问策于管仲。管仲笑笑说：不用理睬，不日即有好转。

果然没几天，情况发生了变化，周天子又派人送来了信，赞同齐桓公的做法。齐桓公问管仲怎么回事。管仲笑笑，告诉他：周天子也是人，把情况与他说明白就行了吧！齐桓公问：你怎么说的？管仲说：我禀告天子，使天子令讨伐逆言之侯，必有俘获他国女子，她们不愿意嫁与齐人者，自愿入妓为娼；国内罪犯女奴，无有人愿意娶者，她们愿意安置在"女闾"，有何不可也？天子回曰，善！我还说，为国家增加收入，置女市收男子钱入官，自然也应该孝敬天子您一份。我没有通过您，就是通过您，您也是愿意的。我给周天子送去一份厚礼，这些礼的费用自然就是"置女闾七百，征其夜合之资，以充国用，此即花粉钱之始也"①。当然，更为重

---

① 见清代学者褚人获《坚瓠集·续集》。

要的是，吸引游士。诸侯各国争雄，我们齐国要"尊王攘夷"做一代霸主，必尽罗人才，用游说之士。夷吾相齐，主公已开布衣卿相之局，游说之士虽满腹经纶，但大都生活放荡不羁，喜好妇人与醇酒，"女闾"必吸引他们的到来。

齐桓公点头应道：说得极是。我听说秦国为了招揽人才，吸引游士，挑了一批美女安置在驿站中，每有宾客经过，就派这些美女招待、侍宿。见有好者，私引入府，再送佳丽。

管仲叹道：主公言者，正是相国之忧也。夷吾要用此法，让天下才俊名士尽入齐廷。说着，他眉宇缓开，告诉齐桓公：听说秦人、晋人慕名而来者甚丰，他们的钱财充实了齐国的国库，自然也不乏才俊名士啊。

齐桓公乐道：好，寡人也要去看看。

好事者记下了齐桓公小白这方面的故事，后人收入了《韩非子·外储说右上》："桓公之伯也，内事属鲍叔，外事属管仲，被发而御妇人，日游于市。"

管仲告诉齐桓公：我从另一个渠道得到消息，周天子也想在都城学学你的做法，只是众卿反对，说是天子不可学侯。倒是秦楚已效仿。说着，那脸色颇显不乐。齐桓公问：仲父为何说到秦楚，面目异彩？管仲摇摇头：夷吾以为，日后，秦虎楚狼必成天下之大患。我开设"女闾"，绝非单纯为了"花粉钱"，以上我告诉你的，你应该明白我的苦心。也正是朝议时，有人说的，管夷吾开设"女闾"并不是为了淫乐，也不是异想天开，而是有其深远的政治和国家经济的目的……

齐桓公雄心勃勃道：仲父助我，尊王攘夷，替天子分忧，解天下黎民之困。

第十四章 倡导和谐开先河

一

周惠王姬阆四年（前673）七月，管仲正在相国府阅看来自诸侯各地和周朝王室的邸抄，值日官过来低语道：鲁侯派人私访。管仲一笑，起身吩咐：内室见。值日官诧异道：相国笑得很有意思。管仲摆摆手：你只管喊他来就是了。说完，嘴里嘀咕道：这姬同啊，连母亲的事都办不好，如何是好！值日官似懂非懂地哦了一声。这倒让管仲纳闷了，问道：难道你已知鲁使来意？值日官摇摇头：下官不敢私问，只是猜测。管仲问：你猜测到了什么？值日官说：一个多月前的五月二十七日，郑侯姬突驾崩，各国猜测颇多。下官知道前儿日上卿高氏与甯戚将军一起代表相国接待了郑使。事后，下官听甯戚将军说，郑使来意是希望齐国能够关照郑国。郑使刚走，鲁使就到，下官猜测鲁侯是来打探郑使来齐的？

姬同是这样的人吗？管仲说着，摇摇手，直了直身体道，郑侯饱尝兄弟之争的苦果，焉能蹈常袭故，他早早就把太子的事给摆定啦，不会有乱。倒是这姬同，侯位二十一年，母亲死了，竟然不知道如何处理，来找我这个不相干的人商量。他应该找舅舅小白去。

值日官拍额道：相国神也。我问过鲁使，鲁使果然说，先拜见相国！

管仲刚刚在内室坐定，仆人还没送上茶，鲁使已急急闯进。管仲道：使臣不必着急，坐下慢慢说。

鲁使跪施大礼，口中连连急语：主公嘱我今日必要得到相国的话。

管仲不急不慌地说：伯禽治鲁，周礼最为齐全，怎么就拿不出一个解决文姜的办法？

鲁使惊道：相国已知？那就好，这事儿闹得我朝天翻地覆……言语间，鲁使情绪慢慢好转，告诉管仲，这几天的朝议，成了闹场。

管仲平静地问：如何闹法？

鲁使说：我听了几天，大致两种倾向，一是说文姜不守妇道，坏天伦，竟然与亲哥哥私通，应该依周礼律法严惩。

管仲说：天下皆知的事，又不是新闻。准备怎么严惩啊？

鲁使说：已经商量出来了，不必裸体鞭至肉骨分离成羹状，就鞭三百，然后喂野狗。

哪有儿子让亲生母亲受此刑之理？管仲摇头道，就算姬同愿意，天下也不赞成啊！

鲁使叹道：朝野一致这么呼喊，他也没办法啊，闹不好，有人要赶他下台。

想赶他下台的人胆还没长全。说着，管仲抬抬手掌，又问，申缙、施伯、公子偃也这态度？你们那个很会耍阴谋的曹刿，他到哪去了？

鲁使：公子偃出使晋，今明两天能到家。曹刿的态度一直不明朗。申缙、施伯不赞成。出家到菟裘的御孙（夏父展）捎信来说，善为上，莫与死人争高低。

管仲缓了口气：就是嘛！主公如果顺了这班野人的意见，天子那里怎么交代。看来，我的担心多余啦。

鲁使问：相国担心什么呢？

管仲故意叹道：担心你拉我去见你们主公的舅舅，要他出兵保护姐姐的尸体不喂野狗。

鲁使想了想，问：这倒也是办法。会吗？

管仲说：怎么不会？文姜是姬同的生母，儿子没能耐管母亲的事，弟弟再不管，天下还有什么礼仪节制啊。唉！这文姜，为了年少时的一点点风流，受了多少苦啊！死了，却不能以国母的身份入土为安，这倒也罢了，现在竟然要裸体在光天化日之下，让野狗撕下肉吃掉。野狗哩，壮了膘，冬天杀了，做了香喷喷的狗肉，送上来给姬同下酒！依我看，你告诉姬同，干脆就把文姜做了肉羹，让鲁国上上下下的文武百官、平头民众，人人一口，都尝到文姜的体味，那就更好啦！

鲁使小心翼翼道：相国这是在说反话吧？我家主公一向敬重相国，所以才私下派我前来向相国请教，从您这里讨个主张。

管仲：我的主张能比你朝堂之上的文武大臣高明吗？

鲁使：我家主公不忍依他们的话做，但又想不出什么良策来堵住那班朝野的"疯子"……

看来，你家主公的良知没泯灭。管仲缓了缓语气说，夷吾早就料到你家主公会来，事先替他谋划好了主意，你拿回去，让你家主公沐浴禁房后的第三天清晨，打开此囊，计谋就有了。说着，管仲从怀里掏出一只密封竹筒，让仆人递给鲁使。鲁使疑惑地看着管仲，不明白地问：相国真的早就知道我家主公的忧虑？能不能再说一遍，下官记住，如果路上遇到事，丢了这信，我还可以复述啊！

管仲明白，这鲁使还有些不相信他的话，便道：刚才我说的一番话，都写在这信里了，你回去后可以当着满朝文武的面大声地向你家主公复述。如果他听了，同意了，那就不必看这信啦！反正都是一样的。但你得记住，他听了你的叙述，就不必看信，当众烧掉这信，不可留在人间。说完，下令送客。仆人过来问：鲁使送的礼，放哪里？管仲对于来人送礼，有特别的讲究。档次口味高的，送到齐桓公那里去，或者给后宫，次者分给相府各部门，极少带回自己家中。现在，管仲却吩咐让鲁使仍然带回去。鲁使想问为什么，看看管仲的脸色，心里明白是拒绝，便告辞。

鲁使疾驰快乘连夜赶路，第二天上朝时分到了鲁国国都，正赶上朝议。鲁使悄悄从侧门进入朝堂，在屏后等候鲁庄公的召唤。鲁庄公知道鲁使已经回来，倒也很干脆地告诉争吵的大臣们，齐国是吾舅家，鲁国出了这样的大事，理当禀报。寡人令王前向齐相管仲报告了鲁国发生的大事，今王前已在堂上，还没与寡人私面，寡人让他直接与各位通报齐相管仲的意见，众爱卿以为妥否？

满朝文武大臣突然鸦雀无声。

鲁庄公诧然：众爱卿为何突然哑声？

曹刿出列道：文姜一事，系我鲁国之私事，何以要齐国谋划？齐灭我之心不死。主公不应该派王前去管仲那里，那管仲素有大谋，私胸狭窄，不会有什么好意见的。

鲁庄公问：那王前白跑了？

曹刿说：正是。

鲁庄公说：那就不必呼王前了，众爱卿替寡人拿主张吧。

大夫申缙出列：既然主公派王前去向管仲讨主张，管仲会拿什么主张，何不让王前一说，也好让大家知道管仲的意见与大家左右多少啊！

刚刚赶到的公子偃上前向鲁庄公禀告：我回来的一路上，道旁都在谈论此事。我路过大夫羽父家，老人让我转告主公，望大人做民众的表率。天下重要，忠孝也重要啊！

鲁庄公：公子的意见是……

公子偃看看左右，旁边人悄悄告诉他，御孙带来的信的意思与羽父大人相同。公子偃向前一步，大声赞成申缙的意见。

鲁庄公让殿前值日喊屏后的王前出来。王前将管仲对他说的话一一复说。众人呼道：这管仲也是与我们一样的态度。看来，主公是应该"天下为公""大义灭亲""千秋是瞻"啦！

倒是曹刿突然发话了。他扬起双臂挥着，打断满堂喧嚣，大声疾呼：诸位错也！依臣看，管仲让王前转的全是反话，管仲本意绝非如此……

哦？何以见得啊？鲁庄公着急了，依众爱卿的看法，该如何是好？他说着，看着王前问，没别的话了吗？王前想到了什么说：管相国好像早就知道了我国要发生这件事，在我去之前就写好了一封给您的信。而且……而且……他看着一班文武大臣，欲言又止。

曹刿急了，扑过去嚷道：而且什么，说啊！

公子偃拉他回来：你急什么？让人家说话，天不会塌的。

王前：管相国说，看来，你家主公的良知没有泯灭。夷吾早就料到你家主公会来找我，我事先已经替他谋划一个主意，你拿回去，让你家主公沐浴禁房后的第三天清晨，打开此囊，计谋就有了。说着，取了出来。双手呈上，并说，管相国再三说，这信的内容就是我刚才复述的。但是……

奇怪的是，管相国要我转告主公，须三日后才能打开，还要沐浴斋戒……

曹刿伸手拿过王前手里的信，想拆开，但突然又停下，嘴里喃喃地嘀咕着，双手递给值日官：你送给主公吧。王前怕鲁庄公打开，大叫道：主公，不能打开，须三日后，还要沐浴斋戒……

满朝文武都怔住了，不知道那信里写着什么。

你不是说这信内容与你刚才复述的一样吗？鲁庄公从值日官手里拿过信，看看后交给值日官说，既然一样，何必复杂，送后宫去。

曹刿疾呼：管仲狡诈，内中必有故事，主公不可轻信。

鲁庄公看看他，嘀咕道：管相国说三日后，那我们且等三日，看有什么新故事。

众大臣都附和说对。

退朝后，鲁庄公忧心忡忡地回到后宫，夫人孟任过来相见。孟任见鲁庄公一筹莫展，忍不住劝道：满朝文武吵闹数日，一点好主张没有吗？

鲁庄公叹道：好歹她是我生母，现在连去看看都不行，这是什么道理啊！重隔天地，一口一个天下为公，天下为公，杀子弑君，这是什么周礼！

孟任低语问道：听说王前去见了齐国的管相国，他有什么高见？夫君，那可是个好人，他的话，你讨得没有？鲁庄公眼睛看看那桌上的竹简，把情况说了。又道：就这信，但管相国说需禁欲沐浴吃斋三天后才能看，我就不信。说着，就想过去打开。孟任拦住：管相国之心，诚之极也，也是考验你的诚意，那就等三天吧！

三天后，到了吉时，夫人孟任轻松款步过来提醒鲁庄公时，鲁庄公已经把那封信双手捧在手里，恭敬面对太阳，看着杆影，嘴里默默叨念着。夫人走过去轻轻地提醒他，时辰到了。鲁庄公立刻焚香祷告，然后打开信。只见信里一句话：赦天下而后孝！

犹如醍醐灌顶，鲁庄公明白了，连连朝着齐国方向拜谢：管相国，你真是四两拨千斤啊！

公子偃与申缟、施伯等一班大臣一起过来，鲁庄公把管仲的信给大家看。大家也都明白了怎么回事，一致赞成依管仲信上说的做。

周惠王姬阆五年（前672）春正月，鲁庄公在这个己酉年的春天颁布大赦令："眚灾肆赦"。赦免令里，特别提到不守妇道之过。明眼人一看就知道，这是专门为文姜设下的。

二

　　齐桓公着人来告诉管仲，陈国公子完来齐避难，要他马上过去见见。

　　陈完，陈厉公的儿子 ①。陈国，国姓妫，出自姬姓，黄帝的后代。传说颛顼的后代舜，娶尧二女娥皇、女英，女英生子商均。商均后代妫满娶周武王长女太姬，受封于陈，奉守舜帝的宗祀，建都宛丘（今河南淮阳城关一带），辖地最大时达十四邑，大致为现在的河南东部和安徽一部分。根据胙土命氏的规定，称陈氏，遂为陈满，谥胡公，后人也称其为陈胡公。陈完系陈国第十五代国君陈厉公姬跃的儿子。

　　齐桓公早就听说陈完德才兼备，在陈国相当有声望，很想结识于他，只是苦于没机会。现在，他能够到齐国来避难，齐侯当然愿意。管仲起身就朝宫中赶。路上，管仲想起了一则传言，说的是这位前来避难的陈国公子完年少时，周太史带着《周易》见陈厉公。陈厉公请周太史给儿子完筮卜。结果，筮得观卦，六四爻变卦，变后的之卦是否卦。周太史解卦说：这个孩子将会是国家的重臣，可能替代陈国而立国，掌握国家政权。然而，命运的另一个可能使这个孩子不在陈国而在别的国家立命为君，更有可能不是他本人而在他的子孙。陈侯姬跃又问：能不能说得更详细些？周太史想了想又说：别的国家，很可能是姜姓齐国……想到这里，管仲又琢磨，观卦和否卦的内卦是坤，是土。观卦的外卦是巽是风，否卦的外卦是乾是天。巽风变为乾天在坤土之上，是山。有山之材（巽为木为材）再用田光照耀，于是就占据在土上，所以说，"观国之光，利用宾于王。"周太史的筮卜是有些道理的。管仲还听说陈完在国内时，陈国大夫懿氏 ②敬慕完的人品，要将女儿嫁给他，专门请人卜其吉凶。那卜卦上说：吉。是谓"凤凰于飞，和鸣锵锵。有妫之后，将育于姜。五世其昌，并于正卿。八

---

① 陈完："陈"与"田"在当时的读音相近，故又称"田完"。生于周桓王姬林十五年（前705），死后谥号敬仲。

② 《史记》错将此为齐国懿氏。见杨伯峻《春秋左传注》。

世之后，莫之兴京"。①

管仲再想到完的年龄，也是十分看好的。管仲也在替齐桓公物色自己百年之后的接班人。如果有陈完这样的人接位，继续帮助齐国实现"尊王攘夷"的目标，这是再好不过的事了。可为什么要说他会替代姜姓齐国自己立国？想到这里，一种不祥之感掠过脑际。走到齐桓公屋外，管仲停了下来，屋里的谈话声传来。

齐桓公问：这次公子来就住下了吧？

陈完：多谢。难以启齿的是，我已无去处。主公知道，我陈国妫姓一族，多年来一直处于弑君之乱中。我的父亲就是弑兄篡位的，我伯父的儿子陈林起兵杀死我父亲自立为陈侯，在位七年，死后由其弟弟我堂兄杵臼接位。当今陈侯杵臼原是立长子御寇为太子的，可陈侯的宠妃又生下一个儿子款，在宠妃枕边风吹动下，杵臼废嫡立庶，杀死了太子御寇，另立款为太子。众人都知道我与太子御寇生前为知己好友，杵臼一定不会放过我。我听说齐侯不计前嫌，重用和自己有"一箭之仇"的管仲为相，已成了妇孺皆知的佳话。相信这是个用人的国家，特来投奔您。

管仲透过窗门的孔隙，看到了屋里的一切。

仪表堂堂，言谈不俗，颇有经天纬地之才，而且又是陈国公子，虞舜的后代。齐桓公听他一席话，便动了心，决定聘他为客卿，成为自己身边的高级幕僚。齐桓公说：寡人久闻公子贤士，愿请公子出任卿，与仲父成我左臂右膀，公子意下如何？

陈完闻而离席下跪，再三叩谢道：且不说管相国如父之恩泽于天下，就我这初出茅庐的年轻人，焉能与管相国比肩而论？快快莫提。

齐桓公善言道：你年方三十三正当年，焉有不妥之话。寡人重用你嘛！

陈完急忙起身辞道：如此说来，齐侯是不愿意收留一个落难之人。我这就走。说完，转身就朝外走。刚走到门口，被管仲挡住：陈公子留步，听我家主公细说。陈完见是管仲，忙施礼，话未说，两行泪已经夺眶而出，哽咽道：相国应该明白陈完此非串门，实乃无去路之落魄也。这时，屋里的齐桓公也追过来。三人在屋檐下，管仲告诉陈完：卿士若搁在小国，

---

① 见《左传·庄公二十二年》，大意为：夫妻好比雄雌凤凰双双飞翔，鸣叫应和响亮清脆。妫姓的后人，将在姜姓之国蕃育昌盛。五代以后就将发达，地位与正卿并驾齐驱。八代以后，无人能与之相比。

并不算什么，而在大国，那就是高官。特别是我齐国之卿士，还没授予过他国之士，可见我家主公待您之真诚。齐桓公也坦诚告诉陈完：完全是真诚，绝无假意。陈完这才连忙再行大礼，辞谢道：我在陈国被逼得无栖身之所，只好逃到贵国来寄居。承蒙您的恩典，让我有幸能在您宽厚的政教下生活，就心满意足了。

管仲说：我家主公高举"尊王攘夷"大旗，招天下良将才俊，何亏于你一位啊！

陈完答道：我本是个不明事理、没什么才能的人，不责怪我，已感恩不尽，哪敢贪图富贵，巴望做卿那样的高官呢？况且，让我这样一个客居贵国的无能之人做官，一定会招致人们对贵国国君的非议，这事万万不可。

陈完说的是一番实言，他是个避祸保身有道的明智君子，如果贸然接受高官厚禄，谁又能保证有朝一日不拿他开刀问斩呢？何况有周太史筮卜的故事在那里啊！

齐桓公还想坚持。

管仲看出陈完是真心的，便建议陈完自己提出一个适合的官位。

陈完想了想说：我在陈廷经常参与工匠活动，如果可能的话，我就去工部吧。

管仲觉得陈完说的是真心话，建议齐桓公授他管理百工（全国所有的手工制造业）的"工正"（官名）。

陈完做了工正后，表现很出色，齐桓公对他的才能更加赏识，经常与他一起讨论国事，他们之间的关系也日益亲密。

有一天，陈完请齐桓公到家中喝酒。齐桓公兴冲冲地带着随从来到陈家，一进门，就见酒席已摆好在庭院中。这天，风和日丽，加上庭院中景色雅致，布置得体，齐桓公入席，早将那些烦人的政务抛到了脑后，忍不住开怀畅饮。

席间，齐桓公与陈完一起评古论今，越说越投机。说到高兴处，情不自禁地相视哈哈大笑；谈到气愤处，不免要摩拳擦掌、扼腕长叹。

俗话说酒逢知己千杯少，齐桓公的酒量本已不小，遇上陈完这样一个知己，更是海量了。左一杯，右一杯，一直喝到太阳落山，齐桓公已有几分醉意。但他仍觉得没尽兴，吩咐左右：赶快点上灯火，我要与陈大夫再喝几杯。

陈完赶紧起身恭恭敬敬地说：不能再喝了！我只想白天请您喝酒，晚上就不敢奉陪了！

齐桓公感到有点失望，脸上露出不高兴的神情说：我正在兴头上，请勿扫我兴！

陈完诚惶诚恐地解释：酒宴，原本是礼仪活动，适可而止，不能过度。如果主公在我家喝酒没把握好分寸，遭别人指责，我焉能逃却罪责？请您原谅，我实在不能再陪下去了。

齐桓公一想也有道理，便不再坚持了。

玩乐不上瘾，饮酒不贪杯，好色而不淫，是一种修养，是做人的一种境界，也是一个人的美德。陈完跟自己的主公喝酒，做到饮酒适度，并能劝说齐桓公适可而止，这不是一般常人能做得到的。可见陈完是真有修养，不卑不亢，有理有节，意志坚定，其品格实在令人钦佩！

陈完的故事被当时的好事者作成诗而歌之——

翘翘车乘，招我经弓。

岂不欲往，畏我友朋。

（《左传·庄公二十二年》）

关于陈完的传闻不断传到管仲耳中，特别是在陈府喝酒一事，管仲听了，暗自高兴，但又担忧。从另一个角度讲，君子常常败在小人手里、被小人残害得死去活来的一个重要原因是，君子胸中有一股浩然正气，这股正气使君子说话和行事，都表现出刚直不阿、不苟权贵、恪守人格的高风亮节，但如果不能审时度势，因势利导，与世推移，势必轻失名利，甚至于轻失生命。明智之举，是能够保存自己，再求克制顽敌。

想到这里，管仲便主动要求陈完到自己身边做事，好让他与甯戚等人多商量议事。

三

转眼，齐桓公在位已经十五年。

这年是周惠王姬阆六年（前671），正月初六恰是上年的冬至。管仲在参加过宫廷正式的祭祀活动后，准备离开，齐桓公喊住他。两人在仍然是冬日的阳光里散步。齐桓公对管仲说：在仲父的精心相助下，寡人不费一兵一卒，靠商人的谋略完全制服了以前看我们不顺眼的莱国、鲁国、梁国还有莒国。寡人在诸侯间的声望越来越高，寡人想出国门溜溜，可行啊？

管仲应道：国力在这几年的确有所大增，你想潇洒潇洒，完全可以！

齐桓公高兴地问：小试还是大干？

管仲听出了话音，赶紧说：无论是小试还是大干，我们都不以战争为主体，而以周礼为法器，展示齐国在主公治理下的文明与进步，让天下都知道主公废除奴隶的成就，更让天下知道主公治理国家的能量……

齐桓公不乐了：出去不打仗，那多没趣啊！

管仲看看他，反问道：难道主公忘了那次与鲁国的柯邑会盟？说完，他眯起眼睛，在细细的眼缝里，关注着齐桓公的表情。齐桓公并没反感或者不高兴，而是哈哈大笑起来。管仲松一口气，上前揖礼道：主公有天下为怀的气度，相国也就敢说话了。齐桓公豪爽地说道：仲父想让寡人做什么，寡人都毫不含糊，就是比柯邑会盟更让寡人受辱的，寡人也不怕。难道还会发生比那更丢脸的事吗？再说，那次虽丢了脸，后来却争回了大面子，这种事如有的话，寡人想再试试！

管仲建议道：今国力尚可，相国提请主公召鲁侯前来观社，何如？

齐桓公想了想，反问道：寡人不出国，反将他们请来，你这是什么道理啊！再说，观社请他们适合吗？

管仲道：齐鲁两国，近在咫尺，友邦亲戚，自该常来常往。

齐桓公点头道：鲁侯，吾亲外甥也，早在柯邑会盟后自降我称属臣，完全没必要。

管仲摇摇头，他想告诉齐桓公，他从鲁侯丧母的事件中看出鲁国目前的危险，鲁侯自愿降为我属国，并不等于鲁国所有文武大臣都愿意啊，特别是曹刿。现在，姬同大事无决断，小事也优柔难断！国内缺少精英相助，而曹刿这个阴谋家，则是齐鲁联盟的绊脚石！有他在，齐鲁两国迟早要出事。如能借机使鲁侯不再使用曹刿，则可省我万乘齐军，也确保齐鲁两国真正的百年友善啊！这话，如果现在告诉齐桓公，妥吗？传出去可不是小事啊！想到这里，管仲还是压下，换个话题说：我所说观社，是一种亲善的表示。齐国经主公这么多年的精心治理，确实已经有些实力，也招待得起四方来宾八方众客了啊！

齐桓公高兴地首肯。

管仲立刻提出了自己的设想，这次"社"就辟在城南那片平地上，待夏季收割完麦子以后，设坛祭祀，摆下万桌夜宴，好好接待四方来客，八面佳宾。接着，提醒道：紧挨那块地的旁边是城河，两岸柳垂绿沖，莺歌燕舞，甚是男欢女爱、打情骂俏之好去处啊！

哈哈哈！齐桓公乐得仰脸大笑，原来仲父并不老啊！好。宋国有个桑林，楚国有个云梦，都搞得红红火火。我们也有个社稷！好！好！好！寡人立刻发请柬。

管仲摇手道：不急，可遣密使先去与鲁侯沟通，请鲁侯即刻先来看望您这位舅舅，商量社之细则。依夷吾之意是，先遣密使去看望鲁侯夫人，通过鲁侯夫人则顺理成章也。

齐桓公：甚好。仲父认为带什么礼物最能打动我那外甥的心啊？

管仲：主公还记得从戎狄那里来的马吗？

齐桓公回答：记得！其中有几匹是上好的，奔跑时脖颈流出的汗鲜红似血，我诧异，请教过仲父嘛，你说挥汗如血一般鲜红的马，是宝马。

管仲说：就送宝马，让鲁侯看到你的真诚。

齐桓公想起了什么似的问：我正想问你，你说可以培育出它的后代，已经有了吗？

管仲捋着下巴，半天才笑语道：我们用它培育出来的第三代，比它的祖父更好。上次去周天子那里送礼用的，就是第三代，日行八百，比它的祖父快了三倍！

齐桓公眉头一皱：送这么好的马给那小子吗？他们能侍候好吗？又说：鲁国不乏好的饲马官，很快就会有一大群更优秀的汗血马。

管仲神秘地一笑：都在夷吾的掌控之中。

管仲安排人专门从御园精挑了一匹汗血马，让齐桓公的密使带着去送给鲁侯姬同。密使来到鲁国，先去见了姬同的夫人。姬同夫人问明来意，不敢怠慢，立刻要前往姬同那里禀告。密使道：请您让人传话告诉鲁侯，只提他娘舅家来人问候，即可。

鲁庄公得到消息，没多想，起身便朝后宫来。路上遇到曹刿。曹刿向他施礼后没有离开，鲁庄公只好停下，问他是否有急事要讲。曹刿说：我看到有匹来自戎人的马由齐使牵向后宫去了。鲁庄公不解地问：这里面有什么故事吗？

曹刿再施礼。

鲁庄公急了：请别施礼，快快言来。

曹刿说：依下臣之见，此马来得蹊跷。

鲁庄公一甩袖，开步，丢下话：待寡人见过再行议论。

曹刿被晾在路边，这是他被重用以来没有过的事。他呆呆地站了很久，然后长叹一声，摇着头离去。当走出十来步后，突然站住，仰面向天，像被什么刺了一下，跳将起来，连连喊道：不成，不成，不能让齐国再骑在鲁侯头上了。接着，飞快向另一个方向奔去。

鲁庄公跨过夫人所在的院门，见夫人与一位陌生人在马前说话，见到他来，大家都过来迎他。鲁庄公与齐使互施礼后，便问：此马是你家主公送来的？夫人赶紧告诉他，除了这匹马，还有许多昂贵的山珍海味哩！鲁庄公好马，他走向马，仔细观看后问齐使：这就是汗血马吧？

齐使诧异，很快平静下来，他知道面前这人一眼能识出什么马，可见没有什么能糊弄住他，便直言道：是的。

夫人问：此马好吗？可惜只有一匹，如果多的话，就可以配您的乘驾。

夫人之言差矣！鲁庄公说，这样的好马应该是最好的战骑。你看这马，被毛浓密，毛色复杂；身躯粗壮结实，四肢坚实有力；头大额宽，胸廓深长，腿短，关节、肌腱发达。鲁庄公上前拍拍马脸，笑道，多清秀啊，耳朵短，颈细长，稍扬起，耆甲高，胸锁窄。你再看它的后肢，常呈现刀状。可见它耐劳，不畏寒冷，能适应极粗放的饲养管理，生命力极强，能够在艰苦恶劣的条件下生存。在战场上不惊不乍，勇猛无比，历来是一种良好的军马。只可惜……

齐使与鲁夫人都急切地问：可惜什么呢？

鲁庄公问：为什么要劓呢？做种马多好。劓了，就只能按夫人的话说，配乘啦！

齐使一怔，暗自惊叹，但他很快脑子转过弯，回道：依我浅薄的见识回答鲁君。劓后的马是否能在战场上发挥更大的威力？

鲁庄公笑笑：可见你真是文人，没有武将之肤啊！说着，对夫人道：人兽同理，雄性没有了，还有什么爆发力？只能拉拉夫人您的手，连感觉都不会有啦！

夫人对齐使愠怒道：你家主公是我夫君的娘舅，焉能如此！

齐使紧张起来，一时无语。突然想到临行前管仲的耳语，赶紧施礼，准备陈述。鲁庄公把手一扬道：不必说了。如果搁我身上，我也会这样做的。一匹汗血马，十年后就是一支劲旅！那是什么战斗力？罢了。娘舅送我这马，告诉我，他作为上国已经具备了许多做上国的条件，让我为他自豪与骄傲嘛，这也是喜讯啊！来人，按鲁国最高礼仪接待。

四

依鲁国的礼仪接待完毕，鲁庄公拉着齐使的手亲自将齐使引到宾席，然后才回到自己的主席上。众人都看到了，明白鲁庄公的态度。落座后，鲁庄公问：使者前来，有事吧？

齐使道：我家主公随着年龄增长，亲情越来越浓，想邀鲁侯和夫人夏天时一起到齐国观社。鲁侯应该看得出，现在的齐侯与他父兄们完全不同。鲁庄公点头道：这一点从柯邑会盟就看出了，他是挑得起天下最重担子的人选。齐使又说：我家相国按照主公的意志一步步走和谐天下的"尊王攘夷"之路，能靠和谐之道的，决不动武！齐国经相国的治理，已经积累了天下最多的财富，够天下诸侯在我国访亲探友白吃白喝白玩到想离开时为止……

哦——鲁庄公笑笑，诙谐道，意思很好，说法不妥，哪能说是白吃白喝白玩呢？

齐使赶紧道歉：在下才疏学浅，请鲁侯原谅，并传达齐侯的观社邀请。

鲁庄公环视满朝文武，示意大家议论决断。

一朝文武开始议论起来，先是小声，渐渐声音大起来，争议也就放开了。就在多数人认为走亲戚观社也属正常时，曹刿出列大声道：不可！

这一声，如雷落地。整个朝堂都被震惊，瞬时鸦雀无声。

曹刿正词奏道："不可。夫礼，所以整民也。故会以训上下之则，制财用之节；朝之正班爵之义，帅长幼之序；征伐以讨其为然。王有巡守，以大习之。非是，君不举矣。君举必书，书而不法，后嗣何观？"①

鲁庄公自然明白曹刿的"好意"：这个观社是去不得的，他齐侯不像你们说的搞麦熟季节的民间庆丰收，而是想在你面前摆他的威风——搞一次军事演习，吓唬吓唬你。这还不算，还要记到齐国的历史里，让后人看。鲁庄公的看法正好与曹刿相左，他的想法是，齐鲁两国多年来的争斗在齐桓公与管仲时代变成了"礼尚往来"，这个可喜的局面应当维护。曹刿在长勺之战、柯邑会盟中为鲁国挽回损失，但也同时造就了齐侯的辉煌。多亏母亲在世时将齐鲁关系紧紧系在她的纽带上，才没出现什么大的变化。她不在了，实力远不如齐的鲁国，在目前形势下，若再依曹刿去做，势必要吃大亏！眼下应该是修睦，而不是把齐鲁关系重新拉回到争斗不休的时代。他的这个心情，朝堂之上的人都看出了。

公子偃出列奏道：通向周天子都城的路很多，但不是每一条道上行的车乘都是战争、报丧道喜的，也有轻松走亲访友观玩的。这些观玩的车乘，就是史官记下来，后人看了也不见得就是什么大事，损什么面子，也许看了能够明白"轻松、愉悦"，用一个词"快哉乐也"囊括了。这有什么不好！……

鲁庄公不等公子偃说完，乐呵呵起身道：言之极好，正适吾意。接着，击掌宣布，偕夫人去观社，顺道再看看娘舅们……

老臣们，如申缟、施伯等都表示支持，一堂的贺喜之音旋风般展开……

---

① 见《左传·庄公二十三年》，大意为：不行。礼，是用来整饬百姓的。所以会见是用以训示上下之间的法则，制订节用财赋的标准；朝觐是用以排列爵位的仪式，遵循老少的次序；征伐是用以攻打对上的不尊敬。诸侯朝聘天子，天子视察四方，以熟悉会见和朝觐的制度。如果不是这样，国君是不会有举动的。国君的举动史官一定要加以记载。记载而不合于法度，后代子孙看到的是什么？

在这"公不听，遂如齐"①的局面出现时，曹刿明白了自己未来的去向。就在这欢乐的朝堂之上，他悄悄地离开了，并没向鲁庄公辞职，也没向任何人道别。他选择一轻乘，带着一位美丽的姑娘，向着南方，一边游玩，一边生活，最后在一个山清水秀的地方落脚，曹刿就不想走了。已经成为他夫人的小女子问他为何不走了，曹刿想了想说：如果我没有判断失误的话，这个地方应该是誉代颛顼为帝的地方。其西北夏朝有虞氏，东南为涂山氏。商汤履选任贤能，归顺者众，一举灭夏，建立商朝，在此建都。我该做的做了，该得的得了，名虽不大，但后人会永远记住我。接下来，我们就伴着这古有的气息，度过后面的岁月吧。八九百年后，会有子孙再去邀功请赏。

八九百年后，曹氏一位后人，吟着《龟虽寿》大呼：吾之祖先就是在长勺之战与柯邑会盟中大出风头的那一位。

五

依齐历，春分过后九十二天，即是夏至。麦熟收割。风调雨顺，今年麦长得出奇地好，麦粒颗颗饱满，壮如黄豆，东南风一吹，哗啦啦响如撞钟。农家个个喜上眉梢，相互传递：稷门出了告示，今年要搞麦季的夏社，这可是破天荒的大事！你看这麦场，嘿！还真的争气哩；到了秋天黍登场，那更开心哪。是啊！黍米一串串胜过狐狸尾巴的事儿，今年又来啦！

麦登场，农家户户碾麦制粉，家家烤饼、蒸馍。

鲁庄公偕夫人一行如期来到齐国。管仲按齐桓公的要求将他们安置在新建的驿站里，这是专门用于住宿国宾的所在。姬同一走进驿站就感觉到了富有的气息，目光所及，总有奇石、花木。夫人随行，一路赞叹，对夫君说：我们何不也建座这样的驿站，可以迎接天下诸侯啊！姬同苦笑道：我的夫人，你知道这是什么代价？那一棵来自高山的珍贵树木，移到这里，是万两黄金能办得到的吗？

---

① 见《鲁语·上》。

这时，管仲出现了，他步态轻盈，脸带笑意，过来与他们打招呼。姬同赶紧回礼。管仲告诉他夫妇：主公因为来客较多，分不出身来陪你们，让我来陪着到城里各地走走。姬同连连说好。很快，车乘到，管仲陪着姬同夫妇乘着一辆宽大的四乘驰出驿站。姬同从车乘出现，两眼就盯着那四匹汗血马，久久不语。夫人则看着道两边的街景赞叹不已……

管仲问：鲁侯是否想问夷吾事？

姬同梦中惊醒般反应过来，答非所问道：汗血马用于战乘尚属稀世珍宝，贵国却将其用于迎宾接待，是不是太奢侈了啊！桐木引火，物非所用啊！

管仲笑道：物稀贵，多则贱嘛。如果贵国遍地是桐，那桐木自然就会成柴火。

鲁庄公诧异道：贵国的汗血马能多到赶车的地步？是戎狄送你们的吗？又连连摇头说：只有那个灭晋的曲沃武公多次与戎狄较量，捉戎狄酋长诡诸时获几匹汗血马，回去没多久就死的死、老的老。如果我没记错，目前各诸侯国有的还只是极少，燕国多一些。从战斗力上讲，只有与戎狄相近的少数几个小国有这样的战马啊！

管仲神秘地说：别国没有能力将汗血马繁衍成功，齐国则不然！

听这话，姬同一下子就明白齐桓公送他汗血马的意思了，心里悬着的疑惑顿释。但他还是说：既然能繁衍，又为何劁了才送我？怕我国繁衍吗？我国有超过贵国的养马官吗？

管仲说：夷吾的主张是天下愉悦。这一点，鲁侯应该早就明白了。如果您那里没有好战之夫，您想要汗血马做种马，这事儿太简单了，我劝说齐侯多送你们几匹。

鲁庄公听出了管仲的意思，直言道：相国之意，寡人身边有谁好战呢？如果没说错，寡人身边只有曹刿得罪过齐国，伤害过齐侯。但他是为维护鲁国利益才铤而走险，好像并没挑起占领别国领地的事端。伤害齐国利益之事，我已表示过歉意，也正式表达了鲁国敬重齐为上国的约章。相国是位胸怀坦荡的人，不应该再提这事了吧！

哈哈哈！管仲大笑，然后展开双臂，对着上苍做了个环抱的姿态，大声道，此言差矣！

鲁庄公不解地问：请相国明示。

管仲：好战不是一个人的事，是这个国家的整体态度。比如您刚才问我，为什么送匹好马，还要劓了才送呢？这是您的心语，您是想要匹汗血马的种马，回去繁殖！繁殖的目的，就是想用于战争，这一点，你我都明白。就说战争，也有几等几种，自卫算是最基本的战争吧。但我怎么听来，好像并不是自卫……对不起，恕我直言，把自己的想法强加到鲁侯身上了，对不起，夷吾向您道歉！说到这里，管仲向鲁庄公致歉。

姬同是何等人，自然听得出管仲话里的话，赶紧也向管仲施礼。鲁夫人见状也赶紧施礼。

管仲道：鲁侯不必如此大礼，折煞老夫也。依老夫看，你打我，我打你，年年月月动干戈，天下何时能有平民的安宁啊！唉！……

鲁庄公赶紧说：鲁国传承周礼，愿做天下第一个接受相国倡导和睦之国。

管仲击掌叫好，然后对鲁庄公说：您这次来，就是个好机会，外甥娘舅之间还有什么不好说的嘛！

说话间，车乘进入了繁花似锦节日气氛浓烈的国都大街，两旁的商店与建筑都被装扮一新，连路上的行人都满脸喜悦。姬同诧异道：敢问相国，这社是齐国第一等大节吗？

管仲明白他的意思，没有回答，而是指示车夫赶车。很快，车乘到了宗庙所在。这里也布置得十分灿烂。当他们向前行时，被卫兵拦截。管仲出面，卫兵放行。姬同突然看到太庙里有个熟悉的身影，他让车乘停下，问管仲：那位是不是我娘舅小白？管仲说：正是。姬同赶快下乘，夫人也跟着下乘，管仲在他们后面也下了乘。三人朝宗庙而行。

姬同说：据我所知，齐国对于黍熟后的社祭最为重视啊！

管仲点头道：鲁侯之言正是。每年秋天，黍登场，齐侯就开始做祭祀太祖的准备，做黄米（去壳后的黍）大糕、蒸饼，齐侯与夫人一起参加。"黍者，谷之美者也；祖者，国之重者也。大功者太祖，小功者小祖，无功者无祖。"[1]那些对国家有功者，都将请入太庙内按其职位而站立行宴会礼，无功者只能在庙外观礼。祭祖是凭功入祭，而不是凭亲戚身份入祭。这是天子为了区别贵贱和论功行赏而举行的仪式，是从太宗时传承至今的。

夏麦的社，各国都不怎么重视啊！姬同说。

---

[1] 见《管子·轻重》。

鲁侯对我国的祭祀也是如此熟悉,这太让我兴奋啦! 管仲由衷地说。

姬同说:上国之礼,理当熟记啊! 相国是否可以告诉寡人,齐国的夏祭有什么讲究?

管仲说:依平时,我们主公在新麦登场后,偕夫人及后宫一起碾麦取粉,烤饼、蒸馍,做祭太宗的准备,一切祭品均是主公自己亲自动手。"天子祀于太宗,其盛以麦。麦者,谷之始也;宗者,族之始也。"[1]这是告诉天下,同族后人可以进入祭祀,异族者则请止步。不管是同宗还是异族,大家在这个祭节时期,都斋戒的。你可以看到,那边供桌上的牺牲是很大的,对不对? 那是祭祀祖母的。让大家看到我们主公不忘血缘之始,不忘祖先的恩德!

让我们来参加,是让我们也记住齐侯祖先的血缘与恩德? 姬同问。

管仲回答:正是齐侯的一番苦意。

这个时候,齐桓公已经忙完,过来与鲁庄公见面,并告诉姬同:这次请您与夫人一起参加我们的社祭,就是想从血缘上进一步牢固我们两国的关系。姬同这时非常恭敬地施礼,敬称小白为娘舅。夫人也随即行礼称娘舅。

很快,社之祭祀开始。

有专门的祝师与巫官过来。凡是参加祭祀的人士,均按血缘关系辈分次序排成队。而姬同与夫人则排到了旁系血统辈。管仲与非齐侯血缘的人士则离开。

进入祭祀环节,姬同这才发现齐侯的夏社祭祀非常隆重,礼生就有十五人,分别引领"主祭""大赞""陪赞""引赞""陪引""司樽""读祝"。好在管仲事先就安排人专职照顾姬同夫妇,才不至于出现没人过问的窘境。

祭礼的十二仪程,依次为:"序立""降神""奠帛行初礼""鼓乐""右食""右乐""读祝""辞神鞠躬拜""化财""望燎""撤馔""礼毕"。

祝师先宣布"序立",礼生便从两边进入大堂,焚香点烛、摆放祭品。祝师宣布"降神"后,钟鸣鼓乐奏起。礼生便引领着小白率众公子(按母

---

[1] 见《管子·轻重》。

亲贵贱排列）鱼贯而入，在另一旁，族人抬社猪、社馍等供品上祭。接着，仍然是小白带头顶礼膜拜、虔诚祷告"奠帛行初礼"。祝师诵读祭文，祈求社神保佑邪疫不侵、四季平安、五谷丰登、六畜兴旺……

乐声进入按诸侯等级的钟鸣鼓乐……

宗庙外面的场面更为热闹。

从宗庙仪程传出的信息，迅速感染着各邑赶来的民众。他们早早就聚在外面各个空场地上，随着宗庙仪程，外面也开始了比"社猪"、赛"琼钵"、拜"神像"的活动。大家观社联，叙族谱，赐"社包"，尽情地抒发节日的欢乐之情，分享人寿年丰的幸福之果。

整个齐国国都，只要有民众聚集的地方，都设立了神龛，称为"社神"。街道拐角、岗上、古树下、山坳口、水渡旁都设立着社神的神龛，在民众心目中，它们是宗庙派出来的一方土地之神或是社官，保佑八方六畜平安，大家都要敬奉，焚香点烛、摆放祭品，向社神顶礼膜拜、虔诚祷告，举行祭礼，由德高望重的长辈诵读祭文，祈求社神保佑邪疫不侵、四季平安、五谷丰登、六畜兴旺，然后，焚烧衣纸，鸣放鞭炮。祭祀毕，将三牲醴品作为午餐的菜肴，再备其他肉菜，大家就地聚餐一顿。

宗庙里的祭祀仪程进入"撤馔"，十五位礼生端着事先准备好的、里面放入祭品的斋饭，送到参加祭祀的人手里。齐桓公首先接受，然后象征性地享用了一下。接着祝师宣布"礼毕"。

整个祭祀当日的初祭暂时告一段落。

接下来就是由齐桓公检阅武装部队，地点就在城外那个千亩空地上。

齐桓公在管仲陪同下，率文武百官站在高坛上观看各种武装力量通过检阅台。在台上站着的，还有应邀前来观社的各诸侯国主公与特使。

以千夫长为首，率二十四人一排、二十四排一队的方形列队，正步走过。人人手持兵器，每一方阵不同。走过时，高喊口号，响声如雷，震耳欲聋，气势磅礴，令诸侯大开眼界。鲁庄公站在台上，每一振聋发聩的口号声响起，都让他心惊胆战……

六

入夜，整个齐国都城灯火辉煌。

齐国举行盛大的露天晚宴，招待来观社的各国君主与特使。

露天晚宴还是设在白天阅兵的那个千亩平地上。原来，麦收后，齐都城官动用了千名自愿做义工的平民起早贪黑，用石夯脚跺把地整平。阅兵后，全城家家户户取出桌子，大户再捐锦垫、高迭式灯架，摆下这万桌观社夜宴。远远看去，壮观非凡。

当日西斜时，前来观社的各国贵宾由大司行长官隰朋的部下陪同、美女伴随进入夜宴场。桌上有座牌，美女引领贵宾入席，一桌四宾，宾客旁边有加位，供陪伴美女入席相陪贵宾之用。北边那个白天的检阅台，现在成了宴会台。各国君主被邀请在台上。齐桓公左边是鲁庄公，右边是来自燕国的燕庄公。顺序一溜排过去，台上满满三十六桌。大诸侯、小属国，都是国君。齐桓公接受管仲的建议，国无分大小，人不分贵贱，均为观社之贵宾，一桌为一国。这一礼遇，让大家兴奋不已。

宴请之后，齐国大司行长官隰朋宣布齐侯与相国率文武百官与来宾一起参加夜社。这更让众人欢欣鼓舞。漫步这座不夜城，看宝马雕车香满路，两旁夜树灯火放；凤箫声动，玉壶光转。但见楼阁笑语飘如瓣，鼻翼浸透暗香染；放眼寻她所在处，千百度灯火阑珊，难见倩影难入梦，感觉总在天仙境地。

直至子夜，夜社方兴未艾。齐国"女闾"已名扬四海，前来观社的诸侯早就按捺不住，纷纷向礼生抱怨：我们故意不带夫人，就想见识见识齐女之优雅。你们什么都安排了，独独不让我们见识"女闾"？礼生把这一情况一级一级报到管仲那里。其实，管仲早有准备，大白天已经安排大司马王子城父派人驱走数百家"女闾"里的嫖客，进行整顿清理，对从业人员进行卫生检查，令其准备迎接诸侯光临。消息传来，诸侯快乐极了，在礼生的引领下，他们悄悄进入"女闾"……

鲁侯夫妇参加了当晚齐桓公邀请的夜社活动。活动结束后，姬同余兴未尽，回到驿站，仍无睡意，独自一人步上驿站的楼顶，远眺城中，灯火明珠白夜天。初夏温馨气息的夜风吹醒了他的醉意。这场观社，令他真正意识到齐鲁之间的差异：论土地，鲁国沃野千里，春天撒把种，秋天收堆山，何时有水患旱情？论山丘，鲁国有高峻之泰山，系帝王朝神之所，世人敬仰之境；其他的土丘山陵盛产果木，连岩石山上也都藏宝存金，哪个居山者不富？然而，齐境之内，平地不足百里，水来即涝，水退则旱；十年难有一年丰。临海傍山之处，民多贫瘠。可今天所见，胜却天堂仙境。齐国怎么会如此富有？柯邑会盟才几年？小白舅执政也就十五年啊，怎么会有这么大的变化？姬同在夜风的吹拂下，联想到小白席间振聋发聩地倡导"天下大同和睦"的声音，他渐渐明白了，小白有了管仲，让一个好战的齐国成了文明进步的友善之邦。可惜这天下只有一个管仲啊！……

这时，有人来报：齐相来看望主公。

姬同喜出望外，大声道：夜深之时，相国劳累一天，还来看我，如何是好。快快请。真是太为难相国啦！

楼梯道有管仲的话语飘来：夷吾也只是此时才能停下公务，前来看看朋友啊！

相国是吾辈长者，理当去看您啊！姬同喊着，直奔楼口，正欲下去。管仲已经快步到了楼面。两人再行施礼。只见管仲身后，几个随从带了夜宵的酒菜，迅速在楼面摆好。管仲问：鲁侯感觉可好？姬同连连说：甚好，甚好！抬眼望长空，繁星如灯，举目看左右，爽风夹凉意。又大声道：好不快活也！

管仲问：夫人何在？

姬同说：夜社归来，她已睡了。

管仲请姬同入席：我们继续畅饮？

姬同表示客随主便。

管仲这么晚来看望鲁庄公，是有目的的，那就是曹刿的去向。从细作那里得来消息，曹刿见没能阻止住鲁庄公到齐观社后，便从朝堂上消失了。他会去哪里了？是暂时离开，还是永远消失？管仲要知道，同时也要在姬同面前再给曹刿下些烂药，使曹刿不再被鲁庄公使用！他的目的，姬同焉能看得出来？管仲邀姬同入席，把酒话叙……

姬同见有这么好的机会，自然舍不得闲聊，抓住时机向管仲请教治理国家的经验。

管仲笑道：我能有什么经验，上天将吾辈放置于此，此必是养人之处。夷吾在齐，是在长见识，学知识，富学问。

姬同：相国不必谦虚。寡人觉得齐国在相国手里才几年，竟然如此飞腾，不可思议！

管仲笑道：从常理上讲，鲁国沃土是齐国数百倍，论地势之优，更令齐不可望其项背。夷吾看事物与众人不同。夷吾认为上苍既然将我们安置在此，周太祖封先祖吕尚于齐，生息至今，蓬勃兴盛，必有其长优于别人处。夷吾看来，周朝诸侯百国，独得地利的国家有三个，我们齐国也在内啊。

地利有三？姬同诧异道，谁不知道齐国守的是贫瘠之荒山，无利之海域！

管仲：错也。先说楚国，楚国有汝水、汉水，出产黄金。齐国也有菑石。虽然菑石不如黄金，但黄金如果加工不精，使用不对路子，黄金就不如菑石啦！假如我能拥有楚国的黄金，我就可以让普天下的女人不用织布而有衣穿，耕夫不种地而饱腹……可惜我们没有，上苍没有偏爱我们哪。既然上苍不垂爱，就只能让我们自己另想出路。齐国与燕国一样有海，海能出盐。我请齐侯下令砍伐柴草，烧煮卤水成盐，并由国家收购存库。前年十月开始，去年正月结束，共收存盐三万六千钟。我匡算一下，有这数目的盐，可以做一宗大买卖啦，于是请主公下令正月一过，便停止烧煮盐。这么一做，市场上便没有了盐，盐价必涨。到了秋天，我们择时将盐运至梁、赵、宋、卫、濮阳出售。这些不临海、不产盐的国家，又是靠防守的小国，盐对他们十分重要。谁都知道没盐的民众会得浮肿病，更没有战斗力！这季盐的获利你知道是多少吗？说来吓你一跳！纯黄金一万一千多斤。有这么多黄金，我没简单让这些黄金入库，而是让主公下令，凡是朝贺献礼或者交纳租税的，一律使用黄金。这样一来，大家都要兑换黄金，黄金在无意间又升值了许多……

姬同点点头：我明白了。掌握高价的黄金来控制万物，天下万物都归于您掌控啦！

管仲笑道：正是。地利给了我们盐与菑石，如果用不好，那就是累赘；用好了，就是宝。治理国家，理财是最重要的。治理之道，首先决于君主。有什么样的君主，就有什么样的国家。君主用道理开导臣民，用恩惠来畜养臣民，用仁爱亲近臣民，用道义培养臣民，用仁德回报臣民，用信用结交臣民，用礼节接待臣民，用音乐和悦臣民……

这正是对君主的要求啊！姬同说。

管仲点头道：是的。君主还要观行事检验臣民，听言语考察臣民，用威力激发臣民，用训诫威慑臣民。这些要术之首还是君主自身。依夷吾看，大凡君主临政治事，首要的是端正心志，不要违背自然规律，更要处理好与远近高下各类人的关系，使他们各有其所，连你明明知道的"小人"，你也不要轻率地去得罪，他往往会成为你重要的成功助力。

姬同点点头。

管仲继续说下去：君主恪守虚静，无为而治，各种人物各得其适。遵循常道，达于天命，尊重贤能，作用贤德，奖赏守信，处罚谨慎，才士封爵，能人加禄，修明法令，慎用政策……

姬同接过话说：一句话，说到底，好战的君主，必拥有战神；倡导礼义仁爱的君主，到处都是和风细雨。

管仲说：广施仁爱，没有遗弃，才是君主的胸怀。关于战争，依夷吾看，该打的仗还是要打。比如戎狄屡屡进犯我周朝诸侯国，掠夺妇女财物，民不聊生，国无宁日，焉可不打？还有西方之秦国，人称秦虎，依夷吾看，如果大家放任于他，必将成为大患。更有楚狼，也是你我需团结一致严加管束的。因此，我等诸侯各国，务必精诚团结，方可金石为开，天下安宁之大同，才有真正实现之可能。

姬同起身敬礼道：聆听相国一席话，茅塞顿开。请相国放心，姬同回国后一定严加管束国人，视齐国为上国之策不变！

管仲要的就是这个目的，他相信，话说到这里，聪明的姬同应该知道回去后做些什么事了，至于曹刿，他相信姬同不会再重用了。于是，也顺势起身，揖让道：其实，作为君主，有一句话是一定要记住的。姬同问：哪句话？

刚则立，毅近仁。管仲说。

姬同回味着，慢慢地点了点头，不由得叹道：曹刿他啊，满腹才华，就是缺少"仁"而多了立，动辄要与人试比高，何苦啊！

管仲闻而直起腰，击掌道：鲁侯英明啊！

姬同却悲叹道：寡人若有相国，怕早就是周天子麾下的伯爵啦。看来，天命啊！当年若能留相国在鲁，今天咱俩就不是坐在这里，而是鲁国境内的某地啦。寡人如今只叹当时年少，没经验啊！相国，那年寡人才二十二岁，大事全赖朝中大臣定夺，施伯误人啊！

管仲心里流泪，他明白当年没能留在鲁国，并不全怪鲁庄公。小白虽然比姬同大几岁，但小白经历的事件与险恶，姬同一辈子都不可能遇上。姬同没有经历小白那样的磨难，自然就缺乏应变的经验与能力，就算他管仲留下来，也不可能会像小白那样任管仲"胆大妄为"！想到这里，管仲双手捧酒，劝鲁庄公再进一杯：请鲁侯进酒，夷吾有喜事相告。

姬同摇摇头：相国不用再安慰我，你就好好教我如何做好我娘舅的属国吧！

管仲起身敬酒，姬同勉强应付。酒杯见底，管仲拉起姬同的手，请他再次坐下，然后很知己地问：依夷吾看，鲁侯担心你那娘舅会欺负你？

姬同点点头，又叹道：相国在，寡人不怕。相国年长于我与娘舅十多岁，这不能不让我担忧啊！今天我看到陈国的公子完，果然是人才。如果他能到我鲁国，我相信他可能就是在鲁国的您！

管仲笑道：他不会去的。我要跟你说的是，你应该把心思多放在与你娘舅的沟通上，其他的事不用多想啊。

姬同摇摇头：能不多想吗？我的大娘舅能与我娘合谋杀了我父亲，我的小娘舅敢把齐鲁边境推到距鲁国都城五十里处。我能不多想吗？

管仲问：你愿意听我的吗？

这时，楼梯上有动静，姬同脸刷地白了，他以为自己要重蹈父亲当年的遭遇。

鲁庄公很有自知之明。多年来，他一直难削年轻人好斗逞能的性格，处事又缺乏经验，在外交上一直处于孤立，几次被管仲算计，国力日渐衰弱。人到中年，面对军事强大的齐国威胁，自己又拿不出能与齐国争锋的勇气，只能依赖母亲文姜的斡旋，才得以生存。文姜去世，齐鲁之间失去了一个重要纽带。聪明的管仲意识到这一点，建议在齐鲁痛失关键性亲人的时刻，派上卿高氏与鲁国的使臣在鲁国的防邑（今山东费县东北四十余里）会盟。这座原本臧氏的食邑，十四年前，发生了齐襄公诸儿与文姜幽会的故事。鲁人很忌讳。在这个地方，双方说了些什么，做了些什么，讨论了什么，外人不得而知，上卿高氏没外泄，鲁使只密告姬同一人。但正是这次会盟，让动摇中的姬同有了拥抱齐桓公大腿的念头，但他不能明说，更不能主动用热脸去贴他小白娘舅的冷屁股。怎么说，用什么方式来说，才能使他这位国君既办成事，还能脸上有光呢？这种念头驱使他不顾鲁国朝野反对，跑到齐国来观社。尽管如此，但他仍赶不走当年父亲命丧齐国的阴影！

看到姬同表情异样，管仲起身前往看看，只见楼梯口走上来侍奉官，手里提着壶，上来问是否上点茶。管仲说：可以。说话时，朝楼梯下又看看，好像看到了什么，只是摇摇头，回到了席间。姬同看着侍奉官给桌上添了茶后退去，消失在楼梯口，情绪慢慢稳定下来，这才对着管仲说：相国是我娘舅的仲父，我娘舅对相国言听计从，我当然要听的。

管仲说：如果我让你娶了哀姜，意下如何？

姬同不语。

管仲问：鲁侯为何不语？

姬同抬脸，脸上已有泪下，哽咽道：寡人不敢亏待孟任。孟任乃鲁国公室党氏之女，容色殊丽，寡人接位三年时游郎台，让党氏令孟任内侍，孟任不从。寡人私往与她语，苟从我，当立汝为夫人也。孟任请立盟誓，寡人许之。孟任遂割臂以盟，寡人亦从之，当晚即同宿于台上，遂载回宫。岁余生下太子般。

管仲问：何故一直没立她为夫人？

姬同道：母亲不允。母亲心还在齐，必欲其子与母家联姻，遂定下襄公始生之女为婚。寡人不愿意从此女身上看到大舅与我母亲的影子。母亲以列祖相逼我娶大舅之女，只因她当时年幼，母亲定下待二十岁上，定要我娶归。所以孟任一直未立为夫人，今已过去整整二十年，孟任主权六宫之政也多年。寡人欲立其为夫人，正想趁这次机会与娘舅相国说与。

管仲点点头：这么说，文姜之约，你不想践之？

姬同叹道：美女哀姜，当归他人贤属，我不配之。

有何不可？这世道，弑君杀兄夺位，尚被说成天下为公。管仲说到这里，清了清嗓门，提了提嗓音，高声道，孟任年老色衰，年轻的哀姜能让你再展雄风。再说，齐襄公的女儿嫁与你，你就是齐侯的侄女婿，他敢亏待你？鲁国父老能不支持？自你母亲去世后，你与齐国的关系就淡了，虽说孟任是鲁国公室党氏之女，那毕竟是清晨露水里蛛网，经不起折腾。

为了齐鲁两国世世代代和睦，娶哀姜为妻，重续齐鲁姻亲，正是鲁国当务之急的大事。

鲁庄公思考良久，抬脸望着管仲，喃喃道：相国真是为我好啊！我已三十六岁啦，老人家啦！哀姜美貌，我娶不妥，不妥啊！

妥！楼梯上又是一个洪亮的声音传来。

鲁庄公一震，朝楼梯口望去，顿时慌了，赶紧起身。原来是齐桓公到了。管仲也赶紧起身迎接。齐桓公乐呵呵地过来，明知故问道：仲父给我外甥灌了什么迷魂汤啊！这么晚了，还不想睡，把老婆一个人丢在驿站？

大家见过礼。

齐桓公宣布说：今天是私人小聚，不必拘泥！你虽然是鲁侯，但在我这里仍然是外甥嘛。相国是我仲父。你们说，是不是私人小聚啊？来，坐下，继续喝酒，大块吃肉！齐桓公说着，入席先夹块肉放嘴里嚼起来。管仲心里明白，姬同仍然蒙在鼓里。齐桓公嘴里嚼着肉，眼睛眯缝，一对黑黑的眼珠紧紧盯着姬同的表情。他在心理上一直跳不出那场柯邑会盟的阴影，他依管仲的安排请姬同来观社，正如曹刿所预言的，绝不是走亲访友，而是要达到某种政治目的。现在，依事先的约定，管仲已完全将姬同锁定。曹刿不可能再为鲁国出面，那么，彻底控制姬同的钥匙在哪里呢？管仲认为，还是传统的那一套，用女人拴住。行不行呢？小白送走了宾客，仍然毫无睡意，便来到这里，站在楼梯上听了好久，直到话题进入了，他才出现。现在他应该像他的爷爷与父亲那样，用女人来结姻，来拴住自己锁定的对象姬同，这个鲁国的国君。

两个当时堪称一绝的"猎手"一起对付姬同，还不是手到擒来？姬同成了齐桓公与管仲的盘中菜。两人就在这个夜宵席上教姬同如何带着孟任第二天回国，如何下次应齐桓公之邀，只身来齐小住。所谓小住，那就是与哀姜尽鱼水之欢。郎台孟任故事翻版也。

传世的《春秋左传》也只是这样记载：

二十有三年春，公至自齐。祭叔来聘。夏，公如齐观社。
公至自齐。荆人来聘。公及齐侯遇于穀。

关于这一条，后人是这样解释的:《公羊传》:亲迎，礼也。《穀梁传》:亲迎，事也。而《春秋左传注》的作者杨伯峻说，诸侯出境亲迎，未必为当时之礼。然则诸侯娶妇，必使卿出境迎逆，然后为礼。显然，鲁庄公亲自出境去送聘礼，是错误的行为。怎么会这样的，鲁国的记载自然可以省略。而后人则记载了宋国的附属国萧国的主公亲自带着礼品到穀邑去贺礼的文字，道出了齐鲁间不可言传只能意会的这场结姻故事:

（二十有四年）夏，公如齐逆女。秋，公至自齐。八月丁丑，夫人姜氏入。

......

秋，哀姜至，公使宗如觌，用币，非礼也。御孙曰:"男贽，大者玉帛，小者禽鸟，以章物也。女贽，不过榛、栗、枣、脩，以告虔也。今男女同贽，是无别也。男女之别，国之大节也;而由夫人乱之，无乃不可乎? "

（《左传·庄公二十四年》）

从上面的文字可以看出，鲁庄公对于这位哀姜是很在乎的，悖逆当时的规矩也在所不惜。齐国观社回国后不久，齐桓公约姬同去穀邑（今山东东阿旧治的东阿镇）见面（在那里接受了萧国主公的祝贺）。冬天的时候，齐桓公又再次约他在郑国的扈地（今河南原阳西、古黄河南岸）会盟（接受郑国主公的祝贺式宴请）。这几次会晤，齐桓公折腾够了鲁庄公，终于使自己获得了心理上的解脱，不再对鲁国耿耿于怀。此后的鲁庄公，一方面疲于应付与齐桓公的会盟，另一方面则沉迷于美色魅人的哀姜。哀姜一如齐国历史上其他的女性，极具个性，她不满意鲁庄公的结发妻子孟任，当鲁庄公亲自来迎娶她的时候，她死活不肯随鲁庄公同国。

这件事，又是管老夫子前来过问。他们有段对话，十分精彩:

管仲:哀姑娘，你已经是姬同的人了，应该与他走啊!

哀姜:相国，我叔就这样把我嫁给一个老头儿，他真真狠啊!

管仲:姑娘应该知道，你嫁的是一个国家，鲁侯还是你的表哥。你嫁他，亲上加亲，有何不可啊! 齐国能否治住鲁国，全靠你啦!

哀姜:如此说来，我更要要要小脾气，让他们知道我的厉害。

哀姜果然厉害。

鲁庄公只身回国几个月后，哀姜才姗姗而来。而且到了以后，鲁庄公下令鲁国大夫与同姓宗妇见她的时候，一律以币作为见面礼，而这又违反当时的礼俗（男女送礼有别），少不得又被后来的史学家骂为非礼。更为后人评说的是，哀姜要做大，鲁庄公扭不过哀姜，只好废了孟任，让哀姜做了夫人。孟任知哀姜做了夫人，便一病不起，未几卒，以妾礼葬之。

正是这位哀姜，继承了她姑姑文姜淫荡的性格，在鲁庄公死后与鲁庄公的胞弟庆父淫乱并参政，搅得鲁国天翻地覆，这是后话。

第十五章

伐戎救燕震天下

一

转眼到了周惠王十年（前667），管仲这年六十岁。这年也是管仲治国战略中最为重要的放税第十九个年头。农人与贫困户经过多年的免税赋，经济上已经复苏。"女闾"的开放，使诸侯各国的有钱人与文人贤士纷纷驭金载银，畅游齐国，尽情挥霍，造就齐国服务业的迅猛发展。随着国力的强大，管仲治国的政策越来越凸现优势。

某天下午，后宫新造的凉亭。齐桓公邀管仲前来喝茶。站在这凉亭上，可以看到一片茶园。齐桓公告诉管仲，这是后宫女人们自己做的。原来，小白品尝芈子的茶后感觉良好，管仲怕芈子成为第二个易牙，便安排大司田甯戚在都城东南的山顶上辟数块茶地，将芈子制作茶的茶树移栽若干过去，又从各诸侯国选一些好品种移植。数年后，茶树进入收获期。从吴越楚三国精选来的茶姑，从事专门的茶制作。管仲又将东南山顶那茶园缩小成微型搬到后宫，供后宫管理。小白经常亲自下茶园劳作，很快，后宫茶园进入采茶期。今年长卫姬带领宫中女人采制。齐桓公请管仲来品尝的正是这种茶。

君臣两人，看着杯中的茶叶浮动，浮想联翩。齐桓公大赞管仲十九年来的功绩，而管仲也不自谦，如实地作出了总结。他说——

莱国对我们在最初经济不景气时曾有过贡献，我们后来对这些小国也采取了优惠措施。如免关税以通货物①：不征关税以便之。

厚往薄来，以悦诸侯：厚往，谓诸侯还国，王者以其材贿厚重往报之；薄来，谓诸侯贡献使轻薄而来。如此，则诸侯归服。还实行一条原则是，与列国诸侯聘问，轻其币而重其礼。"令齐以豹皮往，小侯以鹿皮报。齐以马往，小侯以犬报"。

厚币贺诸侯臣民之为善者：诸侯之君有行事善者，以重奖贺之。从列士（甲士）以下有善者，衣裳贺之。凡诸侯之臣有谏其君而善者，以玺问之，以信其言。

遣使节以结好邻国：派遣聪慧敏捷的隰朋，出使齐东边之国。宾胥无坚强以良，派他出使齐国西方之国。卫国之教，危傅以利，公子开之为人方慧以给，不能久而乐始，可作齐使访问卫国。鲁桓公最小的儿子成季（名友，故称季友，又称公孙友）在柯邑会盟后，鲁侯让他居齐为信，其为人，恭以精，博于礼，多小信，鲁国事务均由季友出使。蒙孙在齐住了好几年，我看出他博于教而巧于辞，不好立大义，而好结小信，让他出使楚国。宋、燕、晋各国都选择合适的人出使。小侯既服，大侯既附，五年，各国均与齐通好。

派遣游士以采控各国情势并适时招纳贤士：派遣游士多人，奉之以车马衣裳，多其资粮财币，使其周游四方以号召天下贤士会居营丘。载以艺品玩好，鬻之诸侯，以观其上下之所好恶，择其沉乱者而先征之。别小看那些游士，我将他们打造成齐国的大商队而兼游说者，他们个个都是披着商人外衣兼事外资、间谍双重的使命。

归邻国之侵地以从事亲善：归鲁之侵地常潜。归卫之侵地吉台、原始、柴里。归燕之侵地柴夫、吠狗。指导各邻国防灾通渠及择地筑城，以坚固其边境；四邻见齐善，故多与齐亲善相和。

……

① 见《国语·齐语》："通齐国渔盐于东莱。"

以上各种措施实行以来，中原诸侯都崇信齐侯，怀德畏威。

齐桓公乐呵呵地举起茶：来，敬仲父。仲父啊！一开始，莱、费、谭、杞、琅耶进贡他们的稷或黍十车，仲父却还给他们十倍百倍的物资或真金白银，我真的想不通！现在看来，你做得好！从那以后，愿意做我属国的越来越多。不费一兵一卒，疆域扩大北到燕国，西绕过鲁已经逼近卫，东南则完全是小白的天下。天下第一功劳乃归仲父也。

管仲笑道：谁叫我是你仲父哩。

齐桓公道：看来，仲父已经知道寡人下一步要干什么了？

管仲说：十一年前（前678），鲁侯在冬十二月，于幽邑会你与宋、陈、卫、郑、许、滑、滕等九国诸侯。那是因为楚王灭了息侯入侵蔡国，大有北卜掠侵中原之势。郑暗通好于楚。你于当年夏，派兵与宋、卫之师伐郑，兵到，郑表示平服。楚狼得知于当年秋季代郑，逼使郑委身楚。鲁侯想以幽邑会盟争取郑国归来。依我看，那不是教训郑伯，是鲁侯并不把你放在眼里，想让你看看他的威力。结果，他败了。

齐桓公笑道：那乳臭未干的小子，让我一眼看穿了，乖乖听了我的。不过，息妫很不该啊！说着，又叹道：晋国之乱，不知仲父如何看？

二

事情要从周惠王姬阆五年（前672）春说起。

一开春，密切关注诸侯各国动态的管仲就得到了秦国向晋国开战的消息。当时，谁都认为在群山峻岭夹缝中生存的秦国绝对不是晋国的对手。对此，恰恰是管仲发出一句与众不同的叹息：晋国已进入衰竭期！管仲说这话是有根据的，早于秦宣公一年接位的晋国晋献公诡诸并没有意识到，常年和西戎打仗的秦国练就了一支剽悍的军队。这支军队的实力此刻似乎还不及晋国，但它无疑是一支充满野性的虎狼之师。果然，应了管仲的话，实力强大于秦国数倍的晋国最终败在秦国手里，从此秦晋之争成了家常便饭。不自量力的晋献公在秦宣公这里吃了瘪，没有反思，而是挥师杀向骊戎，从此埋下祸根。

此刻的管仲嘀咕了一句，晋武公啊晋武公，我家主公看出你是个人物，才将女儿齐姜嫁给你，指望你助我主公"尊王攘夷"一臂之力，想不到你这么早就走了，还把我们可怜的齐姜、你的妻子嫁给你儿子诡诸，成了你的儿媳妇。你们这晋室，重彩戏不断啊！

管仲的担忧并非没道理。

晋国的社稷在文侯之后屡次被文侯的弟弟成师以及他的后代所骚扰袭击。成师原本封在曲沃，历史上称"曲沃桓叔"。这个桓叔所在的曲沃比晋国的都城还要大，时时刻刻威胁着晋国王室。曲沃桓叔的儿子就是曲沃庄伯，庄伯曾经在晋鄂侯逝世的时候乘机攻打晋国，被周平王派虢公（虢公忌父。周桓王五年封卿士）将军打败。若不是周王室的干预，曲沃庄伯早就篡夺了晋侯的社稷。

曲沃庄伯的儿子就是曲沃武公。此人更不可一世，他俘获并杀死晋哀侯，公然弑君，晋国却拿他无可奈何，只好再推新主。曲沃武公再次诱杀了新的晋国国君小子侯，小子侯是哀侯的儿子，可怜这对父子国君，都被武公这个乱臣贼子给杀死了。消息传到周桓王那里，天子怒了，派虢仲率兵讨伐武公。武公兵败退守曲沃。但贼性不改，于周釐王四年（前678）干脆灭掉晋国原王室。这回，周天子不是周桓王而是周釐王姬胡齐。姬胡齐正在考虑是否兴兵讨伐武公的当儿，武公及时送来数车晋国的珠宝器物。这一来，周釐王改变了前王的做法，直接把曲沃武公封为新诸侯，承袭了原来晋王室的社稷。理由是，曲沃桓叔本来就是晋王室的核心成员，至多算是王室内讧。

这段历史，就叫"武公灭晋"。太史公在《史记》称"灭晋"。实际上，曲沃武公灭晋后，自己改称晋武公。从这一点上看，周釐王做得最为明智。

晋武公年轻时勇猛非凡。在一次出征戎狄时，活捉了戎狄首领诡诸。归途中接报妻子生儿，为了庆祝这个胜利，晋武公将儿子取名戎狄首领诡诸的名字。

儿子诡诸长大后，晋武公的近臣提议给诡诸娶妻，娶了贾国公主贾姬，即晋国开国君主唐叔虞的小儿子公明的后代。历史上，周康王将唐叔虞的小儿子公明封于贾，建立贾国，号为贾伯，作为周的附庸国。唐叔虞是周武王姬发的儿子，所以贾国为姬姓国。周釐王四年（前678），晋曲沃武公代晋称侯，贾国的领土也随之被吞并。在这场战争中，晋武公得到了相当多的财产，还有奴隶与俘虏，其中就有这位年仅十三岁的贾国公主贾姬。诡诸一见贾姬就喜欢上了，晋武公见儿子喜欢，也就让她做了儿媳妇。美艳绝伦的贾姬由公主一下子沦为奴隶，转而又成为晋国太子的夫人，命运的起伏颠簸并没令她高兴，国仇家恨挥之不去，天天以泪洗面，很快忧郁而亡。史官把这件事记了下来，半个世纪后的晋襄公时代，有人提起了这件事，建议封同姓亲戚射姑到原来贾国之地。射姑是狐偃的儿子。狐偃是春秋时期一位了不起的人物，他追随晋文公重耳亡命在外十九年，是晋文公完成霸业的得力助手。

贾姬没留下一子半女。这时，齐桓公的女儿齐姜走进了诡诸的生活。

周釐王三年、齐桓公七年（前679）十一月，诸侯在卫国鄄邑（当时是卫国城邑，今山东鄄城北旧城）会盟。曲沃武公第一次以晋武公身份参加会盟。在这次会盟上，他闻齐桓公打出"尊王攘夷"的旗号，专击山戎，扼戎族不能进中原一步，心里着实敬佩。加上会上中原各诸侯国拥戴，周天子赏赐，更让晋武公振奋。当作为"春秋五霸"之首的齐桓公提出新的战略方针：和睦中原，蓄积力量南伐楚国，晋武公带头站起来击掌支持。管仲建议采取"联姻"手段拉住强势的晋武公，齐侯小白当场就将自己的大女儿、年仅十六岁的齐姜嫁给晋武公。年近七旬的晋武公闻后说：就嫁给儿子诡诸吧。但齐桓公说：这是我们联姻，共同完成"尊王攘夷"的大业。出于这个原因，加上齐姜美丽无比，晋武公当天就笑纳了。

身体强壮的公子诡诸常常出入父亲身边，年轻的齐姜渐渐与诡诸燃起情感之火。晋武公死后，诡诸接位，是晋献公。他做的第一件事是修书致齐桓公，为了齐晋两国的世代友好，他决定将庶母齐姜改嫁于自己。齐桓公问管仲，管仲代齐桓公捎信说：嫁出去的女，泼出去的水，我管不了那么多啦！

有这话，晋献公就把这个妙不可言的齐姜接收下来做了夫人。第二年就生了个女儿，取名叫"伯"，人称"伯姬"（后来嫁给了秦穆公），又过一年，生了儿子，取名叫"申"，人称"申生"。申生被立为太子，齐姜自然也升格为第一夫人。

晋献公是个好战多事之人，对于北戎的屡屡进犯，他也出兵回击。在与仇酋交战时，仇酋自知不是对手，便把自己的女儿献给晋献公为妾。晋献公看到这个姑娘比齐姜还要漂亮，更是高兴。就在娶这个公主时，相陪的妹妹被晋献公一眼看中，他用开玩笑的语气对仇酋说：你那个女儿也熟了，顺便一起卖给我吧！

仇酋一怔，旋即明白了。女儿放在家里，另嫁一家还得再陪一份嫁妆，还不如让他拿走算了。晋献公得了便宜，一下子娶了仇酋两个女儿。这两个女儿也争气，分别给他生下了两个儿子：即重耳（晋文公）和夷吾（晋惠公）。

晋献公攻打骊戎，娶回人家两个女儿的消息传到齐国，管仲就有些坐不住了。他需要的不是晋献公去征伐戎狄，而是扼住秦国，使秦虎衰微，让他腾出足够的时间来对付楚狼。他夜夜看天象，想从中寻找出规律性的东西。秦武公死时，儿子让父亲身边的女人统统活活陪葬，连仆人近臣在内计六十六人的活葬，震动了天下。这一点，让管仲看出了晋武公与秦武公的不同。

三

对于秦武公让六十六人陪葬的事，管仲一直耿耿于怀。齐桓公却没悟出仲父的担忧所在。管仲说：主公有所不知，良医可是世间珍品。医生扁鹊去见秦武王，武王把他的病情告诉了扁鹊，扁鹊建议及早医治，可是左右大臣提出异议：君王的病在耳朵的前面，眼睛的下面，未必能治好，弄不好反而会使耳朵听不清，眼睛看不明。武王把这话告诉了扁鹊，扁鹊听了很生气，把治病的砭石一丢，说：君王同懂医术的人商量治病，又同不懂医道的人一道讨论，干扰治疗，就凭这，可以让我知道，如此下去，君王随时都有亡国的危险。

讲者无意，听者有心。齐桓公明白了管仲说这事的目的。但他还是有些不解地问管仲：秦武公与晋武公这两人的丧葬有什么不同啊？

管仲说：秦武公走了，带走了自己心爱的女人与近臣，也带走了制造内乱的引子。晋武公走了，最喜欢的女人却留给儿子，也留下了内乱的祸根。这还需要多言吗？偏偏眼下，秦虎之威胁、楚狼之防备都尚可缓一缓，唯有戎狄之患，刻不容缓！

齐桓公乐道：这么说来，仲父是愿意支持寡人出兵啦？

管仲说：兵不可不出，要出即出，出之有名。名则为义而举！无义之战，齐不介入！

齐桓公道：仲父此言，可作为寡人出兵之规矩。

管仲道：如此甚好。依夷吾之思，眼下出兵还可缓缓。他见齐桓公要插嘴，赶紧扬手又说，夏社阅兵，诸侯都看到了齐军之威。所谓外行看热闹，内行看门道，不知主公是否观察到秦使与楚使的表情？

齐桓公说：他们不会把中原诸侯国的军力放眼里，这我早就知道。

管仲告诉齐桓公：夏社过后，我分别与他们作了深谈，人家点出了我们的欠缺所在。

齐桓公再次举茶道：今日可否不讲那些事，让我们轻松轻松？

管仲诧异道：主公这……

齐桓公双手端茶杯道：以茶代酒，敬仲父。寡人想为仲父六十大寿祝贺一下。寡人事先已经让你最信任的甯戚带着季友去与你的大人田靖说过。田靖回说，你不愿意。可寡人已经在后宫吩咐过，后宫已在准备节目，你若不愿意，让寡人如何是好？

管仲知道小白的为人，他既然这样安排了，推托显然不妥。怎么办？好在管仲从夫人那里知道这事后就想出了一个办法。此刻他端起茶，对小白很真诚地表示感谢，并将那个办法端了出来：齐国如今确实强盛了许多，也可以担当率诸侯为天子分忧的重任。接下来怎么做？先做什么后做什么？我听说东方临海的高山上有只鸟已经伏在那里修炼了十几年，从来没飞出来过，但它一旦出现在天空，那天空则云消雾散，万里晴朗；它一声鸣叫，地撼山摇。于是，有人说它，要么不鸣，一鸣惊人。夷吾以为，主公这次出兵，当如此！

齐桓公兴奋地说：仲父所言正是。依仲父，寡人应该如何做？

管仲说：这些年，荆楚戎狄逐渐强大，中原各国由于种种原因难以共同联合抵御，荆楚戎狄见其势，不断侵扰中原，或直入于心脏地带，或伺隙于边疆地区，形势非常危急。

齐桓公说：尊王攘夷，就是我的责任。

管仲说：知己知彼，百战不殆。我从秦楚使者那眼神里读到了我们眼下迫切要做的事。今天，你要为我庆六十大寿，很好。我就想借这个机会，改变一下祝寿的形式。

齐桓公反驳道：不可。周礼之矩，律而行，行而矩，仲父焉有不知之乎？

管仲说：事因时而变。黄帝七十大寿，诸侯提出要祝贺。黄帝曰，天下未平，不可。诸侯坚持。黄帝让步曰，以平天下之战而贺之，如何？诸侯欣然。主公应该听说过吧？

齐桓公想了想，乐道：你提到那个"涿鹿之战"，我就好羡慕啊！什么时候我也来一场，名垂千古啊！接着，击掌道，仲父要怎么搞，寡人完全听命。

管仲说：城北有块荒地，近水临崖，我想在那里设一台。台上可设寿宴若干桌，台下演武场，我届时饮酒操阵。可否？

听说管仲会操演兵阵，齐桓公感觉很新奇，他知道管仲多次当过逃兵，所以不怎么在意管仲的军事才能，但管仲出征，从未有过失误，这也一直令他称奇。现在见他这么说，便立刻答应并好心地说：仲父只需讲讲即可，摆阵就算了吧！

管仲却认真地说：你应该记得我带兵替主公出征时，与你的对话呀。

齐桓公说：当然记得。我还记得，我问你，战争中最重要的事情是什么？你说，良好的开端是成功的一半！一个好的决策是成功的关键。战争关系到国家的存亡、民众的生死，所以军事上的计划决策尤其重要，不能不认真考虑。我当时就十分赞成，也相信仲父有指挥能力。但你说的"成功的一半"，我听来倒是很新鲜。

管仲说：简单地说，一个完整的计划决策过程分三步组成，首先，是思想上的计划决策；其次是人员的计划决策；最后是行动战术的计划决策。

是啊！齐桓公说，依仲父所述，简而言之，首先是要不要打。其次是派谁去遣多少兵乘。最后是到了战场上后，具体如何打。但我想问的是，第一步，如何进行思想上的决策呢？

五个程序、八个衡量标准。管仲道，五个程序先后为道、天、地、将、法。显然，军队的战斗力能否在战场上保持最佳状态，取决于上述五个参数。八个衡量标准是：主孰有道？将孰有能？天、地孰得？兵众孰强？法令孰行？士卒孰练？赏罚孰明？夷吾以这八个标准来评估敌我双方的竞争力强弱，并以此预料战争结局的胜负，最后根据预测结果作出决策，确定该打还是不该打。

齐桓公：说得好！可敌，则战之；不敌，则避之。那么，接下来如何进行组织上的计划决策呢？

两个程序，即择将和授权。管仲阐述道，假如某将领尊重上述思想，那么让他统领兵将，他必然会按这个思想去做，胜数就大，这样的将领绝对应当聘用；假如某将领不尊重上述思想，他必然不依你的思想实施，自行一套，胜数难测，你就不会聘他。这是我的授权标准。

齐桓公击掌道：太好了！可为，则择贤任能而为之；不可为，则择贤任能而避之。那么接下来第三步？

管仲答：兵者，诡道也。行动上讲究的是机智灵活、不拘一格，比如：能而示之不能，用而示之不用……总而言之，随机应变，因地制宜。这应当由战场上的将领依据战时具体情况决定，庙堂之上的决策均不可照搬。战未开，就取得思想决策的成功，是因为考虑周密、准备充足；还未开战，思想决策上摇摆不定，考虑不周密，准备不充分，是一定会招致战事失败的。由此可见，事先的考虑越周密、准备越充分，胜数就越大；事先的考虑越不周密、准备越不充分，失败的机会就越大；何况事先毫无考虑、毫无准备呢？

齐桓公：观仲父治国十九年来，无事不是事先有谋划，事中有定夺，事后又总结。所以能够事事成功，乃寡人之福也。寡人近期欲出国用兵，仲父也有谋划？

管仲：就是我刚才说的，补上兵将与阵法的一课。主公可不能小视此课，依夷吾看，戎狄之兵，勇猛善战，惯于零散作战，没有集中的习惯。我们出兵无计划，随他们的行动而动，则戎狄强，我弱。以弱迎强，焉有不败之理。如果我们用兵法，施以阵法，好似牵着龙王摆布大江大河，戎狄的散兵游勇就不可能有大作用。我率兵作战，多次胜利，全凭阵法。依我看，用兵之术，尚在兵法阵容啊！

好！齐桓公爽朗表态，王子城父配合你，想用多少兵，由你自己点。哈哈，这就是仲父的六十大寿礼物？好！吾国之幸也！

四

这是一个吉日。国都城外北边的高地上，架起了高台，台前是块可容兵五万的平地，供管仲调遣。管仲站在台前，他的面前有五个旗手，五个旗手面前的筒不同，分别装有红、黄、青、蓝、白五种颜色旗帜，旗帜上分别绣有鹬、雕、鹗、鹰、鸢五种飞禽。每个旗手面前都只有一个旗筒，筒里置一种颜色的旗，也就是绣一种飞禽的色旗。五个旗手前方是一根三丈高的旗杆，顶部一横杠，从横杠顶到旗手面前，有一根绳子。那横杠尖端可以用绳索将旗滑上，横杠随着旗手的动作而左右摆动。在不远处的四角，筑有高高的瞭塔。瞭塔上的旗手根据帅台的旗语进行指挥。台左右角上架着两面大鼓。两个彪形大汉，各自手操鼓槌，早早就叉开双腿站那儿候着。

管仲的左右侧边，一边是甯戚，一边是陈完。在他们后面一溜摆开八张桌子，每桌一位上卿或将军，齐桓公坐中间席，长桌左右端就席的是隰朋与王子城父。

管仲笃信周太史的筮卜是有道理的，一开始他对陈完存有戒备，不让他接触到关于齐国的重要事务，陈完也看出来，有时也刻意地避让。久而久之，管仲觉得对陈完太有戒备也不是个事。他想，我何不通过自己的仁义来感化他，改变周太史筮卜的预言，将其培养成我这样的人，我百年以后，说不定还是个好事啊！于是，他改变待陈完的态度与方式，把他带在身边，言传身教，精心打造，让陈完成为真诚而勤勉、死心塌地为齐国效忠的人。陈完在管仲身边，耳濡目染管仲对于兵法、阵法的运用，加之悟性很好，管仲说个阵法，陈完便能立刻在绢上绘出。经过一段时间的接触，管仲私下感叹，陈侯不用陈完是失策，齐侯得陈完可能是大幸啊。

百年后，历史证实了周太史筮卜的预言。

时辰到了巳时，台上人都到齐。随着大鼓槌击三下，发出振聋发聩的声响后，祝师宣布管仲六十大寿典礼开始。

首先，祝师对天祷告文。

这篇由管仲事先拟好的告天祷文阐述了人生与天地的关系，更表明了六十岁的管仲老骥伏枥、壮心不已，力图完成齐侯"尊王攘夷"大业的决心。他将在上天准允的三天时间里操练兵法与阵法，邀请大家一起观摩，评点过失，以此度过六十岁生日。

人们意外地发现天际就在祷告文结束时渐渐透开，随着鼓点的继续响起，久久不见露面的太阳一下子跃了出来，整个天地，一片炽烈。众人大呼：相国感动天神，齐国有望啊！然而，真正受到震动的一个人此刻并没引起人们注意，他就是陈完。陈完对着上苍悄悄地合掌祷告。这一动作被管仲的眼角余光关注到，心里暗暗赞许，此子可教也，更坚定了将陈完塑造成自己心目中理想人才的决心。

接着，程序进入了贺寿。

管仲的寿席就在他后面要进行演练指挥的席上。此刻，陈宗与甯戚避开了。管仲开始接受大家的祝贺。首先是齐桓公离席前往，对管仲行晚辈式大礼，祝贺他的六十岁大寿。众文武百官见状，立刻改变原来通行的贺寿礼式，而采用朝周天子寿礼仪。这让齐桓公暗暗吃惊，惊奇之余，顿觉欣慰，乐呵呵对身边走过来的鲍叔牙悄悄道：鲍师啊，仲父这寿乃齐国之福啊！鲍叔牙还礼道：齐侯之胸怀，天下之福。齐桓公听了一把拉住鲍叔牙袖子，把他拉到一边嗔怪道：你是觉得我没安排天下大贺？告诉你，这是仲父的意思，他不让全国庆贺，我也没办法。鲍叔牙笑道：齐侯做事，有板有眼，我代夷吾谢过主公。齐桓公道：依我看，夷吾是怕费钱财。鲍叔牙道：非也，齐侯真正登上霸首，我等要奏请主公大办一次。齐桓公连连揖让道：鲍师如此说，那就一言为定。

管仲还礼后，请各位入席。

操练正式开始。

随着管仲站起，甯戚与陈完也站起。在一边的王子城父宣布五万兵将进入阵地。列队按上下左右前中后等成九个方阵，四角塔楼用旗语传来完毕信号。

只见管仲朝甯戚一侧脸，甯戚发出一个命令：复原"涿鹿之战"。

随着管仲嘴里念念有词，陈完将管仲的话转化成旗手的动作语，旗手据此不断地变换着动作，五杆旗帜开始或直或左或右地动作，瞭塔重复着旗语，就在大家看旗帜动作看得眼花缭乱时，场地上的阵式开始搬动，或中间方阵向四下炸开，或四周方阵奇迹般从后左跑到了前右，当你还没明白时，中间的已经到了最后面。

那场景仿佛回到了"涿鹿之战"的现场——

涿鹿之野，熊、罴、狼、豹、貙、虎为前驱，鹖、雕、鹯、鹰、鸢为旗帜，血肉混杀，昏天黑地，涿鹿无输赢，再战阪泉。黄帝多智谋，趁隙腾空而起，摄百兽群鸟之羽毛为葆，遮日月，掩山川，天地混浊墨黑无光明。黄帝再集群兽万鹰之魂，借黑夜奇袭炎帝，利爪撕心窝，铁拳击明目。炎帝惨叫：同母异父之兄，相撕何残忍；既如此，汝干脆剥我皮作羯鼓。言罢，身躯已为黄帝所碎。只剩阳具，化作龙，乘黑夜变蚩尤。蚩尤做旗，炎帝阳具贴旗上。旗摇，威武镇海宇。再战，黄帝惧怕，日退万里，溃军不成营。女娲献计，黄帝亦割阳具贴于旗上。力弥而坚，拼撕再斗。日月无光，时辰无计，转眼亿万年……

当众人喝彩时，鼓点戛然而止。

周围静下来，只有风吹得树叶在台角打转转的响声。所有人都无法一下子从那场景中回到现实中，很久很久，不知谁喊了一声：棒——！众人才被这喊声牵回了魂灵。

齐桓公如梦方醒地站起来祝贺，连连道：仲父，寡人大开眼界啊！

管仲平静地说：接下来的两天，应对策对，与千夫长以上将领说说兵法阵法的应用。

王子城父不顾君臣之礼，挤上前来大喊：太好了，我齐军将天下无敌也。

齐桓公没责怪王子城父的冒失，而是接过话：将军言之极有理啊！

隰朋：相国要两天策对？在下认为，兵法之要紧处是兵啊，训练兵是主要的。

非也！管仲说，人之四肢活动，全在头。领兵统阵在首领。统帅之思想则兵之思想！老孺非战之兵，若排练有素，知阵用兵，亦可御敌！管仲说着指指脑袋，这个是主要……

齐桓公说：众人不必多虑，仲父自有主张。听仲父安排。

众人也都连连叫好。

策对时，台下兵撤了，台上摆放位置也变了，管仲坐南朝北，齐桓公坐北朝南，成君臣对垒状。众臣一一列于齐桓公左右下侧。唯有陈完在不远处设一案桌，旁边整匹绢卷好铺于桌上，笔墨备好，研墨女子三五人在一边忙碌。齐桓公过去看看墨，问：这就是仲父说的，用鱼胶和松炭做的墨？陈完代管仲回答：正是，写在竹简上，与刻的一样。齐桓公点点头：那就好，仲父的文章要传之千秋的。接着又道：我让宫中抬来的这些绢，要比写在竹简上更好吧！甯戚在一边插嘴道，相国令我送绢信于燕，信兵掉水里，信完全浸渍，晒干后与没浸水一样。齐桓公听罢，乐呵呵道：这就好，这就好。

两天内，管仲与齐桓公首先讨论了上古时期，黄帝留下的军事经验篇《军政》，以及伊尹、姜太公用兵法，姜太公布阵术。接着又策对《兵法》《势第》，将"选将、量敌、度地、料卒、远近、险易"的军事策划提到战略高度策对。管仲就《谋攻》《九变》《火攻》《用间》《军争》《虚实》阐述了自己的观点。

事毕，齐桓公指示陈完，将管仲两天内策对的内容进行整理后抄成简牍与绢本各数份，管仲立刻阻止道：此乃军事上的密事，不可外传，若敌国有之，我师优势必失。齐桓公恍然大悟，便让陈完复抄简书一份呈他。陈完私下备留一份，瞒过众人耳目，悄悄弄回家作为私家珍藏。有人要告发到齐桓公那里，半道被管仲拦下，示意不予追究。陈完知道后，迅速将此简牍砌于墙内。直至陈完四世时，旧宅倒塌，早已改姓田的陈完后人从塌墙里发现这批简牍。知其珍贵，仍然秘而不外传。陈完五世孙田书做了齐国的大夫，他曾经熟读陈完藏于墙中的用兵简牍，自然在军事上呈现出卓尔不群的才干，伐莒有功。齐景公将乐安封给他作为采邑，并赐姓孙。田书遂改姓孙，名书。孙书的儿子孙凭，被授予卿。孙凭就是孙武的父亲。孙武从小得以阅读家藏的这些军事典籍，完整地领悟"有德不可攻""地制为宝""知难而退""强而避之"等揭示深刻谋略的篇章。

齐景公初年（前546），左相庆封灭掉了右相崔杼。接着田、鲍、栾、高等四大家族又联合起来，赶走了庆封。孙武作为田氏后裔，也被卷入。大约在齐景公三十一年（前517）左右，孙武正值二十八岁的青春年华，毅然离开乐安，告别齐国，长途跋涉，投奔吴国。孙武一生事业便在吴国展开，死后亦葬在吴国，留下兵书《孙子兵法》。这是后话。

五

作者一直寻找周惠王姬阆在十年（前667）时做的一个梦。正因为这个梦，姬阆授小白"伯"，助齐桓公登五霸之首。说起来，齐侯"尊王攘夷"成功，姬阆功不可没。奇怪的是，习惯于将梦作为大事记入史册的史官，不知为何忘掉了这件事。

各种资料告诉我们：周惠王姬阆的某天清晨是被噩梦惊醒的。他醒来后，用手一摸，浑身是冷汗，再追想刚才的梦，更是心惊胆战，赶紧让侍卫喊来卿士家父。卿士家父的父亲就是那位给陈完筮卜的太史。他到后，姬阆立刻逐走身边人，向家父叙述夜梦。卿士家父听罢，认真筮卜，然后告诉他此梦乃心疾所致。姬阆点点头，问：你能卜出什么心疾吗？

卿士家父看看门口，一片树叶从树上落下，大喊：卫士！

姬阆扬手：莫喊。

已经迟了。树上掉下个人来，落地便亡。

卫士过去，见其胸上挨一飞箭。卫士赶紧过来报告。姬阆叹口气，摆摆手说：卿士，是我叫他爬到树上去的，在那儿看得远。你不该出手这么快。

卿士家父不语，示意把他的那支箭取来。卫士双手捧来，卿士家父取过，从怀里抽出绢巾，抹干净，放回袖里，淡淡地说：不是好侠，也不是好卫士，少一个没事。他心里明白这位天子为何被噩梦惊得魂不附体，忍不住叹道：子颓的阴影没散去啊！

姬阆跳将起来，连连喊：对、对、对……子颓篡位。死有余辜！不能忘记那些帮凶，他们现在还逍遥法外！

卿士家父明白，姬阆的心病正在这里。他想说，你为何还纠结登基四年的那件事？出口时却成了：应予严惩。

说到应予惩罚的人，也就是卫惠公姬朔与燕应公。两人经过一番认真讨论，一致认为卫惠公姬朔真够胆大，敢组织卫燕联军护送子颓篡位。要不是忌父与召伯廖杀出一条血路，保护姬阆出奔郑国鄩邑，他姬阆还能坐在这里潇洒吗？放过姬朔，就意味着怂恿，别人就会跟着仿效！那么一来，天下还是周天子的么？

朝议已经无数次，也没结论嘛。卿士家父补上一句。

姬阆恼道：我不就愁在这里吗？愁到梦里去了。

每次朝议七嘴八舌一番议论，久而无决。卿士虢公林父（虢仲）提出质疑说：子颓是您叔，他的篡位与别姓篡位有天壤之别。至于天意不让他得，那是自取其咎。事情过去了，该宽大为怀，不再计较。这个话出来，多数大臣表示赞成，说天朝无论出兵与言责，都需要耗掉巨大财力与物力、人力。现在国库入不敷出，无力支持这场战争。

周公忌父则主张严惩。他认为，天子顺序接位，天下瞩目，谁不知道子颓是篡夺？于理于法不相容。这种事若宽容，天下岂不大乱！天朝兵力不足，可以向天下传令勤王。

大臣们迅速形成两派，一派支持忌父，一派支持虢公林父。争了很久，没有结果。

现在，君臣俩又开始讨论，结论还是要严惩卫惠公姬朔。天子的梦，大臣们一向是重视的。卿士家父建议再次启动朝议，但他提出，首恶分子姬朔已去世，为防止众大臣提出人亡可不予追究的话，他建议姬阆先声夺人，父债子还，讨伐卫国，叫卫侯放放血……

果然，朝议刚开始，就有大臣说，如今的卫侯是姬赤，与姬朔性格完全相反，好养鹤，与世无争，去讨伐这样的侯爵，天下怎么看我们啊！

卿士家父立刻出列反驳：他父亲动用了卫国的军队，卫国的民众就要连担这个责任！今后诸侯国君动辄用兵，本国民众有责任制止……

父债子还，这事还是要做的。姬阆不等反对派出列再说话，站起来叫道，一定要严惩！孤再不出这口恶气，就要被噩梦折腾死的！你们看着办吧！

天子动怒，大臣们只好顺从，出兵与严惩的原则定下。出兵，显然不现实，天朝没那么多的财力与兵源。那么，号召天下勤王。这一条，似乎也不行！卫惠公姬朔已经不在，你还发兵声讨，这不是明显表现出你周天子姬阆的气量太小、胸襟狭隘吗？

眼看又要搁浅，召伯廖提出一个方案，他说：齐侯小白多年以行动实践他的"尊王攘夷"，此人要比郑侯识时务，尊重天子。依臣之见，趁此机会封齐侯为"伯"，暗示他去教训卫侯，借板子挨屁股，横竖都先有他小白在前面扛着。

这一意见出来，全场沉默很久，很快，林父、家父等都支持，忌父也表示可行。于是，周天子决定，由召伯廖代表天朝去齐国宣布这一决定。

召伯廖的乘骑是十月下旬出发的，照理两三天就能到营丘。令人不解的是，召伯廖一离开天子，好像把这件重要大事丢脑后了，一路杏花村地旅游，沿途经过大大小小十几个诸侯国及城邑，依常规，特使都只在驿站稍停，喂喂马、加点食料什么的，马上赶路。而召伯廖却是直接入城。天子特使，路过入城，视作天子亲驾光临，诸侯各国均应以大礼相待。邑、采、城，主公、邑官、公室王孙更是要出城相迎。如此一来，两三天的路程顿时变成一两个月的漫漫长途。到了鲁国，他干脆住下。原来，这个最看重礼仪的国家，正逢嫁女的喜事。鲁庄公的小女儿叔姬嫁给莒国国君，莒国派大夫莒庆前来迎亲。由于叔姬的母亲已经不在，年初时，叔姬恳请父亲姬同约见大姐杞姬，请大姐代表母亲主持出嫁仪式上的女事。杞姬现已来到鲁国，正紧张准备几天后妹妹出嫁的事。杞姬从叔姬的使女那儿知道召伯廖来，便要先见一见。原来杞姬出嫁杞国，召伯廖是媒人，杞姬嫁到杞国封夫人，称伯姬，她当然要谢召伯廖！

召伯廖的到来，鲁庄公热情接待，并示意如果公差不急，可以在这里参加完叔姬的出嫁礼仪再走。召伯廖接受了鲁庄公的邀请，认认真真感受一番鲁国风情。鲁国的热闹，让天朝的召伯廖耽搁了不少时日，他到达齐国时，已经是岁末。

岁末的齐国到处都飘着羊汤的味儿。

早在鲁国叔姬的出嫁婚宴上，已有人把召伯廖要出使齐的消息传到齐国。周朝朝议的内容也多多少少被管仲派在周朝内的细作摸得一二。齐桓公得知周惠王姬阆派召伯廖来齐，却滞留在鲁国吃喝玩乐，心里好不痛快。不知内情的齐桓公问管仲：这召伯廖是什么意思啊？管仲佯装不知，只能推说召伯廖到来就知道了。召伯廖到后，不急着下书通知，而是在驿站喝羊汤。齐桓公见周天子特使不下书通知，又不能正式接待，若冒失去驿站看特使，怕礼仪不周遭奚落，只能干着急。数天之后，召伯廖喝羊汤喝得满脸红光，这才下书通知：周天子的特使到来。

齐桓公赶紧将召伯廖请到朝堂上，正式见面。

召伯廖宣布周惠王姬阆的圣旨，封齐侯小白"伯爵"。完后，不再说话，环视左右。齐桓公明白这个动作的内在含义，便命令身边的内侍全部退下，只留管仲一人。召伯廖这时才从贴身衣服里拿出一块黄色的布帛，双手递上说：这是天子密旨，我就不宣啦，请君侯细读。

齐桓公打开一看，有些摸不着头脑，这姬朔已死，你去讨伐他？难道要开棺鞭尸不成？传出去，我不成了助纣为虐的恶人了？他顺手把密诏给了管仲。管仲看后，抬眼看特使。

召伯廖道出缘由，今天子深恶姬朔当年的行为，时刻都想惩治他，今齐侯力量大大超过当年的郑虢两侯，故天子封你为伯，让你去替他出胸中这口恶气。

管仲接口：天朝讲究的是"礼"！让天下知道周礼的权威，遵周礼而知天子令。

召伯廖见管仲这么说，兴奋极了：还是管相一语道破玄机啊！有管仲这话，他可以大胆放心地回去复命啦！

齐桓公早就按捺不住要带兵出国"游逛"了，听管仲这么说，立刻应下这事儿。送走召伯廖，齐桓公退朝后进入内室，长卫姬望见国君，急忙下堂一拜再拜，替卫侯请罪。齐桓公诧异道：你怎么知道我对卫国出兵？再说了，我对卫侯没有怨恨嫌隙，你为何要请罪？

长卫姬回答说：贱妾望见您走进来，趾高气扬，有攻打别国的意思。可是，当您看到贱妾后又改变了表情，这就是要攻打卫国啊。

第二天，齐桓公上朝，向管仲回礼后又让他走上前来。

管仲说：你决定放弃攻打卫国了吗？

齐桓公诧异：你怎么知道的？

管仲说：你行礼恭谨，说话缓慢，看到微臣，面有惭愧的表情，难道不是吗？

齐桓公乐道：好，有你与夫人如此关心我，我知道自己一定不会被诸侯耻笑。那么，这兵出不出？

管仲说：出，天子要你出，你就得出，但要出得漂亮。这个漂亮不是打胜了掠夺人家卫国的女人与财富，那不叫漂亮。

齐桓公问：怎么才漂亮呢？

管仲请齐桓公邀请鲁庄公在城濮会面，并说：城濮与鲁侯会面，我要陪同在身边。

那是一定的啊！有仲父在，我就不用操心啦！齐桓公说着，不解地问，城濮是卫国的城邑，焉可在那里会面？

管仲说：选择在卫国地盘上会盟，卫国当然也会派人来，更重要的是暗中有更多的卫国细作来，那就等于把消息告诉了卫侯！养鹤的卫侯知道你代表天子去讨伐他，他一定丢下鹤来过问这事儿，如果不问，那就是天下最蠢的蠢材啦！后面的话，管仲不用再说了。

齐桓公百思不解地问：动兵非小事，这召伯廖怎么可以如此拖沓？天子不怪他吗？

召伯廖承着那么大的事，一路杏花村地慢悠悠，为的啥？图的啥？管仲心里道，你小白聪明，这事儿怎么就看不出玄机啊！他告诉齐桓公：主公啊，这都是有预谋的，故意的，目的就是要让卫侯明白。明白什么？你想想吧，那个与天子姬阆作对的姬朔已经死了，虽然与你卫侯姬赤没多少关联，但你是他儿子嘛，父债子还呀！出兵护子颓的兵是卫国的，国君有错，民众担之。说白了，这次起兵，就是吓唬吓唬姬赤的。

齐桓公如梦方醒，大喊道：这兵出不得，仗也打不得，要我来做什么镵枪头啊。

管仲没有辜负召伯廖的"慧眼"，他的悟性确实非常好。这节骨眼上，管仲代表召伯廖开始给齐桓公上兵课：这叫刃不沾血，功亦成之。主公，有些仗，是靠出兵声威，而不是摆阵对搏，更不是厮杀一番……

如此一来，齐桓公终于明白这仗该怎么"打"了。他通知除鲁国外的宋、陈、郑在幽（宋邑，今江苏铜山境内）会盟。鲁庄公姬同、宋桓公子御说、陈宣公妫杵臼、郑文公姬捷应邀迅速来到幽邑与齐桓公会盟。齐桓公拿着天子的"密旨"准备随时应付责难。令他没想到的是，召伯廖在这个会盟上出现了，讨伐卫国的理由召伯廖挑明了。

周惠王姬阆十一年（前666）三月，齐桓公率领鲁、宋、陈、郑联军浩浩荡荡向卫国进发，管仲随军而行！

姬赤的卫国，是鹤的天下。头脑简单的卫懿公，喜欢仙鹤，不理朝政。他把后宫变成仙鹤的乐园。上朝，让仙鹤在左右陪伴，为他舞蹈；出门时，让那些仙鹤前呼后拥坐在前车上开路。他甚至还给仙鹤授不同的官职、官俸。然而，他对民众生活漠不关心，国家大事更丢在脑后。大臣劝谏，全为耳旁风。若有谁敢言辞激烈地批评他，他就将他们关进监狱。

齐桓公率联军而至，驻扎下，布好阵势，通知卫侯。姬赤得报，并不朝议，也不与谁商量，带上两只鹤，亲率大军迎敌。双方一交手，姬赤立刻就被打得落花流水，只得跑回城里，紧闭城门。齐桓公率兵追到城下，见城门已关，问管仲怎么办。管仲告诉他，让士兵在城下骂，骂得卫侯受不了，就会出来。果然，一个时辰后姬赤站在城墙上，质问齐桓公：我们卫国并没侵犯你，你干吗无缘无故率军攻打？

齐桓公在城下义正词严地告诉他：卫侯朔不尊王命，与子颓密谋反叛，实乃罪不容诛。我奉王命率联军而来，怎能说是无缘无故攻打你国？

面对着这种指责，本来就拙于辞令的卫懿公顿时哑口无言，结结巴巴地辩解：先君的罪过，与我无关啊！

齐桓公根据管仲的授意，告诉他，正是与你无关，你完全可以让我进城谈判嘛！

卫懿公姬赤觉得有道理，命令长子开方打开城门，亲自到城门口迎接齐桓公。

谈判过程中，遇到了麻烦，即如何惩罚的量刑问题。召伯廖并没告诉齐桓公如何治罪卫国，齐桓公面对认输的卫懿公便不知该怎么下手了。他想问问管仲，管仲却因急事提前回国去了，留下一只锦囊，说是半月后才能打开。怎么办？小白总不能让联军依常规对卫国都城来一番掠夺吧，更不忍把卫惠公姬朔从坟墓里抬出来鞭挞。要么绑上卫懿公去交给周天子惩罚？也不妥啊！怎么办？双方僵持着。卫懿公对联军好吃好喝招待着，卫国的美女任齐桓公在内的联军诸侯把玩得心情舒畅……

半个月过去，卫懿公头皮发麻了。再下去，卫国要被吃空了，怎么办？他的长子开方献计道：齐侯率联军远道而来，不给点甜头，岂能退兵？

卫懿公一听有理，赶紧让人从国库里拿出整整五车金银珠宝、布帛，由开方带着这些宝物去见齐桓公。看着这么多的金银玉器，齐桓公想，玩得够了，该收场啦！想到管仲先前留下的那只锦囊，打开一看，里面一支竹简，正面空空，什么也没有；翻到背面，有几个字："不可带卫人回"！齐桓公有些恼火：仲父啊仲父，你就怕我带女人回来？我这刻有心玩女人吗？倒是宁戚提醒他：正面相国留空白给你，是让你见机行事啊！至于背面，那是私下的意思嘛……小白一拍脑袋，大呼明白啦！连连道：那姬阅无非要个面子，不如让卫侯写封认罪书，再把这些金银送些给周天子，差就可以交了。甯戚与众人都说好。齐桓公立刻喊来开方，告诉他：天子曾有令，罪不加子孙。只要你们今后奉公守法就行了，何必破费呢？卫国既然拿出来了，哪有收回的理？推让再三，齐桓公顺水推舟收下。

开方一见齐桓公收下了礼品，立刻跪在齐桓公的面前，请求留在左右侍奉。

齐桓公深感意外，不解地问：你是卫侯长子，按长幼，应为太子，将来便是卫国的君主。何故舍去尊严的地位，屈为齐臣？

开方说：您是天下少遇的明君，若能在您左右效劳，此生足矣，何惜别物！

原来，开方从这件事上看透了官场，也彻底改变了处世态度：父亲虽为一国之君，因是弱国，看人眼色行事，没尊严，遭羞辱！还不如做个大国的权臣实惠。

齐桓公收留开方，隰朋提醒他管仲的话。齐桓公笑笑：仲父是劝我少带卫国女人回去，有两个卫姬，后宫已经要大乱了，没说开方的事嘛。

管仲知道齐桓公带回了开方，问甯戚。甯戚说：主公认为你是不让带美女回来，有两个卫姬够麻烦了。管仲叫苦道：带多少女人，那都是女人，是他的私事，需要我管吗？放着太子不做，而来当奴仆的人，能是个安分人吗？众人顿时明白了相国的苦心，也对开方多长了只眼。众人的议论传到齐桓公耳边，他听不进，几番要管仲给开方任职，管仲不给，他便留在身边使唤。管仲是相国，管国家大事，见齐桓公留开方在身边，也不便再说什么话。伐卫的大军回来后，齐桓公派隰朋到洛邑回复周天子，将卫国的认罪书呈献周天子姬阆，并将那些原本给他的金银珠宝完全奉上，替卫懿公求情。

周惠王姬阆见卫侯姬赤自知其父有罪，愿献上珠宝请罪，加上齐侯说情，自然就算了。

卫懿公知道后，对齐桓公更加感激涕零。

莫说后人对周惠王如此封齐桓公为"伯"认为勉强，就是当时的齐桓公也觉得不地道，所以他不取卫懿公给的金银珠宝。可见齐桓公在当时，绝对是位君子。

六

伐卫结束，齐桓公没将鲁、宋、陈、郑联军解散，而是带回了齐国。

管仲见他将这支军队带回国，半开玩笑半认真地说：你想把他们也训练成齐军吗？齐桓公乐呵呵地说：正是，我们要教会他们使用齐国的兵法。管仲故意说：训练好了，他们回国与我们作对怎么办？齐桓公笑道：仲父会把他们训练成叛逆师傅的人，那教育还有什么用？

好！此话正中夷吾下怀啊……管仲道，我就想把自己的兵法与阵法好好传授，让中原诸侯练就一支铁骑，对付那北来的戎狄！

说到北边的戎狄，齐桓公就想到了齐姜，想到齐姜，自然要问到申生。管仲叹道：天下无道啊！天下无道，遂使苍生蒙冤！齐桓公问：此话怎讲？管仲说：你愁着晋国，晋国还真的出事了，就出在那两个骊戎女人身上。齐桓公恼道：晋侯就不能学我的样子，别听女人的吗？管仲又长叹了一声：当今有几位主公这样的明君啊！

齐桓公恼着，急呼道：仲父快快说与我听。

管仲说起了晋国的故事。

事情要从周惠王姬阆五年（前672）春上秦国与晋国那场战争说起。那场战争，晋国败了。败了的晋侯诡诸，没有总结原因而是转身于第二年攻打骊戎部落。

起因是晋公子重耳和夷吾因狩猎迷失方向误入骊戎被作为细作抓获。早有吞并异族扩大势力念头的晋献公觉得这是一个好机会，便发起进攻。但他没想到，重耳与夷吾在骊戎部落受到的是礼遇。原来待嫁的骊戎公主骊姬一见重耳与夷吾，芳心顿乱，妹妹少姬看出了苗头，将这事告诉了母亲。就在商量如何趁归还重耳与夷吾并提亲事时，晋献公兵逼骊戎！骊戎不堪一击，骊戎老酋长在最后一刻请求留他与小孙子一条生路，代价是献给晋献公两个女儿，因为重耳说过，他喜欢骊姬。

晋献公怒道：有这种事？敌国交火，竟然允许私情！下令把重耳与夷吾喊来问情况。

重耳告诉父亲，他与夷吾是在狩猎时误入的，人家没亏待我们。接着，重耳表示愿意像父亲当年那样娶异族女子为妻。夷吾也在一边劝说。晋献公假装答应。当看到骊姬与少姬时，晋献公那颗壮士暮年之心萌生新欲，手一挥，将骊姬与少姬带回留在身边。年老好色的晋献公设下酒宴款待骊姬，善良的骊姬不知是计，误喝了含迷药的酒，而少姬看出破绽，佯装喝了，假装昏迷，且看晋献公干什么。原来，晋献公自知年迈力弱，不能驾驭这两个小姑娘，所以先用药迷倒再实施占有。不料，少姬宁死不从，晋献公拔剑将她刺死，而昏迷中的骊姬被晋献公占有。

骊姬醒来，知道自己已成晋献公的人，哭着要见妹妹，左右支支吾吾不说。在骊姬的再三逼问下，才知道少姬没被药迷倒而被刺死，父亲兄弟们也都被杀尽！听到这个消息，骊姬痛哭欲死。宫女把骊姬的情况向晋献公报告后，晋献公问士蔿怎么办。

士蔿说：你立刻为她的父母做墓，让她去看啊！如果你不喜欢她，那就算了。

晋献公依照士蔿的意见，为骊姬的父母做了墓。选了个日子，骊姬去给父母扫墓。这座墓就修在骊戎原来的地方。这里森林稠密，虽然晋献公安排了卫士，但现场还是出了事，骊姬被蒙面人劫持。

劫持骊姬的不是别人，正是她的叔伯堂哥骊弘（优施）。骊弘告诉她：少姬没死，被夷吾救活了。骊姬听说妹妹没死，打起精神问骊弘怎么办。

骊弘说：妹妹，我们兄妹这次相见，还不知道以后能否再见面，让我先拥有了你吧！

骊姬连连后退说：万万不可，我已经是他的人了。

骊弘却坚持一定要占有，她拗不过，只好让他占有。事后，骊弘说：我有个复仇的计划，这个计划要你配合！你不但要活着，还要好好地活下去。你肚子里的孩子应该是我的，是我们骊氏的后人。让我们的后人做晋侯吧！

骊姬害怕了：这么遥远的事，能办到吗？

当然能！你要利用你的美艳搅乱他们！骊弘说。

骊姬明白：国仇家恨如今系我一人，我再死，石沉大海，终无天日。于是，她哭着跪下去，朝着父母坟地的方向叩拜，乞求父母的原谅，为了复仇，她只能这样做了。

当找到跌落在悬崖腰间树枝杈上的骊姬时，晋献公相信她是从劫持她的人手里逃脱的。回到晋献公身边的骊姬变得十分听话，尤其是对晋献公生活起居的侍候，更是无微不至。当晋献公对骊姬恩爱有加时，骊姬向他提出能不能从民众中选位好乐师进宫来！她特别喜欢听从黑石头片上敲出来的音乐。晋献公笑了：你怎么知道的啊？

骊姬：听说的，就是没见过啊！

晋献公点点头：那是黄帝时代的乐器，叫磬！我们这里没有会敲那种音乐的人。但我会立刻安排人去周朝寻找。

很快，有一位叫优施的乐师来到了晋献公身边。

优施就是骊弘，进宫不久便被召到骊姬那里去演奏。晋献公因有急事被喊走，优施立刻要求与骊姬苟合，骊姬欣然顺从。事毕骊姬说：今天感觉不对，可能有希望了。

优施说：我们不是寻求刺激，更不需要男欢女爱。复仇高于一切。

他们并不知道，武士密切关注着优施的行踪。就在他们苟合结束，骊姬送优施离开后回转屋时，这位武士过来对骊姬说：刚才那人我很面熟，他就是骊戎的武士，与我交过手。骊姬故作惊慌：真的吗？太可怕了。除了你知道，还有谁知道啊？

武士摇摇头。骊姬灵机一动，喝退左右，趁没人时突然抱住武士亲他的嘴。武士一时被搞得情欲勃发，反过来把她抱到榻上。骊姬见他中计了，便要他把舌头伸到自己嘴里给她亲，武士舌头猛猛进入骊姬的嘴里。骊姬抱紧他，用尽全身力气，只听得武士"啊——"推开骊姬，跌跌撞撞，满嘴是血地逃离。骊姬吐出她咬下的武士舌头，假装昏倒。宫人进来见此情况，立刻抓住武士，报告晋献公。晋献公看到被骊姬咬下的武士舌头，挥手下令把武士砍了。任凭武士如何比划，没人能够听懂武士说什么……

晋献公并非粗人，心也很细。他琢磨骊姬咬武士舌头这件事并非简单，暗中找宫女询问。宫女密奏：武士看到乐师优施进去奏曲，过了很长时间，乐师刚走，武士就进去对骊姬说了认识乐师的话，骊姬就把我们喝退出去，后来就发生了……

晋献公心里明白应该做什么事了。他下令把优施找来，但优施不在宫里。

优施离开骊姬后，立刻到了夷吾那里，这几天他一直在夷吾那里，动员夷吾把少姬献出去，否则有性命之忧。夷吾也知道父亲一旦知道少姬在他这里，对自己不利，但他深爱着少姬，几番少姬都主动献身，他因惧怕父亲而不敢要。

今天优施到的时候，夷吾到重耳那里去讨主意了。因为晋献公公布了一位武士想占有骊姬被处死的消息。

优施见到了少姬，立刻喝退了身边人，两人单独在一起时，少姬问那武士与姐姐是什么事。优施告诉她，那人看到了他与骊姬做爱的事。少姬问他为什么要这样做，优施告诉她：为了复仇。你现在也要这样做。少姬明白他这样做是为了能够让诡诸这个老家伙的女人生下属于他们骊戎的后代，也就高兴地配合。少姬与优施一直待到第二天早上夷吾回来。夷吾知道优施是少姬的哥哥，并没在意他们单独在一起。他一进门就告诉优施：父王在到处找你，你不能让他知道是在我这里啊！

优施告诉夷吾：如果我没猜错的话，我现在只有两个选择：一是离开这里；第二，如果想留下来，我必须净身做阉人。

夷吾诧异：你怎么知道的？

优施笑笑：这就是我的过人之处。请允许我与妹妹再待一会儿，说些私情话，好吗？你与你重耳哥找介子推商量的结果也是这样的，对吗？如果你愿意让我与妹妹在一起半天，我一定动员她顺从你们的安排。

夷吾几乎是惊讶地张着嘴点头的，然后就把随从们都喊走了，屋里就剩他俩。

少姬与优施又继续做爱，直到非常疲倦才停下。

有人把这件事告诉夷吾。夷吾不相信地摇摇头：他们不会的。不要管他们的事，如果少姬是这样的人，她早就会先给我了！再说，她马上要到父王那里去了。

日落时分，夷吾派人过来让少姬重新打扮，趁着黄昏将少姬送给了晋献公。

晋献公得到少姬并没表现出特别的高兴，他与夷吾说话间透露出内心的恐怖，他真的怕少姬什么时间害了他。对优施回来，却表现得非常高兴，问他是否愿意留在宫中。优施表示愿意。

晋献公故意试探：我让你选我后宫的所有女人，你愿意与她们多少人寻欢作乐都可以，时间只有一天。明天日落时分，你必须接受净身。

优施说：为了表示我对国君的忠诚，现在就净身。

净身后的优施完全自由地出入后宫。

就在这一年的冬天，骊姬生下了一个儿子。晋献公非常高兴，为这个儿子取名"奚齐"。

第二年开春，少姬也生下了一个男孩，长相与奚齐活脱一人。晋献公给他取名"卓子"。

优施虽然成了阉人，但骊姬仍然与他走得很近。有一天，骊姬问他：我们现在还不能复仇吗？那要等到什么时候？

优施：急了些，你先把三位公子的地位固定下来，使他们认识到自己的地位已经到顶。人一旦知道自己的地位到顶，就不敢再有非分之想。这个时候的人心，很容易被击败。

骊姬：你的意思？

废太子申生，改立奚齐做太子。优施告诉她，太子申生贤能孝悌，又曾屡次建立奇功，深受群臣民众拥戴。但申生这个人胆小怕事，善良心软，极易受辱而不容易解脱！他的这个弱点，是我们最好下手的地方！接着又说，趁你现在还控制得住国君，一定要做出表面上特别善待申生的样子，私下用不义的罪名羞辱他，使他脆弱的意志发生动摇。

骊姬担忧地说：就这样无缘无故废太子，恐群臣不服。公子重耳、夷吾等和申生都很友善，恐怕会节外生枝。

优施在她耳边如此这般一番嘀咕，骊姬明白了。

七

齐桓公着急道：申生处于这样的危险中，我们能不问吗？再说，齐姜如今也名存实亡。

管仲劝道：晋国的事，我格外关注。骊姬受宠的消息频频传来，我坐卧不安啊。况且，我们现在还没能力长途跋涉去干涉晋国的事。齐桓公急了：那怎么办？不成，我要千里救申生。管仲劝道：事情还没那么急，眼下，先派细作扮作商人去晋国，掌握晋国的情况，关注申生的命运。至于郑国参加伐卫联军，是好事，楚狼知道，绝对不会放过郑侯的。斩断楚狼伸向中原的魔掌，可是当务之急，比秦虎更为迫切。

齐桓公想想也对，便把齐姜与申生的事放了下来。

事情就这么巧，管仲想着这事儿，事儿就来了。

郑国派日行千里的快乘送求援信致齐侯：据我在楚细作来报，楚已于本月（前666年5月）出兵乘六百辆千里袭我国都，务请齐侯将那支联军直接开来救我。

管仲掐指一算，楚狼这么快伐郑，莫非楚成王熊恽（芈頵，亦称熊頵）已经知道郑派兵参加伐卫联军的事？

事情完全出乎管仲的意料。故事还是要从息妫息夫人说起。

楚文王攻打巴国失败后受伤而死。他的长子熊艰即位（前676）。即位不久，熊艰得知国人喜欢弟弟熊頵，为了剪除后患，他决定杀掉熊頵。得到消息的熊頵在国人的帮助下逃到隋国。隋国派奇侠配合年幼的熊頵，以袭击熊艰的方法杀死了他。这件事发生在周惠王姬阆五年（前672）。熊頵即位为楚君，后人称楚成王。当时他还年幼，封自己的叔叔子元为令尹，辅助国事。没想到，这位楚令尹子元早就垂涎息妫的美妙。楚文王死后，楚令尹子元先在宫侧建了一座别墅，每天唱歌跳舞引诱息夫人。息夫人哭着说：先君舞刀，是为了出兵中原；现在楚国已十年没到中原了，令尹不思为先君报仇，不考虑出征中原，却在我这个未亡人的旁边歌舞，什么意思！

子元想想也对，你说我不思进攻中原？好，我做给你看。找谁呢？这时，细作报郑国背盟参加伐卫联军。子元闻而大叫道：夫人不忘旧仇，我却忘之乎？这就攻打郑国。

面对楚狼之军，郑国早熊頵一年登位的姬踕问计于上卿詹叔。詹叔计算齐侯率联军到达时间，最快尚有三五日，如果能够拖延时日，楚退兵之事则成。便提出，迅速撤出纯门（郑都远郊的郭门）与逵市的兵及民众，待他詹叔略施一计，看能否借苍天几日以缓之……

齐国的兵将不能马上到，郑侯姬踕只能听命于詹叔。

楚军的军队在子元亲率下，将军斗御疆、斗梧、耿之不比数人为前锋，赶在秋天前来到郑国远郊，军队立刻入桔柣之门。斗御疆之子斗班、王孙游、王孙喜殿后率众车入纯门，并占领郑国远郊的大市场逵市。放出话，郑国如果退出与齐国的联盟，楚国可以撤兵。

任凭楚军如何高喊，空旷的城里只有回音，没人出现。楚军此刻再看高悬的城门，似乎与众不同。着人爬上去细看，厚数尺，铁索悬连，数丈之高。如果落下，这六百铁骑顿时无处可藏！于城墙上点火丢下去烧，楚军便是烤鸡；若是放水，如此厚门，水不泄，楚军便成瓮中之鳖！

子元心有余悸，赶快派人前往新郑打探。果然回话说，郑国城门大开，城内井然有序。子元思忖：郑国设了埋伏，便命令士兵赶快退出逵市，设帐篷驻于纯门之外，以防不测。

过了两日，细作传来消息说，郑侯已率后宫至桐丘（今河南扶沟西二十里）矣。齐侯亲率宋鲁两国精兵于两侧包抄过来，距此不足百里。

子元想，齐军将我退路截断，郑国从正面攻打，我军腹背受敌。战败之人，如何有脸见息夫人？我兵至郑国桔柣之门，也算是胜了。于是，趁夜色遁去。

齐桓公率军赶到，郑国的谍报："楚幕有乌，乃止。"①

敌军已撤，齐桓公召集大家商量如何办，特别是楚军神速，军谷强大，不能不使中原诸侯心有震撼。王子城父私下告诉齐桓公，管仲在他们出发前曾对他说：如果仗不打，从速回国；楚国眼下会有内乱，我们要利用楚国内乱给我们的时间去争取别的。齐桓公想想也对，侄女在晋，太子申生有危险，仲父料事如神，得赶快回去。

令尹子元攻郑无功而返，楚成王非常不满，念及是自己亲叔，强忍未发。子元却肆无忌惮，亲自向息夫人报凯旋喜讯。息妫说：楚军得胜乃大事，理当告于太庙，让祖宗知晓，告诉一个未亡人有何用？

楚成王虽然年少，一向看子元不顺眼，知道他打母后的主意，一时拿这位重兵在握、党羽甚多的人没办法。时间稍长，子元见楚成王拿他没什么办法，竟然将自己搬进息夫人宫中，在其隔壁安床睡下。他哪里是睡觉，辗转反侧在床上寻思如何冲进息夫人房中，将其好好搂抱一番。

消息传开，三朝元老斗廉按捺不住，冲进宫里骂子元：这是王宫，你怎么能住这里？

子元暴怒：楚国是我家，我住自己家，关你什么事？我是令尹，你也敢管？竟令手下将斗廉关起来。

隔壁的息夫人感到事态危急，便叫人去找斗穀於菟（子文）。斗穀於

---

① 见《左传·庄公二十八年》。

菟得悉息夫人的话，连夜进宫觐见楚成王。楚成王授权于他解决子元。为了一次性成功，斗穀於菟带斗家的斗梧、斗御疆及斗御疆的儿子斗班，悄悄潜入子元住处。

是夜，子元搂着宫女睡觉，故意将声响弄大给息夫人听。有人悄悄进来竟没发现，当他发现有刺客，迅速起身应战。数个回合后，看清对方是斗班，他骂道：你这黄毛小子，敢对我下手？斗班接话说：正是。我奉成王之令捉拿你。斗班血气方刚，越战越勇，但一时拿不下。子元瞅机会开溜，不料斗梧、斗御疆赶来，趁子元分神之际，斗班一刀砍下其脑袋。

消息传开，管仲道：熊頵太急，给我们留的时间太苛刻！

闻管仲此话，齐桓公问计道：楚国自武王即位后，屡屡进犯中原。熊頵除掉子元后，恐怕又要对中原用兵了。仲父，寡人想与楚一战，你以为可否？

非也！管仲说，楚国熊頵还年轻，至少目前不会直接进攻中原。如果我们要讨伐它，面临两大危险，首先是北面山戎与我国邻近，一旦知道我们伐楚，山戎势必趁机侵犯我齐域，若不消除这个危险，伐楚必将两面受敌。楚国离我国很远，千里远征，必须做好充分准备。其中的关键是我们这么多年善待诸侯各国，他们是不是能心甘情愿地配合我们伐楚？依我看，眼下最要紧的是让濒临灭亡的国家迅速恢复正常，使动乱的国家尽快安定下来。到那时，各诸侯国才会愿意听从我们。熊頵这么快就灭掉子元，不完全是息妫的原因。依我看，关键是子元挡了他治国用人的路。我听谍报，楚国边境都有重兵把守，这种情况下，若硬打，我们没多少便宜可占，只有等待时机。

齐桓公想想也对，便说：郕国（今山东泰安东平境内）原是纪国的属国，纪国被先君襄公灭后，郕国至今不肯服从我国，寡人想带兵征讨，你看怎样？

管仲劝说道：郕国虽小，也是个诸侯国，公爵爵位。与我国同姓，也是太公的子孙。太公当年将齐国留封给嫡子，而将郕国分封给庶子。到了太公之曾孙、齐侯姜伋之孙、姜隐之子姜虎时，被正式封于郕国，史称郕穆公。灭掉同姓是不义之举。我历来主张能不动兵的尽量不动兵。对于郕国，我们可以在纪城附近操练阵法，让郕国害怕；同时派些人贿赂郕国宠臣，在郕国制造动乱谣言。这么一来，郕国必然会投降我国。

齐桓公担心地问：行吗？

当然行。管仲亲自指挥，他让王子城父与隰朋、甯戚等人带上那支联军，开拔到纪国附近。管仲带着陈完等人，整天对这支军队进行阵法操练，数万人喊的口号就是进攻郡国！郡国就在咫尺，阵阵响彻云霄的口号声让他们心惊胆战，时时感觉齐联军就要打进去，人心惶惶想着退路，思考如何逃难。渗透到郡国境内的细作们，大肆散布齐侯率数国联军进攻的消息。同时，管仲派出的细作贿赂郡国重臣，让他们在朝廷替齐侯说话，使郡国上下都一致认为，只有投降才能有出路。就这样，军事恫吓与金钱贿赂构建的战略措施，迫使郡国国君派出使者来到正操练的军中见齐桓公，商议投降事宜。

周惠王十三年（前664），齐桓公终于占有了郡。

齐桓公很高兴，赞赏管仲说：仲父的谋划是万无一失的。

管仲谦虚地说：那是主公的英明。说着，听到外面有脚步声，便对齐桓公说：大概是燕国有难了。齐桓公不相信地问：仲父真的料事如神吗？

等来人到面前，果然是报告燕国被山戎入侵的事。

八

燕国使者求见齐桓公，告说山戎进犯。

这支山戎系生活在北方的少数民族，也称为北戎、夷戎。《史记·五帝本纪》曰："唐虞以上有山戎、猃狁、荤粥，民于北蛮。"夏称"戎"，商称"奚"，周仍称"戎"。有国为令支（亦称离支）。其国西面是燕国，东南面为齐国、鲁国，令支界于三国之间，善骑马作战，以"射猎禽兽为生"。"随畜牧而转移"的山戎并不把国界当回事，常常因畜牧与生存需要，随意进犯中原国家。为躲避山戎的侵袭，燕国忍痛放弃了经营近三百年的琉璃河国都，迁徙到东南方的临易水附近的雄县、容城一带。善于造车、最早将青铜用于短剑扬威一时的山戎族，并不满足于现有的区域，常常越过燕、蓟，渡过黄河攻打齐国。史载，周平王五十一年（前720）春，戎主动请与鲁会盟，表示友好。"二年春，公会戎于潜，修惠公之好也。戎请盟。公辞。"①周桓王六年（前714），"北戎伐郑，郑伯御之，患戎师，曰：'彼徒我车，惧其侵轶我也。'"②由此可见，山戎的军事、经济力量之强大，英勇善战，称雄中原北也是很自然的事。周桓王姬林十四年（前706），山戎侵犯齐国，齐僖公差点兵败山戎，多亏郑国派太子忽出兵救援，才将其打败。

今山戎趁齐与郜发生摩擦，率万乘骑兵侵扰燕国，切断燕齐通道，迫使已经避其锋芒的燕国再作臣服。情急之中，燕庄公派千里马抄小路向齐国告急。齐桓公令内侍先带燕使到驿站休息。时值管仲小恙（感冒）卧床休息，齐桓公亲自上门，先私问：现燕遭山戎凌辱，可否救之？

管仲回说："山戎有冬葱、戎菽，今伐之，故其物布天下。"③意思是说，山戎民族种植冬葱、戎菽，今去山戎那里掠夺回来，研究广泛种植，让全天下的人都会种植、食用。冬葱即大葱，戎菽是豌豆。其他豆类也称戎菽。

意思很明白。齐桓公心里有了底，立刻召集众臣动议救燕之策。齐桓公上朝途中遇到哀姜的生母、齐襄公诸儿的妾在中门挡住他，诉说家事。这种事，应该是在后宫说的，守殿值日官出于什么原因，将她放入朝议之地，偏偏他不能推辞这位嫂子！好不容易把哀姜母亲打发走，齐桓公这才朝殿上来，那脸上的表情仍然带着"愠怒"！

这满朝文武并不知道中门外的故事，揣摩主子的心情与表情是他们共有的专长。由于齐桓公沉着脸进殿，他的表情误导了走向，导致元老派代表首先反对出兵救燕。

齐桓公冷冷地问：寡人接位初年，你们与高傒天天嚷着出兵，今天怎么啦？

国氏出列陈述理由：齐国曾搞过数次诸侯会盟，燕国从未参加，我们没义务为这个国家劳师远征。其次，跨境远征从无先例，风险极大，胜数几无。

众臣一致支持国氏的意见。连陈完与隰朋都不赞成出兵。

经过吵吵嚷嚷半天的争论，这次朝议的结论是不出兵。

这下齐桓公心里没了底，他是想出兵的，依他以往的脾气，站起来

---

① 见《左传·隐公二年》。
② 见《左传·隐公九年》。
③ 见《管子·内言》。

慷慨激昂一番，武断决定出兵。然而，毕竟是四十八岁的人了，有些沉稳了。见大家都反对，心也沉下来，转而细细一想，大家的反对也许有道理，再说，管仲没来上朝，我何不再去他家中细究一番！

刚刚感冒发过烧的管仲，仍然不能下床迎接齐桓公，齐桓公并不在乎，嘴里喊着仲父，直奔床榻。齐桓公急急把朝议情况告诉管仲。管仲十分诧异，从来朝议没那么一致过！出现这种情况，不能小视。齐桓公问：仲父主张出兵？！管仲说：尊王攘夷的旗号打出了，能不去救援吗？天下怎么看我们。现在的天下，南方的楚狼，北方的戎族，西方的狄族，还有正崛起的秦虎，哪个都对中原的稳定构成威胁。作为盟主，就有责任、有能力保护中原各国的安定。山戎曾构成过对齐的威胁，是郑侯派太子忽救援才免其难。现在燕国有难，理当前往。打败山戎不仅是让燕国感激我们，更重要的是消除中原北方一大心腹之患，真正让诸侯看到我们"尊王攘夷"的作用。

齐桓公：那么如何救援呢？

管仲建议：先争取各国支援，组织联军出征，胜数骤增。

齐桓公立刻派特使飞马驰骋各国，希望各国能够提供兵力支援。没想到的是，无一国愿意随霸主齐桓公去冒此风险，不仅如此，还迅速召回了先前在齐国参加联军的部队。有诸侯甚至回话说，燕庄公与我们从不往来，他的死活我们凭什么要管？另有诸侯告诫齐桓公，戎族不好惹啊！什么山戎、北戎、夷戎，都是野蛮人，生活的地方地理环境凶险，加上剽悍，谁去谁赔上老命……

怎么办？再次朝议，管仲带病上朝慷慨陈词，力主出兵救燕。鲍叔牙、隰朋、宾胥无、东郭牙、甯戚、陈完等主要官员表示支持。国氏、高氏等反对派的态度顿时弱了。朝议通过出兵方案。管仲提出这次出兵与历次不同，这次带着高度的险情，兵员素质也要高！为此，管仲建议齐桓公在玄门外集兵誓盟，昭示天下齐国出兵的理由！

齐桓公问：要不要将讨伐北戎誓言送诸侯各国？

管仲摇头：不必！胜利回来再说吧。

此时的管仲，心里对伐戎的胜数并无把握。但是，平时齐国口口声声"尊王攘夷"，现在北戎侵犯燕国，迫使燕庄公逃难，这种情况下不去救，"尊王攘夷"不成了空话？燕国过去对中原诸侯不亲，那是他的错，但不能因为这一点就不施救。再说，这段时间，管仲观天象注意到燕国方向有乌云时时遮蔽，但很快退去，可见其中玄机蕴含。这玄机在哪儿？他决定抱着一线希望去救燕。只要"尊王攘夷"能够成功，哪怕丢掉自己的生命也在所不惜。这些话，管仲一点也没有透露给小白。他决定代齐桓公出征。没想到齐桓公坚决要亲自率军出征。这么一来，管仲只能随主公出征，王子城父做前锋，隰朋、宾胥无、陈完等随行。国内就留鲍叔牙与甯戚主政，负责粮草供应。齐桓公说：仲父身体欠佳，还是留家里吧，让甯戚随我去。管仲把手一抬，义不容辞地道：此举非小，老夫今年六十六，远征的机会不多了。就按我说的去准备吧。

九

冬日的初阳，依然带着秋天的豪爽，太阳晒在人身上热烈烈的。

齐国国都营丘城北的玄门外，一片空旷的高岗地上，聚集着当时诸侯各国中军事力量最强大的齐师。手持铁精兵器的精锐齐兵每三千人成一方阵，整齐列队六个方阵，呈八卦型排在最前方，紧挨着的是五百乘战骑一队，六个列队。在当时，除北戎外，诸侯各国唯有齐国能有这样一支骑兵。最后是二万辆战车，每辆战车上四名武士，左右两名武士为前锋，后面两名接援，整个战车也排成阵势。另有步卒十万。号称二十万兵力。所有阵队前分别有绣着鹬、雕、鹗、鹰、鸢飞禽中一种的旗帜；每个方阵队伍中又分出不同的五色旗。四架高入半天的鼓塔，每座由六匹战马驭着，鼓塔上各有一名壮士，擂起战鼓，震耳欲聋！

随着擂鼓手点击鼓，整个队伍由原来的面北改成面南。队伍南面正中是座临时搭起的高台，坐南面北。台上齐桓公两边分别站着随他出征的将军们。在齐桓公左侧台前方，祝师开始率领大家祭天。

祝师嘴里念念有词：上天伟大而又辉煌，洞察人间慧目明亮。监察观照天地四方，发现民间疾苦灾情。上天对齐侯说，不要徘徊不要动摇，痛击敌人猖狂侵扰。

齐侯回曰：戎夷国微心大，妄图占我中原不自量。我听命周王，于周惠王十三年率诸侯联军讨伐北戎！勇猛的将士们，用你那些钩援，助你那些车辆,让我们一起攻入戎巢,取下戎贼首级!

伴着震耳欲聋的鼓声,台上台下的将士一起高喊:你看,你听,临阵冲锋的车辆隆隆震动,所向摧枯拉朽,戎夷不堪一击!

……

三鼓过后,军威大振。

祝师唱道:"克明克类。"

十万军人齐声回应:"克长克君。"

祝师唱道:"王比大邦。"

十万军人齐声回应:"克顺克比。"

声音如雷,直冲霄汉。

齐桓公与管仲对视一眼后宣布:出发!

浩浩荡荡的齐师向北进发。

既然打出联军的旗号,必须要有诸侯国参加,至少也要有一两个。单独一个齐国,成何联军?在路过鲁国时,管仲请齐桓公将军队停在齐国境内的堂阜。齐桓公在管仲陪同下前往鲁国会见鲁庄公。齐桓公一出现在鲁境,鲁庄公就出现了。原来鲁庄公早就恭候在路旁。管仲一见阵势,倒是一喜,鲁国如此重视,看来出兵相助的可能性很大了。令人想不到的是,鲁庄公在驿站热情地接待,与齐桓公说的都是身心交瘁的话题。齐桓公不高兴地说:鲁侯,今日我齐师为救燕国,倾全国之力,你应该立刻出兵与我同行,怎么老是说身体不行的话?晦气!

鲁庄公见他这么说,也就不多说了。管仲看出了鲁庄公的心事,暗示齐桓公不必急躁,容鲁侯一些时辰考虑。齐桓公生气地说:考虑?有什么考虑的,你看他才多大?一脸的老气横秋。仲父您已六十六岁,身体也欠佳,却愿意随我去履行天朝的使命。唉!你这叫我怎么说!我的外甥啊,又是我齐室女婿,怎么如此吞吞吐吐?鲁庄公见齐桓公这么说话,也不恼,只说一句,我马上召集朝议,转身就走。齐桓公追问:你还赶回去开?鲁庄公说:就在驿站开,让他们赶过来。齐桓公还想说什么,被管仲拦住了。姬同性格温和内向,特别是哀姜近来的一些事,搅得他身心疲惫。面对齐桓公咄咄逼人的态度,姬同更不敢吐一个字。

鲁庄公连夜在驿站举行了朝议。面对声势浩大的齐军,鲁国的大臣们不像齐桓公与管仲那么看好,一阵叽叽喳喳议论后,文武大臣齐齐朝鲁庄公跪下，异口同声道：师行数千里，入蛮夷之地，必不返矣。

鲁庄公见大家都跪下说话，知道问题严重了，吓得他丢下跪一地的文武大臣，转身就朝外走。倒是太子偃追上鲁庄公，提醒他：你还没说散朝哩。鲁庄公这才想起，对公子偃说：你去走一趟，告诉季友，他已在齐军队伍里了，那就让他替我去伐戎吧。你还要让他告诉吾舅齐侯，就说鲁国之兵久不经战，莫说去与剽悍的戎狄作战，野外捉女奴的劲道都远远不如别国啦！说完，上车先离开了。

齐桓公听到传话，暴跳如雷，恨不能立刻兵伐鲁国。倒是管仲按住了齐桓公，劝道：姬同如此说，必有他的原因。你想，那戎狄是什么兵，燕国又是什么状况？谁都怕去了回不来！何况鲁侯将最小的弟弟季友让我们带上，也行了呀！齐桓公恼道：难怪别人不愿意出兵，连我的外甥都不愿意，那就不指望别人了。仲父，你说一句，这兵还向不向北去？

管仲听齐桓公这么说，倒是一怔，再观齐桓公脸色，一派大义凛然，赶紧挺了挺腰，大声说：夷吾愿随主公前往。

好！齐桓公连鲁庄公给他们准备好的送行宴也干脆不接受了，马上开拔，向北而行。

十

经过长途跋涉，到达燕国边境附近蓟门关，已经是新年。燕国国君燕庄公亲临迎接。齐桓公劈头盖脸问：戎人何在？燕庄公战战兢兢回答：戎人风闻齐师将至，掳些财物与妇女而去了。齐桓公恼道：焉有如此贼人。说着，对王子城父喊道：集合部队，顺北戎逃跑方向追上去！把他们诛尽！燕庄公一听，赶紧说：齐侯，追就不必了。北戎地势险要，到了他们那里，就没我们的优势啦！齐桓公对管仲道：仲父，这次如若不打，我没脸回去面对齐国父老。

燕庄公对管仲作揖道：相国受我一拜。依我看，齐师一来，戎人就吓跑了。既然他们走了，那就算了吧！

二十万兵力就这样白白跑一趟？看着齐桓公的急躁，管仲当然能够理解主公此刻的心境：真正打一仗，让天下看看。管仲想，没打就走，显然不是小白的风格，也不能让天下信服，更不是尊王攘夷的本意！若追入山中，则凶多吉少！怎么办？战争的胜数不完全在事先的谋划，起关键作用的还是战争过程中指挥者的谋略！于是，他走过去对燕庄公说：我主公说了，为彻底消除北戎对中原的威胁，千里伐戎！

燕庄公闻而大惊道：你可知山戎剽悍，丛林险恶，加上戎族战无术循，兵无规依，完全是一群山林野兽，曾有多少英雄葬身这荒山野人之手。你大军一到，山戎闻而遁潜，已是大幸，竟然还想进山与其决战？万万不能啊。若是你齐师败于此，我如何面对世人！说到这里，燕庄公竟然扑通跪下求说：齐侯，咱别冒那险！

齐桓公见状，慌忙上前扶起，更是凛然正气地大喝一声：戎人不灭，誓不为人！

燕庄公听他这么吼，知道齐侯与戎人这一仗是打定了。既然人家为你而来，你也不能朝后缩啊！他赶紧重新打理，向前一步，朝齐桓公与管仲一一拜叩，并真诚地说：既如此，燕军与戎人打过交道，多少知道一些他们的软肋。齐侯一定要打，燕军愿作为前队！万望齐侯准允，不然，姬顺枉为燕侯！要死，让我燕侯走在前面，别让世人笑话于我……

闻此言，管仲内心一阵惊喜：有燕军作为向导，胜数一定会多几成。但他没想到，齐桓公没等燕庄公把话说完，手一挥，慷慨道：燕国久经战火，怎么忍心让你们再为前锋？请君将后军，为寡人壮壮声威。

管仲顿时无语，悄悄退一边，待有时机时再说。果然，午餐后，齐桓公向燕庄公打听敌情，管仲立刻建议，请燕庄公与有关人员参加，对山戎一族的情况作细细分析。齐桓公与燕庄公都表示同意。

敌情分析会上，管仲问燕庄公：昔周武王灭商后曾封山戎无终族首领为子爵，此酋长是否亶父？后人今安在？燕庄公回说：正是。寡人将公室之女婚配其为夫人，这些年，与我们友好相处，这次更没参与掠夺我燕国……

不等燕庄公话说完，齐桓公击掌叫好，并说：可否请无终国随我灭北戎，事成后，将北戎原有地盘分割部分给他们，如此渔利，应该可以。

燕庄公闻而诧然，他过去一直疏于与中原各诸侯国往来，与齐桓公更不谋面，乍一听小白此话，顿时疑惑起来……

管仲明白燕庄公那表情，赶紧替齐桓公解释：燕侯只管去办，我家主公说一不二，难道你不知道"柯邑会盟"？

齐侯在柯邑会盟的大义，震撼华夏，谁人不知啊！燕庄公起身向齐桓公施礼表示歉意，并坐下与管仲认真地商议具体方案。管仲提出派可靠之人前往无终国，与无终侯正式签约订盟。如果燕侯愿意，夷吾可随你前往。

齐桓公自然不能让管仲去，他喊来隰朋，问派谁随燕使去无终国？隰朋想也不想地朝管仲道：相国与主公如果相信下官，下官愿随燕使前往，一定能将此事办好。管仲与齐桓公对视默许，然后问燕庄公意见。燕庄公说：关键是油多不坏菜，利多鬼推车。齐桓公一听，乐了：那就请隰朋将军代寡人与仲父带厚礼去吧。管仲起身说：事不宜迟，说干就干，走漏风声就会坏事。随即安排，隰将军带上数车金帛，派精锐部队随从前往。

燕庄公见状，立刻表示亲自出马。齐桓公还想拦，被管仲用眼神制止。事后，管仲告诉齐桓公：若无燕侯，事定难成，甚至剿戎计划都会落空。

到了无终山下的无终国（今河北玉田西北），关前守兵见是燕庄公，便让他们进入。

见到无终国君，隰朋先献上数车金帛，然后代管仲问候。无终侯想了一阵子，突然提到：这个人是不是几十年前在蔡国待过？隰朋多少知道管仲的事，便说：是的。那时，我家相国与鲍将军曾有"管鲍分金"的美誉流传啊！无终侯说：那时我在蔡国，年少，贩卖兽皮与他相遇过，鲍叔牙为人厚道，倒是管相国精明，那时就看出非一般人。说吧，有什么事要我办，特别是岳丈亲临，我敢不应允吗？

燕庄公见无终侯如此豪爽，也就不客气地把来意一说。趁着无终侯思虑之际，隰朋拿出事先写的契约双手呈给无终侯。无终侯取过，阅后大赞：到底是中原大国，办事就是不一样。好。说着，对旁边一位剽悍武士吩咐：虎儿斑大将，由你率领骑兵两千，随齐侯使唤。

虎儿斑听命而去，两千精锐骑兵迅速集合完毕，随隰朋来到齐侯帐前听命。

齐桓公见无终国君如此慷慨，也不吝啬，当场取出纯金锭，二千精锐骑兵一人一锭。无终国兵何时见到如此沉甸甸的金锭，顿时兴奋无比。虎儿斑主动要求做前锋。齐桓公不说话，管仲准允。有了虎儿斑的骑兵在前，齐国的骑兵随后，轻车熟路，很快就到了古山戎令支（又称离支。今河北迁安西）国境内。令支国守军见无终国将军虎儿斑出现在齐军阵上，十分吃惊，慌忙上报令支侯。令支侯不敢出城迎敌，齐军仍用管仲之法，让全军痛骂令支侯。那令支侯被骂得只好出城相迎，激战数回合，令支侯军不敌，慌忙逃入城里，再也不出来。

令支军不出城，齐军与无终军只能在城外驻扎等待机会。

令支侯得谋师指点，暗遣一支精兵绕到齐军上方将山中水源切断。二十多万人的水源一下子切断。无水之下，人马无以生存。齐桓公问管仲怎么办。

管仲见水源切断，立刻下令寻水源，重赏寻着水源者。同时密召隰朋，告诉他：我带王子城父去探敌城情况，你着精干人员寻找水。水，不能乱找，要动脑筋……

一连三天，水源没找到，原有的水已完全绝尽。怎么办？隰朋琢磨道，儿时，看到蚂蚁搬家，老人便说，这是要下雨了，因为蚂蚁爱在水源近处做窝，水来时，它们又要赶紧躲开。寻找到蚂蚁，一定能寻找到水源。他把这个想法告诉了齐桓公。齐桓公便命令大家搜寻蚁穴，找了半天都没发现。有人泄气，隰朋说，蚂蚁冬天会找暖和的地方居住，蚁巢应该在山的阳面。夏天蚂蚁会找凉的地方，自然会在山的阴面做窝。现在是冬天，应该在向阳处挖。军士顺应隰朋的话去寻找，果然很快找到水！齐桓公闻讯赶到，见一股清泉从地下流过。正值宾胥无在场，令将士们将这泉水盛了一瓢捧给齐桓公。齐桓公尝了一口，大喊此乃寡人平生喝的最清甜的水。齐桓公高兴地夸赞隰朋：隰朋可真是圣人啊！寡人就叫这泉为圣泉吧。这座山就叫龙泉山吧。又命令将水分给士兵们喝。

有水喝的齐军顿时士气高涨。然而粮食又成了问题。

管仲一面假装让宾胥无回去运粮，一面依旧每日命令军士假装到敌军阵前去骂，麻痹敌人。暗中令士兵拿上布袋装满沙土，每人一袋，一边铺路，一边行走，从山间小路硬铺出一条可以行车马的路，来到令支侯所在的城西边。这个地方没有守兵，没有路，尽是林木森森，齐军铺出路，暗中将部队输入，计划五日后突然出击。

令支侯轻信谋士之言，认为齐军缺水、缺粮，很快会撤兵，仍然紧闭城门，每日只是饮酒作乐，等待齐军退兵。五日后，兵源已输入令支侯所在城西。约定时间一到，正面的管仲发出进攻命令，而城西的虎儿斑与齐军五千骑兵从天而降出现在令支侯面前。令支侯正在熟睡中，听到杀声，翻身上马迎敌。早先混入城中的细作打开了城门，管仲随齐桓公率兵乘一拥而入。令支侯首尾不相接，不敢恋战，仓皇出逃。

宾胥无见令支侯逃走，赶紧率军追赶，追了一阵子，见山路崎岖，怕中埋伏，只好返回，将令支侯逃走的消息报告齐桓公。

齐军进了令支都城。令支侯来不及带走马匹武器、牛羊帐幕之类，齐桓公下令全部给了虎儿斑，将被山戎夺去的燕国人口全部交给燕庄公，燕庄公派人将他们送回国内。所得金银财宝不计其数，齐桓公用于兑现事先与燕庄公和无终侯的承诺。剩下的赏赐将士。管仲建议改变胜利后准允士兵掠抢的恶习，严禁无故杀害普通山戎民众、抢夺民众财产，确保该地的稳定，同时也要求随行的虎儿斑下令无终国军照样执行。令支国的民众，本来惶惶不安，见齐军进城并未滥杀无辜，军队威严整肃，知道遇上了仁义之师，纷纷相互告知，个个贡献食物，表示愿意从此归顺齐国。

齐桓公召集降卒询问：你们国主这次逃走，会去哪一国？

降卒们回答：我国与觚竹国（今河北卢龙南）是邻居，一向和睦。贵军来后，曾闻国君向觚竹国请求救援，想来一定是投奔觚竹国去了。

管仲事先已经对觚竹国的地理环境、国家大小、强弱等具体情况作了很细的调查①。现在从降卒们嘴中精确知道，觚竹虽然只距此百十里，却有崇山峻岭相隔，难若上青天。齐桓公问管仲有什么想法。管仲脑子一转问燕庄公：您是否应该回去了？国不可一日无主，况且你出来已经数月。虎儿斑却抢先回答：燕侯刚刚与我说过，我们要等齐师凯旋才分开，望齐侯准允。管仲见他们这么说，心里便又踏实了许多，对大家说：这个觚竹国，与令支他们不同，也与你虎儿斑的无终国不同。他是商汤时的封国，国郡墨胎氏，说起来与齐国同出于姜姓。商末其君有二人，伯夷、叔齐逊让君位，奔周，路遇武王伐纣，叩马进谏。商亡后，两人不食周粟而饿死于首阳山。觚竹乃是山戎国中的大国，从商朝开始便建有都城，难攻易守！去那儿山高路陡，很难行走，没有熟人引路，很难到达。

---

① 据《文物》1973 年第三期唐兰文称：从河北省卢龙至辽宁省喀左，均为古觚竹国范围。

这时，正遇上国内鲍叔牙派遣千夫长高黑运五十车粮食到达。这高黑原系北戎族人，得罪了酋长，潜逃离开戎族，被鲍叔牙收留，降了齐军。他的到来，令管仲振奋，他与齐桓公建议，从新降人员中挑精干若干人，由高黑带领交给虎儿斑，令他们率这支精兵探寻前往觚竹城的路。燕庄公感觉此战太艰难，建议放弃。管仲告诉他，觚竹国敢收留令支侯，便是与中原为敌，齐军走后，他们定会再来进犯你燕国，后患无穷。齐桓公高喊：值此机会彻底将其打败，使山戎无进攻中原的念想。

齐军从周惠王十三年（前664）冬出兵，到眼下，已是十四年（前663）夏。根据高黑提供的情况，如果抄近路，必须通过太行与卑耳山（今山西平陆西北）之间的一条小溪。如今正值夏季，山中虽险，但凉爽可行，只是车马难过……

好办！齐桓公即令虎儿斑率队先行探路。管仲提出自己与隰朋先行去看看，虎儿斑做护卫。这一行人，长途跋涉，进入山中，很快到了那个峡谷地带，果然是山险溪急，路狭人车难行。虎儿斑问：是否继续前行？管仲说：这种地方只能过人，车马无论如何无法通过。回去商量后再说吧。

在商量时，齐桓公坚持一定要讨伐觚竹国。管仲见状也表示，车到山前再说吧。齐桓公笑道：仲父总是支持我，此行也一定能成。

选择一个好的日子，齐桓公与管仲带上五千骑兵及数万战车、步卒，开始朝卑耳山进发。朝里走，越深越难行，有时几乎没路可行，人尚勉强可行，战车就完全不行了。于是有人建议弃了战车，改为人行。管仲不许。他说：山戎桀骜难驯，不用战车，很难使他们驯服。为了鼓舞士气，管仲又一次发挥了音乐家的作用，现编现唱，并教会士兵唱歌。上山时，士兵们唱着《上山歌》：

> 山路弯弯啊道路崎岖，
> 茅草拦路啊顽石塞天。
> 白云薄薄啊白日生寒，
> 我驱战车啊攀登险远。
> 俞儿指路啊风儿助，
> 如飞鸟啊生双翼，
> 翻越千山啊不畏难。

下山时唱着《下山歌》：

> 上山艰难啊下山易，
> 车轮滚滚啊马蹄疾。
> 车声隆隆啊人欢喜，
> 车轮转转啊顷刻到平地。
> 直捣戎巢啊消灭敌寇，
> 立功觚竹啊万世铭记。

在歌声中士兵们顿时精神抖擞，行进速度加快。齐桓公叹道：寡人今日才知道歌声原来还有这种作用！

管仲说：昔日臣被押上囚车，为了让士兵加快速度，臣曾作《黄鹄之歌》，摆脱了鲁国追兵。人身体疲倦，但唱歌却可使人精神愉悦，忘记身体的劳累，所以能够保持快速行军。

齐桓公赞道：仲父通达人情世故，可谓圣人啊！

大部队行至离卑耳溪十里的地方，齐桓公突然停止前行。他瞪眼直视前方，接着拿起弓箭准备射击，但拉开弓却迟迟不敢放箭，并对身边的人说：你们看到前面的人了吗？

随从们说：没人啊，这个地方除了我们，还能有谁？

齐桓公放下手里的弓箭，叹道：看来，没有成功的希望了。

正好管仲赶过来，问他看到了什么。

齐桓公说：我刚才明明看到了一个长一尺的人，戴帽子，还用右手撩起衣裳，跑在马前，很快啊！世上哪有这样的人呢？这分明是暗示我赶快离开，我们的这次行动，怕是不利，没有胜数啦！

管仲听罢告诉他：这是山神俞儿来给我们做向导啦！主公称霸事业兴起，山神来相助，好事也！俞儿在前面跑，表示前面有路；他撩起衣裳，表示前面有水。右手撩衣，那是让我们从右边过水。

到了卑耳溪前，高黑带原先住在这山里的人过来告诉齐桓公，军队与战车过溪要特别小心，只能从右看似深的水里过，其实那水是浅的，而深的在左边……

齐桓公在马上朝管仲拜谢：仲父又一次救了我们啊！

过了宽溪，很快进入了谷中溪涧地带。这段路更险，马只能单只通过，车就无法可行。怎么办？管仲打量了山涧的藤条，亲自动手，用藤条做绳索，将车用藤条绳索吊起从树枝上晃荡前行，马驮减负，人肩扛货。就这样，整整三个月，五千骑兵数万步卒安全通过卑耳山溪地带。《史记·齐世家》上说："束马悬车，登太行，至卑耳山而还。"

出了卑耳山，隰朋按管仲的话，寻一隐蔽处休整三天，派出细作，了解情况，准备出击。

闻齐军来伐，觚竹国忙召集部下计策。大将黄花说：齐国敢冒如此风险来进攻我国，那都是因为令支侯乱搅燕国造成。如果我们与齐相战，败了，国将不存。与其如此，不如将令支侯杀了，与齐国讲和。

觚竹侯为难道：哪有人家兵败来求你，你杀他的道理。

这时，另一位大臣献计道：我国北部旱海，人称迷谷，一望无际的沙漠。人死后，尸体都会丢在那儿，白骨堆山，阴森恐怖，让人毛骨悚然。刮风时，飞沙走石，人马都站不起来，很难辨认方向。人若进入此地，很难走出，更有猛兽出入，活命通过的很少。我们不如派人去齐军诈降，将他们骗到旱海，令他们有进难出。

觚竹侯问：谁愿意去？

大将黄花主动要求担当此任。

三天后，齐桓公整顿好队伍，迅速进军抵达觚竹都城无棣（今河北卢龙南）。刚刚安营扎寨，寨前军士报告，有个叫黄花的人前来投诚。

齐桓公令召见黄花。那黄花果然带着令支侯的头颅。齐侯让见过令支侯的虎儿斑等验明确系令支侯首级，问他何故这么做。

黄花对齐桓公说：我久闻中原齐侯威名，知道我等不是贵军对手，曾劝我主投降，但我主不听，现在已从沙漠逃走，向他国借兵。臣只好杀了令支侯，请求投降，并愿意带您去追我主。

一堂之上，齐桓公与管仲，还有燕庄公与虎儿斑，大家见令支侯头颅，谁能不信？齐桓公要求黄花带兵进入无棣城，经过一番搜索，果然没找到觚竹侯。

管仲紧皱眉头，总感觉有些不对。偏偏齐桓公不容多言，再三表示快刀斩乱麻，速速擒拿觚竹侯，以绝后患。加之黄花一边怂恿，管仲只得顺从，但私下与王子城父、隰朋等交代，处处小心。又让陈完、季友与自己寸步不离，防止不测。

齐桓公决定让燕庄公带着燕军留守无棣城，亲率大军，由黄花带路追剿觚竹侯。

黄花见齐军相信自己，坚信齐军进入沙漠必死，暗中遣人先去向觚竹侯报喜，这边带齐军疾速向沙漠前去。黄花没想到，他派出的细作，离开队伍后即被暗中紧盯着黄花动向的管仲捉住。经过审讯，截获了黄花的密谋。管仲迅速前来找齐桓公，这时的齐桓公已进入沙漠。再找黄花，黄花已不知去向。大家深感不妙，朝前看去，那是一望无际的沙漠，茫茫黄沙，千重惨雾，寒气逼人，毛骨皆悚；狂飙刮地，人马俱惊；军马多人中恶而倒地。

管仲警觉地告诉齐桓公：主公，臣听说有个地方叫旱海，人称鬼泣谷，会不会就是这儿啊？我们不可乱走，否则，后果难料。

于是，齐桓公赶紧命令士兵后退。管仲掩护齐桓公后撤，领着将士唱歌壮胆——

岂曰无衣？七兮。不如子之衣，安且吉兮。
岂曰无衣？六兮。不如子之衣，安且燠兮。

（《诗经·唐风·无衣》）

终于看到一弯新月。然而，此时，前后军也失去了联系。齐桓公按照管仲的主意，让士兵们敲起战鼓，一来避免野鬼靠近，同时让失散的士兵能闻讯找到队伍。果然，走散的士兵听到鼓声，找到了队伍。此时已进入深秋，士兵们在夜里冷得发抖。天明，盘点人数，齐军损失严重，连隰朋也不知去了那里。大家再商量如何寻找原路返回，细看，吓得没人能说出话来。白天飞沙走石，夜晚寒风刺骨，人站在那里，根本辨别不出东南西北。

齐桓公叹道：英雄一生，想不到竟然在此了结，真是悲惨啊！

就在这时，一声战马的嘶鸣让管仲振奋起来，他想起，狗无论走多远，都会找到回家的路，战马会不会也能找到家呢？于是，他让部下将虎儿斑军中的老马一一挑出，由它们自由自在地走在前面，这些老马不再随着队伍慢腾腾走，而是扬着轻松的步伐，张开四蹄，朝前面疾走。大家随后跟着，七拐八拐，数天后，终于走出了这一望无际的大沙漠。

走出大沙漠，所有人都松口气。齐桓公下令好好休整。休整后，又前行了数日，意外地遇到了失去联系的隰朋。

那黄花将齐桓公骗到沙漠后，迅速与觚竹侯会合。两人见面，黄花问觚竹侯：怎么没先赶走燕军？觚竹侯说：我没接到你的消息啊，我还在纳闷，你说派人送信于我，咋没呢？黄花喊声糟糕，没准被齐军截获了，我们赶快夺回都城要紧。于是觚竹侯与黄花率将士杀回都城。此时在觚竹都城镇守的燕庄公兵力少，几乎没抵抗便被迫撤出城去。

觚竹侯又占领了都城。

管仲听到这个消息，心生一计，令虎儿斑、高黑等人带队扮成觚竹民众，混进城去，约好夜半时分动手。这天深夜，觚竹侯尚在睡梦中，听到炮声，急忙派人打听。这时，黄花闯进来说：齐军已走出沙漠，现杀入城中，我主快走，不然来不及了。

觚竹侯大惊，事到如今只好逃命。他们刚刚跑出宫，便被齐军团团围住。黄花力战而死，觚竹侯被活捉，将其押赴刑场处决时，管仲领全军唱歌——

> 六月栖栖，戎车既饬。
> 四牡骙骙，载是常服。

（《诗经·小雅·六月》）

将士应唱——

> 我服既成，于三十里。
> 王于出征，以佐天子。

（《诗经·小雅·六月》）

齐桓公命令将觚竹侯头颅挂在寨门之上，警示戎族不可侵犯中原。同时安抚觚竹民众。戎族其他酋长得知齐桓公灭了令支、觚竹，个个惧怕，纷纷主动遣使求和。管仲建议在燕国与所有戎酋会盟，签订和睦协议。

讨伐北戎一战，从冬天出发，到第二年冬天返回，整整一年。临别前，齐桓公将讨伐山戎所得的土地全部给了燕国。燕庄公说：我赖神灵保佑，才有您齐侯恩泽，保住了这块地方，不敢再贪图其他土地。

齐桓公说：虽然齐国强大，但也不能跨国界长期拥有令支、觚竹这块土地。如果不管好这片土地，今后恐怕还会让戎族占有。给你，是希望你今后安抚民众，重修召公（燕国系召公奭封地）之政。

燕庄公非常感动，于是亲自送齐桓公，走了一程又一程，不知不觉中，已走过了齐国边境五里。当发现时，燕庄公十分尴尬。齐桓公却说：自古诸侯相送不能出境，寡人不能无礼于燕。于是命令将燕庄公走过的地方割让给燕国。燕庄公再三推辞不掉，只好收下，令此地建立城墙，取名为"燕留"。齐侯向他提出"纳贡于周如成、康之时"①。燕庄公得到了令支、觚竹五百里土地，因祸得福，遂成大国。

这次齐军千里孤军救燕对诸侯各国震动很大，特别是对齐桓公大胜不图报酬，更为佩服。

鲁庄公得悉后，对没跟随齐桓公救燕深表惭愧，亲自在鲁国境内济水边上迎接齐桓公，祝贺他大胜而归。齐桓公心中不悦。管仲劝道：主公，鲁国既然来祝贺，我们不如分给他些俘虏。于是齐桓公与鲁庄公以礼相见，将一些俘虏送给了鲁庄公。管仲私下对季友交代：你大哥脸色不好，速回他身边，遇事可多与我联系。

季友回到鲁庄公身边，鲁庄公与小弟私下述话，知道其长进很大，对管仲十分感激，闻管仲有采邑，名曰小穀，与鲁国相连，于是征丁夫代为筑城，以悦管仲。

民众关心的则是另外的事了，诗曰：

采薇采薇，薇亦作止。
曰归曰归，岁亦莫止。
靡室靡家，玁狁之故。
不遑启居，玁狁之故。

----

① 见《史记·齐世家》。

采薇采薇，薇亦柔止。
曰归曰归，心亦忧止。
忧心烈烈，载饥载渴。
我戍未定，靡使归聘。

采薇采薇，薇亦刚止。
曰归曰归，岁亦阳止。
王事靡盬，不遑启处。
忧心孔疚，我行不来。

彼尔维何？维常之华。
彼路斯何？君子之车。
戎车既驾，四牡业业。
岂敢定居，一月三捷。

驾彼四牡，四牡骙骙。
君子所依，小人所腓。
四牡翼翼，象弭鱼服。
岂不日戒，玁狁孔棘。

昔我往矣，杨柳依依。
今我来思，雨雪霏霏。
行道迟迟，载渴载饥。
我心伤悲，莫知我哀。

（《诗经·小雅·采薇》）

第十六章

安鲁抑楚救卫邢

一

如果我们对齐桓公二十年到三十年（前666—656）这十年间的"尊王攘夷"事件作分析，就可以看出，管仲辅助齐桓公实施"尊王攘夷"基本上是"安诸夏而攘夷狄"。"攘夷"是对中原华夏以外的异族、敌对的外邦，没有讨价还价余地，坚决使用武力镇压，史称"管仲攘夷狄、伐山戎，不惜余力"。齐桓公二十二年（前664）冬以一国之力伐山戎救燕的五年以后，狄人灭卫，齐救卫；两次救邢；二十八年（前658）率联军伐狄。特别是齐桓公伐戎深入异族腹地的艰辛，令中原诚服。

"尊王"则是"安夏"，管仲的政策是，只要你承认周王朝、尊重周天子，什么都好说，能不用武力的，尽量不用。自管仲始，数千年来，中华民族一直沿用着管仲的这一政策解决内部矛盾。

自从周惠王十三年（前664），齐桓公受周天子姬阆之令问罪卫懿公，是典型的管仲式"安夏"；晋国、鲁国的内乱，管仲依然采取"安夏"。晋国的内乱，我们已经知道了一些，鲁国的祸又是什么呢？这就是历史上最为著名的"庆父不死，鲁难难已"！

前面说到鲁庄公迫于母亲文姜的压力失信于孟任、娶诸儿的女儿哀姜为夫人，当时哀姜还刚刚出生，文姜硬是逼迫姬同将夫人之位空缺近二十年，等哀姜到位。偏偏哀姜到位后久而无子，哀姜又将妹妹叔姜嫁过来，叔姜争气，生子曰启。前面孟任已有儿子般及妾成风的儿子申。叔姜之子排位第三。成风私下将儿子申托付于季友，请他谋划立为嗣。季友告诚她，公子般年长，废般立申，不可。成风密告季友，哀姜虽然被文姜强行封为夫人，主公姬同心里却时时念着她是杀父仇家之女，并不真爱。接着，成风又端出了哀姜与叔牙、庆父三人一起淫乱之事。季友闻而告诚成风，后宫故事不要介入，无事尚能祸及，何况你主动去沾？身在帝王家，要有平常心。

季友在齐时，已将哀姜的故事说与管仲听，希望有谋略应对。管仲告诉他，诸儿与文姜的故事必会在哀姜与庆父身上重演，好比人身上的痈疽，只有它发出来后，你才能治，想在它刚刚有时就治，效果一定不好。

魁伟轩昂的庆父与哀姜私通的事，姬同的二弟叔牙知道后，不但不阻止，反而结为一党，三人常常同室共淫，并相约日后扶庆父为国君。庆父表示我做国君，你叔牙为相。

周惠王十四年（前663），一冬无雨，鲁国举行雩祭祈祷。前一日，朝廷决定演乐于大夫梁氏家堂庭。公子般受父亲的委托去赏乐。般与梁女早有私情，亦相约为夫人之盟。梁女闻公子般来，便用梯子爬到墙上观演乐。正巧养马官圉人荦从墙外路过，看到梁女姿色，便用语挑逗，梁女不理。圉人荦素有绝技，曾登稷门城楼，飞身而下，及地，复踊身一跃，遂手攀楼屋之角，以手撼之，楼俱震动。此时，他大声唱歌勾引梁女，投情甚重，忘乎所以。正在观雩的公子般闻歌声出看，见是圉人荦，顿时大怒，命左右擒下，鞭之三百，血流满地。荦再三哀求，才放过他。回到宫中，公子般把这件事告诉了父亲姬同。鲁庄公说：荦敢戏梁女，实属无礼，应该诛灭，而不可鞭！荦之勇捷，天下无比，鞭之，必怀恨于汝矣。

鲁庄公劝公子般杀掉荦，以除后患。公子般却认为匹夫之勇，无有可虑！

翌年秋天。鲁庄公病重，担心庆父谋乱，故意先召二弟叔牙，问他对身后之事的看法。叔牙盛赞庆父的才能，并再三表示，如果庆父主事鲁国，社稷有赖。兄事弟及，正常也。叔牙走后，姬同立刻召来季友，问他的态度。季友劝道：主公与孟任有盟，你没有实践诺言，还让孟任后宫二十年没名分，大嫂任劳任怨，死后以妾身份入土。亏其母，还能再废其子吗？天下如何看待您啊！姬同问：你三哥叔牙劝寡人立庆父，你看如何？季友说：庆父残忍无亲，不适合作为人君。叔牙这样做，完全是私念作怪，不可听之，臣当以死奉般。

姬同点头，想说话，已经说不出话来。季友见状，急命内侍传鲁庄公口语，请叔牙到大夫针季家等待姬同的圣旨。叔牙并不知道内情，以为是真有密旨，兴冲冲前往针氏府上。季友事先安排好鸩酒一瓶，并遣书一封，让大夫针季制叔牙于死地。叔牙到针氏府上后，并不见姬同，只有季友。季友告诉他：姬同有书信给你，自己看吧。叔牙不知是计，接过便读。读一半，读不下去，欲跑，但左右紧紧看住他。他只好问季友真相。季友说：你要是把它喝了，你的后代还能替你祭奠。你要是不喝，连后代都没了。

《东周列国志》上说："君有命，赐公子死，公子饮此而死，子孙世不失其位，不然，族且灭矣！"

叔牙想抗命，针氏命左右将他擒住，提着他的耳朵将鸩酒灌下去，须臾，七窍流血而死。

这天傍晚，姬同薨。季友奉公子般主丧，谕国人以明年改元。参加丧礼的庆父憎恨季友，紧握双拳，时时欲将季友与公子般撕为两爿，苦于公子般守备皆严，无从下手。

两个月后的十月，公子般得悉外公党大夫去世，便去奔丧。庆父知道后，密召圉人荦挑唆：你还记得鞭背之仇吗？现在是蛟龙离水，匹夫可制。你只有这唯一的一次机会！圉人荦跳起来，大叫此仇必报，遂提利刃，乘月黑风高，来到党大夫家外墙下，已是三更，翻墙而入，伏在户外。潜伏到天亮，小厮开门取洗脸水的时候，圉人荦闪了进去。

公子般正穿鞋，突然看圉人荦出现，大吃一惊，疾呼：你怎么在这里？

圉人荦：来报去年之仇。

公子般急取床头之剑，照着圉人荦脑袋就是一剑，劈中额头脑门，鲜血顿时喷泉一样迸出！圉人荦全然不顾，左手挡剑，右手握利刃，扑身而上，对公子般胸胁腹部一顿乱捅，公子般当场身亡。内侍惊报党氏，党氏家众操兵器一起上，荦因脑破不能战，被众人乱斫为泥。

季友听说公子般的死讯，知道是庆父所为，鲁国不能留，便去陈国避难。庆父见圉人荦已死，将一切罪过归于圉人荦。哀姜此时冠冕堂皇提出庆父登基。庆父摇头道：还有两个公子在，不把他们杀绝，此事都不能做。哀姜问：那你准备立申吗？庆父说：申年长懂事了，难以掌控，不如立启，启亦为你妹之子嘛。哀姜赞成。庆父随即为公子般发丧，假讣告为名，亲自到齐国，先纳贿竖貂等人，然后见齐桓公说公子般事。齐桓公听说立公子启为君，倒也高兴，不再细究。

管仲闻后，知道此事不那么简单，暗使在鲁国的细作，做如此这般安排。

果然，年仅八岁的启脑子不差，内畏哀姜，外畏庆父，思忖这国君之位朝夕不保，借机会说是看望舅舅，让人与齐桓公相约在落姑（今山东平阴境内）会面。两人一见面，启便起身相迎，于过道上，暗牵舅舅衣裳，边走边密诉庆父与哀姜内乱之事，说着，泪流不止。齐桓公大惊，低语问：今者鲁大夫谁最贤？启说：季友最贤，今避难于陈国。齐桓公问：何不召而复之？启说：恐庆父见疑。齐桓公恼道：你就说是我的意思，谁敢违之？

启以齐桓公之名派人去陈国将季友喊到鲁国近郊的郎（今山东兖州西北），自己则在那里等着。季友一到，启便邀季友同乘一车回到京城，宣布齐侯舅舅的意思，命季友任相国。庆父恨季友，但也无奈于小白，只能暗中着急。

管仲一日对齐桓公说：是否派个人去鲁国看看啊？齐桓公也正想庆父的事，见管仲问，便问：派谁去合适？管仲说：让仲孙（复姓，名湫）去吧。

仲孙湫见到启，启流涕不能成语。仲孙湫大惊，复去看公子申。公子申与仲孙湫谈论鲁国国事，申说得很有条理。仲孙湫觉得他可以治国，嘱咐季友好好关照他。说到早早除掉庆父这件事，季友伸出一掌半空中击了一下。仲孙湫明白：孤掌难鸣，仅靠鲁国的力量无法办到。庆父这时带着重金来看望仲孙湫。仲孙湫当然明白庆父的意思，善言劝庆父，如果公子能忠于社稷，你的国君也能受惠不少，为何仅给我重金呢？坚决推辞不接受。庆父诚惶诚恐地离开了。仲孙湫回国先见了管仲，然后去见齐桓公，并告诉他：不除掉庆父，鲁国的内乱就不能平息。

齐桓公说：我一会儿与仲父商量出兵除庆父。仲孙湫觉得不妥，回说：相国曾有话，多行不义，必自毙。臣以为其凶恶未彰，讨伐无名。接着又说：相国嘱臣细察庆父事，并告诉臣，庆父不安于为下，必复有变。乘其变而诛之，此伯王之业也。

齐桓公点点头：那就听仲父的吧。

鲁闵公二年（前660）的某天，守门报说：大夫卜齿奇来访。庆父将他迎进书房，还未坐下，怒气冲冲的卜齿奇诉说：我有块田地与太傅慎不害田庄相近，被慎不害强行夺去。我去告诉主公，没想到主公偏护师傅，反劝我让着。这种事我能让吗？特来投公子，求您在主公面前说说。庆父屏去身边人，对他说：主公年幼无知，说了他也不会听。你如果能行大事，我为你把慎不害杀掉如何？卜齿奇想了想说：季友在，怕不那么好做。庆父提醒他：主公有童心，常常夜出武闱，游行街市，找个人潜伏在武闱，候其出来行刺灭之，就说是盗贼。我借以国母之命，代立为君，逐季友如反掌耳。卜齿奇答应，私下找到一勇士秋亚，让他身怀匕首，暗伏武闱。果然，鲁闵公启夜晚外出，秋亚从暗处跃出，刺死启。卫士上前擒住秋亚。事先埋伏在一边的卜齿奇领着家丁抢夺秋亚而去。知道事成的庆父将慎不害一家诛灭。

季友闻此消息，连夜叩开公子申的家门，告诉他庆父之乱，两人立刻奔邾国避难。

第二天，民众得知鲁侯被杀，相国出奔，举国震怒，从恨卜齿奇而迁怒庆父。暗藏于鲁的齐国细作依事先管仲的安排，煽风点火，造就京城罢市。一聚千人，先围卜齿奇之家，满门遭戮，随即攻打庆父家。庆父见人心不附，寻思道：当年齐侯曾借莒国的力量得以复国。齐、莒有恩，我是文姜的儿子，母亲原有莒氏一脉交情；今夫人姜氏，也是文姜的侄女，此因缘之下，凡事可托嘛。遂微服扮作商人，出奔莒国。

哀姜得知庆父奔莒而去，便也想到莒国躲避。左右相劝：夫人因为庆父的事得罪国人，庆父今在莒国，您再去，莒国能相容您吗？季友为人厚道，现在在邾国，夫人不如去邾国，求得季友的原谅，还能是一条出路。哀姜觉得有理，便去邾国，求见季友。季友闻哀姜到，拒绝不见，随即与申赶回鲁国，同时着人快马向齐侯求援。

齐桓公得悉问管仲：鲁国这样乱下去，不是个事，干脆将其吞并算了。

管仲：鲁国不抛弃周礼，我们就不能动它。夷吾认为，眼下主公着手要做的事是安定鲁国的祸难并亲近他们。亲近有礼仪的国家，依靠稳定坚固的国家，离间内部涣散的国家，灭亡昏暗动乱的国家，这是"尊王攘夷"中对待中原国家的原则。鲁国是最讲究周礼的国家，虽然遭受庆父的弑乱，那也只是一时的事，人心未忘周公，仍然是值得亲近的国家，是可以依靠的稳定坚固的国家。我听说公子申明习国事，季友有戡乱之才，他们必能安集众庶，不如观看着再说。

齐桓公：仲父所言是也。

管仲命甯戚率南阳甲士三千人前往鲁国。行前，管仲叮嘱甯戚相机而动，公子申如果堪主社稷，即当扶立为君，以修邻好。不然，便可并兼其地。

甯戚领命而行，刚入鲁境，恰遇公子申、季友也到了，大家路边相见。甯戚见公子申相貌端庄，谈吐有条理，心中顿时便认可十分，遂与季友私下商量，拥立公子申为君，并报齐侯与管仲知道。进入都城，令三千甲士重新修缮鹿门之城，防止可能来自邾、莒的变化。季友谋略颇好，他让公子奚斯随甯戚到齐国谢齐侯定国之功，同时派人去莒国，假手莒侯戮灭庆父，行前季友交代莒侯好赂，多带黄金以重贿。这一着很灵。当初庆父奔莒载鲁国宝器献给莒侯，庆父得以住下；现在季友派人来，依旧重贿，莒侯贪纳，嫌赂少，使臣表示，事成后一定再补黄金百斤。莒侯心花怒放，立刻让人告诉庆父说，莒国褊小，很害怕惹起兵事，还是请公子改奔他国为妥。庆父犹豫不决，莒侯见状下令驱逐。庆父思虑再三，想到齐国的竖貂曾受到他的好处，齐侯乃自家舅舅，随即奔齐国。到了齐国，疆吏报告隰朋。隰朋不作定夺。疆吏素知庆父之恶，见隰朋不明确态度，也不敢擅自接受，但又知道庆父乃齐侯外甥，又不能逐之，便让庆父临时先住在汶水的驿站。

事总有凑巧。公子奚斯谢齐侯后还国路过汶水驿站，见到庆父。奚斯厚道，看庆父流亡无处去，想将他带回国。庆父倒是说了句实话：你先去问问季友，关键是他能不能容我，还请子鱼（奚斯的名字）能为我说句话，请季友看血脉相存分上，乞留性命，甘愿长期做个平民。奚斯回到鲁国复命，并将庆父的话代为传达。鲁侯姬申点点头，正想说话，季友抢过话头大声道：弑君者不诛，何以戒后人？姬申见季友如此说，只好作罢。

季友私下对奚斯说：你去告诉他，庆父愿意自己了结，我会考虑让他儿子活着。后面的话，便不再多言。奚斯领命，再往汶上，想把季友的话告诉庆父，难以启齿，忍不住立于门外号啕大哭。庆父闻其声，知是奚斯，叹道：子鱼不入见而哭声甚哀，是他们不愿意放过我啊。乃解带自缢于树而死。奚斯入内亲自殓看，复报鲁僖公姬申。

姬申叹息不已，看季友在一边，又不能多说，倒是季友说：令人好好安葬。这时，细作快马飞报：莒侯派他的弟弟赢拿，领兵临境，说是知道庆父已死，是我莒侯之功，应当把当时承诺的黄金百斤给我们，特来索谢。

季友问：你们没把庆父擒来，来拿什么黄金？便向鲁僖公请求率师迎敌，姬申解下所佩宝刀相赠说：此刀名曰"孟劳"，长不满尺，锋利无比，叔父宝之。

季友将宝刀悬于腰胯之间，谢恩而出。行至郦邑，莒公子赢拿已列阵等候。季友想到管仲在他离别前的教诲：凡事，能用谋而不动力，则以谋为上！战不以勇图先，而以略胜一筹为高。又私下思虑：鲁新立君，国事未定，若战而不胜，人心动摇矣，莒侯与赢拿均是贪而无谋之人，吾当以计取之。想到这里，乃出阵前，抱拳致礼说：请赢拿当面说话如何？

赢拿来到阵前。季友说：我二人的事，士卒有什么罪过？我久闻公子多力善搏，能否各释器械，徒手赌一雌雄，何如？赢拿点头称甚善。两人说好，让各自军士退后百尺，就在战场中央的空地上，两人一来一往，斗攻各无破绽。约斗到五十余回合时，季友很喜爱的八岁儿子行父，这时也在一旁观斗，见父亲不能取胜，连连喊："孟劳"何在？

季友闻之，忽然醒悟，故意卖个破绽，让赢拿赶入一步，季友略一转身，于腰间拔出"孟劳"，回手一挥，连眉带额削去赢拿天灵盖半边，刃无血痕，可见真宝刀也！

莒军见主将被劈倒，不待交锋各自逃命，季友全胜，凯歌还朝。

鲁僖公亲自在郊外迎接季友，并敬立季友为上相，赐费邑为之采地。季友奏谢道：臣与庆父、叔牙都是桓公的儿子，臣以社稷之故，鸩叔牙，缢庆父，大义灭亲，诚非得已，今二子俱绝后，而臣独享荣爵，受大邑，臣日后何颜见桓公于地下？

鲁僖公：二子造逆，还能说什么呢？

季友：他们有叛逆之心，但没有形成真实后患。再说，他们都不是死于刀锯之戮，还是应该表示我们的亲善才是。

鲁僖公闻而应诺，让公孙敖继庆父香火，是为孟孙氏。庆父字仲，后人以字为氏，本曰仲孙，因讳庆父之恶，改为孟也。孟孙氏食采于成邑。公孙兹继叔牙香火，是为叔孙氏，食采于郈邑。季友食采于费，加封以汶水北的田地，是为季孙氏。于是季、孟、叔三家，鼎足而立，并执鲁政，谓之"三桓"。

倒是不能不提哀姜。哀姜在邾国碰了季友的一鼻子灰，邾国不予留哀姜，但也没赶她走。

这天下午，齐桓公约管仲下棋。棋下一半，小白忽然想到了哀姜的事，问管仲：仲父以为文姜的故事还会再继吗？

管仲明白他问话的意思，也就不客气地说了一句：如果你想少烦神，让鲁国真正地安宁，应该将这条祸链斩断！

齐桓公把棋子顺手一扫，站起来说：她们让齐鲁两国的国君都烦透了，那就让她们从我这里划个圈、了结掉吧！说完，离开了，把管仲一个人晾在那里。管仲并不恼，微笑着起身来到相国府，吩咐陈完派人去做赴邾国的准备。果然，半个时辰后，齐桓公让内侍前来找陈完，令他代表齐侯去邾国将哀姜领回国。

已经被季友拒绝的哀姜，知道庆父死讯后，明白大势已去，只能听命齐侯叔叔的话，乖乖回齐国。到了齐国，她还想着叔叔小白会接见她，骂她一顿，然后让她住入深宫，消失于世人的视野。谁知她被送到守寡的母亲身边匆匆见面。母女俩见面，连拥抱都没有，母亲丢给她一条三尺长的白绫，哭着转身而去，一句话也没留。哀姜明白，自己作孽自己受，默默将白绫甩到梁上，打了个结，将那白绫套在自己的脖子上……

还是陈完，负责将哀姜装入棺材，在无雪的傍晚送到了齐鲁交界处，那里早早就站着一行人，他们是季友派来接收哀姜遗体的。这也是管仲事先的安排，他要季友善待这位不守妇道的嫂子。季友按管仲所嘱，以夫人的名义给哀姜入殓下葬。

鲁事完全圆满地"安"置了，不再留有后患，齐桓公非常满意。管仲放下了"鲁"事，开始愁"晋"，他担心着齐姬的儿子申生的命运。

二

骊姬买通晋献公身边的梁五和东关五，让他们向晋献公进言：曲沃，是您的宗庙所在；蒲和南屈、北屈，都是您的边疆要地，不能没人主管。宗庙所在没人主管，民众就没有畏惧心理；边疆要地没人主管，就会引发戎狄的侵略野心。戎狄产生野心，民众轻慢朝廷，这是国家的大患。

晋献公觉得很有道理，高兴地说：难得有你们这样忠诚，派你们去，好不好啊？

两人慌忙下跪，奏道：我等是侍候你的小人，担当不了那个重任。

晋献公一笑，问：那你们忙乎什么？是想举荐谁去啊！

梁五说：我们哪说得上举荐啊，只是觉得宗庙重要，提醒您罢了。

晋献公：废话。

东关五连忙说：如果让太子申生去主管曲沃的宗庙，让公子重耳和夷吾去主管蒲和南屈北屈，就可以威服民众并使戎狄惧怕。

晋献公没表态。

骊姬知道后急了。优施劝她别急，东关五没把晋献公的威望与权势说大，人到了老年，喜欢听人奉承……

这两人再次到晋献公面前说话时，态度就变了，所有的话完全都是为晋献公想的、说的。晋献公听了就很舒服。他们说：戎狄有广阔土地，让它成为晋国的下邑，晋国开拓了疆土，都是扩大您的威望，张扬您的霸业嘛！

晋献公听了很高兴，喊来士蒍，让他监筑蒲、屈两城，由公子重耳、夷吾驻守。士蒍从事敷衍，夷吾见城质量很差，便告诉晋献公。晋献公喊来士蒍责问何故。

士蒍回答说边城平安，不必守城。退下后，士蒍赋歌："狐裘龙茸，一国三公，吾适谁从。"[1]随即离开都城而隐于野。

曲沃筑城，太子申生住守；蒲之筑城，公子重耳住守；南屈与北屈筑

---

[1] 见《左传·僖公五年》。

城，公子夷吾住守。

骊姬事先让宫中太医暗中调出壮阳药，悄悄置于晋献公每天喝的羹中服下。这天夜里，晋献公自觉身体很好，与骊姬缠绵悱恻应酬裕如。骊姬中途对他说，你何不称老退位而把国政交给申生？申生掌握了国政，按自己心愿行事，得到了他追求的东西，就会放过你。

晋献公不高兴：我这么强壮就退吗？

骊姬：我是劝你考虑。自你的曾祖桓叔以来，你们家的人，谁真正爱过亲人？正因为没有私爱，所以才能把翼地全兼并了。

晋献公：我凭着武功和威势，才得以驾驭诸侯。没死就丢失国政，不能算有武功；连儿子也制服不了，不能算有威势。我把国政交给他，诸侯必定会和我们断绝关系；能断绝关系，必定会加害于我们。丢失国政而害国家，这是不能容忍的。你不必担心，我有办法对付他。

骊姬见目标渐渐清晰了，赶紧说：皋落狄不分早晚侵扰我国的边境，边民哪天是自由自在放牧牛羊？国君的仓库本来就不充实，又担心外族削减我国的疆土。你何不派申生去讨伐狄国，以便观察他是否能带兵？如果他不能战胜狄国，你可以加罪于他；如果胜了狄国，诸侯将会吃惊害怕，我们的边境将不必戒备，国库就会充实，四邻就会畏服，疆界就不会再有争议。这种好事，你何不谋划一下？

晋献公觉得这个意见可以采纳，决定派申生讨伐狄人。

临出阵前，优施让骊姬怂恿晋献公给申生穿上一件左右颜色各异的衣服，佩戴一块金玦。

申生的仆人赞听到后苦苦劝说：太子，这可危险了！国君赐给你奇异的东西，奇就要生怪，怪就要出现反常，反常预示着太子不能继立为君。派你出征，先以此观察你和民众的关系，用左右颜色各异的衣服象征不一致，引来敌人注意，让你在疆场上危机四伏！你可要小心，万万不能穿这身衣裳出阵！

申生想不听晋献公的话将衣裳取下，但他出阵时还是穿上了。

全军将士请求方相士为申生做法场，求上天的保佑。方相士作法咒语祈祷，全军将士高喊：保佑太子得胜归来！

申生战胜狄国回来后，前往晋献公所在的都城述职。骊姬早早在宫外等着，一见到申生就说：你爹夜里梦见你娘了，你赶紧回曲沃祭奠一下吧。

申生马上表示明天就返回曲沃祭奠。骊姬不高兴地说：为什么要明天？难道还有比这更重要的事吗？你想对你父亲说什么，可以让我转告啊！

申生无奈，只好立刻转身赶回曲沃。走到城外僻静处，闪出大夫士𫇭，他深深对申生敬礼。申生不知何故，问：大夫不在朝中，何故悄悄到此候我？

士𫇭：国君与太子分住两城，又以卿位相待，看来是别有安排。老生避开人眼，在此送太子一程。

相送路上，士𫇭劝申生说：妲妃再世，殃及晋，依老臣之见，太子早早逃之，来日可使晋国再辉煌。

申生：子以孝为重，背父命而逃是最大的不孝，我申生最怕有"不孝"之名。

士𫇭见劝无用，长叹道：晋祚将尽乎？然后坐上一辆牛车离去，再也没出现。

三

一位伟大的女性跳入了管仲的视野，让他看到了应该如何对待卫国灾难。

她就是许穆夫人。

许穆夫人是卫国君主卫懿公的妹妹，是卫昭伯（姬顽，卫宣公的庶出幼子）最小的孩子。许穆夫人的母亲是宣姜（齐僖公女）。宣姜原本嫁给了太子伋，卫宣公见其漂亮就据为己有，并与她生下子寿、子朔。卫宣公死，卫惠公的舅舅、宣姜的弟弟齐襄公诸儿把宣姜又嫁与公子伋（当时已死）的另一个弟弟公子顽。理由很简单，说宣姜本来嫁的就是公子伋，结果被公公卫宣公占为己有。现在卫宣公已死，宣姜与公子伋的婚约仍然有效，伋已去世，作为弟弟应该替兄长完成婚约。于是齐襄公强迫昭伯娶了宣姜。宣姜为昭伯顽生三子二女：齐子（即长卫姬）、戴公、文公、宋桓夫人、许穆夫人。

管仲关注的许穆夫人出现时，正是卫国蒙难之际。

周惠王十七年（前660）十二月，为解决本族御冬食物严重不足的困难，夷狄攻击卫。此刻的卫懿公正欲载鹤出游，听到敌军压境的消息，惊恐万状，急忙下令招兵抵抗。偏偏这个时候，民众纷纷躲藏起来，不肯参军打仗。卫懿公不解地问大臣，有大臣说：主公只要用一样东西，就足以抵御狄兵了，根本用不着我们。

卫懿公问：什么东西？

众人齐声回说：鹤。

卫懿公不解地说：鹤怎么能打仗御敌呢？

众人说：鹤既然不能打仗，没用处，主公为何给鹤加封供俸，而不顾民众死活呢？

到了此时，卫懿公才明白过来，落泪道：寡人错了。下令把鹤都赶散。朝中大臣们见状分头到民众中间讲述卫侯悔过之意，这才有人聚集到招兵旗下。卫懿公一边派人向周天子及诸侯各国报告狄人入侵消息，一边把身上佩的玉玦摘下交给大夫石祁子，委托他与大夫宁速守城，自己披挂带将北上迎战，发誓不战胜狄人，决不回朝歌城。毕竟军心不齐，缺乏战斗力，到了荥泽（朝歌北）又中了北狄的埋伏，很快全军覆没，卫懿公被狄人砍成肉泥。

卫国太史华龙滑和礼孔也被狄人捉去。二人对狄人说：我们是卫国的太史，掌握着卫国的祭祀，如果我们不先回去，你们是不能得到国都的。狄人相信了他们的话，便让他们先回卫国国都。二人回到卫国国都，便对守军说：国君已死，卫师全军覆没，再抵抗也是无益的，不可坐以待毙，赶紧想办法逃吧。于是，他们带着卫侯宫眷及公子申，连夜乘小车出城东走，华龙滑抱着卫国的典籍跟在后面。国人携男抱女，随后逃命。

狄人进入国都，发现人去城空，又长驱追赶。

卫国被狄人入侵消息迅速传开，距离最近的宋桓公御说在夫人卫姬的请求下，派驻济水南岸的宋军逆河而上，在血村（今河南淇县小河口）上岸，远远看到夷狄马兵追杀难民。宋师策马迎上。狄兵见有救兵来，赶紧退走。宋军将卫国的难民包括石祁子与公子申等七百三十人，与共邑（卫国，今河南辉县）、滕邑的民众共五千人渡过黄河，在南岸的漕邑（今河南滑县西南之白马故城），拥立戴公（许穆夫人的哥哥）为国君。

卫大夫弘演冒死前往荥泽为卫侯收尸，见其血肉模糊，尸体零落不全，只有一只肝尚完好。弘演大哭，对肝叩拜说：主公一世风光，如今无人收葬，连个棺木也没，臣仅且以身为棺吧！说着拔刀剖开自己的肚子，手取懿公之肝纳入腹中，随从们只好把弘演的尸体当作懿公的棺材，草草就地掩埋。

许穆夫人听到卫国国破君亡的噩耗之后，痛不欲生，恨不能插翅飞回家乡。她请求自己的丈夫许穆公帮忙。许国害怕引火烧身，朝议不出兵。许穆夫人气恨交加，不甘袖手旁观。她变卖自己的家产，购得赈灾物品装车前往卫国，为了确保这些物资不被狄人掠去，她招来四千余人，整军习武，进行训练，随时准备出发。指望不上夫国的许穆夫人想到了舅舅齐桓公，向齐国发出词意恳切的求援信。这封信深深打动了齐桓公与管仲。就在许穆夫人决定配合齐师援卫之际，许国大臣接踵而来，他们对许穆夫人大加抱怨，责怪她考虑不慎，嘲笑她徒劳无益，甚至指责她抛头露面有失体统。面对许国大臣们的无礼行为，她怒不可遏，义正词严地斥责道："既不我嘉，不能旋反；视尔不臧，我思不远。既不我嘉，不能旋济；视尔不臧，我思不阅。"①

许穆夫人带领当初随嫁到许国的身边几位姬姓姐妹，随那四千余招募来的义士，抵达漕邑。卸下车上的物品救济难民后，许穆夫人抛头露面带着自愿拯救卫国的四千民众训练，并与卫国君臣商议复国之策。

许穆夫人的救卫行动引起了诸侯各国的密切关注，她那篇《载驰》迅速流传。管仲手捧《载驰》竟然在朝议上大声朗读——

> 载驰载驱，归唁卫侯。
> 驱马悠悠，言至于漕。
> 大夫跋涉，我心则忧。

年迈的上卿高傒嘲笑管仲老来狂。

齐桓公喝住高傒，决定出兵救卫。管仲表示应该研究一番。齐桓公不解地问：有何可研究的？管仲说：晋国不知出于什么原因，在此刻派申生率师伐东山皋落氏（赤狄），此战略极佳，但对申生不利，无论战果如何，申生一旦回国，必遭灾。齐桓公说：那就等申生打完此仗，请他来齐

---

① 见《诗经·鄘风·载驰》。

国，毕竟是我外甥嘛！这件事并不影响我们救卫。

管仲称是，侵卫的是夷狄，卫国是主公夫人长卫姬的娘家！我们救卫无可非议。但眼下，更急的是邢国（周公姬旦之子的封国，姬姓。今河北邢台）。救邢要兵，救卫要兵。我们的兵力经救燕一战，元气大损，尚未恢复，如若再分兵卫与邢，胜数就少了。齐桓公问：依你如何？管仲说：可以让长卫姬与少卫姬的孩子们来决定如何救卫，培养与锻炼他们的能力。齐桓公担心力量不足。管仲告诉他：我已让王子城父带一支兵援后，以防万一。

齐桓公把公子们喊来，问他们谁愿意去。长卫姬的儿子无亏（武孟）朗读小姨许穆夫人的《载驰》动情流泪。

管仲对他说：泪乃男儿精血智慧所融，愿你将此泪化为长戟，猛击狄敌！

无亏跪拜管仲谢教诲。

齐桓公派无亏率车兵三百乘、甲士三千，星夜赶往漕邑。

《左传》记载了管仲对戎狄的态度："戎狄豺狼，不可厌也。诸夏亲昵，不可弃也。宴安鸩毒，不可怀也。诗云：岂不怀归？畏此简书。简书，同恶相恤之谓也。请救邢以从简书。"①

齐兵到达时，宋、许援兵也已经赶到。更有晋国派公子申生讨伐赤狄节节胜利的消息传来，狄人开始惧怕。管仲却叹道：申生聪明，以伐赤狄声东击西展示中原团结精神，给戎狄异族制造压力。好事是好事，对晋国则非安好啊！齐桓公宽慰管仲，自己已决定趁申生伐赤狄之际，派兵将申生引到齐国避难。管仲摇头：不妥不妥！眼下，晋国的骊姬并没害申生，你这样做不是让人家抓把柄吗？再说，前年（前661）赤狄曾经进攻邢国。我们派兵前去，与赤狄有一次交锋，他们退了。现在，他们又蠢蠢欲动，那是不把我们放在眼里啊！齐桓公听明白了管仲话里的意思，立刻下令通知救卫联军转向救邢。

管仲使计道：狄人方劲，邢势未竭，此时助战，出力大而功劳小，不如等一等。若邢兵不支，则狄人必胜；驱疲狄而援溃邢，方可谓省力而多

---

① 见《春秋左传·闵公元年》，大意为：戎狄的性情和豺狼一般，没法子使他们满足的；诸夏之国都是亲戚，不可丢了他们；安乐鸩毒，不可过分留恋，请你发兵救邢吧！

功矣!

齐桓公觉得有道理，找个借口屯兵于聂北。

管仲派人密切关注邢国与狄人的战情。

果然，邢国抵不住狄人，弃城而逃。邢侯叔颜率邢国残败之兵拥入齐营时，撞上正在巡视的齐桓公。见到蓬头垢面的邢侯叔颜，齐桓公慌忙上前扶起，跺脚道：寡人救援不及，以至于此，罪在寡人。来人，传我令至宋公、曹伯，即刻拔寨，迎战敌狄。

狄人闻齐侯率联军前来，掠劫已饱，无心恋战，放火烧邢都后，北遁而去。齐联军赶到扑灭大火后问邢侯：故城可居吗?

邢侯：逃难民众大多去了夷仪（今山东聊城西十二里），愿迁往夷仪，以顺从民意。

齐桓公与管仲在营中商量此事。此时营外有人报说：卫国急事相告，戴公病殁，许穆夫人请求迎回在齐国的公子毁（许穆夫人的另一哥哥）为国君。

管仲说：许穆夫人虽为女流，实乃巾帼英雄也。

齐桓公点点头，请管仲遣些急用物资，再派隰朋护姬毁回国。管仲也让人按齐侯指示去落实：送卫侯乘马若干、祭服、牲畜、木材等，送卫夫人乘车及服用的织锦。郑国也派兵前往帮助已在卫国的无亏共同守兵河上。

一切办妥。齐桓公突然问管仲：救邢对否?

管仲诧异：诸侯之所以尊齐，是因为我齐国能救其于灾患。不能救卫又不能救邢，那霸业还有什么用?

齐桓公：邢与卫相比，哪个更急些啊?

管仲：邢患既平，邢民迁夷仪，那就以三国的力量在夷仪筑城池，邢侯可居。

联军立刻拔营前往夷仪为邢侯筑城。事毕，宋桓公御说与曹伯昭公班想领兵回国。管仲请齐桓公告诉他们，邢城已固，卫患未定，不可急退。

无亏回到齐国，向大家讲述了卫侯姬毁艰苦创业的情况及弘演剖腹纳肝的悲壮故事。齐桓公叹道：无道之君，居然有如此忠臣，天意不灭卫国啊!

管仲接过话就安排：留兵戍守，不如择地筑城，一劳永逸也。

"迁邢于夷仪，封卫于楚丘。邢迁如归，卫国忘亡。"[①]加上立姬申（鲁侯）存鲁，成为诸侯间盛传小白的三大功劳。此时，齐桓公的威望如日中天，达到了一生中的高潮。

四

楚成王熊恽得知齐桓公救邢援卫，心中很不是滋味儿，对令尹子文（斗穀於菟，字子文）说：当今世上，人们只知有齐国而不知有楚国。是孤远居汉水之东，籍籍无名，德不足以怀人，威不足以慑众。孤深感羞愧！

子文回说：齐侯依赖管仲，打着"尊王攘夷"旗号，经营齐国已近三十个年头，成为中原诸侯的领袖，确实难以匹敌。然吾王欲问鼎中原，并非无法可施。依臣看，郑国位于南北之间，是中原列国的屏障、天下的枢纽。当年郑庄公据此天险，东征西伐，箭射周王，不可一世。可惜郑后人不肖，突出忽入，兄弟相争，国势衰微，与我也是近近疏疏。前番齐鲁合兵伐徐，徐求和，齐鲁大军乘胜开到戎国，戎国臣服于齐，齐侯声望中天。子元攻郑，得不偿失，反而让郑重新入盟齐邦。依臣看，主公若想夺取中原，称霸诸侯，攻取郑国是第一步！

楚成王以为可行，扫视一朝文武问：何人可以担当重任？

大夫斗章愿领军前往。

楚成王当即命他率领战车二百辆，长驱直入，直取新郑。

自从七年前楚军攻破郑都纯门后，郑国防范甚紧。现在，郑文公听说楚兵又到的消息，不由大惊，立即派遣大将聃伯（冉伯）镇守纯门，派人星夜前往齐国求救。齐桓公连夜与管仲相商。管仲提出派千里马分别急至各国，请各国诸侯率兵在柽（宋邑。今河南淮阳西北）共谋救郑伐楚大事。宋、郑、曹、邾四国闻讯迅速集兵前往柽邑。楚将斗章见郑国早有防备，又听说齐国组织的援军将至，恐有闪失，忙领兵撤回。楚成王闻斗章不战而归，大怒，解下佩剑，交给斗章之兄斗廉，命他到军中将斗章就地

---

① 见《左传·闵公二年》。

斩首。

斗廉来到军中，隐下楚成王命令不说，暗中只与斗章商议。斗章知情后跪地向兄长请教。斗廉说：郑国知你已撤兵，眼下定然疏于防御，你若能快速奔袭，出其不意，攻其不备，必将大获全胜！斗章听从斗廉之言，将军马分成两队，亲率前锋先行，斗廉率后队接应。

斗章率领人马，人衔枚，马摘铃，悄然无息回到郑国边界，正好赶上郑将聃伯检阅军队。闻敌人入侵，也不问哪国兵马，接住就厮杀。不料，斗廉从后包抄，令郑军腹背受敌。聃伯见势心慌，被斗章瞅准空子，铁铜打中大腿，摔下马来，束手就擒。郑军见主将被擒，人心涣散。斗章欲一举灭了郑军，斗廉急忙拦住劝阻：这番偷袭成功，只图免去一死，哪敢再侥幸行事！楚军就此退回本国。

斗章拜见楚成王，叩头请罪道：臣前番退兵是为了诱敌，并不是怯战。

楚成王：既有擒获郑将之功，便可免于一死。但是郑国尚未攻下，为何退兵？

斗章回答：臣恐怕兵少不能取胜，有损国威。

楚成王怒气中烧：休要狡辩！明明是畏敌不前，却借口兵少。孤再给你增添战车二百辆，如不能攻下郑国，休要回来见孤！

斗廉见状，跪求道：臣愿与兄弟斗章同往。若是郑国不投降，就把郑伯绑来献上！

楚成王大喜准奏，就拜斗廉为大将，斗章为副将，率领战车四百辆，再次杀奔郑国。

郑文公姬踕闻大将聃伯兵败被擒，斗廉、斗章兄弟又率大队人马汹汹而来，知道楚兵这次不会善罢甘休，心想求和，以免国破城陷生灵涂炭。

大夫孔叔反对：万万不可！齐国因为郑国的缘故得罪了楚国。诸侯对我有恩德，如今背叛，不是好事，应深沟高垒、坚壁清野，等待援军为上！

诸大臣一致附和孔叔之议。郑文公忙派使者火速向齐桓公求援告急。

齐桓公问计于管仲。管仲先让郑使回国声称齐兵马上就到，令楚兵有所顾忌，并先派一支人马镇守虎牢关（郑国严邑。今河南巩县东虎牢关）。接着，管仲献计于齐桓公：主公多年来救燕安鲁，救邢帮卫，恩德广布天下，诸侯争相效力，正是战胜楚国的好时机。主公如想挽救郑国，不如直接进攻楚国。

齐桓公：单我一国之力，何能啊！

管仲：进攻楚国就必须借助诸侯各国之力。

齐桓公又问：征调诸侯各国兵马，理由是什么？

管仲提醒他：你忘掉蔡侯胗①得罪你的事啦！齐桓公想了想，问：是蔡姬的事？管仲点点头：主公不是早就想前去征讨的吗？楚蔡土地相连，如今蔡国依附于楚。用这个再好不过的借口讨伐蔡国，从蔡国直入楚境。这就是兵法上的"出其不意"。

此策自然合齐桓公的口味。他问管仲：楚国知我去问责蔡侯胗，必然会防备，怎么才能百战百胜呢？

自然是调用诸侯各国的兵力。如果主公并不嫌弃相国老朽，相国愿做先锋，为主公一洗蔡姬之辱。管仲如此说。

好！齐桓公立刻采纳。

齐蔡结怨，还得从"安鲁"说起。

鲁国渐渐从动乱中苏缓过来，管仲建议齐桓公去鲁国看望鲁侯申。齐桓公在初夏的某天决定去看望鲁侯，蔡姬欲去，齐桓公便带上她，率群臣来到齐鲁交界处的小穀畅欢。这个地方是数年前，鲁庄公为答谢管仲在齐鲁两国关系上的贡献，特意筑建的新城。齐桓公得悉后，将紧挨穀的齐境内地块划归属于小穀城邑，这样，小穀就成了管仲的采邑。田靖让人把城边的沼泽地深挖后辟成一片池塘，遍种荷花。初夏的荷池，绿荷亭亭玉立，含苞欲放，甚是喜人。

齐桓公访鲁前的第一站便选择到此游玩。管仲请大家到莲池去玩。年过半百的齐桓公突发少年狂，登上一条小船，蔡姬紧追而上。齐桓公喊随从上船划桨，蔡姬却拦住了，拿起桨板，朝岸石一撑，小船载着两人，朝水面的荷叶深处而去。齐桓公未加阻拦，坐在船上看蔡姬尽情展示她自幼就有的撑船技艺，那腰一扭，臂膀一展，煞是好看，忍不住击掌赞美。蔡姬得到赞扬，更是卖力撒情。行至水深处，船忽然侧歪得厉害起来。蔡姬自小生长在水边，深谙水性，蛮不在意。小白是个旱鸭子，慌里慌张地叫她别摇晃。蔡姬见他怕水，便索性与他开玩笑，用水撩他。齐桓公哪是

---

① 胗：音 xī。

她的对手，很快浑身淋湿求饶，蔡姬更是乐个没完，干脆站在船上，左右来回晃悠，令齐桓公十分狼狈。上岸后，动怒的齐桓公让竖貂即刻将蔡姬送回蔡国。这本是小白一时气头上的事，如果竖貂从旁相劝，或有人相劝，此事便就此打住了。偏偏管仲与鲍叔牙、甯戚被人喊去另有急事，留下的人也不敢对齐桓公说什么。竖貂是长卫姬的人，说话做事自然站在长卫姬一边，见齐桓公要蔡姬走，赶紧"落井下石"，立刻将蔡姬押上车，快马直奔南而去。等有人报告管仲，管仲赶到过问，车已出去几个时辰。竖貂随行到蔡国，把情况与蔡穆侯胖一说。蔡侯也不骂妹妹，勃然大怒骂齐桓公不通人情，嫁给你就是齐国的人了，送回来干什么？蔡姬见哥哥这般说话，愤愤道：他不送我回来，我自己早就想回来了。蔡侯问：为什么？蔡姬哭诉道：你不知道他那小心眼，那年宋妃做事不小心得罪了他，就把人家赶回家了。结果，宋侯把她改嫁到了我们蔡国，气得小白干瞪眼。你说，人家做夫人的，隔三差五都有个被窝里的暖意，我守个老头，半年一载不见腥儿，叫我这空房活寡的日子怎么熬到尽头？我不想再受那活寡罪了，你让我另嫁年少的，也好有番知冷知暖的滋味尝尝，不枉来世一趟。

旁边好事的大臣出馊主意说：蔡姬尚在年少，嫁个老头子，真是枉煞美人了。

蔡穆侯：总是人家用过的剩物，谁还会要？

大臣：未必。公主年少，那楚成王熊恽精血勃发，公主若到那样的少年怀里，夜夜承欢，岁岁产子！再说，熊恽一心想与周天子称兄道弟，眼下齐侯便是第一障碍。仗未开，先把对手的女人搞到手，那是何等快哉的事啊！况且，公主知道齐侯许多私隐之密，少年熊恽肯放过？一定会百倍善待公主的。

蔡穆侯想也不想地让这位大臣前去楚国说合，大臣胸有成竹，带上蔡姬出发。到了楚国，不费口舌，楚成王立刻笑纳，当天便饱享了经齐桓公调教、带浓郁齐国风味的美人。

消息传到齐国，齐桓公暴跳如雷，喊道：我如此倒霉，怎么又遇上当年宋妃那种事？你姬胖属猪也该知道周礼啊，作为长辈好好教训一番妹妹，然后派个老臣将她送回来，大家脸上都有光。想不到，你这个猪头姬胖，真老昏聩头，与那宋猪头一样，竟然做出这种事。寡人焉能放过你姬胖与熊恽！

五

周惠王二十一年（前 656）春正月。齐桓公与鲁侯申、宋公御说、陈侯杵臼、卫侯毁、郑伯踕、许男爵新臣、曹伯昭公班八国诸侯会盟。这次会盟，管仲对大家说了齐侯伐蔡的真正目的：楚狼觊觎周室之忧。管仲慷慨陈词：彻底奉行天道，疏远的人也会亲近。万物对于人一视同仁，没有远近之分。功业顺从天道，天帮助他；行事违背天道，天遗弃他。天所帮助的，虽弱小必然壮大；天所遗弃的，虽成功必然失败。顺应天道的诸侯啊，一定能立下功业；违背天道的君主，就会招致灾祸，而且不能再次挽救！

经管仲这么一说，蔡姬的故事就成了维护周礼的大事，也让大家看到了楚国称王对中原的危害。齐国愿意首担大任，别人自不甘落后。八国诸侯对天起盟，精诚团结，共削楚狼之锐。鲁僖公特派季友作为鲁军的军师配合管仲。

八国诸侯共商后，推举管仲为联军主帅。

管仲为帅，率隰朋、宾胥无、鲍叔牙等人，配战马一千、战乘三百辆、军士万人作为前锋，经郑国境内直插蔡境。后面七国精兵数十万人如风卷残云般扑向蔡楚。那郑国境内，连续数日，大路上烟尘滚滚。民众从未见过如此之多的兵乘过境，路边老人叹道：齐侯胜却如今周天子啊！他若想灭我郑，如碾蚁也！

齐军早一日到达郑蔡边境。兵马未歇，管仲站在露天召集将军们开会。

竖貂请求率军先行，奔袭蔡国国都上蔡，为大军开路。管仲不想让他当先锋，齐桓公却说：这小子到我身边寸功未立，此刻倒是挑得好机会，仲父，让他去。管仲见齐侯这么说，也只好应了，下令道：大部队缓后，顺汝水从东南包抄上蔡，竖貂从北顺汝水先挑上蔡北门！通知各国联军，分七路逼近楚国。

蔡穆侯肸平素依仗有楚国庇护，对中原毫无戒备，齐军入境，如入无人之处，数个时辰，齐军先头部队就到了上蔡城下。齐军进犯，蔡穆侯肸自然要到城楼上观看，这一看不要紧，他看到了自己的熟人竖貂，想起了未做主公时，曾作为使者去齐国办事，竖貂刁难，不让见齐桓公，还向他索取贿赂的种种事，顿时恨由脚底蹿到脑门顶。如果不是两国处在目前状态，他真想上去斩了这个阉人。但对方率军队前来，大有灭我之势，这如何是好？蔡穆侯肸脑子一个急转弯，想出了主意。这世道就是怕不想钱财的，喜欢的就是认钱不认人的角色。想到这里，蔡穆侯肸赶紧让手下问话：来者可是齐大夫竖貂？

竖貂一怔，惊看城头，怕有飞箭，手舞青铜铜直晃。

城楼上喊：竖将军不用怕，我们是老朋友，能不能私下一见，再说开战的事？

竖貂想到临行前管仲的叮嘱，不敢回话，干脆退兵驻扎下来再说。

这天深夜，蔡都的城门悄悄开条缝，有人推着一车重礼来到了齐营，私见竖貂。竖貂接受礼物，见钱眼开，心中高兴，嘴乐得也把不住风儿了，顿时就把齐桓公召集七国诸侯，明袭蔡暗伐楚的机密告诉了来者。使者回城报告蔡穆侯肸。蔡穆侯肸闻而大惊，寻思着无论如何也抵挡不住这八路雄兵呀！连夜带领后宫家眷逃奔楚国。第二天，竖貂见蔡国城楼上没了蔡旗，派人攻城，还没攻，守门就喊：主公逃了，我们在此等候已久……

竖貂不费吹灰之力占据了上蔡城，先得大功一件，心中甚是得意。

蔡穆侯肸逃到楚国，将齐桓公明里讨伐蔡侯，暗中集八国联军攻楚的机密告诉了楚成王。楚成王连夜朝议，派千里马将斗廉伐郑之师急调回来，同时朝廷告示全国民众备战，决心与诸侯联军决一雄雌，胜了进取中原，坐了那周天子的席位，改朝换代。

楚廷之上，也不完全都是熊恽这样野心勃勃、不自量力的莽撞汉子，仍有智慧深谋者把持着一些重要部门。见满朝皆一个声音时，大夫屈完提出，此时尚不知诸侯联军实力如何，硬打必然难以取胜，宜先派人以谈判为名，探明虚实，再布一两道战线，诱敌深入。中原诸侯习惯平川驰马的快意，到这里可就由不得他们了，只要他们愿意深入楚腹地，不怕他们不重蹈当年周昭王的下场。

楚成王熊恽觉得很有道理。

当熊恽美梦做得正香的时候，齐桓公率领的联军突然停下，通报后面各路诸侯先在此集中。数日之内，其他七路诸侯陆续先后赶到。齐桓公现场召集宋桓公御说、鲁僖公申、陈宣公杵臼、卫文公毁、曹昭公班、许穆公新臣、郑文公踕七路诸侯聚会，商议攻楚方略。

联军屯兵聚会及一路行踪，早早就被楚国细作一一掌握，那山间小道上攀岩登峰急急向楚奔跑的，正是他们。

当齐桓公率领诸侯联军来到楚边境，边境上早早就有人在等候。部队一到，路边一行人里走出一个人，衣冠整洁，彬彬有礼，朝诸侯联军施礼：请传言齐侯，就说楚国使臣已在此恭候多时！这人正是楚国将军屈完。

飞报中军齐桓公。齐桓公诧异，楚国使者迎候？这什么意思？他们已经知道我们的来意？

管仲笑道：不怕楚国细作厉害，就怕我们内部泄漏消息。但不用怕，如此大的行动，想瞒也是不大可能的。主公，请让我去以大义责备使者，令其羞惭而去，或许我们不战而胜。

齐桓公答应了，并让甯戚派精干随从暗中保护。

管仲乘车出营，来到楚边境上，在车上行拱手礼。

屈完施礼后缓缓而言道：寡君听说贵国屈尊来到我们这个偏僻落后的地方，特派我前来迎接。寡君有话，"齐国位于北海之滨，楚国邻近南海，风马牛不相及，各自治理自己的国家，一向井水不犯河水，不知君侯为何来到楚界？"还请相国明示！

管仲：昔日召康公奭命我先君太公望说，周天子将齐地分封给你，命你齐国世代掌管征伐五侯九伯中不顺从者，以辅佐周朝王室。凡有不履行进贡朝拜职责的诸侯，都要前去征讨不赦。周平王东迁以后，又令寡君担任诸侯盟主。你们楚国地处南荆，应当年年向周天子进贡包茅，以便祭祀时滤酒，而你们不进贡包茅，致使天子敬献鬼神的祭酒不纯，周天子派我们前来征取！你听到没有？

屈完表面在听，心里一直在打主意，听到管仲这么问，他只是点点头。

……周昭王率兵南游，到达汉水，一去不返，你们镇守南疆，难道能够推脱责任吗？管仲大义凛然道。

屈完一听，头皮发麻，知道这可不是小事，连忙说：没进贡包茅是敝国之过错，今后岂敢再不供给？但是诸侯不向周室进贡的又何止我们楚国一个？至于周昭王南游不返，既然是在汉水边上不见的，当时汉水不属于楚国疆域，那你们就去问汉水吧，与敝国何干？我的话已传到了，就此告辞！说完，乘车而去。

望着屈完带人离去，管仲心里明白了，回到营地对齐桓公说：楚国人今天来，并不是真正想和。他们压根儿就没这个想法，派人来，也是探我虚实的。若想让他们放弃对中原的窥视，光动嘴皮子是不行的，一定得用兵马逼他们屈服！

齐桓公坐镇联军总帐，按管仲的意思与七国诸侯商量决定，立刻拔营越楚境向楚国国都进发。几十万兵很快就到了陉山（楚地。今河南新郑西南三十里），若再行军数日，即过河进入楚国腹地。这个时候，管仲命令联军全部停下，以兵术阵法将八国联军按部就班扎营。各国诸侯感到奇怪，纷纷说：既然已经到了这里，为何不乘机渡河，与楚军决一死战？

管仲深思熟虑后告诉大家，先前楚国派使者前来，必为拖延我联军进攻时日，同时对我联军作一刺探，以使国内有所防备。如此说来，两军一经碰面，必有一战，交战起来，势必一时难以化解。不如我们在这里屯兵扎寨，虚张声势。楚国既已知我联军来势凶猛，必会高度重视，也一定会再派使臣前来，那时，我们可视机迫使他们订立城下之盟。

各国诸侯不大相信，还是议论纷纷，有的提出要不要备大量粮草，好作长远准备。管仲胸有成竹地告诉大家：不出一月，胜利返回。各国诸侯仍然半信半疑。

楚成王任命子文为大将，镇守汉南，准备乘联军渡汉水之际，伏击联军。时过数日，不见动静。细作报联军屯兵陉山后便不再动作，子文着急起来。依他看，联军的后路通达，粮草运输充足，加之齐国富足，驻上数年与楚相抗也是可以的。如此一来，楚国军心必会大动！他赶紧将这一情况禀报楚成王，商量一个周全方法。商来议去，最后还是派屈完前去谈判。

屈完来到陉山拜见联军统帅齐桓公。

管仲事先告诉齐桓公，若楚国来人谈判，先让他参观各诸侯国军势，以势先镇住他们。屈完到后，各诸侯国摆出阵势，兵术操练热火朝天，屈完看得心惊肉跳。接着，设大宴款待屈完，八国诸侯家家都是武将相陪，肆酒虐意，尽情戏耍屈完。屈完是位极有耐力的人，他不想把命丢在这里，忍着。酒酣之余，武将上场，准备借舞剑灭了屈完。管仲暗使大家就此住手。齐桓公也不与屈完谈判，称酒喝多了，改日再说，说完拂袖而去，大家纷纷离开。偌大的场子上，只有屈完一人。许久，管仲过来代表诸侯联军送屈完去休息。屈完躺在榻上，左思右想不对劲，悄悄溜出奔楚营而去。

消息报到中帐，管仲对齐桓公笑道：成也。

果然，屈完再次出现时，态度又软了许多。屈完说：敝国因不向周天子进贡而招致诸侯联军征讨，寡君已经知罪，不如言和撤兵，化干戈为玉帛？

齐桓公没有立刻应允，而是借口与诸侯相商，这又吊足了屈完的胃口，使他连夜派人回去讨楚成王的意思。楚成王听从众谋臣之意，面对强兵，示弱不怕，蓄力以备后用。楚成王授意屈完可再让步云云。屈完得楚成王授意，再与齐桓公会谈。

屈完对齐桓公说：来硬的，楚也不是孬种，我们用方城山作为城墙，大江汉水作为护城河，跟你们拼了。今你讲道理，寡君也授意下臣与贵联军签约。

齐桓公顺势下台阶，答应屈完将联军退至召陵（今河南郾城东），并命人搭起祭台，举行盟誓。齐桓公执牛耳为盟主，管仲为司仪，屈完代表楚成王与中原列国诸侯盟主齐侯订立盟约。仪式完毕后，屈完向齐桓公和管仲致谢告别，管仲私下要求屈完，请楚国把郑将聃伯放回。屈完也代表蔡穆侯向齐桓公道了歉，以后再不提蔡姬之事。

屈完回报楚成王后，楚成王命人准备八车礼物，犒劳八国诸侯。又准备菁茅（即三脊茅、苞茅）、金帛十余车，送到洛阳，向周天子进贡。

管仲下令撤兵回国。

途中郑文公问叔詹：楚国的罪状，本来以僭号称王最为严重，而管仲却仅仅以其不能进贡几车茅草为借口责问，寡人实在想不通！

叔詹答：臣当时也不明白，仔细想来，实在是大有道理。俗话说，苍蝇好拍，老虎难捉。楚国僭号称王已有三代，如果硬逼他们革除王号，势必不服，到那时只好交兵开战。战事一起，照这架势，一两年是停不下来的，从此南北再无宁日。以不进贡包茅为借口责问，楚人知道事微而见诸侯势大，比较容易接受。一旦楚国认罪服软，齐国既可以向诸侯夸耀，又可以向周天子交账，岂不比兵祸接连更好吗？管仲的智谋，实在是神鬼莫测呀！

郑文公才恍然大悟，赞叹不已。

很多人也认为中原诸侯若真和楚国开仗，楚借地利硬抵，不见得能分出高下。而有人则认为齐桓公、管仲苟且结局，对楚国没有丝毫制约作用。殊不知，此乃管仲"安夏"策略之一也，对于华夏诸侯，管仲总不愿意将他们与戎狄相提并论，轻易动干戈。

事实上，管仲此时急着要抽出兵力去解决晋国的内乱！

偏偏有人凑热闹。联军撤退时，陈国大夫袁涛涂私下对郑大夫申侯提出，陈、郑两国成了这次伐蔡楚的兵道，一来一去，民众受损，国家遭殃。如果能够从东边经郯、莒、徐等地绕行，然后由海（今淮河）而下（经今河南潢川、安徽六安东至安徽泗县、江苏东海而入山东临沂）再回，该多好？申侯自然明白他的意思，也不想反驳，推说也是一个道理，让他告诉齐桓公去。管仲不在场，齐桓公召集大家讨论。先问申侯意见，申侯说：其远不说，还有沛泽沼地，若路遇敌人，怎么办？军中还有许穆侯灵柩啊，实不可行。依旧行走陈郑两国之间，大家承担过境兵源的损耗，不更好吗？

管仲此刻进来，听了听，上前对申侯说：你真好，这样的事，不在私下说，推之明堂公议。郑国有你，幸事也。

齐桓公：仲父何意？

管仲：几十万兵源过境，莫说地削一层皮，草根也不会留。袁涛涂大人怕联军再涂炭陈民，也是为民着想。如果可以，联军共资承担其损耗。

齐桓公：善。袁涛涂真可恶，仅为陈国一利险送联军之命。令袁涛涂去守虎牢关。仲父意下如何？

管仲：请主公准允屯兵虎牢关，联军就当去那边看看大河。

私下，管仲对齐桓公说，联军速速快行，就说给周天子报喜。事实上，晋国申生处境危矣！联军若上，借口探望病中齐姬，实可震慑晋献公，让他对骊姬阴谋有所制约。

好！这就快快出发。

六

这天夜里，骊姬在晋献公耳边哭诉道：我听说申生为人仁义，对民众又很宽厚慈爱，天下都很信服他，这样的人势力一定很大。

晋献公：他应该有这样的品德，不然，将来怎么接位做国君啊！

骊姬哭泣道：我认为他这样做，都是有所用心的举动。

此话从何说起？晋献公有些不高兴了。

骊姬看出苗头，赶紧钻到他怀里撒娇。过了一会儿，见晋献公情绪好了，又继续吹枕边风：如今外面私下传他的话。

晋献公：他是个老实人，不会编什么话的，你不要乱听人说。

骊姬：就是啊，我也不信。但人家说，外表老实的人，内心最奸诈。说到这里停了停，观看对方脸色，慢慢接下去说，说是国君被我迷惑了，一定会因此而乱国。你想，这种话出来了，我能不担心他以国家利益作借口对你施行武力吗？

晋献公：他难道会爱民众而不爱他的父亲吗？

骊姬：你还健在，你能保护我，以后怎么办呢？……说到这里，假装大哭起来，边哭边闹道，你何不杀了我，不要为了我一个女人而让民众遭受动乱。

晋献公安慰着她：他不至于那样的。

骊姬：我听别人说，施行仁义和效忠国家不一样。施行仁义的人，把爱自己的亲人称作仁；而效忠国家的人，把安定社稷称作仁。所以民众的领袖没有私亲，而以民众为亲。倘若他认为对多数人有利又能把民众团结在自己周围，还怕弑君？

晋献公急了：他敢弑君？

骊姬：你没听人都在说，你就是纣王，而我就是那个妲己。纣王没好儿子出来弑君，不然商不会灭！现在，假设纣王有好儿子了，他起来先把纣王杀了，这样就不会张扬纣的罪恶而招来周的诛伐。同样是死，就不必借周武王之手了，而且商的国祚不会中断，祖宗至今还得到祭祀。还有，天下谁能知道纣王这个人的善恶呢？

晋献公无语。

骊姬继续说：现在你有三个好儿子，最好的儿子就是申生。你像纣王一样，娶了比妲己年轻的女人，而且还是两个。你不担心这类事发生吗？大祸临头时才忧虑，就来不及啦！

知子莫若父，晋献公毕竟了解自己的儿子，他听了，什么话也没说。骊姬明白，此计不成，当另谋。

有一天，骊姬劝晋献公召回太子申生。申生回来先见过了晋献公，再去见骊姬。骊姬请太子吃饭，交谈得相当愉快。第二天，太子入宫谢恩，骊姬又请他吃饭。这天晚上，骊姬边哭边向晋献公说：我想让太子回心于朝廷，所以召他回来以礼相待。想不到太子竟然对我更加无礼。

晋献公：他做了什么？

骊姬：我留太子吃午饭，喝酒半醉的时候，他调戏我说，我父亲现在已经老了，你该怎么办呢？还来拉我的手，我拒绝了他，他才罢手。你要是不相信，我可以和太子一起去郊游，你从台上看我们，一定看得到。

晋献公：好。

第二天，骊姬叫太子和她一起郊游。骊姬先在头发上涂了蜂蜜，蜜蜂蝴蝶翩翩飞舞，都聚集在她的头发旁边。骊姬说：太子可不可以帮我赶走它们呢？

太子从她的身后用袖子赶走蜜蜂蝴蝶。晋献公看见了，以为调戏的事情是真的，心中非常生气，马上就想把太子给杀了。

这时骊姬又做好人跪下来恳求：我叫太子回来，他却被杀，是我害了他。而且皇宫里的这些事，外人不知道，就忍忍吧。

晋献公就把太子赶到曲沃去了。

这一步很成功，优施又教骊姬实施下一步。优施告诉她：齐桓公率八国联军北上，说是朝觐周天子，顺道看望病中的齐姬，实为申生而来，你得快快除掉申生，莫夜长梦多。

齐姬一病而亡，申生在宗庙里大祭母亲三天。祭奠完毕后，申生按照惯例，将祭奠用过的猪、牛、羊等肉类，派人送给父亲享用。哪知自己的一片孝心却被骊姬利用了。

当时，晋献公正在外面打猎，骊姬觉得谋害太子的机会来了，便叫人把毒药撒在祭肉上。两天后晋献公回来，厨师们忙把申生敬献的祭肉烹调成各种佳肴美味，让晋献公品尝。晋献公正要夹肉，骊姬突然阻止道：远道来的食物，试试再吃吧。骊姬随即泼了一碗肉汤，地上立刻烧起一个土包。又唤来一只狗，喂了一块肉，狗惨叫了几声就死去了。

晋献公还有点不相信，又叫来身边的一个小官，叫他吃下祭肉，小官吃后也立刻身亡。

骊姬佯装大惊哭泣着说：天啊！好狠心的太子呀！国家迟早是他的，难道就连残年也不能等待了，对自己亲生的父亲忍心下毒手，何况他人呢？大王啊，你以前想废他，妾竭力劝止，没想到今天几乎误害了大王。太子下这毒辣的手段，完全是疑忌我母子的关系，请君赐妾母子远避别国，以免迟早被太子杀害。骊姬哭倒在地。晋献公气得不能说话，扶起骊姬说：你起来，我一定公布他的罪状，下令讨伐这个逆子。随即上朝下令讨伐申生。

大夫狐突心里明白是怎么回事，急遣心腹星夜赶到曲沃密报申生。申生得知这一消息，又惊又气，手下人劝他逃走，申生叹道：君父没有骊姬居不安，食不饱，我若自白无罪，骊姬必有罪，君父年老，假使因杀骊姬而寝食不安，是我伤害君父的心啊……于是，向北稽首三拜，自缢而死。

申生已死，骊姬以为可以顺利让晋献公立奚齐为太子。偏偏晋献公迟迟不决定，而且到骊姬屋里过夜的次数越来越少。有好几次，宫人发现晋献公是在贾姬的空屋里度过的。骊姬追到贾姬空屋，对晋献公百般缠绵，这才使晋献公回心转意。等晋献公情绪正常后，骊姬又泣诉于献公说：妾听说重耳和夷吾都是申生同党，申生死了，这两公子一定会替申生报仇。

晋献公这回没有盲目，而是派人请他两人来问情况。

夷吾知道宫中发生的变故之后率武士立即返回都城，不料他的行踪早被优施打入他身边的细作掌握，没进入城中即与优施、骊姬的人相遇。一场恶战，夷吾险些丧命，只能趁夜色只身逃往梁国，后又改往秦国。

第二天，晋献公得知夷吾袭击都城消息，加上骊姬在一边煽动，更觉得重耳、夷吾这两人心里有鬼，命令出兵讨伐。重耳吓得跳墙逃跑，从此开始了他漫长的逃亡生涯。

七

　　晋国的消息传来，齐桓公拍案大怒，决定率联军渡过黄河讨伐晋。管仲拦住道：申生母子已亡，晋侯年迈而昏愦，你若伐晋，秦国定会趁火打劫。齐桓公问：仲父，你不是让我把联军带到这里准备过河伐晋的吗，现在怎么又变了？管仲说：联军从召陵北上到虎牢关只是数天路程，当时晋国太子申生若在曲沃好好地待着，就能与你相遇。没想到这半个月，晋国就来个天翻地覆的变化，令人始料不及！齐姬在这时候过世了，申生奔丧，母子双双命归黄泉。你这时去，还有什么理由？明明就是对申生母子死的问责！那骊姬能任你摆布吗？她身后那个优施，为报仇做了阉人，这是什么样的人？你去，胜与不胜在其次，人家就说你这"尊王攘夷"的旗号，原来也挟私而行啊！不明真相的天下人怎么看？

　　齐桓公：依你怎么办？

　　管仲知道齐桓公的个性，没点事做做，心里不能平静，便建议他率联军去陈国扰一扰，吓唬吓唬陈侯杵臼，因为陈国的大夫袁涛涂误导联军伐楚大事，是严重的罪过。管仲自己带着主公讨伐楚狼的胜利消息去代主公向周天子禀报。

　　果然，齐桓公率联军还没到陈国，陈侯杵臼早早就出城在路边迎候。押在军中的陈大夫袁涛涂当着陈侯杵臼的面向齐桓公请罪。齐桓公大义凛然、慷慨激昂发表一通讲话，指出联军旨在维护中原各国的利益，你陈国一点点损失，联军不给，我齐国给！

　　陈侯杵臼连连称是，以忍气吞声结束齐桓公对他的指责，将袁涛涂带回了家。

　　得了便宜还卖乖的齐桓公趾高气扬而归，把申生母子的悲事丢到脑后去了。

　　从周天子那里回来的管仲则始终想着晋国的悲剧。他向齐桓公提出在诸侯国中制定一个统一的行为原则，假如大家都以此行事，战乱频发、生灵涂炭的乱世将会一去不复返。为了完成这个雄伟方案，管仲将"尊王攘夷"提到了"尊王攘夷大一统"的高度。

第十七章

葵丘会盟安周室

一

就在管仲为"尊王攘夷大一统"谋划新的宏伟蓝图时，一个人的出现，加速了他这一计划的进程。这个人不是别人，正是周惠王姬阆的大儿子、太子姬郑。他悄悄派人赶往齐国，向齐桓公禀告父亲姬阆欲废他而改立惠后之子带为太子的事。齐桓公不敢相信，难道曾经深受"废长立幼"之害的姬阆，不吸取子颓事件的教训，晚年也会犯同样的错误？

此事当然要管。可是，"挟天子以令诸侯"，周天子不是诸侯，不能你说管就管。齐桓公犯起难来。他决定朝议此事，交给大臣们讨论。

一堂文武都热闹起来。高傒虽年高，对于动武的兴趣仍不减当年。他提出，组织联军去成周。

齐桓公看看管仲。管仲感觉到齐桓公又想动兵了，自己再不说话，朝堂之上就会涌现一大批好战分子。他赶紧出列奏道：不可单凭此一言就盲目出兵！你们想过没有，去的是什么地方？天子足下！此举明明就是弑君谋反！使不得，使不得！

隰朋拉上王子城父高喊支持管仲。高傒见状，赶紧说自己年事已高，话语不当，请相国谅解。

齐桓公起身走到管仲身边，谦恭地问：依仲父如何才是好？

管仲说：这事交给我吧！说着，与齐桓公对视一眼。齐桓公从这一眼里明白了什么，转过身说：那就烦仲父全权处置。众爱卿如果没别的事，就退朝吧。

朝议的事，往往会泄露天机。心有灵犀一点通的齐桓公自然明白管仲的意思。退朝后的管仲与齐桓公商定，由管仲去与周太子姬郑派来的使者密谈，然后向可靠的诸侯发出会盟请柬。一切都在密谋中，暂不外传。

齐国宰相管仲向可信任诸侯所发请柬的内容，历史没有记载，如今无可再查。历史记载了当时发生的一连串故事。首先，这件事周惠王姬阆知道了。必须让他知道！管仲说，我们是为周天下着想，光明磊落，不必掩掩藏藏，就以齐侯的名义向周惠王提出诸侯各国委托齐侯请求见太子。

周惠王姬阆问周公忌父（宰孔）：这是怎么回事？

宰孔是不可能把实情告诉他的，从某种角度讲，宰孔也是反对"废长立幼"的，他推说：正常情况下，太子也是应该与诸侯经常见见面的，利于他以后的执政。

周惠王说：我已经决定废掉郑而立带了，你看这事怎么办？

宰孔知道，姬阆决定的成功率不在他自己手上，而在齐侯等诸侯的态度。所以他说：这就更应该让太子与诸侯见面，让太子以仁孝来劝说诸侯支持你的决定。阻，反而不好。

周惠王采纳了宰孔的意见，将太子郑喊来，告诉他：你去参加首止的会盟，并代表我警告齐侯，不要掺和天子家的私事！你不听话，我就将兵权交给带，你看着办！

当姬郑离开成周前往首止时，周惠王命令宰孔前往郑国。郑国现任国君是当年扶他上台的姬突的儿子踕，他认为，让郑踕替自己教训姬郑，应该没问题。

宰孔赶到郑国时，郑伯姬踕已经上路赶往首止。宰孔急了，让车夫紧赶，在首止会盟的客栈前赶上了郑伯姬踕。宰孔策马将车赶过去，在客栈与郑伯车队中间停下。郑伯的护卫过来呵斥，眼尖的郑伯姬踕一眼看到车上的周公忌父，忙上前施礼问安。

两人就在路边说话。

宰孔：您这是赶哪儿去啊！

郑踱：参加齐侯的会盟，说是有要事相商，不能不到场。不知道是什么重要的大事，刚刚对楚动过武，他这又是想干什么呢？

宰孔看看左右没人，便把周惠王"废长立幼"的事说了，并问：您听说了吗？

郑踱一听，急切地问：真的吗？

宰孔：真假都在天子肚皮里，我也不好怎么说。天子说太子郑不听话啊！说到这里，他又问郑踱：伐楚后，你在楚与齐这两大强国之间，感觉如何啊？

郑踱何等聪明，点点头叹声气：从郑国跑到首止来会盟，赶上天气不好，胸闷气喘……

宰孔明白地点点头：那还是身体重要啊！

郑踱说：是啊！这么说，如果是这么一件事，我以为天子家的私事，还是少管为妙！说完，与宰孔双手揖让，转身上车，让车辆转回头朝来的路上奔驰而去。

宰孔送走郑踱，一回头，看到了走进客栈的太子郑，顿时一怔。以为眼花，再细看，果然是姬郑。想说什么，想了想，赶紧上车，让车夫猛抽马，飞驰而去。

这一幕让管仲派在路边打探的细作摸得一清二楚，立刻报告了管仲。管仲没把细作的话告诉齐桓公。他深知郑踱没进客栈没照面的事一旦传开，谁都会找借口走掉！谁愿意去冒这个风险？这年头，多一事不如少一事，况且是管天子家的事！

第三天，管仲看到鲁侯申、宋公御说、陈侯杵臼、卫侯毁、曹伯昭公班及许国新侯都到了，便建议齐桓公开始。齐侯不急地说：郑伯姬踱可是个重要的人物，少他不行吧！

管仲暗示道：郑伯迟一点，一定是路上耽搁，还是先议起来，边议边等吧。

齐桓公明白这话里有意思，也就顺他的话对大家说话，适时把太子郑隆重推出。

太子郑一出场，各诸侯都施礼请安。太子郑事先经管仲调教了一番，明白这场戏演得好坏，关系到自己能不能登基做周朝的王权接班人，自然是倾注了全部心血进行"排练"！

太子郑一把鼻涕一把泪，把事先编好的激情文章，演绎得淋漓尽致。诸侯群情激愤，但是，毕竟诸侯都有自己的考虑，觉得掺和天子家的私事总是不好，万一真是王子带执政，日后的小鞋穿起来可是难脱的！干脆事不关己，高高挂起……这关键时刻，管仲暗示齐桓公让大家重温姬阆当年上台的故事。齐桓公就不客气了，他大声疾呼道：当年郑侯能够将他姬阆扶上位，我们为什么不能？

管仲插嘴道：华夏之中国，之所以能为中国，乃以有父子君臣之大伦，一失则成夷狄矣。齐侯约请会盟首止，绝非齐之私利，乃不愿再见釐王胡齐五年（前677）故事。

诸侯原本也是看风向使舵，见管仲如此说，便有大胆的问：我们组织联军去讨伐，兵入成周，那是什么行为啊？

管仲代齐桓公回答大家：我们不派兵，不组织联军。天子废太子立幼的事只是太子现在到这里来告诉我们，还没形成事实，没形成的事，都不能作为正式的借口。如果我们动兵，那是犯上，万万不可！

诸侯都觉得有道理，便问良策。

管仲：我们要会盟成书，以书呈天子戒勉。

宋公御说：历史上有先例吗？

陈侯杵臼附和道：历史上有的事，我们可以做。没有的，那就要慎重。

管仲：当年商汤王履死后，伊尹辅商历经外丙、仲壬两朝，后又做了汤的长孙太甲的师保。"帝太甲元年，伊尹作《伊训》，作《肆命》，作《徂后》。帝太甲既立三年，不明，暴虐，不遵汤法，乱德，于是伊尹放之于桐宫。"[①]

管仲从怀里拿出事先拟好的会盟上天子书，将会盟的原因一一叙说详尽，其最重要的就是请周天子姬阆遵循周礼，切不可废长立幼，丧失天子在天下诸侯面前的威望！大家听完久久无语，旋即击掌齐呼：好！不动干戈，以理服人，齐相此举，开天下大事之先河。

这是周惠王二十二年（前655）八月，在首止一家客栈里发生的故事。

---

① 见《史记·殷本纪》。

诸侯一一在这份上天子书上画押。交到齐桓公手上时，有人说了一句：还少郑伯姬踕！

管仲明白这话里的意思，故意激将齐桓公说：是啊！如果没有郑伯的签字，分量少一半。

齐桓公问：依各位怎么办？

诸侯都在会盟书上签字画押过了，个个都想早点退出这是非之地，故不约而同地表示：郑伯姬踕那点小事，还是齐侯你自己看着办吧！

管仲赶紧暗中拉拉齐桓公的衣袖，对大家表示感谢，送客。

二

郑文公姬踕回到国内，大夫孔叔知道后，对他说：这样的事不好啊！国君的行为是不可以随便的，轻则失亲，引发患难啊！

八国会盟书上，只有七国的签约，明显不全。怎么办？管仲决定亲率一支队伍前往郑国交涉。管仲做事缜密细致，他已经得到消息，郑文公回国后遭遇众臣不满，立刻派人私下带礼前往郑国拜见孔叔，希望能够成全首止会盟八国盟约上的事。孔叔一口答应。

得到了孔叔的认可，管仲带陈完前往，甯戚率一支千人队伍随从。这个队伍里秘密地藏着一个人，那就是周朝太子姬郑。

到了新郑城外，管仲安营扎寨，然后向郑文公送函，告诉他：齐师前来问责你逃避首止会盟一事，请你作出回复！这是前遣，联军在后面。

郑文公问大臣：谁愿意代表我先去城外与管仲见面？

众臣中无人敢与管仲见面，只有孔叔勉强答应可以一试。郑文公便命孔叔代表自己前往。这私下已经说好的事，自然在客栈里要来一场"演出"，是给孔叔的随从们看的，回去好对郑文公交代。果然，郑文公感觉孔叔带回来的消息对自己与郑国没多少危害，便选个好日子前往管仲下榻的客栈里补签了字。管仲见首止会盟有了一个圆满结果，很是高兴，告诉郑伯姬踕：周天子家的事，说好管也真好管，我可以说，就凭这书，太子郑的屁股就不用挪席换座啦！

郑文公听他这么说，心里懊悔不迭，连连怪自己乱听人话，以致得罪了齐伯与相国。管仲知道此是用人拉人心之际，也就多多给他灌足米糊汤，不让他再倒向楚。并告诉他：以后齐侯有什么事，都会喊上你的。太子郑几次想出来与郑文公见面，因为管仲事先有话，你太子的行动属于最高机密，不能外泄，否则性命攸关！太子郑只好听任管仲的安排。

管仲派人送十万急件给齐桓公，告诉他：郑伯姬踕已经在八国会盟书上补签了字，现在我就将这书送给周天子去，可以肯定，周天子不会再做"废长立幼"的蠢事啦！

果然，管仲的队伍到了成周，周惠王派宰孔亲自来到城外迎接。两人见面，宰孔私下问管仲：太子一同来了没有？

管仲笑笑：来了怎么说，不来又怎么说？

宰孔：最好没来。寡不敌众。

管仲：来了又怎么说？

宰孔：来了，那就坐席无虚啦！

管仲笑笑：请宰孔带我去见天子。宰孔答应，并准允篷车随行。队伍到了宫门口，宰孔安排管仲与他一起先入宫，侧室朝觐天子。其他人在宫门外候旨。管仲事先安排甯戚在他入宫后派人悄悄将太子郑送到太子府。管仲随宰孔见到天子姬阆时，姬阆已经病得不轻，神志还是很清醒。惠后随在左右。惠王让管仲坐下。管仲没坐，说：我是代表齐国向周天子进书来的，请在这里按周礼进行。惠王看看惠后，惠后没有离开的表示。管仲咳了咳，又道：周礼乃天下之法规，任何人都不可以逾越。天子如果疏忽，太史会记下来的。

惠王只好对惠后说：你们统统离开。

等屋里只有宰孔与管仲时，管仲没马上将上天子书拿出来，而是给周惠王好好上了一堂课，重温了当年的旧事，说得周惠王号啕大哭，连连向管仲认错。管仲知道此事有定准了，朝宰孔暗示，宰孔立刻到门口秘密着人把太子郑喊来，也把太史、三公请到场。自己守在门口，以防万一……

屋里的管仲已经将八国诸侯上天子书呈给周惠王。周惠王阅后，心境平稳了许多，知道如果换太子，势必会遭到这八国诸侯的责难。若是带为王，日子不好过在次，且性命攸关。他当下表示接受八国诸侯的劝阻，现在就将王玺传给太子郑。到了这时，管仲才向门口抛去眼色，那门口是他带来的随从，立刻告诉已经站在门外的宰孔等人，可以进来。

为了稳妥地把事办好，惠王亲自下旨将带外派，减少带可能会产生的后果。

惠后虽然隐约猜到管仲的到来可能与太子郑有关，但她不相信一个管仲能来干涉天子家的私事。当她知道惠王在病榻上对着三公宣布了王位传给太子郑的消息，这下真急了，赶紧去找带。带不在家中。她急急赶到周惠王面前，已成事实。她能如何？只能用妇人的手段去折磨周惠王。而姬郑此时也不示弱，派了护卫日夜不离地守着周惠王。宫中任何消息对外全部封锁，惠后连想喊儿子带来，都没办法。

三

齐桓公干涉周天子家事的消息不胫而走。

楚文王坐不住了，立刻让斗穀於菟发兵攻打弦国。弦侯从来对楚不屈服，奇怪的是也不设防，只是与道（今河南确山北）、柏（今河南舞阳东南）、黄（今河南潢川西）结姻，以联姻形式相互保护。斗穀於菟掌握了弦侯的弱处，早早将兵悄无声息地运到弦邑城外密林里隐藏起来，趁着一个雾重的早上，突然袭击毫无防备的弦国。弦侯连喊叫都没来得及，更不用说让周围国家集兵支援，只身逃往黄国避难。好在黄国早在周惠王十九年（前658）就与齐国结盟，楚不敢轻率进攻黄国。

消息传开，楚国与中原接壤之地的江（今河南正阳南）、道、柏纷纷向黄学习，向齐国靠拢，寻求齐国的保护。

这件事还影响了另一个人，他就是晋献公诡诸。

晋献公诡诸见齐桓公会盟八国诸侯干涉周天子事，烈士暮年顿时热血沸腾，壮志不已。他不思如何向齐桓公学习，而是看好了虞、虢两国，认为通过这两国，他才能扫荡中原驰骋万里无阻挡！

地处黄河南北的虢国（今河南三门峡一带），是晋国向中原发展的首要障碍。晋献公决心灭虢。但灭虢须经过南部边境的另一小国虞（今山西平陆境内）。虞、虢两国唇齿相依，关系又十分密切，都是周王室亲近的小国，晋献公多年来一直为此犹豫不决，迟迟未敢下手。五年前，齐桓公举联军伐狄的时候，晋献公诡诸就曾经认为时机到了，召集文武大臣商议对策。

那一刻，大夫荀息当即献计，请晋献公用北屈的良马、垂棘的玉璧，献给虞君，假道虞国而伐虢。晋献公舍不得宝马和玉璧，说：垂棘之璧是先君传下来的宝贝；屈地所产的良马是我的骏马。如果他们接受了我们的礼物而又不借给我们路，那怎么办？

荀息：不会这样，他们如果不借路给我们，一定不会接受我们的礼物；如果他们接受了礼物而借路给我们，这就好比我们把垂棘之璧从内府转藏到外府，把屈地产的良马从内厩牵出来关在外厩里，有什么好担忧呢？

晋献公担心虞国有贤臣宫之奇，恐怕虞君不会上当。

荀息申辩道：宫之奇之为人，懦而不能强谏，且少长于君，君昵之，虽谏，将不听。倒是那位百里奚得防着一些。但也好办，这位百里奚在虞侯那里没地位。

于是，晋献公决计贿赂虞君，假道灭虢。

晋献公派荀息带着千里马和名贵的玉璧出使虞国，劝说虞君借给晋师道路而伐虢，并再三表示不对虞国产生任何影响，如果不信，可以立据为证。果然不出荀息所料，贪婪而又目光短浅的虞君盯上宝玉和骏马，就想答应下来。

宫之奇劝谏说：不可以答应呀！虞国跟虢国，就像车牙跟车辅，车牙依赖车辅，车辅也依赖车牙，这正是虞虢相依的形势。古人有句话说："嘴唇没有了，牙齿就会感到寒冷。"虢国不被灭亡，靠的是有虞国；虞国不被灭亡，靠的是有虢国。如果我们借路给晋国，那么虢国早晨灭亡，虞国晚上也就会跟着灭亡。怎么能借路给晋国呢？

虞公不听宫之奇的话，说：晋与我同宗啊，岂能害我。

宫之奇说："大伯、虞仲，大王之昭也；大伯不从，是以不嗣。虢仲、虢叔，王季之穆也；为文王卿士，勋在王室，藏于盟府。将虢是灭，何爱于虞？且虞能亲于桓、庄乎？其爱之也，桓、庄之族何罪？而以为戮，不唯偪乎？亲以宠偪，犹尚害之，况以国乎？"①

虞公摇摇手道：我的祭品丰盛洁净，神明一定会保佑我。

宫之奇说："臣闻之，鬼神非人实亲，惟德是依。故《周书》曰：皇天无亲，惟德是辅。又曰：黍稷非馨，明德惟馨。又曰：民不易物，惟德繄物。如是，则非德，民不和，神不享矣。神所凭依，将在德矣。若晋取虞，而明德以荐馨香，神其吐之乎？"②

虞公拒绝了宫之奇的劝谏，欣然接受了晋献公的礼品，答应借给晋国道路。

晋献公诡诸任命里克、荀息率兵通过虞国，并会同虞军，向虢国挺进，攻下虢国的下阳（亦称夏阳。今山西平陆南）。初探效果极佳。

五年过去了，包括齐国在内，没一个国家对晋献公借道伐虢的事提出异议。但北屈的良马、垂棘的玉璧还"存放"在虞国，诡诸一想起这件事，心里就有些不痛快，自己家的宝贝，老搁在人家那里总不是事啊！

现在，楚文王灭弦国的消息再次勾起晋献公诡诸的野心欲望，他感觉时机到了。

故伎重演，仍然向虞国借道伐虢。晋献公怕宫之奇从中作梗。荀息说：老办法，挑唆虞公不听他的嘛。果然，虞公不听宫之奇的。灭掉虢国，虢公狼狈逃往卫国，心里又惦着家人，悄悄潜入虞国，想与家人见面。晋军细作密得此事，在荀息策划之下，晋师于返回晋国的途中，以虞国窝藏虢公的由头，对虞突然发起袭击，轻而易举地灭掉虞国，俘虏了虞君与大

---

① 见《左传·僖公五年》，大意为：太伯和虞仲都是太王的儿子，太伯不从父命，因此没有继承周朝的王位。虢仲和虢叔都是王季的儿子，当过文王的执政大臣，对周王室立下过功勋，记载他们功绩的盟书在盟府里保存着。晋国将虢国都要灭掉，对虞国还能有什么爱惜？再说晋国爱虞国，这种爱比桓叔和庄伯的后人对晋国更亲近吗？桓叔和庄伯的后人有什么罪过，而晋献公把他们都杀掉了，不就是因为他感到他们是一种威胁吗？至亲的人因为恃宠而威胁到晋献公，而且还要把他们杀掉，何况一个国家对他的威胁呢？

② 见《左传·僖公五年》，大意为：我听说过，鬼神不随便亲近哪个人，只保佑有德行的人。所以《周书》上说：上天对人不分亲疏，只帮助有德行的人。还说：五谷祭品不算芳香，只有美德会芳香四溢。《周书》上又说：人们的祭品没有什么不同，只有有美德的人的祭品神才会享用。照《周书》这么说，君主没有德行，民众就不会和睦，神明也不会享用他的祭品。神明所依凭的，在于人的德行。如果晋国夺取了虞国，用他的美德向神明进献祭品，难道神明会不享用吗？

夫井伯。

荀息拿着他原先送出去的垂棘之璧，牵着北屈骏马，回报晋献公。

晋献公看着玉璧，抚着宝马，感叹道：璧倒还是老样子，只是马的年齿大了些。

消息传到管仲耳里，他对齐桓公叹道：如果虞公不贪垂棘之璧和北屈骏马，如果虞公想到这些宝物比江山要差得多，如果虞公把宫之奇的话听进一点点，都不会丢了江山。虞与虢唇齿相依，还有周王室帮助，何能这么快灭了？这就是贪小利的结果啊！所以说，小利是大利之害！

管仲越来越认为，有一个大家都能遵守的规矩是维护周室与天下的宗旨，否则，这天下还有什么规矩与道德可言？

四

周惠王二十五年（前652）春，姬阆因病而故。守在姬阆身边的姬郑因为早早地采取措施，加上对惠后与王子带严加封锁消息，朝中文武大臣都知道太子郑是新天子，谁也不愿意逆时而行，惠后与王子带孤掌难鸣。这种形势下，从成周通向齐国的大道小路上，一匹匹千里马在飞驰，这正是姬郑派往齐国的密使。管仲在事先曾经提醒姬郑，如果惠王"过去"，你首先秘不发丧，迅速通报齐侯，齐侯在第一时间内联络其他首止会盟签字的诸侯。只有这样，才能确保你接位不出差错。管仲还提醒他，送信的信使应该派出多位，以防奸人路劫。

得到姬郑报丧，管仲在第一时间里派快骑赶往宋、卫、许、曹、陈、鲁、郑诸侯国，要他们以最快的迅速赶到洮（今山东鄄城西南）会盟。内容也事先通报于大家。所有人接到这个消息，没一个落后。郑踕更是积极无比。《左传·僖公八年》："八年春正月，公会王人、齐侯、宋公、卫侯、许男、曹伯、陈世子款盟于洮。襄王定位而后发丧。"

姬郑被以齐桓公为首的八国诸侯拥推为周天子，坐上了天子位置。位置坐好了，姬郑这才宣布周惠王的死讯。然而，姬郑心里非常明白，自己虽已是天子，但强悍的对手王子带一直是心腹之患，难以除却。

年近八旬的管仲深感疲惫。几十年来顺着这个世界的动荡而奔波，现在，他深深感觉，要想防止诸侯之间旷日持久的纷争，树立稳定的社会基础，必须对这种不顾大局的行为施行惩戒。说到惩戒，最好的办法，莫过于制定一种制度。只有用制度来约束行为，天下的和谐才有可能实现。这一观点正好与齐桓公不谋而合。齐桓公认为，做一个"尊王攘夷"的领头人，远不如制定一个千秋大业的规矩来得重要。前者是维持短暂的秩序，后者则是永远的"周礼"！天下只有一个大家都能遵守的"规矩"，太平与安宁才能有保证，战乱频发、生灵涂炭的乱世才能一去不复返。

为了完成这个雄伟方案，管仲再次为齐桓公构建成就霸业的雄伟思想，其中最为重要的就是制定制度。齐桓公接纳了管仲的怀柔政策，向刚刚上台的周襄王姬郑提出要在长满葵菜的地方"会盟"，确保各诸侯国能够永远忠于周天子。姬郑得到这个消息，兴奋异常，立刻命令周公忌父于周襄王元年（前651）夏天，前往葵丘（宋邑，今河南民权东北），参加由齐桓公主持的天下诸侯会盟。

这次会盟，管仲尽可能地多请了一些人，其中包括晋献公。出于对晋国形势的关注，管仲提醒齐桓公，虽然齐姬不在了，申生不在了，但晋国还在，晋国的民众还是周天子的庶民，最好还是通知晋献公诡诸，他总是齐国的女婿嘛！

接到请柬的晋献公并没有迟疑，他知道齐桓公现在是中原诸侯各国公认的霸主，立刻动身前往。毕竟年老体衰，路上走得慢，会盟结束，晋献公还没赶到……

黄河不知是何次的改道，从这片土地上经过，留下了一条长长的湖泊，就在这湖泊的南岸，长满了葵菜。葵菜是这个世界奉献给人类最丰富多彩的蔬菜，宽大叶如盆，紫红小叶如血，特别是绿如碧玉、宽大如盆的葵菜长满了大河两岸，在夏日烈阳下，格外好看。一队队的车乘向着这个长满葵菜的地方而来，并不大的葵丘城里一下子挤满了来自周天朝以及各国的国君和随行人员。地方虽然是宋国的，但齐国运来了十车金银，这些硬通货足以开支这次会盟的全部费用。

会盟的地点在城外的一片葵菜地里，中间搭起了高高的台，依东西两边摆席，从北为上顺序向南一边四席，东边首席为齐，挨着是鲁、宋、陈；西边首席为郑，挨着的是卫、晋、许、曹。北方正中是周天子的特使宰孔。除了晋席空着，各诸侯国都到了。宰孔入席，各诸侯国才能入席。

宰孔入席后，又起身，令随从将周天子带给齐侯的礼物捧出。礼物出现时，宰孔说：天子让我告诉齐侯，他姬郑在宗庙中祭祀文王武王，并将祭祀先王的胙肉带来给齐侯，以表彰你谦卑劳累。还有红色的弓箭，以及诸侯朝觐天子的车乘……请你在接受这些时，不必下拜受赐。

正准备上前受礼的齐桓公，听说不必下拜，怔了一怔，他看了看四下。宰孔这番话在全场引起了不小的震动，在场的诸侯都知道，祭祀的宗庙胙肉只应分给同姓，现在这样做，可见齐侯在周襄王姬郑心目中的地位。这还不算，周天子还让宰孔带信说，不必下拜就可以直接拿走。有这样的事吗？难道齐侯成了周天子的长辈不成！

在讲究礼仪的时代，改变一种规矩，需要有依据，特别是当时风头正劲的齐侯，他头脑还没糊涂到昏厥的地步，一眼看到管仲朝他走来，便使眼神让他过来。管仲过来，认真地告诉他：你的一言一行都在诸侯的眼里，你想让他们听你摆布，首先你得能够听周天子的，为君不君，为臣不臣，乱的根本啊！

齐桓公不以为然道：我乘车的会盟有三次，兵车的会盟有六次，九次召集诸侯，统一匡正天下。北征到达孤竹、山戎、秽貉，拘获了大夏国君。西征到流沙西虞，南征到吴、越、巴、牂牁、胣、不庾、雕题、黑齿、荆夷各国，没有谁敢违反我的命令。而中原国家轻视我，这是为什么？从前夏、商、周三代受命为王的，难道能超出我这样的功业吗？

管仲说：吉祥的凤凰鸾鸟不来降临，而鹰隼鸱枭很多；众神不来显灵，龟甲不露征兆，而拿着粟草卜筮却屡次卜中；时雨甘露不下，狂风暴雨经常有；五谷不丰多，六畜不兴旺，而蓬蒿藜草遍地茂盛。凤凰的文采，前面是"德义"，后面才是"日昌"。从前受命为王的，总是龙龟来到，黄河出图，洛水出书，地上出现乘黄神马。现在三种吉祥物都未出现，即使受命为王，还是要失去诸侯支持，那又有什么用啊！

听到这里，齐桓公莫名其妙地打了个寒战，心里有一丝畏惧掠过，顿时明白了什么。他对宰孔说：天子的威严就在眼前，不离咫尺，我小白承奉天子之命能不需下堂拜赐，但我担心这样一来，造成礼节混乱，为天子增羞，万万不可。说完，退出会盟场所，下到台下，先拜稽首，然后到两阶之间拜，再入堂，又再拜稽首，五叩三拜完毕。最后上前接受赏服、大车、龙旗九游、渠门赤旗。

这一着，诸侯当场看到，人人称道小白守礼。

午宴后，宰孔问齐桓公还有什么内容。齐桓公告诉他：相国总结这几十年里你打我、我伐你的战争更像是在上演一部"闹剧"。为此，仲父提出为稳定天下忠诚天子，想与大家讨论一个妥善的方法，也就是规矩。订下规矩，使人人都遵照执行。您看行不行啊？宰孔感兴趣地说：好啊，太好了！我能参加听听吗？宰孔要听听，众人谁有理由说不让他宰孔听、参加啊。宰孔要参加，可就为难了管仲。依管仲在齐国的做法，讲者为尊，居北而席。诸侯都得席南位而面北。宰孔代表着周天子，周天子也能居管仲学生之席吗？就在这个时候，宰孔一眼看出了管仲的意思，笑道：我虽是周天子的代表，但任务完成了，现在我就是忌父，纯属周朝一位大夫或者说是卿士嘛。论年岁，相国快近太公鹤寿，能给我们说说上朝典故，这是何等好的机会啊！请相国入师席，吾与诸侯面北聆听师训。宰孔这么说，管仲这才宽下心。齐桓公重新整理排位，自然是宰孔靠管仲最近，在宰孔后一张桌的地方放着齐侯与郑侯的桌席，其他人更朝后一桌距离。

在管仲与齐侯、郑侯之间分别摆下两席，一席是空的，一席上坐着陈完，他负责记录管仲讲课的内容。

管仲讲解天下大势，诸侯间的危机。管仲有言：戎狄之强，楚国之强，君子和而不流，强哉矫！中立而不倚，强哉矫！国有道，不变塞焉，强哉矫！国无道，至死不变，强哉矫！由此，则仁者不忧，知者不惑，勇者不惧。仁者必有勇，勇者不必有仁。见义不为，无勇也。知、仁、勇，三者天下之达德也。

这番大道理后面，谁都能猜测出管仲深藏着什么。慢慢地，管仲把大家的注意力引到了他所需要的话题上，进入了"对话"阶段。管仲提问题，请诸侯畅所欲言回答。回答的诸侯必须就席陈完对面的位置上。

这次"对话"，诸侯提出的问题多达数百个。事后汇总，管仲一一重新审视、整理、归纳，提出了诸侯国之间的道德约束准则。

通过这场讲课与"对话"，管仲真正的目的是要引诸侯到他的思路上。从这数百件提案与答题中可以看出，诸侯大多赞成管仲的意见，一致愿意紧密团结在以齐侯为帅旗的联盟周围。有人提出，趁热打铁，就此机会将下一步的工作做掉。

下一步是什么工作呢？大家在猜测。

管仲在深思，如果现在就把大家的意见归纳起来，提出签订合约，不是不可以，却显得仓促！有些条约，还是需要反复斟酌，有必要的话，还是先个别私下通通气，取得一致态度，再到公开场合，可能效果会更好……

最为聪明的角色是宰孔。管仲将自己的想法与宰孔作了沟通。宰孔大为赏识，坚决支持。有了宰孔的支持，齐桓公宣布天气进入暑夏，太热了，是否等仲父好好将大家提出的意见归纳归纳，整理出一个完善的东西，再请大家继续会盟？

宰孔带头表示同意，款待虽好，毕竟进入夏天，天气越来越炎热。秋天再会盟一次，好啊！说定了啊，就在这里，这里的葵菜真的很好吃啊！还有那么多的齐国美女相陪，真让人乐而忘返啊！

五

葵菜依然长得很旺盛，人们还没从暑气中完全摆脱，秋天就到了。

还是那个地方，还是那班人马，桌子的摆式也没变化。不同的是，在这座台的左前方新设一祭坛。

周天子的特使周公忌父入席时，晋献公那席位上仍然是空着的。管仲告诉齐桓公，晋献公出发又迟了几天，怕是要晚到数日，已派人到路上去接了。但不能等了，如期开始吧！

宰孔到达的当天晚上，管仲照例先拜访了他，将这次会盟的内容一一报与宰孔。宰孔听了，看了，逐字逐句研究，然后抬头对管仲说：你提出的"居处庄、事君忠、莅官敬、朋友笃、战阵勇"能不能每句用一字表述？

管仲谦恭地表示：愿聆听教诲。

宰孔说：仁、礼、义、信、强。

管仲赶紧离席行大礼。

宰孔告诉他：我夏天会盟结束回成周就向天子建议授您爵位，没有您，这天下怕是很难再维持下去……

管仲：夷吾之愿，周室千秋万代。

宰孔：这次我回去，一定要再次报告天子，让他请您做上卿。

管仲摇摇头：这件事，还是不要再提了。以前就有过的，是我推掉了。你看我这年龄还能出远门吗？我能够帮助你们把天下诸侯的心都团到一起，就非常满足了……

宰孔在这个夜晚，第一次明白了管仲的伟大胸怀。面对秋夜晚上的繁星，宰孔感叹道：天下如果没有管仲，那会乱成什么样子？

这一夜，宰孔没有闲着，他访问了郑侯及其他诸侯，希望他们明天能够支持齐侯。

第二天，会盟正式开始，就在夏天会盟的场上。大家听管仲作了这次会盟内容的解说，讨论了管仲起草的葵丘盟约。这次盟约，被后人孟子记载了下来。内容是：

初命曰：诛不孝，无易树子，无以妾为妻。

再命曰：尊贤育才，以彰有德。

三命曰：敬老慈幼，无忘宾旅。

四命曰：士无世官，官事无摄，取士必得，无专杀大夫。

五命曰：无曲防，无遏籴，无有封而不告。

（《孟子·告子下》）

这五条翻译成今天的文字就是——

第一条：凡不孝的儿子，必须诛灭！凡已定立了的太子，不得擅自更换。更不能随便将妾替代正房做夫人。用今天的流行话说，二奶永远不能做大奶！

第二条：要尊重贤人，培养人才，对于有德行的人，一定要给予表彰并实施保护。

第三条：尊敬老年人，慈爱幼童。对于外国的来宾，有住在境内的，尽量给予照顾，不要使他流落，体现国家的宽容与颜面。

第四条：士卿不再世袭。官员不许兼职。士大夫犯罪，国君不能擅自杀。孔子后来改成的"刑不上大夫"即源于此。

第五条：不许乱筑堤坝，损人利己；邻国有饥荒，不许限制粮食出口；

有封赏的大事，一定要互相通报，不得私自进行，暗箱操作。

就我们现在来看，这五条除了"无专杀大夫"这条，其他的放到今天也仍然是有效的呀！

全场一致通过。

在宰孔的带领下，齐桓公走在最前面，大家一起到左前方的另一坛上参加祭祀誓盟。

这次誓盟与往常不同的是，没搞歃血。而是献上六畜，在神灵前读葵丘盟约，然后大家一起对神灵起誓：

　　凡我同盟之人，既盟之后，言归于好。

誓盟结束，陈完带人奉上笔墨，请宰孔带头，诸侯依伯叔季爵顺序一一在公约上签字画押。完毕后，齐桓公以盛大的酒宴款待大家。

酒过三巡。齐桓公突然忍不住了，端着酒杯过来给宰孔敬酒，颇有矜高之色地提议道：寡人听说夏、商、周三代都有封禅之事，寡人欲趁此盛会，封泰山，禅梁父，如何？

宰孔闻之脸色大变！

宰孔变色不是没有原因。登临泰山祭祀，就是把自己的功绩报知于天地，只有天子（还不是普通天子，多是开国天子）才有这种资格，因为天子的权力是上天给予的。自黄帝始，这件事就被看成天下最大的事件。封泰山就是祭天，禅梁父就是祭地。诸侯的权力，是祖德世袭，代代相传。诸侯只能祭祖，无权祭天祭地封泰山、禅梁父！

齐桓公要祭天，这就等于告诉宰孔，他小白要宣布取代周天子！

别的可能忍，这种事是不能忍让的。

宰孔当场愤然回答：你以为可，谁敢说不可！

接着，离席私下对管仲告诫：封禅之事，哪是诸侯该说的话！你就不能劝谏吗？

管仲听说这事，也十分地震惊，与鲍叔牙连夜找小白谈心，极力劝阻齐桓公不要去封什么泰山。齐桓公一听就把脸放下了。管仲看看齐桓公一脸骄色，与鲍叔牙交换了个眼色，劝道：封禅要有天地之吉象。如吉象未出现，尚须等待。再者，如今天子在位，欲封泰山，禅梁父，必须有天子旨意。二者缺一不可。

齐桓公摇摇头，不以为然地说：天之吉象已经出现，齐国连年风调雨顺，五谷丰登，这就是天之吉象。至于天子旨意，我告诉了宰孔，请他转告周天子，给寡人下旨，不就行了嘛！

鲍叔牙：天之吉象，要有凤凰来仪。

齐桓公笑道：凤凰来仪？派人去捉一只凤凰来就是了！古时孔甲好龙，能派人捉龙，我就不能捉凤凰？

管仲向鲍叔牙使个眼色，示意他不要再说下去。鲍叔牙知道管仲是在提醒他不要太顶撞使齐桓公下不了台。缓了缓气氛后，管仲接着和蔼地说：古代封泰山祭天，禅梁父山祭地的有七十二家，而我所能记得的不过只有十二家。这就是古代的无怀氏封泰山祭天，伏羲封泰山祭天，神农封泰山祭天，炎帝封泰山祭天，黄帝封泰山祭天，还有尧封泰山祭天，舜封泰山祭天，禹封泰山祭天，接着是汤封泰山祭天，周成王封泰山祭天。他们都是承受天命然后才举行封禅大典的。

齐桓公：我北伐山戎，远过孤竹国；西伐大夏，涉渡流沙河，束战马，悬兵车，攀登卑耳山，南伐到了召陵，登熊耳山以望长江汉水。与各诸侯国兵车之会有三次，乘车之会有六次，做到九合诸侯，一匡天下，各国诸侯没有敢违抗我的。这同古时夏商周三代承受天命，有什么不同呢？

管仲见不能用道理说服齐桓公，只好直言道：古时举行封禅大典的国家，盛在祭器里的是郁山上的黍和北里长的禾；铺在地上作为垫席的是江淮之间特产的三脊茅草。东海送来比目鱼，西海送来比翼鸟，然后，不召而自至的东西还有十五种之多。我们现在的情况是凤凰麒麟不来，象征祥瑞的嘉谷不生，然而蓬蒿藜莠等杂草却很繁茂，鸱鸮之类的凶禽恶鸟不断来临，还想要举行封禅大典，岂不是不应该吗？

齐桓公闻后，久久无语，最终还是放弃了封泰山祭天地的想法。

封泰山的事，缓一缓。这一缓，就缓了四百多年，直到秦始皇一统天下后，嬴政才实现了小白的愿望。

宰孔一夜未眠，第二天一睁开眼睛，就得到管仲登室解释齐桓公放弃封泰山的事，并替齐桓公遮掩道：齐侯只是心直口快，并没外面说得那么严重……

管仲替齐桓公抹粉，宰孔是明白的，轻叹一句：也真亏了您啊！然后与管仲告辞，打道回成周。

宰孔在回去的路上，行去半日光景，路遇一浩浩荡荡队伍过来，他停下，等队伍过来，见是晋献公诡诸的车队，忙上前招呼。晋献公见是宰孔，听说他已经参加完会盟，忍不住后悔道：夏盟没赶上，秋盟仍然没有赶上，这是为什么？难道说，我晋国不如齐？宰孔讨好地说：齐桓公越发骄横了，不尽力修行德政，脑子竟是一些不切合实际的胡思乱想。诸侯对齐国都不是很满意。

晋献公摇摇头说：我知道他。齐姬之死，特别是申生之死，我欠他的。要不，我这一把年纪，身体也越来越不行，赶来为何？就是想取得他的原谅啊！

宰孔没有告诉晋献公葵丘会盟的实质，而是说：齐国接下来很可能会去攻打北方狄人或是东、南方的夷人、楚人，肯定不会向西方的晋国用兵。我看您还是不用去了。

宰孔说完，满以为晋献公一定会很高兴，没想到晋献公颓废的脸上没什么表情，点点头，就下令转身回国了。宰孔心里很明白，此时年老体弱的晋献公心伤在与三个儿子感情破裂上。宰孔一边上车，一边对他的车夫说：我看晋侯快要死了吧。晋国以太岳山为城垣，以汾河、大河、涑水和浍水为护城河，戎、狄环绕在它的周围，土地广袤，如能专心治理，谁敢与他争锋呢？你看，他大张旗鼓地去参加会盟，半道却仅凭我一句话就转身回去了！看来晋侯命不久矣！

六

晋献公为何急急地赶回去？原来家里已经不是他说了算啦！骊姬清除了所有的障碍，稳稳当当把儿子奚齐扶上太子宝座，夺嫡阴谋大功告成。

这一刻，老朽的晋献公已不在骊姬的眼中，她开始百般地厌恶他，有时甚至公然在晋献公面前与优施卿卿我我，气得晋献公吐血。优施说：你气吧，但你不要忘记，是你把我劓割成废人。我现在不恨你，因为我的儿子做了太子，你想改变已经来不及了！

晋献公明白过来，暗中数次遣人召重耳。重耳四十三岁那年因骊姬陷害，被武士勃鞮追赶到蒲城，砍了一只袖子，逃到北狄（今陕西渭水一带）。当时跟随他逃难的，还有晋国的一帮文人武将，较有名的是狐毛、狐偃、赵衰、魏犨、狐射姑、颠颉、介子推、先轸等人。[1]

北狄久有与中原和睦的愿望，知道晋国公子重耳带了一帮有名望的人来，立刻将这伙"难民"奉为上宾，还把征服咎如（赤狄别名，隗姓）时收纳的两个漂亮女子嫁给他们，小的叫季隗，嫁了重耳，生下两个儿子，取名伯鯈、叔刘。大的叫叔隗，嫁给了赵衰，生了个儿子取名赵盾。

骊姬与优施早就设下关关道道，晋献公身边的鸟儿都飞不出，更莫说信。谁送信谁先送命！时间一长，晋献公病倒了。临终的晋献公不想让外人知道奚齐与卓子不是他的儿子，将荀息喊到面前，把奚齐托孤给他。

晋献公死后，荀息依照周律，宣读晋献公诡诸遗嘱：立奚齐为国君，主持丧礼。

在丧礼没开始前，申生的师傅里克带着一班老臣赶到朝堂之上，责问荀息。

荀息说：我受先君遗命，扶助幼主，除了奚齐，我不知还有他人。如果仍不能立，只有一死，以谢九泉下的先君。

邳郑父劝说：这样死去，未免太不值得了。我看还是改变主意吧！

荀息：我以忠信向先君作过保证，宁可去死，也不改变主意。

邳郑父见荀息铁石心肠，就告辞出来，另想别的办法。依里克与邳郑父的安排，买了一个大力士，换上晋君卫队的服装，混杂在王宫卫队里，在给献公办丧事的时候，把幼主奚齐刺死在灵堂上。灵堂内外顿时一片哭喊声。荀息苦心经营一场，落到这等地步，不禁伏在献公柩前痛哭起来，说着就要碰柱而死。

骊姬急忙叫人拦住，劝说道：幼主虽死，但还有卓子，也可扶立为君嘛。

荀息听着有理，重振精神，杀死了数十名守灵的卫士，另派可靠的卫队守灵。

又一次安排晋献公丧礼的朝会上，左司马梁五见大臣里没有里克、邳郑父，知道情况有变，退朝后，梁五很不满地对东关五说：我看荀息是

---

[1] 《左传》称晋文公十七岁而"有士五人"，五个人是谁，《左传》没有言明，杜预注称就是跟随他流亡的狐偃、赵衰、颠颉、魏犨、胥臣。《史记》记载五个人是赵衰、狐偃、贾佗、先轸、魏犨。

个胆小鬼，做事谨小慎微。不除里克、邳郑父，晋国的大权怎能弄到咱手里呢！

东关五：你说该怎么办好呢？

梁五便把自己早想好的一套计谋告诉了东关五。

当天晚上，晋大夫雅遄家里，突然闯进来一个名叫屠岸夷的大汉，因他和雅遄自幼很好，就将梁五、东关五如何收买他，让他在安葬献公时，趁机杀死里克、邳郑父的计谋说了一遍。雅遄听了大吃一惊，说：你若不去，料定"二五"还会派他人去干，不如将计就计。

屠岸夷当夜被送到邳郑父家中。里克在这里与屠岸夷会面，告诉他：楚国已经知道晋献公死亡。"布德施惠""结好诸侯"和重贡周天子来巩固王位的楚成王熊恽，觉得这是一个与齐桓公叫板的好机会，已经出兵。里克说：我们的任务是把好朝堂与内宫的事。

商量的结果是，屠岸夷负责在给晋献公送丧时，解决"二五"！

里克没想到，楚军在晋国都城的外城遭遇到优施强烈的抵抗，楚军根本无法攻入外城，更不用说内城的王城与朝堂了！

当荀息召集一班文武官员草草为晋献公送葬时，左司马梁五与东关五以为屠岸夷还是他的人，一点没防备。屠岸夷趁着出殡，上前拉住梁五与东关五，挥刀结果了他们的性命。士兵们一见，队伍大乱，四处逃窜，屠岸夷跳在一块石头上，高声呼喊着：大伙不要慌乱，我奉老大夫里克命令，杀除奸党，为太子申生报仇，迎接重耳回国，愿跟我的就站过来！

早早就将骊姬与优施等人的罪行明昭天下的里克，此刻完全争取到了城中民众与将士，并控制了朝殿与后宫。荀息见状，把卓子拉在身边，对里克说：我奉晋侯遗命，立奚齐为国君，奚齐被杀，现在立卓子为君。你想杀他们，请你让我完成使命再杀他，可以吗？

里克：不行！晋国不能让野种杂草存生！说着，挥手上前将卓子砍于殿前。

骊姬急叫优施。优施此刻却在外城，怎么也进不来！

里克冷冷地对荀息说：你不会把那个妖姬护着当母后吧！

荀息：我当然不会。接着，无奈地说：里克啊，你的任务完成了。我的任务是不是也算完成了？说完便要离开。里克说：大夫别走，你是托孤大臣。晋国一日无主，你的任务就没有完成。

既然这样，请将军与我一起商量对策。荀息邀里克到一边坐下商量。商量的结果是分两队人马前往城外，请重耳与夷吾，他们谁先回来，就扶谁登基。

荀息：重耳大啊！

里克：非常时期，顾不上了。你要说晋献公的儿子，城里还有，但你能找到吗？杀他头也不会来做这位置的！

荀息只好同意，立刻派人潜出城去。

这时有人说，骊姬不见了。里克下令寻找，结果，在一口井边寻到了正要投井的骊姬，立刻把她抓来，命令全城的屠夫到场，将剥去衣裳的骊姬活活放在案板上，让屠夫们一刀刀地先割肉，然后将她剁成了肉泥……

里克派人通报楚王的同时也与夷吾与重耳联系。重耳接到消息，立刻带兵前往，没想到在城外遇到了优施的抵抗，重耳兵败退走。

夷吾接到里克的信件，但吕甥坚决地阻止了他的回国行动。吕甥与另一位随从郤芮说：国内并不是没有晋献公的血脉，这样匆匆去，必定是灾难！

夷吾问他们怎么办？

吕甥说：目前靠我们近的是秦国，借强国的威力回晋国，眼下只有这条路。

于是，夷吾让郤芮用厚礼贿赂秦国，并约定：假使我夷吾能回到晋国，愿把晋国河西奉献给秦国。夷吾同时让送信的给里克一封信说：假使我真能即位，愿把汾阳之城封给您。

秦穆公接到夷吾的求援信，立刻派军队护送夷吾回晋国。

夷吾当上了晋国国君，即晋惠公。

不久，狐毛、狐偃兄弟收到重耳的舅父、狐氏兄弟的父亲狐突写来的信，信上说，晋惠公从秦国回到晋国后立刻与郤芮商量说，重耳在外面笼络诸侯，迟早是晋国的祸害，不如趁早除掉。郤芮推荐勃鞮去除重耳。勃鞮曾受晋献公之命到蒲城谋害重耳未成，现在让他去，正是理由。

重耳得知后，与大家商量离开北狄。

狐偃、赵衰说：现在天下数齐国最强，各国诸侯纷纷依附，还是去投奔齐桓公吧！

季隗毕竟已经与重耳生活了十二年，现在，重耳因为夷吾派人来刺杀他而不得不离开。他对季隗说：晋国要来人杀我，我在这里待不下去，你跟孩子们要好好保重，如果我二十五年后还回不来，你就不必等我了。

季隗哭泣着说：男子汉志在四方，何况你是晋国的公子，放心走吧，什么二十五年，那时我都成老太婆了，还改嫁什么……

重耳一行上路不久，掌管盘缠行李的人偷偷带着大家的盘缠溜了，让大家一下陷于绝境。去齐国，先得经过卫国，没盘缠，一路上吃尽了苦头，走了好多天，才来到卫国。守城门的人问他们是哪里来的。

赵衰：车上坐的是晋国公子重耳，要到齐国，请开门借个道。

守关士兵听说是晋公子重耳，便飞马快报卫君。刚刚参加过葵丘会盟归来的卫文公姬毁没忘掉当年卫国修建国都时晋国不肯帮忙的事，又听说重耳是逃难来的，坚决不肯开关放行。

魏犨闻后怒道：姬毁真是个小人，等着瞧吧！

赵衰叹息道：蛟龙失水，还比不上蚯蚓呢。我们就咽下这口气吧。

刚刚结束葵丘会盟的齐桓公回到国内，屁股还没坐热，听说晋国内乱，立刻亲率诸侯联军赶往晋国。临行时，管仲提醒齐桓公，晋国公子重耳如果能回到晋，是能够担当重任的人。齐桓公记下了，率师日夜兼程赶到高梁（晋邑。今山西临汾附近），秦军和夷吾这时也到了晋国边境。齐桓公左看右看，未见重耳，只有夷吾，明白当年自己经历的故事又在晋国重演了，不想多介入，便留下隰朋配合秦军一起护送夷吾回晋国，灭掉优施等乱人，自己离开。刚刚有过葵丘会盟的齐桓公在秦穆公的心目中还是有些威力，他与齐将隰朋商量立夷吾为晋君。隰朋提出，此事应报周天子定。秦穆公立刻派人赶往成周向姬郑汇报。姬郑派宰孔与大夫王子党前往晋国。

"四月，周襄王使周公忌父会齐、秦大夫共礼晋惠公。"[①]

再说，重耳一行朝齐国走，有一天，他们饿着肚子走到中午，来到一个叫五鹿（今河南濮阳东北）的地方。他们看见一群农夫正蹲在地边吃午饭，重耳让狐偃跟他们要点吃的。农夫们说：我们哪有多余的给你们吃呀？

狐偃：不给饭吃，就把碗借给用一下好吗？

① 见《史记·晋世家》。

一个农夫说：倒是怪可怜的。说着，捧过一块土坷垃来，笑着说：吃这个吧！

魏犨大怒，挥拳就要打，狐偃赶忙拉住魏犨，接过那块土坷垃来，露出笑脸道：公子啊，这可是个吉祥的兆头。咱们弄点粮食那么不易，要想占领土地，可就更难了。你看，这老伯把这土给我们，还不是上天赐给我们土地嘛！快快拜受才是。

重耳听了这番话语，便拜领了这块土坷垃。

没有要到饭吃，重耳几乎饿昏，介子推割下自己大腿上的一块肉做了一罐肉汤，重耳吃完后，大家又继续逃难。这就是介子推割股啖君的故事。

就这样，重耳一行饥一顿、饱一顿地总算到了齐国边境。

管仲听说重耳来到，赶紧派甯戚到关外迎接。重耳一行在关口巧遇归来的齐桓公。齐桓公见了重耳，观其面相，一番交谈，喜欢得很，立刻快马通知管仲赶到驿站。管仲见了重耳，也觉得重耳有晋献公遗风。为人豪爽的齐桓公大摆酒席给重耳接风。席间，齐桓公见重耳只身一人出来，便提出让自己侄女姜侍候重耳。重耳大喜过望。介子推却拉了拉他的衣襟，重耳有过在蒲城的遭遇，心里明白了，赶紧抱拳致谢，嘴里含糊不清地说了什么。齐桓公有些不高兴地说：你嫌我侄女丑？你没见过，焉知她美丑？说着，就把侄女姜召来。姜真是楚楚动人，朝宴前一站，满屋生辉。重耳看呆了，他还没见过这样美的女子。

齐桓公：你意下如何？我侄女芳龄十六！可配得上你这糟老头？

重耳无以言对。

介子推出列代重耳回话说：禀告齐伯，我主大喜过望，不敢轻使公主。如若愿意下嫁，我主则可领赏。

齐桓公：看你重耳还是一谦谦君子。好！那就择日成亲。

重耳做了齐桓公的侄女婿。齐桓公拨给他们二十多辆车马，派专人接待。

七

葵丘会盟使齐桓公地位如日中天，齐桓公成为"国际警察"。哪里有问题，齐侯与齐师的身影就出现在那里。

周襄王三年（前649），王子带与惠后密谋，串通伊川、洛水一带的戎、狄族之兵攻入成周，焚毁东门，争夺王位。情急之下，周襄王急召天下诸侯勤王，离成周最近的秦穆公与晋惠公立刻兴兵伐戎。齐桓公派管仲率兵前往与秦、晋之师会合并戍守周室。

年已八十有一的管仲靠其智慧与决策果断，击退了戎兵，并生擒王子带。管仲立刻让甯戚派数人扮作生意人，秘密带王子带潜逃去齐。

这件事还是被姬郑知道了，他召见管仲，先是以上卿之礼，管仲推辞不受。姬郑问他何故。管仲有点不高兴地回答：天子之言，不能随便。诸侯尚是卿，而我只是相国，哪能授上卿？这种规矩乱了以后，对于王室是不好的，对我也会产生不好的后果。姬郑一下子明白过来，内疚道：请相国理解孤家的莽撞。那么，以什么礼遇才适合于您这样德高望重的贤臣？管仲说：如果检点我这几十年的功过，充其量给个下卿，就已经很高很高了，就这个，我还要得到齐侯的认可，方能接受！

姬郑：那就顺从您的意愿吧。说完，立刻让宰孔派人送信至齐桓公。接着，他又说道：我还有一事想请教您，如果王子带逃往齐国，是不是齐国会培养他，让他成为替齐说话的人呢？

言下之意，谁都能明白。

管仲大义凛然道：天子在上，臣替齐侯说句公道话。如若齐侯想替代周，这种事难道办不到吗？齐侯光明磊落，提出"尊王攘夷"，现在又提高到"尊王攘夷大一统"，都是旨在维护周王室的绝对权威，这一点，请您不要怀疑。如果说王子带去齐，那是最好的去处。他若到别国，能否被人利用谋划反叛之事，夷吾不敢说。到齐国，那就是尊为客人而奉养，于您不就除去了威胁吗？何必非要像别人那样容不下他而诛之？夷吾向齐侯提出过，处理国与国之间的这类事，我们一定要从人性、友爱、仁德上去做。

姬郑听管仲如此说，倒也没什么话好说了。

但姬郑与管仲都没想到，护送王子带的甯戚在执行这次任务的途中不幸因病故去。

第十八章 英容犹在彪千古

平定周室之乱，管仲胜利归来，不久便一病不起。

齐桓公很着急，经常去看他。

一直守在管仲身边的是陈完。齐桓公看到陈完总是在整理堆积如山的简册与文章，便向管仲提出让陈完出任大夫，填补管仲生病期间的空职。管仲支开陈完，提醒齐桓公：你难道忘掉周太史的卜卦了吗？齐桓公明白过来，从此不再提。

说到人才，管仲叹道：现在百里奚到了秦国，依夷吾看，齐国之后，争强称霸最后要落在秦国手上。秦虎不愿意侍奉天子，欲取而代之……

管仲这话，引起小白久久的沉思，叹道：那么多的人才到齐国来，百里奚在齐却与我擦肩而过，不能不说是憾事啊！

当年百里奚没遇到机遇时，逃往虢国。晋献公灭虞，俘虏了虞公及其大夫井伯、百里奚，就将他们作为穆姬的媵人陪嫁到秦国。百里奚作为奴隶在那里养牛，他不愿忍受这种生活，逃到宛（今河南南阳），被楚国捉去。

秦穆公胸怀大志，却苦于无贤才辅佐。大夫公孙枝知道百里奚是不可多得的人才，便向秦穆公举荐。秦穆公喜出望外，急忙去请，却得知百里奚已经逃到楚国。秦穆公愿以重金赎回百里奚，又怕楚人不给，于是让公孙枝到楚去办这件事。公孙枝去楚国游说道：媵奴百里奚逃到贵国，请允许我方用五张公羊皮将他赎回。楚国一看此人如此不值钱，也就答应了秦的要求。当七十余岁的百里奚被押回秦国时，秦穆公亲自为他打开桎梏，与他商谈国事。

百里奚：我是亡国之臣，哪里值得君公垂询！

秦穆公：虞君不用你，才使你被掳，并不是你的过错。他坚持向百里奚讨教，两人一直谈了三天，秦穆公十分高兴。公孙枝见状便进言，请秦穆公任百里奚为相。秦穆公很纳闷说：虽然他有才，但总是你用五张羊皮买来的呀！还有，任他为相，你不就屈尊于他了吗？

信贤而任之，君之明也；让贤而下之，臣之忠也；君为明君，臣为忠臣。彼信贤，境内将服，敌国且畏，夫谁暇笑哉？公孙枝这番话深深触动秦穆公，他当即任用百里奚为相。

百里奚辞让：我不如我的朋友蹇叔。蹇叔贤能而不为世人了解。当年我在外漫游受困于齐，不得已向别人乞讨，是蹇叔收留了我。我因此想到齐君无知那儿做事，又是蹇叔阻止了我，使我幸免于与无知一起被杀。我到周地，见王子颓喜欢牛，就以养牛去接近他。后来，王子颓想用我，又是蹇叔阻止了我，使我免于被诛。我到虞君手下做事，蹇叔又阻止我。我也知道虞君不会信用我，只是为了那一份俸禄和爵位，暂时留下来，想不到就当了俘虏。从这三件事，我深知蹇叔的贤能。

秦穆公于是用很重的礼品，将蹇叔请来秦国，任命他为上大夫，百里奚为相国。

百里奚上任后，谋无不当，举必有功。

齐桓公很真诚地对管仲说：仲父，齐国人才济济，到底谁能将我们的江山与霸业持续下去啊！

管仲自知在世时间不会太长了，听到齐桓公说这话，便用齐国的一句谚语对齐桓公说：居者无载，行者无埋。意思是说，住家的人不需要车，在外的人不需要为他准备入葬的坑，像我这样已经要远去的人，无须你太多的牵挂，你还是好好把精力放在治国上啊，不要老是来看我。

齐桓公真诚直言问道：能举荐谁在你身后替代你呢？

齐桓公明白，几十年的称霸成就与眼前病榻之上的管仲密不可分！现在这位在他即位时就有恩有功于他的相国即将远去，他当然要问这最重要的一件事。

管仲说：知道这件事的人，莫过于你啊！

齐桓公握着管仲的手，再次说：你的病不见好转，你可要告诉我谁能替代你啊！

此时，齐国有名的大臣宾胥无与甯戚已先后去世。

管仲重重地叹了口气说：唉！可惜甯戚死得早啊！

齐桓公问：除了甯戚之外，就没别人了吗？鲍叔牙这个人，你看怎么样？齐桓公心想，鲍叔牙是元老重臣，功勋卓著，和管仲私交又好，且有恩于他，他肯定会同意。不料管仲却说：鲍叔牙是个道德高尚的人，但是您不能让他做相，管理国政。因为他老是把别人的过错记在心里。"人至察则无友，水至清则无鱼。"做相的人，度量不大一些怎么行呢！

齐桓公听了，觉得很有道理，便问：隰朋怎样？

管仲说：隰朋为人很谦虚，遇事不耻下问，又能公而忘私，做相是可以的。说完，却长长地叹了口气，自言自语地说：只是隰朋年纪太大，恐怕活不了多久了。

齐桓公又问：那么易牙怎么样？

管仲十分严肃地说：你就是不问，我也要讲的。易牙、竖貂①、开方这三个，你千万不可信任亲近他们。

齐桓公听管仲说不能亲近易牙，很奇怪，便问：易牙为了让我品尝人肉的滋味，杀了自己的儿子，这说明他爱我超过了爱他的儿子。这样的人，还有什么可怀疑的？

管仲回答说：谁不爱自己的儿女？哪有杀了儿子还做成羹给主公吃的道理？他为了自己的私欲能做这样的事，还有别的什么事不能做呢？这样的人，能对你好到哪里去？

齐桓公说：竖貂不可信任的地方是什么呢？他为了能侍候我，把自己都阉了。他对我的忠心，不是超过了爱惜他自己的身体吗？

管仲说：连自己的身体都不爱惜的人，还能对你尽忠吗？

停了一会儿，齐桓公又问：那么开方呢？他父母死了都不回去奔丧，爱我胜过父母！

---

① 竖貂：《史记》《吕氏春秋》称"竖刀"，《管子》称"竖刁"。

管仲语重心长地说：开方放弃了奔丧的孝事就是为了侍候你，可见他的野心更超出易牙和竖貂。这个人更不能重用，否则会给国家带来祸乱。

齐桓公听管仲说得有道理，便问：为什么从前没听你说过呢？这三个人在我身边已经很久了呀。

管仲说：河岸的大堤挡着，洪水就不会失控。我管理政事的时候好比大堤，总能控制着他们，不让他们为非作歹。现在大堤要垮了，水就要泛滥起来，主公一定要当心啊！

齐桓公点了点头。

管仲的话传到易牙的耳朵里，易牙气急败坏地跑去找鲍叔牙。他说：老将军，谁不知道管仲是您推荐的啊！可是管仲这个人却恩将仇报！国君让您做相，他却说了您一大堆坏话，推荐了隰朋，我真替您抱不平！

易牙满以为鲍叔牙听了这番话会恨死管仲，谁知鲍叔牙反倒哈哈大笑，赞许地说：管仲公而忘私，不讲私人交情，这正是我推荐管仲的缘故啊！隰朋真是比我强多了。易牙碰了一鼻子的灰，满面羞愧地溜走了。

鲍叔牙过来看管仲，未语泪先垂。管仲拉住他的手，拍拍说：你还记得我们在夏汭治好那店家病的事吗？鲍叔牙点点头。

管仲：你问我用的是什么药，我当时没告诉你。

鲍叔牙心里酸酸的，很不高兴地说：都什么时候了，你还说那话。

管仲：天机该泄还得泄，要不，带走了多可惜。

鲍叔牙大哭道：你啊你！

知母、黄柏，外加田七，三味成末，治一切男人顽症！管仲说完，头一歪，再一次昏睡过去。

周襄王七年（前645），管仲去世了。管仲的建议被齐桓公采纳，任用隰朋做相。不料，没过一个月，隰朋也死了。齐桓公请鲍叔牙做相，鲍叔牙认为自己不合适，坚决不同意。

齐桓公说：现在朝廷里，你是我最信任的人，你不同意，那么让谁来做相呢？

鲍叔牙这才说：我的缺点您是知道的，那得把易牙、竖貂、开方赶走，我才接受任命。

齐桓公说：这事管仲早已说过，我一定照办。

当天齐桓公就赶走了这三个人，并且不许他们再入朝。

鲍叔牙做了齐国的相以后，管仲的政策还能继续施行，所以齐国还能保持着霸主的地位，但一年后，鲍叔牙也去世了。

齐桓公渐渐忘记了管仲的劝告，把那几个小人又召了回来。

又一年后（前643），齐桓公生病了。常之巫并不为他治病驱魔，而是跑到宫外去散布谣言，说：齐侯快要死了。已经掌握了相印的易牙与竖貂配合常之巫把宫门堵上，并在外面筑起高墙，不让人通行，并说是齐侯的意思。撇开齐桓公后，他们就集中精力在内宫大施淫威，各树党争立，忙于篡权夺位。齐桓公没人管，也没吃没喝。有个忠于齐桓公的妇人趁天黑偷偷翻过高墙进入探看，齐桓公对她说：我饿了，想吃东西。妇人说：没地方能替你弄吃的。齐桓公说：给我点水喝吧。妇人说：水也弄不到啊！常之巫他们把你用墙封砌在这里了，说你没几天就要死了。齐桓公叹问道：卫公子卅方不能来救我吗？妇人说：你还不知道啊？他已经带着四十社^①的土地与人口投降卫国去了。

齐桓公此时方明白，不听管仲的话导致了后患。齐桓公泪流满面地叹息道：圣人就是圣人，真是有远见啊！如果仲父知道了我现在这种情况，我还有什么脸去见他呢！

《史记·齐世家》上说："桓公病，五公子树党争立。及桓公卒，遂相攻，以故宫中空，莫敢棺。桓公尸在床上六十七日，尸虫出于户。十二月乙亥，无诡立，乃棺赴。辛巳夜，敛殡。"

这段话说的是，桓公死了，没人管他，常之巫与竖貂忙着废掉太子昭，把朝中老臣们都杀光了，这才把无亏（武孟）推上君主宝座。太子昭在这场混战中逃到了宋国。上任的无亏先忙着把死了两个多月、尸体已出了虫的桓公入殓出殡。

接着，宋襄公率领诸侯国兵护送太子昭回到齐国。面对诸侯国兵的发难，无亏无言以对，竖貂想溜走。正义之士们团结起来把无亏杀了，灭了常子巫与竖貂等小人，迎回了齐桓公当初立的太子昭。

---

① 社：行政单位，二十五家为一社，也就是后来的"里"，土地为方形六里作一社计算。

后记

一

管仲谢世九十四年后，孔子诞生。又五十年后，孔子任鲁国中都宰。他对管仲作了中肯的表述："管仲相桓公，霸诸侯，一匡天下，民到于今受其赐。微管仲，吾其被发左衽矣。"[①]

老子，姓李名耳，字伯阳。春秋时代思想家，确切出生地不详，《史记》记载老子是楚国苦县厉乡曲仁里人。从史载孔子曾向老子请教关于礼的问题来看，老子也是管仲谢世后出生的。

管仲谢世二百七十三年后，孟子生于战国时期的邹。

管仲谢世二百七十六年后，庄子生于宋国的蒙邑。

从这些大学问家的诞生时间看，他们的成长时期都曾经浸润于管仲留下来的大量学说与文献。就连我们常用的成语"一字千金"，考其来源也正是管仲时代刊布法令政策于城门下墙上广泛征求意见的形式而来。

管仲的墓在山东淄博市齐古城之北。高大肃穆，但车马冷落，去的人很少。距那一百八十公里处有个宽广伟岸的孔子墓，则香火旺盛，过五逢十还要载歌载舞举行祭祀，届时都是皇帝到场致辞，个个顶礼膜拜没一点马虎。但谁会记得孔子评价管仲的话呢？

究其所以然，我以为管仲将浑身的本事都传给了人们，人们持其技艺就能够生存了，还要敬他做什么？孔子则不然：这心灵的名堂是摸不透，搞不好要惹灾的，得敬着些，忽悠不得！所以，人才有"病之心焉"之说。

---

① 见《论语·宪问篇》。

二

历史始终是在螺旋式循环中发展。大约在公元前三七四年前后，齐国的命运果然如周太史的卜卦所言，在陈完（田完）后代的手上重新崛起。这位战国时期的齐桓公田午是田齐的第三代国君，他的祖先陈完为他们留下了大量管仲的文化遗产，并经过历代私家整理，形成了相对完整的学说。由于田氏代齐的时间还不久，新生政权有待巩固，而人才又十分匮乏，于是齐桓公田午继承齐国尊贤纳士的优良传统，在齐都临淄的稷门附近，将管仲时代讲课的地方直接辟为学宫，即后人所言"稷下学宫"。后来，齐桓公田午干脆建起了巍峨的学宫，设大夫之号，招揽天下贤士，收集流传在外的大量的管仲治国之学，刊布管仲的精辟文献。①

到了齐威王、宣王之际，随着齐国国势的强盛，他们越来越认识到管仲的伟大，他的大量言论与文献理当得到最广泛的应用，并发扬光大。大约在这个时候，管仲留下来的言论与文章以《管子》称谓刊布于世，并在稷下学宫加以专业性的传播。

《韩非子》说："今境内之民皆言治，藏商、管之法家者家有之。"可见在战国末叶，《管子》书已经传播很广。到了西汉时期，《管子》继续广泛流行，贾谊、晁错、桑弘羊等政治家都研读过此书。司马迁对管仲更是倍加崇敬。

近代学者罗根泽（1900—1960）提出：《管子》"在先秦诸子，袞为巨帙，远非他书可及。《心术》《白心》道体，老、庄之书，未能远过；《法法》《明法》，究论法理，韩非《定法》《难势》，未敢多让；《牧民》《形势》《正世》《治国》，多政治之言；用兵则有《七法》《兵法》《制分》；地理则有《地员》；《弟子职》言礼；《水地》言医；其他诸篇，亦皆率有孤诣。各家学说，保存最多，诠发甚精，诚战国、秦、汉学术之宝藏也"。

历代学者大多将《管子》作为法家著作看待，这主要从全书的政治

---

① 汉代徐干《中论·亡国》："齐桓公（田午）立稷下之宫，设大夫之号，招致贤人尊宠之。"

思想着眼，看到了它的哲学思想以道家为核心的缘故。其实，在战国时期，法家鼓吹"法治"，排斥文教德行；儒家强调"德治"，重视道德教化。这两种针锋相对的政治思想在《管子》里都有具体的体现。特别是它全面而独到的经济思想，至今仍然有着深刻的社会指导意义。

管仲提倡"富国富民"是放在发展生产力上的！

管仲制定的相关政策时效性极强。如当时盛行的"厚葬"之风，管仲提倡严禁。他颁布一条法律：棺椁超过一定厚度，就必须受到戮尸的惩罚！但在物质丰富时期，他又主张以奢侈来促进消费，以刺激生产力的发展。这种经济学、消费学观念就是在今天也不过时！

三

稷下学宫脱自管仲生前的讲堂，在这个讲堂上，管仲用自己的学识培养了一大批优秀学者。

《管子·弟子职》篇，就是管仲亲自制订的稷下学宫的学生守则，从饮食起居到衣着服饰，从课堂纪律到课后复习，从尊敬老师到品德修养，都规定得详细严格。由此可见当年稷下学宫的规章制度也是健全、严格的。称稷下学宫是中国历史上最早的学堂，当之无愧！正因如此，管仲的思想通过稷下学宫的播撒，孕育诞生了影响中国历史的一大批圣贤：孔子、老子、孟子、庄子、墨子等……同时也就诞生了儒家、道家、墨家、法家、名家、阴阳五行家、纵横家、兵家等各种学术流派。

稷下学宫在其兴盛时期，汇集了天下贤士多达千人左右，其中著名的学者如孟子、淳于髡、邹衍、田骈、慎到、接予、季真、环渊、彭蒙、尹文、田巴、兒说、鲁仲连、邹奭、荀子等。尤其是荀子，曾三次担任过学宫的"祭酒"（学宫之长）。甚为可贵的是，当时齐国统治者对稷下学宫来访学者采取了十分优礼的态度，封了不少著名学者为"上大夫"，并"受上大夫之禄"，即拥有相应的爵位和俸养，允许他们"不治而议论"①，"不

---

① 见《史记·田敬仲完列传》。

任职而论国事"①。因此，稷下学宫具有学术和政治的双重性质，既是一个官办的学术机构，又是一个官办的政治顾问团体。

因此，郭沫若高度评价说："这稷下之学的设置，在中国文化史上实在有划时代的意义……发展到能够以学术思想为自由研究的对象，这是社会的进步，不用说也就促进了学术思想的进步。""周秦诸子的盛况是在这儿形成的一个最高峰的。"②总之，稷下学宫的创建与发展，在中国文化发展史上树起了一座丰碑，开创了百家争鸣的一代新风，促成了中国历史上第一次思想大解放、学术文化大繁荣的黄金时代；同时，稷下学开启秦汉文化发展之源，对秦汉以后文化的发展与繁荣产生了深远影响。

四

在此，作者想就管仲这个人物在历史上的作用提出三点，来作为本书的结语：

一、管仲是人类历史上最早的奴隶解放者。

解放奴隶，不是管仲凭空想出来的，而是由于实际生活中的贫富不均、灾年民众大量逃亡、国家经济面临崩溃的严峻现实，喜欢据实际解决问题的管仲不得不正视而采取的切实可行的措施。事实证明，奴隶身份一旦消除，蕴藏于奴隶阶层的生产力如火山爆发，加上管仲以"均分地利"和"相地衰征"为特征的封建主义的土地改革；再实施灵活机动的税制；③齐国经济一跃而升，自然锐不可当。同时，他还自上而下地废除奴隶主的食邑制，解放或承认溃逃于外的前奴隶有限的自由身份，这种史无前例的行为，在那个时代是难能可贵的！而林肯在美利坚合众国解放奴隶，要晚于管仲两千几百年，那是人类历史上多么伟大的壮举！

二、破格选拔人才，从国家和民众两方面监督官员。

管仲破格选拔人才，是从商王汤履启用伊尹、商王武丁编造神话解放傅说奴隶身份中得到启发的。国家急需大量人才，管仲建议一改过去单

---

① 见《盐铁论·论儒》。

② 见郭沫若《十批评书·稷下黄老学学派的批判》。

③ 见《管子·大匡》。

一从贵族中选拔的做法，改从贵族与士、农、工、商四民中不拘一格选拔人才。要求每年"正月之朝"让各乡长官将该乡"居处好学""聪慧质仁"的人才报告朝廷；让"桓公召而与之语"，将"其质足比成事"，"立而授之"。管仲尤其重视从农民阶级与解放的奴隶中选拔国家人才。如果有人打压人才不报并"蔽圣"，发现后要治重罪。

管仲采取乡长推荐、朝廷鉴定、实践考验的"三选"官员法，打破了过去贵族对人才的垄断，虽然不能与今天的人才选拔制度相比，但在当时却打破了三代以来被视为天经地义的贵族血缘政治，这是值得肯定的一大进步。正因为管仲选拔人才的制度打破了"唯血统论"，触犯了封建君主们的"根柢""正宗"，也是其不能如孔子那样受顶礼膜拜的根源。

"正月之朝，五属大夫复事，桓公择其寡功者谪之。"①管仲制定了严格的考察现职官员制度。结果是，凡为政"不治不能"者，田野多荒废者，刑狱多矫诬者，都要问责官员！这数千年前"干部问责制"的诞生，说明了管仲对国家管理职能的一种先知先觉。仅此还不够，管仲又提出创建"啧室之议"（即最早的纳谏机构）。啧，《说文》释为"大呼"，引申为大鸣大放、互相争论。《管子·桓公问》专门记载了"啧室之议"。因为有了这一制度，齐廷才能听到民众的呼声，并通过这种方法监督各级官员忠于职守、少犯错误，也才能使齐国有生气勃勃的干部队伍。这不就是"群众监督"制度吗？

这里让我想起了刚刚登基时的齐桓公问管仲，需要制定什么样的制度来管理国家。管仲说，三皇五帝先王先祖早就有了制度，现在最最需要的是执政者的"德"！有执政者的"德"，才能有官员的"仁"，才能有上行下效，才能有民富国强，天下大同！数千年后，重读这些先贤哲人之言，振聋发聩啊！

三、中国古代第一位朴素唯物主义者。

如果我们认真地研究一下《管子》，不难发现在管仲对于政治、经济、战争、外交问题的论述中，提出天地是自然存在的，它们没有意志！这可是打破了三代以降，人们普遍认为天地是神祇、绝对权威，需要人们膜拜祈祷的理念！管仲说"根天地之气，寒暑之和，水土之性，人民鸟兽草木

---

① 见《管子·大匡》。

之生，物虽甚多，皆有均焉，而不常变也，谓之则"①，这就是说，万物由气生成，而气是自然之天地所出，而物的生成变化皆有规律。这一论点早于道家之定律二百多年。

管仲在处理日常生活的事件时，往往会将矛盾的对立面看成是相互联系、相互依存、相互转化的，由此而使自己在解决这些问题时，带有唯物辩证法和认识论，从中提出"度"的概念。就连如何对待"小人"的问题上，管仲的处理方法在今天也是很有借鉴作用的啊！

在伦理道德与发展生产的关系上，管仲还有一个垂之千古的著名命题，即"仓廪实则知礼节，衣食足则知荣辱"②。这是管仲来自实践的获得，但历朝历代都有人反对，而我们可以明白无误地承认它的基本原理是与历史唯物主义相契合的。历史唯物主义的基本原理就是存在决定意识，生产、经济、生存是第一性的，政治法律、伦理道德是第二性的。管仲的伟大正是在漫如长夜的古代社会提出非常接近历史唯物主义基本原理的思想，那是多么难能可贵啊！

将管仲定位为中国古代史或者世界古代史上第一个具有朴素唯物主义自然观的哲学家，过分吗？一点也不过分。他去世二十年后，希腊才诞生了泰勒斯③！

2012 年 7 月 12 日—2014 年 6 月 2 日
写于长江南岸之紫金山下文华园
2014 年 10 月 9 日凌晨改毕

---

① 见《管子·七法》。
② 见《管子·牧民》。
③ 泰勒斯（约前 624 —前 546），提出宇宙基本之素是水的希腊早期朴素唯物主义创始人。

附录一 管仲年谱简编

公元前730年辛亥　周平王姬宜臼四十一年　管仲出生

管山祖上受诛杀逃之颍谷，后设城于颍。父亲管仲严名山，曾为齐国大夫。管仲出生于颍水上游。颍水生成于阳乾山东狭谷，出谷有颍谷。颍水依太室山南东行，负黍、颍邑。

公元前725年丙辰　周平王姬宜臼四十六年　五岁

晋曲沃庄伯伐翼，杀孝侯。晋大夫攻曲沃庄伯，庄伯复入曲沃。晋人立孝侯子为鄂侯。

管仲家贫，向母亲提议，以家书为贷，求资度日。

公元前722年己未　周平王姬宜臼四十九年　八岁

鲁史记《春秋》记事自此年始，传世文献干支纪日亦始此。鲁隐公及邾仪父盟于蔑（今山东泗水东南）。郑伯克段于鄢（今河南鄢陵西北）。纪人伐夷。郑太叔段谋袭郑，庄公使公子吕伐段，段奔共。

公元前 716 年乙丑　周桓王姬林四年　十四岁

宋与郑修好，盟于宿（今山东东平东南），又修好于陈。桓王使凡伯聘于鲁，戎俘凡伯而归。

管仲父亲管山好友兼同事禹孙到颍邑寻找管山后人，巧遇管仲。

公元前 713 年戊辰　周桓王姬林七年　十七岁

郑会齐、鲁伐宋，取宋二邑。宋、卫攻入郑，蔡人从之伐戴（今河南民权东），郑败三国之师，不久攻入宋。齐、郑攻入成，讨违王命也。秦宁公与亳战，亳王奔戎，遂灭荡社。

管仲随族人外出经商，遇鲍叔牙，第一次做逃兵。

公元前 706 年乙亥　周桓王姬林十四年　二十四岁

楚武王侵隋（今湖北隋县东），使薳章求成。隋侯惧而修政，楚不敢伐。北戎伐齐，郑太子忽率师救之，戎败。陈人杀陈佗。鲁桓公子同生，大夫申繻以命名之制答桓公问。晋曲沃伯诱晋小子侯杀之，立哀侯弟缗（《左传》记为前 705 年，此据《史记》）。

管仲与季梁相识，季梁收管仲为徒。

公元前 704 年丁丑　周桓王姬林十六年　二十六岁

晋曲沃武公灭翼。楚会诸侯于沈鹿，黄、隋不会。楚攻隋，俘少师，旋与隋盟，始自称武王。秦宁公卒，葬西山，秦废太子立出子为君。

季梁故，管仲为其守弟子孝。

公元前 700 年辛巳　周桓王姬林二十年　三十岁

鲁、杞、莒盟于曲池（今山东宁阳东北），调和杞莒之故也。鲁桓公三会宋庄公，谋调和宋郑，宋公辞，鲁郑盟，伐宋。

管仲遇齐僖公。

公元前698年癸未　周桓王姬林二十二年　三十二岁

秦三父等杀出公，立故太子（武公）。宋以诸侯伐郑，报宋之战也。
管仲再遇禹孙，禹孙再荐管仲于齐僖公。

公元前695年丙戌　周庄王姬佗二年　三十五岁

鲁与齐、纪盟于黄，调和齐、纪，且谋纳卫惠公之故也。齐鲁为
疆事战于奚（今山东枣庄西）。高渠弥杀昭公，立昭公弟公子亹。
管仲劝鲍叔牙带小白去莒避祸。

公元前694年丁亥　周庄王姬佗三年　三十六岁

鲁桓公与夫人文姜如齐，齐侯通焉，公责之，齐襄公使人杀桓
公。鲁立太子同。齐襄公讨郑弑君罪，杀子亹、高渠弥。郑祭
仲迎立子仪（婴）。周公黑肩欲谋杀庄王而立王子克，未果，庄
王杀黑肩，王子克奔燕。

公元前691年庚寅　周庄王姬佗六年　三十九岁

齐侯依管仲谋伐纪。

公元前690年辛卯　周庄王姬佗七年　四十岁

楚武王伐隋而卒，莫敖以王命入盟隋侯，全师而退。
齐伐纪，纪侯出奔，管仲揭周夷王时纪殇公谗言挑唆烹齐哀公
事，纪季泣罪去国号，以鄑（今山东临淄东）入于齐。

公元前689年壬辰　周庄王姬佗八年　四十一岁

楚文王始都郢（今湖北江陵北纪南城，尚存故城）。齐、宋、鲁、
陈、蔡伐卫，黔牟奔周，惠公复辟。

公元前687年甲午　周庄王姬佗十年　四十三岁

恒星不见，夜中星陨如雨，此为天琴流星雨的最早记录。秦初
县杜（今陕西西安东南）、郑（今陕西华县东），灭小虢（今陕
西宝鸡东）。

公元前686年乙未　周庄王姬佗十一年　四十四岁

齐内乱，鲍叔牙奉公子小白奔莒，管仲与召忽奉公子纠奔鲁。齐连称、管至父杀襄公，立公孙无知。

公元前685年丙申　周庄王姬佗十二年　四十五岁

雍廪杀无知。公子纠与公子小白分别回齐，小白先入得位（桓公）。齐败鲁师于乾时，迫鲁杀子纠，交出管仲。桓公因鲍叔牙荐，用管仲为卿，任以国政。"参其国而伍其鄙"。制国为二十一乡，作内政而寄军令。相地而衰征。订以甲兵赎罪之制。

公元前684年丁酉　周庄王姬佗十三年　四十六岁

齐攻鲁。鲁庄公听曹刿言，曹刿论战，败齐师于长勺（今山东曲阜北）。齐灭谭（今山东济南东南）。蔡侯不礼息夫人，息楚联合，楚败蔡师，虏蔡侯。甯戚遇管仲。

公元前681年庚子　周釐王姬胡齐元年　四十九岁

齐、宋、陈、蔡、邾会于北杏（今山东东阿北），以平宋乱，遂人不至，齐灭遂（今山东肥城南）。齐、鲁盟于柯（今山东阳谷境），曹刿计，使齐受辱。管仲力主忍为上，遂使逆势而为幸事。齐威飙升也。郑厉公入郑。

公元前680年辛丑　周釐王姬胡齐二年　五十岁

宋背北杏之会，齐等国伐宋。齐请师于周，单伯会之。楚灭息，又入蔡。齐、宋、卫、郑会于鄄（今山东鄄城北）。郑厉公先使傅瑕杀子婴，入国后杀傅瑕。齐桓公宗祠祭祖，称管仲为"仲父"，授予真正的治国实权。

公元前679年壬寅　周釐王姬胡齐三年　五十一岁

齐桓公依管仲之议，与宋、陈、卫、郑再会于鄄，齐始霸。管仲朝堂讲"轻重之术"。曲沃武公灭晋，尽有晋地。

公元前 678 年癸卯　周釐王姬胡齐四年　五十二岁

楚灭邓。楚攻郑至栎。齐、鲁、宋、陈、卫、郑、许、滑、滕
之君会盟于幽。晋曲沃武公杀晋侯缗，周釐王命曲沃武公以一
军为侯。秦武公卒，初以人从死，从死者六十六人。封其子白
于平阳，立其弟德公。

公元前 673 年戊申　周惠王姬阆四年　五十七岁

郑伯、虢叔奉王伐王城，杀王子颓。王赐郑虎牢以东之地。予
虢公爵，郑由是恶于王。
管仲揖出在齐国废除奴隶买卖，管家开设"女间"。

公元前 672 年己酉　周惠王姬阆五年　五十八岁

晋献公攻骊戎，得骊姬。陈人杀太子御寇，公子完因陈内乱奔
齐，齐桓公使为工正，是为齐陈（田）氏之祖。楚庄敖弟熊恽
杀庄敖自立（成王）。秦胜晋于河阳（今河南孟县西）。

公元前 671 年庚戌　周惠王姬阆六年　五十九岁

晋桓庄之族逼，晋献公患之。鲁庄公如齐观社，曹刿谏，不从。
管仲周旋下，鲁庄公娶回当年文姜定下的夫人哀姜。

公元前 670 年辛亥　周惠王姬阆七年　六十岁

晋士蒍与群公子谋，杀桓庄族游氏二子。齐桓公接受管仲建议，
以操练兵法布阵、强齐师为管仲六十大寿贺。举国震动。

公元前 667 年甲寅　周惠王姬阆十年　六十三岁

齐、鲁、宋、陈、郑之君会于幽。周惠王使召伯廖赐齐侯命，
且请伐卫。管仲设谋化卫险。

公元前 666 年乙卯　周惠王姬阆十一年　六十四岁

晋献公宠骊姬，爱姬及其娣所生子，遂命太子申生出居曲沃，

重耳居蒲城，夷吾居屈。楚伐郑，齐、鲁、宋诸侯救郑，退楚兵。

公元前664年丁巳　周惠王姬阆十三年　六十六岁

周王命虢公讨樊皮，执之，归于京师。楚杀其令尹公子元。齐伐山戎以救燕。朝议反对救燕，管仲带病上朝建议组织诸侯联军，诸侯各国不予响应。路过鲁国，鲁君以朝议不允而罢。齐师孤军入燕击戎。

公元前663年戊午　周惠王姬阆十四年　六十七岁

齐桓公攻山戎以救燕，戎切断齐师水与粮道。管仲设计寻水源，开通道。齐桓公入戎圈套、误进沙漠，九死一生。管仲"老马识途"救齐师出沙漠，至孤竹灭戎而还。齐侯致鲁献戎捷，非礼。诸侯不相遗俘。

公元前661年庚申　周惠王姬阆十六年　六十九岁

因上年狄伐邢，齐救邢，败狄人。晋灭耿（今山西河津东南）、霍（今山西霍县西南）、魏（今山西芮城北），以耿赐赵夙，以赐毕万，以为大夫。齐救邢。赵、魏渐成晋国强族。

公元前660年辛酉　周惠王姬阆十七年　七十岁

虢公败犬戎于渭汭（今陕西华阴东北）。鲁庆父杀湣公。庄公弟季友立湣公弟申（僖公）。庆父奔莒而自缢。狄伐卫，卫人以懿公好鹤，不恤国人，不愿战。卫兵溃败，懿公死。齐、宋救卫，立戴公申。戴公旋死，弟毁立（文公）。齐相管仲以卫微弱，留联军戍卫。卫懿公之妹、许穆夫人赋《载驰》以表对卫国的忧愁，是唯一可确定女作者姓名的《国风》诗。晋太子申生伐东山皋落氏（赤狄，今山西垣曲东南）。

公元前659年壬戌　周惠王姬阆十八年　七十一岁

齐救邢，率诸侯助邢迁于夷仪（今山东聊城西南）。郑亲齐，楚人故伐也。齐与诸侯会盟于荦，谋救郑。秦伐茅津。鲁败莒，僖公赏季友汶阳之田及费（今山东费县西北）。

公元前658年癸亥　周惠王姬阆十九年　七十二岁

齐桓公率诸侯伐狄，率诸侯助卫筑楚丘城（今河南滑县）迁卫于此。晋假道于虞伐虢，虞从晋伐之，灭下阳（今山西平陆南）。江、黄与齐、宋会盟，谋拒楚。

公元前657年甲子　周惠王姬阆二十年　七十三岁

齐侯与蔡姬乘舟于囿，姬荡公，公怒归之，蔡人嫁之。楚人伐郑。齐、宋、江、黄会盟，谋攻楚，以止楚伐郑。

公元前656年乙丑　周惠王姬阆二十一年　七十四岁

齐桓公与鲁、宋、陈、卫、郑、许、曹之师攻蔡，蔡溃；进兵攻楚，管仲舌战楚使迫楚盟于召陵（今河南郾城东）。晋骊姬诬太子申生进毒酒。申生自杀。公子夷吾、重耳出奔。

公元前655年丙寅　周惠王姬阆二十二年　七十五岁

王欲废长立幼，齐首止（今河南睢县东南）会王世子，以安周室。管仲将"尊王攘夷"提升至"尊王攘夷大一统"！楚灭弦（今河南潢川西北、息县南，一说河南光山境内）。晋再假道于虞以攻虢，灭虢。师还，灭虞。秦伐晋，战于河曲。晋遣寺人披攻蒲，重耳奔翟。

公元前654年丁卯　周惠王姬阆二十三年　七十六岁

晋遣贾华攻屈（今山西吉县西北），夷吾奔梁。齐与诸侯伐郑，楚围许以救郑，诸侯救许，楚军还。冬，许降楚。

公元前653年戊辰　周惠王姬阆二十四年　七十七岁

齐伐郑，郑杀申侯以税。周惠王死。太子郑畏太叔带，不敢发丧，求助于齐。

公元前 652 年己巳　周惠王姬阆二十五年　七十八岁

周襄王恶太叔带之难，惧不立，告难于齐。周王人、齐、宋、
鲁等国盟于洮（今山东鄄城西南），谋王室也。襄王定位后而发
惠王丧。

公元前 651 年庚午　周襄王姬郑元年　七十九岁

齐为葵丘（今河南民权东北）之会。王使宰孔赐齐侯胙。秋，
再次葵丘会盟，管仲主持会盟文献，葵丘盟约成诸侯各国约束
力。宋襄公即位，以公子目夷为仁，使治政，于是宋治。晋献
公死，骊姬子奚齐立，为里克所杀。荀息立骊姬之娣所生卓子，
又为里克所杀，荀息死之。齐、秦以兵送夷吾还晋，是为惠公。

公元前 648 年癸酉　周襄王姬郑四年　八十二岁

周襄王讨王子带，齐桓公使管仲平戎于周，管仲智谋将王子带
私入齐。隰朋平戎于晋。

公元前 647 年甲戌　周襄王姬郑五年　八十三岁

齐会诸侯于咸（今河南濮阳东南），淮夷病杞故也。狄侵卫。为
戎难故，诸侯兵戌周防戎。晋饥，秦输粟，自雍及降相继，命
之曰"泛舟之役"。
管仲病。

公元前 645 年丙子　周襄王姬郑七年　八十五岁

管仲卒。

附录二

主要参考书目

1.《中国历史大辞典》，郑天挺、谭其骧主编，上海辞书出版社。

2.《清华大学藏战国竹简》，李学勤主编，中华书局。

3.《中国历史地图集》，谭其骧主编，中国地图出版社。

4.《春秋左传注》（修订本），杨伯峻编著，中华书局。

5.《新编中国历史大事年表》，詹子庆、曲晓范，作家出版社。

6.《少阳集》，张国擎校注，北京古籍出版社。

7.《吕氏春秋新校释》，陈奇猷校释，上海古籍出版社。

8.《春秋衡库》，冯梦龙著，南浔朱氏刻本。

9.《春秋属辞》，周源堂抄本。

10.《史记》，司马迁著，中华书局。

11.《郭沫若文集》，人民出版社、人民文学出版社。

12.《管子全译》，谢浩范、朱迎平译注，贵州人民出版社。

13.《管子传》，梁启超著，清·宣统三年本，世界书局。

14.《管子新探》，胡家聪著，中国社会科学出版社。

15.《管仲评传》，战化军著，齐鲁书社。

16.《管仲评传》，张力著，四川大学出版社。

17.《管子解说》，张不木编著，华夏出版社。

18.《先秦人物论》，戚文著，东方出版中心。

跋

每位作家的创作都是不同的。

从我已经出版的几十部著作看，它们相互间几乎毫不相干。比如，我在大学时代就出版训诂学著作。我写小说，深深扎根于吴越地带，所以，那浓郁的吴越语言被评论家们称道，但有评论家认为我搞古文是"不务正业"，要不然，吴越小说会写得更好。然而，我酷爱文学与历史，我把苏州园林置于历史人物命运的起伏之中，出版的《历史沉钩》在纸质书不景气之时，仍有很好的市场，还被译为外文在国外专业出版社出版。当然，我还有一些读史的随笔也得到了读者的青睐……

这本书，更是自我挑战的结果。我从小近古文，后抽空研读《吕氏春秋》，计划出版一部真正意义上的《吕氏春秋全释》。不料，作家出版社发起这套丛书的创作出版工程，我不自量力地参加到选题竞争中，竟然也就中标，竟然也就花三年时间来慢慢地啃这块"排骨"！现在，交卷了，我还是没放下心中的忐忑不安，我在等待读者的判决……

从上述的情况看，我应该是一个不断向自己挑战的人，但也可以说是一个没有自信的人，或者说"自信心并不坚强"。但我对自己的要求是：人活着，就是要不断地自我挑战、自我超越，这样的人生才有意义。

我相信，百年之后，许多部写管仲的书都列于苛刻的读者面前，这部《管仲传》仍然会在大家的视线里，毕竟我整整写了三年，而准备工作就做了二十多年。

非并历者，隔靴之痒难搔。

2014 年 10 月 9 日凌晨
于紫金山南麓文华园北窗下

第三辑出版书目

图书在版编目（CIP）数据

千古一相：管仲传 / 张国擎 著 . -- 北京：作家出版社，
2015.1（2020.7重印）
（中国历史文化名人传丛书）
ISBN 978-7-5063-7819-2

Ⅰ.①千… Ⅱ.①张… Ⅲ.①管仲（？～前645）- 传记
Ⅳ.①B226.1

中国版本图书馆CIP数据核字（2015）第026646号

千古一相—— 管仲传

作　　者：张国擎
传主画像：高　莽
责任编辑：林金荣
书籍设计：刘晓翔+韩湛宁
责任印制：李卫东　李大庆
出版发行：作家出版社有限公司
社　　址：北京农展馆南里10号　　邮　　编：100125
电话传真：86-10-65067186（发行中心及邮购部）
　　　　　86-10-65004079（总编室）
E-mail:zuojia@zuojia.net.cn
http://www.zuojiachubanshe.com
印　　刷：北京汇林印务有限公司
成品尺寸：152×230
字　　数：530千
印　　张：33.75
版　　次：2015年2月第1版
印　　次：2020年7月第3次印刷
ISBN　978-7-5063-7819-2
定　　价：60.00元